DIREITO PROCESSUAL CIVIL

Die Deutsche Bibliothek – CIP – Einheitsaufnahme

Jauernig, Othmar:
Zivilprozessrecht: ein Studienbuch/von Othmar Jauernig-25., völlig neubearb. Aufl. des von Friedrich Lent begr. Werkes. – München: Beck, 1998
(Juristische Kurz-Lehrbücher)
ISBN 3 406 43907 1
NE: Lent, Friedrich: Zivilprozessrecht

OTHMAR JAUERNIG

DR. DR. h. c. EM. O. PROFESSOR
UNIVERSIDADE DE HEIDELBERG

DIREITO PROCESSUAL CIVIL

25.ª edição, totalmente refundida,
da obra criada por Friedrich Lent

Tradução de:

F. Silveira Ramos, Juiz de Direito,

prefaciada pelo:

Prof. Doutor José Lebre de Freitas,
da Faculdade de Direito da Universidade Clássica de Lisboa

ALMEDINA

TÍTULO: DIREITO PROCESSUAL CIVIL

AUTOR: OTHMAR JAUERNIG

EDITOR: LIVRARIA ALMEDINA – COIMBRA
www.almedina.net

LIVRARIAS: LIVRARIA ALMEDINA
ARCO DE ALMEDINA, 15
TELEF. 239 851900
FAX 239 851901
3004-509 COIMBRA – PORTUGAL
livraria@almedina.net

LIVRARIA ALMEDINA – PORTO
RUA DE CEUTA, 79
TELEF. 22 2059773
FAX 22 2039497
4050-191 PORTO – PORTUGAL
porto@almedina.net

EDIÇÕES GLOBO, LDA.
RUA S. FILIPE NERY, 37-A (AO RATO)
TELEF. 21 3857619
FAX 21 3844661
1250-225 LISBOA – PORTUGAL
globo@almedina.net

LIVRARIA ALMEDINA
ATRIUM SALDANHA
LOJAS 71 A 74
PRAÇA DUQUE DE SALDANHA, 1
TELEF. 21 3712690
atrium@almedina.net

LIVRARIA ALMEDINA – BRAGA
CAMPOS DE GUALTAR
UNIVERSIDADE DO MINHO
4700-320 BRAGA
TELEF. 253 678 822
braga@almedina.net

EXECUÇÃO GRÁFICA: G.C. – GRÁFICA DE COIMBRA, LDA.
PALHEIRA – ASSAFARGE
3001-453 COIMBRA
Email: producao@graficadecoimbra.pt

FEVEREIRO, 2002

DEPÓSITO LEGAL: 166999/01

PREFÁCIO

Na época em que vivemos, o conhecimento dos sistemas jurídicos dos Estados europeus é extremamente importante. Por um lado, as trocas internacionais dentro do espaço da União são cada vez mais intensas e, com elas, a aplicação interna do direito dos outros Estados é cada vez mais frequente. Por outro lado, o movimento para a uniformização e a harmonização dos sistemas jurídicos europeus acentua-se, a partir da necessária comparação das soluções jurídicas nacionais. É assim, em primeiro lugar, no campo do direito substantivo, chamado a pautar a conduta corrente dos cidadãos e das empresas no comércio jurídico. Mas é-o também no campo do direito processual, que, partindo embora duma maior diferenciação normativa, alguns passos significativos tem dado no caminho duma parcial integração, designadamente no campo da competência e da circulação das sentenças, no da comunicação dos actos judiciais e das provas e, embora ainda sem ultrapassar a fase do projecto, no da definição dos princípios gerais a observar no processo. Os recentes estudos e propostas para a implementação dum título executivo europeu e para a facilitação da penhora transfronteiriça de depósitos bancários são paradigmáticos da necessidade de fazer acompanhar a integração económica por uma integração do direito que rege o recurso aos tribunais. A publicação, em vias de ser feita por especialistas dos vários Estados da União, duma colecção de obras de direito processual civil comparado, cobrindo os vários institutos com vista a futuras harmonizações, é um contributo importante para o conhecimento prévio que há-de preceder a maior aproximação dos sistemas jurídico-processuais da Europa.

Neste mundo de mudança é confrangedora a pobreza da informação jurídica directa disponibilizada em língua nacional, a ponto de se constatar que, salva a excepção constituída por algumas traduções feitas com o patrocínio da Fundação Calouste Gulbenkian, raras são as obras jurídicas do espaço europeu que se encontram traduzidas em português. Não há, inclusivamente, nenhum manual de direito processual civil alemão, italiano, espanhol, francês ou inglês que tenha sido difundido em língua portuguesa. É certo que a doutrina jurídica nacional bebe largamente na literatura estrangeira a inspiração para as construções que elabora e que dessa inspiração vão dando conta as monografias e manuais nacionais. O pensamento jurídico português vive, aliás, há alguns anos, momentos de especial fertilidade que seriam impossíveis sem um intenso intercâmbio científico. Mas, para a comunidade jurídica em geral, o conhecimento das fontes estrangeiras não é normalmente directo.

A lacuna, de modo algum colmatada por algumas (poucas) traduções espanholas, é particularmente gritante quando se considere que os maiores contributos para a ciência jurídico-processual de formação romanista são germânicos e que a língua alemã não é, entre nós, conhecida senão por um pequeno número de privilegiados.

Eis, portanto, que traduzir o manual de Direito Processual Civil de Othmar Jauernig representa, só por si, uma importante contribuição para a divulgação dum pensamento e dum sistema jurídico cuja influência no direito e na doutrina dos Estados não germânicos é hoje importantíssima. Jauernig é um processualista reconhecido, cuja obra há muito se afirmou dentro e fora do espaço germânico. Dos seus estudos sobre o objecto do processo às sucessivas edições dum manual sucessivamente actualizado, a obra de Jauernig prima por uma profundidade e um rigor conceitual e sistemático que só têm equivalente na clareza da sua linguagem e num espírito de síntese notável. O manual de Othmar Jauernig constitui, ao mesmo tempo, uma obra de consulta fácil e uma óptima introdução ao sistema de direito processual alemão.

Traduzir Jauernig é um acto de coragem. Precisamente pelo rigor dos seus conceitos e da sua terminologia, a transplantação da obra para uma língua estrangeira de tipo latino é difícil e arriscada. Não basta, para tanto, ter um firme conhecimento da língua alemã e um conhecimento razoável da terminologia jurídica nacional. É preciso também encontrar, na língua portuguesa, um rigor equivalente ao do autor alemão e esse é o maior desafio. O Juiz de Direito Dr. Silveira Ramos não recuou perante a dificuldade e meteu mãos à obra. Mesmo quando a tradução encontrada não coincide com aquela que faríamos, mesmo quando nela se preferiu a estrita tradução literal à procura da terminologia portuguesa equivalente, há que reconhecer a coragem e a utilidade do empreendimento, graças ao qual, finalmente, uma obra importante da moderna doutrina processual alemã pode ser lida e consultada em português.

Ao longo dela, o leitor mais atento ir-se-á dando conta das proximidades e das diferenças entre os dois sistemas, alemão e português.

A primeira constatação que fará é que os princípios gerais que, desde a revisão de 1995-1996, se encontram firmemente consagrados na legislação processual civil portuguesa fazem há muito parte do quadro geral de referências da lei processual alemã. Nomeadamente, o direito de defesa, o princípio do contraditório, o princípio da igualdade, o princípio dispositivo, o princípio da cooperação e o primado da função instrumental do processo sobre a forma processual desenvolveram-se e sedimentaram--se na legislação e na doutrina alemãs do pós-guerra e dela irradiaram para outros sistemas jurídicos continentais, entre os quais o português, onde durante muito tempo tinham tido um entendimento mitigado, quando não eram, como acontecia com o princípio da cooperação e o da verdade material, fortemente limitados por um princípio da preclusão hipertrofiado e dominador.

A segunda constatação é que a existência duma primeira audiência, tendo entre outras a função de esclarecer os termos do processo, mediante a iniciativa oficiosa e uma perspectiva de igualação das oportunidades de ambas as partes no processo, é algo de profundamente arreigado na tradição jurídico-processual alemã, sendo tida como peça essencial para a descoberta da verdade e a obtenção duma justa composição do litígio. Aí, está-se muito longe da desconfiança e da aversão com que, entre nós, foi recebida a audiência preliminar oriunda da revisão de 1995-1996.

A terceira constatação é que a mesma preocupação de descobrir a verdade no processo leva a que, no sistema alemão, não se confira ao silêncio da parte perante a alegação adversária o efeito de constituição duma prova definitiva, mas tão-só o de constituição duma prova provisória que, salvo dolo ou negligência grave da parte, esta pode inverter, mediante a sua intervenção extemporânea no processo ou a impugnação tardia de factos que tenha omitido inicialmente impugnar. Pertencendo o direito alemão e o direito português à mesma família dos sistemas de *ficta confessio,* o valor da admissão na Alemanha acaba por ficar muito aquém do valor que se lhe confere em Portugal; e, se é certo que, entre nós, o quase desaparecimento do efeito cominatório pleno e a extensão do instituto da nulidade por falta de citação permitem hoje ao réu revel evitar as consequências mais perversas do princípio da preclusão, verifica-se, porém, que, ao contrário do que acontece no direito alemão, já o efeito radical da inobservância do ónus da impugnação e a situação de irremediável revelia do citado editalmente estão muito distantes das soluções do direito alemão, onde, mesmo depois da *Vereinfachungsnovelle* de 1976, o princípio da nulidade do processo continua a prevalecer sobre o princípio, oriundo do direito medieval, da eventualidade ou preclusão.

A quarta constatação é que o processo civil alemão é mais simples e flexível do que o nosso, mesmo tido em conta o novo princípio da adequação formal. A tradição portuguesa da regulamentação minuciosa da lei processual não encontra paralelo na ZPO alemã: o uso da cláusula geral em vez da regra estrita é aí mais frequente; em consequência, o juiz tem mais poderes na condução do processo e as partes não são tão espartilhadas nas suas actuações processuais. A flexibilidade quanto ao momento da proposição dos meios de prova, a ter lugar "em tempo oportuno", constitui exemplo característico da preferência pela cláusula geral em detrimento da norma rígida. E, no entanto, a importância da análise do direito processual e a afirmação da sua valia científica não são duvidosas; a riqueza da doutrina alemã abundantemente o atesta.

A quinta constatação é, por fim, que, apesar de diferentes concepções à partida, a tendência das últimas reformas efectuadas num e noutro sistema vai no sentido de os aproximar: por um lado, a *Novela* alemã de 1976 inseriu alguma preclusão, limitando o princípio da unidade; por outro lado, a revisão portuguesa de 1995-1996 atenuou a preclusão, superando a rigidez da divisão do processo em fases estanques e deixando-se assim influenciar pela concepção do processo como unidade; o aumento dos poderes do juiz, alguma flexibilidade dos prazos das partes e a tentativa de substituição do velho questionário por uma nova base instrutória, que se quis mais generalizante, são disso paradigmáticos. O intercâmbio científico e o apelo à harmonização europeia vão desempenhando o seu papel.

E assim voltamos ao ponto de partida desta breve nota introdutória. Em tempo de harmonização, a difusão do conhecimento da doutrina processualística estrangeira e, através dela, do sistema jurídico estrangeiro é muito importante. A obra que se apresenta não se destina ao cientista universitário, para o qual a consulta directa das fontes é indispensável. Destina-se, sim, ao jurista que jamais leria ou consultaria o manual de Othmar Jauernig na língua original e que agora poderá enriquecer a sua preparação e a sua compreensão, quer do sistema jurídico-processual alemão em si mesmo, quer da enorme influência exercida pela doutrina processualística alemã na doutrina processualística portuguesa. Sendo a difusão da cultura um aspecto fundamental da democracia de hoje, a comunidade dos juristas está de parabéns.

José Lebre de Freitas

PREFÁCIO Á 25.ª EDIÇÃO

O livro foi refundido em todas as suas partes, modificado ou completado em numerosos pontos e, nalguns sectores – em resultado de alterações legais – escrito de novo. Teve de ser considerado um grande número de novas disposições legais. São de mencionar, especialmente, a lei de reorganização do direito profissional dos advogados e consultores técnicos da propriedade industrial, de 2-9-1994, lei das sociedades de profissionais liberais de 25-7-1994, código das falências com a respectiva lei de introdução, ambas de 5-10-1994, a lei de alteração do apoio judiciário, de 10-10-1994, a lei de abolição das férias judiciais, de 28-10--1996, a lei da curatela, de 4-12-1997, a lei de reforma do direito da filiação, de 16-12-1997, a 2.ª Novela da execução, de 17-12-1997, a lei dos correios, de 22-12-1997, a lei de reforma do direito do processo arbitral, de 22-12-1997, bem como a lei dos alimentos aos filhos e a lei do casamento, sempre na redacção da deliberação legal do Parlamento Federal. Por outro lado, teve de ser ordenada abundante doutrina e jurisprudência e, correspondendo ao fim dum livro escolar conciso, de se proceder à sua selecção.

O livro reproduz a situação legal de 1 de Abril de 1998; a lei de reforma do direito de filiação, a lei de alimentos a filhos, a lei do casamento e a lei da curatela, que só entraram em vigor em 1 de Julho de 1998, são apresentadas como direito já vigente. Isto aplica-se às alterações dos §§ 117, 119 ZPO pela 2.ª Novela da execução, que só sobrevieram em 1 de Janeiro de 1999.

Heidelberg, Março de 1998

Othmar Jauernig

DO PREFÁCIO DA 1.ª EDIÇÃO (1947)

A exposição limita-se ao essencial e proporciona, deste modo, uma rigorosa introdução aos princípios de direito processual. Quero com isto, ao mesmo tempo, contribuir para a eliminação dos frequentes preconceitos subsistentes de que o direito processual não possa ser objecto de reflexões teóricas e ensino académico, mas exclusivamente matéria do saber prático. Certamente, a aplicação prática apenas se aprende com a prática, mas será isto muito diferente no âmbito do direito substantivo? Todo o jurista deve conhecer os princípios de direito processual, desde logo porque faz parte da sua formação jurídica saber com que meios a Ordem Jurídica procura, nos casos de conflito, proporcionar a vitória do Direito.

O direito processual combina-se estreitamente , em partes essenciais, com convicções que têm o seu fundamento em áreas extra-jurídicas, na concepção do Estado, economia, ética. Não esqueçamos nunca que também o direito processual civil é uma peça da grande aliança para a encarnação da Justiça, cuja importância mais se nos evidencia agora, depois que tivemos de presenciar como o Direito e a Justiça foram reduzidos a nada.

Eis porque tratei o mais pormenorizadamente possível as partes em que se manifesta a conexão da Ordem Jurídica com outras áreas da Cultura e abreviei os capítulos em que apenas a prática pode proporcionar o justo parecer. Na exposição dei especial importância a tornar compreensíveis, o mais possível, muitas disposições, por simples reflexões, pois quanto mais ligeira a noção, também mais simples será a aprendizagem.

Friedrich Lent

ÍNDICE

Siglas, abreviaturas e autores 13

Indicações bibliográficas 29

Introdução

Capítulo I – **Fins e limites do processo civil**

§ 1. Os fins do processo civil 35
§ 2. O direito processual civil 40
§ 3. A demarcação do processo civil de outros processos 42
§ 4. A execução da demarcação em casos particulares 49
§ 5. Tribunais comuns e especiais 53
§ 6. Os limites da jurisdição civil alemã e a competência internacional 55

Livro I – Os sujeitos do processo

Capítulo II – **Os Órgãos da Justiça Cível**

§ 7. Os tribunais 63
§ 8. O juiz 67
§ 9. Competência material e territorial 75
§ 10. Competência funcional e exclusiva 79
§ 11. Competência determinada, convencional e por conexão . 81
§ 12. Efeitos da incompetência 83
§ 13. Colaboração judicial 86
§ 14. Exclusão e recusa de juizes 86
§ 15. Funcionário judicial, secretário e oficial de diligências .. 88
§ 16. O advogado 90
§ 17. O Ministério Público no processo civil 94

Capítulo III – **As partes**

§ 18. A noção de parte 97

§ 19. A personalidade judiciária 103
§ 20. A capacidade judiciária 107
§ 21. A representação no processo e o patrocínio judiciário ... 111
§ 22. Interesse em agir e legitimidade processual 118

Livro II – A marcha do processo

§ 23. O curso normal do processo 125

Capítulo IV – **Princípios processuais**

§ 24. O princípio dispositivo 131
§ 25. O princípio da instrução por iniciativa das partes 134
§ 26. Os deveres das partes, especialmente o dever da verdade 150
§ 27. Oralidade e publicidade 153
§ 28. A aceleração processual 156
§ 29. O direito a ser ouvido 167
§ 30. Os actos processuais das partes 170
§ 31. Revelia e reposição no estado anterior 178

Capítulo V – **Pressupostos, espécies e objecto da protecção jurídica**

§ 32. A relação jurídica processual 181
§ 33. Os pressupostos processuais 182
§ 34. As espécies de acções 189
§ 35. O interesse na protecção jurídica 195
§ 36. O direito à protecção jurídica 201
§ 37. O objecto do litígio 203

Capítulo VI – **A acção**

§ 38. Natureza e forma de acção 219
§ 39. O teor da acção 222
§ 40. A litispendência 226
§ 41. A modificação da instância 229
§ 42. A desistência da instância e a regulação da questão de fundo 233

Capítulo VII – **A defesa**

§ 43. A defesa do réu 237
§ 44. A confissão dos factos 241
§ 45. A compensação 244
§ 46. A reconvenção 250

§ 47. Confissão do pedido e desistência do pedido 253
§ 48. A transacção judicial 256

Capítulo VIII – **A prova**

§ 49. Natureza e objecto da prova 263
§ 50. Ónus da alegação e ónus da prova 271
§ 51. Produção de provas 279
§ 52. A inspecção ocular 283
§ 53. A prova testemunhal 285
§ 54. A prova pericial 290
§ 55. A prova documental 293
§ 56. O depoimento de parte 297

Capítulo IX – **A sentença**

§ 57. As decisões judiciais 301
§ 58. A pronúncia da sentença 302
§ 59. Espécies de sentenças 308
§ 60. Vícios da sentença 313
§ 61. Os efeitos da sentença 315
§ 62. O caso julgado material 316
§ 63. Os limites do caso julgado 323
§ 64. A ofensa do caso julgado 335
§ 65. O efeito constitutivo 341

Capítulo X – **Evolução anormal do processo**

§ 66. O processo à revelia 345
§ 67. A reclamação 351
§ 68. O significado prático do processo à revelia 353
§ 69. O processo perante o tribunal de comarca 354
§ 70. As decisões sem debate oral 357
§ 71. O processo perante o juiz singular 358

Capítulo XI – **Recurso e revisão do processo**

§ 72. Os recursos em geral 361
§ 73. A apelação 370
§ 74. A revista 377
§ 75. O agravo 389
§ 76. A revisão do processo 393

Capítulo XII – **A marcha externa do processo**

§ 77. A direcção do processo pelo tribunal 401

§ 78. O debate oral ... 403
§ 79. Notificações, convocações, prazos ... 405
§ 80. A suspensão do processo ... 408

Livro III – Especial configuração do processo

Capítulo XIII – **Pluralidade de partes ou acções**

§ 81. O litisconsórcio simples ... 415
§ 82. O litisconsórcio necessário ... 417
§ 83. A assistência ... 421
§ 84. O chamamento à autoria ... 426
§ 85. A intervenção principal e a oposição de terceiro ... 427
§ 86. A modificação das partes ... 428
§ 87. A alienação do objecto do litígio ... 431
§ 88. O cúmulo objectivo de acções ... 434

Capítulo XIV – **Processos especiais**

§ 89. O processo de títulos e letras ... 437
§ 90. O processo de injunção ... 439
§ 91. O processo em questões de família ... 445

Capítulo XV – **O processo arbitral**

§ 92. ... 461

Livro IV – Sistema de custas e de apoio judiciário

Capítulo XVI – **O sistema de custas**

§ 93. ... 473

Capítulo XVII – **O apoio judiciário**

§ 94. ... 477

SIGLAS E ABREVIATURAS

Todos os §§ sem indicação ou sem a referência "vd. supra" ou "vd. infra", são do ZPO.

Os que têm estas referências, respeitam aos §§ desta obra.

AbgG	Gesetz über die Rechtsverhältnisse der Mitglieder des Deutschen Bundestages – Abgeordnetengesetz – lei sobre as relações jurídicas dos membros do Parlamento Federal – lei dos deputados, de 21-2-1996
AcP	Archiv für die civilistische Praxis (volume, página) – arquivo da prática civilística
AG	Amtsgericht – tribunal de comarca/de primeira instância
AGB	Algemeine Geschätsbedingungen – condições gerais de venda
AK/(Bearbeiter)	Alternativ-Kommentar zur ZPO, 1987 – comentário alternativo ao ZPO
AktG	Aktiengesetz – lei das sociedades anónimas, de 6-9--1965
AnwBl.	Anwaltsblatt (ano, página) – jornal dos advogados
AöR	Archiv des öffentlichen Rechts (volume, página) – arquivo do direito público
AP	Arbeitsrechtliche Praxis (desde 1954, Nachslagewerk des Bundesarbeitsgerichts) – prática de direito do trabalho, repertório do tribunal federal do trabalho
ArbG	Arbeitsgericht – tribunal do trabalho
ArbGG	Arbeitsgerichtsgesetz – lei dos tribunais de trabalho, de 2-7-1979
ArcBürgR	Archiv für bürgerliches Recht (volume, página) – arquivo do direito civil
Arens/Lüke	*Arens und Wolfgang Lüke,* Zivilprozessrecht (Erkenntnisverfahren, Zwangsvollstreckung), 6.ª Ed., 1994
AVAG	Gesetz zur Ausführung zwischenstaatlicher Anerkennungs-und Vollstreckungsverträge in Zivil- und Handelssachen (Anerkennungs-und

	Vollstreckungsausführuhrungsgesetz) – lei para a realização de tratados entre os Estados para reconhecimento e execução em questões civis e comerciais, de 30-5-1988
BAG	Bundesarbeitsgericht – supremo tribunal federal do trabalho
BAGE	Entscheidungen des Bundesarbeitsgerichts (volume, página) – colectânea dos acórdãos do supremo tribunal federal do trabalho
BauGB	Baugesetzbuch – código da construção de 8-12-1986
Baumbach	*Baumbach*, Kommentar zur ZPO, prosseguido por *Lauterbach*, 56.ª Ed. (revisto por *Albers* und *Hartmann*), 1998
Baumgärtel, BLPr	*Baumgärtel*, Beweislastpraxis im Privatrecht, 1996
Baur/Grunsky,	*Baur* und *Grunsky*, Zivilprozessrecht, 9.ª Ed. 1997
Baur/Stürner	*Baur* und *Stürner*, Zwangsvollstreckungs-, Konkurs- und Vergleichsrecht, volume II: Insolvenzrecht, 12.ª Ed. 1990
BayObLG	Bayerisches Oberstes Landesgericht – tribunal supremo do Estado federado da Baviera
BayVerfGH	Bayerischer Verfassungsgerichtshof – supremo tribunal constitucional da Baviera
BB	Der Betriebs-Berater (ano, página) – o consultor da empresa
BBG	Bundesbeamtengesetz – lei dos funcionários federais, de 16-5-1997
Beil	Beilage – anexo
Bek	Bekanntmachung – edital, aviso, comunicado, publicação
BerHG	Gesetz über Rechtsberatung und Vertretung für Bürger mit geringem Einkommen (Beratungshilfegesetz) – lei de acesso ao direito, de 18-6-1980
Bernhardt	*Bernhardt*, Das Zivilprozessrecht, 3.ª Ed. 1968
BezG	Bezirksgericht – tribunal de bairro
BFH	Bundesfinanzhof – supremo tribunal federal em matérias fiscais
BGB	Bürgerliches Gesetzbuch – código civil, de 18-8-1896
BGBl	Bundesgesetzblatt (I: Teil I; II: Teil II) – jornal oficial da RFA (I: parte I; II: parte II)
BGH	Bundesgerichtshof – supremo tribunal federal
BGHSt	Entscheidungen des Bundesgerichtshof in Strafsachen – colectânea dos acórdãos do BGH em matéria penal (volume, página)

BGHZ	Entscheidungen des Bundesgerichtshofs in Zivilsachen – colectânea dos acórdãos do BGH em matéria cível (volume, página)
BJagdG	Bundesjagdgesetz – lei federal da caça, de 29-9-1976
Blomeyer	*A. Blomeyer*, Zivilprozessrecht, Erkenntnisverfahren, 2.ª Ed. 1985
BMinG	Gesetz über die Rechtsverhältnisse der Mitglieder der Bundesregierung (Bundesministergesetz) – lei dos ministros federais, de 27-7-1971
BRAGO	Bundesgebührenordnung für Rechtsanwälte – regulamento federal dos honorários dos advogados, de 26-7-1957
BRAO	Bundesrechtsanwaltsordnung – regulamento federal da profissão de advogado, de 1-8-1959
BR-Drs	Bundesratsdrucksache – impressos do Conselho Federal
BRRG	Rahmengesetz zur Vereinheitlichung des Beamtenrechts (Beamtenrechtsrahmengesetz) – lei quadro da função pública, de 27-2-1985
Bruns	*R. Bruns*, Zivilprozessrecht, 2.ª Ed. 1979
BSG	Bundessozialegericht – supremo tribunal federal dos assuntos sociais
BSGE	Entscheidungen des Bundessozialgerichts – colectânea dos acórdãos do supremo tribunal federal dos assuntos sociais (volume, página)
BT-Drs	Bundestagsdrucksache – impressos do Parlamento Federal
Büro	Das Juristische Büro – o escritório jurídico (ano, coluna)
BVerfG	Bundesverfassungsgericht – tribunal constitucional federal
BVerfGE	Entscheidungen des Bundesverfassungsgerichts – colectânea de acórdãos do tribunal constitucional federal (volume, página)
BVerfGG	Gesetz über das Bundesverfassungsgericht – lei sobre o tribunal constitucional federal, de 11-8-1993
BVerwG	Bundesverwaltungsgericht – tribunal administrativo federal
BVerwGE	Entscheidungen des Bundesverwaltungsgericht – colectânea de acórdãos do tribunal administrativo federal (volume, página)
BVFG	Gesetz über die Angelegenheiten der Vertriebenen und Flüchtlinge (Bundesvertriebengesetz) – lei dos deslocados e refugiados (da RDA na RFA), de 2-6-1993

DAV	Der Amtsvormund – o tutor legal (ano, página)
DB	Der Betrieb – a empresa (ano, página)
DDR	Deutsche Demokratische Republik – República Democrática Alemã (RDA)
DGVZ	Deutsche Gerichtsvollzieher-Zeitung – jornal do oficial de justiça alemão (ano, página)
DGWR	Deutsches Gemein- und Wirtschaftsrecht – direito comunitário e económico alemão (ano, página)
DJ	Deutsche Justiz – justiça alemã (ano, página)
DJT	Deutscher Juristentag – diário jurídico alemão
DJZ	Deutsche Juristen-Zeitung – jornal jurídico alemão (ano, página)
DÖV	Die Öffentliche Verwaltung – administração pública (ano, página)
DR	Deutsches Recht – direito alemão (ano, página)
DRiG	Deutsches Richtergesetz – estatuto da magistratura judicial alemã, de 19-4-1972
DRiZ	Deutsche Richterzeitung – jornal judicial alemão (ano, página)
DRW	Deutsche Rechtswissenschaft – ciência jurídica alemã (ano, página)
DRZ	Deutsche Rechts-Zeitschrift – revista de direito alemão (ano, página)
DtZ	Deutsch-Deutsche Rechts-Zeitschrift – revista alemã de direito alemão (ano, página)
DVBl	Deutsches Verwaltungsblatt – jornal da administração alemã (ano, página)
DVO	Durchführungsverordnung – regulamento de aplicação
EAGV	Vertrag zur Gründung der Europäischen Atomgemeinschaft – tratado para o estabelecimento da Comunidade Europeia da Energia Atómica, de 25-3-1957
EGGVG	Einführungsgesetz zum Gerichtsverfassungsgesetz – lei de introdução à lei sobre organização judiciária, de 27-1-1877
EGMR	Europäischer Gerichtshof für Menschenrechte – Tribunal Europeu dos Direitos do Homem
EGV	Vertrag zur Gründung der Europäischen Wirtschaftsgemeinschaft – tratado para o estabelecimento da Comunidade Económica Europeia, de 7-2-1992
EGZPO	Einführungsgesetz zur Zivilprozessordnung – lei de introdução ao código do processo civil, de 30-1-1877
EheG	Ehegesetz – lei sobre o casamento, de 20-2-1946
1. EheRG	Erstes Gesetz zur Reform des Ehe-und Familienrechts

	– primeira lei de reforma do direito de casamento e da família, de 14-6-1976
EheschlRG	Gesetz zur Neuordnung des Eheschliessungsrechts (Eheschliessungsrechtsgesetz) – lei de reforma do direito à celebração do casamento
EinV	Vertrag zwischen der Bundesrepublik Deutschland und der Deutschen Demokratischen Republik über die Herstellung der Einheit Deutschlands (Einigungsvertag) – tratado entre a RFA e a RDA sobre o estabelecimento da unidade da Alemanha, tratado de unificação, de 31-8-1990
EKMR	Europäische Kommission für Menschenrechte – Comissão Europeia para os Direitos do Homem
EU	Europäische Union – União Europeia
EuGH	Gerichtshof der Europäischen Gemeinschaften – Tribunal de Justiça das Comunidades Europeias
EuGVÜ	Übereinkommen über die gerichtliche Zuständigkeit und die Vollstreckung gerichtlicher Entscheidungen in Zivil- und Handelssachen – convenção sobre a competência judicial e a execução de decisões judiciais em matérias civis e comerciais, de 27-9-1968, na redacção do 3.º acordo de adesão de 26-5-1989
EWIV	Europäische Wirtschaftliche Interessenvereinigung – acordo de interesses económicos europeus
FamRÄndG	Gesetz zur Vereinheitlichung und Änderung familienrechtlicher Vorschriften (Familienrechtsänderungsgesetz) – lei da alteração do direito de família, de11--8-1961
FamRZ	Zeitschrift für das gesamte Familienrecht – revista do direito de família (ano, página)
Fasching	*Fasching*,(Österreichisches) Zivilprozessrecht, 2.ª Ed., 1990
FG	Festgabe (für) – homenagem (a)
FGG	Gesetz über die Angelegenheiten der freiwilligen Gerichtsbarkeit – lei sobre as questões de jurisdição voluntária, na redacção de 20-5-1898
FGO	Finanzgerichtsordnung – regulamento das jurisdições fiscais, de 6-10-1965
FS	Festschrift (für) – escritos em homenagem (a)
FS BVerwG	Verwaltungsrecht zwischen Freiheit, Teilhabe und Bindung. Festgabe aus Anlass des 25jährigen Bestehens des Bundesverwaltungsgerichts – direito administrativo sobre a liberdade, participação e sujei-

	ção; homenagem por ocasião dos 25 anos da existência do Supremo Tribunal Administrativo federal, 1978
GG	Grundgesetz für die Bundesrepublik Deutschland – Lei Fundamental (Constituição Política) da RFA, de 23-5-1949
GKG	Gerichtskostengesetz – lei das custas judiciais, na redacção de 15-12-1975
GleichberG	Gesetz über die Gleichberechtigung von Mann und Frau auf dem Gebiete des bürgerlichen Rechts (Gleichberechtigungsgesetz) – lei da igualdade de homem e mulher, nas questões de direito civil, de 18-6-1957
GmbH	Gesellschaft mit beschränkter Haftung – sociedade de responsabilidade limitada (sociedade por quotas)
GmbHG	Gesetz betreffend die Gesellschaften mit beschränkter Haftung – lei respeitante às sociedades de responsabilidade limitada, na redacção de 20-5-1898
GmS	Gemeinsamer Senat der obersten Gerichtshöfe des Bundes – Câmara Comum dos Supremos Tribunais Federais
Grunsky	*Grunsky*, Grundlagen des Verfahrensrechts, 2.ª Ed., 1974
GS	Gedächtnisschrift (für) – escritos em memória (de)
GVG	Gerichtsverfassungsgesetz – lei da organização judiciária, na redacção de 9-5-1975
GWB	Gesetz gegen Wettbewerbsbeschränkungen – lei que reprime as restrições à concorrência, na redacção de 20-2-1990
Häsemeyer	*Häsemeyer*, Insolvenzrecht, 1992
HausratsVO	Verordnung über die Behandlung der Ehewohnung und des Hausrats – regulamento de aplicação da lei do casamento (domicílio conjugal e recheio da casa)
HGB	Handelsgesetzbuch – código comercial, de 10-5-1897
Holzhammer	*Holzhammer*, Österreichisches Zivilprozessrecht, 2.ª Ed., 1976
HS	Halbsatz – meio período
HWiG	Gesetz über den Widerruf von Haustürgeschäften und ähnlichen Geschäften – lei sobre a revogação dos negócios realizados à porta de casa e similares, de 16-1-1986
InsO	Insolvenzordnung – código das falências, de 5-10--1994
JA	Juristische Arbeitsblätter – folhas jurídicas do trabalho (ano, página)

Jauernig/(Bearbeiter)	*Jauernig/Schlechtriem/Stürner/Teichmann/Vollkommer*, BGB, 8.ª Ed., 1997
JBl	(Österreichische) Juristische Blätter – folhas jurídicas austríacas (ano, página)
JherJb	Jherings Jahrbücher der Dogmatik des bürgerlichen Rechts – anuários Jhering da dogmática do direito civil (volume, página)
JR	Juristische Rundschau – panorama jurídico (ano, página)
JurA	Juristische Anlysen – análises jurídicas (ano, página)
Jura	Juristische Ausbildung – formação jurídica (ano, página)
Juristentagfestschrift	Hundert Jahre deutsches Rechtsleben. Festschrift zum 100jährigen Bestehen des Deutschen Juristentages 1860-1960 – 100 anos de vida jurídica alemã; escritos de homenagem do centenário da existência do diário jurídico alemão
JuS	Juristische Schulung – formação jurídica (ano, página)
JW	Juristische Wochenschrift – semanário jurídico (ano, página)
JZ	Juristenzeitung – jornal do jurista (ano, página)
KG	Kammergericht; Kommanditgesellschaft – tribunal superior; sociedade em comandita
KindRG	Gesetz zur Reform des Kindschaftsrechts (Kindschaftsrechtsreformgesetz) – lei de reforma do direito de filiação, de 16-12-1997
KindUG	Gesetz zur Vereinheitlichung des Unterhaltsrechts minderjähriger Kinder (Kindesunterhaltsgesetz) – lei de uniformização do direito de alimentos de filhos menores
Kissel	*Kissel*, Gerichtsverfassungsgesetz, 2.ª Ed., 1994
KO	Konkursordnung – código das falências, na redacção de 20-5-1898
KrG	Kreisgericht – tribunal de círculo
KTS	Zeitschrift für Insolvenzrecht – Konkurs/Treuhand/Sanierung – revista de direito de insolvência – falência, tutela, saneamento (ano, página)
LAG	Landesarbeitsgericht – tribunal de trabalho do Land
Landesberichte	Effektivität des Rechtsschutzes und verfassungmässige Ordnung. Die deutschen Landesberichte zum VII. Internat. Kongress für Prozessrecht in Würzburg 1983, de P. Gilles, 1983 – relatórios sobre a efectiva protecção jurídica e ordem constitucional ao VII Congresso

	Internacional do Processo Civil em Würzburg, de P. Gilles, 1983
LG	Landgericht – tribunal regional de grande instância
LM	Nachschlagewerk des Bundesgerichtshofs, criado por Lindenmaier e Möhring – obra de referência do Supremo Tribunal Federal (os §§ sem indicação de lei são os do ZPO).
LSG	Landessozialgericht – tribunal social do Land
MDR	Monatsschrift für Deutsches Recht – revista mensal do direito alemão (ano, página)
MK-BGB	Münchener Kommentar zum Bürgerlichen Gesetzbuch – comentário de Munique ao Código Civil (3.ª Ed., publicada desde 1992, com volume de complemento)
MK-ZPO	Münchener Kommentar zur Zivilprozessordnung, 1992, mit Sonderheft zum Rechtspflege-Entlastungsgesetz, 1993 – comentário de Munique ao código de processo civil, 1992, com caderno especial para a lei de redução do funcionamento da Justiça, 1993
MRK	(Europäische) Konvention zum Schutze der Menschenrechte und Grundfreiheiten – convenção europeia dos direitos do homem, de 4-11-1950
Musielak	*Musielak*, Grundkurs ZPO, 3.ª Ed., 1995
NeuordG	Gesetz zur Neuordnung des Berufsrechts der Rechtsanwälte und der Patentanwälte – lei de reorganização do direito profissional dos advogados e consultores técnicos da propriedade industrial, de 2-9-1994
NJW	Neue Juristische Wochenschrift – nova revista jurídica (ano, página)
NStZ	Neue Zeitschrift für Strafrecht – nova revista de direito penal (ano, página)
NVwZ	Neue Zeitschrift für Verwaltungsrecht – nova revista de direito administrativo (ano, página)
OGHZ	Entscheidungen des Obersten Gerichtshofs für die Britische Zone in Zivilsachen – jurisprudência do supremo tribunal da zona britânica, em questões de direito civil (volume, página)
OHG	Offene Handelsgesellschaft – sociedade em nome colectivo
OLG	Oberlandesgericht – tribunal da relação
OLGZ	Entscheidungen der Oberlandesgerichte in Zivilsachen – jurisprudência dos tribunais da relação em matéria cível (ano, página)

OVG	Oberverwaltungsgericht – tribunal de recurso em matéria administrativa
PartG	Partnerschaftsgesellschaft – associação em participação
PartGG	Gesetz über Partnerschaftsgesellschaften Angehöriger Freier Berufe – (Partnerschaftsgesellschaftsgesetz) – lei sobre sociedades de profissionais liberais, de 25-7-1994
Paulus	*Christoph G. Paulus*, Zivilprozessrecht (Erkenntnisverfahren und Zwangsvollstreckung), 1996
PKH	Prozesskostenhilfe – apoio judiciário
PostG	Postgesetz – lei sobre os correios, de 22-12-1997
PostUmwG	Gesetz zur Umwandlung der Unternehmen der Deutschen Bundespost in die Rechtsform der Aktiengesellschaft (Postumwandlungsgesetz) – lei sobre a transformação das empresas dos correios federais alemães na forma legal de sociedades por acções, de 14-9-1994
ProdHaftG	Gesetz über die Haftung für fehlerhafte Produkte (Produkthaftungsgesetz) – lei sobre a responsabilidade por produtos defeituosos, de 15-12-1989
PStG	Personenstandsgesetz – lei do estado civil, na redacção de 8-8-1957
RabelsZ	Zeitschrift für ausländisches und internationales Privatrecht – revista do direito privado estrangeiro e internacional (volume, página)
RADG	Rechtsanwaltsdienstleistungsgesetz – lei da prestação de serviços de advogado, na redacção de 14-3-1990
RBerG	Rechtsberatungsgesetz – lei sobre a consulta jurídica, de 13-12-1935
RBHaftG	Gesetz über die Haftung des Reiches für seine Beamten – lei sobre a responsabilidade do Estado pelos seus funcionários, de 22-5-1910
RdA	Recht der Arbeit – direito do trabalho (ano, página)
RG	Reichsgericht – supremo tribunal do "Reich"
RGSt	Entscheidungen des Reichsgerichts in Strafsachen – jurisprudência do supremo tribunal do "Reich" em matérias penais (volume, página)
RGZ	Entscheidungen des Reichesgerichts in Zivilsachen – colectânea dos acórdãos do supremo tribunal do "Reich"em matérias cíveis (volume, página)
RIW	Recht der Internationalen Wirtschaft – direito da economia internacional (ano, página)

Rosenberg	*Rosenberg*, Zivilprozessrecht (continuado por *K. H. Schwab*), 15.ª Ed. (criado por *Gottwald*), 1993
Roxin	*Roxin*, Strafverfahrensrecht, 24.ª Ed., 1995
RpflAnpG	Gesetz zur Anpassung der Rechtsplege im Beittritsgebiet (Rechtspflege-Anpassungsgesetz) – lei da readaptação da administração da Justiça, na área de ingresso (lei de readaptação da Justiça), de 26-6-1992
RpflBl	Rechtspflegerblatt – boletim dos secretários judiciais (ano, página)
Rechtpfleger	Der Deutsche Rechtspfleger – o secretário judicial alemão (ano, página)
RpflEntlG	Gesetz zur Entlastung der Rechtspflege – lei da redução da administração da Justiça, de 11-1-1993
RPflG	Rechtspflegergesetz – lei dos secretários judiciais, de 5-11-1969
RpflVereinfG	Rechtspflege-Vereinfachungsgesetz – lei da simplificação da Justiça, de 17-12-1990
RR	NJW-Rechtsprechungs-Report – relatório da jurisprudência da NJW (ano, página)
Rspr.	Rechtsprechung – jurisprudência
RsprEinhG	Gesetz zur Wahrung der Einheitlichkeit der Rechtsprechung der obersten Gerichtshöfe des Bundes – lei de salvaguarda da uniformidade da jurisprudência dos supremos tribunais federais, de 19-6-1968
SachenRBerG	Sachenrechtsbereinigungsgesetz – lei de regulação de direitos reais, de 21-9-1994
SAE	Sammlung Arbeitsrechtlicher Entscheidungen – colectânea de jurisprudência de direito do trabalho (ano, página)
Schack	*Schack*, Internationales Zivilverfahrensrecht, 2.ª Ed., 1996
Schwab/Walter	*Schwab* e *Walter*, Schiedsgerichtsbarkeit, 5.ª Ed., 1995
Schellhammer	*Schellhammer*, Zivilprozess, 7.ª Ed., 1997
Schilken	*Schilken*, Zivilprozessrecht, 2.ª Ed., 1995
SchlHA	Schleswig-Holsteinische Anzeigen – publicação de anúncios de Schleswig-Holstein (ano, página)
Schlosser	*P. Schlosser*, Zivilprozessrecht I, Erkenntnisverfahren, 2.ª Ed., 1991
Schlosser, EuGVÜ	*Schlosser*, Europäisches Gerichtsstands- und Vollstreckungsübereinkommen mit Luganer Übereinkommen, etc., 1996
E. Schneider	*Egon Schneider*, Der Zivilrechtsfall in Prüfung und Praxis, 7.ª Ed., 1988

SGG	Sozialgerichtsgesetz – lei relativa às jurisdições sociais, na redacção de 23-9-1975
SJZ	Süddeutsche Juristenzeitung – jornal do jurista da Alemanha do Sul (ano, coluna)
StGB	Strafgesetzbuch – código penal, na redacção de 10-3-1987
StHG	Gesetz zur Regelung der Staatshaftung in der DDR (Staatshaftungsgesetz) – lei de regulação da responsabilidade do Estado na RDA (lei de responsabilidade do Estado), de 12-5-1969
StJ	*Stein/Jonas*, Kommentar zur ZPO, 20.ª Ed., 1977/89 (revista por *Grunsky, Leipold, Münzberg, Schlosser, Schumann*); 21.ª Ed., (revista por *Bork, Brehm, Grunsky, Leipold, Münzberg, Roth, Schlosser, Schumann*) comentário ao ZPO, em publicação desde 1993
StPO	Strafprozessordnung – código de processo penal, na redacção de 7-4-1987
StSen	Strafsenat – secção criminal
Thomas/Putzo	*Thomas/Putzo*, ZPO, 20.ª Ed., 1997
UÄndG	Gesetz zur Änderung unterhaltsrechtlicher, verfahrensrechtlicher und anderer Vorschriften – lei para alteração de alimentos, disposições processuais e outras, de 20-2-1986
UmweltHG	Umwelthaftungsgesetz – lei de responsabilidade pelo ambiente, de 10-12-1990
Vereinfachungsnovelle	Gesetz zur Vereinfachung und Beschleuniging gerichtlicher Verfahren (Vereinfachungsnovelle) – Novela de simplificação, de 3-12-1976
VermG	Gesetz zur Regelung offener Vermögensfragen (Vermögensgesetz) – lei de regulação de questões patrimoniais pendentes (lei do património), de 2-12--1994
VersR	Versicherungsrecht – direito de seguros (ano, página)
VGH	Verwaltungsgerichtshof – tribunal de recurso administrativo
VwGO	Verwaltungsgerichtsordnung – código das jurisdições administrativas, de 21-1-1960
4. VwGOÄndG	Gesetz zur Neuregelung des verwaltungsgerichtlichen Verfahrens (Viertes Gesetzs zur Änderung der Verwaltungsgerichtsordnung) – 4.ª emenda ao código das jurisdições administrativas, de 17-12-1990
WEG	Gesetz über das Wohnungseigentum und das

	Dauerwohnrecht (Wohnungseigentumsgesetz) – lei respeitante à propriedade da habitação e ao direito ao domicílio permanente, de 15-3-1951
Wieczorek/Schütze	*Wieczorek* e *Schütze*, ZPO 3.ª Ed., publicada desde 1994
WM	Zeitschrift für Wirtschafts- und Bankrecht, Wertpapier-Mitteilungen Teil IV – revista do direito económico e bancário, notificação de títulos de crédito, parte IV (ano, página)
WÜD	Wiener Übereinkommen über diplomatische Beziehungen (BGBl. 1964 Teil II, pág. 957) – Convenção de Viena sobre relações diplomáticas, de 18-4-1961
WÜK	Wiener Übereinkommen über konsularische Beziehungen (BGBl. 1969 Teil II, pág. 1585) – Convenção de Viena sobre relações consulares, de 24-4-1963
Zeiss	*Zeiss*, Zivilprozessrecht, 9.ª Ed., 1997
ZHR	Zeitschrift für das gesamte Handelsrecht und Wirtschaftsrecht – revista do direito comercial e económico (volume, página)
Zimmermann	*Zimmermann*, ZPO, 4.ª Ed., 1995
ZIP	Zeitschrift für Wirtschaftsrecht – revista do direito económico (ano, página)
Zöller	*Zöller*, ZPO, 20.ª Ed., (revista por *Geimer, Greger, Gummer, Herget, Philippi, Stöber, Vollkommer*), 1997
ZPO	Zivilprozessordnung – código do processo civil, na redacção de 12-9-1950
ZRP	Zeitschrift für Rechtspolitik – revista da política do direito (ano, página)
Zwangsvollstreckungs- und Insolvenzrecht	*Jauernig*, Zwangsvollstreckungs- und Insolvenzrecht, 20.ª Ed., 1996
ZZP	Zeitschrift für Zivilprozess – revista de processo civil (volume, página)

REFERÊNCIAS DOUTRINAIS

I. Das *antigas exposições* de direito processual civil ainda têm hoje interesse científico: *Wach*, Handbuch des Deutschen Civilprozessrechts (inacabado), tomo I, 1885; *Hellwig*, Lehrbuch des Deutschen Civilprozessrechts (inacabado), 3 tomos, 1903 até 1909; *Hellwig*, System des Deutschen Ziviprozessrechts, tomo I, 1912, tomo 2 (completado por *Oertmann*), 1919; Richard *Schmidt*, Lehrbuch des Deutschen Zivilprozessrechts, 2.ª Ed., 1906, com aditamento de 1910. Estas obras estão antiquadas em muitos pormenores, mas são sempre úteis no estudo dos principais problemas do direito processual.

II. Das exposições mais recentes há a *Rechtszustand vor 1933*, novamente o importante manual de *Goldschmidt*, 2.ª Ed., 1932, com aditamento de 1934.

III. Na *actualidade* o manual mais completo é o de *Rosenberg*, prosseguido até à 14.ª Ed. por *Schwab*, 15.ª Ed., 1933 (revista por *Gottwald*). Mais concisa, significativa e corrente é a exposição (mas demasiado sucinta para os novos problemas, nomeadamente os que decorrem da Novela da simplificação e da 1.ª lei de reforma do direito do casamento e da família) é o manual de *A. Blomeyer*, 2.ª Ed., 1985. Originalidade na condução do pensamento e abrangente consideração dos direitos estrangeiros, assinalam o livro de *R. Bruns*, 2.ª Ed., 1979. A extensa obra de *Schellhammer* (Zivilprozess, 7.ª Ed., 1997) é notável pelas numerosas referências da actuação prática dos tribunais. Exposições concentradas oferecem *Arens/Lüke* (incluindo execução), 6.ª Ed., 1994; *Baur/Grunsky*, 9.ª Ed., 1997; *Bernhardt*, 3.ª Ed., 1968; *Paulus* (incluindo execução), 1996; *Schilken*, 2.ª Ed., 1995; *Schlosser*, 2.ª Ed., 1991; *Zeiss*, 9.ª Ed., 1997. Uma boa introdução à prática no processo civil conseguem *H.H. Bischof*, Der Zivilprozess nach der Vereinfachungsnovelle, 1980 e *Becht*, 1994.

Tratam toda a organização judiciária alemã *M. Wolf*, Gerichtsverfassungsrecht aller Verfahrenszweige, 6.ª Ed., 1987, bem como *Schilken*, Gerichtsverfassungsrecht, 2.ª Ed., 1994. A lei da organização judiciária é pormenorizadamente comentada por *Kissel*, 2.ª Ed., 1994.

O cada vez mais importante direito processual civil internacional é exposto por *Shack*, 2.ª Ed., 1996.

IV. Entre os grandes *comentários*, o mais significativo, cientificamente fundado é o de *Stein/Jonas*, 20.ª Ed., 1977/91; em 1993 surgiu a 21.ª Ed. (com revisão do seu índice de abreviaturas). Der Münchener Kommentar zur Zivilprozessordnung (1992, com caderno especial para a lei de redução do funcionamento da Justiça, 1993) oferece por uma multiplicidade de trabalhos um comentário orientado para a prática sobre fundamentos científicos. O volumoso comentário de *Wieczorek/Schütze* surge em 1994 em 3.ª Ed.

Abundante material fornecem o comentário sucinto de *Baumbach*, continuado por *Lauterbach*, 56.ª Ed., 1998 (revista por *Albers* e *Hartmann*), bem como o comentário de *Zöller* (revisto por *Geimer*, *Greger*, *Herget*, *Philippi*, *Stöber*, *Vollkommer*), 20.ª, 1997 Originariamente pensado sobretudo para os jovens juristas, mas há muito reconhecido geralmente na doutrina e na prática é o primoroso, sucintamente preparado comentário de *Thomas/Putzo*, 20.ª Ed., de 1997. Uma informação auxiliar da jurisprudência dos tribunais superiores orientada, antes de mais, para a prática, oferece o pequeno comentário de *Zimmermann*, 4.ª Ed., 1995. O comentário (alternativo) ao ZPO, 1987, observa o objectivo não rigorosamente novo de respeitar as partes como sujeitos do processo, a que a "alternatividade" do comentário coloca limites benéficos.

V. De *revistas* trata especialmente com as questões de processo civil a Zeitschrift für Zivilprozess.

VI. Importante, mesmo para os principiantes, são as colectâneas (chamadas oficiais) das *Entscheidungen des Reichesgerichts in Zivilsachen* (RGZ) e das *Entscheidungen des Bundesgerichtshofs in Zivilsachen* (BGHZ), bem como o repertório do Bundesgerichtshof criado por *Lindenmaier* e *Möhring*.

Muitas questões de processo civil se debatem na colectânea (chamada oficial) das *Entscheidungen des Bundesarbeitsgerichts e na Arbeitsrechtlichen Praxis* (repertório do Bundesarbeitsgericht desde 1954).

VII. *Outros meios*, *Baumgärtel/Laumen/Prütting*, Der Zivilprozessrechtsfall, 8.ª Ed., 1995; *Baumgärtel/Prütting*, Einführung in das Zivilprozessrecht, 8.ª Ed., 1994; *W. Gerhardt*, Zivilprozessrecht, Fälle und Lösungen, 5.ª Ed., 1996; *Lüke*, Fälle zum Zivilverfahrensrecht (Erkenntnis- und Vollstreckungsverfahren der ZPO), 2.ª Ed., 1993; *Musielak*, Grundkurz ZPO, 3.ª Ed., 1995; *E. Peters*, Zivilprozessrecht einschliesslich Zwangsvollstreckung und Konkurs, 4.ª Ed., 1986; *Schrader/Steinert*, Zivilprozess, 7.ª Ed., 1990; *E. Schumann*, Die ZPO – Klausur, 1981: *Tempel*, Mustertexte zum Zivilprozess, tomo I, 4.ª Ed., 1995; tomo II, 4.ª Ed., 1996; *Zimmermann*, ZPO – Fallrepertorium, 2.ª Ed., 1997.

INTRODUÇÃO

Capítulo Primeiro

Fins e limites do processo civil

§ 1. Os fins do processo civil

Bauer, Zeit- und Geistesströmungen im prozess, JBl. 70, 445; *Betterman,* Hundert Jahre Zivilprozessordnung – Das Schicksal einer liberalen Kodifikation, ZZP 91, 365; *Damrau,* Der Einfluss der Ideen Franz Kleins auf den Deutschen Zivilprozess, in: *Hofmeister* (Hrsg.), Forschungsband Franz Klein, 1988, pág. 157; *Dütz,* Funktionswandel des Richters im Zivilprozess?, ZZP 87, 361; *Gaul,* Zur Frage nach dem Zweck des Zivilprozesses, AcP 168, 27; *Henckel,* Prozessrecht und materielles Recht, 1970, pág. 41 e segs.; *Jauernig,* Materielles Recht und Prozessrecht, JuS 71, 329; *Franz Klein,* Zeit-und Geistesströmungen im Prozesse, 1901; *Leipold,* Zivilprozessrecht und Ideologie, JZ 82, 441; *Pawlowki,* Aufgabe des Zivilprozesses, ZZP 80, 345; *Eike Schmidt,* Der Zweck des Zivilprozess und seine Ökonomie, 1973; *Sprung,* Die Ausgangspositionen österreichischer Zivilprozessualistik und ihr Einfluss auf das deutsche Recht, ZZP 92, 4; *Stürner,* Prozesszweck und Verfassung, FS Baumgärtel, 1990, pág. 545; *Wassermann,* Der soziale Zivilprozess, 1978.

I. Em nenhuma ordem jurídica basta apenas haver **direitos**; estes **devem** também **ser exequíveis**. A exequibilidade não é, no entanto, uma característica peculiar do direito. Uma ordem jurídica que renuncie, em princípio, à exequibilidade, renuncia a si própria; põe a sua observância ao dispor do interessado. Daí que é característica de toda a ordem jurídica que os direitos do indivíduo sejam, em princípio, também exequíveis. A questão é apenas como pode ou tem de ser.

1. A solução originária em todos os povos primitivos era a **justiça privada**. O indivíduo tinha de fazer valer o seu próprio direito, e a família e o clã ajudavam-no, se necessário, com o emprego da força. No entanto, não havia garantia de sucesso do direito. Pelo contrário: quem

tinha o poder, tinha o "direito". Nessa "luta pelo direito" o direito ficou demasiadas vezes pelo caminho e a paz jurídica externa – pressuposto da existência de toda a comunidade humana – foi seriamente perturbada. Isto não podia ser aceite pelo crescente poder do Estado. Por isso, proibiu toda a justiça privada (excluídos casos excepcionais) e tomou nas suas mãos a salvaguarda e a realização da ordem jurídica. A solução para isso é um procedimento perante o tribunal do Estado: o processo.

Na parte final da longa evolução está a quase completa eliminação da justiça privada e a profunda consciência do povo de que o processo é a única solução permitida para a salvaguarda do direito. A "descoberta" de um processo para a realização da ordem jurídica representa um dos maiores sucessos do espírito humano.

2. A substituição da justiça privada pelo processo estatal confere-lhe o seu **primeiro** e natural **fim**. *Qualquer processo*, seja processo penal, civil ou administrativo serve, como instituição, quer a *paz jurídica*, quer a *realização e verificação do direito objectivo, da ordem jurídica.*

A verificação da ordem jurídica pelo veredicto do juiz significa, muitas vezes, o seu **progresso**.

Isto acontece, sobretudo, quando são submetidas ao juiz situações em que o legislador não pensou e que, por isso, não foram reguladas pela lei, ou só o foram insuficientemente. O juiz tem de decidir apesar da insuficiência ou da "lacuna", ou seja, da (geralmente assistemática) imperfeição da lei. Aqui entra em jogo a sua acção de desenvolvimento da ordem jurídica, que não se pode afastar muito da simples interpretação das disposições existentes. O desenvolvimento do direito pelo juiz (vd. GVG §132 IV) é um irrenunciável fim judicial. Sobre as suas virtualidades e limites, vd. BVerfGE 69, 203; BVerfG NJW 85, 1767 e seg.; BVerwG NJW 91, 443, com outras referências.

II. Quais os **fins** que o **processo civil** tem de realizar **especialmente** – para além da função geral de todos os processos – depende da conformação do direito objectivo material.

1. Segundo o direito vigente, o processo civil tem, **em regra**, a **finalidade de realizar direitos subjectivos privados.** Daí resultam consequências para os regimes essenciais do processo: se é desencadeado um processo, ele fica exclusivamente nas mãos das partes (vd. infra § 24); a responsabilidade final da alegação da matéria do processo é encargo das partes (vd. infra §25); as partes podem provocar a extinção do processo (vd. infra §§ 42, 47 e 48).

2. **Excepcionalmente**, pode não se tratar no processo civil de um direito subjectivo. Muitas vezes o particular exerce um direito como autor, que não lhe foi concedido originariamente no seu interesse. Isto patenteia-se quando, não apenas o interessado substantivo pode demandar, mas também uma instituição do Estado como **"funcionária de toda a ordem jurídica"** (*Raiser*) , no interesse público. Isto confirma-se também – apesar do perigoso nivelamento constitucional (vd. infra § 91 II 3, 9 e 10 b) – pelo recém disposto processo de anulação do casamento por bigamia do EheschlRG (BGB §§ 1306 e 1314 I): além dos três interessados, também pode formular o pedido de anulação a "autoridade administrativa competente" (BGB § 1616 I n.º 1), e "tem" de o fazer (BGB § 1616 III; para as excepções aí previstas vd. infra § 91 II 3), mesmo que se oponham os três pessoalmente interessados na bigamia. Em tais casos excepcionais, o processo civil serve a **realização** duma determinada parte **do direito objectivo**, a verificação dum instituto público (no exemplo: a verificação do instituto da monogamia). Daí resultam novamente consequências para a formação do processo em pontos importantes: se um processo está em curso, não o determinam só os interessados directos (vd. infra § 24 I e II); para a matéria do processo reunida cabe ao tribunal, portanto ao Estado, a responsabilidade última (vd. infra § 25); perigoso nivelamento constitucional no caso de bigamia, vd. infra § 91 II 10 b); o recurso do funcionário de toda a ordem jurídica é também admissível se ele venceu na instância inferior, portanto não foi "agravado" (vd. infra § 72 V); a possibilidade de as partes fazerem extinguir o processo são limitadas (vd. infra §§ 48 IV 2, 91 II 2 e V 3).

3. As duas justamente chamadas finalidades do processo: realização dos direitos privados subjectivos e salvaguarda dos institutos jurídicos exigem, como já se disse, um processo correspondentemente no essencial, diferenciado e moldado. Por isso está fora de questão que, no processo, os direitos subjectivos e os institutos jurídicos sejam, ao mesmo tempo, salvaguardados e realizados. Com a protecção dos direitos privados subjectivos é conciliável, no entanto, o fim de cada processo como instituição, descrito supra em I 2, para salvaguardar a paz jurídica e realizar o direito objectivo, substituindo a justiça privada. Esta função é, evidentemente, demasiado geral, se daí podem resultar consequências imediatas para o teor do concreto ordenamento processual.

III. Que o processo civil, consoante o direito vigente, sirva normalmente a salvaguarda dos direitos privados subjectivos é, ocasionalmente mal interpretado como expressão de uma "concepção individualista" oposta a uma "**concepção social do processo**", como foi defendido nomeadamente por *Franz Klein*, o autor do ZPO austríaco (vd. *Sprung*, loc. cit., particularmente pág. 8 e segs.).

1. *Klein* (loc. cit. págs. 30 e 36) viu no processo uma imprescindível instituição estatal de previdência, um "elo da assistência social" e concebeu correspondentemente a moderna concepção do Estado, que a salvaguarda do direito seja, desde o princípio do processo, assistência estatal. Todavia, é evidente que também para *Klein* o alvo e a finalidade do processo é prescrito pelo direito substantivo: "o processo é um *meio* para a determinação do direito substantivo e tem de continuar a sê-lo (Vorlesungen über die Praxis des Civilprocesses, 1900, pág. 11). Para tornar este meio tão eficaz quanto possível, *Klein* defende "libertar a força latente do juiz e colocá-la como a dos restantes órgãos do Estado ao serviço do Direito, do Bem Comum e da Paz Social" (Zeit- und Geitesströmungen, loc. cit. pág. 36). A modificação da magistratura judicial, a qualificação do processo como instituição de previdência foram, sem dúvida, para *Klein*, não o resultado duma consideração processual isolada, mas sim a consequência das condições modificadas do direito substantivo, especialmente desde o surgimento duma "política social autoritária" (vd. loc. cit. pág. 35).

2. A consideração dos interesses do Bem Comum no direito material – proibição do abuso do direito, limitações da liberdade contratual, da propriedade, etc. – devem influir, de facto, também na formação do direito processual (*Henckel*, loc. cit., pág. 64 e ainda 98). Porém, não é para negligenciar que a activação do juiz como *Klein* a logrou na Áustria e como foi seguida por toda a parte, também contém perigos em si (vd. *Baur* JBl 70, 446 e segs.): a ajuda judicial transforma-se facilmente em colocação sob tutela.

Maiores ainda são os perigos, a avaliar – não considerados por *Klein* – que resultam do desenvolvimento do seu pensamento. O ponto de partida para tais reflexões (aparentadas com as ideias de *Klein*) é a concepção de que a missão do juiz se alterou profundamente no presente. O juiz teria hoje de agir como "engenheiro social", como "médico social". É verdade que o juiz do processo civil tem de agir também como assistente social, pois não se adequa mais a um processo que seja apenas "um *meio* para a determinação de direito substantivo". Um tal juiz não decide sobre os direitos e deveres actuais das partes, mas intervém para o futuro nas relações sociais das partes. A medida da formação futura poderia ser no fim apenas o que o juiz por si considere "legítimo e equitativo". Não se trataria já do direito subjectivo, como hoje em parte do âmbito da jurisdição voluntária (por ex., Hausrats VO § 2, WEG § 43 II) – um tipo de processo que o moderno legislador não privilegia com mais ou menos evidência (para a problemática geral *Baur* JBl. 70, 447 e seg. com outras indicações; vd. ainda BGB §§ 556 a, b, ZPO § 308 a e infra § 24 II). A concepção do juiz assistente social é perigosa, porque pode facilmente servir "em si" para extrair do direito processual um direito substantivo imutável. Também aí, onde o direito subjectivo forma, como sempre, o âmago da nossa ordem jurídica estruturada liberal-individualisticamente, não seria este direito o fundamento da decisão judicial. Face a tais tendências tem de se reter que o fim do processo civil é apenas determinado pelo direito substantivo e não por uma – pretensa – actividade judicial em mutação de funções.

Outra coisa é, até que ponto é um processo judicial estatal apropriado para, sobre estes fundamentos de direito substantivo "resolver" conflitos de diversas proveniências. Em muitos casos, a conciliação amigável dum litígio por transacção judicial mais ajustada ao caso será preferível à resolução por sentença do litígio; pois a sentença pode decidir a pretensão do autor apenas com um "sim" ou um "não" (vd. infra § 24 III) enquanto o teor da transacção não é, neste sentido, predeterminado (vd. infra § 48 VIII).. Mais ainda que tais "alternativas" (de sentença), na justiça foram discutidas nos últimos anos alternativas à justiça, ou seja, procedimentos *fora* do tribunal, formais ou não, por ex., nas arbitragens das oficinas de automóveis. Assim evitam-se processos. Este fim é servido ainda pelo acordo de advogados, introduzido com efeitos desde 1-4-1991, mas na prática sem exequibilidade, §§ 796 a-c. Para as alternativas à justiça, AK/ /*Röhl* Rdn. 1-37, 43-65, com anotações ao § 1025. Para a *conciliação* como alternativa ao processo judicial *D.v. Hoyningen-Huene* JuS 97, 352 e segs.; o "mediador" neutral – não necessariamente um jurista – ajuda as partes em conflito a conseguir a solução do problema entre si numa base voluntária, sem procuradores, importante na prática no direito de família, do inquilinato e relações privadas de vizinhança. – Pondera-se se deve ser permitido, aos Estados federados pelo direito federal, em determinadas questões de vizinhança com o valor da causa até 1000 DM, introduzir um processo de conciliação diverso de Estado federado para Estado federado que, em princípio, tenha de preceder a propositura duma acção (vd. EGZPO § 15 a no projecto do Conselho Federal duma mais ampla "lei de simplificação" [BT-Drs. 13/6398]). Quando a conciliação resulte, alivia-se a justiça (é o objectivo da proposta); não resultando, complica-se e encarece o acesso ao tribunal. Criticamente *Eichele* ZRP 97, 393 e segs.

§ 2. O direito processual civil

Baur, Richtermacht und Formalismus im Verfahrensrecht, in: *Summum Ius Summa Iniuria*, 1963, pág. 97; *Bettermann*, Verfassungsrechtliche Grundlagen und Grundsätze des Prozesses, JBl. 72, 57; *Henckel*, Vom Gerechtigkeitswert verfahrensrechtlicher Normen, 1996; *Fr. Weber*, Zur Methodik des Prozessrecht, in: Studium Generale 1960, 183; *Zöllner*, Materielles Recht und Prozessrecht, AcP 190, 471.

I. O **fim do direito processual civil** é regular o processo civil nos litígios enquanto processo perante os tribunais, prescrito estatalmente (vd. GVG § 13).

II. O ZPO **classifica o processo**. Outrora – sobretudo como demonstração de justiça privada (vd. supra § 1 I 1) – destacava-se em primeiro plano a realização forçada do direito, ou seja, a execução. Com a intensificação do processo, colocou-se em segunda linha. Caracterizadora é, agora, uma subdivisão do processo em processo declarativo e executivo. Este livro trata apenas do processo declarativo.

1. O **processo declarativo** (também chamado processo de acção ou de sentença) serve, antes de mais, a declaração do direito. O processo com sentença pode limitar-se a uma **mera declaração do direito** (vd. infra § 34 II) ou – em regra – estar ligado com a intimação judicial a **prestar** (vd. infra § 34 I).

Exemplos: B contesta que K seja proprietário de certa coisa; K demanda, por isso, B para declaração da sua propriedade, o tribunal declara por sentença o pretendido. – B possui um armário que o proprietário K reivindica. Uma vez que B se recusa a isso, K demanda-o para a restituição (*prestação*); B é condenado no pedido.

Excepcionalmente **constituiu-se** uma relação jurídica pela sentença (vd. infra § 34 III).

Exemplo: K pede a dissolução do seu casamento com B; o casamento é dissolvido pelo tribunal conforme o pedido.

2. Tendo sido condenado o réu a uma *prestação* no processo declarativo e não a satisfazendo, pode-se passar ao **processo de execução**.

Mas este processo não serve apenas a realização de sentenças de condenação, mas também de ordens judiciais de prestação que se efectivam num processo declarativo. O fundamento da execução pode ser ainda outro título executivo (vd. § 794 e mais em pormenor § 3 do "*Zwangsvollstreckungs- und Insolvenzrecht*" § 3).

Exemplo: K e B transigem no processo que B pague a K 1000 DM (em vez dos 1500 pedidos). Esta transacção (vd. infra § 48) é um título executivo com que K pode executar B (§ 794 I n.º 1).

3. Junto ao processo para declaração e realização de direitos, a lei prevê o processo para **garantia** de futuras realizações do direito **e** para **regulação provisória** de relações jurídicas ameaçadas. São o processo de *arresto* e de *providência cautelar* (vd. *Zwangsvollstreckungs- und Insolvenzrecht* §§ 34 e segs.).

Exemplos: K tem um pedido do pagamento do preço de compra contra B, mas ainda não uma sentença que condene B no pagamento. B começa a dissipar o seu património. Por isso, K pode obter já um arresto contra B para garantia da futura execução (da sentença de condenação no pagamento, ainda a obter) e com essa ajuda poder apreender os bens de B para a futura execução. – B espalha ofensas à honra de K. Isso pode ser proibido a B a pedido de K, por providência cautelar.

III. Um código de processo racional regulará a marcha do processo com rigor, e determinará exactamente os direitos dos interessados no processo (em especial, do tribunal e das partes). Com isto, evita-se simultaneamente o *abuso das faculdades processuais* por um dos interessados.

Tal prevenção é necessária; pois os juizes, as partes e os advogados são homens. Conforme as circunstâncias temporais esse receio mantém-se, ora para os tribunais, ora para as partes e os seus representantes. Esvai-se tão pouco como as queixas do processo. Em período de supremacia do poder do Estado dirige-se a desconfiança naturalmente contra as partes e a suspeita destas contra os tribunais do Estado.

Nunca houve um processo informal para apreciação judicial. Seria ainda hoje recusado; o § 495 não o introduziu, pois os princípios elementares do processo adequado têm de ser observados (vd. infra § 69 II 5). Um certo *rigor formal* continua a ser inerente ao processo. Deve facilitar o controlo e excluir a arbitrariedade, se tudo correr como deve ser.

São de grande importância as disposições sobre a forma dos actos processuais (tanto do tribunal, por ex., sentenças, como das partes, por ex., acções, recursos) e sobre os *prazos* para a sua prática. Sem regras estritas não há processo regular nem esforço para o seu rápido desenvolvimento. A perda do prazo prejudica a parte: consequência adequada à condução negligente do processo.

IV. O objecto do direito processual civil é obviamente **diferente** do do **direito civil**. Daqui resulta ainda que os mesmos conceitos podem significar em ambas as áreas jurídicas algo diferente. Assim, por ex., distingue-se essencialmente o conceito de pretensão no direito substantivo (BGB § 194 I) do do direito processual (vd. infra § 37 IV). A infracção de normas injuntivas tem outras consequências no direito civil; só raramente o acto processual atingido é nulo: em regra, os actos das partes não são relevantes, as decisões do tribunal, principalmente as sentenças são, na maior parte dos casos, apenas impugnáveis (vd. infra § 60).

V. O **direito processual civil** é **direito público**. No processo, as partes dirigem-se ao tribunal, que exerce o poder soberano do Estado. As decisões têm eficácia que falece aos actos dos particulares. Pense-se, apenas, no caso julgado material (vd. infra § 62). O interesse público na conformação e marcha do processo torna grande parte do direito processual civil direito injuntivo, de modo que, mesmo por acordo das partes, não pode ser afastado.

§ 3. A demarcação do processo civil de outros processos

Bachof, Über öffentliches Recht, FS BVerwG, pág. 1; *Erichsen*, Öffentliches und privates Recht, Jura 82, 537: H. Hübner, Der öffentlich-rechtliche Vertrag etc., FS Pleyer, 1986, pág. 497; *G. Lüke*, Zweifelsfragen zu typischen Rechtswegproblemen, GS *R. Bruns*, 1980, pág. 129; *Rimmelspacher*, Notizen zur Rechtswegabgrenzung, FS Fr. Weber, 1975, pág. 357; *H.J. Wolff*, Der Unterschied zwischen öffentlichem und privatem Recht, AöR 76, 205.

I. O processo civil é apenas um dos vários processos regulados estatalmente e que decorrem perante os serviços estatais. Por isso, é necessário demarcá-lo de outros processos e determinar que matérias têm de ser directamente tratadas no âmbito deste processo.

A demarcação tem de ser fixada, antes de mais, em geral e abstractamente; depois tem que ser verificado (vd. infra § 4), como a delimitação se efectiva nos particulares casos concretos.

Destes problemas tem de distinguir-se se o tribunal a que se recorre pode decidir uma *questão prejudicial* numa matéria que não lhe é atribuída como "questão de fundo" (*exemplo*: o tribunal cível tem de decidir, no âmbito do § 823 II BGB, se o réu cometeu uma burla, StGB § 263). A competência para as questões prejudiciais é, em princípio, irrestrita (*Kissel*, § 13, 17 e segs.; BGHZ 130, 18; para as restrições, vd. infra § 45 III [compensação], § 62 V [decisões transitadas doutras vias judiciais]).

II. A **regra fundamental** para o processo civil contem-se na **GVG § 13**. Assim competem ao processo civil, isto é, aos tribunais cíveis comuns, todos os litígios cíveis na medida em que não sejam afastados por disposições especiais.

1. Esta regra era extraordinariamente importante para os que buscam a protecção legal; pois só a via para os tribunais comuns – a chamada **via judicial ordinária** – levava a um verdadeiro tribunal, porque independente. Só quando for "admissível a via judicial ordinária", o autor encontra a protecção dum verdadeiro tribunal. A negação da via judicial, ou seja, da via dos tribunais, significava assim, geralmente, a mera negação da protecção legal (judicial). Assim se explica que a questão da via judicial tenha desempenhado um papel tão importante na jurisprudência do Supremo Tribunal do Reich.

A concessão da protecção judicial dependia de o litígio ser civil no sentido da GVG § 13. Os litígios de direito público competiam aos serviços administrativos, portanto, serviços dependentes porque sujeitos a ordens. Sem dúvida, os tribunais administrativos (GVG § 13 cita-o expressamente) também decidem, mas atribuíam-lhes uma protecção jurídica muito lacunar: só certos litígios podiam ser trazidos perante eles (o chamado princípio da enumeração), e os tribunais administrativos da primeira instância, ainda por cima, não eram verdadeiros tribunais, porque neles actuavam funcionários administrativos a que faltava independência pessoal, pois eram pelo menos amovíveis a qualquer momento (vd. *Unruh* Jura 82, 113 e segs. e infra § 8 V 1 b). Por isso, devia dizer-se que o GVG § 13 aspirava no essencial a *demarcar* a *jurisdição* (ordinária) *da administração.*

2. Este significado continha-se na GVG § 13 após a 2.ª Guerra Mundial. A situação jurídica alterou-se profundamente desde então. Graças à cláusula geral de jurisdição administrativa (VwGO § 40 I) não competem aos tribunais administrativos só alguns mas, em princípio, todos os litígios de direito público de natureza não constitucional. Mas, sobretudo, estes tribunais foram completamente separados da administração, orgânica e pessoalmente, para serem tribunais autênticos, ou seja, independentes.

Com isso preenchem as exigências que a Lei Fundamental coloca ao tribunal – a todo! – o tribunal. Conforme o art. 92 GG, é confiado aos juizes o poder jurisdicional; *todos* os juizes – não apenas os da jurisdição contenciosa comum (GVG § 1, EGGVG § 2) – são doravante objectivamente independentes e só submetidos à lei (GG art. 97 I; DriG § 25) bem como independentes, mesmo pessoalmente, enquanto providos definitivamente em termos oficiais e efectivos (GG art. 97 II; DriG §§ 30 e segs.).

O poder jurisdicional confiado aos juizes é exercido (além do Tribunal Constitucional Federal), pelos Tribunais Federais previstos na Lei Fundamental e os Tribunais dos Estados federados (GG art. 92). São, sobretudo, os Tribunais comuns, com o Supremo Tribunal Federal no cimo, os (comuns) Tribunais administrativos, com o Supremo Tribunal Administrativo como tribunal de última instância, com os tribunais sociais e financeiros como tribunais administrativos especiais (com o Supremo Tribunal Social e o Tribunal de Contas Federal como tribunais de última instância). Os tribunais profissionais são da maior importância, tal como se passa, nomeadamente, com os advogados (vd. infra § 16 IV).

Sobre os tribunais do trabalho, vd. infra § 5 II, III.

Todos estes tribunais são independentes tal como, segundo a GVG só os tribunais comuns o eram. Por isso a questão da GVG § 13 foi totalmente posta de lado. Já não é problemático *se* – a única – via judicial no sentido de via dos tribunais ou se a via administrativa se oferece, mas sim *qual* das diferentes vias judiciais se faculta; uma é sempre viável, sem dúvida (GG art. 19 IV). Com isso a "admissibilidade da via judicial ordinária" (vd. GG art. 34), isto é, o recurso aos tribunais comuns perdeu o seu significado anterior. Hoje a GVG § 13 tem essencialmente o fim de delimitar a competência dos tribunais comuns da dos tribunais administrativos equivalentes.

Na medida em que decorra da GVG § 13 que também as autoridades administrativas podem decidir definitivamente em questões cíveis, não está mais em vigor. Pois o poder jurisdicional foi confiado aos juizes e exerce-se nos tribunais.

3. A **demarcação** é julgada conforme se apresenta uma questão de direito civil ou de direito público. Só sobre as primeiras têm de decidir os tribunais (civis) comuns.

a) Simplifica-se quando a relação jurídica litigiosa é *expressamente atribuída* aos tribunais (civis) comuns, (para isso BGHZ 114, 221). Pode tratar-se aqui materialmente duma questão de direito público, formalmente apresenta-se, por força de remissão expressa uma questão de direito civil, no sentido da GVG § 13. Isto é constitucionalmente correcto (BGHZ 38, 210 e segs.).

Às questões de direito civil formais pertencem, nomeadamente, (resenha em *Herrmann* ZZP 78, 349 e segs.):

(1) os pedidos de indemnização por violação de dever funcional e o direito de regresso do Estado, GG art. 34; incluem-se aqui também os pedidos de indemnização nos termos da StHG § 6 a, que na área da antiga RDA permanece em vigor como direito de Estado federado (para os direitos de regresso oferece-se a via judicial do trabalho, StHG § 9 I);

(2) a questão do montante da indemnização por expropriação, GG art. 14 III, 15 pág. 2;

(3) os direitos patrimoniais de indemnização por sacrifício de direitos particulares (BGHZ 128, 205 e segs. contra BVerwG NJW 94, 6 e segs.; para isto *Schenke* NJW 95, 3145 e segs.) e caução de direito público bem como pedidos de indemnização contra o Estado por infracção de obrigações de direito público, que não provenham de contrato de direito público, VwGO § 40 II 1;

(4) violações da lei pelo poder público, na medida em que se não faculte qualquer outra via judicial ("competência complementar"), GG art. 19 IV (através da cláusula geral do foro administrativo, praticamente sem interesse).

Na conformidade da GVG § 13 pode, pelo contrário, ser atribuída aos tribunais administrativos uma questão substantiva de direito civil; para a atribuição a uma autoridade administrativa, vd. supra 2, parte final.

b) Na *falta* de *remissão expressa*, deduz-se que depende de a relação jurídica pertencer ao direito privado ou ao direito público. Uma questão de direito civil não se põe apenas por ser de natureza jurídica patrimonial, pense-se apenas nas questões fiscais. Sobre isso estão todos de acordo. No restante existe uma viva polémica doutrinária (exposição em *Erichsen*, loc. cit., págs. 538 e segs.).

Segundo a *teoria da sujeição* porventura dominante na prática (teoria da subordinação), uma relação jurídica pertence ao direito privado, se ambas as partes se defrontam de igual para igual, pelo contrário, ao direito público, se uma das partes se sobrepõe à outra por virtude do seu poder soberano (BGHZ 35, 177). Esta doutrina só por si não oferece, porém, qualquer sinal distintivo bastante, nomeadamente nega, face ao contrato de direito público, que não conhece qualquer subordinação dos outorgantes (BGHZ 116, 342). Relações de igualdade são então de direito público quando as normas jurídicas aplicáveis à relação jurídica servem, sobretudo, o interesse geral, ou se dirigem aos titulares dos poderes soberanos enquanto tais, ou quando a relação jurídica depende dum direito especial dos titulares de cargos públicos (vd. GmS BGHZ 108, 287). O decisivo é sempre a natureza da relação jurídica de que deriva o pedido da acção (BGH NJW 98, 547); com isto, em regra, é admissível a via daqueles tribunais que demonstrem um particular conhecimento especializado e proximidade da matéria para decisão do direito contestado (BGH NJW 94, 2620).

A demarcação in concreto é difícil e torna-se cada vez mais mais complicada por uma jurisprudência longamente orientada apenas pelo caso individual. É certo, em todo o caso, que a natureza de direito público duma questão não basta se uma das partes é uma entidade de direito público (por ex., a República Federal, um Estado federado, um município), pois estes podem tomar parte nas puras relações de direito privado como parte contrária, por ex., no arrendamento de um edifício, na compra de artigos de escritório. Não afecta a natureza de direito privado destas relações que o Estado fique "Estado" no âmbito fiscal e que, por isso, haja vínculos e limites a observar, que não respeitem a uma pessoa privada (BGHZ 97, 317 [GmS]). Por outro lado, uma relação jurídica não se caracteriza apenas como de direito civil, quando nela participem particulares. Também entre particulares pode mesmo, excepcionalmente, existir uma relação de direito público (BGHZ 35, 177: questões entre particulares suscitadas por um processo de emparcelamento de propriedade rural; GmS NJW 74, 2087 e segs.: questões entre patrões e trabalhadores sobre o cálculo das contribuições para a Segurança Social). Com a transmissão do direito não se altera a natureza jurídica: o direito mantém-se de direito privado, mesmo que se transmita ao Estado (BGHZ 64, 162); mantém-se de direito público mesmo que adquirido por um particular (BFH NJW 88, 1407 e seg.; doutro parecer, BGHZ 75, 24 e seg., pelo crédito fiscal transmitido ao terceiro que pagou). Questões da fiança que garanta um crédito de direito público cabem, segundo a opinião dominante, à via judicial cível (BGHZ 90, 189 e segs.); isso justifica-se na medida em que a fiança de *direito público* é legalmente excluída (exemplo: fiança fiscal, AO § 192).

BVerwGE 38, 2 e segs., contém um princípio importante: sendo exigido um direito privado por acto administrativo, o direito mantém-se privado, de modo que o acto administrativo tem de ser impugnado perante o tribunal civil (aqui tribunal do trabalho). Deste ponto de vista deveria ser possível evitar a fragmentação das vias judiciais, tal como a chamada *teoria dos dois graus* a apresentou. Segundo esta teoria, decidindo-se em *primeiro grau* por acto administrativo *se*, por ex., é concedida uma subvenção dos poderes públicos, ou uma sala de reuniões é cedida por uma AG ou GmbH da autarquia a um partido político (consequência: a via judicial administrativa oferece-se para as questões daí resultantes). Ao *segundo grau* passa-se pelo "*como*", ou seja, pelas modalidades (por ex., a subvenção concedida ou a utilização da sala); para isso podem escolher-se formas de direito público ou de direito privado (BGHZ 92, 95 e seg.,; com reservas, BGH NJW 97, 328 e seg.). Regendo-se o "como" segundo o direito privado, apresenta-se uma cisão da via judicial: pelo "se" são competentes os tribunais administrativos, pelo "como" os tribunais cíveis (vd. BGH loc. cit.; BVerwG NJW 90, 134 e seg.). Isto não se ajusta ao caso. Sendo o "como" regulado num contrato de *direito privado*, anda-se na questão do "se" à volta da existência ou inexistência da obrigação de contratar. É sempre uma questão de *direito privado*, indiferentemente de a obrigação de contratar se fundar em normas de direito privado ou público (vd. BGHZ 37, 163; BGH MDR 84, 558; erróneo BVerwGE 37, 244 e segs., contra, correctamente, *Bachof*, loc. cit. pág. 4 nota 22).

No caso concreto decide sobre a pertença da causa às questões de direito público ou de direito privado, o conjunto de alegações concludentes do autor, bem como das contra-alegações do réu, na medida em que se reportem aos mesmos factos (*G. Lüke*, loc. cit., pág. 130 com referências; segundo a opinião dominante, as alegações do réu não são de atender [vd. BGHZ 130, 14], para além da acção de declaração negativa [GmS BGHZ 102, 284]). A tese jurídica do autor ou do réu nunca é determinante. Por isso uma relação de direito público não se torna uma relação de direito privado por o autor lhe dar a forma de direito privado, por ex., revestir o direito ao reembolso de impostos num pedido de restituição por enriquecimento sem causa ou de indemnização por danos (RGZ 157, 200; vd. ainda BGHZ 130, 14) ou considerar o seu pedido a indemnização por perdas e danos na forma do direito privado; conquanto na realidade procure a verificação dum acto administrativo (vd. BGHZ 67, 85). Contudo, a via judicial é admissível se a verificação do acto administrativo incumbir aos tribunais cíveis (vd. supra BVerwGE 38, 2 e segs.). É sempre admissível o exame de *questões prévias* estranhas à via judicial, por ex., a existência da obrigação de direito público de celebração dum contrato de direito privado (vd. supra I).

c) No **exame da admissibilidade da via judicial** o tribunal deve verificar *primeiro se* existe uma *remissão expressa*; só quando a resposta for negativa, se averigua se se apresenta uma questão jurídica no sentido material.

d) As *matérias do processo civil por força da tradição*, outrora desenvolvidas pela jurisprudência, não existem mais, pelo menos desde a entrada em vigor do VwGO. Vd. § 3 II 5 da 12.ª edição deste livro.

III. A **jurisdição civil** e a **criminal** são as duas partes da jurisdição contenciosa comum. A sua demarcação é fácil, pois o processo civil e criminal são, de acordo com o seu objecto, basicamente diferentes. O processo penal tem a ver com o direito público de punição do Estado. Mesmo quando se trate em ambos os processos do caso específico do mesmo acontecimento de facto, por ex., uma lesão corporal ou danos materiais, inequivocamente compete ao direito privado o pedido de perdas e danos do lesado contra o lesante, e o processo civil serve então o equilíbrio entre ambos os particulares colocados no mesmo plano. No processo penal deve ser expiada a revolta contra a ordem social. Mesmo quando o lesante for condenado a uma indemnização, a diferença entre os dois processos mantém-se clara: no processo penal é aplicada uma multa que entra nos cofres do Estado, no processo civil é condenado numa indemnização ao lesado. O direito substantivo em que se baseia a decisão é, inequivocamente, diferente nos processos civil e penal.

Historicamente a fronteira nem sempre foi tão nítida. Como exemplo do direito romano refira-se a actio furti, que pertencia ao processo civil mas que reunia em si indemnização e função punitiva, porque a sentença se prestava a múltiplas reparações. No direito germânico o preço do sangue representava uma pena que, todavia, visava satisfazer o lesado.

A separação dos dois processos não é tão evidente, quando a própria matéria de facto, por ex., um acidente de viação, leva a um processo penal ou a um processo civil. A dupla instrução do caso e a dupla apreciação dos factos e provas multiplicam o trabalho judicial e aumentam os encargos de todos os interessados. Além disso, não há que evitar o perigo de sentenças contraditórias porque um juiz não está, em princípio, vinculado à sentença doutro; assim, pode ser declarada a culpa no processo penal (daí a condenação) e negada em processo civil (daí a improcedência da acção de indemnização) ou vice versa o que é dificilmente concebível para o leigo. Sob este ponto de vista mostra-se conveniente introduzir a solução de processo civil mesmo no processo penal. Isto acontece por via do **processo de adesão**.

É regulado no StPO §§ 403 e segs. Segundo ele o ofendido ou o seu herdeiro pode exigir no processo penal contra o arguido um direito patrimonial resultante do acto punível, que cabe na competência do tribunal comum, não demandado judicialmente doutra forma, StPO § 403 I.

A conformação do processo mostra-o conveniente apenas em litígios simples. O processo de adesão não atingiu importância digna de menção (vd. relatório do Governo Federal em DriZ 89, 349). Isto poderia também justificar-se por o processo civil e o penal prosseguirem diversos objectivos e por isso, necessariamente, serem formados de modos distintos (vd. supra § 1 II). Por essa razão é de rejeitar um processo de adesão obrigatório (*Brause*, ZRP 85, 103 e seg.).

IV. *Dentro da jurisdição civil* tem de distinguir-se entre a **jurisdição contenciosa** e a **jurisdição voluntária**.

As designações são enganadoras, porque o processo civil não deve ser necessariamente contencioso (vd. supra §§ 23 I, 47), enquanto nalguns processos de jurisdição voluntária se litiga decididamente de forma típica (por ex., na inibição do poder paternal, impugnação da legitimidade após a morte do filho, regulação de questões entre condóminos). Até hoje não se conseguiu uma profunda demarcação abstracta de ambos os domínios. Por isso, apenas resta um esboço do limite:

À jurisdição voluntária pertencem as matérias que lhe são expressamente atribuídas e, além disso, as questões remetidas aos tribunais de jurisdição voluntária, bem como as que devam ser resolvidas segundo as regras processuais de jurisdição voluntária. O que, por ex., é definido na área do tribunal da tutela, das sucessões, do registo comercial ou do registo predial é excluído do processo civil.

Bibliografia: *Bärmann*, Freiwillige Gerichtsbarkeit und Notarrecht, 1968 § 5; *Baur*, Freiwillige Gerichtsbarkeit, vol. 1, 1955, § 2 B; *Bettermann*, Die Freiwillige Gerichtsbarkeit im Spannungsfeld zwischen Verwaltung und Rechtsprechung, FS Lent, 1957, pág. 17; *Brehm*, Freiwillige Gerichtsbarkeit, 2.ª Ed., 1993, § 1; *Habscheid*, Freiwillige Gerichtsbarkeit, 7.ª Ed. 1983, § 4; *Pikart/Henn*, Lehrbuch der freiwilligen Gerichtsbarkeit, 1963, pág. 1 e segs.

V. Para demarcação dos tribunais de trabalho dos tribunais comuns, vd. supra § 5 III.

§ 4. A execução da demarcação em casos particulares

Bibliografia, vd. supra § 3.

I. A demarcação abstracta da via judicial civil das de outras vias judiciais, pode ser duvidosa no caso particular. Daí resulta sempre que, no caso de ser instaurada a acção em via judicial indevida (não admissível), por ex., perante o tribunal administrativo em vez do tribunal comum. Daí podem resultar melindres se os tribunais das duas áreas admitirem a via judicial até eles (por ex., o tribunal administrativo a via judicial administrativa, mas julga a acção improcedente por falta de fundamento; em seguida o tribunal cível demandado admite a via judicial cível). É o caso do **conflito positivo de competência**. No caso contrário, os tribunais julgam sempre admissível a outra via judicial, recusam assim ocupar-se da acção, o chamado **conflito negativo de competência**. O legislador deve contar com ambas as possibilidades. Por isso regulou *unitariamente* na GVG §§ 17-17 b, *para todos os tribunais*, de modo que ambos os conflitos têm de ser evitados desde o início. Os §§ 17-17 b da GVG suplantam, no âmbito do ZPO, as disposições sobre as reclamações de admissibilidade nos §§ 280, 282 III, 296 III (vd. supra § 33 VII); inexacto BGHZ 121, 369 em relação ao § 282 III, também BGH NJW 94, 387; vd. infra § 33 VII 1.

II. Se o tribunal declarar a **via judicial admissível**, isso vincula também cada um dos tribunais doutra área de jurisdição, GVG § 17 a I. A admissibilidade pode ser declarada oficiosamente, em prévio julgamento oral facultativo (vd. infra § 27 II) por decisão fundamentada; isto tem de acontecer, se uma das partes reclama da admissibilidade da via judicial (GVG § 17 a III, IV 1, 2). A decisão está sujeita a agravo imediato (GVG § 17 a IV 3); a decisão sobe do tribunal de comarca ao do Land (2.ª instância), ou do tribunal do Land (1.ª instância) para o Tribunal Superior do Land. O novo agravo da decisão do Tribunal do Land (2.ª instância) é excluído (§ 567 III), contra a do Tribunal Superior do Land é permitido, se admitir este na sua decisão (§ 568 II 1 com GVG § 17 a IV 4-6; a restrição do § 568 II 2 é suplantada pela GVG § 17 a IV 5, BGH NJW 94, 2620).

Sendo aceite a via judicial pelo tribunal de primeira instância por decisão prejudicial (GVG § 17 a III) pode proferir logo, antes do seu trânsito, sentença sobre o mérito da causa (sem obrigatoriedade de suspensão, inexacto *Kissel* NZA 95, 347 e seg. com referências; OLG Oldenburg RR 93, 255). A continuação do processo corresponde aos §§ 280 II 2, 304 II (para isso, vd. infra § 33 VII 2, § 59 V; StJ § 280, 28, 29, § 304, 55) e com isso não "viola a ortodoxia" (contudo *Kissel* NZA 95, 348): a sentença é pronunciada sob a condição resolutiva (tácita), de que a decisão prejudicial se mantenha; sendo anulada na instância superior, a sentença de mérito caduca automaticamente (mesmo se já transitou). Com a anulação da decisão prejudicial tem de ser associada a devolução da competência do processo para a via judicial admitida (GVG § 17 a II).

Basta que a admissibilidade da via judicial que se oferece na propositura da acção ou surgida mais tarde (antes duma decisão) se mantenha, GVG § 17 I 1 (vd. infra § 40 I 2).

Em caso de admissibilidade duvidosa, deve ser pronunciada uma decisão sem reclamação, de acordo com a GVG § 17 a III 1. Não sendo o caso, a admissibilidade deve ser confirmada, *expressa* ou *tacitamente*, por sentença sobre o fundo da questão se for uma sentença de mérito; a sentença principal também pode ser uma absolvição da instância na medida em que seja nela confirmada *expressamente* a admissibilidade da via judicial, de modo que a inadmissibilidade da acção venha a ser pronunciada por outros fundamentos (BGH NJW 98, 232). O tribunal que decida um recurso contra a sentença principal assim entendida (normalmente da primeira instância) não pode, em qualquer destes casos, examinar a questão da via judicial (GVG § 17 a V; BGH NJW 94, 387; BAG NJW 96, 3460 com errada referência em BGHZ 120, 206 [para isso vd. supra]).

Sendo omitida a decisão prejudicial – "admite-se a via judicial comum" – contra a GVG § 17 a III 2, não se produz qualquer vinculação nos termos da GVG § 17 a V, pois senão, ao contrário da GVG § 17 a confirmação da via judicial seria privada de qualquer controle por via de recurso (BGHZ 119, 250; 121, 370 e seg.). Por conseguinte, o tribunal de recurso deve, em princípio, desencadear processo de questão prejudicial – em qualquer caso na nova reclamação conforme a GVG § 17 III 2. Contudo, pode confirmar imediatamente a via judicial na sentença de fundo se a respectiva questão prejudicial for inimpugnável. Isto aplica-se, em geral, ao LG como tribunal de recurso (sem outro agravo contra a decisão prejudicial, § 567 III, vd. supra), ao OLG se, no caso da decisão prejudicial não ver motivo para a admissão doutro agravo para o BGH (GVG § 17 a IV 5), BGH NJW 96, 591, 1890 (para desenvolvimento BGHZ 120, 206 e seg.; BGH DtZ 96, 79).

Declarando o tribunal a via judicial, aprecia e decide assim o fundamento da acção, *em princípio sob todos os pontos de vista jurídicos relevantes* (GVG § 17 II 1): a **competência por conexão objectiva**. Isto pressupõe um **objecto do litígio comum** e é relevante se, por ex., a via judicial civil se apresentar apenas para uma das várias pretensões jurídico-materiais, mas sem fundamento, e para outra ou outras pretensões for admissível a via judicial administrativa. Aqui o tribunal civil decide sobre as pretensões que competem à via judicial administrativa. No caso inverso (recorrendo-se ao tribunal administrativo) aplica-se o mesmo. Este atropelo da via judicial pelo "simples" direito exclui-se, se a via judicial civil estiver garantida na GG (art. 14 III 4, art. 34, período 3), vd. GVG § 17 II 2. Neste caso a acção é instaurada perante o tribunal administrativo ou do trabalho, de modo que a via judicial trilhada é – apenas – parcialmente inadmissível. Então tem de processar-se como na incompetência parcial (vd. infra § 12 II).

A regulamentação descrita, não só impede um conflito positivo de competências, mas também limita os litígios de admissibilidade à primeira instância se a admissibilidade da via judicial duma das partes não for objecto de reclamação e se for afirmada pelo tribunal só na sentença de fundo (vd. supra).

III. Se o tribunal declarar **a via judicial inadmissível**, pronuncia por audiência das partes e discussão oral oficiosamente regulada, isto é, sem requerimento duma das partes, decisão fundamentada, na qual a inadmissibilidade é verificada e o litígio remetido, ao mesmo tempo, ao tribunal competente da via judicial admissível (o autor tem o direito de escolha de vários tribunais quanto à competência), GVG § 17 a II 1, 2. A decisão tem de ser formalmente notificada (§ 329 III) e é igualmente impugnável, tal como a que a admite, GVG § 17 IV 3 (vd. supra II). Se a decisão de remissão transitar (para isso BAG MDR 93, 57), o tribunal remetido apenas se considera fixado quanto à via judicial (GVG § 17 a II 3); por isso é admissível uma nova remissão por incompetência em razão da matéria ou do território (§ 281). Após o trânsito da decisão de remissão, o processo é enviado ao tribunal remetido; com a sua admissão, o litígio fica pendente neste tribunal, GVG § 17 b I 1). Os efeitos da pendência mantêm-se, por ex., com a interrupção da prescrição, nos termos do BGB § 209 I ou com a concessão dum prazo (GVG § 17 b I 2).

Assim, está excluído, por força da lei, o conflito negativo da competência. Competindo-lhe, apesar disso, (por ex., por uma nova remissão "em si" irregular, por parte do tribunal remetido, vd. BSG NJW 81, 784 para o direito anterior), o mais alto tribunal federal do primeiramente atribuído, determina o tribunal correcto (**princípio da prioridade**).

A absolvição da instância por inadmissibilidade da via judicial, conforme a nova regulamentação, só é ainda admissível se a via judicial a que se recorreu for inadmissível, mas a correcta ainda não pode ser seguida porque, por ex., antes deve correr um processo preliminar administrativo (BGH NJW 93, 333).

IV. Não se encontra uma regulamentação expressa para a **demarcação do processo civil do penal**. Na prática, falta também a necessidade, porque a separação é evidente. Se, por ex., um tribunal criminal proferisse uma sentença cível (fora do enxerto cível, vd. supra § 3 III) ou um tribunal cível uma sentença penal, a sentença seria inválida porque teria surgido fora do processo cível ou penal.

Segundo a EGZPO § 14 II n.º 1, o tribunal cível não está vinculado às decisões do tribunal penal. Outra questão é a de saber se o tribunal criminal está vinculado às sentenças cíveis transitadas. Falta uma disposição expressa. A opinião dominante aceita a vinculação somente em relação às sentenças constitutivas (vd. *H.- J. Bruns*, FS Lent, 1957, págs. 107 e segs.; crítico, *Schwab* NJW 60, 2169 e segs.). Inscrevem-se aqui, por ex., as sentenças de divórcio, mas também as sentenças declarativas sobre o estado civil, a que corresponde determinado efeito constitutivo (vd. infra § 92 I), como nomeadamente as sentenças de declaração de paternidade (BGB § 1600 d). Sendo declarada a paternidade de A com força de caso julgado, isso vincula o juiz penal num processo penal contra A, por infracção do dever de alimentos (StGB § 170 b): BGH NJW 75, 1233 e seg.; OLG Hamm NJW 75, 458 com outras referências.

Para a chamada competência prejudicial, vd. StPO § 262 e supra § 3 I.

V. **A demarcação da jurisdição litigiosa e voluntária**, segundo a opinião dominante, é uma questão de admissibilidade da via judicial (BGHZ 130, 162). Em qualquer caso, as disposições sobre a via judicial são aplicáveis por analogia (BGHZ 115, 285 para a relação da jurisdição comum e voluntária litigiosa). O tribunal apelado decide sobre a atribuição do processo à jurisdição litigiosa ou voluntária (GVG § 17 a I, II 3 analogicamente). É possível a remissão vinculativa em ambas as direcções (GVG § 17 a II analogicamente; BGHZ 115, 284). A infracção dos limites não determina, em regra, a nulidade da decisão; por ex., sendo válida a sentença do tribunal do processo que condena na entrega do filho, ainda que infrinja BGB § 1632 III; pelo contrário, sendo nula a qualidade de herdeiro atribuída pelo tribunal do processo, porque aqui não ocorre uma decisão com o valor de sentença, como é próprio da jurisdição litigiosa, mas sim uma atestação oficial.

Os actos constitutivos da jurisdição voluntária vinculam o tribunal do processo, porque este tem de reconhecer toda a configuração válida. O caso julgado material duma sentença vincula, o tribunal da jurisdição voluntária só delimita (vd. infra § 62 V).

§ 5. Tribunais comuns e especiais

Comentários ao ArbGG: *Germelmann/Matthes/Prütting*, 2.ª Ed., 1995; *Grunsky*, 7.ª Ed., 1995; *Hauck*, 1996.

Die Arbeitsgerichtsbarkeit (FS zum 100jährigen Bestehen des Deutschen Arbeitsgerichtsverbands), 1994; *Wieser*, Arbeitsgerichtsverfahren, 1994.

I. Assente que o litígio é civil, isso não quer dizer que tenha de ser tratado em processo civil. Ainda se tem de averiguar se tem de ser decidido pelos tribunais (civis) comuns ou especiais, pois o processo civil é apenas o processo perante os tribunais comuns.

II. Pelo direito federal, os **tribunais especiais** são *constituídos ou consentidos* (GVG § 13). Eles são, ao contrário dos tribunais de excepção, criados sempre pela lei (GG art. 101 II) e dotados de competência abstracta, não atribuída posteriormente para o caso concreto, nem arbitrariamente (*Rinck* NJW 64, 1653).

Os tribunais especiais consentidos pelo direito federal são apenas os tribunais de navegação interior (GVG § 14).

Constituídos pelo direito federal são, sobretudo, os **tribunais de trabalho**.

Foram instituídos, pela primeira vez pela ArbGG de 23-12-1926 e substituíram os tribunais dos ofícios e dos comerciantes instalados pelas leis de 1890/1901 e

1904 (para a História: *Wenzel*, JZ 65, 697 e segs. Hoje é determinante a ArbGG na versão do aviso de 2-7-1979.

Os tribunais de trabalho são tribunais independentes a par dos tribunais comuns. A competente autoridade superior do Land dirige a administração e fiscalização hierárquica que, desde 1-7-1990, já não é necessariamente o serviço superior do trabalho, mas pode ser o Ministro da Justiça (ArbGG §§ 15, 34). Para a BAG é competente daqui em diante, o Ministro Federal do Trabalho de acordo com o Ministro da Justiça (ArbGG § 40 II).

Há tribunais de trabalho, tribunais de trabalho do Land (como tribunais de apelação e agravo) e o Tribunal do Trabalho Federal (como tribunal de revista e recurso extraordinário, sede em Kassel, futuramente em Erfurt, ArbGG § 40 I a).

O significado dos tribunais de trabalho é grande, pois a sua competência abarca litígios de direito civil entre as partes de um contrato colectivo de trabalho ou entre estas e terceiros fora de contrato colectivo de trabalho mas, sobretudo, litígios de direito civil entre patrões e trabalhadores (para o conceito, vd. ArbGG § 5) que resultem da relação de trabalho (especialmente conflitos sobre salário, despedimento e indemnização) além de actos ilícitos, desde que conexos com a relação laboral, ArbGG § 2 I n.º 1, 3. Também podem ser instauradas outras acções, quando a pretensão esteja em conexão jurídica ou directamente económica com o litígio pendente no tribunal de trabalho e para essa pretensão não se ofereça a exclusiva competência doutro tribunal (entenda-se, outra via judicial) (ArbGG § 2 III; vd. infra § 10 II). Os tribunais de trabalho decidem assim litígios que são extraordinariamente importantes para grande parte da população.

Os referidos litígios pertencem ao *processo ordinário* (ArbGG §§ 2 V, 46 e segs.). Na medida em que os tribunais do trabalho são competentes, nos termos do ArbGG 2 a I, especialmente para decisões de direito de organização de empresas e de co-gestão, bem como sobre capacidade duma associação ajustar convenções colectivas, decidem em *processo contencioso* (ArbGG §§ 2 a II, 80 e segs.).

III. A **demarcação dos tribunais comuns dos tribunais de trabalho** não é questão de competência material mas sim de admissibilidade de via judicial (BAG NJW 96, 2950; *G. Lüke* JuS 97, 216 com referências).

Isso, por força das alterações da GVG e da ArbGG pela 4. VwGOÄndG (em vigor desde 1-1-1991), não pode mais ser posto em dúvida, como resulta nomeadamente que, das disposições gerais, sobre a via judicial da GVG §§ 17-17 b se aplicam também aos tribunais do trabalho as condições dos tribunais comuns (nenhuma devolução destes para qualquer outro, conforme o § 281). Para as condições inversas, vd. ArbGG § 48 I.

Para GVG §§ 17-17 b, vd. supra § 4 I-III.

Na violação da demarcação não é nula a sentença quer do tribunal comum quer do tribunal do trabalho.

§ 6. Os limites da jurisdição civil alemã e a competência internacional

Geimer, Internationales Zivilprozessrecht, 3.ª Ed., 1997; *Geimer/Schütze*, Internationale Urteilsanerkennung, tomo I/1 (a respeito de EuGVÜ), 1983; tomo I/ /2 (a respeito de Allgemeine Grundsätze), 1984; *Geimer/Schütze*, Europäisches Zivilverfahrensrecht (Kommentar zum EuGVÜ und zum Lugano-Übereinkommen), 1997; Handbuch des Internationalen Zivilverfahrensrechts, tomo I, 1982; tomo II/1, 1994; tomo III/1 e 2, 1984; *Heldrich*, Internationale Zuständigkeit und anwendbares Recht, 1969; *Kralik*, Die internationale Zuständigkeit, ZZP 74, 2; *Kropholler*, Europäisches Zivilprozessrecht (Kommentar zum EuGVÜ), 4.ª Ed., 1993; *Linke*, Internationales Zivilprozessrecht, 2.ª Ed., 1995; *Matthies*, Die deutsche internationale Zuständigkeit, 1995; *Nagel*, Internationales Zivilprozessrecht, 3.ª Ed., 1991; *Pfeiffer*, Internationale Zuständigkeit und prozessuale Gerechtigkeit, 1995; *Schack*, Internationales Zivilverfahrensrecht, 2.ª Ed., 1996; *Schaumann e Habscheid*, Die Immunität ausländischer Staaten nach Völkerrecht und deutschem Zivilprozessrecht, 1968; *Schlosser*, EuGVÜ, 1996; *J. Schröder*, Internationale Zuständigkeit, 1971; *Schütze*, Deutsches Internationales Zivilprozessrecht, 1985.

I. Aos tribunais compete a **jurisdição** (poder de decisão, facultas iurisdictionis). É expressão da soberania do Estado atribuída em geral aos tribunais, que doutro modo não seriam tribunais. A *jurisdição alemã*, ou seja o poder de decisão dos tribunais alemães é *limitada em certa medida pelas regras do direito internacional e disposições jurídicas especiais.*

1. Há excepções à jurisdição alemã (**imunidades**). São reguladas desde 1-4--1974 pelo WÜD de 1961 e pelo WÜK de 1963 (GVG §§ 18 e segs.).

a) Ás vezes, certas **matérias** não estão sujeitas à jurisdição alemã, por ex., os edifícios das embaixadas com as suas instalações (WÜD art. 22, 24, 27). Gozam de *imunidade material.*

b) Em regra, há **pessoas** isentas da jurisdição alemã. Essa *imunidade pessoal* existe, de acordo com o WÜD e WÜK, para diplomatas, respectivos familiares e empregados domésticos particulares, bem como para funcionários consulares e funcionários de consulados honorários, GVG §§ 18, 19.

Há ainda imunidade (GVG § 20 II), com base nas regras gerais do Direito Internacional Público, por ex., para os Chefes de Estado estrangeiros e para os outros Estados, enquanto actuam soberanamente, mas não se actuam segundo o direito privado (vd. BVerfGE 46, 364 e seg.; *Steinberger* in "Freiheit und Verantwortung im Verfassungsstaat, 1984, pág. 451 e segs.; também *v. Schönfeld* NJW 86, 2980 e segs., contra *Geiger* NJW 87, 1124 e segs.). Apresenta-se daqui em diante por virtude de convenções de Direito Internacional Público e outras disposições legais, GVG § 20 II (GVG § 20 I – *"lex Honecker"* – serviu assim para criar a imunidade do então Presidente do Conselho de Estado da RDA na sua visita à República Federal da Alemanha; por isso incorrecto BGH [StS] NJW 95, 639).

2. A *imunidade pessoal* tem os seguintes **efeitos**:

a) Não é permitido demandar estas pessoas (para excepções, vd. infra d). Assente a imunidade, a acção não pode sequer ser notificada; caso contrário, pode e deve ser debatida esta questão (ainda especial, § 280 I). A jurisdição alemã tem de averiguar oficiosamente, qualquer que seja o estado do processo e, na sua recusa, rejeitar a acção por inadmissível (vd. infra § 33 IV 1 a, VII, § 38 II 4 d).

A sentença de mérito perante um réu imune é nula (contudo, vd. infra d). Falta-lhe, assim, força de caso julgado material, eficácia constitutiva e exequibilidade, mas apenas se o tribunal não tiver reparado nisso. Se admitiu expressamente a jurisdição alemã sobre o réu, a decisão é válida, mas impugnável (*Jauernig* [vd. infra § 60] pág. 162 e seg.; *Leipold* ZZP 81, 76; MK-ZPO § 578, 10; StJ 10 face ao § 578; de modo semelhante, *Habscheid*, loc. cit., pág. 239 e segs.; *Kralik*, loc. cit., pág. 23 e segs.); diferente era a anterior opinião dominante, segundo a qual só a situação processual objectiva era relevante, de modo que nenhum tribunal alemão, ou seja, praticamente ninguém, pode fixar vinculativamente os limites da jurisdição alemã, embora em casos duvidosos haja uma necessidade urgente disso.

Actos de execução contra imunes são inadmissíveis e nulos (excepto quando o tribunal admitiu com força de caso julgado a jurisdição alemã – posto que erradamente). Para a execução contra Estados estrangeiros, BVerfGE 64, 22 e segs., com referências.

b) Os imunes não podem ser convocados como testemunhas ou peritos.

c) Podem demandar por sua parte; então, é possível a reconvenção contra eles que esteja em conexão directa com o fundo da questão (WÜD art. 32 III), bem como apensos nos termos dos §§ 323, 578 e segs., 767, 771.

d) As acções contra eles só são admissíveis quando haja expressa renúncia do Estado visado à imunidade (WÜD art. 32 I, II). A renúncia vale apenas para o processo da acção; para o processo de execução é necessária uma (outra) renúncia especial (WÜD art. 32 IV). O WÜD art. 31 I 2, III, contém excepções à imunidade.

3. Os efeitos indicados supra 2 a desencadeiam respectivamente ainda a *imunidade material* se assim o objecto do processo não cair debaixo da jurisdição alemã (vd. supra 1 a).

II. Os tribunais alemães não podem ser competentes, como é evidente, para todos os litígios do mundo. Por isso é necessária a demarcação da competência dos tribunais alemães e estrangeiros. Disso se ocupam as regras da **competência internacional**.

A competência internacional tem de ser rigorosamente demarcada da jurisdição. Esta é geralmente conferida aos tribunais e apenas restringida pelo Direito Internacional Público e disposições jurídicas especiais (vd. supra I). Faltando essa restrição há jurisdição, de modo que é confiada ao Estado até onde este quer fazer uso da jurisdição, enquanto declara internacionalmente competentes os seus tribunais (vd. *Matthies*, loc. cit., pág. 36 e segs.). Neste caso tem de respeitar a existência doutros Estados no sentido duma adequada repartição internacional de tarefas.

A questão da competência internacional surge nos litígios em relações internacionais de duas formas: na propositura da acção (os tribunais alemães são internacionalmente competentes?) e no reconhecimento das sentenças estrangeiras (os tribunais estrangeiros são competentes segundo o direito internacional alemão? Vd. § 328 I n.º 1 e infra § 62 VI).

1. As regras da competência internacional determinam se os *tribunais alemães* são, *no seu conjunto*, competentes para decidir. Por isso, não têm nada a ver com as disposições sobre a competência dos tribunais nacionais. Estas determinam a via judicial (o caso compete, por ex., à via judicial comum? vd. supra § 3 II), além da competência material (por ex., na via judicial comum "o" tribunal de primeira instância é "o" tribunal do Land ou da comarca, entendido como tribunal-modelo, vd. infra § 9 II) e, finalmente, a competência territorial (qual concretamente o tribunal de primeira instância, o tribunal do Land ou o tribunal de comarca? vd. infra § 9 III). Daí se vê que a competência em razão do território e a internacional não são idênticas (BGHZ 44, 47). O ZPO distingue também as duas espécies de competência (por ex., nos §§ 606, 606 a I, 640 a).

Para a competência internacional não é determinante a nacionalidade. Ambas as partes podem ser estrangeiras (para assuntos matrimoniais vd. § 606 a I n.º 2, 4 e infra § 91 II 2). Abstraindo de excepções (por ex., § 606 a I), faltam disposições legais sobre a competência internacional. Daí que, na medida em que não haja disposições especiais recorre-se às disposições sobre a *fundamentação* da competência em razão do território (BGHZ 115, 91 e seg., jurisprudência constante), nomeadamente os §§ 12 e segs., especialmente 13, 23 (limitativa BGHZ 115, 92 e segs.: para além da situação dos bens é necessária "suficiente referência no país do litígio"; concordante BAG NZA 97, 1183 e seg., StJ § 23, 31 e: *Zöller*

§ 23 1, com referências, também, para crítica difundida), 29, 32 (para ambos §§: BGHZ 132, 109 e segs.), 33, além dos §§ 39 e seg. (para § 39: BGH NJW 97, 398 e seg.), § 893 II (BGH NJW 97, 2245 e seg.). Consequentemente não sendo atribuída qualquer competência o caso não cai sob a competência internacional alemã. Havendo competência, indicia-se a competência internacional (BGH NJW, 97, 2245). A competência internacional por virtude de conexão objectiva tem de ser rejeitada (BGHZ 132, 112 e segs.); para a competência territorial vd. infra § 12 II.

De importância crescente para a competência internacional, o reconhecimento e a execução no âmbito da anterior CE e agora UE, é a **EuGVÜ**. Aplica-se aos Estados originais (seis) do Tratado e outros – presentemente nove – Estados. Particularmente importante é que estão ligados através da chamada **Convenção de Lugano** de 1988 os Estados da EFTA (que não pertencem à UE ou – agora – já não pertencem) à rede da EuGVÜ (*Schlosser*, EuGVÜ, 13 – 15 , Introdução). "Textsammlung zum internationalen Privat- und Verfahrensrecht" de *Jayme/Hausmann*, 8.ª Ed., 1996.

Em determinados limites, a competência internacional alemã pode ser excluída ou convencionada.

As partes referidas no § 38 I podem estabelecer convenção informalmente (opinião dominante). As partes não incluídas no § 38 I só podem estabelecer as convenções formalmente (§ 38 II 2; para isso BGH NJW 93, 1071), contanto que, pelo menos uma delas tenha no estrangeiro o seu domicílio geral (§ 38 II 1) ou ocorra um dos casos do § 38 III. De resto, a competência internacional nos termos do § 39 período 1 é estabelecida para a questão de fundo pela defesa do réu, sem reclamação, BGHZ 120, 337 (o § 39 período 2 não se aplica, como resulta do texto do § 504, controverso). Em todo o caso, a convenção está sujeita aos limites do § 40. – Enquanto sejam aplicáveis as disposições do EuGVÜ (art. 17, 18), exclui-se o § 38 no seu todo, e bem assim o § 39 (BGH NJW 80, 2023; OLG Munique NJW 82, 1951 para o art. 17).

As prescrições que *não* regulem a *fundamentação* da competência em razão do território não se aplicam, nomeadamente, não é válida a limitação do recurso nos termos de § 512 a e § 549 II (BGH NJW 97, 397). A competência internacional uma vez atribuída, mantém-se, § 261 III n.º 2.

A competência internacional alemã só excepcionalmente é excluída (isso revela-se no reconhecimento em princípio das sentenças estrangeiras, vd. 328 I n.º 1 e infra § 62 VI), por ex., para questões sobre a situação jurídica real dum imóvel alemão (§ 24).

2. Determinada a competência internacional, que regime processual se aplica (pois no direito civil internacional aplica-se em princípio a lex fori, BGH NJW 96, 1413) e que direito privado internacional é aplicável (*Matthies*, loc. cit. pág. 14 e seg.; BGH NJW 96, 1413). O tribunal alemão tem, portanto, de aplicar o direito processual alemão, ainda que ambas as partes sejam estrangeiras ou, nos termos do direito privado internacional tenha de ser decidido o próprio fundo da questão pelo direito material estrangeiro. Neste traçado claro de fronteiras surgem problemas, nomeadamente no direito da prova se, por ex., uma regra de prova do direito estrangeiro para o direito substantivo estrangeiro aplicável ou (então inaplicável segundo a regra fundamental) cabe ao direito processual; vd. crítica de *Schack* (Rdn. 40-45, 656-658) à aplicação em princípio da lex fori.

3. A competência internacional é um **pressuposto processual**, autónomo. Em qualquer fase do processo tem de ser examinada oficiosamente. Não existindo, a acção tem de ser rejeitada, por inadmissível. Vd. BGHZ 98, 270 com outras anotações. Não atentando o tribunal na falta e tendo decidido sobre o fundo, a sentença é válida mas susceptível de impugnação.

III. Os actos judiciais só podem ser efectivados no país, pois a jurisdição está limitada ao território nacional.

Sendo necessário num processo actos no **estrangeiro**, por ex., a citação ou inquirição duma testemunha, então o tribunal do processo deve provocar que um serviço público estrangeiro seja rogado (**colaboração judicial**); para a produção da prova *Schack* Rdn. 709-745. A colaboração judicial com o estrangeiro é matéria da administração da justiça.

O direito estrangeiro e tratados entre Estados (sobretudo o Tratado de Haia sobre processo civil de 1-3-1954) regulam a questão de saber sob que pressupostos se dá seguimento à carta rogatória. A carta é transmitida pela via consular ou diplomática, mas os tratados entre Estados podem também proporcionar a circulação directa entre as autoridades. Vd. para isso *Bülow/Böckstiegel/Geimer/Schütze*, "Der Internationale Rechtsverkehr in Zivil- und Handelssachen", 3.ª Ed., 1997.

Livro I

Os sujeitos do processo

Capítulo Segundo

Os Órgãos da Justiça cível

Kissel, GVG, 2.ª Ed., 1994; *Schilken*, Gerichtsverfassungsrecht, 2.ª Ed., 1994; *M. Wolf*, Gerichtsverfassungsrecht aller Verfahrenszweige, 6.ª Ed., 1987.

§ 7. Os tribunais

I. O "**poder jurisdicional**" (GG art. 92; DriG § 1) ou o "poder judicial" (GVG § 1) é, no Estado moderno, **exclusivamente questão do Estado**. Na República Federal da Alemanha está repartido entre a Federação e os Estados federados e é exclusivamente confiado aos juizes (GG art. 92). É exercido pelos tribunais dos Land e pelos tribunais federais previstos na GG, especialmente o Supremo Tribunal Federal (GG art. 92).

No Império e na República de Weimar foi assegurada a jurisdição (comum) pelos tribunais estaduais (Estados federados) e pelo Tribunal do Império como único Tribunal próprio do Império. De 1935 até 1945, a jurisdição em todo o Império permaneceu.

Na Alemanha existem, actualmente, 718 tribunais de comarca, 116 tribunais de Land e 25 tribunais de recursos do Land (chamados em Berlim tribunais superiores) incluindo o BayObLG.

Junto ao poder jurisdicional, também chamado em sentido estrito jurisdição, está a **administração judiciária**. Ocupa-se da criação de tribunais, da nomeação dos juizes e do demais pessoal dos tribunais, da inspecção dos serviços (o que se relaciona com a adequada resolução formal dos assuntos, e não com o teor material das decisões) etc. Ela é consoante a repartição da jurisdição entre a Federação e os Estados federados, para os tribunais federais matéria da Federação, no restante matéria dos Estados federados. Os seus órgãos agrupam-se sob o conceito de **administração da justiça** (no sentido formal) (vd. *Kissel* § 12, 34).

A diferença do poder jurisdicional é importante e especialmente clara na inspecção dos serviços: aqui também o juiz está vinculado às directivas dos seus superiores (vd. DriG § 26 II)), no exercício do poder jurisdicional está isento de directivas e apenas submetido à lei (GG art. 97 I; GVG § 1; DriG § 25) e ao direito (GG art. 20 III).

II. No quadro da justiça cível e especialmente no processo civil, intervêm: os *tribunais de comarca*, de *Land* e os *tribunais superiores do Land*, bem como o *Supremo Tribunal Federal* (sobre o Tribunal Superior do Estado da Baviera, vd. infra § 74 III.

O mais alto tribunal civil na República Federal é o Supremo Tribunal Federal com sede em Karlsruhe, GVG § 123. Em matéria cível é o terceiro, a instância de revista, GVG § 133 (vd. infra § 74).

Sobre os tribunais de trabalho vd. supra § 5 II, III.

Os tribunais estão geralmente repartidos em corpos de decisão. Só o simples corpo de decisão intervém em processos concretos, não o conjunto do tribunal, com todos os juizes. É o "tribunal do processo" e chama-se no tribunal de comarca "secção", no tribunal do Land "câmara", no tribunal superior do Land e no Supremo Tribunal Federal "secção". O corpo de decisão é provido no tribunal de comarca com um juiz, noutros tribunais com vários juizes (colectivo); no tribunal do Land e no tribunal superior do Land com três juizes, no Supremo Tribunal Federal com cinco. GVG §§ 22 IV, 75, 105 I, 122 I; 139 I.

Os tribunais de trabalho são providos dum colectivo, sem excepção, mesmo na primeira instância (ArbGG §§ 16 II, 35 II, 41 II).

III. Por conseguinte, tem de distinguir-se **tribunais singulares** (dum só juiz) e **tribunais colectivos**. Ambos têm vantagens e inconvenientes.

Vários juizes em conjunto podem apreciar os factos de modo mais amplo e seguro que um juiz único. Ao juiz único falta o juiz do colectivo que discute e controla. Discussão, controlo, trabalho conjunto no colectivo, oferecem uma garantia acrescida da justeza da decisão. Por isso justifica-se que na maior parte dos Estados o número de juizes suba dos tribunais mais baixos aos superiores conforme a importância do processo. Outra vantagem do colectivo é a possibilidade de adestrar e instruir os juizes mais novos pelo trabalho em comum, antes que tenham de assumir a responsabilidade como juizes únicos.

Pelo juiz único pronuncia-se a responsabilidade clara e indivisa, até um certo ponto também a economia de juizes (que atrai em certas épocas os tesouros públicos para uma pragmática e descabida preferência pelo juiz singular no LG, vd. infra § 71 I, IV). Um excelente juiz único sobrepõe-se seguramente a um colectivo medíocre. Contudo, personalidades salientes são tão raras na justiça – como em toda a parte – que o legislador tem de partir na estrutura dos tribunais, não delas, mas da média dos juizes. Tudo isto favorece que se dê a preferência ao sistema colegial, sem dúvida, nos processos mais importantes e mais difíceis, bem como nos tribunais superiores.

IV. Cada tribunal colectivo tem um **presidente**. Este tem sobretudo de preparar a audiência de discussão e dirigi-la (§§ 273, 136) bem como pronunciar as decisões (§ 136 IV); respeita-lhe, em primeira linha, o dever de esclarecimento do § 139 I (vd. infra § 25 VII); fixa a data da audiência (§ 216 II); em processos na secção para questões de comércio tem, por força da lei, uma competência de decisão limitada, que pode ser alargada pelas partes (§ 349 II, III). O presidente tem a responsabilidade pela condução disciplinar e eficiente do processo. Nas decisões colegiais (deliberação e acórdão) não lhe é atribuído maior peso legal que aos adjuntos (leia-se BGH MDR 89, 992). O tribunal colegial decide com base em **discussão** e **votação**; ambas são **secretas**, GVG § 193; DriG § 43, 45 I 2. A maioria absoluta dá a decisão, GVG § 196 I. A decisão para o exterior é sempre uma decisão do tribunal colectivo.

As circunstâncias da votação (sem indicação de nomes) não podem sequer ser reveladas na sentença (diferente na BVerfG: BVerfGG § 30 II 2). Há alguns anos, discutiu-se vivamente se o legislador deve permitir ao juiz que, vencido, manifeste a sua opinião discordante (**dissenting opinion**) e se este poder deve competir a todos os juizes, ou apenas aos dos tribunais superiores (justificação no § 7 IV da 15.ª Ed. deste livro). Desde o final de 1970, os juizes do BVerfG podem tornar publicamente conhecida a sua opinião discordante defendida na discussão, BVerfGG § 30 II 1. As experiências recolhidas até aqui não dão ensejo a estender este regime a outros tribunais. *Ritterspach*, FS Zeidler, 1987, págs. 1379 e segs., opina justamente que o "espírito da época" é favorável ao voto de vencido do Tribunal constitucional; especialmente que a geração de juizes mais novos queira apresentar francamente para o exterior "uma própria concepção jurídica progressiva" – o que, enquanto geralmente certo, pudesse assentar sobre uma falsamente entendida "auto-realização".

Sobre as atribuições do presidente no quadro do processo dos tribunais de trabalho, vd. ArbGG § 53, 54, 55, 56, 58 I, 60 III, IV, 61 a III, IV, 98, 109.

O membro do tribunal colegial pode, na base de uma decisão do tribunal, actuar como "**juiz encarregado**", por ex., na tentativa de conciliação (§ 279), na recolha de provas (§§ 355, 375); vd. infra § 51 IV. Ele é, geralmente, ao mesmo tempo que **relator** (determinado pelo presidente), quem prepara tecnicamente a decisão do tribunal e que apresenta ao colectivo a proposta de decisão – conforme o resultado da votação (vd. GVG §§ 196 e infra § 58 I 1) – e que lavra o texto da decisão (acórdão, deliberação).

Do juiz encarregado tem de distinguir-se o **juiz singular** (§ 348 e infra § 71). Ele não é apenas um "membro do tribunal do processo", mas representa ele próprio "o tribunal do processo", apenas noutra composição. Em primeira instância, ele não é só competente para a resolução de tarefas individuais, mas para todo o processo que lhe é atribuído.

V. A **distribuição** tem, antes de mais, importância organizativa. Trata de repartir oportunamente, para todo o ano judicial, os juizes e os futuros processos (conforme as matérias, letras iniciais duma das partes, relação territorial) pelas várias câmaras ou secções. Assim, ela garante a repartição uniforme do volume de serviço, bem como a divisão conforme as matérias (por ex., questões de responsabilidade administrativa) para uma correcta especialização dos juizes. É, sobretudo, "a pedra angular da organização judiciária num Estado de Direito" (BGHZ 37, 129). Impede, nomeadamente, que por qualquer motivo um colectivo ou os seus juizes sejam determinados ad hoc para um processo concreto (vd. BVerwG NJW 87, 2031 e seg.); isto opõe-se ao comando constitucional do juiz natural (GG art. 101 I 2). Por isso a GVG (§§ 21 e, g) retirou a distribuição da administração da justiça e estabeleceu a *função de auto-gestão dos tribunais* de modo que fique sob a protecção da independência judicial (vd. BVerfGE 17, 256; BGHZ 46, 148 e seg.). Por outro lado, tinha em vista a afectação da distribuição à administração da justiça de 1937 até 1945 no Reich e até 1990 na anterior RDA, em que a administração podia influenciar a composição dos tribunais e desse modo o poder judicial. Isso foi, pelo menos, uma jurisdição independente, do princípio ao fim.

Sendo um colectivo composto por juizes togados (por ex., duma secção cível são afectados 4 juizes, duma câmara do BGH, 7 juizes, sempre incluindo o presidente), como se oferece, em princípio, na conformidade da GG art. 101 I 2, a determinar previamente por escrito, segundo índices abstractos, que juizes podem colaborar nos respectivos processos (BVerfG – deliberação em plenário – NJW 97, 1497 e segs.). Para o litígio sobre a aplicação da GVG § 21 g II BGHZ 126, 63 e segs. (câmara conjunta alargada), para isso muito crítico *Sangmeister*, NJW 95, 289. Os colocados pelo BVerfG, loc. cit., perante critérios mais severos anteriores são – após um período transitório – empregados pelo novo processo, desde 1-7-1997 (BVerfG NJW 97, 1499 no final).

§ 8. O Juiz

Baur, Justizaufsicht und richterliche Unabhängigkeit, 1954; *Baur*, Laienrichter – Heute?, FS *Kern*, 1968, pág. 49; *Bettermann*, Die Unabhängigkeit der Gerichte und der gesetzliche Richter, in *Bettermann/Nipperdey/Scheuner*, Die Grundrechte, tomo III/2 (1959), pág. 523; *Bettermann*, Der Richter als Staatsdiener, 1967; *Bettermann*, Der totale Rechtssaat, 1986; *Bülow*, Gesetz und Richteramt, 1885; *Esser*, Vorverständnis und Methodenwahl in der Rechtsfindung, 1970; *Flume*, Richter und Recht, Verhandlungen des 46. DJT (1966), 1967, tomo II, parte K, pág. 5; *Goldschmidt*, Gesetzesdämmerung, JW 24, 245; *Habscheid/Schlosser*, Die richterliche Unabhängigkeit in der Bundesrepublik Deutschland, in Landesberichte pág. 239; *Heusinger*, Rechtsfindung und Rechtsfortbildung im Spiegel richterlicher Erfahrung, 1975; *Kissel*, Justiz zwischen Anspruch und Wirklichkeit, DRiZ 87, 301; *Pfeiffer*, Die innere Unabhängigkeit des Richters, FS Zeidler, 1987, pág. 67; *Reichel*, Gesetz und Richterspruch, 1915; *Schier*, Richteramt und Grundgesetz, FS Firsching, 1985, pág. 233; C. *Schmid*, Gerichtsbarkeit und politische Grundordnung des Staates, FS A. Arndt, 1969, pág. 405; *Eb. Schmidt*, Lehrkommentar zur StPO, tomo I, 2.ª Ed., 1964, pág. 260 e segs.; *Schmidt-Jortzig*, Aufgabe, Stellung und Funktion des Richters im demokratischen Staat, NJW 91, 2377; *Sendler*, Was dürfen Richter in der Öffentlichkeit sagen?, NJW 84, 689; *Sendler*, Unabhängigkeit als Mythos?, NJW 95, 2464; *Stürner*, Einflussnahme auf schwebende Verfahren, in: Landesberichte pág. 179; *Vollkommer*, Richterpersönlichkeit und Persönlichkeitsrecht, FS Hubmann, 1985, pág. 445; *A. Wagner*, Der Richter, 1959.

Kommentar zum Deutschen Richtergesetz: *Schmidt-Räntsch*, 5.ª Ed., 1995.

I. Já na evolução histórica se formaram dois tipos de juiz: o **juiz leigo** e o **juiz togado**. Também presentemente a participação de leigos no exercício da justiça é um problema importante não tendo, contudo, no processo civil, a mesma intensidade que no processo penal.

O aumento contínuo da complexidade do direito substantivo, exclui os leigos como tipo de juiz único ou predominante. A segurança e o contínuo progresso do direito exigem juizes versados em direito. Os juizes leigos encontram, por isso, no processo civil, por força da lei, somente um limitado campo de acção. Nas secções para questões comerciais (vd. infra II) podem e devem aplicar, como juizes de comércio, a sua experiência e especial saber profissional, por ex., dos usos comerciais (vd. GVG § 114). Semelhantes considerações aplicam-se na participação de leigos na jurisdição laboral. Aqui intervém, além disso e sobretudo, a noção do papel que infunde na representação da parte patronal e trabalhadora (também) a confiança nos juizes da jurisdição do trabalho, antes estabelecida (*Künzl* ZZP 104, 155 e seg.; crítico *Sendler* NJW 86, 2911 e seg.).

O antagonismo entre o juiz leigo e o juiz erudito, corresponde na prática ao juiz que exerce a título honorífico e ao de carreira (vd. infra II). A vantagem do juiz de carreira consiste na mais segura objectividade. Sendo o juiz do mesmo ofício que a parte, pode saber melhor onde está a dificuldade e estar mais familiarizado com as suas preocupações e concepções; ele tenderá involuntariamente a levar em frente os interesses dos seus iguais. No entanto, o juiz tem de permanecer além dos interesses profissionais e preconceitos das partes e nunca se sentir como representante duma só das partes. Isto deve ser especialmente acentuado face à tendência natural ou à necessidade legal (por ex., conforme ArbGG § 16), de apelar aos juizes honoríficos por motivo da sua origem profissional.

II. A lei não conhece pelo nome nem o juiz leigo nem o seu oposto, o juiz erudito. Ela distingue, contudo, entre os **juizes honoríficos** e os **juizes de carreira** (vd. DriG §§ 1, 45 a; BRAO § 95 I). Os juizes de carreira são sempre juizes eruditos (DriG § 9 n.º 3 com §§ 5-7, excepção no § 120). Os juizes honorários podem ter a habilitação para a judicatura (vd. infra III), outras vezes devem (por ex., os membros advogados dos tribunais de advogados). Normalmente porém são leigos.

A **participação de juizes honorários** limita-se, conforme a GVG ao tribunal do Land e neste às questões comerciais, GVG § 95, 105. A estes competem, sobretudo, os pedidos contra um comerciante nos actos de comércio bilaterais, além das acções de letra, de concorrência desleal, de direito das sociedades, de declaração de nulidade das deliberações da assembleia geral duma sociedade anónima. Para isso são criadas **secções para causas comerciais** (não confundir com as câmaras de comércio e indústria; não dignas de imitação BGHZ 45, 241!). Elas são providas com um juiz de carreira designado vitaliciamente como presidente e com dois juizes não togados (juizes de comércio) como assessores (GVG § 105 I; DriG § 28 II 2, § 45 a). Estes são em regra leigos (comerciantes inscritos ou ex-inscritos no registo comercial ou das cooperativas, directores de pessoas jurídicas ou procuradores, além de membros da direcção duma pessoa colectiva de direito público (GVG § 109).

As secções dos **tribunais de trabalho** são constituídas por um presidente e (em regra) dois juizes honorários como assessores – quer do seio dos patrões, quer dos trabalhadores – ArbGG § 16 II. O presidente é um juiz de carreira mas não tem de ser nomeado vitaliciamente (ArbGG § 18 VII). Este deve ter – como, em princípio, todos os juizes de carreira – habilitação para a judicatura. As secções dos **tribunais de trabalho do Land** são providas por um juiz de carreira nomeado vitaliciamente como presidente e dois juizes honorários (vd. ArbGG §§ 35 II, 36, 37). As secções do **tribunal federal de trabalho** são providas com um presidente e dois assessores judiciais (são juizes de carreira nomeados vitaliciamente); além destes há dois juizes honorários também, em regra, leigos (ArbGG § 41 e segs.) – uma estrutura estranha num tribunal de revista, que só tem para decidir questões de direito (ArbGG § 73).

III. Nos tribunais cíveis actuam geralmente **juizes de carreira** que, quase sempre, são juizes com formação jurídica. A sua formação, por isso, é de importância decisiva. É regulada nos seus traços fundamentais pela DRiG (§§ 5-6).

As disposições aplicam-se à formação dos juizes de todos os ramos de tribunais. Quem obteve habilitação para a judicatura nos termos da DRiG está, do mesmo modo, apto para o cargo de juiz da jurisdição comum, da jurisdição administrativa, etc., vd. DRiG § 6 II. A lei não exige especiais conhecimentos e experiência numa determinada área jurídica. Assim, é possível a livre mudança dos juizes entre os variados ramos dos tribunais, sem dúvida apenas de limitado significado prático, por virtude dos múltiplos conhecimentos especiais necessários (por ex., no ramo da jurisdição fiscal).

A qualificação para a judicatura obtém-se pela aprovação em dois exames, DRiG § 5 I. A formação anterior articula-se com o estudo universitário (conclusão com o primeiro exame de Estado, o chamado exame de admissão ao estágio) e com o estágio (conclusão com o segundo exame de Estado, o chamado exame de estágio), DRiG § 5.

Quem estiver habilitado para a judicatura pode trabalhar no meio judicial, se preencher determinados requisitos, vd.DriG § 9, e ainda § 18 II.

IV. O **juiz de carreira não é** um **funcionário** judicial. Foi-o enquanto não houve entre a administração e o exercício da justiça uma separação nítida e também os funcionários administrativos (especialmente nos tribunais administrativos, vd. supra § 3 II 1)) exerciam a justiça. Isso modificou-se quando a GG art. 92 confiou aos juizes exclusivamente o poder jurisdicional conferindo-lhes, portanto, "o monopólio da jurisdição" e erigiu a independência como característica essencial do juiz (vd. supra § 3 II 2 e infra V). Assim deixou de ser possível considerar para o futuro o juiz como funcionário, que apenas se diferencia dos outros funcionários pela sua função. A GG concedeu-lhe um estatuto próprio. Ele está numa relação especial de serviço com o Estado, a relação judicial (vd. DriG §§ 9, 17).

A autonomia e independência do poder jurisdicional perante os poderes legislativo e executivo é ainda mais salvaguardada para além disso, já que o juiz de carreira não pode assumir simultaneamente funções doutro poder (DRiG §§ 2, 4 I). Por ex., um juiz presidente do LG não pode actuar ao mesmo tempo como presidente duma secção cível e chefe de serviço do Ministério da Justiça (pode, com o seu consentimento, ser desligado da actividade judicial e ser destacado para o Ministério, vd. DRiG § 37). O juiz honorário pode, às vezes, actuar simultaneamente como funcionário, vd. por ex., ArbGG §§ 21 III, 22 II n.º 3; para isto, *Bettermann*, AöR 92, 515 e seg.

V. A independência dos juizes

O juiz – ao contrário dos funcionários – tem de possuir uma *independência* característica da sua função, para poder actuar objectiva e livremente. A independência não é um privilégio corporativo (BGHZ 112, 193) e não é concedida ao juiz por sua vontade para "realização pessoal", mas para garantia duma justiça imparcial e assim satisfazer os que procuram justiça.

A independência judicial é uma conquista dos Estados civilizados modernos, possibilitada pela separação dos poderes. No século XIX foi normalmente garantida nas Constituições (por ex., nos artigos 86, 87 da Constituição prussiana de 1850; para isto *Kotulla* DRiZ 92, 285 e segs.). Daí foi recebida em 1877 na GVG. Porém, a independência foi desse modo garantida aos tribunais e aos juizes da jurisdição contenciosa comum (EGGVG § 2). Pelo contrário, os tribunais administrativos foram muitas vezes incorporados ou agregados, em termos orgânicos, na administração, portanto não independentes dela e os funcionários que neles actuavam gozavam de independência material, mas não pessoal (vd. supra § 3 II, 1, 2, e infra 1).

Hoje, a independência judicial já não é – como nos termos da GVG – reservada à jurisdição contenciosa comum. Segundo a Lei Fundamental (art. 97) é característica de todos os tribunais; "tribunais dependentes" deixam de ser tribunais (vd. BVerfGE 27, 322).

O **garante da independência** é a exclusiva **vinculação do juiz à lei** (vd. infra 1). Aqui assenta, ao mesmo tempo, a **protecção do que tem de se sujeitar ao direito perante a arbitrariedade judicial**. Esta função de garantia e protecção pode desempenhar a lei, certamente pior, quanto mais o legislador recuse as soluções normativas do conflito e se contente, assim, em indicar na lei meras perspectivas de solução. A perda de normatividade aqui aflorada, indica uma profunda transformação das funções da lei. A mudança é tanto nos garantes como na qualidade da independência judicial. A consequência é uma modificação na natureza do processo, que – hoje – chamamos processo civil (vd. supra § 1 I, III; *Baur*, JBl. 70, 447 e seg.; *Jauernig*, JuS 71, 333 e seg.). A problemática aqui indicada coloca-se realmente no direito civil, pelo menos no seu núcleo central não sobressai tão claramente, porque aqui – ao contrário do direito administrativo – nota-se até agora pouco a mudança de funções da lei.

A independência compõe-se de diversos sentidos.

1. *Independente* é, antes de mais, *o tribunal* como tal, *como instituição* (GVG § 1). Corresponde à regra da separação de poderes (GG art. 20 II 2), segundo a qual o poder judicial é exercido por "órgãos especiais" – os tribunais – que estão separados, especialmente dos serviços administrativos em termos orgânicos e pessoais. A independência do tribunal engloba a *independência material dos juizes* que nele actuam: o juiz está apenas sujeito à lei (GG art. 97 I, GVG § 1, DRiG § 25) e ao direito (GG art. 20 III) (no sentido da dupla sujeição BVerfGE 34, 286 e segs.). A independência material encontra o seu complemento necessário na *independência pessoal.*

a) **A independência material** significa que o juiz, no exercício do poder judicial, não está vinculado a instruções (do Parlamento, do Governo, da administração, dos chefes de serviços, etc.) e que também não lhe podem ser dadas. A independência material é garantida a todos os juizes – de carreira ou honorários, GG art. 97 I.

É assegurada por certas providências. A distribuição do serviço e dos juizes pelas concretas secções não é matéria da administração da justiça, vinculada a directrizes, mas antes tarefa de auto-gestão dos tribunais (vd. supra § 7 V). Um funcionário público vitalício, mesmo um agente do Ministério Público, pode ser nomeado juiz de carreira (em comissão), pois então suspendem-se os seus direitos e deveres decorrentes da anterior relação de funcionário, senão estaria sujeito a instruções (vd. DRiG §§ 14 e seg.; GVG 151, 146).

b) **A independência pessoal** significa, sobretudo, que o juiz *não pode ser suspenso* nem *deslocado* senão por sua vontade, ou fundamento legal concreto, por forma legalmente determinada e normalmente determinada apenas por decisão judicial. As formas legais prescritas não podem ser empregadas de modo que o juiz seja na prática afastado, por ex., por preterição na distribuição (BVerfGE 17, 259 e segs.); para a problemática – na deficiência de um "parágrafo idiota" – *Bettermann* AöR 92, 529 e seg.; *C. Schmid* loc. cit. pág. 412 e seg.

Esta independência é garantida na GG art. 97 II apenas aos juizes "colocados regularmente a título definitivo no quadro". São os juizes nomeados vitaliciamente ou por tempo determinado (DRiG §§ 30 e segs.), não os juizes em estágio ou em comissão. A estes juizes falta, assim, uma parte essencial da independência judicial.

Por causa dos perigos daí resultantes só podem colaborar no exercício da justiça por motivos imperativos, por ex., com a finalidade da sua formação. GG art. 92, 97 II exigem que, em regra, se utilizem juizes que não possam ser suspensos nem deslocados (BVerfGE 14, 162 e segs.). Daí retira o DRiG § 28 I a consequência de, em princípio, só poderem participar no tribunal juizes vitalícios. Apenas nos tribunais de comarca, do Land e do trabalho podem participar nas decisões judiciais também juizes não nomeados vitaliciamente, quando ocorra motivo objectivo bastante (BGHZ 130, 309; GVG § 22 V, 59 III; ArbGG § 18 VII; DRiG § 28 I); para o número destes juizes autorizados a participar, vd. DRiG § 29, para isso BGHZ 103, 309 e segs. Correspondentemente se aplica aos nomeados a título definitivo, delegados "juizes auxiliares" no OLG superior (BGHZ 95, 25 e seg.). Para a independência pessoal dos juizes honorários BVerfGE 27, 322.

A independência pessoal precisa doutras garantias. Delas faz parte a retribuição razoável e estável (BVerfGE 12, 88); pois a independência dos juizes sem **independência económica** é utopia. Para pretensões patrimoniais resultantes da relação jurídica, oferece-se a via judicial administrativa, DRiG §§ 46, 71 III; BBG § 172; BRRG § 126 (também para outras acções, quando não sejam competentes os tribunais disciplinares). Á protecção da independência pessoal (segundo outra perspectiva, a protecção da força de caso julgado material da decisão judicial, vd. *Schoch* Jura 88, 649) serve também o privilégio judicial do BGB § 839 II; aplica-se aos juizes de carreira e honorários. Em vez do juiz responde o Estado, GG art. 34. Para a problemática, *Baur*, FS Schwab, 1990, pãg. 53 e segs.

c) Mesmo o mais jovem dos juizes em estágio não tem de atender a qualquer directriz do seu superior no serviço, sem dúvida graças à sua independência material. Contudo, este é competente para a apreciação do serviço do seu subordinado, de quem depende em grande parte para a nomeação (por ex., como juiz vitalício) ou a promoção. Assim, a administração da justiça pode exercer uma pressão considerável sobre os juizes sob a forma de promoção (nomeação) ou a sua recusa. Mas uma administração organizada não pode ser impedida de reconhecer as variadas aptidões dos juizes e encontrar a necessária selecção na nomeação para os cargos. Contudo, é motivo de reflexão se na sua "selecção" desempenha um papel mais ou menos relevante a perspectiva político-partidária (como acontece não raramente na nomeação para os cargos de presidente). A "politização" ameaça de todo a judicatura se a escolha dos juizes é atribuída exclusivamente aos deputados; o perigo de tal processo tem de ser sobreestimado, não apenas para a independência do "terceiro poder", mas também, e não por último, para a **independência interior** do juiz. Abstraindo disso, não pode ser menosprezado que o desejo e a possibilidade de ser nomeado ou promovido podem transportar, em si, um grande perigo, para além da independência material e pessoal, o do sentimento de independência (vd. BVerfGE 12, 97 e segs.). O perigo existe em medida acrescida nos juizes a que falte a plena independência pessoal como, por ex., os juizes em estágio (vd. BVverfGE 4, 344 e segs., também BGHZ 95, 25 e seg.).

A **inspecção do serviço** da administtração da justiça pode levar a graves conflitos com a independência, (não apenas a material, *Baur*, Justizaufsicht, pág. 65

e seg.). O seu exercício correcto é missão problemática (vd. *Baur*, loc. cit.), tanto mais que a fronteira entre independência e inspecção de serviço, só dificilmente pode ser determinada em geral (vd. *Pfeiffer*, FS Bengl, 1984, pág. 85 e segs.). A DRiG (§ 26) infelizmente prescinde totalmente de traçar tal fronteira, mas melhora o estatuto do juiz que se julgue afectado na sua independência por uma medida de inspecção de serviço; pode apelar para o tribunal disciplinar (DRiG §§ 26 III, 62 I n.º 4 letra e). As BGHZ 100, 274 e seg. interpretam amplamente o conceito "medidas de inspecção de serviço" de modo a conceder ao juiz extensa protecção jurídica.

Para a independência interior não é apenas um perigo a pressão de cima, mas também a pressão externa, por ex., através da chamada opinião pública. Concordância ou desagrado podem ser expressos em crítica, mas não podem jamais chegar a ameaças, que podem transtornar os juizes no exercício do poder judicial. Este princípio indiscutível volta sempre a ser infringido retumbantemente (vd. *Seiter* NJW 80, 913; *Stürner*, loc. cit. pág. 188 e segs., 197 e segs.).

Para a manifestação de opiniões divergentes pelos juizes vencidos, vd. supra § 7 IV.

2. A exclusiva vinculação à lei e ao direito significa ainda que os tribunais não estão vinculados à decisão de questões jurídicas através de outros tribunais noutros processos, as chamadas **questões prejudiciais**. O juiz decide segundo a sua própria convicção jurídica. Pode também, por ex., afastar-se da opinião do Supremo Tribunal de Justiça. Isto tem certas sequelas desagradáveis porque a mesmíssima questão jurídica pode ser respondida diferentemente por diferentes tribunais. Mas o livre desenvolvimento do direito é fomentado, sem dúvida, pela possibilidade de concepções opostas e da discussão daí resultante. Assim, em regra, os tribunais inferiores seguirão os superiores se não apresentarem novos e convincentes pontos de vista. Esta imitação pode ser problemática se o tribunal inferior "põe de lado" (violação da lei?) a sua (melhor?) opinião discordante para não "perturbar" a unidade da jurisprudência e (sobretudo?) para evitar a anulação da sua decisão por via de recurso. Em todo o caso tem de ser mantida, em princípio, a liberdade na questão prejudicial. Para a problemática *W. Lüke* in: Kroeschell (Hgb.), Recht und Verfahren, 1993, pág. 73 (83 e segs.).

Só ocasionalmente o tribunal está vinculado à apreciação jurídica doutro tribunal (por ex., à concepção jurídica do tribunal de revista, § 565 II). Mas aí trata-se sempre duma vinculação dentro do próprio processo ou relativa ao mesmo objecto de litígio. Ela permite, antes de mais, que a matéria do litígio possa ser despachada convenientemente por vários tribunais. Os vários tribunais aparecem como parte duma jurisdição unitária e, assim, o juiz "vinculado" é aqui tão pouco afectado na sua independência como o que é vencido num tribunal colectivo. Vd. BVerfGE 42,

94 e seg.; GmS in BGHZ 60, 396 e seg.; incompreendido por EuGH NJW 74, 440 (possa o tribunal inferior fazer examinar o acórdão do tribunal superior que revoga e reenvia na sua compatibilidade com o direito da CE; afirmativa, doutra opinião, BFH BB 80, 878 e seg.; também DB 84, 702; BVerfGE 68, 345, 360).

3. Da vinculação do juiz à lei e ao direito (vd. supra 1) surge o problema do **direito do controlo judicial**, isto é, se os tribunais podem examinar as leis quanto à sua **constitucionalidade**, verificar a sua inconstitucionalidade e, por isso, não as aplicar. Dessa vinculação resulta que cada tribunal pode e deve examinar se a lei relevante para a sua decisão é constitucional. De acordo com GG art. 100 I, o tribunal pode verificar a *inconstitucionalidade duma lei formal posterior à constitucional, mas não decidir por si* (BVerfGE 4, 339 e segs.): sendo a lei publicada após a entrada em vigor da GG (23-5-1949, às 24 horas) e pertinente para a decisão (BVerfGE 81, 276), estando o tribunal convicto da inconstitucionalidade (vd. BVerfGE 81, 277), então deve suspender o processo por decisão (irrecorrível, controverso) e obter decisão do Tribunal Constitucional (do BVerfG por violação da GG, bem como por incompatibilidade duma lei do Land com uma lei federal, do Tribunal Constitucional do Land pela violação da Constituição do Land). Para a forma e teor da decisão, vd. BVerfGE 79, 243 e segs.

O **ZPO** na redacção da VereinhG de 12-9-1950 é **direito posterior ao constitucional**, do mesmo modo que a GVG; pois ambas as leis foram deliberadas pelo legislador federal de novo, em todo o seu conteúdo (por isso não se trata duma mera nova publicação [inexacto MK-ZPO Einl. 52; impreciso *Zöller*, Einl. 7]). Vd. BVerfGE 78, 83 com referências.

4. O **direito da UE** prevalece sobre o direito nacional. Isso restringe assim o poder de decisão dos tribunais nacionais. Pode ser mesmo o caso na aplicação (interpretação) do direito nacional, se este transpõe uma directiva da CE (UE), e para a interpretação do direito nacional depende da interpretação da directiva ("interpretação do direito nacional em conformidade com as directivas"); o mesmo se aplica se falta realmente a transposição para o direito nacional, mas pode ser "suprido" por interpretação em conformidade com as directivas (EuGH NJW 94, 922; Heinrichs NJW 95, 154 e seg.; para a problemática das directivas *Ress*, GS Arens, 1993, pág. 351 e segs.). Velar pela interpretação da directiva (bem como das do EGV) é atribuição do EuGH (sede: Luxemburgo), segundo norma do EGV art. 177, 168 a I 2. Não sendo a interpretação (do direito da UE!) totalmente incontroversa e não tendo ainda o EuGH

decidido essa questão, *deve* o tribunal cuja decisão no caso concreto é *inimpugnável*, submeter a decisão (inimpugnável, controverso) do EuGH (*exemplo*: BGH NJW 96, 930 e segs.); não tendo sido feito o envio arbitrariamente, o tribunal infringe a GG art. 101 I 2 (contra isso: recurso constitucional, BVerfG NJW 94, 2017 e seg.). Sendo a decisão do tribunal *impugnável*, no caso concreto, o envio é dispensado (*Ex.*: BVerwG NJW 86, 1448 e seg.). A decisão do EuGH vincula o tribunal nacional. Ao EGV art. 177 corresponde o EAGV art. 150.

Para o processo da questão prejudicial, *Hess*, ZZP 108, 54 e segs.; *Dauses*, Das Vorabentscheidungsverfahren nach art. 177 EWG-Vertrag, 2.ª Ed., 1995; *Prütting*, GS Arens, 1993, pág. 339 e segs.; *K. Schmidt*, FS G. Lüke, 1997, pág. 721 e segs.

§ 9. Competência material e territorial

I. Admitida a *competência internacional*, os tribunais alemães são chamados no seu todo a decidir o processo (vd. supra § 6 II 1). Sendo admissível a *via judicial comum*, os tribunais comuns podem, no seu conjunto, deliberar e decidir sobre o caso (vd. supra 4 II, III). Que *tipo de tribunal* – LG ou AG – é competente, em primeira instância, é determinada pelas regras da *competência material*. As disposições da *competência territorial* regulam, por fim, perante que LG ou AG compete o processo em primeira instância; neste tribunal é admitida a sua "competência".

II. A competência material rege a distribuição dos processos em primeira instância pelos AG ou LG (só problemática assim, porque e na medida em que não funciona uma única espécie de tribunal, como tribunal de primeira instância).

1. Para a distribuição é, antes de mais, determinante o valor do objecto do litígio; até 10.000 DM inclusive é competente o AG, desde 10.000,01 DM o LG (GVG § 23 n.º 1, § 71 I).

Pela RpflEntG, entrada em vigor a 1-3-1993, foi eliminada a anterior distinção determinante de competência entre os litígios patrimoniais e não patrimoniais. Mesmo assim, é relevante a distinção, depois como antes: indirectamente para a determinação da competência em razão do valor (vd. infra) e directamente para a competência convencional (§ 40 II), e ainda para o processo escrito nos termos do § 128 III, para a apelação conforme os §§ 512 a, 529 II e a revista nos termos dos §§ 546, 554 b I.

Para os processos patrimoniais contam todos os pedidos com base em relações jurídicas de natureza patrimonial mas também de natureza não patrimonial, enquanto o pedido respeite a prestação exprimível em dinheiro ou em valor pecuniário (BGHZ 14, 74). Nos processos não patrimoniais contam-se, por ex., as acções de retractação e abstenção para defesa da honra (BGH NJW 91, 847); quando não devam salvaguardar essencialmente matérias económicas (Ex.: BGHZ 89, 200 e segs.).

A competência em razão do valor em *processos não patrimoniais* determina-se em conformidade com a GKG § 12 II (directamente só diz respeito ao chamado valor para as custas do processo).

Nos *processos patrimoniais* o valor é determinado frequentemente segundo normas especiais do ZPO.

Dirigindo-se o pedido da acção, por ex., para uma quantia em dinheiro, é decisivo o seu montante; tratando-se da entrega duma coisa, é determinante o seu valor (real, não o alegado), § 6; nas prestações periódicas, pormenorizam as disposições do § 9; no restante, o valor é fixado discricionariamente pelo tribunal, § 3. Faltando norma legal própria é determinante o valor do interesse económico do autor na decisão com trânsito em julgado (vd. *Schumann* NJW 82, 1258 e segs.).

Se o pedido do autor é ou não procedente é sempre negligenciável; pois o valor do objecto do litígio deve ser estabelecido na propositura da acção, tanto mais que, muitas vezes, depende dele a escolha do tribunal competente (AG ou LG).

2. A *distribuição* normal *das questões conforme o valor do processo* é quebrada por **excepções**:

a) Os **tribunais de comarca** são competentes, sem atender ao valor do objecto da questão, sobretudo nas *questões de arrendamentos* de habitação GVG § 23 n.º 2 a (para isso é exclusivamente competente em razão da matéria o AG; para a exclusiva competência territorial, vd. § 29 a e infra III 2 g). São ainda competentes, nomeadamente, para todos os pedidos de alimentos com base no casamento ou parentesco (GVG § 23 a n.º 2).

b) Os **tribunais do Land** são exclusivamente competentes para pedidos por *prevaricação*, sem atenção ao valor do objecto do litígio, GVG § 71 II n.º 2; RBHaftG § 3 I (responsabiliza-se o Estado: GG art. 34; RBHaftG § 1). GVG § 71 II n.º 1 é supérfluo, porque hoje apenas se admite a via judicial administrativa para os pedidos patrimoniais dos juizes e funcionários públicos (BRRG § 126; BBG § 172; DRiG §§ 46, 71 III) e, por isso, o tribunal cível não pode ser competente em razão da matéria, conforme a GVG § 71.

c) Em questões patrimoniais, a competência material só pode ser alterada em casos excepcionais por **convenção das partes**; isto é inadmissível se a competência é exclusiva (vd. infra § 10 II).

3. A **demarcação** na repartição dos processos entre o **AG** e o **AG/Tribunal de Família** é, no âmbito dos processos cíveis (e de família), uma questão de competência em razão da matéria; conforme a opinião dominante (BGHZ 97, 82 com referências; *Bosch*, Anm. FamRZ 86, 820) trata-se de uma questão da distribuição do serviço (para as dificuldades práticas daí resultantes, vd. *Jauernig*, FamRZ 89, 1 e segs. e infra § 91 VII). Na legal distribuição de serviço passa-se pela demarcação de limites **secção cível/secção das questões comerciais** (vd. GVG §§ 96-102; para isso *Gaul* JZ 84, 57 e segs., 563 e segs.).

III. A competência territorial é designada geralmente no ZPO por "foro". Tem de distinguir-se o foro *geral* dos foros *especiais*. Estes últimos existem para determinadas espécies de acções, enquanto o foro geral, em princípio, existe para as acções contra uma pessoa, § 12. Daí que possa haver vários foros para uma acção (*exemplo*: B, que vive em Ulm ofende K em Colónia; o foro geral duma acção de K contra B é Ulm, o foro especial é Colónia, vd. §§ 12, 32; K pode escolher entre Ulm e Colónia, § 35; para um caso especial vd. § 35 a).

1. **O foro geral para pessoas físicas** consiste no domicílio do réu, §§ 12, 13. É importante, na prática, que dependa do réu. Além de ter de litigar, é incómodo e caro (representação!). O autor pode reflectir sobre a propositura da acção, se quer assumir este encargo e dar início ao processo. O réu não pode fazer essa reflexão: o processo cai-lhe sobre a cabeça sem lhe ser perguntado.

A residência regula-se pelo BGB §§ 7 e segs. Na sua falta, aplica-se o § 16.

Para pessoas jurídicas e outras entidades capazes de agir em juízo (por ex., OHG) como rés, é decisiva a sua sede, § 17.

O Fisco tem o seu foro geral na sede da repartição que o representa como réu no processo, § 18. Qual seja chamada para isso, determina-se segundo o direito constitucional e administrativo da Federação e dos Estados federados (BGHZ 40, 199) e nem sempre é fácil determinar pela parte.

2. **Os foros especiais** só parcialmente têm significado prático. O seu grande número facilita a actuação do autor. Em certos casos deve bastar que possa decidir o tribunal que esteja mais próximo dos factos (vd. infra d e h).

Salientam-se os seguintes:

a) O **foro da residência permanente**, § 20. Verifica-se para todas as acções de natureza patrimonial em que o réu se acha em circunstâncias que revelem uma residência de maior duração (não apenas para as acções conexas com a residência!). Este foro é relevante, na prática, se o domicílio e a residência se fundem num só, como acontece com os estudantes.

b) O **foro do estabelecimento económico**, § 21: apenas para as acções patrimoniais relacionadas com o movimento dum estabelecimento (para isso BGH NJW 75, 2142), e apenas para os estabelecimentos em que foram directamente celebrados negócios (ao contrário, para as agências intermediadoras, vd. BGH NJW 87, 3082). O foro é importante para as filiais de Bancos e empresas comerciais.

c) O **foro do património** § 23 (para isso *Schumann* ZZP 93, 408 e segs.; *Schack* ZZP 97, 46 e segs.; BGH NJW 89, 1431; 90, 992; vd. ainda supra § 6 II 1), existe apenas para questões jurídicas patrimoniais, com um réu sem domicílio no país; devem encontrar-se no país segundo a alegação do autor, ou os bens do réu ou o objecto reivindicado na acção (vd. BGH NJW 97, 326). O foro é importante para as diligências contra estrangeiros (doutro modo, talvez fosse necessária acção no estrangeiro); está excluído para acções contra pessoas que tenham o seu domicílio num Estado contratante do EuGVÜ (EuGVÜ art. 3).

d) O **foro real**, § 24, surge para acções de direitos reais imobiliários (especialmente de propriedade, hipoteca; para autorização de rectificação de registo predial, para avaliação, entrega, sujeição à execução) e acções de posse de imóveis; para isso BGHZ 54, 202 e segs. É um *foro exclusivo* (vd. infra § 10 II) e estabelecido onde o imóvel se situa.

Neste foro podem (não devem) também ser instauradas as acções por dívidas, se conexas com acção real e se dirigem contra os mesmos réus, § 25 (exemplo principal: a conexão da acção de hipoteca com a acção pelo crédito que está na sua base, se a pessoa do devedor e o proprietário são a mesma pessoa e para o crédito somente haja um outro foro).

As acções de direitos obrigacionais só podem ser instauradas no foro real quando se dirigem contra o proprietário ou possuidor do imóvel como tal (por ex., do BGB §§ 571, 913, 994 de alienação de propriedade e cessão do consentimento para inscrição no registo por parte do proprietário) ou por dano no imóvel ou na casa (por ex., BGB §§ 823, 904 período 2, 989 e segs.) ou instauradas para indemnização por expropriação ou por afectação similar a expropriação respeitante a imóvel, § 26.

e) O **foro da herança** reside no foro geral do "de cujus" no momento da sua morte e admite-se para acções da herança (para declaração do direito à herança ou contra o possuidor da herança), do legatário ou por direito à legítima, § 27; ainda para certas acções contra o herdeiro, § 28. Com isso possibilita-se a concentração num tribunal de toda as questões sobre os direitos sucessórios.

f) O **foro do lugar do cumprimento**, § 29. Muitas vezes é determinado nos contratos o local do cumprimento (vd. BGB § 269 I). Isto só excepcionalmente tem efeitos no foro (§ 29 II): os contratantes têm de ser comerciantes matriculados, pessoas colectivas de direito público (por ex., autarquias, universidades) ou patrimónios autónomos de direito público. Noutros casos a convenção do lugar de cumprimento tem mero significado jurídico substantivo (BGB § 269 I).

Resulta do § 29 II que o § 29 I apenas tem em vista o lugar de cumprimento legal, não o convencional. Admite-se para todas as acções de contratos obrigacionais, portanto para o cumprimento, indemnização (mesmo por culpa in contrahendo, na opinião dominante), declaração, resolução.

g) Para questões de arrendamento de **locais**, o tribunal (AG ou LG, para isso GVG § 23 n.º 1) em cuja circunscrição o local se encontra é exclusivamente competente em razão do território, § 29 a I (excepções para certos locais de habitação no II).

h) Para as acções de terceiros contra membros (mesmo anteriores) de condomínio, com certa relação com o condomínio, é competente o tribunal em cuja circunscrição se situe o imóvel, § 29 b.

i) O **foro do acto ilícito**, § 32, existe para todas as acções resultantes do acto ilícito (BGB §§ 823 e segs.) e de responsabilidade pelo risco (vd. infra § 12 II). Relevante para esta regra de competência é a proximidade material do tribunal. Porém, é de ter em atenção que o acto ilícito é cometido tanto no lugar da ofensa como no lugar do resultado (BGH NJW 90, 1533). *Exemplo*: o ferido em Ulm morre do ferimento em Colónia; o foro, conforme o § 32, em Ulm e Colónia.

Para as **acções de indemnização da UmweltG** é exclusivamente competente o tribunal em cuja circunscrição se situam as instalações donde emanou o acto de influência ambiental, § 32 a.

j) Sobre o **foro da reconvenção** (§ 33) vd. infra § 46 II, III.

Bibliografia da competência em razão do território: *Schumann* JuS 84, 865 e segs.; 85, 39 e segs., 122 e segs., 203 e segs.

§ 10. Competência funcional e exclusiva

I. A competência funcional reparte as diversas funções da justiça num e mesmo processo por diversos órgãos de justiça.

Disto faz parte a demarcação entre tribunal do processo e tribunal da execução (§ 764), tribunal da execução e oficial de justiça, entre juiz e secretário judicial, secretário judicial e funcionário da secretaria, entre tribunal deprecante e tribunal deprecado (o chamado tribunal de colaboração judiciária; este é o AG, GVG § 157 I; vd. infra § 13).

Um importante caso especial de competência funcional respeita à repartição de funções entre a primeira instância e a instância de recurso. O AG é apenas um tribunal de primeira instância, o OLG e o BGH são apenas tribunais de recurso, o LG é ambas as coisas. Daqui resulta a **marcha pelas instâncias**: LG – OLG – BGH ou AG – LG (aqui com a mais importante excepção em questões de família: AG/Tribunal de Família – OLG – BGH, vd. GVG §§ 23 a, 23 b, 72, 119 I n.º 1, 2 e para isso infra § 91 V).

Nos *processos do Tribunal de trabalho* surge-nos a marcha pelas instâncias: ArbG – LAG – BAG (ArbGG § 8).

A diferenciação desta espécie de competência não expressamente mencionada na lei, justifica-se – ao contrário da material e territorial – por **nunca poder ser modificada por acordo das partes**. Assim, é vedado às partes recorrer imediatamente a um tribunal de recurso, omitindo a primeira instância. A competência funcional tem sempre de ser examinada oficiosamente.

II. A **competência exclusiva** de um tribunal, significa que esta competência não pode ser alterada por acordo das partes (§ 40 II 1) e, em todos os litígios, tem de ser examinada oficiosamente (vd. infra § 12 I).

É *sempre* exclusiva a *competência funcional* (vd. supra I), para que as partes, por ex., não possam acordar numa marcha das instâncias diferente da lei ("excepção": revista per saltum, § 566 a).

A *competência material e territorial* é sempre exclusiva nas questões não patrimoniais, (argumento, § 40) nas patrimoniais, só por força de especial determinação legal.

Exemplos: § 24 (territorial), GVG § 71 II n.º 2 (competência material).
Em regra só são exclusivos os foros especiais (vd. supra § 9 III 2); diferentemente HWiG § 7 I: o foro geral enquanto exclusivo. Pode haver vários foros exclusivos ao lado uns dos outros (ex.: §§ 919, 942 e seg., 802).

A competência dos tribunais de trabalho é exclusiva no quadro da ArbGG §§ 2, 2 a (vd. contudo ArbGG § 2 III, IV e supra § 5 II). Para a relação jurídica jurisdição laboral – jurisdição comum, vd. supra § 5 III.

§ 11. Competência determinada, convencional e por conexão

I. Em certos casos a **competência** dum tribunal estabelece-se por **decisão** do tribunal mais alto na hierarquia das jurisdições, § 36, quando se evitou o tribunal competente por fundamentos de facto ou de direito (por ex., todos os juizes duma pequena AG foram excluídos nos termos do § 41), quando vários tribunais foram declarados competentes ou incompetentes por decisão transitada ou quando várias pessoas em conjunto têm de ser ou foram demandadas num tribunal e este não seja para todas o tribunal competente, quer territorial, quer materialmente (vd. BGH NJW 87, 439). O § 36 II confia a atribuição da competência a um OLG, se nos termos do § 36 I devesse decidir o BGH (finalidade: exoneração do BGH de actividade "indesejável"); em vez do OLG decide, quando existe (apenas na Baviera) o ObLG superior (EGZPO § 9). O § 36 III quer assegurar a aplicação jurídica uniforme no direito da competência pelo recurso ao BGH. Para o momento em que pode ser feita a determinação, vd. BGH NJW 80, 1281; 83, 1062; 95, 534 (para isso *Jauernig*, NJW 95, 2018).

II. A competência legal podia, até 1-4-1974 ser modificada, em larga medida, por acordo das partes. Esta liberdade seria usada com frequência pelo poder económico para conseguir o acordo num foro que lhe conviesse (por ex., a centralização de todos os processos na sede da administração central). Esta possibilidade de abusar da liberdade, foi eliminada pelo legislador em 1974, de modo que os **pactos de aforamento** – com excepção, em parte, de casos complicados – **são inadmissíveis**. Combater o abuso da liberdade pela sua eliminação é, contudo, ou ilógico ou expressão duma "política social autoritária" (vd. supra § 1 III 1). Nenhuma merece aplauso. A proibição de princípio de pactos de aforamento na Alemanha está, além disso, em evidente contradição com futura admissão de tais pactos no âmbito do EuGVÜ.

Exemplo: duas pessoas privadas alemãs, ambas com residência em Breisach, não podem estabelecer pacto modificativo da competência para a área da República Federal Alemã (§ 38 I, II 3). Vivendo, porém, uma delas em Neu-Breisach (França), então já podem porque, em suma, o § 38 é suplantado pelo EuGVÜ art. 17 e seg. (vd. supra § 6 II 1). Do mesmo modo, podem acordar a competência internacional dos tribunais doutro Estado contratante ou especialmente a competência (internacional e) territorial dum determinado tribunal (*Samtleben*, anotação NJW 75, 1606).

Os §§ 38 e segs. não proíbem que se determine num decreto-lei o afastamento da competência do tribunal do regime legal da competência (LG Bochum BB 75, 937).

III. Em **regra** a **competência convencional** é **inadmissível**. Isto aplica-se, tanto à convenção de competência dum tribunal incompetente por força da lei (*prorrogação*, só ela cita expressamente o § 38) como para a exclusão dum tribunal competente em si (*derrogação*). A proibição de pactos de aforamento no § 38 é garantida e completada por outras disposições, nomeadamente § 29 II (vd. supra § 9 III 2 f), § 39 período 2, § 504 (vd. infra VI) e – muito importante – § 331 I 2 para o processo à revelia do réu (vd. infra § 66 III 2).

IV. Excepcionalmente, a **competência convencional** é **admissível**. Em regra torna competente um tribunal incompetente; esta competência é muitas vezes querida como exclusiva, de modo que outra, nomeadamente a competência legal, é removida (aqui se conexionam entre si a prorrogação e a derrogação, vd. supra III). A convenção é um acordo processual (vd. infra § 30 IV, VI 5).

1. A convenção pode ser celebrada *informalmente* pelos *comerciantes matriculados* e também para o sector privado (na opinião dominante), além de pessoas colectivas de direito público (por ex., autarquias, entidades com capacidade judiciária) e patrimónios autónomos de direito público: § 38 I.

2. A convenção expressa e por escrito é permitida a *todos*, desde que seja celebrada *após o início da questão* ou para manutenção do foro geral ao tempo da convenção: § 38 III.

3. O § 38 II permite, em princípio no período 1, a *convenção sobre a competência internacional* e limita no período 3 a possibilidade de determinar um tribunal interno, reforçando o impedimento nos casos com relações internacionais de fraude à proibição de convenção. Para a prioridade do EuGVÜ (art. 17 e seg.) vd. supra II.

4. As partes nos contratos colectivos de trabalho podem estipular no contrato colectivo a competência dum *tribunal de trabalho* por si territorialmente incompetente (em processos com terceiros!; isto prende-se com o carácter normativo dos contratos colectivos de trabalho), ArbGG § 48 II.

V. Na medida em que uma **convenção**, conforme supra IV 1-3, seja **permitida**, é **apenas** admissível em relação aos **tribunais comuns** (excepção ArbGG § 2 IV), só para o tribunal de **primeira instância** (§ 38), e apenas em **questões jurídicas patrimoniais**, desde que **não contrarie** um **foro exclusivo**, § 40 II. Pode, assim, alterar-se a competência material bem como a competência territorial (também as duas ao mesmo tempo; para a competência internacional, vd. supra § 6 II 1). Além disso, deve referir-se a convenção a um tribunal determinado ou determinável, bem como a uma determinada relação jurídica e aos litígios daí resultantes (por ex., a um contrato de fornecimento, uma relação de inquilinato), § 40 I; é inadmissível uma convenção que abranja todos os litígios que surjam entre as partes.

VI. Um **tribunal do Land**, antes incompetente, torna-se competente, se o réu tiver discutido oralmente a questão de fundo, sem ter invocado a incompetência, § 39, período 1. Esta **competência invocada** pelo réu só se verifica quando se trate de uma questão patrimonial e não haja para a acção nenhum foro exclusivo, § 40 II. Sendo estipulado ao réu um prazo de contestação da acção (vd. §§ 275 I 1, III, 276 I 2), não tem de invocar a incompetência nesse prazo, mas pode ainda fazê-lo no início da audiência de julgamento (vd. § 39 período 1; §§ 282 III, 296 III não se aplicam: OLG Frankfurt/M.ZIP 82, 1491 e seg., com referências, controverso; BGH NJW 97, 398 deixa em aberto).

Um **tribunal de comarca** incompetente territorial ou materialmente, torna-se competente, conforme o § 39 período 1, se o réu, antes da audiência de julgamento sem a invocação, for informado da incompetência e efeitos da audiência sem a invocação, §§ 39 período 2, 504. Sem a informação, o tribunal da comarca mantém-se incompetente. Surgindo a invocação apenas depois da audiência de julgamento, sendo, portanto, a invocação da incompetência ainda posterior, é admissível mas apenas antes doutra audiência. As limitações conforme o § 40 II também se aplicam aqui. Para a competência internacional vd. supra § 6 II e infra § 12 I.

§ 12. Efeitos da incompetência

I. A competência tem, em princípio, de ser **examinada oficiosamente**, isto é, independentemente da conduta das partes (vd. infra § 25 X). Isto aplica-se sem excepção à competência funcional, com limitações à competência internacional, material e territorial. O *LG* pode, assim, aguardar, atento o § 39 período 1, que o réu invoque a incompetência antes da audiência de discussão e julgamento; não o fazendo, o tribunal requerido torna-se competente nos limites do § 40 II (vd. supra 11 VI). O *AG* tem de examinar sempre, previamente, a competência material e territorial, de modo que possa informar o réu nos termos do § 504. O exame da competência internacional pode ser retardado pelo AG até à sua invocação pelo réu (vd. § 39 por um lado e § 504 por outro lado), controverso.

O exame oficioso não significa que os requisitos da competência tenham de ser verificados oficiosamente. Assim, basta a pertinente alegação do autor, na medida em que coincidam os factos que fundamentam a competência e o pedido, por ex., no § 32 (BGHZ 132, 110 e seg.). Aliás, o autor tem de provar os factos contestados que fundamentam a competência (por ex., no § 13). Para a situação de revelia do réu, vd. infra § 66 III 2.

O tribunal deve ser competente no momento do último julgamento oral dos factos; mas basta que fosse competente no momento da propositura da acção ou o tenha sido mais tarde, para que a competência se mantenha, § 261 III n.º 2: "**perpetuatio fori**" (vd. infra §§ 33 V 7, 40 I 2).

II. A competência é um **pressuposto processual** (vd. infra § 33 IV, VII). Determinada a incompetência, a acção tem de ser rejeitada sem decisão sobre o fundo, a chamada **absolvição da instância** (vd. infra § 33 V 4)). O autor pode evitar facilmente este malogro por falta de competência material ou territorial, que leva à **remissão**, conforme o § 281, para o tribunal competente. Isto sucede com frequência na prática (para o caso especial do § 506, vd. infra §§ 46 III, 69 II 3).

O pedido de remissão pode ser apresentado perante o funcionário da secretaria judicial, por isso sem patrocínio obrigatório de advogado (§ 78 III). É possível a remissão sem debate oral (realizando-se a audiência, tem de ser observado o § 78). A prescindibilidade do debate oral é relevante, por ex., se o autor já apresentou o pedido de remissão a título subsidiário na petição inicial e o tribunal negou a sua competência. Antes da remissão, em todo o caso, tem de ser garantido ao réu o direito de ser ouvido. É remetido pela decisão em que o tribunal se declara incompetente e se remete o processo a determinado tribunal competente. A decisão é inimpugnável pelas partes e vincula o tribunal a que o processo é remetido, mesmo que a remissão seja manifestamente errada (BGHZ 102, 340 e seg., mas não vincula na recusa do direito à pronúncia [BGH RR 90, 1282, jurisprudência constante] ou falta de fundamentação jurídica da remissão [BGH NJW 93, 1273], nestes casos a decisão é também impugnável; vd. ainda infra § 75 I). Com a entrada dos autos no outro tribunal, o processo fica pendente neste (§ 281 II 4). Por isso, tem de ser indicado no requerimento e na decisão um determinado tribunal como competente. Ao autor são poupadas na remissão nova propositura da acção, custas (vd. porém, § 281 III 2) e tempo (antes da propositura da acção não há remissão, nos termos do

§ 281 [vd. a mensagem nos BGHZ 90, 249 e segs., – leia, sem falta!]), abstraia BGH NJW 95, 534, pertinente RR, 1161, com referências. A remissão é ainda possível na instância superior, produzindo-se então por acórdão – inimpugnável analogamente ao § 281 II 3 – que, ao mesmo tempo, revoga a decisão impugnada. Isto também se aplica à remissão da câmara de apelação para a secção cível da primeira instância do mesmo tribunal do Land (OLG Oldenburg NJW 73, 811); não há remissão dum tribunal de recurso para outro. O processo perante o tribunal para que foi remetido, forma uma unidade com o que correu perante o tribunal remetente (importante para a observância dos prazos, vd. BGHZ 97, 160 e seg., além disso para a duração da interrupção da prescrição).

O processo mantém-se como num objecto de litígio unitário, no caso de apenas ter de ser processada **apenas incompetência parcial**. *Exemplo*: K propõe a acção no foro do acto ilícito (§ 32) e baseia o seu pedido em contrato e acto ilícito. Apenas para o último o tribunal é indubitavelmente competente. Daí segue-se para alguns a competência global do tribunal requerido (*Rosenberg*, § 36 VI 2; *Wieczorek/ Schütze*, § 12, 23; *Schwab*, FS Zeuner, 1994, pág. 504 e segs.; BayObLG RR 96, 509, sempre com referências: **competência por conexão objectiva**). Isto não é conciliável com a lei (§ 32), bem como mostra a disposição especial e excepcional do GVG § 17 II nova redacção (StJ § 1, 10; ainda BGHZ 132, 111 e seg.). Não pode servir como justificação para o correspondente procedimento na incompetência parcial, pois o ZPO não foi modificado, além de que o foro geral (vd. supra § 9 III 1) tem sempre a função de "foro global". O BGH (BGHZ 132, 111) quer apenas decidir objectivamente sobre o acto ilícito, mas de resto rejeitar a acção por inadmissibilidade. É melhor consentir a remissão parcial do processo que, contudo – para evitar a dupla condenação do réu – contra o § 281, apenas expressa na sentença que a parte admissível da acção (no exemplo: acção por acto ilícito) é rejeitada por falta de fundamento; com cujo trânsito em julgado se torna eficaz (StJ introdução 295; § 1, 10; § 281, 13 com referências).

Uma nova remissão é possível quando o tribunal remetente apenas negou a sua competência territorial ou material e o tribunal remetido nega para si a competência anteriormente não examinada (StJ § 281, 27). O pacto de competência posterior não afasta a vinculação do tribunal remetido (confira BGH NJW 76, 626), mas uma modificação da acção relevante para a competência (BGH NJW 90, 54: é mesmo possível a devolução do tribunal remetido ao remetente). Para a remissão de via judicial para via judicial, confira supra § 4 III; BAG NJW 93, 1878 e seg.

III. A *sentença* dum *tribunal* material ou territorialmente *incompetente não é ineficaz*; pois um tribunal equivale a outro. Por isso, é compreensível a limitação da questão da competência, tal como a redução de recursos (§§ 512 a [ainda 529 II], 549 II) e a inimpugnabilidade da sentença do tribunal do Land, quando a competência do AG foi reconhecida, § 10. Sendo proclamada por sentença transitada a incompetência material, a decisão é obrigatória para o tribunal em que o processo pender mais tarde, § 11.

§ 13. Colaboração judicial

I. Cada tribunal só pode praticar actos oficiais na sua circunscrição territorial. Sendo conveniente a prática de acto oficial fora da circunscrição, o tribunal do processo tem de deprecar a sua execução a um tribunal exterior, ou seja a **colaboração judiciária** – daí a expressão "*tribunal deprecado*" ou "*juiz deprecado*" – GVG § 156, GG art. 35 I. Sob o **conceito** "colaboração judiciária" cabe a execução de actos oficiais, que o tribunal deprecante poderia, pela sua competência, praticar por si mesmo, e apenas por conveniência quer entregar aos cuidados doutro tribunal. Como tais actos é de tomar em consideração, especialmente, a audição de provas, confira §§ 355, 375, 451, 479 (por ex., inquirição duma testemunha incapaz de se deslocar). Bem entendido, não pode ser encarregado outro tribunal da audiência de julgamento ou da própria decisão.

II. A deprecada tem de ser dirigida ao *tribunal de comarca*, em cuja circunscrição o acto oficial tem de ser praticado, sem atender ao valor do objecto do litígio e à espécie do tribunal do processo, GVG § 157 I. A deprecada perante o tribunal que se apresente na hierarquia das jurisdições não pode ser recusada; perante outro tribunal apenas quando aconteça não se admitir nele a colaboração judicial ou falte ao tribunal deprecado a competência territorial (então passa ao competente) GVG §158. No caso da recusa da deprecada ou da aceitação inadmissível, decide sob requerimento o OLG hierarquicamente superior ao tribunal deprecado, GVG § 159 I 1. Para a impugnabilidade da decisão, confira GVG § 159 I 2, 3 (ex.,: BGH NJW 90, 2936 e seg.).

III. A colaboração judicial está prevista também no *processo do tribunal de trabalho*, a efectivar em primeira linha pelos tribunais de trabalho, ArbGG § 13.

§ 14. Exclusão e recusa de juizes

I. Quem for designado pela lei e pela distribuição juiz do processo pode, contudo, por motivos que se refiram especialmente à sua pessoa, ser desvinculado da judicatura, quer "automaticamente" por força da lei (há, então, motivos de *exclusão*) quer apenas a requerimento duma das partes, por motivos de *recusa*. Os motivos são, em geral, factos que devem questionar pelo menos a objectividade do juiz a que respeita e abalar a confiança nele no processo concreto e, assim, sobretudo a confiança na justiça. O tribunal como órgão julgador (vd. supra § 7 II), como instituição, não é susceptível de recusa (vd. BGH NJW 74, 56), e bem assim todos os seus membros.

Os **motivos de exclusão** são, conforme o § 41, os seguintes:

1. O juiz é a própria parte (ou co-interessado, co-obrigado ou responsável perante ela) – é claro que *ninguém pode ser, ao mesmo tempo, juiz e parte.*

2. Ele é ou foi *casado* com uma das partes ou *parente* ou *afim próximo.*

3. Ele é ou foi mandatário ou representante legal duma das partes – não se pode ser, *ao mesmo tempo, juiz e representante duma das partes.*

4. Ele não pode actuar no processo como testemunha ou perito – não se pode ser, *ao mesmo tempo, juiz e testemunha.*

5. Ele participou numa decisão impugnada *numa instância inferior* – a parte não recorre para que o mesmo juiz decida de novo. O juiz anterior é, além disso, excluído no *processo de revisão*, porque também aí a sentença é "impugnada", vd. §§ 583 e seg., 588 I n.º 3 e infra § 76 I (doutra perspectiva BGH NJW 81, 1273 e seg., opinião dominante, aí falta uma disposição correspondente ao StPO § 23 II; para a problemática OLG Karlsruhe FamRZ 92, 1194 e seg.,; OLG Saarbrücken RR 94, 765).

Em vez do juiz excluído intervém outro; para isso tem de tomar-se precauções na distribuição (confira supra § 7 V). Em regra, produz-se uma decisão especial sobre a exclusão se foi formulado pedido de recusa (§§ 42 I, 45, mas também § 48 I).

II. Motivos de recusa. Qualquer das partes pode recusar o juiz com base em fundamento legal de exclusão (o que na prática é mais importante, porque na exclusão legal não se trata só duma recusa) ou por *suspeição legítima*, § 42, quando haja circunstâncias que possam suscitar a um julgador cordato e razoável, a dúvida quanto à objectividade do juiz (vd. BVerfGE 35, 172), por ex., se é íntimo amigo ou inimigo visceral, ou aconselha uma das partes fora do processo pendente, ou indica ao réu o possível levantamento da excepção de prescrição (StJ § 139, 24, 24 a; OLG Hamburg NJW 84, 2710; em sentido inverso, OLG Köln RR 90, 192, com outras anotações; para um caso especial BGH NJW 98, 612; confira ainda infra § 25 VII 7). Na actividade política (partidária) ou sindical, os juizes de carreira têm de observar o comando de moderação e contenção (DRiG §§ 2, 39). Também, quando isso acontece, pode basear-se a suspeição legítima no caso concreto (para isso *Rottmann*, DriZ 87, 317 e segs.; *Vollkommer*, [confira supra § 8] pág. 459 e segs. e FS E. Wolf, 1985, págs. 659 e segs.

O direito à recusa por suspeição legítima perde-se se a parte com conhecimento do motivo de recusa concordou com a audiência (não necessariamente para discutir o fundo da questão como no § 39) ou formulou requerimentos perante o juiz, sem a invocar, § 43. Os pedidos de recusa abusivos não são permitidos e não impedem a participação do "recusado" (*Günther*, NJW 86, 288 e segs., com referências; BVerwG NJW 88, 722 e seg.; OLG Frankfurt RR 89, 570).

Nos termos dos §§ 44 e segs., o tribunal do processo decide o pedido de recusa (o juiz recusado è substituído pelo seu substituto no plano da distribuição, confira supra I, no final); não havendo (mais) qualquer substituto do recusado, decide o tribunal superior. O juiz tem o dever processualmente relevante de denunciar o motivo da recusa (argumento § 48 com GG art. 103 I: BGH NJW 95, 1679 obiter). O juiz não tem o "direito de se recusar a si próprio".

III. Já antes da decisão transitada sobre o pedido de recusa, o juiz apenas pode praticar os actos que não tolerem qualquer dilação, § 47.

O juiz excluído ou recusado com êxito tem de se abster de qualquer actividade no processo, sobretudo omitir qualquer decisão. Os actos praticados apesar disso não são nulos, mas a decisão em que participou o juiz excluído ou recusado com êxito é impugnável em recurso, após o trânsito com o recurso de anulação (confira §§ 551 n.º 2, 3; 579 I n.º 2, 3). Tais casos dificilmente ocorrerão na prática, mas a lei deve ser considerada cuidadosamente como reparação.

IV. Os actos das partes não são ineficazes por o juiz ter sido excluído ou recusado com êxito: pois são praticados perante o tribunal não recusável (vd. supra I).

§ 15. Funcionário judicial, secretário judicial e oficial de diligências

Arnold/Meyer-Stolte/Herrmann/Hansens, Rechtspflegergesetz, 4.ª Ed., 1994; *Dallmayer/Eickmann*, Rechtspflegergesetz, 1996; *Riedel*, Kommentar zum Rechtspflegergesetz und Handbuch für Rechtspfleger, 5.ª Ed., surgida após 1982; *H. M. Ule*, Der Rechtspfleger und sein Richter, 1983; *M. Wolf*, Richter und Rechtspfleger im Zivilverfahren, ZZP 99, 361.

I. Para a resolução das tarefas não judiciais está instalada junto de cada tribunal uma secretaria com o número necessário de **funcionários judiciais**, GVG, § 153 I. O GVG § 153 II-V regula quem pode ocupar-se das funções de funcionário judicial.

As funções processuais do funcionário judicial são:

1. a *autenticação*, especialmente ao lavrar os autos na audiência (§§ 159 e segs.; a recepção de declarações nos autos, por ex., a acção no AG (§ 496), a entrega de cópias, por ex., das sentenças (§ 317 III);

2. a *colaboração na marcha do processo*, por ex., a iniciativa de citações e notificações no impulso oficioso (§§ 209, 274 I, confira infra § 79 I-III) e enquanto executante das tarefas das partes (§§ 166 II, 753 II):

3. intervir e lavrar autos pelo juiz no interesse de assistência de clarificação urgente (por ex., da agenda).

Contra as decisões de funcionário de justiça pode reclamar-se no tribunal a que o processo pertence, § 576.

II. Um órgão autónomo do tribunal entre o juiz e o funcionário judicial é o **secretário judicial**. A sua função primitiva era aliviar o juiz das matérias de rotina. Hoje o seu campo de acção está substancialmente alargado. É determinante, desde 1-7-1970, a lei dos secretários judiciais de 5-11-1969.

O secretário judicial é um funcionário do serviço de justiça que foi aprovado após três anos de estágio no exame para secretário judicial (RPflG § 2). Nas suas matérias toma autonomamente o despacho de todas as necessárias providências, com excepção da ordem e execução de juramentos e privações da liberdade (embora nos termos do § 890) bem como da requerida alteração duma decisão do funcionário da secretaria (RPflG § 4). Em certas circunstâncias tem de submeter ao juiz matérias que lhe estão confiadas (RPflG § 5).

O secretário judicial só está sujeito à lei, nas suas decisões, mas nem sempre decide com independência (vd. RPflG § 5), pois que só goza de independência material limitada (RPflG § 9); para isso BVerfGE 61, 77). À sua exclusão e recusa aplicam-se as prescrições determinadas para os juizes (RPflG § 10). Contra as suas decisões é admissível reclamação para o juiz na qual o secretário judicial as pode reparar (com excepções), RPflG § 11 I, II. Contra a decisão do juiz que aceita a reclamação é admissível recurso segundo as disposições gerais (RPflG § 11 III). Não a aceitando o juiz, considera-se a reclamação como agravo contra a decisão do secretário ("reclamação indirecta"), sobre que decide o tribunal de agravo, RPflG § 11 II).

Ao secretário são especialmente confiadas as seguintes matérias (RPflG § 20): o processo de injunção (exceptuado o processo litigioso porventura apensado), estabelecimento dos alimentos mínimos de filhos menores, alteração dos títulos de alimentos de filhos menores no chamado processo simplificado, providências no processo de apoio judiciário e na notificação. Tornaram-se particularmente extensos os seus poderes no domínio da execução. É controverso se foram confiadas ao secretário judicial funções do poder judicial e ponderoso por causa das reservas jurisdicionais (GG art. 92). A confiança de tais funções não teria de ser contestada se o secretário pudesse ser encarado como "juiz" no sentido do GG art. 92 (para isso *Lindacher*, Rpfleger 87, 47 e segs., com referências). Contudo, isso está excluído (confira BVerfGE 61, 77 para GG art. 100 I; *Dallmayer/Eickmann*, loc. cit., § 1, 51-63, com referências). Pelo contrário, parece constitucionalmente admissível que se admita que em matéria jurisdicional se passa perante o secretário judicial apenas um processo preliminar no interior do tribunal (*Gaul* Rpfleger 71, 48 e seg.; *Dallmayer/Eickmann*, loc. cit., § 1, 65-69; em rejeição, *Lindacher*, loc. cit., pág. 48; confira ainda supra § 3 II 2).

III. O ponto fulcral da actividade do **oficial de diligências** está na execução; no âmbito do processo declarativo o seu círculo de funções é diminuto, incumbem-lhe, escassamente, face ao princípio dispositivo (vd. infra § 79 II) as notificações, § 166. Está excluído do exercício de funções por certos fundamentos legais, GVG § 155; não está prevista a recusa por suspeição.

§ 16. O advogado

Bergerfurth, Der Anwaltszwang und seine Ausnahmen, 2.ª Ed., 1988 com Adenda 1991; *Borgmann/Haug*, Anwaltshaftung, 3.ª Ed., 1995; *Feuerich/Braun*, Bundesrechtanwaltsordnung, 3.ª Ed., 1995; *Hartstang*, Der deutsche Rechtsanwalt, 1986 (para isso, *Ahrens* ZZP 101, 84 e segs.); *Hartstang*, Anwaltsrecht, 1991; *Henssler/Prütting*, Bundesrechtsanwaltsordnung, 1997; *Isele*, Bundesrechtsanwaltsordnung, 1976; *Jessnitzer/Blumberg*, Bundesrechtsanwaltsordnung, 8.ª Ed., 1998; *Kleine-Cosack*, BRAO, 3.ª Ed., 1997; *Lingenberg/Hummel/Zuck/Eich*, Kommentar zu den Gründsätzen des anwaltlichen Standesrechts, 2.ª Ed., 1988; *Ostler*, Die deutschen Rechtsanwälte (1871-1971), 2.ª Ed., 1982; *Rinsche*, Die Haftung des Rechtsanwalts und Notars, 4.ª Ed., 1992; *Vollkommer*, Die Stellung des Anwalts im Zivilprozess, 1984 (para isso *Stürner*, JZ 86, 1089 e segs.); *Vollkommer*, Anwaltshaftungsrecht, 1989.

I. No processo civil, cabe ao advogado uma grande importância, porque as partes *têm de* se fazer representar no LG e em todos os tribunais superiores (**patrocínio obrigatório**) e *podem* fazê-lo perante o AG; excepcionalmente, também há patrocínio obrigatório por advogado perante o AG (vd. infra § 21 III 3 a). Esta obrigatoriedade justifica-se nas instâncias de recurso para evitar, previamente – no interesse das partes e dos tribunais – recursos inúteis e garantir um tratamento técnico da questão perante o tribunal superior. Parece descabido, em geral, o patrocínio obrigatório por advogado no processo na primeira instância, somente para o LG, depois de serem consideravelmente assimilados o processo do tribunal da comarca e do Land.

A favor da sua manutenção fala apenas que obtenha da advocacia uma certa base financeira. A última é, muitas vezes, veementemente desmentida, contudo, ao mesmo tempo, pensa-se de viva voz sobre o alargamento do patrocínio obrigatório para, nomeadamente, obter trabalho para os jovens advogados. De facto, o forte incremento de profissionais inexperientes causa problemas ponderosos, também com vista a possibilidades de ganho suficientes (certo AG Hagen NJW 86, 1186). No entanto o patrocínio obrigatório não é um meio sério de emprego. O patrocínio obrigatório geral perante o LG em primeira instância devia, por isso, ser eliminado e a todo o tribunal de primeira instância (mesmo o AG) ser atribuído o direito de determinar no caso concreto a necessidade de representação por advogado (por ex., pela dificuldade de direito ou de facto do processo, a inaptidão da parte, a representação por advogado da parte contrária); vd. ainda § 121 II 1, § 625 e VwGO § 67 II.

Os outros ramos de tribunais não conhecem, pelo menos na primeira instância, qualquer patrocínio obrigatório.

O advogado não pode ser o fiel servidor do seu constituinte. A independência interior é precisa, porque só então o advogado pode prestar ajuda conveniente sob a sua própria responsabilidade, não só *no* processo, mas também e, precisamente, *perante* o processo (para preparar uma decisão ajustada à causa ou – muitas vezes melhor e na prática frequente – para o evitar, confira infra § 23 I).

Leitura de interesse para isto *Franzen*, Vermeidbare Prozesse, NJW 82, 1854; *Hass*, Prozessvermeidung durch Rechtsanwälte, AnwBl. 89, 462; *Schackow*, Die Kunst, Prozesse zu verhüten, NJW 67, 1201.

Não sendo o processo para iludir, o advogado deve expor ao tribunal, seleccionada e ordenada, a matéria processual que a sua parte lhe comunicou. Ele tem de preparar a audiência de julgamento, fazer alegações de direito e promover o esclarecimento dos factos. O cumprimento destas tarefas pelo advogado explica que a sua intervenção encareça consideravelmente o processo. Infelizmente, a condução do processo por advogado deixa, não raramente aliás, muito a desejar na prática. A problemática esboçada agrava-se, pois a numerosos licenciados em direito por falta de notáveis aproveitamentos (em exames), apenas se oferece como campo de actividade jurídica a ainda livremente acessível (vd. infra II) profissão de advogado.

II. O advogado é um órgão independente da justiça (BRAO § 1); exerce uma profissão liberal, mas não um comércio (BRAO § 2); não é um funcionário, mas a sua situação em alguns casos – não todos – aproxima-se do funcionalismo (autorização estatal, BRAO §§ 6 e segs.; juramento, BRAO § 26; jurisdição de advogados, BRAO §§ 92 e segs., 204 e seg. [contudo, vd. infra IV]), não se subordina ao dever de lealdade para com o Estado (BVerfGE 63, 282 e segs.; para isso *Brangsch*, FS Oppenhoff, 1985, págs. 25 e segs.).

O advogado necessita de *autorização*. Esta pressupõe a habilitação para a judicatura, conforme o DRiG ou um prévio exame de aptidão (vd. infra VI; BRAO § 4). A autorização é concedida sob requerimento à administração de justiça do Land; a competente ordem de advogados tem de ser ouvida previamente (BRAO §§ 6 I, 8). O requerimento só pode ser indeferido por fundamentos indicados no BRAO (BRAO § 6 II), em que se não inclui não haver necessidade (vd. BRAO § 20 II: **princípio da advocacia liberal**; nele assenta, mesmo quando com o crescente aumento da profissão de advogado, se conexionam perigos para a justiça, não menos de considerar). Cada advogado é admitido para determinado tribunal que pode escolher livremente (**localização de direito profissional**), BRAO §§ 18 e seg., (constitucional conforme BVerfG NJW 93, 3192 "necessário" mesmo, considerando o patrocínio obrigatório e a limitação com ele ligada no § 78 da capacidade de patrocínio no processo com intervenção de advogado ao tribunal da autorização (vd. infra § 21 III 3). A combinação da localização de direito profissional (autorização junto de determinado tribunal) e a limitação da capacidade de patrocínio do advogado perante o tribunal do Land e da família (§ 78 I, II) há-de cair (vd. infra § 21 III 3). Em princípio, o advogado só pode ser admitido junto dum AG e o LG superior ou junto dum OLG (BRAO § 23-25, 226 e seg.). Se o advogado estiver inscrito na lista dos advogados exposta no tribunal, está autorizado ao exercício da profissão, BRAO §§ 31 e seg. A autorização cessa com a morte, por expiração (BRAO §§ 13, 34 n.º 1, § 36 I n.º 1), desistência ou revogação da autorização (BRAO § 34 n.º 2, §§ 35, 36 I n.º 2) e por cancelamento na lista por renúncia à autorização.

Para a autorização como *advogado junto do BGH*, vd. BRAO §§ 164 e segs.

Os advogados podem agrupar-se numa **sociedade de profissionais liberais** (PartGG § 1 II) e apenas ela pode apresentar o complemento "e associados" (PartGG § 2 I), PartGG § 11 período 1 (BGH NJW 97, 1854 e seg.). – Para a admissibilidade duma GmbH de advogados, BayObLG NJW 95, 199 e segs., crítico *Taupitz*, NJW 95, 369 e segs.; para o anteprojecto duma lei de regulamentação da GmbH de advogados, crítico *Henssler*, ZIP 97, 1481 e segs.

A um advogado pode ser concedida autorização através da ordem dos advogados a que pertence (vd. infra III) para se encarregar de duas *qualificações como advogado especialista*. Há-os para os direitos administrativo, fiscal, de trabalho e social. O advogado tem de provar a aquisição de conhecimentos especiais no pretendido ramo de especialização como advogado e de se aperfeiçoar anualmente, vd. BRAO § 43 c e o estatuto promulgado com base no BRAO § 59 b II n.º 2 (para ele, *Kleine-Cosack* , NJW 97, 1261 e seg.).

III. Enquanto **representação profissional** existem ordens de advogados para cada distrito de OLG (BRAO § 60); junto do BGH existe uma ordem especial de advogados (BRAO § 174). As ordens de advogados reúnem-se na ordem de advogados federal (BRAO § 175). Todas as ordens são entidades de direito público (BRAO §§ 62 I, 162, 176 I).

IV. A **jurisdição de advogados** tem um significado importante. Visa a punição das infracções aos deveres (BRAO § 113); assim tem de esforçar-se pelo cumprimento dos deveres profissionais. A jurisdição dos advogados organiza-se em três instâncias: o tribunal de advogados (BRAO § 92), o tribunal superior de advogados (BRAO § 100), a secção para questões de advogados junto do BGH (BRAO § 106). Para os deveres profissionais, vd. BRAO §§ 43 e segs. e o estatuto profissional criado com base no BRAO § 59 b (para isso *Kleine-Cosack* NJW 97, 1258 e segs.). As medidas dos tribunais de advogados estendem-se desde a admoestação até à exclusão da advocacia (BRAO § 114 com § 7 nos. 3 e 5).

Todos os tribunais de advogados são tribunais estatais, mesmo os apenas compostos de advogados, bem como os tribunais superiores de advogados (confira BVerfGE 48, 315 e segs.).

Da decisão do EGMR (NJW 82, 2716 a respeito dos tribunais disciplinares médicos na Bélgica) tem de inferir-se que o tribunal de advogados e o tribunal superior de advogados não satisfazem as exigências do MRK art. 6 I a um "tribunal" (implicitamente doutra opinião EKMR NJW 92, 963); pois ao tribunal de advogados é sempre superior o tribunal superior de advogados (BRAO § 101 III 1, § 104) composto de membros "parciais", ou seja, advogados. Na prática dos tribunais de advogados, do BGH, do BVerfG, do EKMR bem como do NeuordG de 2-9-1994, a decisão do EGMR ficou por observar.

V. As **relações do advogado com os constituintes** são determinadas pelo contrato entre eles celebrado (normalmente contrato de prestação de serviços BGB §§ 611, 765; BGH NJW 85, 2642). Em princípio, o próprio advogado deve ouvir, questionar e aconselhar juridicamente os seus constituintes que se comprometam a colaborar (*Borgmann/Haug*, loc. cit., §§ 17-20; BGH NJW 97, 2169) portanto (também), na medida em que seja preciso, esclarecer se um processo é necessário, com perspectivas ou arriscado (BGH NJW 95, 450) e, além disso, se, como e até quando pode ser interposto um recurso (BGH JZ 77, 305). Tem de escolher o mais seguro de vários caminhos (BGH NJW 96, 2649). Tendo actuado deficientemente deve, em princípio, indicar aos seus constituintes as acções de indemnização possíveis contra ele, advogado (BGH NJW 96, 50 também para os limites); é possível a limitação convencional da responsabilidade, BRAO § 51 a. Tem de opor-se aos erros e omissões do tribunal; deixando de o fazer, em princípio, não deve ser excluída a sua co-responsabilidade pelo seu próprio descuido (BGH RR 90, 1242, 1244; NJW 96, 51, mas também RR 97, 1020, com referências, jurisprudência constante) – daí passa a caricatura o provérbio "iura novit curia" (vd. § 293!). Segundo o BGH NJW 93, 3324 e seg., o advogado tem excepcionalmente "a possibilidade de alterar a anterior jurisprudência do mais alto tribunal" com base no seu parecer (o advogado como profeta!). O dever de direito público de aceitação do encargo duma actividade não se verifica , em regra, há uma excepção no domínio do apoio judiciário quando a parte não achou advogado disposto a receber o mandato (§ 121 IV com BRAO § 48; vd. infra § 96). Pela sua acção o advogado recebe honorários, segundo o BRAGO; honorários mais altos podem ser convencionados, BRAGO § 3, por ex., como honorários pelo tempo dispendido ou por aconselhamento inicial, mais baixos só excepcionalmente, BRAO § 49 b I, BRAGO § 3 V. Não é permitida a convenção de honorários conforme o êxito, em especial sob a forma de participação no montante do litígio ("quota litis"), BRAO § 49 b II. Por vezes a própria lei associa o êxito no processo e o montante dos honorários (vd. § 126 I, UWG § 23 b I, AktG § 247 II; *Schütze*, JZ 79, 239; confira ainda OLG Koblenz WM 84, 1582).

VI. Os advogados que sejam nacionais dum dos Estados membros da UE, gozam dentro desta de total liberdade de estabelecimento (EuGH NJW 96, 579 e segs.). O exercício meramente passageiro da actividade de advogado por nacional dum Estado membro da UE ou doutro Estado contratante do Tratado sobre o Espaço Económico Europeu, é regulado pela RADG de 16-8-1980 e a sua 1.ª lei de alteração de 14-3-1990. Estes nacionais podem ser autorizados à advocacia, após a passagem dum exame de aptidão (lei de 6-7-1990, BGBl. I 1349; para isto VO de 18-12-1990, BGBl I 2881) e são então admitidos ao exercício permanente da advocacia. Vd. ainda EuGH NJW 91, 2073 e seg. Para o exame de aptidão, *Oberheim* NJW 94, 1846 e seg.

VII. Nos **cinco novos Estados federados** – Brandenburg, Mecklenburg-Vorpommern, Sachsen, Sachsen-Anhalt und Thüringen – aplica-se, desde 9-9-1994 a BRAO (NeuordG art. 21 I). Os advogados admitidos nos termos da lei dos advogados (da R.D.A.) de 13-9-1990, estão automaticamente admitidos conforme a BRAO (NeuordG art. 21 II).

§ 17. O Ministério Público no processo civil

I. No processo civil, o Ministério Público deixou de intervir desde 1-7-1998, especialmente em questões matrimoniais. É substituído nas questões matrimoniais como "procurador do interesse público" pela administração (confira infra § 91 II 3).

II. A lei sobre a participação do Ministério Público em questões cíveis de 15-7-1941 foi suprimida com razão pela lei da unidade jurídica de 12-9-1950. Legitimava o Ministério Público em todas as questões cíveis dos tribunais comuns a uma significativa participação, porque o processo civil devia visar, principalmente, a realização da ordem jurídica (a interpretar político-partidariamente). Com tais fundamentos, o Ministério Público recebeu amplas competências na anterior R.D.A. para participar nos processos civil, de família e do trabalho (lei do Ministério Público na R.D.A. de 7-4-1977 § 21).

Capítulo Terceiro

As partes

§ 18. A noção de parte

Baumgärtel, Die Kriterien zur Abgrenzung von Parteiberichtigung und Parteiwechsel, FS Schnorr por Carolsfeld, 1972, pág. 19 (para isso *Jauernig*, ZZP 86, 459 e segs.); *de Boor*, Zur Lehre vom Parteiwechsel und vom Parteibegriff, 1941; *Henckel*, Parteilehre und Streitgegenstand im Zivilprozess, 1961; *Fr. Weber*, Zur Problematik der Prozessführung des Konkursverwalters, KTS 55, 102.

I. Em cada processo há que distinguir **três questões** no exame das partes:

1.*Quem é parte* no processo?

2. Esta tem *personalidade judiciária*?

3. A parte é a verdadeira, no sentido de que é com ela que se litiga concretamente e *sobre a sua pretensão* se deve *concretamente decidir*?

Tem de responder-se às questões pela ordem apresentada. Não é possível examinar a personalidade judiciária antes de se saber quem é a parte.

As respostas a cada uma das questões podem ser diversas. Por ex., se a mulher for demandada e o marido se apresentar na audiência de julgamento, ele não é parte (porventura, é representante). Tendo uma sociedade civil proposto uma acção, ela é, sem dúvida, parte, mas falta-lhe a personalidade judiciária (na opinião dominante). Se o credor da herança demanda um herdeiro antes da aceitação da herança, o herdeiro é, sem dúvida, parte e tem personalidade judiciária, mas falta-lhe legitimidade processual (BGB § 1958) e, assim, não é possível a decisão de fundo.

II. Quem é parte deve ser definido no início do processo; doutra maneira está excluída uma marcha regular do processo. Por isso, a acção, enquanto pedido inicial de protecção jurídica, deve identificar as partes (§ 253 II n.º 1, vd. § 39 II 1).

Parte é quem procura para si próprio protecção jurídica perante o tribunal e contra quem a protecção jurídica é pedida, através duma sentença assente nos nomes de ambas, com efeitos pró e contra elas. É-se, assim, autor na acção por declaração sua e réu pela indicação na acção e citação nesta da pessoa indicada.

Sendo a acção proposta em nome de falecido, tem de atender-se ao § 86 (vd. infra 21 IV 2 d); segundo esta disposição, autor é o herdeiro. Falecendo a parte contrária antes da citação, já não pode ser réu; passa a ser parte o seu herdeiro, com o que se produz a rectificação da parte (vd. infra § 39 II 1), não propriamente a substituição da parte, pois o falecido nunca chegou a ser parte.

Com a **citação** podem ocorrer **alterações**. Para isso alguns *exemplos*:

1. Sendo citada pessoa diversa da que é identificada na citação (por ex., em vez do mestre serralheiro Josef Müller, o mestre marceneiro do mesmo nome, morador na casa ao lado). Ele não se torna parte, mas mais tarde é admitido a julgamento de modo que possa esclarecer o engano tão rápido quanto possível. Reconhecendo o autor o erro de identidade, apenas é possível uma decisão de custas a favor do aparente "réu" citado por engano; no caso contrário produz-se uma decisão de mérito, ou seja, de improcedência da acção contra essa pessoa. Para a problemática, *Pecher*, JuS 69, 225 e segs.; *Baumgärtel*, loc. cit., pág. 27 e segs.; *Jauernig*, loc. cit., pág. 460 e seg.; BGH RR 95, 764 e seg.

2. Sendo citada a pessoa identificada na acção, mas sendo esta diversa da imaginada pelo autor (*exemplo*: o autor foi, como constatou, atropelado pelo veículo pesado dum certo Josef Müller e admite que se trata do mestre serralheiro do mesmo nome que por isso mesmo demanda; na verdade, era o mestre marceneiro do mesmo nome). A pessoa que devia ser citada na acção e foi, torna-se parte. O autor deve desistir da acção, ou a acção é julgada improcedente por falta de fundamento; para a substituição do réu, vd. infra § 86 II.

3. Sendo a parte simplesmente indicada na acção de modo incorrecto ou impreciso, sem que surjam dúvidas sobre a identidade, pode dar lugar à correcção. Para isso *Baumgärtel* e *Jauernig*, loc. cit., respectivamente; *Vollkommer*, MDR 92, 642; BGH NJW 94, 3289; confira ainda infra § 39 II 1.

III. A importância do papel das partes é naturalmente grande. O processo exige uma série de actos das partes sem o que não se pode realizar. A parte tem, especialmente – por si ou por representante – de praticar actos, fazer requerimentos, dar esclarecimentos. Os efeitos da actuação em juízo atingem as partes e, assim, o encargo das custas (§§ 91 e segs.), a força de caso julgado da sentença (§ 325), a execução (§§ 704 e segs.). A competência e o apoio judiciário orientam-se pelas relações das partes (§§ 12, 114).

IV. A noção de parte é **puramente formal** ou processual, completamente desligada do direito substantivo.

A noção formal de parte surge no fim do século em lugar da noção da parte material (*Henckel*, loc. cit., págs. 15 e segs.; G. *Lüke* ZZP 76, 6 e segs.). Esta entendia como parte apenas o sujeito da relação jurídica litigiosa (da res in iudicium deducta), pois devia atingir a posição do sujeito não na situação jurídica objectiva, mas somente de acordo com a alegação do autor. Evidenciando-se no processo que, ao contrário da sua alegação, não assiste ao autor qualquer crédito, por ex., isso não afectou a sua posição de parte (a acção foi julgada improcedente quanto ao mérito). Diferentemente será se o autor não alegou que ele e o réu sejam sujeitos da relação jurídica litigiosa; aqui ocorre a absolvição da instância.

A noção de parte material está em desacordo com a lei. Há numerosos casos de litígios patrimoniais, em que a sentença de fundo é proferida a favor ou contra pessoa que não pode alegar que seja o sujeito da relação jurídica litigiosa (vd. casos infra § 22 II).

V. Autor é – independentemente do direito substantivo – o que demanda, isto é, o que pretende protecção jurídica. Segundo a noção de parte formal, não se chega a afirmar que seja o sujeito da relação jurídica litigiosa.

1. Em regra, porém, o autor alega que ele e o réu estão entre si numa relação jurídica (*exemplo*: o autor alega que é o credor e o réu o devedor do crédito litigioso). Nesta situação corrente não se evidencia a importância da noção formal de parte.

2. A noção formal de parte abre a possibilidade de, nas questões jurídicas patrimoniais, um terceiro não interessado se arvorar em "procurador" do titular do direito.

Exemplo: K demanda B com o fundamento de B dever uma determinada quantia a X; K, com a sua acção, quer que se "faça justiça" e que X receba o dinheiro de B.

K é certamente o autor. Mas o tribunal não pode comprometer-se numa discussão sobre o mérito do caso; pois K não tem qualquer relação com o litígio material. Esta ausência de relação material não se ajusta ao seu interesse em geral que "baste ao direito": **não há qualquer acção popular** (vd. infra § 22 II).

3. Contudo, há inúmeros casos de processos de relações jurídicas patrimoniais, em que o autor não pode igualmente alegar que ele (ou o réu) estejam numa relação material para com a relação jurídica litigiosa. Portanto, o autor (o réu) pode actuar processualmente em seu próprio nome – isto é, como parte – direitos alheios (obrigações alheias). Aqui visam-se, deste modo, a titularidade do direito (do dever) e a **legitimidade processual**, separadamente. Fala-se, então, de cessão de **legitimidade processual mantendo a titularidade do direito no cedente** (*Kohler*).

Exemplo: K cede o direito reivindicado no processo. K mantém-se parte, com legitimidade processual, apesar de lhe faltar agora a titularidade do direito (§ 265 II; vd. infra § 87).

A legitimidade processual resulta em tais casos, na maior parte das vezes, da lei (vd. em pormenor infra § 22 II).

Aqui revela-se uma diferença basilar entre a noção de parte material e formal: apenas esta reconhece como parte o cedente da legitimidade, o que era imperioso face à posição da lei.

4. É discutível se determinado administrador de bens – em especial o testamenteiro, o liquidatário da falência (desde 1-1-1999: o liquidatário da insolvência), o depositário de bens penhorados, a cabeça de casal – pode actuar em juízo, em nome próprio, como **parte em virtude do cargo**.

É também certo que lhe falta a conexão material com a relação jurídica litigiosa. Assim se define o diferendo teórico sobre o seu regime jurídico.

Segundo a **teoria** dominante **da função** eles conduzem os processos que respeitem à massa falida (desde 1-1-1999: massa insolvente), à herança, ao imóvel administrado, **como parte**, portanto, **em nome próprio**, e são designados como "*partes em virtude do cargo*" (vd. § 116 período 1 n.º 1).

Assim, *Baumbach*, 8-12 Grundz § 50; *Henckel*, loc. cit., pág. 118 e segs., 125 e segs.; StJ 32 a-c perante § 50; especial para o liquidatário da falência: *Häsemeyer*, pág. 293 e segs.; *Jaeger/Henckel*, KO, 9.ª Ed., § 6, 4 e 168; *Fr. Weber*, loc. cit.; com reservas *Baur/Stürner*, numeração à margem 10.7-10.12. Da jurisprudência: RGZ 29, 29 e segs. BVerfGE 65, 190; BGH NJW 98, 157; BFH NJW 65, 2271 e seg.; jurisprudência constante.

Por outro lado, a **teoria da representação**, vê nele o *representante legal* do falido, do herdeiro, do proprietário, do imóvel, e que se reduz ao património por ele administrado.

Assim, *Bernhardt* , § 19 I 3; *Jaeger/Lent*, Konkursordnung, 8.ª Ed., tomo I, perante os §§ 6-9 KO, para o liquidatário da falência. Variante para este a nova "teoria da representação e teoria orgânica": o liquidatário é, junto das pessoas jurídicas e associações de pessoas susceptíveis de falência o terceiro liquidatário obrigatório e, por isso, o seu órgão de representação ("nova teoria orgânica"), nas pessoas físicas o seu representante legal quanto à massa falida (fundamental *K. Schmidt*, por fim NJW 95, 911 e segs.; concordante, MK-ZPO 35, 36 perante o § 50; *Rosenberg*, § 40 II 1 d; *Thomas/Putzo*, § 51, 29).

A **teoria orgânica** quer conciliar ambas as opiniões. Partindo da concepção geral de que os actos do liquidatário apenas atingem o património administrado, toma este património por uma (ao menos parcialmente) entidade com personalidade jurídica e judiciária, cujo liquidatário é seu "órgão", com o "estatuto de legal representante" (vd. BGB § 26 II, também infra § 20 II).

Assim, *Goldschmidt*, Zivilprozessrecht 2.ª Ed., § 32, 3; *Hellwig*, System, § 69; restrito ao administrador da herança e da falência: *Bötticher*, ZZP 71, 318 e segs.; 77, 55 e segs.; JZ 63, 582 e segs.; *Erdmann*, KTS 67, 87 e segs. Para a capacidade jurídica da massa falida, pormenorizado, *Hanisch*, Rechtszuständigkeit der Konkursmasse, 1973.

Segundo outra teoria conciliadora, o liquidatário não age quer em nome próprio, quer em nome alheio, mas sim "neutralmente", apenas como administrador de bens alheios; o seu comportamento diz respeito apenas a este objecto, não como a representação legal a uma pessoa.

Assim, *Dölle*, Neutrales Handeln im Privatrecht, FS Fr. Schulz, 1951, tomo 2, pág. 268; *v. Lübtow*, JZ 60, 151. Pouco claro, BAG WM 87, 414.

É de realçar que o **diferendo teórico não tem qualquer sentido prático** (vd. *Zwangsvollstreckungs- und Insolvenzrecht*, § 44 II). A maior parte das questões, nomeadamente para o liquidatário da falência, é decidida pela lei. As teorias ocupam-se apenas das diferentes funções da administração oficiosa sob um ponto de vista unitário e sistemático. Porque este ponto de vista unitário se deduz, em regra, de outras matérias jurídicas, sobretudo do direito de representação, deve recusar pedir imediatamente as especialidades da administração oficiosa, conforme uma solução própria.

Assim, a teoria da representação deve conformar-se com o "quadro escandaloso" (*Pohle*, MDR 56, 640) dum processo entre o liquidatário da falência e o falido – a lei permite-o. A teoria da função tem dificuldade em aplicar o BGB § 181 em determinados casos ao liquidatário oficioso porque não o toma por representante e não obstante seja pertinente o recurso à disposição. A teoria orgânica quer obrigar o falido a sair do processo embora, como a teoria da função, deva ao mesmo tempo, obrigá-lo a entrar de novo, quando se trate da questão de – por virtude de determinadas relações para com o falido – o juiz ser alvo de suspeição ou uma testemunha tiver justificação para recusar o seu depoimento.

Todas as teorias conduzem – aplicadas sensatamente – aos mesmos resultados "como necessariamente reconhecidos na prática" (vd. *Jaeger/ /Lent*, loc. cit. ante os §§ 6-9). Isso foi indicado pormenorizadamente por *Henckel* (*Jaeger/Henckel*, loc. cit., §6, 10-164). Com base na necessidade prática não se chega à concepção global, porque esta apenas pode ser desenvolvida no caso concreto; não pode contribuir em nada para a solução duma questão concreta. Daí que a teoria não tenha nenhum significado prático. Por isso pode ser enterrada.

Quando tem um significado certo, mais formal (se, por ex., o falido ou o liquidatário da falência é referido na acção e sentença), a prática é unânime sob o ponto de vista da teoria da função. Isso deveria bastar.

VI. 1. O processo é baseado no **sistema de duas partes**. Isto tem duplo significado: em cada processo há (apenas) duas partes ("autor" e "réu").

Esta concepção foi recentemente posta em questão por *K. Schmidt* (vd. infra § 82) para os processos constitutivos nas sociedades de pessoas (HGB §§ 117, 127, 133, 140, 142; vd. infra § 34 III A 2); substitui-se por um processo de "múltiplas partes", as interessadas no processo ligadas no litisconsórcio necessário de direito substantivo.

O sistema de duas partes não permite, em princípio, que as partes sejam a mesma pessoa (proibição do "processo consigo mesmo"; contudo, vd. infra).

Por isso ninguém se pode demandar a si mesmo. Portanto tem de ser rejeitada por inadmissível a acção entre si de duas filiais da mesma empresa. O processo cessa automaticamente pela reunião do autor e do réu na mesma pessoa, por ex., quando o réu sucede como único herdeiro ou se transforma em autor (doutro parecer BGH NJW 81, 2299: rejeição por inadmissível).

É controverso se existe, excepcionalmente, no processo civil, o **processo consigo próprio**. Exemplo: A X-AG é processada pela sua administração para declaração judicial de nulidade de deliberação da assembleia geral. Sendo autora a "administração", seja nos termos do AktG § 245 n.º 4 como titular dum direito substantivo (opinião dominante), seja como cessionária da legitimidade processual (*Häsemeyer*, ZHR 144, 265 e segs. especialmente 280 e seg.), ou sendo o autor a AG (assim *Zöllner* no Kölner Komm, ao AktG, § 246, 24 com referências)?

Do lado de cada parte podem estar várias pessoas. São então litisconsortes mas têm o mesmo papel de partes (vd. infra § 81).

2. **Autor e réu** são **equiparados no processo**. Nas mesmas condições, competem-lhes os mesmos direitos e poderes (por ex., direito a ser ouvido, ao apoio judiciário). Fala-se aqui de igualdade de armas no processo ou **igualdade perante o juiz** (vd. *Bötticher*, "Die Gleichheit vor dem Richter", 2.ª Ed., 1961; *Tettinger* [vd. infra § 29] pág. 18 e segs.; *Vollkommer*, FS Schwab, 1990, pág. 503 e segs.). Mas a igualdade é apenas formal (doutro parecer *Vollkommer*, loc. cit., pág. 516 e segs.). No próprio processo realiza-se a diferença de posição das partes. O réu tem de contar com a condenação e o autor tem, na pior das hipóteses, de recear a improcedência da acção e a sobrecarga das custas (confira BVerfGE 52, 156 e seg., mas também 52, 144 [justa crítica em *Stürner*, NJW 79, 2337]; BVerfG NJW 88, 2597).

§ 19. A personalidade judiciária

I. Esta é a *capacidade* de *poder ser admitido parte num processo*. Proposta uma acção por quem ou contra quem não tiver personalidade judiciária (por ex., uma sociedade civil, vd. infra II 1), ele vem ao processo. Também o não dotado de personalidade judiciária é parte mas, por falta de personalidade judiciária, não pode ser proferida sentença sobre o fundo da questão (vd. infra III).

O §50 I dispõe o princípio: tem **personalidade judiciária** quem tiver **personalidade jurídica**. Isso significa que toda a pessoa jurídica tem também personalidade judiciária; apenas neste sentido há um "paralelismo" de personalidade jurídica e personalidade judiciária, mas não no sentido inverso, que só as pessoas jurídicas tenham personalidade judiciária, vd. infra II (equívoco, BGHZ 122, 345).

Assim, têm personalidade judiciária:

1. todas as pessoas físicas, ou seja, todos os homens (BGB § 1), e
2. todas as pessoas jurídicas do direito privado e público.

Os pressupostos da aquisição da personalidade jurídica (e com ela da personalidade judiciária) são regulados pelo direito substantivo, por ex., para as associações pelo BGB §§ 21 e segs., para as sociedades comerciais pelo AktG e GmbHG.

Em posição dissimulada (BGB § 1059 a II) o legislador obteve, pela lei de 17-7-1996 uma entidade digna de menção: a *sociedade de pessoas dotada de personalidade jurídica*. Nelas se contam OHG, KG, PartG e EWIV, pois "são dotadas da capacidade de adquirir direitos e contrair obrigações". Já não é válido, portanto: quem tem personalidade jurídica pode adquirir direitos, mas sim o inverso: quem pode adquirir direitos tem personalidade jurídica – uma inversão absurda. Em todo o caso, logo a sociedade do BGB não tem personalidade jurídica (sociedade de pessoas), pois não pode adquirir direitos e contrair obrigações (o que, sem dúvida, vem a ser alegado de modo crescente, vd. infra II 1). Para a personalidade judiciária vd. infra II 1.

Errado, BGH NJW 95, 3125: equiparação da personalidade jurídica (duma KG!) à personalidade judiciária (§ 50); semelhante BGH NJW 82, 238.

II. Extensão da personalidade judiciária em confronto com a personalidade jurídica.

1. A **OHG** é – ainda que não pessoa jurídica (BGH NJW 93, 664) – dotada de personalidade judiciária (opinião dominante,vd. BGHZ 62, 132 e seg.). Para isso não basta que, segundo o HGB § 124 possa, sob a sua firma, demandar e ser demandado, é que é necessário para execução dum título contra a sociedade, um título contra todos os sócios – que podem ser demandados juntamente com a OHG (vd. ainda HGB § 129 IV; BGH NJW 93, 664). O mesmo vale para a KG, HGB § 161 II, bem como para a PartG (PartGG § 7 II) e a EWIV (HGB § 124 aplica-se a ela).

Segundo uma nova teoria também a sociedade do BGB deve ter personalidade judiciária e, por virtude da sua "semelhança de estrutura" com a OHG (*Hüffer*, FS Stimpel, 1985, pág. 165 e segs., com referências; *Timm* NJW 95, 3209 e segs.: personalidade jurídica e, por isso, personalidade judiciária). Esta opinião é incompatível com a lei (BGB ZPO), opõe-se, por outro lado, ao mais admissível desenvolvimento do direito (GG art. 20 III) e por isso tem de ser rejeitada (opinião dominante, vd. BGHZ 80, 227 com referências; *Zwangsvollstreckungs- und Insolvenzrecht § 5 II 1)*.

2. A **associação destituída de personalidade jurídica** só tem *personalidade judiciária passiva*, nos termos do § 50 II. Pode ser demandada,

mas não pode, como tal, demandar. O sentido do § 50 II é dificultar a litigância judicial por associações destituídas de personalidade jurídica e facilitá-la contra elas.

O § 50 completa BGB § 54 período 1. Com ambas as legislações queria o legislador fazer a vida (jurídica) da associação destituída de personalidade jurídica tão negra que ela se extinguisse. Este propósito fracassou porque a jurisprudência cuidou longamente da associação destituída de personalidade jurídica no âmbito do direito substantivo como se fosse dotada dessa personalidade. Por isso, a associação destituída de personalidade jurídica tinha de ser tratada, também processualmente, como se fosse dotada de personalidade, portanto, tornou aplicável o § 50 I (e já não o II). Esta interpretação é reconhecida na prática apenas para os sindicatos (BGHZ 109, 16 e segs.; OLG Koblenz RR 93, 697): também enquanto não são associações dotadas de personalidade jurídica a sua plena personalidade judiciária é afirmada, BGHZ 50, 327 e segs. (onde é suprimida a posição transformada dos sindicatos em vez da aplicação prática do BGB § 54 período 1); concordante Flume, ZHR 148 511, pois para os sindicatos é inconveniente o "e. V." (associação registada), o que evidentemente não se justifica, pois há sindicatos-associação registada e partidos-associação registada (confira BGHZ 43, 245; 101, 194); o que também é omitido no BGHZ 42, 212; 50, 333.

Também segundo a opinião dominante, a associação destituída de personalidade jurídica pode praticar, nos termos do § 50 II, todos os actos processuais que se achem no âmbito da defesa, portanto interpor recursos, accionar o reatamento da instância, tendo em conta, além disso, formular em certos limites um pedido reconvencional (vd. infra § 46 II, no fim), exigir indemnização de perdas e danos por execução injustificada no âmbito de processo apenso (porém não num processo autónomo; por ex., §§ 302 IV, 717 II, confira infra § 45 V) por fim demandar autonomamente com vista à protecção de execução (§§ 767, 771). Nessa medida, na opinião dominante, tem personalidade judiciária activa.

Para facilitação do exercício dum direito nos agrupamentos similares a associações destituídas de personalidade jurídica, é correspondentemente aplicável o § 50 II, BGHZ 25, 313 e seg. (quanto a uma organização administrativa de condóminos com estrutura orgânica e dotada de nome próprio); BAG NJW 63, 680 e seg. (quanto a uma GmbH em formação, para isso também BGHZ 45, 347 e segs.).

3. Os **sindicatos, associações patronais** e uniões dessas associações são judiciariamente dotados de personalidade no processo do tribunal do trabalho, mesmo que não sejam pessoas jurídicas, ArbGG § 10 (vd. ainda supra 2).

4. Os **partidos políticos** – enquanto organizados (raramente) como associações não dotadas de personalidade jurídica – têm personalidade judiciária no âmbito delimitado da lei dos partidos, § 3; além disso aplica-se o § 50, segundo a opinião dominante, especialmente a alínea 2, o que é importante, por ex., para associações

locais não abrangidas pela lei dos partidos § 3 (*Kainz*, NJW 85, 2616 e segs., com referências). Os grupos parlamentares do Parlamento alemão são dotados de personalidade jurídica e judiciária (ArbG § 46 I, II).

III. A personalidade judiciária é um **pressuposto processual** (vd. infra § 33 IV 2 b, VII). Tem de ser examinada oficiosamente em todas as fases do processo, isto é, independentemente da actuação das partes, § 56; mas o tribunal não tem poderes para a apresentação pela parte de factos e de provas (vd. infra § 25 X).

A personalidade judiciária é ainda **pressuposto dos actos processuais**. Sem ela não há actos das partes que produzam efeitos e sejam relevantes (BGH NJW 72, 1714). No entanto, a ineficácia é sanável pela ratificação.

A parte cuja personalidade judiciária seja duvidosa (nunca uma pessoa física mas, por ex., um agrupamento de pessoas cuja personalidade jurídica não esteja estabelecida) é admitida a julgamento sobre esta questão ("*conflito de admissão*") pois, enquanto dotada de personalidade judiciária e se admite um recurso interposto por ela, mesmo se a sua personalidade judiciária tiver de ser negada (vd. BGH NJW 93, 2944). Para o julgamento da questão de fundo só pode ser admitida provisoriamente se houver para ela perigo na demora e sob a fixação de um prazo para o suprimento da falta (ou prova de personalidade judiciária). Somente decorrido o prazo pode ser proferida a sentença (§ 56 II).

Quanto às **consequências da falta** de personalidade judiciária tem de distinguir-se três casos:

1. Não tendo uma das partes personalidade judiciária *durante todo o processo* (na acção como no julgamento de que a sentença resulta) – o que será a regra – a acção deverá ser rejeitada por inadmissível (*absolvição da instância*, sem decisão de fundo). Para notificação da acção vd. infra § 38 II 4 e.

2. Faltando apenas ao tempo da propositura da acção, mas *sobrevindo durante o processo* – por a associação demandante, por ex., obter a personalidade jurídica,– sendo assim removido o vício da propositura da acção, quer o julgamento quer a decisão de fundo são viáveis. (Duvidoso é, se a sanação ocorre ipso iure ou – o que é preferível – apenas por ratificação retroactiva pela parte que se tornou dotada de personalidade judiciária. Para a ratificação BGHZ 51, 29; vd. ainda BGH NJW 72, 1714).

3. Existindo ao tempo da propositura da acção, *mas faltando durante o processo*, a acção torna-se inadmissível (BGH NJW 95, 3125).

4. A sentença que **não tenha em consideração a falta de personalidade judiciária**, é impugnável por recurso mesmo pela parte "em si" destituída de personalidade judiciária (o seu recurso é admissível [vd. supra III antes de 1], mas é inadmissível e consequentemente tem de ser rejeitada como inadmissível pelo tribunal de recurso; para problemas semelhantes vd. infra § 20 IV 4, § 21 V 2). Após o trânsito em julgado há a acção de nulidade analogamente ao § 579 I n.º 4 (controverso), quando o tribunal não deu pelo vício; confira BGH LM n.º 2 face ao KRG 2, mas também BGHZ 84, 30 (ambos os acórdãos confundem a existência e a personalidade judiciária da parte; para isso certo *Rosenberg* , § 43 I 3).

§ 20. A capacidade judiciária

I. A **capacidade judiciária** é a susceptibilidade de **agir num processo por si próprio ou através de representante próprio**, portanto, praticar ou mandar praticar actos processuais com eficácia sobre si próprio.

É necessária a admissão do representante na definição, porque mesmo a parte judiciariamente capaz deve fazer-se representar por advogado no processo de advogado (vd. infra § 21 III 3).

II. Tem **capacidade judiciária**, quem se pode obrigar por contrato – com autonomia! – § 52. A capacidade judiciária é assim equivalente à – ilimitada – capacidade negocial. A lei não reconhece uma capacidade judiciária limitada (correspondente à capacidade negocial limitada, BGB §§ 106 e segs.). Por isso, uma parte ou é ilimitadamente dotada de capacidade judiciária ou é judiciariamente incapaz. Daí resulta:

1. São **judiciariamente incapazes as pessoas destituídas de capacidade negocial** (BGB § 104).

A estas *não* pertencem as *pessoas jurídicas*. Estas são dotadas de capacidade negocial e, por isso, também de capacidade judiciária (*Staudinger/Coing*, BGB, 12.ª Ed., Einl. 54 a §§ 21 e segs.; BGH NJW 65, 1667; 84, 668; doutro modo a corrente dominante, por ex., BGH NJW 93, 1654 e seg.). Os órgãos de representação (director, gerente) têm apenas "a posição dum legal representante" (vd. BGB § 26 II). Os seus actos são imputados à pessoa jurídica como próprios (OLG Düsseldorf NJW 64, 1963).

Visto que a pessoa jurídica é judiciariamente capaz, pode ser, como tal, também mandatária (vd. infra § 21 III 4), por ex., uma cooperativa (vd. OLG Celle ZZP 75, 136), uma associação de inquilinos ou de senhorios (LG Flensburg MDR 75, 408), uma associação autorizada a proceder a consulta jurídica (vd. BGHZ 65, 276 e segs.). Para a problemática "GmbH de advogados" como consultora jurídica *Taupitz*, NJW 95, 369 e segs.

2. **Judiciariamente incapaz** é ainda o **menor de capacidade negocial limitada** (BGB § 106). Também não pode agir em juízo por si próprio, com o consentimento do seu legal representante – algo semelhante BGB § 107 – (para a ratificação vd. infra IV 2 b). Mas na medida em que, nos termos do BGB §§ 112, 113, tenha capacidade negocial limitada num determinado sector jurídico, tem também capacidade judiciária.

Exemplo: o trabalhador A, de 17 anos, pode, por si próprio, demandar o seu salário, mas não a indemnização por acidente de viação. Tenha em atenção: um aprendiz não pode intentar uma acção por si mesmo para reivindicar o pagamento que lhe é devido, porque o contrato de aprendizagem não cai, na opinião dominante, sob o BGB § 113.

O **assistido**, que *depende de consentimento*, é tratado como tendo capacidade jurídica limitada (BGB § 1903 I 2). Por conseguinte falta-lhe a capacidade judiciária (§ 52). *Não* se achando o assistido *dependente de consentimento* pleitea o assistente por ele como legal representante (BGB § 1902), de modo que ao assistente falta nesse processo a capacidade judiciária (vd. infra III 1). Para isto *Bork*, MDR 91, 97 e seg.

III. A capacidade judiciária e a capacidade negocial coincidem às vezes.

1. A parte dotada em geral de capacidade judiciária é judiciariamente incapaz num processo concreto, se for representada por um assistente ou curador (BGB §§ 1896, 1911, 1913, 1960), § 53. Na prática entra em linha de conta como exemplo, o processo conduzido pelo assistente (vd. supra II 2), o curador do ausente ou o cabeça de casal da herança; o assistido, ausente ou herança pode ser plenamente dotado de capacidade jurídica. A incapacidade judiciária aplica-se apenas no processo concreto que o assistente, curador ou cabeça de casal conduz e não impede a parte de conduzir por si mesma outro processo com outro objecto, se e porque em geral, dispõe de capacidade judiciária. Vd. BGH NJW 88, 51.

2. Inverte-se no cônjuge dotado de capacidade jurídica limitada, com capacidade judiciária em matérias conjugais, por ex., a mulher casada menor para o pedido de divórcio, § 607 I (vd. infra § 91 II 4).

IV. Significado da capacidade judiciária

1. A capacidade judiciária é **pressuposto dos actos processuais**. Por isso, os actos processuais da parte destituída de capacidade judiciária são ineficazes, em regra, do mesmo modo que os actos processuais praticados contra si pela parte contrária ou por um terceiro (vd. contudo infra 3). Os actos processuais são eficazes se forem praticados por ou contra o legal representante da parte destituída de capacidade judiciária. Dito por outras palavras: a parte destituída de capacidade judiciária tem de ser representada no processo pelo seu legal representante. O direito civil determina-o, § 51 (os pais ou um deles: BGB § 1629 I; tutor: §§ 1789, 1793; curador: BGB § 1915; para os órgãos de representação de pessoas jurídicas, vd. supra II 1). Os actos processuais ineficazes podem produzir efeitos retroactivamente por ratificação (vd. infra 2 b).

Note: o judiciariamente incapaz é parte, por ex., o tutelado; mantém-se judiciariamente incapaz quando é legalmente representado num processo pelo seu tutor. Assim, a falta de capacidade judiciária não fica "sanada" mas antes "compensada".

2. A capacidade judiciária cabe nos **pressupostos processuais** (vd. infra § 33 IV 2 c, VII). Por isso tem de ser examinada oficiosamente em cada fase do processo, § 56 (vd. infra § 25 X e BGH NJW 96, 1060). Distinguem-se três casos nos **efeitos da falta** da capacidade judiciária.

a) *Faltando durante todo o processo* (sem "compensação", vd. supra 1, no final), o que será a regra na prática, na acção é declarada a absolvição da instância (*absolvição da instância*, não decisão de fundo). Para a notificação da acção vd. infra § 33 II 4 e.

b) *Faltando na propositura da acção*, o legal representante pode assumir e ratificar a condução do processo conduzido pelo próprio até aí judiciariamente destituído de capacidade (mas, no seu todo, não limitada a alguns actos processuais, BGHZ 92, 140 e segs.); o destituído de capacidade judiciária continua parte. Tornando-se capaz durante o processo, a parte incapaz (exemplo: o menor torna-se maior) pode do mesmo modo ratificar (vd. §§ 551 n.º 5, § 579 I, n.º 4). Com a ratificação, os actos processuais até aí ineficazes, tornam-se retroactivamente eficazes.

c) Existindo a capacidade judiciária no momento da propositura da acção, mas faltando depois (por ex., a autorização nos termos do BGB § 113 é revogada) não determina a absolvição da instância, mas antes a interrupção ou suspensão do processo (§§ 241, 246, vd. infra d); o legal representante conduz posteriormente o processo.

d) A acção é admissível sempre, se a parte judiciariamente incapaz se torna parte eficiente, ou seja, antes da sua incapacidade judiciária passou procuração (§ 86), mesmo se isso ocorreu antes da propositura da acção (exacto quanto a isso BGHZ 121, 265 e seg.). Para os efeitos vd. § 246 e infra § 80 II.

3. Quando a capacidade judiciária for duvidosa ou contestada ("**litígio de admissão**"), a parte deve ser tratada processualmente, a título provisório, como dotada de capacidade judiciária, quando se trate justamente do exame da sua capacidade judiciária. Deve falar sobre isso na discussão (também o representante que nomeou), pode fazer requerimentos, pode mesmo interpor recurso admissível da absolvição da instância (vd. supra 2 a), bem como contra a sentença de fundo que não considerou a falta de capacidade judiciária (BGHZ 110, 295 e seg., com referências). De modo semelhante se procede na prática se a falta permanece desconhecida no processo; mesmo aqui devem produzir efeitos certos actos processuais, por ex., a renúncia e a desistência do recurso (BGH FamRZ 63,, 131 e seg.; BVerwG NJW 64, 1819; BSG NJW 70, 1624), notificação da sentença ao judiciariamente incapaz desconhecido (BGHZ 104, 111 e seg.; doutro parecer, *Rosenberg*, § 44 IV 6 com referências).

A parte só pode ser admitida ao julgamento da questão de fundo em caso de perigo iminente (por ex., em caso de risco de superveniência da prescrição) e com a fixação dum prazo para a remoção do vício ou a prova da capacidade judiciária, § 56 II. Não se apresentando a prova na primeira audiência após o decurso do prazo, a acção é rejeitada por inadmissível.

4. A **sentença** que **não considere a falta de capacidade judiciária**, não é destituída de eficácia mas antes impugnável por recurso, mesmo pelo "em si" judiciariamente incapaz (o seu recurso é admissível, apenas a acção é inadmissível e, por isso, de julgar improcedente pelo tribunal de recurso, vd. BGHZ 106, 99 e supra 3; para problemas semelhantes vd. supra § 19 IV e infra § 21 V 2). Após o trânsito em julgado, a parte judiciariamente incapaz que conduziu o processo sem o seu legal representante, (só) pode interpor uma acção de nulidade, pois (só) ela esteve no processo "não representada conforme a prescrição da lei" (§ 579 I n.º 4) e por isso carecida de patrocínio. A acção de nulidade está excluída quando o tribunal examinou a capacidade judiciária e *expressamente a admitiu* (*Gaul*, FS Kralik, 1986, pág. 158 e seg.; doutro parecer, BGHZ 84, 26 e segs., com base no entendimento de que a capacidade judiciária *falta* na realidade, contra a determinação judicial e *por isso* a parte não foi legalmente ouvida).

5. As *custas do processo* são suportadas, no caso de absolvição da instância, pelo autor judiciariamente incapaz, no caso dele próprio a ter instaurado, ou por um representante por ele – invalidamente – nomeado. Tendo o processo sido conduzido por um representante não chamado apanha ele com as custas. Em qualquer caso, a

sentença indica o judiciariamente incapaz como autor. Nos seus pormenores é muito controverso, vd. BGHZ 121, 399 e segs. [para isso *Schlosser*, comentário ZZP 106, 533 e segs.]; *Blomeyer*, § 9 V 2 e infra § 21 V 2.

§ 21. A representação no processo e o patrocínio judiciário

Rosenberg, Stellvertretung im Prozess, 1908.

I. Noção de representação

É o mesmo que no direito civil: o representante actua **em nome alheio**. A representação produz efeitos, quando o representante foi credenciado para os actos com repercussão noutro. O que depende do seu poder de representação. Há aqui que distinguir entre representação legal e voluntária.

II. A representação legal

O direito civil determina quem é o legal representante, § 51. Logo, funda-se o poder de representação directamente na lei (por ex., BGB § 1629 I: os pais ou um deles) ou em designação estatal (por ex., BGB §§ 1789, 1793: o tutor; BGB § 1896: assistente, vd. supra § 20 II 2; o advogado, BGB § 1711 e segs., afasta o progenitor encarregado da custódia quando representa o filho no processo, § 53 a).

Para os órgãos de representação das pessoas jurídicas vd. supra § 20 II 1.

Surge a representação legal se a parte for judiciariamente incapaz (vd. supra § 20 IV 1).

O legal representante tem, por vezes, a mesma posição que a parte, no processo. Por ex., é ouvido como parte e não como testemunha (vd. infra § 56 V); a sua comparência pessoal pode ser ordenada como no caso duma parte (vd. §§ n.º 141, 273 II n.º 3, § 279 II).

O legal representante pode fazer conduzir o processo por um mandatário judicial, no processo de advogado (vd. infra III 3) deve fazê-lo.

Tendo de ser demandada pessoa judiciariamente incapaz, que não tenha legal representante (por ex., o tutor morreu e ainda não foi nomeado um novo), então é nomeado eventualmente o chamado curador "ad litem", § 57. Vd. também § 56 II.

III. A representação voluntária

1. Nela o poder de representação baseia-se no **mandato judicial** (vd. § 81 e infra IV). A sua atribuição, a chamada procuração (vd. § 80 I), não é um contrato, mas um acto processual unilateral (vd. infra § 30 IV). Daí que o mandante tenha de ter capacidade judiciária. Para a procuração aparente, vd. BGH BB 69, 1290; NJW 75, 1653.

O mandato informal produz efeitos (vd. § 89 II), mas, por causa da – eventualmente necessária – prova da passagem da procuração, não é usual (vd. infra IV 3).

O mandato é, na maior parte das vezes, **pela relação jurídica que está na sua base**, um contrato de gestão, conforme BGB §§ 611, 675 – tendo de discernir-se entre representante e representado (como no direito civil). Esta relação jurídica diz respeito apenas às relações internas dos contraentes (por ex., advogado – constituinte) enquanto o mandato produz efeitos externos. O mandato judicial é independente, no seu estabelecimento, duração e eficácia das relações internas (relação jurídica causal) (vd. infra IV 2 e).

2. A representação voluntária é, em princípio, **admissível** no processo. Excepcionam-se os actos (processuais) puramente pessoais, por ex., depoimento e prestação de juramento no depoimento de parte (§§ 445 e segs., 452).

3. Em processo com patrocínio obrigatório (vd. supra § 16 I, VII) – o chamado **processo com intervenção de advogado** (§ 78 I) – a parte deve fazer-se representar no tribunal do processo por advogado autorizado. Até então falta à parte a **capacidade de patrocínio**, isto é, a capacidade de poder apresentar-se perante determinado tribunal e praticar eficazmente actos processuais.

A capacidade de patrocínio também falta a um advogado enquanto mandatário judicial se este não estiver autorizado junto do tribunal da demanda (quando haja patrocínio obrigatório); é possível a ratificação por advogado capaz de patrocínio (BGHZ 111, 343 e segs.).

Apresentando-se a parte destituída de capacidade de patrocínio por si só perante o tribunal, os seus actos processuais são insanavelmente ineficazes (o mesmo se aplica ao advogado incapaz de patrocínio). A **capacidade de patrocínio** é, portanto, **pressuposto dos actos processuais**, não pressuposto processual (para as consequências da sua falta na marcha do processo, vd. infra § 33 IV 2 no final, § 38 II 4 b, § 66 II 2, bem como *Urbanczyk*, ZZP 95, 351 e segs.). A validade da sentença não é afectada, não se proporciona acção de revisão.

Desde 1-1-2000, as partes podem e devem fazer-se representar, nos "velhos" Estados federados, inclusive Berlim Leste, perante os tribunais do Land e os tribunais de família, por advogado autorizado junto de qualquer AG ou LG (vd. supra § 16 II); perante os tribunais superiores (OLG, BayObLG, BGH) só tem capacidade de patrocínio o advogado aí autorizado (§ 78 I, II, na redacção da NeuordG art. 3 n.º 1; para a entrada em vigor, aí art. 22 II 1).

Para os "novos" Estados federados foi previsto um regime absurdo. Segundo a RpflAnpG § 22 eram dotados de capacidade de patrocínio nos novos Estados federados perante qualquer LG e tribunal de família dos "novos" Estados federados os advogados autorizados junto dum LG ou BezG. Desde 1-1-1995 devia a capacidade de patrocínio nos termos do § 78 I, II ser restringida e manter-se até 31-12-2004, portanto cinco anos mais tarde que nos "velhos" Estados federados (NeuordG art. 3 n.º 1, art. 22, II 2). Este regime inconstitucional foi declarado nulo pelo BVerfG (NJW 96, 1882 e segs.), que determinou que até à entrada em vigor dum novo regime legal, o mais tardar até 31-12-2004, mantendo-se no essencial a anterior situação jurídica (RpflAnpG § 22; mas ao contrário do RpflAnpG § 22, nenhuma limitação à capacidade de patrocínio nesta região de advogado autorizado apenas junto dum AG).

Incapazes de patrocínio são também as pessoas não aptas nos termos do § 157.

a) O **patrocínio obrigatório existe** perante o LG e os tribunais superiores (OLG, BayObLG, BGH), § 78 I 1.

Nas **questões de família** há especialidades (§ 78 II). O patrocínio obrigatório verifica-se *em todas as instâncias* para os cônjuges nos casos que resultem de questões de casamento e separação ou divórcio, bem como para todos os interessados em questões patrimoniais (assim, também aqui patrocínio obrigatório perante o tribunal de família, que é uma secção especial do AG, GVG § 23 b I 1!). Apenas nas *instâncias superiores* existe o patrocínio obrigatório para os interessados em questões de família não dependentes do § 621 I n.º 4, 5, 10 (questões de alimentos e de menores). Para o terceiro em questões resultantes de separação ou divórcio e para os interessados em questões não dependentes do § 621 I n.º 1-3, 10, o patrocínio obrigatório só se verifica *perante o BGH*. Excepções ao patrocínio obrigatório existem conforme o § 78 II 3 para determinadas instituições.

b) Na medida em que exista patrocínio obrigatório, estão-lhe sujeitas a audiência de julgamento e todos os actos no processo. Mas há **excepções**.

Não há patrocínio obrigatório, nomeadamente (vd. *Bergerfurth* [vd. supra § 16] cota 275 e segs., e NJW 61, 1237 e segs.):

– para todos os actos processuais que podem ser realizados perante o funcionário da secretaria (por ex., pedido de apoio judiciário, § 117 I, petição de arresto ou providência cautelar, §§ 920 III, 936), § 78 III;

– para o processo de liquidação das custas (§ 103), RPflG § 21 n.º 1, § 13;
– para o processo perante o juiz encarregado ou deprecado (diferentemente para o processo perante o juiz singular, vd. infra § 71), §78 III;
– para todos os negócios jurídicos de direito substantivo efectuados fora do processo, como a compensação, a oposição, o despedimento, mesmo para uma transacção extrajudicial (que, pelo contrário, celebrada no processo depende, segundo a opinião dominante, do patrocínio obrigatório; vd. infra § 48 III 2);
– para a recepção de declarações e notificações fora da audiência de julgamento, de modo que, por ex., a notificação duma condenação à revelia é possível à parte sem representante (mas não à representada: §§ 208, 176).

c) Perante o LG ou tribunal superior, a parte só se pode fazer representar por *advogado autorizado* junto desse tribunal, o tribunal do processo (§ 78 I). Perante o tribunal de família (AG) o mandatário pode ser advogado autorizado junto desse AG ou do LG superior (§ 78 II 2). Para o novo regime vd. supra antes de a.

O advogado deve ter capacidade judiciária, senão falta-lhe o poder de representação (opinião dominante, vd. BAGE 17, 284; BVerfGE 37, 76 e segs. e infra § 80 II 3).

d) Quando haja patrocínio obrigatório, mas a parte não consiga advogado, o tribunal tem, eventualmente, de designar advogado, § 78 b, para isso 78 c.

4. Perante o AG não é, em princípio, necessária representação (excepções no § 78 II n.º 1, 2, vd. supra 3 a). A parte com capacidade de patrocínio pode, portanto, representar-se a si mesma (daí o nome de **processo de parte**) ou fazer-se representar por pessoa com capacidade judiciária, § 79 (por isso, uma pessoa com capacidade de exercício limitada não pode ser mandatária, por falta de capacidade judiciária); diferentemente para o direito substantivo, BGB § 165).

Os poderes de representação são restringidos pela **RBerG**. As infracções a esta lei constituem contravenções. A RBerG contanto que escrupulosamente constitucional, restringe fortemente os poderes de representação enquanto critério "segundo os usos comerciais" (art. 1 § 1 I 1, § 8 I n.º 1; ex. no OLG Oldenburg NJW 92, 2438: o filho representa repetidamente a mãe perante o AG – em contravenção, pois "segundo os usos comerciais" para o direito anterior – Código Industrial § 35 na redacção antiga – era apenas reprovada a "natureza industrial", o que basta ainda hoje).

5. **O processo no tribunal de trabalho** é na 1.ª instância um puro processo de parte; é permitida a representação por qualquer pessoa dotada da capacidade judiciária (ArbGG § 11 I corresponde objectivamente ao

§ 79, na opinião dominante). O mandatário pode, em qualquer caso, ser um advogado. Perante o BAG e os tribunais de trabalho do Land mantém--se o patrocínio obrigatório, nos últimos limitado pela permissão de representantes dos sindicatos ou associações patronais, ArbGG § 11 II.

IV. O mandato

1. O **alcance** do mandato é legalmente determinado (§§ 81 e segs.). Habilita para todos os **actos processuais** que podem ocorrer no processo (por ex., apresentação do pedido, confissão, desistência do pedido e do recurso). Habilita ainda para a entrega e recebimento de **documentos jurídicos** relacionados com o processo indiferentemente de serem internos ou exteriores ao processo (também no último caso existe *no sentido do § 81* "um acto processual" vd. infra § 30 IV); determinante é que a demanda ou a defesa sejam visadas pelo documento (por ex., denúncia, compensação, impugnação), BGH NJW 92, 1964.

O mandato só pode ser limitado com eficácia externa no quadro do § 83 I. Outras limitações só produzem efeito nas relações externas.

Exemplo: o advogado, contrariamente às instruções do seu constituinte desiste do recurso de apelação. A desistência é válida mas o advogado é eventualmente responsável pelos prejuízos.

Abstraindo do § 83 I, só são admissíveis as limitações do alcance do mandato, nomeadamente a limitação a prazo determinado (mandato a prazo), quando não se trate de patrocínio obrigatório, § 83 II.

2. O mandato **extingue-se**:

a) com a sua **revogação** (sempre informalmente possível), apesar do modo confuso de expressão, aplica-se também o § 87 I (vd. infra e) a este caso, de modo que o mandato se extingue perante a parte contrária e o tribunal, sempre por comunicação informal, no processo de advogado além disso têm ambos de ser notificados da constituição de novo advogado, para que continue a haver a necessária representação;

b) com o **fim do processo**, mas não já com o trânsito da sentença, porque o mandato habilita ainda para a revisão do processo, § 81;

c) pela **morte do mandatário** (com a morte do advogado constituído o processo de advogado suspende-se, § 244 I, vd. infra § 80 II 3);

d) contrariamente, **não** com a **morte do mandante** (que é a parte ou o seu legal representante), § 86. O mandatário é também, sem mais nada, o mandatário do herdeiro ou do novo legal representante (pertinente quanto a isto BGHZ 121, 265 e seg.). Por isso, não ocorre nestes casos qualquer suspensão do processo (§ 246, vd. infra § 80 II);

e) **não** com o **fim do acto jurídico** em que se fundamenta o mandato. É sempre possível (BGB §§ 671, 675, 627) a denúncia ou revogação do acto jurídico (comissão, gestão comercial; designadas na velha concepção do § 87 I como "contrato de mandato"), contudo o mandato não cessa doutro modo, conforme o BGB § 168 período 1; o seu fim regula-se antes pelo § 87 I (vd. supra a; BGB FamRZ 90, 388). Aplica-se ainda se a denúncia (da revogação) do acto jurídico está ligada à revogação do próprio mandato.

3. A **obrigação de prova do mandato** só ocorre no processo de parte, se surge como representante não advogado (na prática só tem de ser provado se houver dúvidas). Na representação por advogado só há *obrigação* de prova por reclamação da parte contrária, porém um direito de verificação também sem reclamação (vd. OLG Saarbrücken NJW 70, 1464); § 88. A *prova do mandato* só pode ser produzida nos autos por escrito que exprima o mandato (por isso, a audição de prova sobre esta questão prévia está praticamente excluída), § 80; não basta para prova o fax ou fotocópia (BGHZ 126, 267 e segs.; BFH NJW 96, 3366).

4. **A posição da parte junto do mandatário**

a) A parte contrária e o tribunal têm de tratar em todo o decurso do processo com o representante, vd. §§ 176, 208, 210 a.

b) A parte pode, nas relações internas, dar instruções ao representante (por ex., apresentar ou desistir da apelação). O representante deve cumpri-las (para a obrigação de instruir, vd. supra § 16 V). Só pode desviar-se se, para seguir as instruções, tiver de infringir deveres processuais (por ex., o dever de verdade). O desvio noutros casos pode determinar o dever do representante indemnizar (vd. supra 1) e levar o representado a revogar o mandato (vd. supra 2 a.).

c) Os actos do representante produzem efeitos directamente a favor e contra a parte representada (§ 85 I 1). Isto não se aplica às *alegações de facto* (por ex., confissão, impugnação das alegações da parte contrária), se forem imediatamente desmentidas ou confirmadas pela parte presente, § 85 I 2 (indiferentemente, se em processo de parte ou de advogado, vd. ainda § 137 IV). As *alegações de direito* do representante em processo de advogado produzem sempre efeitos a favor e contra a parte representada (por ex., requerimentos, confissão e desistência do pedido, transacção judicial); não são revogáveis nos termos do § 85 I 2. É duvidoso se, no processo de parte, são revogáveis analogamente ao § 85 I 2 (a favor StJ § 85, 6).

Os actos do representante são revogáveis, para além do § 85 I 2, quando a parte podia revogar esses actos por si própria, por ex., uma confissão nos termos do § 290.

O GG art. 103 I basta, se ao representante (apenas) é concedida a audiência judicial (vd. BVerfG NJW 90, 1104 e seg.).

d) Sendo ordenada a comparência pessoal da parte para esclarecimento da matéria de facto e dando ela os esclarecimentos, por ex., um relato da matéria fáctica, os esclarecimentos ficam sujeitos à livre apreciação da prova. Ocorrem geralmente conforme o BGH NJW 96, 524 (também) no processo de advogado pelo representante, porque este obteve da parte a informação (discordante *Brehm*, [vd. infra § 25] págs. 259 e segs.).

V. A falta de poderes de representação

1. O poder de representação é sempre **pressuposto do acto processual**. Faltando, o acto não obstante efectuado, não é de considerar.

A parte pode, contudo, autorizar a condução do processo pelo representante, sem poderes de representação (§§ 89 II, 551 n.º5, 579 I n.º 4), mas apenas em geral; assim a falta de representação é sanável retroactivamente (BGHZ 92, 140 e segs.).

2. Se for proposta uma acção por ou contra um representante não (validamente) mandatado, falta-lhe a *regularidade da propositura da acção*. Por isso, falta-lhe um **pressuposto processual** (vd. infra § 33 IV 3 d). Assim, a acção (no caso de não ser ratificada, vd. supra 1) tem de ser rejeitada por inadmissibilidade; está excluída a condenação à revelia (vd. infra § 66 III 2).

Se a recusa for omitida porque não se tomou conhecimento da falta, o recurso do representante sem mandato não pode ser indeferido, antes a *acção* pode ser rejeitada por inadmissível no tribunal de recurso – por revogação da sentença impugnada (BGHZ 40, 198 e seg.) Discordante disso, o BGHZ 111, 221 e segs., considera inadmissível o recurso do representante invalidamente mandatado, porque – ao contrário do que acontece na representação legal – poderia de forma diversa do processo ser regularmente mandatado para a instância de recurso.

Para problemas semelhantes, vd. §§ 19 IV, 20 IV 4.

As *custas do processo* são infligidas a quem deu causa ao processo (StJ § 56, 13 a). Por isso são infligidas ao representante sem mandato se este agir por parte do representado sem que este o tenha impelido (vd. BGH NJW 88, 50). Caso contrário as custas são do representado (BGH NJW 92, 1458 e seg.).

3. Sendo a acção instaurada regularmente (vd. supra 2 e infra § 33 IV 3 d), o representante sem mandato é recusado no julgamento (portanto não há absolvição da instância!). Por isso, a parte não é representada, o que pode levar à sua condenação à revelia. O recurso interposto por ou contra o representante sem mandato, tem de ser rejeitado por inadmissível; então está excluída a ratificação da condução do processo (GmS in BGHZ 91, 114 e segs.; considere a diferença para supra 2: a acção já não fora *proposta* regularmente).

Para a superveniência da incapacidade judiciária do advogado, vd. infra § 80 II 3.

4. Para a admissão provisória dum representante sem poderes de representação ou sem que o prove, vd. § 89 I; BGH LM n.º 5 para § 89.

§ 22. Interesse em agir e legitimidade processual

Frank, Die Verschiebung von Prozessrechtsverhältnisse mit Hilfe der gewillkürten Prozessstandschaft, ZZP 92, 321; *Häsemeyer*, Der interne Rechtsschutz zwischen Organen, Organenmitgliedern und Mitgliedern der Kapitalgesellschaft als Problem der Prozessführungsbefugnis, ZHR 144, 265; *Heintzmann*, Die Prozessführungsbefugnis, 1970; *Henckel,* Parteilehre und Streitgegenstand im Zivilprozess, 1961; *Lüke*, Die Prozessführungsbefugnis, ZZP 76 1; *Pawlowski*, Die zivilrechtliche Prozessstandschaft, JuS 90, 378; *Rüssmann*, Einziehungsermächtigung und Klagebefugnis, AcP 172, 520; *Wieser*, Das Rechtsschutzinteresse des Klägers im Zivilprozess, 1971, pág. 117 e segs.

I. O interesse em agir verifica-se quando o autor é titular do direito que alega e o réu é titular da obrigação alegada. Quanto ao autor fala-se de interesse activo e, quanto ao réu, de interesse passivo.

Exemplo: pertencendo ao autor o crédito que reclama do réu, ambos têm interesse em agir; não pertencendo o crédito ao autor, mas sim a terceiro, não tem interesse activo; pertencendo-lhe, não contra o réu, mas antes contra terceiro, falta ao réu interesse passivo.

O interesse em agir aprecia-se de acordo com o direito substantivo. Uma decisão de fundo a favor do autor apenas pode ser pronunciada quando se verifique (também!) o interesse em agir, activo e passivo. No caso de faltar um ou o outro, a acção será julgada improcedente por infundamentada (não inadmissível, pois o interesse em agir não é um pressuposto processual). A falta de interesse em agir é apenas um dos muitos fundamentos possíveis da improcedência duma acção.

II. A **legitimidade processual** tem de distinguir-se rigorosamente do interesse em agir (o que não sucede muitas vezes). Está intimamente ligada à noção formal de parte: parte é quem pede e contra quem se pede a protecção jurídica; uma – alegada – relação de direito substantivo não é necessária à relação jurídica litigiosa (vd. supra § 18 IV). A separação da noção de parte do direito substantivo era necessária, porque há casos na lei em que o titular do direito (da obrigação) não alcança uma sentença de fundo, mas só um terceiro pode accionar ou ser accionado com sucesso. O terceiro tem o direito de demandar em nome próprio, – isto é, como parte – um direito ou uma obrigação alheia. Cabe-lhe a legitimidade processual. Nestes casos fala-se da **cessão** a terceiro da **legitimidade processual**, conservando o direito no cedente (vd. supra § 18 V 3).

Exemplo: G tem um crédito sobre S. Caindo G em falência, permanece sem dúvida credor, mas não pode já demandar o seu crédito contra S. Isso deve fazer, no seu lugar, o liquidatário da falência (é "parte por força do cargo", vd. supra § 18 IV 4). Ao liquidatário e já não a G compete a legitimidade processual.

Faltando a legitimidade processual, a acção é indeferida por inadmissível (no exemplo supra aconteceria isso se G e não o liquidatário da falência tivesse demandado S). A legitimidade processual é, por conseguinte, um **pressuposto processual** (a diferença mais importante do interesse em agir, vd. supra I). A sua existência tem de ser examinada oficiosamente em qualquer fase do processo, mesmo quando a falta de fundamento da acção está já verificada (*Jauernig*, FS Schiedermair, 1976, pág. 308 e seg.; discutível). Basta que a legitimidade processual exista na última audiência de discussão e julgamento (vd. infra §§ 33 V 7, § 74 VII 1).

A legitimidade processual serve ainda a *protecção* das *acções populares* (vd. supra, § 18 V 2): quem, segundo as suas próprias indicações, não esteja substantivamente legitimado, mas antes reivindique direito alheio e nem por força da lei (vd. infra III), nem por mandato (vd. infra IV) tenha legitimidade processual, instaura uma acção inadmissível.

Em regra, a legitimidade pertence ao (suposto) titular do direito ou obrigado; por isso, apenas em casos excepcionais surge como direito autónomo.

III. Estando prevista na lei a cessão a terceiros da legitimidade processual, conservando o direito no cedente, fala-se de **cessão legal a**

terceiro da legitimidade processual, conservando o direito no cedente. Os casos mais importantes são:

1. Na **comunhão de bens**, o cônjuge administrador pode pleitear sozinho sobre os bens que pertencem ao conjunto dos bens, portanto pelos direitos que competem juntamente a ele e ao outro cônjuge em comum (BGB § 1422). A legitimidade processual é aqui a contrapartida dos poderes de disposição de direito substantivo, emanando ambos do direito de administração do cônjuge. Este direito é, seguramente, um direito próprio do cônjuge; por isso mostra-se algumas vezes duvidoso se aqui se pode falar ainda de cessão a terceiro de legitimidade processual, conservando o direito no cedente. Contudo, o cônjuge não pleiteia sobre o seu direito de administração, mas sim sobre direito que lhe não pertence (somente a ele), por ele apenas administrado (vd. BGHZ 51, 128).

2. Após a alienação ou cessão do objecto em litígio permanece parte a parte anterior, portanto, o alienante ou o até então credor, e pode prosseguir o processo em nome próprio sobre o direito que já não lhe pertence, § 265 (vd. infra § 87).

3. Outros casos no BGB §§ 335, 432, 1011, 1629 III, 2039.

Conforme a opinião dominante, o sócio do BGB demanda os chamados direitos sociais do património comum, exigindo-os perante um consócio (por ex., o direito à entrada de capital), como cedente legal da legitimidade processual, conservando o direito no cedente (a chamada **actio pro socio**). Nos pormenores há muita controvérsia e confusão (vd. MK-BGB § 705, 169 e segs.; OLG Karlsruhe NJW 95, 1296).

4. Ao liquidatário da falência (da insolvência, desde 1-1-1999), ao cabeça de casal da herança e ao depositário dos bens penhorados, bem como ao testamenteiro, enquanto **partes em função do cargo** (vd. supra § 18 V 4) cabe a legitimidade processual sobre relações jurídicas alheias (vd. o exemplo supra II).

5. Duvidoso é, se lhe cabem nos novos tempos as muito discutidas **acções para tutela processual de interesses difusos de massas** (bibliografia: *Leipold* em Landesberichte págs. 57 e segs.). Então deveria ir-se nelas, não pela exigência de direitos próprios através de acção, mas sim pela realização de direitos alheios, porventura de membros de associação. Nos casos legalmente regulados de acção para tutela processual de interesses difusos de massas trata-se, em regra, de interesses públicos (por ex., da lealdade de concorrência). Não obstante é dominantemente aceite que a associação demanda um direito substantivo próprio (a favor disso UWG § 13: BGH NJW 96, 3277; a favor AGBG § 13: BGH RR 90, 887; em geral, StJ nota de rodapé 8 face ao § 253). Com isso exclui-se a classificação da acção para tutela processual de interesses difusos de massas como acção de cessão a terceiro da legitimidade processual, conservando o direito no cedente (*Teplitzky*, Wettbewerbsrechtliche Ansprüche, 6.ª Ed., 1992, pág. 94). Não seria exactamente assim se fossem consideradas as associações (em geral privadas) como defensoras de interesses públicos e com isso como "funcionárias de toda a ordem jurídica" – uma noção

certamente diferente da pretendida formação do processo previsto na UWG e AGBG (vd. supra § 1 § II 2); contra, *Lindacher*, ZZP 103, 403 e seg., 405 e seg.

Desta questão da cessão a terceiro da legitimidade processual, conservando o direito no cedente, tem de distinguir-se a duma associação que preenche os requisitos estabelecidos na UWG § 13 II n.º 2, 3, AGBG § 13 II n.º 1, 2 como *autor potencial* e com isso obtém a legitimidade processual ("legitimidade"; vd. BGH NJW 96, 3277, 3279 para UWG § 13). Faltando, a acção é inadmissível.

IV. É controverso se é admissível **cessão voluntária a terceiro da legitimidade processual, conservando o direito no cedente** (legitimidade processual voluntária), isto é, se o (pretenso) titular do direito litigioso pode autorizar um terceiro a agir processualmente como autor em nome próprio, de modo que o terceiro seja a própria parte (e não o representante!).

Exemplo conforme BGH RR 86, 158: E arrendou a B um apartamento da sua casa. A partir de então arrenda toda a casa a K e dá-lhe poderes para, em nome próprio (supostamente) exercer a reivindicação do E contra B.

A provocação não é inofensiva para a parte contrária: desloca a posição da parte para outra sem alteração no âmbito do direito substantivo e desvaloriza o eventual direito ao reembolso da parte contrária se não tiver património (para outros riscos *Frank*, loc. cit., págs. 322 e segs.).

A opinião dominante contrapõe estes riscos por a cessão voluntária a terceiro da legitimidade processual, conservando o direito no cedente, ser apenas admissível quando o procurador tem um interesse próprio digno de protecção (não necessariamente jurídico) em actuar em juízo no próprio nome (*Zöller*, 44 face ao § 50; BGHZ 125, 199; RR 95, 306; NJW 95, 3186 e seg.). Existe "interesse próprio" se a pretendida decisão influir na situação jurídica do procurador (OLG Celle NJW 89, 2477); isto é manifestamente o caso no exemplo supra do processo de reivindicação (despejo). Contudo, o interesse não é digno de protecção se a parte contrária for prejudicada injustamente pela cessão voluntária a terceiro da legitimidade processual, conservando o direito no cedente (BGH NJW 89, 1933), por ex., a previsível inconsequência dum pedido de reembolso ao tempo da procuração (BGH RR 90, 506). Outra protecção da parte contrária reside em que o procurador deve deixar conhecer no processo, que e por quem se apresenta como cessionário da legitimidade processual, conservando o direito no cedente (BGH NHW 94, 2550; excepção, quando o procurador pode apresentar-se exteriormente como titular do direito como, por ex., o cedente na cessão oculta a título de garantia, BGH Büro 86, 1661; *Brehm*, KTS 85, 1 e segs.).

Os direitos não alienáveis são apenas admitidos à cessão voluntária a terceiro da legitimidade processual, conservando o direito no cedente, se essa cessão for conciliável com o sentido e o fim da inalienabilidade do direito (a negar face ao BGB § 1090, se a cessão para exercício não for permitida nos termos do BGB § 1092 I, BGH NJW 64, 2297 e seg.; a admitir face ao BGB §§ 894, 895, porque aqui não é necessária uma especial manifestação de vontade do interessado e a cessão para exercício é possível sem mais nada, BGH RR 88, 127).

Tendo a acção do cedente da legitimidade processual que conserva o direito sido julgada improcedente por falta de fundamento, o caso julgado deve valer também contra o mandante (protecção da parte contrária!). Vd. BGHZ 123, 135 e seg., com referências; para o problema, em geral, *Sinaniotis*, ZZP 79, 78 e segs.

Tendo o titular do direito perdido pela declaração de falência ou por decisão da administração da herança os "poderes de administração, disposição e acção" deve poder fazer o liquidatário da falência ou administrador da herança ao cedente voluntário da legitimidade processual, conservando o direito no cedente sobre o seu próprio direito: BGHZ 35, 182 e segs.; 100, 220 e seg. para o liquidatário da falência (discordante *Fr. Weber*, nota JZ 63, 223 e segs.); 38, 283 e segs. para o administrador da herança; vd. contudo, também BGH NJW 73, 2065: a admissão do processo interrompido nos termos do § 240 pelo falido como "cedente a terceiro da legitimidade processual, conservando o direito no cedente" não é de aceitar.

Uma cessão voluntária a terceiro da legitimidade processual, conservando o direito no cedente, **por parte do réu,** não é admissível, pois falta, sem excepção, um interesse próprio do mandatário digno de tutela.

Para a legitimidade processual o poder realmente existente (autorização), depende do pretensamente legitimado terceiro. Se o direito existir, mas não pertencer ao terceiro, a acção é improcedente, não inadmissível.

No *exemplo* atrás mencionado, a acção de K é inadmissível, se a procuração de E falta ou é inválida; a acção é improcedente se há procuração, mas não cabe a E qualquer direito de reivindicação sobre B.

A procuração é **acto processual unilateral**, nem contrato processual nem negócio jurídico de direito substantivo (controverso).

V. Se não se der pela falta de legitimidade processual, a sentença de condenação e de declaração produzem efeitos, mas só entre as partes, não perante o titular do direito. Uma sentença constitutiva, porém, pela sua circunscrição às partes, não produz efeitos (por ex., o matrimónio entre A e B não é dissolvido pela sentença de divórcio decretada perante A e C).

Livro II

A marcha do processo

§ 23. O curso normal do processo

I. Quem pensa propor uma acção, faz-se aconselhar juridicamente, em geral, antes de recorrer ao tribunal. O consultor competente e independente é o advogado (vd. BRAO § 3 I).

A consulta jurídica custa dinheiro. A quem não a pode obter, tem de lhe ser garantido, a requerimento, sob determinados pressupostos, "apoio à protecção de direitos para lá dum processo judicial (apoio extrajudicial)" (BerHG § 1); o apoio extra-judicial é prestado, em primeira linha, por advogados (vd. BerHG §§ 3, 14). Da consulta jurídica necessita não apenas o potencial autor, mas também o potencial réu. Também este pode obter apoio extrajudicial. A consulta jurídica extrajudicial tem fins importantes: pode promover a realização de direitos, proteger de exigências ilegais e, não menos importante: evitar processos, nomeadamente por informação objectiva sobre o regime jurídico, por regulação conciliatória (uma prática importante "alternativa à justiça"; vd. supra § 1 III 2 final) ou ainda pelo esclarecimento de mal entendidos.

Quem quer ou tem de agir em juízo, como autor ou como réu, depressa descobrirá que os processos custam dinheiro: o tribunal exige preparos (GKG §§ 65, 68), o advogado pode fazer o mesmo (BRAGO § 17). A parte que não pode despender dinheiro (duma vez) ou apenas em prestações, obtém a requerimento apoio judiciário sob determinados pressupostos (vd. infra § 96).

Quem se decidiu – devido a uma informação jurídica positiva ou (também acontece!) apesar de negativa – a propor uma acção, tomou, em muitos casos, uma decisão difícil, porque determinante de variadas consequências. Vai ter, certamente, um fundamento pertinente: ele litiga com a parte contrária sobre o que entre eles é mais justo. Chega-se, assim, ao processo civil, é portanto, literalmente, um litígio judicial. Trata-se, naturalmente, de litígio, só raramente de apreciação judicial de situação de facto a estabelecer.

Exemplo: o contrato deve qualificar-se como contrato de prestação de serviços ou como contrato de empreitada? O contrato é contrário aos bons costumes e por isso nulo?

Geralmente as partes litigam sobre o que aconteceu de facto, portanto, sobre os factos.

Exemplo: em 9 de Março houve uma entrevista das partes e aí celebrou-se o contrato, como afirma o autor e o reú contesta? Qual o teor real do contrato de arrendamento celebrado oralmente? O semáforo apresentava-se "vermelho" ou "verde" para o autor, quando foi atropelado pelo réu?

A supremacia do litígio sobre os factos pode surpreender o jurista principiante. Ele propende a pensar que, na prática, tenham de ser decididas, sobretudo, complicadas questões jurídicas, como se lhe deparam nos exercícios da universidade e também, em geral, em decisões judiciais publicadas. A velha experiência ensina, porém: na prática processual surge meia onça de questões jurídicas sob meio quintal de factos. Porém, sucede também que a determinação dos factos não resulta do arbítrio do juiz, mas de certas normas jurídicas (vd. §§ 49-56).

Assentemos: no processo civil resolve-se, em regra, um verdadeiro litígio jurídico. Porém, nem sempre tem de ser assim, nem mesmo de continuar assim, no decurso de todo o processo. O réu pode confessar imediatamente, o autor desistir, as partes podem celebrar uma transacção judicial, etc.

II. O processo comum inicia-se com a acção. Esta compete, quer ao AG quer ao LG (questão de competência material, vd. supra § 9 II). As regras da competência territorial determinam que AG ou LG é o "devido" (vd. supra § 9 III. No AG a parte pode, em regra, propor por si própria a acção; pois tem capacidade de patrocínio perante este tribunal (vd. supra § 21 III 4, aí também para a representação). Perante o LG, a acção deve ser proposta por advogado como mandatário admitido junto desse tribunal em concreto (patrocínio obrigatório, vd. supra § 21 III 3, também para situações jurídicas futuras). Deve ser apresentada por escrito junto do LG (§ 253 V), no AG pode ser apresentada oralmente por termo na secretaria (§ 496). Com base no articulado da petição o juiz (o presidente no LG) deve resolver como quer prosseguir. O litígio deve ser decidido – assim prescreve o § 272 I – numa única audiência preparatória, com toda a vastidão, para a discussão oral, a chamada **audiência principal. Para** essa **preparação com a maior amplitude**, a lei apresenta **dois caminhos** à disposição. O juiz tem de escolher um deles após a entrada da acção no tribunal, § 272 II (MK-ZPO § 272, 19, ainda 11; doutro parecer StJ § 272, 7). Ele pode, discricionariamente, de modo não impugnável, decidir-se pela marcação duma audiência preliminar para discussão oral (§ 275) ou por um processo preliminar escrito (§ 276).

Fixando o juiz uma **audiência preliminar para discussão oral**, o réu tem de ser imediatamente notificado ao mesmo tempo da convocação para a audiência, com uma cópia autenticada da petição (§§ 274 I, II, 271; §§ 253 V, 270, 208 e segs., 170; § 495). Também a audiência preliminar tem de ser preparada pelo juiz (§ 273). Para isso pode tomar todas as medidas necessárias, por ex., obter uma informação oficial (§ 273 II n.º 2). Nomeadamente, pode intimar o réu a contestar por escrito a acção, dentro de determinado prazo (§ 275 I 1). Comparecendo e discutindo ambas as partes na audiência preliminar, realiza-se um julgamento contraditório. Começa com a apresentação de conclusões contraditórias, do autor pela condenação do réu, por este pela improcedência da acção (§ 137 I). Pode acontecer que o processo termine nesta audiência. Isso ocorre quando o litígio já está pronto para decisão (vd. § 300 I), por ex., em casos simples, com base em informação oficial que o juiz obteve com o fim de preparar a audiência. Comparecendo ou discutindo apenas uma das partes na audiência, entra-se no processo à revelia (§ 330 e segs.); também então é possível a solução do processo já na audiência preliminar: pode ser pronunciada uma condenação à revelia (na falta do autor a acção é julgada improcedente, § 330; na falta do réu, este é, eventualmente, condenado, § 331). Outros casos de termo rápido do processo surgem na confissão do réu (§ 307), desistência do pedido (§ 306), desistência da instância (§ 269), transacção (vd. § 279 e infra § 48) ou regulação do litígio conhecendo do mérito da causa (vd. infra § 42 VI). Não terminando o processo nesta audiência, o tribunal tem de preparar o processo com tudo o necessário para a audiência principal, para que nesta audiência o litígio possa ser resolvido (§ 275 II-IV).

No **processo preliminar escrito** é notificada imediatamente ao réu a petição inicial, com a intimação de declarar, dentro de duas semanas, a sua disposição de defesa, quando existente e – mantendo-se – dentro de outras duas semanas (prazo mínimo), apresentar a contestação (§ 276 I, II). Ao autor pode ser fixado prazo para tomar posição escrita (§ 276 III). Omitindo o réu a declaração da sua disposição de defesa, o tribunal decide a requerimento do autor, sem discussão oral, só com base nas alegações da petição (§ 331 III). Após suficiente preparação escrita o juiz (o presidente) marca a audiência principal (§ 272 III).

III. O âmago do processo civil modificado de 1976 é a audiência amplamente preparada para discussão oral, a audiência principal, em que o litígio deve ser resolvido (§§ 272 I, 278). Ela começa, como também a audiência preliminar, com a chamada para a audiência (§ 220 I). A discussão oral é aberta (§ 136 I) pelo juiz (presidente).

Comparecendo e discutindo ambas as partes, passa-se a uma discussão contraditória (salvo confissão, desistência do pedido, transacção, etc., vd. supra II). Prossegue a discussão oral, se já se realizou uma audiência preliminar (daí que tenham de ser repetidas as conclusões já apresentadas (vd. infra § 28 IV). Se se realizou um processo preliminar escrito (e só então, vd. supra), as partes têm de apresentar as suas conclusões no início da audiência principal, § 137 I. A seguir, o tribunal resume na sua maneira de ver o estado do processo e do litígio e ouve sobre isso as partes, se estiverem presentes (§ 278 I). Nesta fase da discussão há muitas vezes motivo para o tribunal informar se e como o litígio pode acabar amigavelmente (§ 279). O § 278 II sugere isso, depois do que se segue à primeira parte da discussão, a discussão "litigiosa".

É controverso se a lei (§§ 137 I, 278 I) prescreve obrigatoriamente a sequência – introdução do pedido, apresentação do estado do processo e do litígio (negativo, BGHZ 109, 44). Contudo, é incontroverso que a audiência de julgamento começa apenas com a introdução do pedido, § 137 I.

Não se chegando a uma tentativa de conciliação ou fracassando esta, segue-se a primeira fase da discussão (§ 278 I) ou a discussão litigiosa (§ 278 II). Aqui deve ficar claro, com base numa extensa preparação (§ 272 I), que factos alegados pelo autor são importantes, que excepções invocadas pelo réu são pertinentes, o que é controverso entre as partes e o que não é, que meios de prova são apresentados ou disponíveis (por ex., testemunhas, documentos) e quais as questões jurídicas que têm de ser respondidas. O tribunal tem de debater com as partes a relação processual e litigiosa e esforçar-se através do devido exercício do direito de interrogar, pela completude e clareza das alegações. As partes não devem ser surpreendidas na sentença com perspectivas jurídicas, de que até então não se falara no processo e sobre as quais, por isso, não se puderam pronunciar (vd. § 278 III; esta disposição aplica-se a todo o processo, não apenas à audiência principal).

Na maior parte dos processos as partes estão de acordo sobre, pelo menos, uma parte da matéria de facto por elas alegada (por ex., que o réu atropelou o autor). Quanto a isso, o tribunal está vinculado à alegação das partes (§§ 138 III, 288). Em regra, porém, mantêm-se controversos na discussão contraditória alguns factos (mais precisamente: alegações de factos) dos quais depende a decisão (por ex., se os semáforos estavam "vermelho" ou "verde" para o autor, quando foi atropelado pelo réu). Então é precisa a **produção de prova** (§§ 355 e segs.). Deve seguir-se imediatamente após o debate litigioso, § 278 II 1 (o que pressupõe a presença dos meios de prova, por ex., pela providenciada convocação de testemunhas e peritos, vd. § 273 II n.º 4). Depois da produção das provas, o tribunal tem novamente de discutir com as partes, o estado do processo e do litígio, § 278 II 2. Aí deve ser discutido, antes de mais, o resultado da produção das provas, § 285. Estando o processo instruído para decisão, pronuncia-se a sentença (§ 300 I), no caso ideal (para a lei) ainda na própria audiência principal, em regra noutra posterior, a chamada audiência de publicação (§ 310 I).

IV. A resolução da causa na audiência principal nem sempre será possível, por ex., quando seja necessário um prazo especial de apresentação de provas. Então, haverá uma ou várias **outras audiências** para debate oral (§ 278 IV). Aqui reside o perigo da demora do processo. A lei procura esconjurá-lo, na medida em que – já antes da audiência principal – fixa às partes prazos apertados para as suas alegações escritas e só permite limitadamente alegações supervenientes (vd. § 296). O regime de sanções deve conseguir que a audiência principal se torne o ponto mais alto e final do processo e assim sejam escusadas outras audiências de discussão.

V. O processo descrito para a primeira instância é o mesmo para AG e LG (§ 495; para as particularidades do processo da AG, vd. infra § 69). No LG, porém, há que atender que a secção cível ou está constituída com três juizes (colectivo) ou com um só juiz, o juiz singular (§ 348). Com excepções, a secção "plenamente constituída" pode atribuir ao juiz singular o julgamento e decisão do todo o processo (vd. § 348 I e infra § 71). Esta atribuição tem de efectuar-se até ao fim da audiência principal e aplica-se, em princípio, a toda a primeira instância (§ 348 III, IV).

VI. A sentença final é o mais importante, mas não o único fundamento de cessação do processo. Interessam, além dela, a transacção (vd. infra § 48), a desistência da instância (vd. infra § 42), a regulação da questão de fundo (vd. infra § 42 VI).

Capítulo Quarto

Princípios processuais

§ 24. O princípio dispositivo

Bibliografia, vd. infra § 25.

I. Se há processo, depende, em princípio, do indivíduo. Que ele – e não porventura o Estado – tenha de decidir isso, explica-se pela configuração da nossa ordem jurídica civil (substantiva). Ela reconhece ao indivíduo determinados direitos e, em regra, basicamente no seu interesse. Por causa deste predomínio do interesse individual, tem de ser deixado ao indivíduo, consequentemente, também a decisão se quer ou não efectivar os seus direitos perante o tribunal. Daqui se revela a **faceta processual da autonomia privada**, do elemento estrutural dominante da nossa ordem jurídica. A decisão de não accionar pode ser muito insensata: a ordem jurídica respeita-a, porque reconhece a auto-determinação do indivíduo na formação das suas relações jurídicas, portanto, a autonomia privada segue o princípio individualista.

Só excepcionalmente, o direito civil vigente confere poderes ao sujeito jurídico individual, em cuja execução o Estado tem interesse – público – pelo menos igual. Este interesse repercute-se processualmente, de modo que a execução do poder não fique na disponibilidade do indivíduo. Mesmo sem, ou até contra a sua vontade, a "sua" causa pode ser levada a tribunal estatalmente. Isso acontece pela nomeação duma instituição pública como autora dum processo civil. Assim, por ex., no caso de bigamia (BGB § 1306) o pedido de anulação do casamento também pode ser proposto pelo "órgão competente da administração" (BGB § 1316 I n.º 1; para a objecção constitucional contra a reforma pela EheschlRG, vd. infra § 91 II 3, 9, 10 b). Propondo a administração o pedido, é ela própria a parte, não porventura a representante doutra.

Que influências políticas e ideológicas movem o interesse público, mostra o direito do Ministério Público à impugnação da paternidade (BGB § 1595 a, redacção antiga): instituído primariamente em 1938 por fundamentos de política racial, fortemente controversa na sua permanência após 1945, seria eliminado em 1961, além doutros motivos, porque na maneira de ver actual não subsiste um interesse público nesta intervenção no casamento e na família.

II. O tribunal não pode, em caso algum, dar início, por si, a um processo cível, sendo sempre necessária a petição (o pedido) duma parte, podendo essa parte ser o Ministério Público (excepção no § 308 a: o primeiro passo para a iniciativa oficiosa pelo juiz duma relação social – contrária ao sistema – vd. supra § 1 III 2). A passividade do tribunal que aqui reside significa literalmente: onde não houver autor, não há juiz. Que o ZPO deixe ao critério do indivíduo accionar, caracteriza-se como produto do **princípio dispositivo**. Porém, só pode falar-se dum verdadeiro poder de disposição, quando o Estado não possa invalidar de modo algum a decisão do indivíduo de se abster de accionar.

Por ex., realizar judicialmente determinados créditos por obrigação legal, doutro modo que a sua transmissão ao Estado e a sua reclamação por este. Esta restrição dos poderes de disposição privados, achou-se como fim da condução estatal da economia na lei do transporte rodoviário de mercadorias, revogada em 1-1-1994, § 23 I, II (concordante com isso, *Henckel*, Prozessrecht und materielles Recht, 1970, pág. 120 e seg.). Se é conveniente a obrigação legal de propositura de acção, é outra questão (vd. BGH MJW 69, 699).

III. Quem se decida a instaurar uma acção, com isso determina ao mesmo tempo o **objecto do processo**. O tribunal só tem que decidir sobre este objecto; pois não pode, por si, abrir um processo, o que seria o caso se se ocupasse duma outra causa, totalmente diferente da do autor. Quem, por ex., acciona o seu fornecedor por fornecimento deficiente, não pode temer que possa ser processado por um acidente de viação em que ambas as partes participaram.

O ZPO exige do autor mais do que um apenas esboçado enunciado do objecto do processo. Ele tem de alegar com precisão, o que deve conter a pretendida sentença. Tem de dizer, por ex., se exige do seu fornecedor uma indemnização ou uma rescisão, um fornecimento suplementar ou a reparação das deficiências. Para o ZPO não se admite uma acção sem um **pedido** bem **determinado**. Não se pode debatê-lo e decidi-lo concretamente, porque um pedido determinado pertence ao conteúdo necessário da acção (§ 253 II n.º 2, vd. infra §§ 39 II 2, 33 IV 3 d).

Também não é possível requerer que o tribunal queira determinar que consequências jurídicas resultam em benefício do autor dos factos alegados.

A obrigação de formular um pedido determinado, limita o objecto da instância. A limitação está na mão do autor. Vista assim, a formulação do pedido é produto do *poder* de disposição do autor. Substancialmente, ela é para ele, contudo, um *ónus* da disposição, porque o **tribunal está vinculado ao pedido** e, por isso, não pode ser atribuído ao autor nem algo diverso nem mais que o requerido (§ 308 I; "ne eat iudex ultra petita partium"; para isso *Musielak*, FS Schwab, 1990, pág. 349 e segs.). Isto é válido também, se o tribunal estivesse para tanto em condições, com base nos factos que lhe foram apresentados.

Resultando da exposição dos factos, por ex., apenas um direito à eliminação de defeitos, mas o autor pede uma indemnização, a acção tem de ser julgada improcedente (no caso de não ser modificada, vd. infra § 41). Os juros só podem ser concedidos sob requerimento, § 308 I (para isso *Zimmermann* JuS 91, 583 e segs., 674 e segs.). Sendo demandada apenas uma parte do direito – o que não raramente sucede para poupança nas custas – o tribunal não pode atribuir todo o direito, mesmo que se convença da sua existência (vd. infra § 63 II). O mesmo se aplica quando o autor pede muito pouco por outras razões: pedindo, por ex., a indemnização de 1 000 DM, o tribunal não pode atribuir 1 200 DM, mesmo que esteja convencido que o direito atinge esse montante (exemplo: LG Frankfurt RR 90, 1211). Isto é particularmente duro e muitas vezes injusto para o autor não informado juridicamente. Contudo, o tribunal pode, em certos casos, sugerir a modificação do pedido, § 139 (vd. infra § 25 VII 5). Para o tratamento jurídico de infracções ao § 308 I: *Musielak*, loc. cit., pág 359 e segs., com referências; para a sanação BGH Fam RZ 81, 944 e seg. Para a problemática do pedido não quantificado, vd. infra § 39 II 2.

Bem entendido que o tribunal pode conceder menos que o pedido, por ex., 1 000 DM em vez dos pretendidos 1 200 DM. A acção é julgada improcedente no montante de 200 DM (improcedência parcial), e então as custas serão suportadas em parte pelo autor (§ 92). O mesmo se aplica quando a prestação pretendida seja determinada fundamentalmente no que se justifique (exemplo: OLG Karlsruhe RR 90, 944 e seg.).

IV. A iniciativa das partes não reside, em regra, apenas em cuidar de determinar se, e com que objecto, um processo entra em movimento. **Mesmo durante o processo**, a lei confere às partes um extenso **poder de disposição**. Elas decidem se o processo sobe a uma instância superior; isso só é possível, se uma das partes impugna a sentença com um recurso. A acção e o recurso podem ser objecto de desistência e de renúncia. O réu pode confessar ou celebrar uma transacção com o autor.

Às vezes, o poder das partes decidirem ("disporem") do objecto do litígio, durante o processo, é limitado por fundamentos que assentam na conformação e finalidade do direito substantivo. Isto está certo, especialmente, nos processos em questões de casamento e filiação, em que não se admitem nem a confissão (§§ 617, 640 I) nem a transacção.

§ 25. O princípio da instrução por iniciativa das partes

Birk, Wer führt den Zivilprozess – der Anwalt oder der Richter?, NJW 85, 1489; *P. Böhm*, Der Streit um die Verhandlungsmaxime, in: *Ius Commune* Tomo VII (1978), pág. 136; *Brehm*, Die Bindung des Richters an den Parteivortrag und Grenzen freier Verhandlungswürdigundg, 1982; *Cohn*, Zur Ideologie des Zivilprozessrechts, Erinnerungsgabe für Max Grünhut, 1965, pág. 31 (comparando com o direito inglês); *Damrau*, Die Entwicklung einzelner Prozessmaximen seit der Reichszivilprozessordnung von 1877, 1975; *Jauernig*, Verhandlungsmaxime, Inquisitionsmaxime und Streitgegenstand, 1967; *Leipold*, Zivilprozessrecht und Ideologie, JZ 82, 441 (para isso e contraditório, *Bender*, JZ 82, 709); *Lent*, Wahrheits und Aufklärungspflicht im Zivilprozess (comentário parcial aos §§ 138, 139), 1942; *E.Peters*, Richterliche Hinweispflichten und Beweisinitiativen im Zivilprozess, 1983 (para isso, *Stürner* ZZP 98, 484 e segs.); *Stürner,* Verfahrensgrundsätze des Zivilprozesses und Verfassung, FS Baur, 1981, pág. 647; *Stürner*, Die richterliche Aufklärung im Zivilprozess, 1982; *Weyers*, Über Sinn und Grenzen der Verhandlungsmaxime im Zivilprozess, Festgabe für J. Esser, 1975, pág. 193.

I. Acabámos de ver que o autor tem de formular um (determinado) **pedido**. Este **contém** uma **alegação jurídica do autor**, por ex., ser proprietário duma determinada coisa, poder exigir ao réu 1 000 DM ou pedir o divórcio do seu cônjuge. Tem de ser verificado pelo tribunal, em duas fases, se a alegação tem fundamento.

Em primeiro lugar, tem de procurar uma norma jurídica com o efeito jurídico que corresponda objectivamente ao pedido do autor. Pedindo o autor, por ex., a restituição dum automóvel, tem de se atender ao BGB § 985 como norma jurídica.

O efeito jurídico prescrito pela norma, por ex., o direito à entrega, só se produz quando se verifiquem todos os pressupostos legais da previsão normativa. Por isso, o tribunal tem ainda de examinar se os factos (concretamente) alegados no processo, preenchem todos os atributos da previsão normativa e, por conseguinte, se produzem os efeitos jurídicos normativos. Esta fase de verificação chama-se **qualificação jurídica**. Incumbe **apenas** ao **tribunal**, as partes não lhe podem impor quaisquer prescrições.

Vd. BGH NJW 69, 1763: condenação nos termos da StVG §§ 7, 18, em vez de – como pedido pela autora – nos termos do BGB §§ 823, 831. – BGH MDR 69, 468: ainda que ambas as partes considerem válido um contrato nulo por falta de forma, nos termos do BGB § 125, o tribunal não está vinculado a isso (doutra opinião *Baur*, FS Bötticher, 1969, pág. 1 e segs.; *Grunsky*, ZZP 88, 61, cujo parecer chega a ser que as disposições de eficácia de direito substantivo, subtraídas à disposição das partes, são tratadas como disposições sobre a possibilidade de prova, de modo que na falta de impugnação não haja qualquer possibilidade de prova). Assim, BGH LM n.º 28 para § 50 (para a determinação da legitimidade); NJW 78, 1255 (para apreciação duma rubrica como assinatura conforme o BGB § 126). Para a problemática, ainda *Stürner* Fam RZ 85, 757.

É assunto exclusivo do tribunal (iura novit curia) quais as normas jurídicas a considerar, como devem ser entendidas e se os factos concretos preenchem a previsão abstracta da norma – em resumo: a **determinação do direito**. Não depende das opiniões jurídicas das partes. Estas podem expor a sua interpretação do direito e fá-lo-ão sempre que sejam representadas por advogados. Chega-se a uma **discussão jurídica** entre os interessados, o que só pode ser útil: para as partes, especialmente os seus advogados, porque já tomaram conhecimento do parecer jurídico do juiz no julgamento e, por isso, não têm de argumentar sobre o desconhecido, para o juiz porque pode obter sugestões e examinar criticamente a sua opinião antes da sentença e pode torná-la compreensível às partes (vd. ainda § 278 III e para isso infra VII 6, mais § 29 IV).

II. Uma outra questão é, quem tem de fornecer os **elementos de facto para a decisão** e quem é responsável pela sua completude. O legislador pode escolher aqui, se a responsabilidade é imputada ao tribunal ou às partes e se as partes e o tribunal assumem a obrigação igualmente ou de modo muito diverso.

No curso da história a escolha foi diversa. O legislador preferia os tribunais quando desconfiava da capacidade ou da boa vontade das partes em expor a matéria de facto integral e correctamente. Com maior razão chegou a tal preferência quando o esclarecimento da matéria de facto não era entendido como matéria privada das partes no processo, mas sim como tarefa no interesse público da administração da justiça (vd. infra VIII 3, IX).

III. Como deve ser repartida a responsabilidade pelos fundamentos de facto da sentença é sobretudo um **problema de política jurídica**. Para a sua solução, apresentam-se dois princípios: o *princípio inquisitório* e o *princípio da instrução por iniciativa das partes* (ambas as expressões são do processualista Gönner, que as utilizou, pela primeira vez no seu Handbuch des deutschen gemeinen Prozesses, 1.ª Ed. 1801).

1. O **princípio inquisitório** (também chamado **princípio da oficiosidade**) diz: o *tribunal* tem, oficiosamente, isto é, por si só, e sem dependência das partes, de esclarecer totalmente os factos, por conseguinte atender e verificar todos os factos e meios de prova necessários. Assume assim a responsabilidade exclusiva dos fundamentos de facto da sentença.

2. O **princípio da instrução por iniciativa das partes** (também chamado princípio da apresentação das provas) diz: as *partes* têm de garantir os fundamentos de facto da sentença (inclusivamente os meios de prova); assumem a responsabilidade exclusiva disso. O tribunal, por isso, só deve tomar por fundamento da sentença os factos que foram trazidos ao processo por uma das partes (e, em princípio, na audiência de instrução e julgamento, por isso a expressão "princípio da instrução por iniciativa das partes").

Os **princípios inquisitório** e **da instrução por iniciativa das partes** repartem, assim, a responsabilidade entre as partes e o tribunal, segundo o princípio: tudo ou nada. Mas com isso **só** são circunscritas **hipóteses de solução extremas**. Se e como o legislador quer seguir um ou outro princípio, é deixado à sua **opção de política jurídica**.

IV. O **ZPO** decidiu-se **fundamentalmente pelo princípio da instrução por iniciativa das partes** (BVerfGE 67, 42). Nos tempos actuais, em que as declarações de princípios do legislador não são nada de invulgar, pode-se estranhar que o ZPO não se pronuncie expressamente pelo princípio da instrução por iniciativa das partes. Porém, ao sóbrio legislador processual parece bastante (outra vez, finalmente em 1976!) dizer com razão, que – excepto no processo comum – tem de seguir-se o princípio inquisitório e não o princípio da instrução por iniciativa das partes. Assim determina para questões de casamento o § 616 I: "o tribunal também pode ordenar oficiosamente a recolha de provas e, após a audição dos cônjuges, atender mesmo factos que eles não alegaram". Basta inverter este período no seu oposto, para obter o cerne do princípio da instrução por iniciativa das partes.

Donde resulta, então, que a lei siga fundamentalmente o princípio da instrução por iniciativa das partes? Essencialmente são sobretudo dois pontos (vd. *Bettermann*, ZZP 88, 348 e seg.; 91, 390).

1. O tribunal só pode fundamentar a sua decisão nos factos que foram alegados por uma das partes (vd. BGH NJW 98, 159; *Brehm*, loc. cit., pág. 216 e seg. e infra VI). **Não há,** portanto**, qualquer investigação dos factos por iniciativa do tribunal.** Por isso é adequado excluir, em princípio, a parte que provoca atraso no processo com alegações (para esta chamada **preclusão,** vd. infra § 28 II, III).

2. **Sobre que factos** alegados tem o tribunal de obter prova, regula-se pela **conduta das partes.** Só precisam de prova os factos que contradigam a parte contrária à que os alega. Os factos não contestados (§ 138 III) ou confessados (§ 288 I) não precisam de prova, são considerados pelo tribunal como verdadeiros (vd. infra § 49 VII 1). Por conseguinte, o tribunal só pode examinar a verdade dum facto nos limites em que as partes lho colocarem.

3. Anteriormente, o tribunal só podia utilizar os **meios de prova** que fossem oferecidos pelas partes. Isso aplica-se ainda hoje, em regra (BVerfG NJW 94, 1211), mas podem ser produzidas provas, também oficiosamente – fora da prova testemunhal (vd. §§ 373, 273 II n.º 4) – (§§ 142, 143, 144, 273 II n.º 1 e 2, 448; mas ainda § 282; vd. infra § 51 I). O tribunal pode ouvir provas sem requerimento, mas não é obrigado – como no processo inquisitório; o último é frequentemente omitido (por ex., de *Martens*, JuS 74, 788; *Weyers*, loc. cit., pág. 196 e nota 19; para isso, vd. infra § 50 III 1; *E. Schmidt*, DriZ 88, 59 e seg., ainda por cima confundida a possível opção pelo meio de prova com a necessidade de prova dependente da parte, vd. supra 2); por uma obrigação em casos excepcionais MK-ZPO §§ 142-144, BGH NJW 97, 3382). Também as custas da decisão oficiosa da prova ficam a cargo da parte; por isso, só raramente devia ser tomada tal decisão.

V. Que as partes sejam responsáveis pela completude dos factos, tem consequências práticas.

1. O tribunal tem de examinar a **concludência da acção**, isto é, determinar se a acção conforme a alegação de factos pelo próprio autor ao tempo do último julgamento da matéria de facto, tem fundamento (BGH JZ 85, 184 com anotações de *Stürner*; RR 95, 1341). Sendo isso de negar, segundo o parecer do tribunal, porque a alegação de factos não é completa, mas parece susceptível de o vir a ser, o autor leigo em direito é advertido pelo tribunal para esses pontos, § 139 (vd. infra VII 3); sendo o autor representado por advogado, essa advertência não é feita se a inconcludência é evidente ou se foi invocada pelo advogado do réu (confira BGH NJW 84, 310 e seg.; RR 90, 1242 e seg., também NJW 89, 171; segundo outra opinião o dever de advertência judicial conforme o § 139

também existe na representação por advogado, nomeadamente no processo de advogado, do mesmo modo que teria o juiz de fazer com leigos!).

No âmbito do apuramento da procedência, as alegações do réu são irrelevantes (BGHZ 82, 20), não se produzindo prova das alegações do autor (mesmo que os factos da acção devessem ser provados como verdadeiros, a acção mantém-se improcedente).

Exemplo: K demanda B para a entrega decorrente da compra. Resulta da sua própria alegação que B impugnou a validade do contrato. A acção é improcedente (vd. infra VI 1), tem de prescindir-se da produção de prova (por ex., sobre a celebração do contrato contestada por B). A acção pode proceder se K alega factos de que resulte a ratificação do contrato após a sua impugnação (BGB § 141).

A improcedência resulta aqui de fundamentos de facto, de modo que, eventualmente, é remediável pelo complemento da exposição dos factos. Acontece doutro modo se a improcedência assenta em fundamentos de direito. *Exemplo*: o cônjuge enganado pede ao adúltero uma indemnização em dinheiro por danos não patrimoniais. Segundo a opinião dominante, não há esse direito (BGH NJW 73, 991 e segs.,) de modo que a acção também não pode proceder por quaisquer complementos da enunciação dos factos.

A necessidade de apuramento da procedência é expressa pela lei somente no processo à revelia (§ 331 II, vd. infra § 66 III 3 b), aliás, como evidentemente pressuposta.

Aplica-se no processo o princípio inquisitório, por ex., nos termos dos §§ 640 I, 616 I, de modo que não há apuramento da procedência.

2. Sendo a acção concludente, o tribunal tem de verificar se a **defesa do réu é pertinente**. É pertinente quando, conforme a alegação do réu, a acção tem de ser julgada improcedente.

Exemplo: o réu defende-se da acção concludente pelo preço da compra, porque foi enganado dolosamente na celebração do contrato e por isso impugnou imediatamente, após a descoberta do engano. A defesa é pertinente porque a justificada impugnação do contrato de compra, conforme a exposição do réu, anulou a fundamentação da acção de cumprimento, de modo que tem de ser julgada improcedente.

3. A concludência da acção e a pertinência da defesa revelam-se, na prática, muitas vezes descuidadas. As consequências são a produção de provas supérfluas, custas elevadas, decisões tardias. As partes sofrem os prejuízos.

4. A necessidade de *acção concludente* e *defesa pertinente*, mostra que somente a verdade das suas alegações nada aproveita às partes. Devem ainda ser completas. O risco disso suportam-no as partes mas, na prática, é pouco tomado em consideração.

Quer a exposição completa dos factos na acção não a torne ainda procedente, quer a defesa não seja pertinente, quer a matéria de facto seja incompleta, o tribunal, dentro de certos limites, tem de provocar o seu complemento (vd. supra 1 i infra VII 3). Não correspondendo a parte ao convite do tribunal, tem de imputar a si mesma a eventual perda do processo.

VI. Ensina-se, por vezes, que para a utilização dum facto, conforme o princípio da instrução por iniciativa das partes, é indiferente qual das partes o apresentou no processo (vd. *E. Schneider*, nota 863). Esta frase é, no mínimo, equívoca. Necessita de esclarecimento suplementar.

1. *Alegando o autor factos que lhe são desfavoráveis*, são tomados em consideração contra ele (BGHZ 82, 18).

Exemplo: K demanda o pagamento do preço da compra. Das suas próprias alegações resulta a imoralidade e com ela, a nulidade do contrato. Por isso, a acção é improcedente. Assim acontece se o autor alega factos de que resulte, por ex., o direito de oposição do réu e que o exercício desse direito se ache em prazo (vd. supra V 1 e infra § 43 IV 2, aí também para o tratamento de excepções de direito civil).

2. Sendo a *acção inconcludente*, não é sanada essa deficiência, se for aceite nas alegações litigiosas do réu. Aí não são de considerar as alegações de factos do réu, que lhe sejam desfavoráveis.

Exemplo: K demanda B para entrega. Conforme as suas alegações, o contrato de compra é nulo em consequência da impugnação de B. B alega factos, de que resulta a ratificação do contrato após a impugnação (BGB § 141). Querendo K remediar a falta de concludência, tem de, ao menos, acessoriamente, tomar como próprias as alegações de B. Isso fará normalmente. Omitindo, todavia, o respectivo complemento – porventura apesar da indicação do tribunal (vd. infra VII 3) – tem de sofrer a perda do processo. Vd. BGH MDR 69, 995; BGHZ 82, 20; StJ 80 perante § 128 e infra VIII 2 (1); discordante, *Weyers*, loc. cit., pág. 213 e segs.

3. As alegações do réu que *retiram pertinência à sua defesa*, são de considerar em seu desfavor.

Exemplo: B defende-se da acção concludente para o preço da compra porque impugnou o contrato de compra; resultam das suas alegações fundamento e declaração da impugnação, mas ainda que a declaração veio demasiado tarde (vd. BGB §§ 121, 124). A defesa é impertinente. Vd. RGZ 94, 349 e seg.; ainda BGH NJW 84, 129.

4. É controverso o tratamento das **alegações das partes equivalentes ("da mesma importância")**. *Exemplo*: o autor alega factos que fundamentam um pedido

de indemnização de danos do BGB § 823 I, contra o réu: o réu descreve a mesma ocorrência de modo que resulta contra ele, não aquele direito, mas o do BGB § 904 período 2. Para a solução deste caso desenvolveu-se muito esforço (vd. para as sequências *Jauernig*, FS Schwab, 1990, pág. 247 e segs.). Está-se de acordo que o autor deve obter vencimento imediato, ou seja, sem produção de prova; pois – diz-se – "a acção é procedente, quer segundo as alegações do autor, quer segundo as alegações do réu" (*E. Schneider*, nota 851). Reina aí o litígio se a condenação pode apoiar-se sem mais nada nas alegações quer do autor, quer do réu, ou apenas nas deste, ou (assim BGH RR 94, 1405 e seg., com notas) se o autor tem, pelo menos, a título acessório de tomar como próprias as alegações do réu (demonstração em Jauernig, loc. cit., pág. 248 e segs.; inexacto na colocação do problema, *Musielak*, nota ZZP 103, 220 e segs.; especialmente pág. 224 e segs.).

As equivalentes alegações das partes causam problemas quando se pense que acção pudesse também "proceder" conforme as alegações do réu. Nas alegações do réu tem de verificar-se se são pertinentes como defesa contra a acção. No supracitado exemplo o réu "defende-se" de modo "pertinente" contra o direito do BGB § 823 I, contudo, da sua exposição resulta, *com um objecto de litígio inalterado*, um direito do BGB § 904 período 2, contra ele. Por isso, a sua defesa contra a acção é impertinente. Consequentemente, o autor ganha o processo somente com base nas suas alegações. O que corresponde ao princípio da instrução por iniciativa das partes. Concordante, *Baumgärtel*, BLPr números 413-419.

Problemático nas alegações equivalentes da partes é apenas quando as alegações do réu "equivalem" às do autor, ou seja, quando respeitam o mesmo objecto do litígio (para isso, vd. em geral RGZ 103, 422 e infra § 37, especialmente VIII 1 no final).

5. Quanto aos factos notórios, vd. infra § 49 VII 3.

VII. O princípio da instrução por iniciativa das partes experimenta a sua mitigação mais importante no processo moderno pelo muito expandido **dever judicial de perguntar e esclarecer** que, em primeiro lugar, tem de ser cumprido, pelo presidente, mas também pelos vogais. Resulta do § 139 I, III, não em geral da GG (BVerfG NJW 93, 1699). A designação habitual "*dever* judicial de perguntar e esclarecer" é enganosa, pois o § 139 não obriga nem sequer autoriza o juiz, por si, sem atenção às partes, a desencadear o esclarecimento dos factos (por isso a BVerfG NJW 94, 849, erra objectiva e terminologicamente). Antes o juiz deve não apenas aceitar e utilizar as alegações das partes, mas solicitar das partes a completude das alegações de modo a atingir um completo esclarecimento da matéria de facto. Com isso, o juiz pode proporcionar a vitória à verdade e mostrar-se um auxiliar imparcial da ambas as partes. O auxílio judicial é especialmente indicado no processo de parte. Aqui, muitas vezes, estão face a face, partes leigas em direito, que conduzem o seu próprio processo. Precisam, em certa medida, da ajuda judicial; pois no processo não pode vencer a parte – e isto nunca deve esquecer-se – mais hábil ou mais esperta, mas sim a que tem razão. O processo não é um jogo de futebol e o tribunal nenhum árbitro, que só tem de atender à observância das regras do jogo e depois da luta entrega o prémio, a sentença. Esta afirmação aplica-se, tanto ao processo de parte, como ao processo com advogado. O § 139 não faz distinção entre estas duas espécies de processos. Porém, percebe-se espontaneamente, que a parte representada por advogado tem menos necessidade de ajuda que o "homem da rua" alheio ao direito (assim também BVerfG JZ 87, 719). É de considerar ainda, que o advogado é "um órgão independente da justiça" (BRAO § 1) e que não se pode esperar, enquanto "consultor profissional independente em todas as situações jurídicas" (BRAO § 3 1) o conselho judicial, do mesmo modo que o pode esperar um leigo no direito.

Fosse fundamentalmente diferente, não restaria finalmente justificação de qualquer espécie para a obrigatoriedade de advogado (vd. supra § 16 I). Este ponto de vista pode ter contribuído para que o BGH (NJW 84, 310 e seg.; RR 90, 1242 e seg.; 95, 1337) considere um dever do tribunal chamar a atenção do advogado para a inconcludência da sua acção, mas recusá-lo sem dúvida se o advogado do réu já chamou a atenção para isso (vd. supra V I, além de BGH NJW 86, 2884; 87, 3080; RR 98, 16; WM 87, 1356; BayVerfGH NJW 92, 1094 em 3). O BGH está muito ligado com a doutrina (*E. Schneider*, NJW 86, 971 e seg., com notas; MDR 89, 1069 e segs., com falsa associação da jurisprudência; 96, 868; *Wieczorek/Schütze*, intr. 81), mas indevidamente (vd. supra V 1; *Greger*, NJW 87, 1182 e seg.; também *E. Peters*, comentário JZ 84, 192 e segs.).

O dever judicial de esclarecimento tem os seguintes vectores:

1. Não sendo o *pedido* suficientemente claro ou achando-se juridicamente formulado de modo não impecável, o tribunal tem de determinar o que o autor quer propriamente alcançar (vd. BGH NJW 84, 731).

Exemplo: o tribunal tem de esclarecer a que coisas respeita o pedido de entrega (RGZ 130, 267).

2. As *alegações* duma das partes podem ser incompletas e só deficientememte reproduzir a situação ocorrida. O tribunal tem então de provocar o completamento (para a limitação na representação por advogado, especialmente no processo de advogado, vd. supra, antes de 1 e V 1).

Exemplo: K demanda B para condenação no cumprimento de contrato, mas não descreve exactamente a celebração do contrato, na esperança de B não o discutir. Como isso não acontece, o tribunal convida K a descrever exactamente como decorreu a conversação telefónica durante a qual foi celebrado o contrato, ou que empregado o celebrou em representação com B. Vd. BGH NJW 92, 2428; OLG Hamburg RR 90, 63; *Stürner*, comentário no BGH JZ 85, 183 e seg.

3. O tribunal tem também de considerar o *complemento das alegações deficientes da parte*, no caso de os factos apresentados não justificarem o pedido (inconcludência da acção, não pertinência da defesa), mas aplicam-se também aqui as limitações na representação por advogado, especialmente no processo de advogado (vd. supra antes de 1 e V 1).

Exemplo: o autor pede indemnização pela mora, mas não refere a necessária fixação do prazo nos termos do BGB § 326. O tribunal tem de chamar a atenção da parte, especialmente se não é jurista, sobre a lacuna e a inconcludência da acção, se for de admitir, conforme a exposição dos factos, que existe ainda a matéria de facto omitida (vd. BGHZ 82, 20; vd. contudo supra antes de 1 e V 1). Para possibilidades mais distantes doutras alegações, o tribunal não tem de aquiescer.

4. É importante que o tribunal se esforce *na análise dos conceitos de direito*, de que as partes revestem as suas alegações de facto.

Elas falam muitas vezes apenas da "compra" celebrada, do "empréstimo" concedido, da "negligência", sem expor concretamente os factos de que decorre a qualificação jurídica. Só quando não houver qualquer dúvida sobre a qualificação jurídica, não precisa o tribunal de insistir na alegação de factos concretos, por ex., a descrição do teor do contrato. Vd. infra § 49 VI.

5. Em *casos excepcionais* o tribunal é obrigado a *sugerir* uma possível e objectivamente aconselhável *alteração das alegações ou do pedido*, por ex., a modificação do pedido.

Exemplo: em processo de responsabilidade funcional, o autor pede a restituição em espécie, ainda que apenas possa pedir a indemnização em dinheiro. Aqui, o tribunal deve sugerir que o autor peça a indemnização pecuniária como pedido principal ou acessório; pois com isso se evita uma nova acção ao autor rejeitado no seu pedido de restituição em espécie, agora orientado a dirigi-la à indemnização pecuniária. Outros exemplos in BGH NJW 81, 979: em vez da acção de reforma (§ 323) agora embargos à execução (§ 767); NJW 84, 480: em vez do pedido de entrega da proposta de contrato, agora pedido de declaração da aceitação; BB 84, 1314; modificação da parte (!); NJW 90, 2755: em vez da prestação ao autor, agora prestação ao sucessor; NJW 93, 325: acção declarativa, em vez de acção de condenação. – Limitativo com razão BGHZ 7, 211 e seg.: não há, segundo o § 139, o dever de motivar a parte a propor outro pedido com fundamentos diversos dos anteriormente alegados; assim, BGH NJW 89, 171 (apenas?) para o processo de advogado.

6. As partes têm de poder exprimir os pontos de vista jurídicos em que o tribunal quer apoiar a sua decisão. Devem ser evitadas, assim, decisões de surpresa. Isto exige já, genericamente, o § 139 I (discussão das relações do caso e do litígio "segundo o aspecto jurídico"). Em geral, o § 278 III determina o dever jurídico não só – como sugere o texto da lei – para a audiência principal, mas para todo o processo, por ex., também para a audiência preliminar. Este dever judicial de chamar a atenção aplica-se também irrestritamente na representação por advogado (BGH RR 93, 570).

Exemplo modelar duma decisão de surpresa: até ao encerramento do julgamento perante o tribunal de apelação as partes e o tribunal (como já a 1.ª instância) partiram da aplicabilidade do direito alemão; só no acórdão da apelação foi acolhido no processo o direito estrangeiro (BGH NJW 76, 474 e seg.; crítico BVerfGE 74, 5 e seg.; vd. infra § 29 IV).

Os §§ 139 e 278 III, concretizam no processo civil o direito fundamental à audiência judicial (GG art. 103 I, vd. infra § 29).

7. Os limites deste dever de esclarecimento são controversos (vd. *Brehm* e *E. Peters*, loc. cit.; *Stürner*, Die richterliche Aufklärung, etc.). A jurisprudência oferece um quadro heterogéneo. Sem dúvida que o juiz devia ser não apenas – unilateralmente – autorizado ou mesmo obrigado a aconselhar juridicamente (doutra opinião, *E. Peters*, loc. cit., pág. 108); pois o "consultor profissional em todas as situações jurídicas" é o advogado (BRAO § 3 I) e não o juiz. Mesmo quando uma indicação judicial se considere sempre um "conselho" às partes, só é admissível, porém, quando não se apresente, objectivamente, como defesa unilateral dos interesses duma das partes, mas também proteja os interesses da outra parte (de contrário é possível a recusa do juiz por suspeição legítima; vd. BVerfGE 52, 154).

Assim, é admissível, por ex., a sugestão de modificação da acção, se e porque, com isso, pode ser evitado um novo processo (vd. supra 5); isto serve ainda o interesse bem entendido do réu. Por outro lado, o tribunal não está obrigado, nem pode – devido à congruência de dever e direito no § 139 – chamar a atenção para a prescrição ocorrida (vd. supra § 14 II; como aqui, *Brehm*, loc. cit., págs. 223 e segs.; *Stürner*, Die richterliche Aufklärung, etc., número à margem 80; com outras referências). Segundo BGH NJW 95, 455 é interdito ao tribunal, em atenção ao princípio da instrução por iniciativa das partes, provocar o exercício de direito de retenção; tendencialmente diverso para a excepção de prescrição, BGH NJW 98, 612 sob a inconsideração da congruência do dever e direito no § 139.

O cumprimento dos deveres estatuídos no § 139 é um dos mais importantes fins judiciais no processo e do mais elevado significado prático. Não cumprindo o tribunal os seus deveres, verifica-se um vício processual essencial, no sentido do § 539, tal como um fundamento de anulação. O § 139 não está em oposição ao princípio da instrução por iniciativa das partes, pois o tribunal só pode considerar factos alegados pelas partes. Se a parte não observar a sugestão do tribunal e negligencie o completamento das suas alegações, está excluído o completamento oficioso (vd. o caso BGH NJW 58, 1590).

Negligenciando o tribunal uma questão ou esclarecimento apresentado nos termos do § 139, isto mesmo assim não é "arbitrário" no sentido da GG art. 3 – e não inicia desse modo o recurso constitucional – se faltar à omissão um fundamento plausível e suficientemente objectivo; doutro parecer, BVerfGE 42, 72 e segs., que com isso se tornou de "guarda da Constituição" (BVerfGE 1, 196) em guarda da simples aplicação plausível do direito positivo (em que o BVerfG omitiu pontos essenciais de facto e de direito, vd. notas da redacção in Fam RZ 76, 442). Ponderoso nisto, *Stürner*, Die richterliche Aufklärung etc., números à margem 41-44.

VIII. Toda a **apreciação do princípio da instrução por iniciativa das partes** e do **princípio inquisitório** deve partir de que, no processo, deve ser estabelecida fundamentalmente a verdadeira situação jurídica. Para alcançar este objectivo é indissociável o esclarecimento dos factos. Que seja deixado essencialmente às partes, como faz o ZPO, é sempre posto em dúvida, até muito recentemente. Certas reflexões mais pragmáticas enredam-se em ideias de colorido político-ideológico.

Nomeadamente, são mencionadas três considerações contra o princípio da instrução por iniciativa das partes – em todo o caso na sua forma "pura": em primeiro lugar falta de capacidade e em segundo lugar falta de disposição das partes, para esclarecerem os factos de motu próprio; por fim, em terceiro lugar, a falta de competência das partes para o esclarecimento dos factos, porque o seu processo litigioso transformou-se numa questão pública pelo recurso ao tribunal.

1. A experiência ensina que as partes, em regra, podem esclarecer os factos melhor que o tribunal.

As partes já conhecem, antes do processo, os fundamentos de facto do seu litígio, pelo menos em esboço. Ambas querem ganhar o processo. Por isso, esforçam-se por alegar todos os factos e meios de prova que conhecem. Na petição e na contestação as partes divergentes e próximas na enunciação dos factos, verificam mais depressa e com a maior segurança o que realmente aconteceu. A iniciativa das partes é ainda imprescindível para o esclarecimento dos factos. Tolhendo-as, o processo torna-se lento e pesado.

Tendo o juiz que averiguar os factos, exigiria demais. Ele avança no processo sem conhecer o caso da vida que está na base do litígio das partes. Querendo informar-se, dirige-se, em primeiro lugar, às partes. Não tem ao lado um serviço de investigação. Também ao juiz, ao dirigir a instrução, não resta nada que ouvir, antes de mais, o que a partes alegam e convidá-las (§ 139!) a completar as alegações deficientes. Do mesmo modo procede o juiz, pelo direito em vigor, também sob o princípio da instrução por iniciativa das partes. Assim, nos efeitos práticos, não há qualquer diferença entre os dois princípios.

Esta concordância resulta – e isto é especialmente de salientar – de o juiz não dever permanecer numa pura passividade, mesmo no âmbito do princípio da instrução por iniciativa das partes. O dever judicial de inquirir e esclarecer vincula-o, levando-o o intervir na marcha do processo. Proporciona-lhe os meios de ajudar a parte inepta ou desconhecedora do direito, de modo que lhe possa ser atribuída a responsabilidade pela matéria de facto. Estes meios não são os inquisitórios (vd. supra VII 7). Também não são precisos para nivelar a porventura deficiente capacidade das partes para o esclarecimento da matéria de facto (vd. também BGHZ 60, 287).

2. Não raramente, falta a uma das partes, ou a ambas, a disponibilidade para alegar a matéria de facto completamente e com verdade. No entanto, a lei exige esta disponibilidade, pois o § 138 I exige que as partes formulem as suas declarações sobre as circunstâncias de facto completamente e de acordo com a verdade (vd. infra § 26 III, IV). A exigência justifica-se; só com base numa alegação completa e verídica dos factos, pode ser verificada a real situação jurídica. Isto leva à questão de saber se o **dever de verdade e completude** (§ 138 I) não arreda, ao menos em parte, o princípio da instrução por iniciativa das partes, colocando no seu lugar o princípio inquisitório. Se a resposta for afirmativa, então a instituição do dever de verdade e completude pela Novela de 1933 reformulou de modo decisivo o processo civil.

Isto foi reiteradamente afirmado na doutrina dos anos posteriores a 1933, ocasionalmente encontra-se ainda hoje este parecer. Dois exemplos ilustram o seu significado prático.

(1) Resultando a "procedência" da acção apenas dos factos que o réu alega (vd. supra VI 2), deve então, conforme o referido parecer, ser aceite também se o autor contesta as alegações de facto do réu. O dever do autor de exposição completa dos factos é, assim, cumprido pelo tribunal pela via duma modalidade de execução por outrém, em que ele completa o alegado na acção com a ajuda do réu. É de notar que a execução por outrém repercute-se a favor do autor que prevarica. Isto pode ser, porque segundo o referido parecer, o dever de verdade e de completude não apenas impede a mentira processual, o prejuízo da parte contrária, mas obriga as partes à exposição das circunstâncias concludentes que lhes são favoráveis (do mesmo modo a doutrina austríaca numa situação quase igual: *Fashing*, número à margem 653, com notas).

(2) A audição de provas, por ex., a inquirição de testemunhas pondo a descoberto factos que até então nenhuma das partes tinha alegado, o juiz também deve então basear neles a sentença, se nenhuma das partes se apropriou desses factos. Também aqui o dever de completude das partes deve legitimar e obrigar o tribunal a uma modalidade de execução por outrém (vd. *Bernhardt*, § 23 III 7; *A. Schmidt*, JZ 56, 559 e segs.; do mesmo modo a doutrina austríaca dominante (*Fasching*, nota à margem 661, com referências) contra a jurisprudência austríaca dominante [como esta certo, BGH NJW 86, 2823]).

Entendendo-se neste sentido o dever de verdade e especialmente o dever de completude, isto tem ainda outras consequências notáveis: a acção e a defesa não podem mais ser examinadas intrinsecamente na sua concludência e pertinência (vd. supra V) porque são de considerar, quer as controvertidas afirmações da parte contrária, quer os factos que nenhuma das partes alegou; por conseguinte, o ónus da alegação (vd. infra § 50 I) é praticamente anulado (vd. *Bernhardt*, § 34 II) e a classificação dos factos em constitutivos, extintivos, etc. do direito, obsoleta (vd. infra § 43 IV, 50 IV 1 d, bem como BGH NJW 90, 3151). Pode saudar-se isso como "domínio da estrutura formal do processo civil, no interesse da busca da verdade" (*Bernhardt*, § 23 III 7), mas fica a questão de saber se o pretensamente dominado "formalismo" não é o fundamento, depois como antes, do ZPO e – principalmente – se não se expressam favoravelmente razões ponderosas para o manter.

3. Pergunta-se, porque deve alegar cada uma das partes, mesmo contra vontade, todas as circunstâncias favoráveis e, se são assim forçadas a uma vantagem processual não desejada.

A coacção é estranha porque as partes podem dispor livremente dos seus direitos, em princípio, no âmbito do direito substantivo e prosseguir esta liberdade no processo: a propositura da acção, a confissão, a desistência, a transacção, etc., estão normalmente à disposição das partes. Do poder de disposição, sem dúvida, não decorre necessariamente a liberdade das partes poderem dispor também da matéria de facto. Por outro lado, contudo, não há qualquer questão de mera conveniência se, e até que ponto, esta liberdade tem de ser garantida às partes. A sua limitação precisa antes duma especial justificação processual em atenção aos poderes de disposição das partes.

Essa justificação acha-se no dever de verdade (*Bernhardt*, § 23 III 7). A questão é, contudo, se a liberdade das partes na alegação da matéria de facto é, em geral, limitada – em poucas palavras: o princípio da instrução por iniciativa das partes. Este tem de ser negado, quando se veja simplesmente no dever de verdade a proibição da mentira processual, do prejuízo da parte contrária (StJ § 138, 5; opinião dominante; doutro parecer MK-ZPO § 138, 13 face ao § 288, 4); pois a liberdade justamente entendida nunca abrange o poder de lesar os outros.

Por isso, o dever de verdade só afasta o princípio da instrução por iniciativa das partes quando proporcione às partes terem de alegar todas as circunstâncias que lhes são favoráveis (e quando permita ao tribunal a execução por outrém descrita supra em 2). O dever de verdade torna-se então em proibição "de auto-mutilação processual" das partes, e o juiz tem de preservar perante a "indigna situação", ter de fundamentar a sua sentença numa matéria de facto falsa (*Bernhardt*, § 23 III 4). Tais sentenças não condizem com a "dignidade do juiz e do tribunal" (*A. Schmidt*, JZ 56, 561; *Olzen*, ZZP 98, 419; MK-ZPO § 138, 13). Este entendimento foi já defendido por juizes antes da 1.ª Guerra Mundial (!) e ligado à exigência do estabelecimento do dever de verdade (vd. *Brehm*, loc. cit., pág. 160 e segs., com notas, para a actualidade, pág. 217 e seg.). *Olzen* (ZZP 98, 419) opina que o ponto de vista contrário – aqui representado – assenta "muito unilateralmente sobre o interesse individual das partes". Isto é inconciliável com o intuito do legislador, amparar no estabelecimento do dever de verdade "o interesse geral na segurança jurídica". Porém o "preâmbulo" da Novela de 1933, que a isso se refere, evidencia absolutamente outras intenções – adequadas a esse tempo: "as partes e os seus mandatários devem consciencializar-se que a justiça não os serve só a eles, mas ao mesmo tempo e principalmente (!!) a segurança jurídica de todo o povo". Vd. ainda infra § 37 VI no final.

O respeito do Estado é, portanto, o que deve obrigar o indivíduo a também alegar todas as circunstâncias que lhe são favoráveis para, se possível for, obter ganho de causa contra vontade. O dever de verdade, assim entendido, transforma o processo do ZPO num processo inquisitório (num modelo de processo em que – talvez inconscientemente – se harmonizam, tanto as ideias de alguns juizes "activos", como as concepções nebulosas das pessoas em geral àcerca do processo civil). Se o processo civil teve realmente uma profunda modificação pelo estabelecimento do dever de verdade, isso depende da medida em que o processo civil inquisitório corresponda à respectiva concepção de Estado. É aqui determinante como se encara, de modo geral, a relação do indivíduo com o Estado.

O Estado absoluto inclina-se para o processo inquisitório como, por ex., prova o regulamento judicial geral para os Estados prussianos do tempo de Frederico o Grande. O liberalismo do séc. XIX reatou o muito mais velho princípio da instrução por iniciativa das partes; com a sua decadência cresce a tendência para o limitar. O nacional socialismo defrontou o princípio da instrução por iniciativa das partes de forma discordante; contudo, não foi mais longe. Na RDA foi abolido.

A actual concepção do Estado presta-se a estimular a iniciativa do indivíduo e a colocar à sua liberdade de acção (apenas) os limites que se mostrem necessários "à defesa e promoção do convívio social" (vd. BVerfGE 4, 16). São de excluir, igualmente, a tutela do Estado e o individualismo ilimitado. Conforme a esta concepção do Estado é deixar às partes a responsabilidade pela matéria de facto e, por outro lado, ajudá-las por parte do Estado a que possam suportar a responsabilidade (§ 139) e, por outro lado, a impedir o falseamento dos factos a cargo da parte contrária (§ 138 I). Obrigar o indivíduo a portar-se bem contra si próprio é, em princípio, inconciliável com o respeito a que têm direito as partes de maioridade. Maiores são, neste sentido, os que podem medir o alcance dos seus actos. Para isso, precisam muitas vezes da ajuda judicial, não porém de qualquer tutela (vd. supra § 1 III 2).

A responsabilidade pessoal das partes, por conseguinte, tem ainda hoje a primazia no processo. É mantida pelo princípio da instrução por iniciativa das partes. Por isso, a sua vigência não depende só de considerandos de oportunidade legislativa, como opina o BGHZ 102, 269. Devido à sua importância no sistema global da nossa ordem jurídica, é muito mais justificado considerá-lo, daqui em diante, como princípio essencial do direito vigente. Não há nenhum motivo para substituir este princípio pelo chamado *princípio da cooperação* (conceito de *Bettermann* JBl. 72, 63).

Contanto que, com isso, apenas se defina uma modificação do princípio da instrução por iniciativa das partes, a mudança do nome é supérflua (vd. *Bettermann*, ZZP 91, 391). Contudo, em geral, a nova noção deve marcar o afastamento do princípio da instrução por iniciativa das partes (*Gilles*, AcP 177, 204 nota 39; *Wassermann* [vd. supra § 1] pág.109). A reforma deve ser desencadeada pelo reforço do poder judicial e o princípio da "verdade material" (§ 138). Em ligação com isto fala-se muitas vezes dum *grupo de trabalho* entre os interessados no processo (*Wassermann*, loc. cit.; também *P. Böhm*, loc. cit., pág 155 e seg., a respeito de

Franz Klein). Há reflexões contra (vd. ainda *Henckel*, GS R. Bruns, 1980, pág 124 e seg.; *Leipold*, loc. cit, pág. 446 e seg.).

O **princípio da cooperação** renuncia ao primado da auto-responsabilização das partes. Esta supressão da responsabilidade própria liga-se necessariamente, mas muitas vezes de forma não identificada, com a limitação da auto-determinação das partes. A consequência disso é que a vinculação do tribunal ao comportamento das partes manifesta-se, sem dúvida, constitucionalmente sempre mais do que um incómodo corpo estranho, porque a vinculação do juiz "como joguete das partes" (!) é degradante (assim *P. Böhm*, loc. cit., pág. 145). Nesta linha tem de entender-se o dever de verdade como "proibição de auto-mutilação processual" e negar já de lege lata o ónus da alegação, bem como a vinculação à confissão conscientemente falsa (vd. supra 2 e infra § 44 III 2).

A expressão "**grupo de trabalho**" deveria ser evitada. Ela é, quer insípida, quer enganadora. Insípida, se significa apenas que os interessados no processo não se acham desligados ao lado um do outro. Enganadora se leva a sugerir que entre os interesses do público (representado pelo tribunal), do autor e do réu, existam antagonismos de qualquer espécie (discordante com razão *Wassermann*, loc. cit.). A aceitação dessa harmonia de interesses é mesmo a característica do processo civil socialista que (também) vive (vivia) da afirmação de os interesses pessoais se conjugarem com as exigências sociais (assim estava, por ex., no preâmbulo do Código Civil da antiga RDA). Este princípio é estranho à nossa ordem jurídica, porque esta reconhece a existência real de interesses antagónicos e tenta resolver os antagonismos.

IX. O princípio da instrução por iniciativa das partes está às vezes **limitado** por fundamentos de interesse público. Isto aplica-se, nomeadamente, a questões matrimoniais (§§ 616 e seg.; para o fundamento, vd. infra § 91 II), e ainda §§ 640 (limitado no § 640 d); vd. infra §§ 91-92. *Aplica-se aqui o princípio inquisitório.*

X. O **princípio do controlo oficioso** adopta uma posição própria, intermédia entre o princípio da instrução por iniciativa das partes e o princípio inquisitório.

Muitas vezes o ZPO determina que certas circunstâncias têm de ser tomadas em consideração ou de ser examinadas oficiosamente, por ex., nos §§ 56, 341, 519 b, 554 a, 574, 589. Trata-se sempre de questões de admissibilidade, seja do processo no seu todo, dum recurso, etc. Aqui, o tribunal não está vinculado, em princípio, ao comportamento das partes, em especial a uma confissão (não se pode, por ex., tratar uma das partes como maior e, portanto, capaz de agir em juízo, porque ambas as partes estejam de acordo nesse ponto), e tem de examinar os factos por si. Não se realiza um apuramento oficioso, pelo contrário a alegação de factos è tarefa somente das partes (BGH NJW 82, 1467 e seg.), mas o juiz deve chamar a atenção dum obstáculo processual eventualmente existente, § 139 II (BGH NJW 91, 3096). Não existe o dever de audição de provas oficiosamente (StJ § 56, 7; doutro parecer, BGH NJW 96, 1060). Ficando por esclarecer a verificação do requisito de admissibilidade ("non liquet", vd. infra § 50 III 3), isso é ónus da parte que pretende uma decisão de fundo (BGHZ 86, 189). Ficando, por ex., por esclarecer a maioridade e capacidade judiciária do réu, exclui-se a sentença de mérito (vd. supra § 20 IV 2 a).

Este regime não é feliz. Se se põe a questão, cuja resposta jaz no interesse da justiça – pense-se na capacidade judiciária – estão deveria ser dada ao tribunal a possibilidade de apurar, por si, os factos que lhe importam.

§ 26. Os deveres das partes, especialmente o dever de verdade

Brehm [vd. supra § 25] pág. 157 e segs.; *Dölle*, Pflicht zur redlichen Prozessführung? FS Riese, 1964, pág, 279; *Fritz v. Hippel*, Wahrheitspflicht und Aufklärungspflicht der Parteien im Zivilprozess, 1939; *Leipold*, Prozessförderungspflicht der Parteien und richterliche Verantwortung, ZZP 93, 237; *Lent*, Zur Unterscheidung von Lasten und Pflichten der Parteien im Zivilprozess, ZZP 67, 344; *Niese*, Doppelfunktionelle Prozesshandlungen, 1950, pág. 63 e segs.; *Stürner*, Die Aufklärungspflicht der Parteien des Zivilprozesses, 1976 (para isso *Henckel*, ZZP 92, 100 e segs.; *Arens*, ZZP 96, 1 e segs., para isso *Stürner*, ZZP 98, 237 e seg.).

I. A lei, em princípio, não conhece quaisquer deveres processuais das partes, antes deixa à sua opção como agir no processo. Só **excepcionalmente** há o **dever** dum determinado comportamento, a saber, quando a lei desaprova um comportamento divergente da parte (de cuja coercibilidade não depende).

Tem boa razão de ser, que as partes decidam em primeira linha como querem agir no processo. Elas accionam a sua causa, e a negligente condução do processo corre por sua conta. Querendo evitar essas desvantagens, devem agir em conformidade. Se actuam é, a maior parte das vezes, indiferente para a lei. Daí que, em regra, não incumba às partes qualquer dever de agir, mas apenas o **ónus de agir**.

A parte não tem de comparecer (excepções: §§ 141, 613) e debater, mas tem de estar preparada para um processo à revelia na falta de comparência ou debate (vd. infra § 66); não tem de depor como parte, mas a sua recusa a depor está sujeita à livre apreciação das provas (§§ 453 II, 446), etc.

A sanção de não respeitar o ónus de agir, pode e deve levar as partes a agir tal como sob a sanção de incumprimento do dever. A **diferença** não **reside** na sanção, mas **no fim da acção** (doutra opinião StJ Einl. 238): a actuação da parte onerada assenta no seu próprio interesse, a da parte obrigada não assenta, sem dúvida, primacialmente no próprio interesse da parte (para o dever de impulso processual, vd. infra § 28 II).

II. Os deveres das partes não são corpos estranhos no processo civil. Aqui é condenado o comportamente desonesto, tal como nas relações jurídicas privadas. A luta pelo direito não consente todos os meios.

Já antes das Novelas de simplificação, a ciência e a prática afirmaram o dever de condução do processo pertinente e diligente. A Novela de 1976 firmou na lei, pela primeira vez, o **dever geral** das partes **impulsionarem o processo** (§ 282 I, e ainda §§ 277 I 2, IV, 340 III, 697 III, 700 III 2; para o mero ónus *Baumgärtel*, BLPr, nota 35; *Gaul*, GS Arens; 1993, pág. 112, com notas). A sua infracção pode levar à exclusão de alegações extemporâneas (§ 296). Assim deve, não só, impedir-se a demora do processo por alegações "gota a gota" mas, além disso, as partes devem ser estimuladas a, pela sua parte, acelerar o andamento do processo (para a problemática, vd. § 28 II, III).

Para o **dever de submissão** nos termos do § 372 a, vd. infra § 52 II.

Para o **dever de informação** da *parte não onerada com a alegação* e (por isso) *com a prova*, vd. infra §§ 50 I, 52 II, 55 III 2, BGH NJW 90, 3151 e seg. = ZZP 104, 203 e segs., com anotação de Stürner (com outras referências).

III. Pela Novela de 1933 é imposto às partes, nas alegações de facto, o **dever de verdade**, § 138 I. A parte não pode alegar um facto contra a parte contrária, de cuja inveracidade tenha conhecimento ou de que esteja convencida; não pode impugnar uma alegação da parte contrária de cuja verdade tenha conhecimento ou de que esteja convencida. O dever visa portanto a verdade subjectiva, não a objectiva. É um **dever de sinceridade**.

O dever de verdade é um verdadeiro dever, não apenas um ónus; pois a parte não pode optar entre ser verdadeira ou não ser. É irrelevante que a infracção do dever não desencadeie efeitos específicos. Verificando-se a infracção, não fica sem sequelas: o juiz tem de formar a sua convicção segundo o § 286, também tomando em consideração a infracção da verdade – o que é uma importante penalização, na prática.

São duvidosos os **limites** do dever de verdade. Pode a parte apresentar alegações de cuja verdade não tenha a certeza? Isto é discutível, mas deve responder-se afirmativamente pois, no processo, a parte tem de fazer suas as afirmações doutras pessoas, porque não fez as suas próprias observações, por ex., afirmações de empregados sobre os contratos por eles celebrados; por eles não se pode responsabilizar incondicionalmente. A matéria de facto deve ser exactamente esclarecida, antes de mais, no processo (instrutivo BGH BB 64, 150 e ainda NJW 71, 284 e seg.; 95, 2112, 96, 3150, vd. infra § 51 III 1). O limite só é de considerar onde começa a convicção da inveracidade (BGH NJW 95, 2846). Correspondentemente, a parte só pode também impugnar as alegações da parte contrária, quando acredita na possibilidade de poderem ser verdadeiras; o limite da impugnação permitida está, antes de tudo, onde a convicção da verdade começa. Por isso, não é permitido forçar a parte contrária à prova duma alegação cuja verdade se conhece. Em contrapartida, não pode ser encarada como infracção do dever de verdade se uma das partes afirma ou não contesta ela própria alegações que lhe sejam desfavoráveis.

IV. Mais difícil é compreender o **dever de integralidade** do § 138. Não significa o dever da parte alegar tantos factos como, segundo o direito substantivo, são necessários para vencer no processo; senão, seriam exigidos à parte conhecimentos de direito. Existindo uma lacuna, neste sentido, o tribunal tem de provocar o seu suprimento (vd. supra § 25 VII 2, 3); não o fazendo, a parte perde o processo, mas não se verifica uma infracção do dever. A integralidade não significa aqui que a parte tenha de alegar, duma só vez, todos os factos que conheça; a questão de até que ponto a parte pode posteriormente apresentar alegações, pertence ao âmbito da concentração do processo (vd. infra § 28 III).

O dever de integralidade no sentido do § 138 é de entender como parte do dever de verdade. A inveracidade onera, não só o que alega positivamente uma falsidade, mas também o que omite os factos. Pela lacuna, pode a descrição de factos tornar-se, na mesma medida, equívoca e falsa, tal como por alegações positivamente falsas (vd. o juramento das testemunhas: § 392).

Assim, as exigências às partes são significativamente aumentadas, pois todas são obrigadas a apresentar mesmo os factos que lhes podem ser desfavoráveis (vd. BGH NJW 61, 828). A parte apresentará, por sua iniciativa, os factos favoráveis. O dever de integralidade não a obriga a isso, pois, pelo seu sentido e fim, este dever apenas impede a falsidade dos factos sob o ónus da parte contrária (vd. supra § 25 VIII 2, 3). Contudo, também o dever de alegar factos desfavoráveis tem **limites**. A parte não tem de alegar factos desonrosos (para si) ou que lhe causariam o perigo de perseguição criminal (isto não exclui que a uma parte o silêncio – como de costume – possa causar prejuízo, por ex., conforme § 138 III; vd. *Stürner*, NJW 81, 1759 e seg., com exemplos). Tampouco têm de ser alegados os factos que possam proporcionar à parte contrária uma reconvenção ou vencer o processo (BGH NJW 97, 129). Contudo, quem sabe que a parte contrária cumpriu, não pode demandá-la pelo cumprimento, alegando que não cumprira. Isso seria contrário ao dever de verdade e de integralidade (sem prejuizo de o ónus de alegação e da prova respectivas, pelos factos peremptórios excepcionados, como o cumprimento, competirem à parte contrária; isso acontece na prática se, por ex., o cumprimento por força do BGB § 366 II for duvidoso). Vd. MK-ZPO § 138, 6; StJ § 138, 7 b.

§ 27. Oralidade e publicidade

Arens, Mündlichkeitsprinzip und Prozessbeschleunigung im Zivilprozess, 1971; *Fezer*, Die Funktion der mündlichen Verhandlung im Zivilprozess und im Strafprozess, 1970; *Kip*, Das sogenannte Mündlichkeitsprinzip, 1952; *Köbl*, Die Öffentlichkeit des Zivilprozesses – eine unzeitgemässe Form?, FS Schnorr v. Carolsfeld, 1972, pág. 235.

I. Na escolha entre **oralidade** ou **forma escrita**, já não se trata hoje de saber se o processo, no seu todo, decorre oralmente ou por escrito, mas sim da questão de saber que fases do processo se elaboram oralmente ou por escrito.

Enquanto as partes e os juizes não eram alfabetizados, o processo tinha, por isso, de ser oral. O processo escrito só poude ter êxito quando passou a haver juizes alfabetizados. O processo antigo também podia ser oral porque a maior parte das questões simples eram despachadas numa só audiência. Hoje numerosos processos são demasiado complicados para se poderem levar a cabo numa só audiência. Cada juiz tem demasiados processos para despachar para que pudesse reter na sua memória as respectivas particularidades. Um julgamento adequado ao caso requer, além disso, preparação pelas partes e pelo juiz. Por esses motivos está excluído hoje o processo puramente oral.

O puro processo escrito, em regra, é demasiado lento. A simples troca de articulados dura muito mais que o debate oral que o juiz pode desencadear rapidamente num só julgamento oral, conforme o § 139. Para o possível processo escrito, vd. infra II, no final.

II. A **forma escrita** é aconselhável para os actos processuais cuja realização (incluindo a data) e também o teor, tenham de ser fixados com grande antecedência. Daí que se tenham de redigir por escrito: a *acção*; todos os *recursos* por que o processo seja levado a uma instância superior; a *reclamação* contra uma sentença à revelia; por último, a *sentença*.

Pelo contrário, é **oral** o *julgamento perante o tribunal que profere a sentença*, § 128 I. Na verdade, as partes podem e devem preparar o julgamento através de articulados, mas as suas alegações escritas devem ser levadas à própria audiência de julgamento oral, sem o que não podem fundamentar a sentença. A sentença só pode ser fundamentada após uma audiência oral e só pode tomar em consideração o que aí foi apresentado. Por conseguinte, o julgamento é pressuposto da pronúncia duma sentença, chame-se **discussão oral** obrigatória ou **necessária**, indiferentemente, se debatida numa audiência preparatória, na audiência principal ou noutra audiência (vd. infra § 78).

As vantagens da oralidade são evidentes: a discussão com afirmação e réplica decorre muito mais depressa; a iniciativa do juiz pode produzir efeitos imediatamente; todas as contradições e obscuridades podem ser eliminadas sem perda de tempo. Além disso, o juiz obtém uma impressão directa das partes quando tem de debater com elas. Estas vantagens da oralidade motivaram o legislador das Novelas de simplificação, com o fim de introduzir a aceleração do processo na vasta preparação da audiência de julgamento (§ 272 I), para o que as partes têm também de ser intimadas. Já a preparação da audiência de julgamento pode ser oral, mesmo numa audiência preparatória para a discussão oral (§§ 272 II, 275 II; esta audiência preparatória pode ainda ser conduzida para a conclusão do processo, vd. supra § 23 II). Na prática de não poucos tribunais pouco se nota realmente a oralidade legalmente regulada.

Muitas vezes o debate oral é deixado ao critério do tribunal (**debate oral facultativo**), por ex., no processo do recurso de agravo (§ 573), no processo de apelação e de revista, quanto à admissibilidade do recurso (§§ 519 b II, 554 a II), e ainda também, §§ 46 I, 269 III 3, 515 III 3, etc. Aqui não se aplica o princípio da oralidade, de modo que também as alegações escritas têm de ser atendidas, quando houve debate oral.

O **princípio da oralidade não é tido em conta** no processo sem discussão oral (o chamado *processo escrito*), conforme os §§ 128 II, III, 307 II; 331 III (vd. infra § 70) e na *decisão conforme o estado dos autos*, segundo os §§ 251 a, 331 a (vd. infra §§ 28 V, 68 II); em ambos os casos servem como fundamento da sentença(também ou apenas) as alegações escritas. Uma potencial restricção acha-se no processo simplificado (§ 495 a I 2; vd. infra § 69 II 5). O processo de injunção desenrola-se totalmente por escrito (§§ 688 e segs.), vd. infra § 90. Estes desvios são permitidos porque a oralidade não é nenhum princípio de direito constitucional, mas sim um princípio processual do direito "ordinário" (vd. BVerfGE 15, 307).

III. A audiência de julgamento decorre perante o tribunal que profere a sentença (§ 128 I, vd. também § 309). Aplica-se assim o princípio da **imediação** (não necessariamente conexo com o da oralidade [vd. infra § 70] também o processo escrito pode ser imediato). O § 355 I alarga justamente este princípio à produção das provas, pois a audição duma testemunha ou o depoimento de parte só pode proporcionar todo o seu efeito, se o próprio tribunal que vai proferir a sentença a examinar, não qualquer outro serviço, e, quando no tribunal colectivo, participou não apenas um dos seus membros, mas todo o colectivo. Também um auto, ainda que muito cuidado não substitui a impressão pessoal.

Efectivamente, a imediação sofre na produção da prova algumas limitações, necessárias na prática. Em casos legalmente determinados, um membro do colectivo pode ser encarregado da recolha da prova (juiz encarregado) ou ser deprecado para a sua execução um tribunal exterior (sempre um AG; tribunal deprecado ou – imprecisamente – juiz deprecado). A prática aplica estas excepções com uma generosidade descabida. Vd. infra § 51 IV.

Também o ArbGG § 58 determina a produção da prova perante o tribunal que vai decidir.

IV. Com a oralidade está intimamente conexa a **publicidade** do julgamento perante o tribunal. Nos julgamentos "públicos" toda a gente tem entrada. São forçosamente orais, porque o processo escrito escapa à publicidade por razões práticas. Os julgamentos públicos são sempre orais mas, pelo contrário, nem todos os julgamentos orais se realizam em público (por ex., à porta fechada).

A publicidade do processo deve robustecer a confiança popular na administração da justiça. Um velho e natural preconceito suspeita do processo à porta fechada; o que se passa perante os olhos e os ouvidos do público, goza de melhor confiança. De facto, permite um controlo seguro do processo – por ex., como se comporta o juiz perante as partes e as testemunhas, se conduz bem o julgamento – só se alcança pela publicidade (por isso, no séc. XIX, foi novamente introduzido). Por isso, o GVG § 169 período 1 determina a publicidade da audiência perante o tribunal que decide (não para o processo ante o juiz encarregado ou deprecado) incluindo a publicidade das sentenças e despachos. É de notar, evidentemente, que o processo de jurisdição voluntária não conhece, em regra, a publicidade e, contudo, goza da confiança geral. Todavia, o ZPO encara como tão essenciais as disposições sobre a publicidade para o processo regular, que declarou a sua **infracção** como fundamento absoluto da revista (§ 551 n.º 6; vd. infra § 74 VII 2 c).

O significado prático da publicidade é certamente maior no processo criminal que no processo civil, que só raramente suscita o interesse de quem não é parte. O problema moderno da publicidade, o de saber se mesmo as emissões de rádio e TV são permitidas da sala de audiências, foi resolvido na GVG § 169 período 2: a rádio e a TV não podem gravar durante o julgamento; na sala de audiências, mesmo o jornalista é apenas ouvinte. Para o eventual abrandamento da GVG § 169, período 2 (BVerfGG § 17) no âmbito do BverfG, vd. *Enders*, NJW 96, 2712 e segs. (de lege lata), *Hofmann*, ZRP 96, 399 e segs. (de lege ferenda).

Apesar do indiscutível valor da publicidade, as suas desvantagens não são de menosprezar. Para os interessados – partes e testemunhas – é difícil compreender porque é que têm de expor os problemas privados com toda a publicidade, apenas porque se acham em juízo. As partes e as testemunhas podem cair em situações penosas quando tenham de revelar as circunstâncias da sua vida privada perante um público duvidoso. Aqui, o direito à reserva da esfera íntima cai em antagonismo com a publicidade do processo. A GVG § 171 b, e ainda § 172 n.º 3, soluciona esta relação conflitual em atenção ao caso concreto. O interesse no julgamento público pode também colidir com interesses públicos ou económicos na manutenção do segredo; prevê-o a GVG § 172 n.º 1, 2, para a avaliação do caso concreto. Nos casos de família importantes, a publicidade é geralmente excluída, GVG § 170, período 1 (excepções no período 2). Todavia, a sentença é sempre pronunciada publicamente, GVG § 173 I.

O regime da ArbGG § 52, é semelhante.

A publicidade é, abstraíndo da GVG, prescrita pelo MRK art. 6 I, que todavia permite a exclusão total ou parcial da publicidade na extensão anteriormente conhecida (vd. BGHZ 25, 61 e seg.).

Além disso, fala-se de **publicidade às partes** e com isso entende-se o direito das partes a obter o conhecimento oficial dos actos do tribunal e da parte contrária (vd. BGH NJW 61, 363), conseguir o exame dos autos do tribunal (§ 299 I), e também assistir à produção da prova, quando não se realize publicamente mas, por ex., perante um tribunal deprecado (§ 357 I).

§ 28. A aceleração processual

Baur, Wege zu einer Konzentration der mündlichen Verhandlung im Prozess, 1966; *Baur*, Richterliche Verstösse gegen die Prozessförderungspflicht, FS Schwab,

1990, pág. 53; *Damrau*, confira supra § 25; *Fasching*, Rechtsbehelfe zur Verfahrensbeschleunigung, FS Henckel, 1994, pág. 161; *Hanack*, Bedürfnisprüfung und Methodenkritik einer Justizreform, ZZP 87, 405; *Leipold*, Verfahrensbeschleunigung und Prozessmaximen, FS Fasching, 1988, pág. 329; *Weth*, Die Zurückweisung verspäteten Vorbringens im Zivilprozess, 1988.

Para a incidência da Novela de simplificação: *Greger* ZZP 100, 377 e segs.; *Rottleuthner/Rottleuthner-Lutter*, Die Dauer von Gerichtsverfahren, 1990.

I. Inúmeras reformas processuais empreenderam a aceleração do processo. Já neste século e, sobretudo, presentemente, nunca é silenciado o apelo a um decurso mais rápido do processo. Mas as opiniões divergem largamente à volta de como pode o processo ser sancionado, mas não há consenso sobre as causas da longa duração do processo; alguns pensam mesmo que o processo civil, em média, não dura demasiado. Acresce que não há para tal critério convincente de que a duração do processo em geral e no caso concreto é a "adequada". Isso mostra também a jurisprudência do EGMR a respeito do MRK art. 6 I que, aparentemente, se ocupa da "adequada" duração do processo mas, na verdade, em saber se o processo concreto durou "inadequadamente" demais (por ex., NJW 84, 2749 e seg.; 89, 650 e segs., 652 e segs.).

O processo rápido não deixa de ter problemas. O apuramento e consideração de todas as circunstâncias de facto e de direito dum caso levam tempo. Faltando este, encurta-se (demasiado) o processo. **Rapidez e profundidade casam-se mal.** Quem queira acelerar o processo deve ter em conta que, com isso, pode aumentar o número de erros judiciários.

Sobre as possibilidades legislativas de aceleração do processo já no passado – nomeadamente desde a promulgação do ZPO (1877) – tudo o que era imaginável foi dito e escrito (para isso *Damrau*, loc. cit.). Em face desta situação, nada "de novo" pode já ocorrer hoje ao legislador. A Novela de simplificação de 1876 confirma-o. É certamente de considerar que a aceleração do processo concreto não é, basicamente, problema do legislador, mas sim dos interessados no processo: do juiz, das partes e dos seus advogados. Deles depende se as possibilidades de aceleração legais são utilizadas ou se, simplesmente, ficam no papel.

O atraso dum processo – seja imputado ao legislador, aos interessados no processo ou à administração da justiça (por ex., por má dotação de pessoal ou equipamento – pode infringir o art. 6 I MRK, pelo qual todos têm direito a que o seu processo seja apreciado em prazo adequado (vd. supra).

II. O ideal no processo é uma audiência única, em que sejam abrangidas a discussão oral, a recolha das provas e a publicação da sentença. A Novela de simplificação quer realizar este ideal na grande maioria dos processos; pois, o processo tem de ser despachado, "em regra, num prazo de preparação vasto, para a audiência de discussão", a **audiência principal** (§ 272 I). Para conseguir isso, são essencialmente intensificadas as exigências para uma concentrada condução do processo pelas partes e são consideravelmente aumentados os poderes judiciais de condução das partes e direcção do processo. Assim, o legislador segue o **princípio da concentração**, em que assentaram já as Novelas de 1924 e 1933.

Para a **preparação da audiência principal** estão à disposição do juiz (no tribunal colectivo: do presidente) dois caminhos: o **processo preliminar escrito** e a **audiência preliminar** para discussão oral (§ 272 II). A decisão é deixada ao critério do juiz. Os fundamentos da opção dificilmente poderão ser independentes do caso concreto. Na prática parece não haver uma nítida preferência por uma das duas espécies de processo (vd. *Greger*, loc. cit., pág. 378, num inquérito na Baviera).

Repare-se que a audiência preliminar não tem apenas uma função preparatória. Pode levar já ao termo do processo (vd. supra § 23 II), nomeadamente por transacção ou por condenação do réu à revelia (§ 331 I, II), mas também por sentença contenciosa (vd. BGHZ 88, 182).

O processo também pode terminar no processo preliminar escrito, se o réu confessar e for proferida sentença sobre a confissão, a requerimento do autor (§ 307 II). Se o réu não comunicar dentro de duas semanas após a notificação da petição inicial que quer defender-se, pode ser proferida contra ele, sem debate oral, uma condenação à revelia e, deste modo, terminar o processo (§ 331 III; vd. § 66 III 4).

A lei dá valor a uma **preparação** abrangente e oportuna pelos **articulados das partes**. O réu tem de contestar por escrito a petição inicial, num prazo determinado (§§ 275 I, III, 276 I 2, 277 I-III); as alegações posteriores estão, em princípio, excluídas (§ 296 I, vd. infra III 2), sobre isso tem de ser esclarecido o réu não representado por advogado, em linguagem que entenda (BGH NJW 91, 493); na representação por advogado basta, no entanto, a indicação do § 296 I (o BGH, loc. cit., deixa em aberto), pois o dever de informação aí também existente para a advocacia é um atestado de indigência (vd. também BVerfGE 75, 318). Para a resposta ("réplica") do autor, o tribunal (§ 275 IV) ou o juiz (§§ 276 III, 277 IV) podem estabelecer também um prazo, mas só após a recepção da contestação (§ 275 IV; para o dever de informação, vd. § 277

IV e supra). Restando um ponto que necessite de esclarecimento, é dado à parte prazo de esclarecimento (§ 273 II n.º 1). Não observado qualquer dos vários prazos, a parte é, em princípio, impedida de posterior alegação, § 296 I (a chamada **preclusão**, vd. infra III). Sendo nula a fixação do prazo (exemplo: falta a notificação formal do despacho judicial – § 329 II 2 – então é inadmissível a preclusão (BGH NJW 91, 2774 e seg.).

Também independentemente da marcação dum prazo, as partes têm de esforçar-se no processo com articulados preparatórios para que o processo possa terminar rapidamente. No processo com intervenção de advogados, os articulados são geralmente prescritos, no processo de parte, o juiz pode pedi-los no caso concreto, § 129 (o dever de esclarecimento escrito conforme os §§ 273 II n.º 1, 275-277, também se aplica no processo de parte, mas simplificado para a parte não jurista: §§ 495, 496, 129 a). Para que a parte contrária possa tomar posição na discussão oral, deve tomar oportuno conhecimento das alegações escritas antes da audiência (§ 132).

Vd. também *Michel/von der Seipen*, Der Schriftsatz des Anwalts im Zivilprozess, 4.ª Ed., 1977.

O dever duma ampla preparação (escrita) da audiência, resulta do **dever geral de impulso processual**, que impõe às **partes** que apresentem oportunamente os seus meios de ataque e de defesa no debate oral, como compete a uma condução do processo diligente e activa (§ 282 I, vd. supra § 26 II). Por conseguinte, a parte não deve alegar de qualquer maneira tudo o que é imaginável, o que poderia ser ou tornar-se relevante para a decisão (BVerfGE 54, 126 e seg.); a Novela de simplificação não observa assim o "puro" princípio aleatório (vd. infra III 1, 2). Tanto quanto alcance o dever de impulso processual, a parte não pode, contudo, reter a sua alegação tranquilamente até perto do fim do julgamento; pois ela pode ser rejeitada se a sua admissão atrasar o despacho do processo e o atraso resulte de grave negligência (§ 296 II).

O dever de impulso processual das partes, não deve apenas impedir que a demora do processo fique a cargo da parte contrária, mas sim estimular as partes e acelerar o processo e, assim, servir o interesse geral no "processo rápido". Se isso cabe no sistema do ZPO sem ruptura, é duvidoso. Em todo o caso, é evidente que muitas vezes se chega a uma colisão do interesse geral no processo rápido com o interesse particular na consideração de alegações, mesmo tardias, que se realizem contra o interesse geral, sob o escudo protector do direito a ser ouvido (vd. infra III e § 29 I).

Independente do dever de impulso processual das partes, há o **dever de impulso processual do tribunal** (sobre isso, BVerfGE 81, 270 e segs.). O tribunal tem de agir através das partes sobre a exposição da matéria de facto, ampla e oportuna. Isso resulta do dever judicial de indagação e esclarecimento (§ 139, vd. § 25 VII), que encontrou nos §§ 273, 275 II a sua concretização como dever especial na preparação da audiência. Tem especial significado na prática a possibilidade das partes darem complemento ou esclarecimento aos seus articulados num prazo determinado (§ 275 II n.º 1). O juiz também pode ordenar a presença pessoal das partes (§ 273 II n.º 3). Isso deve verificar-se sempre que se afigure aconselhável para o esclarecimento dos factos (vd. § 141 I; OLG Stuttgart JZ 78, 689 e seg.), mas não deixa de ser problemático se o juiz utiliza a audição para "esclarecer" os factos,, com consciente exclusão do mandatário jurista (advogado) no processo (para isso, *Brehm* [vd. supra § 25] pág. 259 e segs.; um exemplo no BGH NJW 84, 2151); em cada caso contrário ao sistema, a possibilidade de sanção dirige-se contra a parte ausente (§ 141 III), porque ela "eventualmente" nada tem que dizer. Com o apoio do § 273 pode conseguir-se que os meios de prova estejam presentes na audiência e que possa passar-se imediatamente da audiência para a produção de prova: o juiz pode propor às partes, por ex., a apresentação de documentos, desenhos, etc.; informações e documentos oficiais podem ser pedidos aos serviços públicos, as testemunhas e os peritos podem ser convocados por precaução (as testemunhas, porém, somente se uma das partes as indicou).

A convocação à cautela de testemunhas e peritos não deixa de ter problemas; pois apenas se verifica na audiência de julgamento, se a testemunha ou o perito se tornam realmente necessários, o que tem de ser respondido negativamente se, por ex., a alegação de facto anteriormente litigiosa deixou de o ser. Tornando-se desnecessária a convocação, todavia provocou despesas que têm de ser suportadas pela parte (vd. § 273 III com § 379).

O tribunal pode determinar e até executar, mesmo antes da audiência de julgamento, a produção de prova em certos casos (§ 358 a).

Contra a conduta inadequada do tribunal não há, praticamente, qualquer solução (*Baur*, FS Schwab, pág. 53 e segs.): o atraso não é recuperável, não há sanções contra o tribunal moroso (o recurso para o tribunal superior, a atribuição da decisão a outro tribunal, não eliminam o atraso; esta problemática é analizada por *Fasching*, loc. cit.).

III. A lei quer levar as partes, pela fixação de prazo e pela constituição dum dever geral de impulso processual, a alegações de facto e apresentação da prova numa exposição concentrada e oportuna. Esta aspiração justifica-

-se para impedir a demora do processo pela exposição das partes a conta-gotas (vd. supra II). Isto não deve ser permitido – até no interesse de ambas as partes. Assim, coloca-se a questão das **sanções para a exposição das partes dispersa**, com cuja ajuda a demora processual pode ser "punida" ou – melhor – impedida.

1. Uma tentativa historicamente anterior de evitar a dilação do processo é a conformação do processo no sentido do **princípio da preclusão**: o processo é decomposto em fases (*exemplo*: 1. fase para alegações e apresentação de provas de autor; 2. fase para alegações e apresentação de provas do réu; 3. fase para a produção da prova); com o fim de cada fase preclude-se para cada uma das partes (novas) alegações ou (novas) apresentações de provas. Porque nenhuma das partes pode prever o que a próxima fase processual traz, são ambas obrigadas a produzir de vez todas as alegações e provas, mesmo as que "in eventum" têm de ser utilizadas pela falta das primeiras alegações.

O pretenso locatário demandado para a entrega, pode (e deve pela, aliás, ameaçadora preclusão!), consequentemente, defender-se assim: 1. que não recebeu o locado; 2. que o restituiu há muito tempo; 3. que lhe foi dado pelo autor; 4. que o direito à entrega prescreveu; 5. que esse direito caducou.

O "puro"princípio da preclusão só raramente é seguido nas leis processuais (vd. exemplo infra); já que, em vez dos desejados efeitos de aceleração, seria alcançado o contrário: a matéria processual crescia monstruosamente, porque cada uma das partes apresentaria todas as alegações e provas imagináveis por medo da ameaçadora preclusão; a demora do processo era a consequência. Para além disso, havia o receio de que o juiz tivesse de proferir uma evidente sentença injusta se, e porque, as partes não pudessem (já) apresentar correctamente a matéria de facto essencial.

O "puro" princípio da preclusão foi legalmente estabelecido no ZPO do cantão de Basileia, § 107 I: "oferecendo-se vários meios de defesa ao réu face à acção, este é obrigado a reuni-los imediatamente, de modo que os alegue para o caso em que os deveria fazer prevalecer a outros. A violação desta disposição tem por efeito que ao réu sejam negados posteriormente no processo os meios de defesa que não foram apresentados na resposta". Vd. *Vogel*, ZZP 107, 141.

2. O **ZPO** nunca seguiu o puro princípio da preclusão. Conteve desde sempre disposições que permitiam uma **preclusão** de (novas)

alegações de facto e meios de prova (vd. *Damrau*, loc. cit., pág. 29 e segs.) – uma emanação do princípio da instrução por iniciativa das partes (vd. supra § 25 IV 1). Em princípio, as partes podiam apresentar novas alegações e fornecer novos meios de prova em qualquer estado do processo. As Novelas de 1924 e 1933 limitaram consideravelmente a admissibilidade de posteriores alegações, estendendo assim a possibilidade de preclusão e trouxeram desse modo uma clara viragem para o puro princípio da preclusão. Para isso foi gravada a noção do "**princípio da concentração**".

A **Novela de simplificação** de 1976 acentuou ainda mais o princípio da concentração (BGHZ 83, 378) e trouxe assim nova **aproximação ao puro princípio da contingência**. Isto aplica-se, antes de mais, ao dever de impulso processual: nas várias audiências de discussão, cada audiência representa uma fase do processo e, após o seu fim, segundo o § 296 II, pode ser indeferida a nova alegação; encerrada a última audiência ocorre, em princípio, uma preclusão absoluta (vd. § 296 a). A decomposição do processo em fases, especialmente importante na prática, determina prazos de alegação, após cujo decurso se exclui, em princípio, nova alegação (§ 296 I).

Um momento decisivo assim é também a *audiência preliminar*. Aqui admite-se, em princípio, uma excepção, se o réu deixa expirar o prazo da contestação (§ 296 I) ou infringiu o dever do impulso processual do § 282 II (não I: BGH NJW 92, 1965) com o § 129 II (BVerfGE NJW 93, 1319; § 296 II; BVerfGE 75, 315 e seg.); pois esta audiência já pode levar ao termo do processo (vd. supra § 23 II). Não ocorrendo este porque o processo concreto é demasiado complexo, isso não impede a preclusão. Somente na chamada **audiência de passagem** (ilegal: MK-ZPO § 296, 94), na qual, com desrespeito do dever de impulso judicial do processo (vd. supra II), por ex., terminar na mesma hora 50 processos (BVerfGE 69, 140), está excluída a preclusão. Julgando-se – com BGHZ, 98, 371 e segs. (para isso MK-ZPO, loc. cit.) – cada audiência preliminar, que serve reconhecidamente apenas à preparação da audiência principal, uma "audiência de passagem" em que a preclusão está excluída, equipara-se esta audiência legal (§ 275 II!) à ilegal "audiência de passagem". Isto tem de ser rejeitado (vd. *Lange*, NJW 88, 1644 e seg.; MK-ZPO § 296, 94-98).

Dado que as audiências actuam no processo como momentos decisivos, a "**unidade da discussão oral**" existente até à Novela de simplificação – ou seja, a possibilidade de novas alegações até ao encerramento da discussão (§§ 278 I, 283 I, red. ant.) – é **afastada** segundo o conceito (excepção no § 611). Noutro sentido, existe ainda hoje a unidade da discussão oral, vd. infra IV.

A **preclusão** de alegações das partes como **meio de aceleração processual** tem esbarrado desde sempre com **objecções**.

Correspondem, para começar, às que são dirigidas contra o princípio da contingência: perigo da demora do processo por absurda acumulação de matéria processual e perigo de sentenças injustas e evitáveis em consequência de preclusão demasiado drástica. Tendo em atenção o perigo enunciado em último lugar, é de considerar que a exclusão de alegações das partes tem apenas significado prático se, ao menos, *puder* levar a uma sentença realmente errónea. As disposições de preclusão têm "muitas vezes a natureza de impeditivas da justiça" (BGH NJW 94, 2292). Não existe sequer o perigo duma sentença errónea se a alegação da parte for manifestamente irrelevante para a justeza substantiva da sentença. Nos termos do § 296 I, II, os meios de ataque e de defesa atrasados só podem ser precludidos se a sua admissão *atrasar* a resolução do processo, é a sempre actual controvérsia sobre o **conceito do "atraso"** no § 296 I, II (vd. BGHZ 76, 135 e 177 e seg.) uma controvérsia então como podem ser evitadas as possíveis sentenças erróneas.

Segundo uma maneira de ver, o atraso verifica-se já, quando, pela admissão das alegações retardadas, se tornaria o processo mais alongado na sua duração, enquanto pela sua rejeição ("**conceito absoluto do atraso**", para isso BGHZ 86, 34, 202 e seg., com outras referências; mal conciliável com isto, a jurisprudência do BGH [por ex., RR 91, 1215 com referências] que não se baseia na *maior duração do processo* pela admissão ou pela rejeição, mas sim – mais restritamente – na que resulta da rejeição, na *conclusão* atrasada *do processo no seu todo*).

A maneira de ver contrária só afirma haver atraso quando o processo teria durado mais tempo por tomar em consideração as alegações retardadas, do que teria durado com as alegações oportunas (**conceito** *hipotético* ou **relativo do atraso**).

Exemplo (vd. LG Frankfurt NJW 79, 2111 e seg.): o réu só indica a testemunha Z na audiência em vez de o fazer no prazo fixado para a contestação (§§ 276 I 2, 277); assim, a testemunha não esteve presente, devendo ser convocada para uma audiência de produção da prova; isso atrasa a resolução se nos basearmos na concreta duração do processo. Pelo contrário, comparando-se a duração concreta do processo com a "hipotética", tem de negar-se o atraso, se a testemunha, mesmo assim, apenas tivesse podido ser convocada mais tarde por virtude duma viagem ao estrangeiro.

O exemplo mostra: decidida a concreta duração do processo, é simples determinar o atraso, ao passo que a averiguação do decurso hipotético do processo *pode* ser, no mínimo, insegura ou difícil (é reconhecível "sem esforço", estipula o BVerfG [E 75, 316 e seg.; NJW 95, 1417 e seg.]; devido ao GG art. 103 I sobre o hipotético decurso do processo; concordante, *Leipold*, Anm. JZ 88, 95). A estipulação da concreta duração do processo, tem como consequência, que o processo "atrasado" pode terminar mais depressa que o "não atrasado" (no exemplo: sem a inquirição de testemunhas). Por isso, este ponto de vista é criticado, pois conduziria a uma "rapidez excessiva" e faria da aceleração o seu próprio fim. Esta rapidez excessiva, na ausência das partes não seria nada de extraordinário (vd., por ex., §§ 230, 330 e segs.). Por isso, é determinante a concreta duração do processo – sem dúvida, em regra (BVerfGE 75, 316). Isto não tem importância, porque há muitas correcções para evitar sanções injustas para o atraso do processo. A primeira está no § 296: a parte pode, no caso do n.º 1 desculpar suficientemente o atraso ou, no caso do n.º 2, não se fundando o atraso em negligência grave, e então a preclusão está excluída, aceitando-se a resolução atrasada do processo. Observando-se esta limitação legal da preclusão, então o direito das partes à apreciação da sua alegação e, deste modo, o seu **direito a serem ouvidas** (GG art. 103 I) está suficientemente protegido (BVerfG NJW 92, 681; mais restritivo BVerfGE 75, 316 por recurso à noção do atraso relativo, se "sem esforço" for reconhecível que o atraso também teria ocorrido na alegação oportuna; para o § 528 III vd. infra § 73 V). Uma segunda correcção para evitar sanções muito pesadas está em que a aceleração processual não é apenas encargo das partes mas, pelo menos do mesmo modo, também respeita ao tribunal. Por isso a preclusão é inadmissível se o atraso das partes puder ser compensado por medidas razoáveis do tribunal (por ex., a notificação acelerada duma testemunha; BGH NJW 91, 1182; BVerfG RR 95, 1469, com referências). Com maior razão, não se efectiva uma preclusão se o atraso (também) pode resultar duma actuação juridicamente incorrecta do juiz (vd. BVerfG RR 95, 378; BGH NJW 87, 499, com referências). É pois, de notar, que compete ao juiz um poder discricionário de modelação do processo na observância do seu dever de tutela, dentro do qual se exclui a infracção ao art. 103 I GG (*Schmidt-Assmann*, DÖV 87, 1037 contra BVerfGE 75, 190 e seg.).

Sendo a responsabilidade por um processo pendente repartida assim pelo tribunal e pelas partes, as disposições de preclusão são suportadas pelas partes. Simultaneamente, evita-se que estas regras degenerem em meios ineptos de aceleração processual. Isto é importante, pois sem uma preclusão iminente (!) e sem dificuldades de aplicação, as novidades da Novela de simplificação, em especial os numerosos prazos de manifestação (vd.§ 296 I), depressa perderiam o seu efeito acelerador. As experiências com as Novelas de 1924 e 1933 devem ter assustado. Todavia, as prescrições de preclusão parecem – na prática – sob a impressão duma crescente jurisprudência restritiva do BVerfG (NJW 92, 2557: "quadro restrito") e dos tribunais superiores – ser cada vez mais encaradas como armas embotadas (vd.*Greger*, loc. cit., pág. 380, 382, 383 e seg.): o juiz, cuja sentença foi revogada por preclusão inadmissível, conseguiu, com isso, mais trabalho e prolongamento do processo; por isso, inclinar-se-à, razoavelmente, a abster-se também duma preclusão admissível (isso fica por sancionar, vd.infra no final). O perigo daí resultante deve ver-se, mesmo se é para reflectir que as medidas de aceleração processual – o dever geral de impulso processual das partes, preclusão rígida, reforçado poder judicial de direcção e condução – utilizam as vias da autoridade estatal (*Leipold*, loc. cit., pág. 264 e seg.), pode também – em conexão com *Franz Klein* (vd.supra § 1 III 1) – ser chamado inofensivamente "Estado-Providência". Nesta situação, resta apenas a constatação de que reside, hoje mais do que nunca, nas mãos dos interessados no processo, principalmente do juiz, achar no processo concreto o caminho entre a inevitável coerção e a necessária liberdade, para conduzir fluentemente o processo, mas não impedir às partes o legítimo direito a serem ouvidas, constitucionalmente garantido.

Se o atraso é de censurar à parte e se a consideração das alegações atrasa o processo, o tribunal decide sempre segundo a sua convicção. Para isto não é preciso realizar audição de provas (para o princípio de prova, vd. § 296 IV). É admissível alegação tardia, por ex., se a parte, apesar duma investigação diligente, só mais tarde tomou conhecimento dum facto ou se o tribunal trouxe à discussão um novo ponto de vista jurídico e, deste modo, se torna necessária a chamada de novos factos ou provas (vd. ainda § 278 III; BGH NJW 81, 1378 e seg.). Apesar do dever geral de impulso processual (§ 282 I) e do dever de amplo esclarecimento (§ 277 I 2, IV) pode ser admissível e de negar a infracção do dever se, nas considerações de táctica processual esteja, antes de mais, contida matéria (assim, exacto, BVerfGE 54, 126 e seg.; crítico, StJ § 282, 17). Pois estas considerações podem prosseguir inteiramente o objectivo de aliviar o processo de matéria de facto (sem falsear a matéria de facto essencial) para alcançar uma rápida e também efectiva decisão justa (vd. BVerfGE 54, 126 e seg.). Essa táctica processual pode ser arriscada (impressionante BGH RR 90, 1241 e segs.).

Na prática é importante que a admissão ilegal de meios de ataque e de defesa atrasados não possa ser impugnada nem pela apelação, nem pela revista (BGH NJW 91, 1896 e segs.). O próprio ataque não é um simples *meio* de ataque e, por isso, não é precludível, por ex., a ampliação do pedido ou formular reconvenção (BGH NJW 95, 1224; vd. infra § 30 II 1).

3. Outra sanção para o atraso do processo são as **desvantagens nas custas** para a parte negligente (§§ 95, 96, 97 II, 344; GKG § 34). Desta maneira o atraso é só "punido", não impedido, o que o valor da sanção reduz.

4. Para as **reclamações** que respeitem à **admissibilidade da acção**, a lei observa o princípio da contingência de forma suave (vd. os §§ 282 III, 296 III e infra § 33 VII 1).

IV. Apesar da desejada concentração numa audiência, a audiência principal (§ 272 I), haverá sempre processos em que se realizam **várias audiências de julgamento**. Isso é necessariamente o caso de uma audiência preliminar preceder a audiência principal (vd. § 275 II); podem seguir--se-lhe também outras audiências (vd. § 278 IV). Apesar de várias audiências, trata-se duma **unitária discussão oral** no sentido de que todos os actos processuais das partes (por ex., requerimentos, confissões) conservam a sua eficácia para todas as audiências posteriores, sem precisarem de ser repetidos, nem poderem ser retractados, mas em que também se mantenha uma omissão que tenha sido registada (vd. §§ 39, 43, 267, 282 III com 296 III, § 295). Tudo isto se aplica em relação à audiência preliminar e à audiência principal, porque naquela se realiza uma verdadeira discussão oral e não apenas um ensaio e balanço de certo ponto litigioso.

Os fundamentos da sentença são os apresentados em todas as audiências de julgamento, aqui encaradas como uma unidade. Isto não se aplica no caso da **mudança do juiz,** o que, pela maior duração do processo não pode excluir-se. O juiz que interveio posteriormente só pode valorizar o que *lhe* foi oralmente exposto (§ 309). Por isso, o julgamento em que participou o novo juiz, deve reproduzir, pelo menos, uma sucinta recapitulação, o teor essencial das precedentes audiências (para a apreciação da prova na mudança de juiz, BGHZ 53, 257 e seg.; BGH NJW 72, 1202). Persiste, contudo, que na mudança de juiz, os actos processuais das partes nas precedentes audiências mantêm a sua eficácia (também os requerimentos apresentados, vd. BGH NJW 87, 1772; doutro parecer, BAGE 23, 149, discordante *Kirchner*, NJW, 71, 2158 e seg.).

V. A Novela de 1924 acelerou o processo de modo que as partes não determinem mais as audiências, mas sim o tribunal (vd. os pormenores infra § 79 V). Com isso deve evitar-se que as partes e os seus represententes continuem a adiar as audiências de julgamento. Isso era usual antes de 1924 e levou a uma "balbúrdia de adiamentos".

O que era perturbante nestes adiamentos das audiências é que lançavam a confusão nas agendas das sessões do tribunal. O legislador não remediou só esse mal, mas permitiu ao tribunal, através duma **decisão segundo o estado dos autos** (§ 251 a), mesmo contra a vontade de ambas (!) as partes e sem discussão oral, levar o processo por diante, por ex., através de decisão sobre produção de provas com base nas alegações escritas das partes. Se anteriormente já tiver havido uma audiência de discussão oral, o tribunal pode, assim, encerrar o processo com fundamento nas alegações orais e escritas, mesmo por sentença.

Significado prático, digno de menção, não obtém, evidentemente, a decisão segundo o estado dos autos. Pois, porque deve o tribunal fazer avançar o processo em que ambas as partes manifestamente não têm (mais) qualquer interesse e que ao tribunal nenhum trabalho dá?

Sobre a decisão segundo o estado dos autos em vez da condenação à revelia, vd. infra § 68 II.

§ 29. O direito a ser ouvido

Henckel, Sanktionen bei Verletzung des Anspruchs auf rechtliches Gehör, ZZP 77, 321; *Lerche*, em "Anspruch auf rechtliches Gehör", ZZP 78, 1; *W. Lüke*, Die Beteiligung Dritter im Zivilprozess, 1993; *Mauder*, Der Anspruch auf rechtliches Gehör usw., 1986; *Schmidt-Assmann*, Verfahrensfehler als Verletzungen des Art. 103 I GG, DÖV 87, 1029; *Tettinger*, Fairness und Waffengleichheit, 1984; *Vollkommer*, Der Anspruch der Parteien auf ein faires Verfahren im Zivilprozess, GS R. Bruns, 1980, pág. 195; *Waldner*, Der Anspruch auf rechtliches Gehör, 1989; *Zeuner*, Der Anspruch auf rechtliches Gehör, FS Nipperdey 1965, Tomo I, pág. 1013; *Zeuner*, Rechtliches Gehör, materielles Recht und Urteilswirkungen, 1974.

I. O princípio processual mais importante e elemento irrenunciável de todo o ordenamento processual de Estado de direito é o *direito a ser ouvido – isto é – a ser judicialmente ouvido.* É um "direito original" do Homem que proíbe aplicar-lhe um "processo sumário" (BVerfGE 55, 6). Ancorou, desde o início (1877) no ZPO (vd. hoje §§ 136, 139, 278 III, 283, 285, 335 I n.os 3 e 4, § 1042 I 2). O seu significado actual resulta, por um lado da MRK art. 6 I, por outro lado e, sobretudo, por a GG art. 103 I ter erigido em direito fundamental processual, cuja infracção fundamenta recurso constitucional (GG art. 93 I n.º 4 a).

Segundo o parecer do BVerfG, já se justifica o recurso constitucional da aplicação irregular duma disposição do ZPO sobre a audição, portanto uma determinação da lei "ordinária", pois o art. 103 I da GG deve "assegurar como direito fundamental processual que a decisão seja proferida isenta de irregularidades processuais que tenham a sua base na omissão de tomar conhecimento e não observância da exposição dos factos pelas partes" (BVerfG NJW 88, 250, 1963; RR 93, 382). Com isso, torna-se cada infracção ao direito "ordinário" (a ser ouvido) em violação do direito fundamental do art. 103 I da GG (o que o BVerfG nega sem dúvida [por ex., NJW 96, 45 e seg.], mas sem razão, vd., por ex., BVerfGE 81, 105 e segs.; NJW 93, 1319, 1699, 2794). Isto explica a enchente de recursos constitucionais baseados no art.

103 da GG e a tentativa do BVerfG, sem dúvida parcialmente, se desembaraçar do auto-instituído dilema (por ex., pela demarcação da preclusão que infringe o direito processual e a que infringe o direito fundamental: NJW 91, 2276, vd. supra § 28 III; ainda em geral BVerfGE 74, 233; *Schmidt-Assmann*, loc. cit.; *Sendler*, NJW 95, 3291 e segs.).

II. O direito a ser ouvido quer garantir às partes um **processo honesto**.Em concreto significa o seguinte:

As partes não têm, realmente, de ser ouvidas. Basta que possam expressar antes da decisão o relato dos factos relevantes na sua relação de facto e de direito (BVerfGE 86, 144). A decisão só pode tomar em consideração os factos e resultados da prova de que era possível às partes uma tomada de posição (BVerfG NJW 91, 2757). Tendo-se expressado, o tribunal é obrigado a tomar conhecimento das alegações dos interessados no processo e a ponderá-las; a decisão não tem, porém, que aquiescer especificamente a cada alegação, mas as alegações de facto essenciais devem ser elaboradas perceptivelmente (BVerfG NJW 97, 122). Basta que seja ouvido o mandatário no processo (BVerfGE 81, 126 e seg. para os processos patrimoniais), pressuposto que a parte tem conhecimento do processo e nomeou o mandatário que se apresenta no processo (EuGH NJW 97, 1061 e seg., também BayVerfGH NJW 94, 2281). Tendo a decisão eficácia directa na posição jurídica de terceiro, tem ainda de ser concedido a este o direito de ser ouvido (vd.BVerfGE 60, 14 e seg.; para o terceiro afectado: *Zeuner*, Rechtliches Gehör, etc., pág. 21 e segs.; *Jauernig*, ZZP 101, 361 e segs.; *Häsemeyer*, ZZP 101, 385 e segs.; *W. Lüke*, loc. cit., pág. 122 e segs.; BGHZ 83, 393 e segs.).

III. A **recusa do direito a ser ouvido** é um vício processual. Antes da decisão (definitiva) é, em regra, sanável, mesmo na instância superior (vd.BGH NJW 75, 1652). O *recurso* só procede se a decisão pode ao menos atingir o vício, isto é, se ela, sem ele, possivelmente seria anulada doutra forma (BGHZ 31, 46 e segs.). Um recurso inadmissível segundo o ZPO continua inadmissível, mesmo se se apoia na alegação de que não foi concedido o direito a ser ouvido (BGH NJW 95, 403; para a objecção, vd. infra). A ampla admissibilidade do recurso constitucional contra a infracção do art. 103 I da GG levou, contudo, o BVerfG a determinar que seja proporcionado para concessão duma eficaz protecção constitucional do direito fundamental um recurso "em si" inadmissível, se a interpretação processual pertinente o possibilitar (BVerfG BB 90, 859; crítico, *Stürner*, JZ 86, 527 e seg.). Só assim se alcança que a infracção do art. 103 I GG seja remediada na marcha das instâncias, preferencialmente através do controle próprio da jurisdição especializada, sem recurso ao BVerfG, como já era postulado pelas BVerfGE 42, 248 e seg. Em todo o caso, a via judicial só deve considerar-se "esgotada" (BVerfGG § 90 II), quando o recurso, aí inadmissível, tenha ficado mal sucedido (BVerfG NJW 93, 255).

O BVerfG converteu reiteradamente esta exigência em consequências práticas: a infracção do art. 103 I da GG pelo tribunal de recurso inicia, face ao § 568 II 2 novo recurso (BVerfG NJW 88, 1774; vd. infra § 75 I); na recusa do direito a ser ouvido pode um óbvio protesto relevar para a lei, que legitime uma **advertência** para reforma da decisão inimpugnável (BVerfGE 55, 5 e segs.; BGH NJW 95, 403; 98, 82; BGHZ 130, 99 e seg., para isso *H. Roth*, comentário JZ 96, 375 e seg.; em geral *Schumann*, FS Baumgärtel, 1990, pág. 491 e segs.) e sem dúvida ilimitadamente na infracção notória (vd. BVerfGE 73, 329). Na jurisdição civil subsiste a tendência de desatender limitações da admissibilidade de recursos quando pudesse antes ("primeiramente") ser revogada a decisão incriminada pelo "desvio" do recurso constitucional (KG RR 87, 1203 para o § 512 a; LG Duisburg RR 97, 1490: a apelação é admissível pela ofensa do direito a ser ouvido face ao § 511 a sempre analogamente ao § 513 II; para a analogia limitada ao § 513 II LG Hannover RR 89, 382, bem assim BGH NJW 90, 839: apenas na insolvência sem culpa ou aparente do "julgamento" final no sentido do § 128 II 2, III 2); contra a analogia LG Duisburg RR 97, 317 com notas). Esta interpretação do direito processual – reservada aos tribunais especializados – não se oferece, sem dúvida, constitucionalmente (BVerfGE 72, 121 e seg.; BVerfG NJW 97, 1128 com notas), mas o BVerfG (NJW 97, 1301) obriga o vencido na apelação analogamente ao § 513 II; porque considera inadmissível que o recurso constitucional seja interposto imediatamente enquanto não estiver esgotada a via judicial.

A *advertência* contra os acórdãos inimpugáveis está excluída. (*E. Schumann*, FS Baumgärtel, 1990, pág. 500 e seg.) É inconciliável com o sistema de recursos do direito vigente (isso é mostrado pela decisão errada do AG de Wiesbaden RR 95, 702 e seg.; o BFH NJW 96, 1496 ficou aparentemente isolado).

IV. Controverso é se o tribunal está obrigado conforme a GG art. 103 I a uma **discussão jurídica** (bibliografia: *Laumen*, Das Rechtsgespräch im Zivilprozess, 1984; para isso, *Häsemeyer*, ZZP 98, 351 e seg.). O tribunal, nos termos do § 139 I, tem ainda de debater com as partes o aspecto jurídico da relação material e do litígio. Contudo, não é obrigado sem mais a apresentar à discussão das partes, antes da decisão, o seu parecer jurídico; isso também não é exigido pela GG art. 103 I (BVergG NJW 96, 3202; RR 96, 253 e seg.; vd. supra § 25 VII 6). No entanto, o tribunal fará bem em dar a conhecer oportunamente às partes a sua concepção jurídica, para que elas se possam manifestar quanto a isso. Só então o tribunal pode fundamentar a sua decisão sobre o crédito principal, nomeadamente um aspecto jurídico que uma das partes manifestamente omitiu ou considerou irrelevante (§ 278 III). Procedendo o tribunal assim, poupa-se à difícil verificação de uma das partes tomar um aspecto jurídico "manifestamente " como "irrelevante".

§ 30. Os actos processuais das partes

Arens, Willensmängel bei Parteihandlungen im Zivilprozess, 1968 (para isso, *Gaul*, AcP 172, 342 e segs.); *Baumgärtel*, Wesen und Begriff der Prozesshandlung einer Partei im Zivilprozess, 1957; *Baumgärtel*, Neue Tendenzen der Prozesshandlungslehre, ZZP 87, 121; *Goldschmidt*, Der Prozess als Rechtslage, 1925, pág. 364 e segs.; *Henckel*, Prozessrecht und materielles Recht, 1970, pág. 26 e segs.; *Niese*, Doppelfunktionelle Prozesshandlungen, 1950; *Schiedermair*, Vereibarungen im Zivilprozess, 1935; *Schwab*, Probleme der Prozesshandlungslehre, FS Baumgärtel, 1990, pág. 503.

I. Os actos que têm influência no processo chamam-se **actos processuais**. Podem provir do tribunal ou das partes. Não é possível uma consideração comum dos actos processuais judiciais e das partes; pois os actos judiciais são os de um órgão do Estado e, por isso, dependem totalmente de regras diferentes dos actos das partes no processo.

II. Actos judiciais são, antes de mais, as decisões (espécie mais importante: as sentenças). Um segundo grupo de actos serve a prossecução interna do processo, um terceiro o seu desenvolvimento externo. Ao segundo grupo pertence a compilação da matéria; no processo inquisitório a aquisição dos fundamentos de facto da sentença compete ao próprio tribunal, no processo segundo o princípio da instrução por iniciativa das partes ele tem de agir apenas sobre a ampla exposição dos factos pelas partes (vd. supra § 25 III, VII). Ao segundo grupo pertence ainda a produção da prova. Na movimentação externa do processo, ou seja, na marcha do processo (vd. infra § 77 III) cabem a marcação da audiência, a citação, a fixação de prazo, etc.

III. Nos **actos processuais das partes** distinguem-se, segundo *Goldschmidt* (loc. cit.), **actos estimulantes e actos determinantes**.

1. Os *actos estimulantes* não atingem directamente e só o pretendido efeito, mas apenas com auxílio dos provocados por eles – "obtidos" – a actividade judicial. Os actos estimulantes têm de ser examinados na sua *admissibilidade e justeza*. Fazem parte deles os requerimentos (petições), por ex., a acção e ainda as alegações de facto e apresentação de provas.

A lei especifica os actos processuais que devem influir no teor da decisão judicial, como *meios de ataque ou de defesa* (vd. §§ 67, 146, 282, 296, 527 e seg., 615). Nesta categoria cabem só em parte os actos estimulantes. Meio de ataque é a alegação para fundamento da acção (ou para refutação de excepções) não a própria ampliação, alteração do pedido ou reconvenção. Meio de defesa é a alegação para defesa da acção, sobretudo as excepções. Como autónomas, especificam-se as que bastem por si só para fundamentar a decisão.

2. Os *actos determinantes* desencadeiam directamente, ou seja, sem a intermediação da actividade judicial, efeitos processuais e alcançam uma determinada situação processual. Os actos determinantes têm de ser provados para produzirem a sua *eficácia*. Conforme o resultado dessa prova são atendidos ou desatendidos na continuação do processo. Nos actos determinantes contam-se, por ex., a desistência da acção, a interposição e desistência dum recurso ou de reclamação, a confissão (§ 288).

Os actos processuais podem ser simultâneamente actos estimulantes e actos determinantes. Assim, resulta da propositura da acção, além do mais, a pendência do litígio, ao mesmo tempo que a acção é um acto estimulante.

IV. Os **actos das partes têm** sempre **em vista o estabelecimento, prossecução ou cessação duma instância,** seja por **acção** (em regra), por ex., pela apresentação dum requerimento, seja por uma **omissão** (discutível), que exclui uma acção posterior (por ex., conforme §§ 295, 296). Ostentam os seus efeitos apenas em relação ao processo e somente nos seus limites, não para além dele. A este respeito, distinguem-se essencialmente os actos das partes dos negócios jurídicos do direito substantivo. A **diferenciação dos negócios jurídicos e actos das partes** é importante porque estes últimos obedecem a outras regras que os negócios jurídicos substantivos. Isto vale especialmente para que os requisitos de que depende a validade do negócio jurídico, ou que o acto da parte seja admissível, fundado ou digno de registo. A problemática prática da diferenciação resulta de os negócios jurídicos substantivos poderem ser examinados em conexão com um processo e que em muitos actos das partes é duvidoso e controverso se eles, por virtude dessa conexão (ainda) podem ser considerados como negócios jurídicos substantivos ou (apenas) como actos processuais das partes. O acto da parte não pode cair simultâneamente sob ambas as categorias (excepção: a transacção judicial, vd. infra § 48 I).

Não resultam dúvidas sobre a atribuição, se o acto da parte é *regulado* nos seus *pressupostos e efeitos* apenas *pelo direito processual.* Então, é um acto processual, não um negócio jurídico (opinião dominante, vd. *Rosenberg*, § 63 III). *Exemplo*: interposição de recurso.

Muda de aspecto se é controverso se os pressupostos do acto da parte se determinam pelo direito civil ou pelo direito processual. Isto aplica-se, por ex., aos actos que se referem a um processo, mas se efectuaram antes do seu início, como a outorga da procuração forense. Acontece de modo semelhante se o acto que é normalmente um negócio jurídico é praticado durante o processo (vd. infra V), como, por ex., a compensação. A atribuição é, então, duvidosa se os efeitos dum acto são regulados quer pelo direito civil quer pelo direito processual, como, por ex., na acção (vd. BGB § 209 I: interrupção da prescrição) ou a alienação do objecto do litígio (§ 265: efeitos processuais). Nestes casos, é *decisivo* para a atribuição do acto da parte, *qual dos seus efeitos é básico*, não prescindível. Jazendo ela na área processual, temos de lidar com um acto processual.

Portanto, a *acção* é um acto processual; pois para ela é essencial que desencadeie o processo e defina os seus fundamentos. Sem este efeito processual, a acção é impensável, muito embora sem o efeito de interrupção da prescrição que, aliás, não uma qualquer, mas apenas a acção fundada provoca. Pelo contrário, é essencial o efeito substantivo na *alienação de coisa litigiosa* (§ 265). A alienação é concebível sem processo, os efeitos processuais devem simplesmente adaptar ao processo a situação modificada. Independente do processo há ainda a *convenção do lugar de cumprimento* (vd. BGB § 269); só excepcionalmente – isto é, quando atinge o processo – tem eficácia processual (§ 29 II). Por isso, a convenção é apenas um negócio jurídico substantivo. Em contraposição, o *foro convencional* (vd. supra § 11 IV, V), pode repercutir-se apenas no processo, por isso é um acto processual (RGZ 159, 255; BGH LM n.º 92 para § 256; doutro parecer BGH NJW 83, 2773; *Gottwald*, FS Henckel, 1995, pág. 295 e segs.; contraditório, BGH NJW 89, 1432). O mesmo se aplica à *atribuição do mandato* (OGHZ 4, 278 e seg.) e ao *compromisso arbitral* (controverso, vd. infra § 93 II). Também a chamada *promessa de desistência da acção, do recurso* (vd. infra §§ 42 IV, 67 I, 72 VII) é um contrato processual, pois tem efeitos directos no processo: o processo que prossiga contra o convencionado é inadmissível; segundo o entendimento geral, tais contratos devem ser apenas vinculantes e, por isso, contratos de direito substantivo (para isso *Schwab*, loc. cit., pág. 509 e segs.).

A qualificação dum acto de parte como acto processual resulta, como se disse, atendendo ao efeito basicamente processual do acto. Com isto, estabelece-se, simultaneamente, que os requisitos do acto são determinados pelo direito processual. A dedução pelos efeitos dos requisitos é fundada, porque seria absurdo regular os requisitos dum acto por ramo da ordem jurídica diverso do dos efeitos.

Este método da coordenação não funciona, quando não se pode determinar um efeito básico, ou a espécie do efeito – processual ou de direito substantivo – é francamente duvidosa. Aqui tem de examinar-se se o regime corresponde melhor às exigências do processo segundo o direito civil ou segundo o direito processual (vd. *Baumgärtel*, Wesen und Begriff, etc., pág. 283 e segs.). Os critérios do exame podem ser, por ex., a questão da impugnabilidade por vício da vontade (BGB §§ 119 e segs.) ou a admissibilidade de condições. Ganhando a preferência o regime de direito processual, o acto de parte tem de ser classificado como acto processual.

Um específico significado tem a expressão "acto processual" no § 81, pois aí deve abranger também analogamente os negócios jurídicos substantivos, realizados no processo de modo a influenciá-lo, vd. BGHZ 31, 209 e seg. e supra § 21 IV 1.

V. Os **negócios jurídicos substantivos** que se operam **no processo** e aí especialmente na discussão oral, não mudam a sua natureza. Por isso, só o direito substantivo determina os seus requisitos e efeitos. Querendo o réu, por ex., compensar, tem de declará-lo perante o autor (BGB § 388 período 1), o que na discussão oral só é possível na sua presença ou representação (BGB § 164 III).

Desta questão da qualificação tem de separar-se outra, sob que requisitos o **negócio jurídico** – por ex., a declaração de compensar – **é tomado em consideração no processo**. Aqui aplica-se o princípio geral (vd. supra § 25 IV 1): o negócio jurídico só é considerado processualmente se foi alegada no processo a sua realização. Isto é evidente quando o mais tarde réu já antes do processo tinha declarado compensar. A sua declaração pode ser eficaz para o direito substantivo, processualmente sê-lo-à apenas **quando** a compensação efectuada por uma das partes – pelo autor ou pelo réu (vd. supra § 25 VI 1 e infra § 43 IV 2) – é **deduzida no processo** (BGHZ 38, 257 e seg.). Esta dedução é **acto processual**, pois introduz no pleito matéria processual.

É de salientar que apenas o negócio jurídico válido produz efeitos substantivos, contudo, no processo basta a simples alegação do negócio jurídico para desencadear efeitos processuais, por ex., o regime processual da compensação nos termos do § 302 apenas exige a sua alegação (vd. infra § 45 V). Tem de considerar-se ainda que o regime processual destes negócios jurídicos se dirige logo em primeiro lugar a saber se a sua execução foi exigida regularmente. Somente na decisão do mérito da causa se trata de saber se são válidos face ao direito substantivo.

Entre a declaração de direito substantivo e a exigência processual há também que distinguir se ambas são realizadas no **processo** num acto da parte exteriormente unitário. Juridicamente há então uma **dupla previsão**.

A execução do negócio jurídico no processo tem como consequência que seja evidente para o tribunal, portanto, que não necessite de qualquer prova (§ 291), enquanto a sua execução fora do processo, em caso de litígio, tem de ser provada. O BGHZ 88, 176 acha que a compensação, a impugnação e a denúncia são actos processuais que, simultaneamente, podem também produzir efeitos de direito substantivo. Este entendimento tem de ser recusado: a compensação, etc., não é um acto processual porque se operou no processo; antes tem de distinguir-se da sua (simultânea) invocação ("dupla previsão"; exacto BGH RR 97, 203: a denúncia na acção de despejo); no acórdão do BGH trata-se da caso inteiramente diferente em que o acto processual (oposição à interpelação para pagar, vd. infra § 90 V) estava ligado *apenas externamente* com um negócio jurídico de direito substantivo (rejeição de pedidos de garantia nos termos do BGB § 651 g II 3), portanto não existe conexão jurídica de ambos.

VI. Um regime geral dos actos processuais é desconhecido do ZPO. Das disposições isoladas e dispersas podem deduzir-se poucos **princípios**:

1. Os actos processuais requerem **personalidade e capacidade judiciárias**, em vez de personalidade e capacidade negocial (vd. §§ 19 III, 20 IV 1).

2. É ainda necessária **capacidade de patrocínio** (vd. supra § 21 III 3).

3. Os actos estimulantes (vd. supra III 1) dirigem-se apenas ao tribunal, os actos determinantes (vd. supra III 2) muitas vezes ao tribunal, algumas vezes apenas à parte contrária ou a um dos dois (vd. *Dilcher*, SchlHA 63, 245).

4. A **forma** dos actos processuais não é regulada unitariamente. Tendo de ser produzidos na audiência de julgamento, impõe-se a declaração oral perante o tribunal, caso contrário exigem forma escrita, e ainda notificação à parte contrária, noutros casos apresentação do escrito no tribunal (por ex., os recursos).

5. Os actos processuais são predominantemente actos unilaterais. Os **contratos processuais** são a excepção. A sua admissibilidade é limitada pelo direito processual imperativo (BGH RR 89, 1049). Por isso é inadmissível, por ex., a modificação convencional da via judicial ou da instância de recurso.

São de assinalar o compromisso arbitral (vd. infra § 93 II) e a renúncia ao recurso ou à reclamação *antes* da publicação da sentença (vd. infra § 72 VII, § 67 I); a renúncia *após* a publicação da sentença é acto processual unilateral, § 514); outros exemplos no BGH RR 89, 1049, vd. ainda infra § 33 IV 3 após d. Também nos contratos se apresenta uma averiguação como oportunamente supra em IV, para estabelecer se fundamentam os actos processuais. Para a transacção judicial, vd. infra § 48.

Os actos processuais unilaterais são sempre receptícios e na maior parte das vezes têm de ser declarados perante o tribunal.

6. Eles **não** são **condicionáveis**, especialmente se têm efeito processual constitutivo, por ex., a instauração duma acção ou a interposição dum recurso; pois a introdução ou marcha do processo não consentem suspensão durante a qual é incerto se o acto processual se torna ou permanece válido. Este ponto de vista só se confirma para a dependência de ocorrências fora do processo. Em contrapartida, é permitido tornar efeitos processuais dependentes de ocorrências internas do processo, contanto que o processo tenha entrado em movimento sem restricções e, por conseguinte, o processo não permaneça em suspensão. Por isso, são impensáveis, por ex., a compensação eventual, a reconvenção condicionada, o pedido eventual (vd. infra §§ 45 II 2, 46 IV, 88 III), mas nem se intenta uma acção para o caso de concessão de apoio judiciário, e em que extensão (é ineficaz, BVerwG NJW 81, 689) nem a desistência dum recurso para o caso da decisão impugnada ser revogada por motivo do recurso doutro interessado (BGH Fam RZ 90, 148 e seg.).

7. Os actos processuais são de **interpretação** acessível. A ela aplica-se como norma que "na dúvida, quer-se o que for razoável segundo os critérios da ordem jurídica e corresponder aos interesses em jogo justamente entendidos" (BGH RR 96, 1211). É ainda possível, por analogia com o BGB § 140 uma **conversão** (por ex., de agravo imediato em apelação; BGH NJW 87, 1204; da acção de condenação em acção de reforma: BGH NJW 97, 736); se esta corresponder à presumível vontade da parte, estiverem presentes todos os atributos essenciais do outro acto processual e não se lhe opuser qualquer interesse da parte contrária digno de protecção (BGH NJW 97, 736 com notas; rigoroso, NJW 96, 2799, sobre isto, *K. Schmidt*, JuS, 97, 108 e seg.).

VII. Discutível, porque igualmente não regulada em geral na lei, é a consideração dos **vícios de vontade**. Os actos processuais são, com o fim duma condução do processo flexível e ao contrário dos negócios jurídicos, muitas vezes **livremente revogáveis**, podem ser corrigidos e completados, por ex., os requerimentos que apenas respeitem ao processo (para adiamento, marcação da audiência, etc), as alegações de facto, a contestação, as produções de prova, mesmo os requerimentos para o processo, na medida em que o objecto de litígio se mantenha inalterado. Vinculativos, ou seja, **não livremente revogáveis**, são apenas os actos processuais pelos quais a parte contrária obteve uma determinada posição jurídica, por ex., a confissão, a aceitação, a renúncia à acção e ao recurso, em certos limites mesmo a desistência da acção e do recurso. Atingido o acto processual por erro evidente (por ex., por notório erro de escrita ou de direito), pode ser corrigido (BGH NJW 88, 2541; vd. ainda § 319); isto não é revogação.

Contudo, por vezes a *lei* permite expressamente a **revogação de actos processuais vinculativos,** por ex., no § 290 para a confissão. Mais longe, tem a *jurisprudência* (vd. BGH RR 94, 387, com notas) permitido a revogação de actos processuais vinculativos, na medida em que pudesse ser formulada uma acção de revisão de sentença transitada (§ 580); pois seria absurdo aguardar primeiro uma sentença transitar, em vez de imediatamente a revogar no curso do processo. Conforme BGHZ 12, 285 e seg.; 33, 75; *Rosenberg*, § 65 V 2 c, contudo, devem, para poder validamente revogar, apresentar os requisitos referidos no § 581 (doutro parecer, exacto, *Schwab*, JuS 76, 71 com notas, para a revogação no processo ainda pendente; para o § 581 *Braun*, anotação no ZZP 97, 71 e segs.): Para a especial situação na revogação da desistência do recurso após o encerramento do processo vd., por um lado, *Gaul*, ZZP 74, 49 e segs., e anotação no ZZP 75, 267 e segs.; por outro lado, *Jauernig*, anotação à BAG AP n.º 1 face ao § 566; *Rosenberg*, § 65 V 2 c, § 159 III 1. Para a renúncia ao recurso, vd. BGH NJW 90, 1118 e seg.

A par da revogação, livre ou vinculada, não é possível *qualquer impugnação por vícios da vontade* (BGH NJW 63, 957 para o pedido; BGH Fam RZ 93, 694 para a renúncia ao recurso; BGH NJW 91, 2839 para a desistência do recurso). O processo representa uma sequência de actos entrosados. A (retroactiva) nulidade dum acto deveria por isso, ter consequências muito extensas enquanto nulidade duma isolada declaração de vontade: todo o processo seria afectado. Em oposição a isto, *Arens* defende (loc. cit., pág. 194 e segs.; AcP 173, 265 e segs.) a impugnabilidade da confissão de factos, da confissão e desistência do pedido (vd. infra §§ 44 III 2, 47 VI). Também a desistência da acção e do recurso deve ser impugnável (*Arens*, loc. cit., pág. 119 e segs.), a desistência da acção porém, apenas no prazo do BGB § 212 II, a desistência do recurso apenas antes do decurso do prazo do recurso. Estas limitações tornam irrelevante a impugnabilidade: a renovação da acção ou do recurso dentro do prazo atinge o mesmo resultado (especialmente a acção uma renovada interrupção da prescrição, BGB § 212 II) e, além disso, não oferece qualquer problema.

VIII. Um acto processual pode não ser de considerar por **abuso de direito** (exemplo ArbG Hamm MDR 66, 272: 74 acções análogas dos mesmos autores contra os mesmos réus; para efeitos criminais Driz 67, 435). Para isso *Zeiss*, Die arglistige Prozesspartei, 1967; digno de nota, também para o processo civil, *Klag*, Die Querulantenklage in der Sozialgerichtsbarkeit, 1980 (com matéria casuística, pág. 129 e segs.).

Todavia tem de notar-se que o ZPO conhece regras especiais que também abrangem o comportamento imoral, por ex., a inconsideração de alegações falsas como efeito da livre apreciação da prova (§ 286). Para a subsidiariedade do princípio da boa fé perante as regras legais especiais, vd. BGH NJW 78, 426 e segs.

IX. Um **acto processual** é **irregular** se infringe disposições processuais fundamentais no que respeita à sua forma, conteúdo ou à capacidade do sujeito. Portanto, não resulta como acto estimulante, porque o tribunal não lhe pode atribuir qualquer efeito (tem de ser antes rejeitado ou indeferido por ilícito), como acto determinante ineficaz e como tal não devendo mais ser considerado no processo (vd. supra III); para a possível conversão, vd. supra VI 7.

Exceptuada a conversão, os **vícios são em regra sanáveis** (ao contrário da nulidade no direito civil).

A sanação efectiva-se:

1. pela correcta *renovação* do acto viciado (o que é possível, no caso do prazo para a sua prática não ter sido fixado ou ainda não ter expirado); o efeito efectiva-se pela renovação, portanto, na realidade, há uma nova prática, mas não, porém, a sanação do acto viciado;

2. pela *ratificação retroactiva* dos actos da parte destituída de personalidade ou capacidade judiciária (§§ 551, n.º 5, 579 I n.º 4; vd. supra §§ 19 III 2, 20 IV 2 b) ou do representante sem poderes de representação (§ 89; vd. supra § 21 V 1); é possível, na maior parte dos actos conexos, por ex., na propositura da acção e na audiência de julgamento;

3. retroactivamente pela *perda do direito à reclamação* (§ 295), quando se infringiu disposição que respeite ao processo, nomeadamente a forma de um acto processual e a parte pode renunciar validamente à consideração da infracção (por ex., ajuramentação das testemunhas, falta de notificação, inobservância do prazo de resposta; vd. BGHZ 65, 47 e seg. e comentário de *Vollkommer*, Rpfleger 75, 341). É irrenunciável a consideração de infracções às disposições que assentam no interesse público e que, por isso, têm de ser consideradas oficiosamente, por ex., as normas sobre a composição do tribunal, a admissibilidade da via judicial, etc.

A parte perde o direito de reclamar do vício se renuncia expressamente à sua consideração ou – sem que se necessite duma vontade de renúncia – a reclamação seja omitida até ao encerramento da audiência de julgamento em que ocorreu e dela tomou ou podia tomar conhecimento.

Para os vícios da propositura da acção, vd. infra § 39 V.

§ 31. Revelia e reposição no estado anterior

G. Müller, Typische Fehler bei der Wiedereinsetzung in den vorigen Stand, NJW 93, 681; *G. Müller*, Die Rechtsprechung des BGH zur Wiedereinsetzung, etc., NJW 95, 3224; 98, 497; *Vollkommer*, Die Erleichterung der Wiedereinsetzung im Zivilprozess, FS Ostler, 1983, pág. 97; *Walchshöfer*, Die Rspr. des BGH zur Wiedereinsetzung, Büro 86, 321; 89, 1481.

I. Determinando-se uma data ou um prazo para a execução dum acto processual, ocorre a **revelia** se o acto não for executado oportunamente. Daqui que tenha de distinguir-se a **falta** (revelia) como não comparência ou inércia total (§ 333) numa audiência (noutro sentido no § 513 II).

Na *revelia*, a parte é *excluída* com o *acto* referido, na maior parte dos casos sem atenção à culpa (aqui culpa contra si própria) e, em regra, sem advertência e sem requerimento, §§ 230, 231 (exemplo mais importante: a revelia do prazo de recurso).

Nos casos em que a prática do acto seja necessária para o avanço do processo, e que, portanto, a sua omissão o prejudique, a lei ficciona um acto processual desfavorável para a parte em falta, por ex., a confissão (§ 138 III bem como os §§ 329 IV, 439 III) ou o acordo (§ 267) ou o efeito de considerar produzida a prova (§ 427). Com isso consegue-se que o processo não sofra qualquer demora.

Para isso, desencadeiam-se ainda *desvantagens nas custas* (de cuja imposição se faz pouco uso na prática), §§ 95, 97 II, 238 IV. Não é necessária a advertência dessas consequências (o que significa severidade para as partes leigas no direito), em regra também não o requerimento da parte contrária, § 231.

II. Contra a **revelia dum prazo peremptório** (vd. infra § 79 IV), do prazo para a fundamentação da apelação, da revista ou do agravo (§§ 621 e, 629 a II) ou do prazo para o requerimento de reposição (§ 234 I) há a **reposição no estado anterior**, se a parte foi impedida, *sem culpa sua*, de observar o prazo, § 233. Requer-se a observância do necessário cuidado na sua prática; não se pede mais que a perda do prazo resulte dum fenómeno natural ou de caso fortuito inevitável – contrariamente ao que acontecia antes da Novela de simplificação (BGH NJW 92, 2489); aliás, nada mudou praticamente na jurisprudência, especialmente do BGH, contrariamente ao desígnio da alteração da lei (*G. Müller*, NJW 93, 681 e seg.). Em todo o caso, as exigências disso não podem ser satisfeitas, o que leva ao respeito do prazo (BVerfG NJW 97, 2941), para o que os tribunais não raramente tendem, talvez como reacção ao sentimento de, doutro modo, serem enganados.

As faltas do representante legal ou convencional, nomeadamente do advogado, são equiparadas às faltas da parte (§§ 51 II, 85 II), impedem portanto, a reposição. Isto aplica-se a todas as espécies de processos mesmo aos não patrimoniais, nomeadamente às questões de família e de menores, como a Novela de simplificação implicitamente esclareceu; pois os §§ 51 , 85 II não prevêm qualquer limitação, vd. BGH FamRZ 93, 308 com comentário crítico de *Bosch* (isto é para lamentar, mas tem de se aceitar constitucionalmente, vd. BVerfGE 60, 299).

Exemplos de inobservância de prazo não culposa: demora postal imprevisível pela parte (BVerfG NJW 95, 1211 contra BGH NJW 93, 1333 e seg.); repentina doença grave do advogado, no caso de o cuidado com a observância do prazo ser excepcionalmente impossível (BGH NJW 96, 1541); a utilização plena dos prazos não representa qualquer falta (vd. BVerfGE 69, 385), obriga no entanto a cuidado acrescido, agora que pode esgotar-se "em segundos" (vd. BGH NJW 92, 244, mas também *G. Müller*, NJW 95, 3232). Para a perda do recurso por uma parte pobre, aspirante a apoio judiciário, vd. BGH Fam RZ 88, 1154. – Para as perfídias da técnica de telefax, BAG NJW 95, 743 e seg.; *G. Müller*, NJW 95, 3233; 98, 509.

O deferimento da reposição significa que a parte pode efectivar posteriormente o acto processual omitido, por ex., a apresentação da apelação ou da contestação (aqui é afastado retroactivamente o caso julgado formal da sentença, BGHZ 98, 328).

BGHZ 61, 395 e segs.; BGH NJW 95, 522 e BAG NJW 86, 1374 negam, com razão, uma aplicação por analogia dos §§ 233 e segs. na inobservância do prazo convencionado para a retractação duma transacção judicial (para isto, vd. infra § 48 VI; mas também *Vollkommer*, comentário AP n.º 24 face ao § 794, além disso BVerfGE 69, 385 e segs.).

III. A **petição de reposição** é delimitada no tempo (duas semanas após a cessação do impedimento, § 234. A sua forma orienta-se conforme o acto processual omitido, § 236 I.

Omitindo-se, por ex., a apresentação da apelação, deve ter lugar o requerimento na forma do § 518 I. Tem de ser dirigido ao tribunal no qual ocorreu a omissão do acto (no exemplo, ao tribunal da apelação); este tem ainda de decidir, § 237.

A petição tem de indicar os factos que devem fundamentar a reposição; têm de ser provados o mais tardar no processo sobre a petição (§ 236 II 1). O acto processual omitido não tem de vincular-se ao pedido (contudo, vd. a BVerfG NJW 93, 1635 e seg., e para isso supra § 30 VI 7); pode ser suprida a omissão no prazo do § 234 I. Sendo dentro deste prazo apenas executado o acto processual, pode ser concedida a reposição *mesmo sem petição* (§ 236 II 2, meio período 2), pressuposto que o tribunal conhece os factos que fundamentam a reposição, porque são notórios (§ 291) ou foram provados no prazo do § 234 I.

O tribunal junta normalmente o julgamento e a decisão da petição de reposição com o julgamento do processo sobre o acto processual suprido, § 238 I 1. A parte contrária ao requerente tem de ser ouvida antes da decisão, GG art. 103 I (BVerfGE 67, 155 e seg.).

O tribunal pode limitar o processo à petição de reposição e assim fará em casos difíceis, § 238 I 2; pois não tem qualquer sentido prosseguir o processo para além do acto processual suprido (por ex., o recurso interposto) enquanto não se determine que se consente a reposição, portanto, que se admite o acto processual suprido.

A forma da decisão e a necessidade de discussão oral orientam-se conforme tem de ser decidido sobre o acto processual suprido (por ex., sobre um recurso por sentença [ou acórdão] ou despacho nos termos do § 519 b), § 238 II.

A sentença que apenas resolva a petição, mas não decida simultaneamente a questão de fundo, é uma sentença interlocutória, conforme o § 303; a sentença que indefira o requerimento é sentença definitiva (no resultado, assim BGHZ 47, 290 e seg.). Os recursos contra o indeferimento da reposição orientam-se igualmente segundo a espécie de decisão (por ex., contra a sentença definitiva oferecem-se os recursos habituais), § 238 II. Contra o deferimento da reposição não há recurso, § 238 III.

IV. Se se admite a *reposição contra sentenças constitutivas transitadas*, por ex., sentenças de divórcio, parece questionável em virtude das consequências possíveis (por ex., se um dos cônjuges se casou novamente). O BGH afirma a admissibilidade (BGHZ 98, 328), concordantes *R. Bruns*, JZ 59, 149 e segs.; *Rosenberg*, § 70 n.º 11, com outras notas; vd. ainda infra § 76 VII.

Capítulo Quinto

Pressupostos, espécies e objecto da protecção jurídica

§ 32. A relação jurídica processual

Bülow, Die Lehre von den Processeinreden und die Processvoraussetzungen, 1868; *Goldschmidt*, Der Prozess als Rechtslage, 1925; *Kohler*, Der Prozess als Rechtsverhältnis, 1888; *G. Lüke*, Betrachtungen zum Prozessrechtsverhältnis, ZZP 108, 427 (contra, *Gaul*, ZZP 110, 20 e segs.); *Schumann*, Der Zivilprozess als Rechtsverhältnis, JA 76, 637.

I. O fim do processo como processo jurídicamente ordenado é a decisão do litígio (no processo). Os actos do tribunal e das partes necessários para isso, devem ser regulados na sua sucessão; para o tribunal e as partes têm de ser definidos os direitos, os deveres e os ónus. Daí surge para os interessados uma série de conexões jurídicas, uma relação jurídica. Esta pode designar-se relação jurídica processual. Todavia, trata-se aqui menos duma noção importante na prática (doutro parecer, *G. Lüke*, loc. cit.), necessária para a compreensão dos concretos actos processuais, mas antes dum **reagrupamento construtivo** *das concretas relações jurídicas para uma noção teórica de grau superior.*

O processo não é concebível sem poderes do tribunal e das partes a que devem corresponder novamente obrigações. O poder de decisão do tribunal coloca-se face ao seu dever de ouvir as partes, de receber as suas alegações, de praticar actos processuais que decorram do estado do processo, por ex., pronunciar a sentença final quando o processo estiver em condições de ser julgado (§ 300). Esta obrigação de direito público existe para com todos os interessados no processo a que disser respeito. Do lado das partes há certos deveres processuais; mas sobretudo cabem-lhes ónus, ou seja, actuar é do seu próprio interesse pois sofrem desvantagens se ficarem passivas (vd. supra § 26).

II. A admissão duma relação jurídica processual proporciona uma definição clara para a **sucessão no direito de outrém no processo**, ou seja, para o regime que alguém insere em todo o regime jurídico processual do seu antecessor (vd. infra § 86): o sucessor entra numa relação jurídica unitária; está ligado aos actos processuais do seu antecessor tanto como este; a sucessão na relação jurídica processual realiza-se independentemente da sucessão numa relação jurídica substantiva.

III. Discute-se **entre quem** se forma a relação jurídica processual. Concebe-se tanto entre as partes como entre o tribunal e as partes. Melhor é a admissão duma relação tripartida que se forma entre o tribunal e cada uma das partes, além da que subsiste entre as partes. Só assim se pode condensar o conteúdo das relações jurídicas em concreto.

A relação jurídica processual começa com a propositura da acção e termina com a cessação definitiva do processo. Não depende de a acção ser admissível e fundada.

§ 33. Os pressupostos processuais

I. Nem sempre é possível uma decisão de fundo da causa. Em certos casos raros fracassa já a propositura da acção, mais frequentemente a decisão sobre o mérito da causa é inadmissível.

II. A *propositura da acção fracassa* já, no caso do presidente ou do juiz da primeira instância terem de recusar a notificação da petição. Nestes casos raros (vd. infra § 38 II 4) não chega a haver propositura da acção (vd. § 253 I).

Sendo a petição inadvertidamente notificada sem designação da data (§§ 274 II, 495) há, apesar disso, uma válida propositura da acção. Isto aplicava-se já antes da Novela da simplificação (BGHZ 11, 176 e seg.) e agora só tem de admitir-se justamente porque a acção já não deve ser sempre notificada com a citação (vd. §§ 276 I, 274 I).

III. Mesmo que a acção seja intentada eficazmente, só se alcança uma decisão de fundo se a acção for admissível. Sendo os **pressupostos da admissibilidade**, como em regra, de ter em conta *oficiosamente* (mesmo ainda que nenhuma das partes os invoque), então designam-se **pressupostos processuais**. Sendo eles *considerados apenas quando excepcionados pelo réu*, trata-se de **impedimentos processuais**.

Ambas as expressões são generalizadas mas equívocas; já que não se trata nem de pressupostos, nem de impedimentos do êxito dum processo. Só fica excluída a decisão sobre o mérito da causa. Logo que seja estabelecida a inadmissibilidade da acção é também excluída, além disso, qualquer discussão sobre o próprio mérito. Então, os pressupostos da admissibilidade, não são apenas *pressupostos da decisão de mérito*, mas sim *pressupostos da discussão do mérito.* A acção inadmissível é rejeitada por sentença de forma (a chamada absolvição da instância, vd. infra V 4), a não ser que a via judicial seja inadmissível, e então o processo é remetido oficiosamente para a via judicial permitida, GVG § 17 a II (vd. supra § 4 III).

Ao lado dos pressupostos processuais que são pressupostos da admissibilidade de todo o processo (da acção, vd. § 280 I) há ainda *pressupostos especiais para o processo nas instâncias superiores*, nomeadamente da admissibilidade do recurso e, além disso, para modalidades especiais do processo, por ex., o processo de letra, a assistência.

IV. Os pressupostos processuais abarcam **três grupos**, conforme respeitam ao tribunal, às partes ou ao objecto de litígio.

1. Pressupostos processuais **que respeitam ao tribunal**:

a) *a jurisdição alemã*, para isso vd. infra § 38 II 4 d;

b) *a admissibilidade da via judicial ordinária*, ou seja, os tribunais comuns no seu conjunto, são chamados a ocupar-se da questão pendente e a decidir sobre ela;

c) *a competência internacional*, isto é, os tribunais alemães, no seu conjunto, são chamados a decidir sobre a questão pendente;

d) *a competência territorial, material e hierárquica*, ou seja, o tribunal individualizado em que o processo está pendente, é chamado a decidir.

Aos pressupostos processuais não pertencem a devida composição do tribunal e a falta de participação de juiz excluído ou recusado com êxito. Faltando a este respeito, não se realizou qualquer actividade judicial, não apenas a decisão de mérito; também não se profere a absolvição da instância, pois que é inadmissível qualquer sentença. Tal vício processual leva ao recurso para anulação da sentença e, pela eliminação do vício, a novos julgamentos e decisão.

2. Pressupostos processuais **que respeitam às partes**:

a) *a existência* de ambas as partes;

b) *a personalidade judiciária* de ambas as partes;

c) *a capacidade judiciária* de ambas as partes;

d) no caso de incapacidade judiciária, *válida representação legal*;

e) *a legitimidade processual.*

Pelo contrário, aos pressupostos processuais, *não* pertence a *capacidade de patrocínio* da parte ou do seu representante (controverso). Faltando na propositura da acção, é recusada a notificação da acção, o que exclui qualquer julgamento e decisão (vd. infra § 38 II 4 b). Só quando a sua falta não for notada e por isso a acção notificada, tem lugar a absolvição da instância (BGH RR 87, 323). Sendo irrepreensível a introdução da acção em juízo, mas faltando, todavia, a capacidade de patrocínio à parte representada ou ao seu representante em julgamento, isso não leva à absolvição da instância, mas sim à recusa da audiência da pessoa a que respeita, eventualmente para processo à revelia e para decisão de mérito. Vd. *Urbanczyk*, ZZP 95, 340 e segs., 351 e segs.

3. Pressupostos processuais que respeitam ao objecto do litígio:

a) *não haver litispendência* da questão (a litispendência é, assim, pressuposto processual "negativo"), vd. § 40 II;
b) *ausência de decisão de fundo* da questão *transitada em julgado* (a decisão transitada *duma simples questão prejudicial*, não tem importância, vd. infra § 62 III 2); o caso julgado material é, também neste caso, pressuposto processual "negativo", vd. infra 62 III 1;
c) *o interesse na protecção jurídica* (vd. infra §§ 35, 36 I);
d) *a regularidade da propositura da acção* (opinião dominante); nisso se compreende que a acção tenha o necessário conteúdo (BAG JZ 62, 166 e seg.; vd. infra § 39 II), além disso, na representação por mandatário a validade da procuração ao tempo da propositura da acção (vd. supra § 21 V 2; StJ § 88, 11). Não faz parte disto a notificação impecável da petição inicial (vd. infra § 39 V; errado, BGH NJW 92, 2099 e seg.; vd. ainda *Hager*, NJW 92, 352 e segs.).

Não faz parte dos pressupostos processuais a *exigibilidade da pretensão*, ela pode ser excluída por força da lei pelo tempo (por ex., no BGB § 1297 I) ou por acordo a prazo (por ex., pelo intercalar do serviço de conciliação; diverso da opinião dominante, vd. BGH RR 95, 292, com notas). Se ela faltar, pronuncia-se a absolvição do pedido, porque a pretensão afirmada não existe como juridicamente demandável pelo tempo ou ao tempo (consentâneo, *Blomeyer*, § 35 II).

V. O regime processual dos pressupostos processuais

1. Sobre a sua existência tem de discutir-se, em princípio, oralmente (excepção no § 281 II 2). Existindo, tem de decidir-se, ou imediatamente por sentença interlocutória (vd. supra VII 2) ou, mais tarde, na sentença de fundo.

Isto não se aplica ao pressuposto processual da admissibilidade da via judicial. Ela recebe na GVG §§ 17-17 b um regime especial (vd. supra § 4 I-III).

2. Têm de ser **examinados oficiosamente**, ou seja, o tribunal tem de determinar, independentemente da actuação das partes, nomeadamente de reclamação do réu, e não está vinculado à opinião das partes.

Não tem poderes para a sua própria averiguação (vd. supra § 25 X). Não basta a matéria alegada pelas partes para fundamentar a sólida reflexão do tribunal, assim a falta de clareza fica a encargo da parte que afasta de si uma vantagem da presença ou ausência do pressuposto processual, nomeadamente a de ser proferida uma sentença de fundo. Em regra, o autor suporta o risco da falta de prova, nos casos dos §§ 306, 330 suporta-o o réu. Na prática só se realiza o exame se houver indícios da falta dum pressuposto processual. Por ex., o tribunal não exige de cada uma das partes a prova da sua maioridade, mas apenas pode inferir dúvidas pelas indicações na acção (por ex., como instruendo, aprendiz, aluno) ou pelo seu comportamento em julgamento, sobre a sua maioridade ou o seu estado de espírito (para o ónus da prova *Musielak*, NJW 97, 1736 e segs.). Por isso a questão dos pressupostos processuais desempenha na prática um papel substancialmente diminuto, relativamente à importância que, em princípio, lhe corresponde.

3. O **exame** tem de ser feito **em qualquer estado do processo**, portanto, também nas instâncias superiores (para o exame na instância de revista, vd. infra 7 e § 74 VII 1). Quanto mais tarde se descubra um vício, possivelmente só após várias audiências, ou porventura na instância superior, tanto mais desagradáveis são as consequências. Considerável dispêndio em trabalho e dinheiro revela-se, então, inútil (*exemplo* BGH NJW 61, 2207). Por isso, há aí um interesse premente em examinar primeiramente e decidir definitivamente tais questões (vd. infra VII).

Para o especial regime da admissibilidade da via judicial, vd. supra § 4 I-III.

4. Determinando-se que falta um pressuposto processual, ou ficando por esclarecer se existe (vd. supra 2), a acção tem de ser rejeitada como inadmissível, ou seja, sem decisão de fundo (**absolvição da instância**, anteriormente chamada "absolutio ab instantia"). Excepção na inadmissibilidade da via judicial, na GVG § 17 a II (vd. supra § 4 III).

O tribunal *não* pode *simultaneamente absolver do pedido*, porque o caso julgado material da absolvição da instância é diferente, segundo o objecto e a extensão, do da absolvição do pedido (*Jauernig*, JZ 55, 235 e segs.; BGH NJW 78, 2032; vd. infra § 62 II 3 b); tão pouco pode deixar de resolver se absolve do pedido ou da instância, porque senão ficariam por esclarecer o objecto e extensão do caso julgado material (BAG AP n.º 2 face ao § 275 com anotação, *Jauernig*; BGHZ 91, 41). Em princípio exclui-se deixar por resolver a admissibilidade e absolver do pedido (BGH RR 90, 887; *Baumbach*, 17 Grundz. face ao § 253; para uma excepção vd. infra § 35 I).

5. A **decisão de fundo** pronunciada apesar da falta dum pressuposto processual, é **impugnável** por recurso (excluído, em princípio, para a admissibilidade da via judicial, limitado para a falta de competência, ampliado para a falta de personalidade e capacidade judiciária e da representação, vd. supra §§ 4 II, 12 III, 19 IV, 20 IV 4 e infra § 74 VII 2 c; vd. ainda infra § 76 II; para o interesse na protecção jurídica, vd. infra § 35 I).

6. É muito controversa a **sequência** que tem de ser seguida na **verificação** dos pressupostos processuais. Na prática, quando vários pressupostos se afiguram questionáveis, o tribunal examinará, em primeiro lugar, os que pareçam mais fácil e rapidamente identificáveis, quando um pressuposto processual não goze de primazia (vd. infra). Abstraindo disso, pode estabelecer-se o seguinte princípio: tem de se verificar em primeiro lugar a regularidade da acção, depois os pressupostos que respeitam ao tribunal, porque a sua falta exclui eventualmente a actividade judicial e por isso é escusada a verificação doutros pressupostos e aqui, antes de mais, a admissibilidade da via judicial (fundamento: a reforma da GVG § 17 a III, V, vd. supra § 4 II, III), depois a competência territorial, a seguir a material e por fim a internacional (doutro parecer, BGH JZ 80, 147 e seg.: primeiro a competência internacional, depois a territorial), porque um tribunal incompetente também não tem de se ocupar da verificação dos outros pressupostos processuais.

A questão da sequência é relevante se for duvidosa a existência de vários pressupostos processuais. Mas também aí é *diminuto o significado prático*. É que determinada a falta dum qualquer pressuposto processual, em regra a acção está em condições de ser rejeitada. Se além disso existe outro pressuposto processual duvidoso é irrelevante na maior parte dos casos. Contudo, *no caso concreto*, pode caber a **primazia** a um pressuposto processual face a outro, com a consequência que então, também tem de ser verificado se a falta do outro já está determinada. Acontece assim, por ex., se falta notoriamente o interesse na protecção jurídica, mas é duvidosa a admissibilidade da via judicial (vd. BGHZ 27, 29; tendo presente BGH LM n.º 6 face ao § 511; vd. ainda supra § 4 II); no caso inverso, pelo contrário, tem de ser remetida imediatamente, por força da inadmissibilidade da via judicial, nos termos da GVG § 17 a II (vd. supra § 4 III). Outros exemplos de primazia em *Blomeyer*, § 39 III; BGH NJW 98, 231 (litispendência perante a via judicial); BAG NJW 83, 839.

7. O **momento** em que os pressupostos processuais têm de existir é, em princípio, o da audiência final (*Rosenberg*, § 96 V 4; controverso, vd. BGH NJW 88, 1587). Basta que existam então, mas podem entretanto ter faltado (uma excepção aplica-se à competência e admissibilidade da via judicial; os factos que as fundamentam devem ter existido, vd. § 261 III n.º 2, GVG § 17 I 1 e infra § 40 I 2). Não

existindo então os pressupostos processuais, ou tendo deixado de existir, é proferida a absolvição da instância (para a inadmissibilidade da via judicial, contudo, vd. supra e supra § 4 III); para a personalidade e capacidade judiciárias, a representação legal e o mandato, isto só se confirma quando já faltavam na propositura da acção e ainda faltam, por ex., quando a acção foi instaurada por um judiciariamente incapaz por si ou por um representante sem poderes (sobrevindo o vício apenas durante o processo, isso tem outros efeitos, diversamente regulados conforme os casos, vd. supra §§ 19 IV, 20 IV 2 c, 21 V 3; ainda supra IV 2 no final e infra § 80 II V).

VI. Os **impedimentos processuais**, ao contrário dos pressupostos processuais, não são considerados oficiosamente, mas apenas **por excepção do réu** (vd. supra III). Quanto a isso, após a revogação do § 274 na redacção anterior pela Novela de simplificação, apenas subsiste hoje no ZPO a excepção de compromisso arbitral. Invocando-a o réu, a acção tem de ser rejeitada por inadmissível (§ 1032 I; vd. também ArbGG § 102, aí ainda é empregado na epígrafe oficial o conceito de "excepção impeditiva do processo" que a Novela de simplificação eliminou do ZPO). Para a eficácia de invocação de um acordo de tentativa de conciliação antes do recurso aos tribunais, vd. supra IV 3 após d.

A caução por prestar (§§ 110 e segs.) e a falta de reembolso das custas, pelo autor (§ 269 III) não fundamentam já – ao invés da opinião dominante (vd. StJ Einl. 317; BGH NJW 81, 2646 e seg.; WM 93, 355) – qualquer impedimento processual (concordante *Schlosser*, nota 290); pois após a revogação do § 274 na redacção anterior (vd. supra) não conferem qualquer "excepção de impedimento processual" (inexacto BGH RR 87, 61 e seg.; StJ § 110, 42) e a Novela de simplificação de 1976 não instituiu para elas qualquer disposição correspondente ao § 1032 I (antes § 1027 a; o que reconhece também o BGH NJW 82, 1879). Antes se aplicam regras especiais: sendo levantada a excepção da falta de caução (§ 110), produzem-se os efeitos jurídicos do § 113 (não há nenhuma inadmissibilidade da acção, por isso não há qualquer absolvição da instância [vd. BGHZ 102, 234 e seg.]; não tomado em consideração pelo BGH NJW 81, 2646 e seg.; RR 93, 1021); não tendo o autor reembolsado as custas nos termos do § 269 III, e propondo ele agora, por ex., nova acção, o réu pode recusar a resposta à questão de fundo (§ 269 IV; para isso BGH NJW 92, 2034) mesmo perante o AG (§ 495) o que se afigura estranho perante a história da evolução da lei (vd. *Rosenberg*, 11.ª Ed., § 97 VI 2).

VII. O regime dos pressupostos e impedimentos processuais **no ZPO** foi aperfeiçoado pela Novela de simplificação. Esta eliminou a errada noção das excepções processualmente impeditivas que, efectivamente reuniu todos os impedimentos processuais, mas apenas alguns pressupostos processuais, assim, inviabilizou um tratamento unitário de todos os pressupostos processuais. A lei juntou doravante os pressupostos e impedimentos processuais sob o conceito "reclamações que respeitam à admissibilidade da acção" (§§ 282 III, 296 III). Esta terminologia falhou; pois parece que todos os pressupostos da admissibilidade só podiam ser considerados como "reclamações". Isto está apenas certo, agora como antes, para os impedimentos processuais, nos quais é necessária uma reclamação do réu, mas não para os muito mais significativos pressupostos processuais.

O réu tem de apresentar todas as reclamações que respeitem à admissibilidade da acção simultaneamente e antes do início do julgamento do mérito em causa, eventualmente já na sua contestação, § 282 III (vd. ainda § 340 III 1). Isto é falso. Mesmo após este momento o réu pode ainda apresentar reclamações, caso não possa prescindir da sua consideração, § 296 III. Irrenunciáveis e de observância oficiosa em qualquer estado do processo são os pressupostos processuais (excepcionada a competência não exclusiva em questões patrimoniais; perante o LG deve a sua falta ser objecto de reclamação oportuna pelo réu, aliás o tribunal torna-se competente nos termos dos §§ 39 período 1, 40 II, vd. supra § 11 VI). Por isso, as reclamações renunciáveis respeitam apenas aos impedimentos processuais. Não sendo apresentadas oportunamente (§ 282 III) precludem e são apenas admitidas se o réu justificar suficientemente o atraso, § 296 III (princípio da preclusão atenuada, vd. supra § 28 III 4).

O diverso tratamento das reclamações da admissibilidade no § 296 III mostra que os pressupostos processuais e os impedimentos processuais não podem agrupar-se sob um só conceito. Contanto que o regime da Novela de simplificação fracasse tanto quanto o direito anterior (vd. § 274 III, redacção anterior).

2. Visto que os pressupostos processuais e os impedimentos processuais invocados tornam inadmissível o julgamento de fundo (e a decisão de fundo), o tribunal pode determinar que se **debata separadamente** a admissibilidade da acção, ou seja, que antes de mais se abstraia do julgamento da questão de fundo (§ 280 I). Esta possibilidade existe para todos os pressupostos da admissibilidade, especialmente os pressupostos processuais (BGH NJW 79, 428); sobre o regime especial para a admissibilidade da via judicial, vd. supra § 4 I-III.

O despacho nos termos do § 280 I é inimpugnável.

O debate separado é pertinente se a questão da admissibilidade for difícil de responder (*exemplo*: a capacidade judiciária depende do estado de espírito e não apenas da idade da parte).

Resultando do debate que a acção é *inadmissível*, pronuncia-se a **absolvição da instância** (vd. supra V 4).

Tendo resultado do debate separado somente a admissibilidade da acção, e necessitando a sua fundamentação de mais prova, o tribunal pode já estabelecer a admissibilidade da acção e de facto com vista a todos os pressupostos processuais e todos os impedimentos processuais invocados (vd. BGH RR 88, 173). Esta sentença não encerra o processo nesta instância; pois só agora deve ser debatida a questão de fundo. Assim, é uma **sentença interlocutória**. Diferencia-se da sentença interlocutória comum do § 303, porque é autónoma e não só apenas impugnável juntamente com a sentença final. Isto visa o § 280 II 1, segundo o qual "considera-se com respeito a recurso como sentença final"; isto baseia--se na redacção dos §§ 511, 545 I. Impugnáveis são ainda as sentenças interlocutórias sobre os pressupostos da admissibilidade, pronunciadas sem debate separado (BGH WM 94, 1051 e segs.; controverso).

O regime é específico; assim torna-se definitiva uma decisão de mérito sobre a admissibilidade, antes do julgamento da questão de fundo. Deste modo, o tribunal não deve debater e decidir a questão de fundo com risco de a instância superior considerar inadmissível a acção e a rejeitar por decisão sobre os pressupostos processuais.

O tribunal inferior, em regra, aguardará por isso se a sua sentença interlocutória foi impugnada e em caso disso, confirmada pelo tribunal superior. Contudo, pode debater-se previamente, sob requerimento, a questão de fundo (§ 280 II 2). Interpondo--se recurso, o processo suspende-se simultaneamente nas duas instâncias (instância inferior: questão de mérito, instância superior: admissibilidade da acção). Daí podem surgir complicações se a instância inferior decide sobre o fundo, esta sentença transita em julgado e o tribunal superior, mais tarde, rejeita a acção por inadmissível (vd. *Schiedermair*, JuS 61, 212 e segs.; BGH NJW 73, 468). Essas dificuldades raramente surgem, porque o processo está na instância superior (§§ 544, 566); só ocasionalmente surgem duplicados do processo (vd. OLG Düsseldorf NJW 72, 1475), se bem que assim possa haver atrasos processuais (para isso, em geral, *Engel*, Rpfleger 81, 82, com notas).

§ 34. As espécies de acções

Baltzer, Die negative Feststellungsklage aus § 256 I ZPO, 1980; *Bötticher*, Regelungsstreitigkeiten, FS Lent, 1957, pág. 89; *Dölle*, Gestaltung und Feststellung, DR 43, 825; *Hueck*, Gestaltungsklagen im Recht der Handelsgesellschaften, in: Recht im Wandel, 1965, pág. 287; *Kisch*, Beiträge zur Urteilslehre, 1903; *G. Lüke*, Zum zivilprozessualen Klagensystem, JuS 69, 301; *Schlosser*, Gestaltungsklagen und Gestaltungsurteile, 1966; *Trzaskalik*, Die Rechtsschutzzone der Feststellungsklage im Zivil-und Verwaltungsprozess, 1978; *Zeuner*, Gedanken zur Unterlassungs und negativen Feststellungsklage, FS Dölle, 1963, Tomo 1, pág. 295.

I. Conforme a espécie de protecção jurídica pedida pelo autor, distinguem-se **três espécies de acções: acções de condenação, de declaração e constitutivas**. Sendo concedida ao autor a protecção jurídica requerida, surge a respectiva sentença da espécie de acção escolhida, condenatória, declarativa ou constitutiva. Sendo recusada a protecção jurídica, portanto julgada a acção improcedente, pronuncia-se sempre uma sentença declarativa.

A **acção** mais frequente é a de **condenação**. Nela o autor pede que o réu seja condenado a uma prestação, por ex., ao pagamento de 1000 DM. A protecção jurídica é concedida por uma sentença de condenação, no exemplo, que o réu seja condenado a pagar ao autor 1000 DM. Esta sentença comporta duas espécies: declara o direito do autor contra o réu e ordena a este que preste algo ao autor. Não cumprindo o réu a ordem de prestação, o autor pode efectivar coactivamente o seu direito; a sentença é um título executivo.

Também a **acção de abstenção** é uma acção de condenação. A ordem estatal de abstenção emparceira com a ordem de prestar; só indirectamente é exequível (pela ameaça de medidas compulsórias, § 890). – Assim, pertence às acções de condenação a acção de **sujeição à execução**; com ela é exigida a responsabilidade do réu em determinadas matérias; opera, após a determinação da responsabilidade, a execução sobre as matérias sujeitas à responsabilidade (vd. BGB §§ 1147, 1233 II, 1973 II), por isso é chamada "acção de responsabilidade". Para isto, *Lent*, ZZP 70, 401 e segs.

II. Outra forma de acção é a **acção declarativa**, § 256 I. Com ela, o autor não pretende a condenação na prestação, mas apenas a declaração da existência (ou inexistência) **duma relação jurídica**, ou seja, relações de direito originadas num facto da vida, entre pessoas ou de pessoas sobre coisas. Só isto pode ser objecto da declaração e, assim, ser a acção. O pedido de declaração de simples factos ou situações de facto, por ex., de culpa num prejuízo, do defeito da coisa comprada, é inadmissível. A lei deixa como excepção apenas a declaração da verdade ou falsidade dum documento. Vd. BGH RR 86, 105.

A relação jurídica a declarar é, em regra, entre as partes. Se existe entre o autor ou o réu e um terceiro, então a jurisprudência exige para a admissibilidade da acção de declaração relativamente a terceiro (por ex., BGHZ 123, 46 e seg., com notas, para isso, discordante, *Häsemeyer*, comentário ZZP 107, 231 e segs.) o interesse na declaração. A admissibilidade de tal acção é questionável (discordante, *Michaelis*, FS Larenz, 1983, pág. 452 e segs.; *Häsemeyer*, loc. cit.; *G. Lüke*, FS Henckel, 1995, pág. 563 e segs.); nos casos decididos trata-se, na maior parte das vezes, da declaração da relação jurídica entre as partes, não para com um terceiro (por ex., acção do reclamante do crédito contra outro, para isso, BGHZ 123, 47; *Häsemeyer*, loc. cit., pág. 232; *G. Lüke*, loc. cit., pág. 569 e seg., 573 e segs., sempre com notas; também BGH NJW 98, 229 e segs.). Especial significado tem a **acção de verificação interlocutória da existência ou ausência dum direito** do § 256 II (vd. infra § 35 III 2).

A declaração só pode ser produzida para uma relação jurídica actual, não futura, para a pretérita apenas enquanto interessam ao presente ou ao futuro as suas incidências (BAG NJW 97, 3396), de modo que não se trate no fim da declaração duma relação jurídica pretérita (*exemplo*, BGH WM 79, 706: declaração duma relação de doação extinta, como fundamento dum direito actual à repetição do BGB § 531).

Com a sentença de declaração, o autor obtém apenas a declaração do efeito jurídico alegado, mas não – como na sentença de condenação – simultaneamente a possibilidade de execução. Quem queira ou tenha de executar, de nada lhe serve uma sentença de declaração; tem de pedir a condenação e tem de lutar pela obtenção duma sentença de condenação (vd. ainda infra § 35 III).

A acção declarativa tem **relevância prática** sobretudo nos seguintes casos:

1. A declaração da existência de *direitos absolutos*, como a propriedade, o direito sucessório, o estado civil, o direito de autor ou a patente, etc. Pela acção de condenação pode-se abranger uma pretensão isolada originada no direito absoluto, mas não o próprio direito absoluto (vd. infra § 63 III 2).

Exemplo: sendo o réu condenado à entrega dum bem da herança ao herdeiro demandante, com isso, não se declare, com força de caso julgado, o direito sucessório do autor. Num segundo processo contra o mesmo réu para entrega doutros bens da herança o tribunal não deve deduzir daí o direito sucessório do autor (BGH WM 79, 706). A isso só está vinculado quando foi declarado o direito sucessório do autor por acção de declaração (transitada; vd. infra § 63 III 2).

Acontece de modo semelhante na declaração *duma relação jurídica* no seu todo, *nomeadamente numa obrigação*, por ex., dum contrato de arrendamento; no processo laboral entra em consideração um contrato de trabalho ou convenção colectiva.

2. A *declaração de direitos*. Tem um papel importante nos processos de indemnização com vista às consequências dos danos ainda não ocorridos, mas previsíveis, por ex., por acidentes de viação. Desde que já exista sem dúvida um direito a indemnização mas "conforme a prova".

Não é quantificável, pelo que não pode ser instaurada a acção de condenação. Contudo, torna-se urgente a propositura da acção para fazer substituir o curto prazo de prescrição do BGB § 852 pelo prazo longo do BGB § 218 I (vd. BGH NJW 91, 973). Num posterior processo de condenação, com pedido de condenação em montante determinado, assenta-se, então, a obrigação de indemnizar do réu conforme a prova (com força de caso julgado); exemplo: BGH NJW 89, 105, com notas.

A acção para declaração da obrigação de indemnizar danos futuros é fundada se a sua ocorrência for verosímil (BGH NJW 93, 2383 e seg., com notas). A declaração afirma a obrigação "de acordo com os fundamentos" de modo semelhante à sentença interlocutória sobre o fundamento do pedido, nos termos do § 304 (BGH NJW 86, 2508; 93, 390; OLG Frankfurt RR 87, 1536).

3. Um caso especial é o da **acção de declaração negativa** dirigida à inexistência de determinado direito. É um expediente importante quando a parte contrária proclama um direito contra o autor (ex.: BGH NJW 86, 2508 e seg.) Em tais casos, a acção de condenação só pode ser instaurada como acção de abstenção; contudo, é prevista essencialmente para os direitos reais e outros direitos e bens jurídicos protegidos em absoluto (para a relação desta acção com as acções de declaração negativa: *Zeuner*, loc. cit., pág. 314 e segs.). O ónus da prova da constituição do direito na acção de declaração negativa, cabe ao réu que o alega (BGH NJW 92, 1103), ao autor o da sua perda ou circunstâncias especiais que determinaram a não constituição do direito. Sendo a acção julgada improcedente, com trânsito em julgado, por fundamentos de prova, fica assente a existência do direito (BGH NJW 93, 1717; 95, 1758; *Arens*, FS Müller-Freiensfels, 1986, pág. 22 e segs.; doutro parecer, *Tiedtke*, JZ 86, 1031 e segs., contra ele *Habscheid*, NJW 88, 2641 e segs.).

III. Enquanto as acções de condenação e declarativas são intimamente aparentadas, a **acção constitutiva**, como terceira espécie de acção visa uma protecção jurídica de natureza totalmente diversa. Com ela, o autor pretende uma sentença pela qual a situação jurídica existente nem é constatada nem feita efectivar, mas sim transformada e obtida uma nova situação jurídica.

Esta função é excepcional para o processo civil, porque este visa fundamentalmente a determinação do direito (e efectivação), não a constituição jurídica. A causa reside no direito substantivo. Ele permite, em regra, aos interessados causar mesmo a constituição jurídica, seja unilateralmente – em função dos direitos reais, pela renúncia ou exercício de direitos constitutivos, como a denúncia, o abandono, a impugnação – seja por acordo com a parte contrária, como no perdão de créditos. Só por motivos especiais é impedida esta via e o interessado tem de procurar obter pelo tribunal a transformação que, muitas vezes, nem em concordância com a parte contrária pode provocar (como, por ex., o divórcio, BGB § 1564, período 1; doutro modo, a dissolução duma OHG, HBG § 131 n.º 2, 6, como aliás por vezes possivelmente resta numa constituição privada em vez da judicial, vd. *Hueck*, loc. cit., págs. 297 e segs.; BGHZ 47, 301 e seg.).

A acção constitutiva é, em princípio, somente admissível onde é prescrita, a maior parte das vezes no direito substantivo (BGH RR 90, 475; é possível a analogia: *Hueck*, loc. cit., págs. 289, 292 e segs.).

A. As acções constitutivas classificam-se essencialmente em *três grandes grupos:*

1. **As acções de direito de família**, especialmente a acção de divórcio e a acção de anulação do casamento (§ 91 II 16).

A acção de impugnação da paternidade (BGB § 1600 e) é apenas, enquanto acção constitutiva, já que quer eliminar a barreira do BGB § 1593, que se opõe à reivindicação da ilegitimidade. Para a acção de investigação de paternidade, vd. infra § 92 I 1 b.

A necessidade de constituição judicial justifica-se pelo interesse público no estado civil e sua prova segura.

2. **As acções de direito comercial**, por ex., de impugação de deliberação da assembleia geral, de declaração de nulidade duma sociedade anónima, de dissolução duma OHG ou KG, de exclusão ou privação de poderes de gestão ou de representação duma sociedade (AktG §§ 243, 275, HGB §§ 117, 127, 131, 133, 140, 142, 161). A constituição judicial surge, em princípio, (vd. supra antes de A), porque os interessados na constituição (por ex., o accionista, o sócio da OHG e KG) têm interesse em relações jurídicas inequívocas.

3. *As acções em matéria executiva* (§§ 722, 767, 771) bem como as acções para modificação duma situação jurídica processual (§ 323). Em certo sentido cabe aqui ainda o processo de revisão (vd. infra § 76).

4. Além disso, acham-se outras acções constitutivas dispersas nas leis substantivas, como a declaração de indignidade sucessória (BGB § 2342, para isso, contudo, vd. BGH Fam RZ 70, 17), para prossecução da relação locativa (BGB §§ 556 a III, 556 b), para partilha entre herdeiros (BGB § 2042) ou cônjuges (BGB §§ 1475 e segs.).

B. A constituição por sentença, em regra, é puramente negativa: a relação jurídica é resolvida ou anulada. O tribunal não tem então de estabelecer um novo regime no lugar do anterior.

Também a acção para redução da cláusula penal pede, em certo sentido, uma constituição negativa, pois a pretensão penal deve ser suprimida parcialmente. Mas a tarefa do tribunal é, conforme a sua natureza, por conseguinte, a de dar ao contrato um novo conteúdo, em que o seu critério determina como adaptar o conteúdo. Com isso apresenta-se a indicação para uma, aliás, actividade proibida ao tribunal, a **reforma duma relação contratual**. De modo geral oferece-se apenas a opção de declarar válida em toda a sua extensão ou integralmente nula. Se e em que medida é possível ao tribunal a transformação duma relação contratual ou deve ser possibilitada, é sobretudo uma questão do direito substantivo (*exemplo*: constituição do contrato de arrendamento, mesmo sem requerimento [§ 308 a], conforme BGB §§ 556 a III b); prosseguindo SachenRBerG §§ 103 e seg.: constituição e determinação do conteúdo dum direito de superfície hereditário ou dum direito de aquisição [sem vinculação ao pedido da acção: § 106 I 1]).

Nas **acções para partilha** (vd. supra A 4) o autor tem de apresentar um plano de partilha e de requerer que o réu seja condenado a aquiescer. Por isso o tribunal está vinculado ao plano (§ 308 I; mas também supra § 25 VII 5 face ao § 139). Diverso, Hausrats VO §§ 8 e seg., 25, BGB § 1361 a para a partilha do recheio da casa (jurisdição voluntária!).

C. As acções constitutivas exigem normalmente uma constituição apenas para o futuro (assim, o pedido de divórcio, a acção para dissolução da OHG).

D. A sentença constitutiva *não precisa de execução*. Com o seu caso julgado formal produz-se a constituição, por ex., a dissolução da OHG e a transferência automática do património colectivo ao cessionário (HGB § 142 I), sem que sejam necessárias quaisquer medidas coactivas. Da nova situação jurídica podem resultar direitos, por ex., após a dissolução da OHG, pode o (antigo) sócio demandado pedir ao cessionário o pagamento da indemnização (BGB § 738). Não sendo esse direito espontaneamente cumprido, deve – como ainda em qualquer outro direito – ser declarado e realizado por via de acção de condenação.

E. Para a autoridade de caso julgado das sentenças constitutivas, vd. infra § 65 II.

IV. A acção para exigência duma declaração de vontade é uma acção de condenação, não uma acção constitutiva pois o autor exerce o direito a uma prestação, só que esta não é uma prestação de coisas, mas antes consiste na exigência duma declaração de vontade.

Exemplo: o comprador demanda a trasmissão do automóvel comprado, ou seja, para (tradição e) entrega da declaração de compromisso. Sendo o réu condenado com trânsito em julgado, o § 894 ficciona a entrega da sua declaração de compromisso, portanto não ordena qualquer constituição judicial.

§ 35. O interesse na protecção jurídica

Allorio, Rechtsschutzbedürfnis?, ZZP 67, 321; *Bley*, Klagrecht und rechtliches Interesse, 1923; *P. Böhm*, Die Lehre vom Rechtsschutzbedürfnis, JBl. 74, 1; *Dolinar*, Ruhen des Verfahrens und Rechtsschutzbedürfnis, 1974; *Hellwig*, Anspruch und Klagrecht, 1900; *Hellwig*, Klagrecht und Klagmöglichkeit, 1905; *Pohle*, Zur Lehre vom Rechtsschutzbedürfnis, FS Lent, pág. 195; *Schönke*, Das Rechtsschutzbedürfnis, 1950; *E. Schumann*, Kein Bedürfnis für das Rechtsschutzbedürfnis, FS Fashing, 1988, pág. 439; *Stephan*, Das Rechtschutzbedürfnis, 1967; *Wieser*, Das Rechtsschutzinteresse des Klägers im Zivilprozess, 1971.

I. A concessão da protecção jurídica judicial não depende apenas da existência dum direito substantivo. Outrossim um interessado substantivamente não pode recorrer ao tribunal inutil ou deslealmente ou aproveitar-se dum processo judicial para alcançar fim processualmente impróprio e por conseguinte indigno de protecção (BGH NJW 78, 2032; para a problemática, vd. infra V). Por isso, deve existir, em geral, um **interesse na protecção jurídica** (necessidade de protecção jurídica) do direito invocado, demandado agora e desta maneira. O interesse na protecção jurídica é um **pressuposto processual** (não pertence, portanto, ao mérito da acção). Faltando, a acção é rejeitada por inadmissível (absolvição da instância). Deste modo, encontra-se o recurso a tribunal, absurdo ou processualmente impróprio, já no plano da prova da admissibilidade.

Esta função do interesse na protecção jurídica proíbe examinar a sua verificação – eventualmente em processos morosos – se já está assente a sua falta de fundamento. Neste caso, a acção pode ser imediatamente julgada improcedente por falta de fundamento (opinião dominante, vd. BGH RR 94, 344; doutro parecer, *Dolimar*, loc. cit., nota 333). Isto é possível, se bem que, em princípio, a decisão de mérito só pode ser proferida quando os pressupostos da admissibilidade foram totalmente examinados e confirmados (vd. supra § 33 V 4). Assente não apenas a falta de fundamento da acção, mas também a falta de interesse na protecção jurídica, a acção deve ser rejeitada por inadmissível; a jurisprudência (BGH NJW 78, 2032, com notas) quer julgar improcedente, mas com isso não trata o interesse na protecção jurídica como pressuposto processual (*Jauernig*, FS Schiedermair, 1976, pág. 307 e seg.).

O ZPO só exige expressamente o interesse na protecção jurídica na acção de prestação futura (§ 259, vd. infra II 2) e na acção declarativa (§ 256 I, vd. infra III 1). Em ambos os casos tem de ser evidenciado o interesse *positivo* (a declarar objectivamente) à pretendida protecção jurídica. Na acção de condenação normal e na constitutiva, não tem de ser declarado, nem é necessário, similar pressuposto positivo de admissibilidade. Apenas não podem subsistir circunstâncias que excluam o interesse na protecção jurídica (vd. II 1, IV).

Esta ideia é formulada frequentemente assim: o interesse na protecção jurídica na acção de condenação resulta do incumprimento do direito que se faz valer e de supor como existente pelo exame da admissibilidade (vd. BGH NJW 87, 3139). De rejeitar, BGH LM n.º 11, nota preliminar, face ao § 253 (necessidade de protecção jurídica): não há necessidade de protecção jurídica se o autor, conforme a sua alegação, já foi satisfeito quanto à prestação exigida; aqui a acção improcede porque carece de fundamento (vd. supra § 25 V 1, VI 1 e infra § 43 IV 2).

O interesse na protecção jurídica é pressuposto da admissibilidade de qualquer acção, contudo formulado especialmente para as várias espécies de acção.

II. 1. Na **acção de condenação** o interesse na protecção jurídica tem de ser afirmado como em geral (o autor visa a ajuda judicial à execução do seu direito). Portanto, praticamente, só tem de provar-se se excepcionalmente faltar (vd. supra I).

Falta, em regra, se o autor quer atingir o seu objectivo (a satisfação coactiva com base numa sentença de condenação) de modo mais simples, mais rápido ou mais barato, porque já tem na mão um título executivo para a prestação demandada, que não é uma sentença a não ser que haja para a acção um "motivo razoável" (BHG NJW 94, 1352), por ex., na dúvida sobre a exequibilidade do título.

Aplicam-se especialidades à **acção de abstenção** negatória e quase negatória. O interesse na protecção jurídica só se apresenta quando a intervenção ameaçadora se declara (em geral também aqui tem de provar-se se falta o interesse na protecção jurídica). Se a intervenção ameaça realmente é uma questão de fundamentação, porque pressuposto da pretensão substantiva (vd. *Jauernig*, NJW 73, 1672 e seg.). A intervenção ameaçadora é, assim, um facto de fundamentação da admissibilidade e da pretensão, por isso basta para a admissibilidade da sua alegação concludente (vd. o problema paralelo supra § 12 I). Nos pormenores prevalece muita controvérsia, vd. BGHZ 42, 355 e seg.; BGH LM n.º 250 face ao § 1 UWG; NJW 80, 1843. Face ao § 259, vd. infra 2 d.

2. Pedindo o autor uma prestação futura, para a data do vencimento, porque o seu direito ainda não se venceu, a sua acção não é, sem dúvida, infundada; pois ele apenas exige o que lhe é devido. O ZPO, porém, estabelece o critério de o tribunal não poder concretamente decidir de qualquer maneira uma **acção para prestação futura**. Pelo contrário, a acção só é admissível quando existam certos pressupostos processuais. Para tal basta a alegação do autor fundamentada factualmente, na medida em que convirjam factos que fundamentem a admissibilidade e o pedido ("duplamente relevantes"; vd. supra § 12 I; StJ § 259, 8). Faltando os pressupostos processuais, a acção é rejeitada por inadmissível (sentença de forma), portanto não é decidida de fundo.

A prestação futura pode ser demandada nos *seguintes casos*:

a) A exigência dum crédito em dinheiro não sujeito a contraprestação depende, quanto ao seu início, dum dia determinado (pelo contrato, pré-aviso, lei). Então, já é possível com antecedência a acção para condenação na prestação nesse dia, § 257 1.º caso.

Os créditos pecuniários que provêm de contratos obrigacionais unilaterais, por ex., os que provêm de promessas de doação, letra de câmbio, também os que provêm de contratos bilaterais, quando a contraprestação já se realizou, por ex., o direito do vendedor, que já prestou, ao pagamento do preço da venda.

b) O exercício do direito ao despejo dum imóvel ou dum local que serve a outrém de habitação, depende quanto ao seu início dum dia determinado. Então é possível o despejo futuro para esse dia, § 257 2.º caso.

Despejo significa a cessação da detenção temporária. Aqui põe-se especialmente a questão da acção do senhorio, de despejo de locais arrendados, não a acção do proprietário para entrega contra o detentor, sem atenção a um contrato (BGB § 985), pois que não se fixou qualquer dia.

O fundamento prático para a admissibilidade destas acções antes do vencimento reside na consideração que é no interesse de ambas as partes, se a decisão já podia ter lugar antes do dia do vencimento; pois conforme ambas as partes sabem a que ater-se antes, tanto melhor.

Para as acções de despejo futuro de habitação, aplica-se o § 259.

c) Havendo *direito a prestações periódicas*, pode não só demandar-se as prestações já vencidas mas, ao mesmo tempo, as só futuramente vincendas, § 258. "Periódicas" são as prestações resultantes da mesma relação jurídica e, na maior parte dos casos, mas não necessariamente, respeitem a determinados períodos de tempo. O *direito a alimentos* de natureza jurídica de família oferece o *principal exemplo* (de filhos, pais e cônjuges separados), também as pensões respeitantes a acto ilícito, as rendas vitalícias, as rendas devidas por construção em sacada, pensão de reforma (BAGE 24, 73 e seg.), de modo diverso dos direitos que dependem de uma contraprestação (ex., rendas locativas, salários), pois o § 258 relega isso para o § 257 ("também").

O fundamento para a admissão da condenação prévia de longo alcance por períodos dilatados reside em que para o autor seria um duro encargo se tivesse que intentar uma acção especialmente por cada prestação vencida, e fosse constrangido a processar sempre de novo um devedor renitente, o que tentava o interessado a causá-lo. Além disso o devedor podia levantar excepções contra a existência do direito, em cada novo processo, porque nunca seria proferida uma decisão sobre o direito no seu todo. A acção é ainda admissível se nenhuma prestação individualizada se venceu. O risco que resulte duma decisão para um futuro ainda não previsível é compensado pela acção de reforma (§ 323; vd. infra § 63 VI); para os créditos de alimentos de filhos menores vd. §§ 654-656.

d) Por fim, o § 259 garante em geral, uma espécie de cláusula geral, a acção à prestação futura, mesmo quando a prestação dependa duma contraprestação. Requisito é o receio que o devedor se subtraia à prestação em tempo devido. A lei exige ainda um especial interesse na protecção jurídica com a imediata condenação. Este interesse tem de ser positivamente demonstrado pelo autor (ao contrário do interesse geral à protecção jurídica, vd. supra I).

Para isto não basta o agravamento objectivo da situação patrimonial do devedor nem é necessária uma conduta dolosa. Basta que o devedor – se também de boa fé – conteste seriamente o seu dever de prestar (BGHZ 43, 31).

Faltando este pressuposto, a acção é rejeitada por sentença de forma (vd. supra antes de a).

As acções de abstenção (vd. supra I) não cabem no § 259, pois que o réu está já obrigado à abstenção do comportamento ameaçador (discutível, vd. BGH RR 89, 264).

III. Tem de distinguir-se na **acção declarativa**.

1. Na acção dos termos do **§ 256 I** o autor tem de demonstrar positivamente o seu interesse na protecção jurídica, isto é, o seu interesse jurídico na declaração imediata (não apenas económico, científico, etc).

O interesse na declaração *imediata* existe se o direito ou a situação jurídica do autor está ameaçado por perigo actual de insegurança, e se a pretendida sentença de declaração pode eliminar a insegurança (BGH NJW 96, 2500).

Exemplo: a parte contrária contesta a propriedade do autor sobre determinada coisa ou se apregoa ser ela própria a proprietária.

O interesse na protecção jurídica falta, em regra, se já na propositura da acção pode ser demandada a prestação. A sentença é meramente declarativa, quer dizer, não exequível, de modo que o autor tem de novamente demandar (desta vez para condenação) para obter um título executivo.

Contudo, a acção declarativa é admissível se é demandada uma entidade de direito público, porque então é de presumir que o autor seja satisfeito logo com base numa sentença declarativa (BGH RR 88, 445). É também admissível se, simultaneamente, deve ser declarada a obrigação de indemnizar os danos, já decorrentes (portanto quantificáveis); e futuros (portanto não quantificáveis); os primeiros não têm que ser reivindicados em acção de condenação (BGH NJW 93, 397). Muito genericamente, a acção declarativa é admissível apesar da possível acção de condenação, se esta resolver mais simplesmente, mais economicamente ou melhor que esta, o assunto em litígio (BGH NJW 96, 2726). Reciprocamente, é admissível a acção declarativa por falta de interesse na protecção jurídica se ao autor se oferece uma via mais simples ou mais económica, para atingir o seu objectivo (BGHZ 69, 147 e seg.; reclamação § 766, em vez de acção declarativa).

O interesse na protecção jurídica pode causar dificuldades na *acção de declaração negativa*. Arrogando-se B um crédito sobre K, este pode pôr acção para declaração da inexistência do pretenso crédito (vd. BGHZ 91, 41). Acontecendo isto, e demandando B, pela sua parte, a prestação, é duvidoso se a acção de condenação se suspende pela excepção de litispendência, ou se doravante falta o interesse na protecção jurídica (para o estado da questão, StJ § 261, 60, 62). Determinando-se o objecto do litígio também conforme a pretendida forma de protecção jurídica, nunca se apresenta assim a questão da litispendência na coincidência da acção de declaração (positiva ou negativa) com a condenação (doutro parecer, *Rosenberg*, § 110 1 c; vd. infra § 37 II 1). Trata-se sempre de um problema de interesse na protecção jurídica, possivelmente também atendendo à acção de condenação instaurada mais tarde (BGH NJW 94, 3108; 97, 872 para a acção declarativa *negativa* e posterior acção de condenação [aqui suspensão, § 148, do possível processo de condenação, vd. infra § 77 VI]; BGH RR 90, 1533 para a acção declarativa *positiva* e posterior acção de condenação; diferente, BGH NJW 89, 2064 e seg. para a acção de condenação e posterior acção de declaração *negativa*: questão de litispendência).

O interesse na declaração tem sempre de ser examinado oficiosamente. Tem de existir no momento da última audiência (vd. § 33 V 7).

O autor tem de fornecer os factos necessários para o fundamentar. Faltando o interesse, a acção tem de ser rejeitada por inadmissível, sem que se siga o exame do direito invocado (vd. supra I).

2. Tratando-se no processo de uma pretensão no sentido do BGB, pode o respectivo fundamento jurídico ser igualmente litigioso, por ex., a relação de arrendamento na acção para pagamento de renda, o direito à sucessão na acção para entrega de bens da herança, a propriedade, nos pedidos de indemnização por dano material. Nestes casos, conforme o **§ 256 II** pode ser demandada para declaração desta relação jurídica prejudicial, de cuja existência ou inexistência depende a decisão (acção acessória de comprovação ou **acção de verificação interlocutória da existência ou ausência de um direito**). O interesse na declaração existe se a decisão da acção principal depender no todo ou em parte da declaração da relação jurídica litigiosa e se esta relação jurídica pode ganhar significado para além do objecto do litígio da acção principal (BGHZ 125, 255 e seg.), por ex., para outros pedidos de rendas.Faltando isso, a acção de verificação interlocutória da existência ou ausência dum direito tem de ser rejeitada por inadmissível.

Sendo a acção admissível, o autor pode obter a declaração desta relação jurídica com força de caso julgado. O significado prático revela-se num processo posterior em que a relação jurídica declarada é (por sua vez) de natureza prejudicial (vd. supra § 34 II 1, 2 e infra § 63 III 2). Por isso, a acção de verificação interlocutória da existência ou ausência dum direito é muitíssimo importante, se com isso é de supor que vêm ao processo outros pedidos da mesma relação fundamental.

O autor formula uma acção de verificação interlocutória da existência ou ausência dum direito pela ampliação do pedido da acção, § 256 II (a ampliação é uma modificação da acção, legalmente permitida, vd. ainda infra § 41 II 2). O réu formula-a sob a forma de reconvenção, § 256 II.

IV. Também para **as acções constitutivas** o interesse na protecção jurídica é requisito da admissibilidade. Existe, em regra, porque a constituição do modo pretendido não é possível doutro modo. Daí que o interesse só excepcionalmente falte, vd. BGH NJW 80, 2199 (para o § 767).

V. Faltando o interesse na protecção jurídica, o pedido de protecção jurídica não procede. Não tem importância se o autor tem à disposição uma via mais fácil ou mais rápida, ou se já obteve protecção jurídica (por ex., na forma do título executivo), vd. supra II 1. Aqui, a **negação do interesse na protecção jurídica** não leva *geralmente* a **impedir** a **protecção jurídica**. Mas seria o caso se desaparecesse o interesse na protecção jurídica numa acção, por ex., pela insignificância do seu objecto (*exemplo*, AG Stuttgart NJW 90, 1054; 0,41 DM) ou pela sua evidente improcedência(*exemplos*, BGH RR 88, 758; LM n.º 11, observação prévia ao § 253 [necessidade de protecção jurídica], vd. supra I). Por outro lado, é de notar que a concessão e não a recusa da protecção jurídica é a mais nobre missão do tribunal. Sobretudo a recusa em termos gerais deve ser rigorosamente **excepcional** (pertinente, BGH NJW 96, 2037). A insignificância do objecto da acção, a temeridade ou a falta de perspectivas de êxito não retiram ao autor o interesse na protecção jurídica (BGH NJW 73, 2064). A necessidade de protecção jurídica não falta, se a pretensão da alegada modalidade está em geral excluída; então a acção é improcedente (doutro parecer, BGH JZ 86, 1058).

§ 36. O direito à protecção jurídica

Binder, Prozess und Recht, 1972; *Dütz*, Rechtsstaatlicher Gerichtsschutz im Privatrecht, 1970; *G.Jellinek*, System der subjektiven öffentlichen Rechte, 2.ª Ed., 1905; *Mes*, Der Rechtsschutzanspruch, 1970 (para isso, *A. Blomeyer*, ZZP 85, 249 e seg.); *Schlosser*, Gestaltungsklagen und Gestaltungsurteile, 1996, pág. 374 e segs.; *Schwab*, Zur Wiederbelebung der Rechtsschutzanspruch, ZZP 81, 412; *Simshäuser*, Zur Entwicklund des Verhältnisses von materiellem Recht und Prozessrecht seit Savigny, 1965, pág. 109 e segs.; *Stein*, Über die Voraussetzungen des Rechtsschutzes, insbesondere bei der Verurteilungsklage, Festgabe für Fitting, 1903, pág. 333; *Wach*, Der Rechtsschutzanspruch, ZZP 32, 1. Para mais bibliografia, vd. supra § 35.

I. O autor não obtém uma sentença favorável apenas se a acção tem fundamento. Têm de acrescentar-se outros requisitos, especialmente o interesse na protecção jurídica (vd. supra § 35). Enquanto este entendimento se alcançou na ciência processual à saída do séc. XIX, principalmente *Wach*, mas também *Hellwig* e *Richard Schmidt*, tentaram construir um peculiar **direito à protecção jurídica** que deveria reunir em si todos os requisitos da protecção jurídica enquanto pressupostos da previsão normativa. O conceito foi sendo salientado só pouco a pouco e permaneceu sempre contestado. Contudo, obteve-se clarificação em duas direcções.

1. O direito à protecção jurídica deve **distinguir**-se do **direito à concessão de justiça**, do direito à jurisdição. O direito à concessão de

justiça radica no princípio do Estado de Direito e cabe a cada uma das partes; pois qualquer um pode dirigir-se ao tribunal e pedir que decida. Tem, portanto, direito à pertinente resolução do seu pedido.

Este direito de natureza jurídica pública contra o Estado têm em vista ainda as BVerfGE 37, 153, se aí não se deduz apenas do GG art. 19 IV um direito formal de recurso aos tribunais, mas antes um direito do cidadão ao controle jurídico realmente eficaz, que se dirige, não apenas contra os tribunais, mas sim – e isto é de especial importância – também contra o legislador (para a problemática, *Baur*, AcP 153 , 396 e segs.). A BverfG, loc. cit., designa-o com efeito "direito à protecção jurídica", mas com isto apenas tem em vista o direito à concessão de justiça: o estabelecimento de controle judicial pelo legislador e o direito à decisão judicial não significam concessão de protecção jurídica. O direito à concessão de justiça é satisfeito mesmo que a protecção jurídica seja recusada no caso concreto, quer excepcionalmente pela recusa da citação para a acção (vd. infra § 38 II 4), quer na forma da absolvição da instância ou do pedido. O *direito à protecção jurídica* tem por conteúdo, pelo contrário, a *concessão de protecção jurídica*. Ele concede um direito na decisão de mérito favorável e por isso só pode caber intacto a uma de ambas as partes. Portanto, no direito à protecção jurídica não se trata da competente atribuição sem mais a qualquer pessoa, mas sim somente do competente direito subjectivo a determinada pessoa, sob determinados pressupostos. Sobre os pressupostos do direito à protecção jurídica, certamente nunca se atingirá pleno acordo.

2. O direito à protecção jurídica não é nenhum direito contra o opositor privado, a parte contrária, mas sim um direito contra o Estado, corporizado no tribunal. O autor, que pretende protecção jurídica pede, não ao réu, mas ao tribunal, e o que ele pede não lhe pode dar o réu, mesmo que queira. Por isso, o direito à protecção jurídica não se identifica com o direito substantivo.

II. Há objecções contra a doutrina do direito à protecção jurídica. Ela desenvolveu, sem dúvida, um sistema de direito processual, da mais notável coerência, todavia muitas vezes em discrepância com o direito vigente. Tem de reconhecer-se que a noção de direito à protecção jurídica estimulou extraordinariamente a ciência do direito processual – especialmente pela acentuação do interesse na protecção jurídica – mas esta noção não é necessária para entender qualquer aspecto essencial do processo (assim a opinião hoje dominante, vd. *Rosenberg*, § 3 II com notas, também para a opinião contrária; o diminuto significado prático é acentuado pela StJ Einl. 224).

§ 37. O objecto do litígio

Baumgärtel, Zur Lehre vom Streitgegenstand, JuS 74, 69; *A. Blomeyer*, Zum Urteilsgegenstand im Leistungsprozess, FS Lent, 1957, pág. 43; *P. Böhm*, Die Ausrichtung des Streitgegenstandes am Rechtsschutzziel, FS Kralik, 1986, pág. 83; *Bötticher*, Zur Lehre vom Streitgegenstand im Eheprozess, Festgabe für Rosenberg, 1949, pág. 73; *de Boor*, Gerichtsschutz und Rechtssystem, 1941; *Georgiades*, Die Anspruchskonkurrenz im Zivilrecht und Zivilprozessrecht, 1968 (para isso *Arens*, AcP 170, 392 e segs.); *Habscheid*, Der Streitgegenstand im Zivilprozess und im Streitverfahren der Freiwilligen Gerichtsbarkeit, 1956; *Henckel*, Parteilehre und Streitgegenstand im Zivilprozess, 1961; *Jauernig*, Verhandlungsmaxime, Inquisitionsmaxime und Streitgegenstand, 1967; *Jonas*, Gedanken zur Prozessreform. Verhandlungs und Offizialmaxime, DR 41, 1697; *Lent*, Zur Lehre vom Streitgegenstand, ZZP 65, 315; *Lent*, Zur Lehre vom Entscheidungsgegenstand, ZZP 72, 63; *G. Lüke*, Zur Streitgegenstandslehre Schwabs – eine Retrospektive, FS Schwab, 1990, pág. 309; *Mühl*, Die Bedeutung des Sachverhalts für den Begriff des Streitgegenstandes bei Leistungsklagen in der Rechtsprechung, NJW 54, 1665; *Nikisch*, Der Streitgegenstand im Zivilprozess, 1935; *Rimmelspacher*, Materiellrechtlicher Anspruch und Streitgegenstandsprobleme im Zivilprozess, 1970; *Schwab*, Der Streitgegenstand im Zivilprozess, 1954; *Schwab*, Der Stand der Lehre vom Streitgegenstand im Zivilprozess, JuS 65, 81; *Schwab*, Noch einmal: Bemerkungen zum Streitgegenstand, FS G. Lüke, 1997, pág. 793.

I. Um processo regular só é imaginável se o seu objecto está determinado. O tribunal e as partes devem saber sobre o que litigam nesse processo, o que tem de ser aí decidido. Tratava-se já (vd. supra § 24 III), de o autor – não só no processo civil – determinar, pelo menos em esboço, o objecto do processo. Aí se patenteia a sua liberdade de disposição. Impede, desse modo, que a parte contrária e o tribunal se voltem para outro objecto. A questão é somente quando é que o objecto é "outro". Aqui reside o **problema do objecto do litígio:** é um **problema de delimitação**.

Patenteia-se no processo civil especialmente **em quatro áreas**:

1. Durante o processo, não pode ser novamente demandado, de forma admissível, o mesmo objecto. No segundo – e simultâneo – processo, seria excepcionada a **litispendência** (vd. infra § 40 II). A questão é: quando são idênticos os objectos do primeiro e do segundo processo?

2. Se não houver identidade, não há inconveniente em vários processos simultâneos. Mas é também possível reunir *num* processo vários objectos de litígio. Trata-se aqui da cumulação expressa de várias acções

num processo, a chamada **cumulação objectiva de acções** (vd. infra § 88). A união expressa pode desaparecer no decurso do processo, por ex., pela separação por parte do tribunal (vd. infra § 77 V).

Aqui põe-se a questão: quando se trata da cumulação de vários objectos de litígio numa acção?

3. Na verdade o autor determina livremente o objecto do processo, mas não pode modificá-lo no processo de qualquer maneira. A **modificação da acção**, nos termos do ZPO só limitadamente é admissível. Por isso, pergunta-se, se uma mudança nas alegações da acção modifica o objecto do processo (vd. infra § 41).

Esta questão para que se tem de chamar já a atenção – não tem hoje a importância anterior. Daí também se faz uso se for somente duvidoso se o objecto do processo se modificou (um exemplo face ao § 264 – modificação da causa de pedir – no BGH LM n.º 30 face ao § 906 BGB). Vd. infra § 41 III 2.

4. Após a decisão transitada dum litígio é inadmissível trazer de novo esse litígio perante o tribunal. A **força de caso julgado material** da sentença impede uma nova decisão do litígio, mas tão somente se os objectos do processo terminado e do novo forem iguais (vd. infra § 62 III 1).

Põe-se aqui a questão de saber quando são idênticos o primeiro e o segundo processo. Esta é a mesma questão que se põe no âmbito da litispendência (vd. supra 1), agora com a diferença que ambos os processos decorreram um após o outro no tempo, não simultaneamente.

A problemática da delimitação mostra-se especialmente clara no âmbito da força do caso julgado material. Aqui ela tem, de longe, a maior relevância prática. Por isso, deve ser considerada principalmente no seguinte.

II. A **delimitação** não cria dificuldades em todos os casos.

1. Não surgem problemas quando o autor, no segundo processo, realmente apresenta *a mesma situação de facto*, mas formula *outro pedido.*

Sendo, por ex., julgada improcedente a acção do preço da compra por nulidade do contrato, o autor pode agora demandar a devolução das mercadorias fornecidas. A força de caso julgado da primeira sentença não estorva.

Sendo os **pedidos diferentes**, **também** o são os **objectos de litígio**.

É controverso, se os pedidos divergirem já pela *diferente forma de protecção jurídica* (declaração/condenação/constituição). A opinião dominante assenta essencialmente em que, se existem os mesmos factos *e* o objectivo da protecção jurídica pretendida já foi atingido na primeira acção (a primeira sentença; vd. OLG Koblenz RR 90, 1023 e supra § 35 III 1). Pretendendo K, antes de mais, declarar que B lhe deve 1.000 DM e passando, durante o processo para a acção de condenação, há modificação da acção (admissível, nos termos do § 264 n.º, 2, vd. infra § 41 II 2). Pondo K apenas o pedido de declaração e atendendo o tribunal a pretendida declaração, o seu caso julgado não impede uma acção de condenação posterior: outro pedido – outro objecto de litígio (BGH NJW 89, 394).

2. Não há problema no caso do autor, no primeiro ou no segundo processo, apresentar *pedidos exteriormente idênticos* mas *de diverso conteúdo* e factos distintos.

Exemplo: no primeiro processo K pede 5.000 DM pela venda dum automóvel usado, no segundo novamente 5.000 DM, desta vez pela venda dum motociclo novo. Os pedidos são de conteúdos diversos, pois K pede duas vezes sempre 5.000 DM por duas situações de facto distintas.

3. Surgem dificuldades se o autor apresenta o *mesmo pedido quanto ao conteúdo, mas factos* no todo ou em partes *diferentes* do que apresenta no primeiro processo.

Exemplos: (1) K exige 1.000 DM duma indemnização do BGB § 326. A acção é julgada transitadamente improcedente, porque faltam o estabelecimento do prazo e a declaração de rejeição de incompetência. K demanda novamente pelo BGB § 326 para pagamento dos 1.000 DM e alega – o que tinha omitido antes – que já antes do primeiro processo tinha produzido as declarações supostamente em falta. O pedido quanto ao conteúdo é o mesmo do primeiro processo, pois K pede agora os mesmos 1.000 DM. – (2) K exige uma indemnização por lesão corporal. O tribunal nega o direito do BGB § 823 e julga-o improcedente com trânsito em julgado. K demanda novamente e alega agora ter sido moralmente lesado então por dolo (BGB § 826). – (3) K pede a entrega duma vaca que supostamente lhe foi roubada. Alega apenas ter sido possuidor do animal. O tribunal julga improcedente com trânsito em julgado porque nega o direito do BGB §§861, 1007. K demanda novamente a entrega, agora com a alegação de ter sido sempre o proprietário da vaca (BGB § 985).

A segunda acção é sempre inadmissível porque a questão já foi decidida com trânsito em julgado?

Aqui importa – se agora e antes – sob a capa de um pedido de conteúdo idêntico os factos alegados se completam de tal modo que o primeiro e o segundo apresentam a mesma matéria de facto e, assim, o mesmo objecto de litígio. Assim visto, o **problema do objecto do litígio** é **aqui** a **questão da plenitude da matéria de facto**, ou seja, da sua delimitação. Estando no processo a matéria de facto integralmente alegada, é então inimaginável ainda alegar mais tarde novos factos que lhe respeitem. Todos os factos novos pertenceriam então a outra matéria de facto e por conseguinte, a outro objecto de litígio. Estariam excluídos problemas de delimitação.

4. Realmente, na maior parte dos processos, a matéria de facto é integralmente alegada, não porque o juiz tem de agir, no final, no sentido de conseguir uma alegação completa (§ 139). Isto explica-se em boa parte porque a prática só raramente se tem de ocupar com problemas do objecto do litígio. Porém, nem sempre é tão simples; pois a lei não pede – com vista à fixação do objecto do litígio – qualquer completude da alegação da matéria de facto; pelo contrário, a lei permite completar a matéria de facto durante o processo (vd. §§ 139, 264 n.º 1, §§ 277 IV, 296 a, 335 I n.º 3). Daqui conclui-se: para a determinação do objecto de litígio, o autor tem apenas de alegar tantos factos quantos sejam necessários para a individualização, ou seja, para a delimitação do objecto desse processo do objecto de qualquer outro (com o mesmo pedido).

Exemplos, oferecem sobretudo as acções de pagamento: pedindo K de B 5.000 DM, deve então alegar se os exige da venda de 29-3 ou 21-5, do empréstimo de 1995 ou 1997, ou de que outro evento. Não é necessário para a individualização uma descrição completa, apenas deve ser estabelecido inconfundivelmente pelo autor o evento que tem em vista.

Esta é a perspectiva da chamada **teoria da individualização corrigida**. Esta diz apenas que é dispensável a completa exposição dos factos, mas não se manifesta se para o estabelecimento do objecto do litígio é sempre necessário reportar-se a factos (vd. para isto VIII, IX).

A velha *teoria da individualização* e a sua réplica, a *teoria da substanciação*, estão ultrapassadas. Aquela reclamava, e bastava-se com a identificação técnico-jurídica da relação jurídica accionada ("arrendamento", "empréstimo", "propriedade", etc.), por isso punha de parte o princípio: iura novit curia. A teoria da substanciação lançava-se doutro modo para além do objectivo: pedia a formulação completa dos factos substantivada, ou seja, com todos os pormenores (vd. RGZ 143, 65). Tal formulação pode ser necessária para o êxito da acção (concludência! vd. supra 3 o primeiro exemplo) mas não, como se disse, para a determinação do objecto do litígio (confunde ambas BGH WM 82, 1327 e seg.).

Que para determinar o objecto do litígio não seja necessário que o autor esteja obrigado a alegar exaustivamente a matéria de facto tem também elevado significado em vista dum segundo processo (simultâneo ou posterior). Mesmo que o autor apresente num segundo processo um pedido realmente idêntico ao da primeira causa, no entanto apresenta factos que não tinha alegado no primeiro processo, ou não tinha alegado do mesmo modo, coloca-se sempre a mesma questão:introduziu-se com a alegação de mais factos (novos) em conexão com o pedido colocado um outro (novo) objecto de litígio, no segundo processo, ou apenas se completou a matéria de facto do processo em primeiro lugar pendente (ou posterior)?

O simples *completamento dos factos*, no âmbito da acção instaurada é sempre admissível, não há modificação da acção (vd. ainda o § 264 n.º 1). Pelo contrário a segunda acção (com o teor do mesmo pedido) não pode apoiar-se em factos que simplesmente completam a matéria de facto do primeiro processo. Opunha-se-lhe durante o primeiro processo a excepção de litispendência, após a sua conclusão a de caso julgado (BGH RR 96, 827). *Exemplo* de simples completamento da matéria de facto (vd. BGH RR 96, 827 NJW 85, 1560): numa acção de anulação (KO §§ 29 e segs.) alegou primeiramente o liquidatário que o falido tinha dado directamente ao réu, em Agosto, 75.000 US $, posteriormente alegou que esta quantia tinha sido canalizada para o réu já em Julho, em duas prestações, através dum intermediário. Exemplo de alegação de factos fundada no BGH RR 87, 58. A delimitação pode ser difícil (vd. BGH RR 91, 1070).

Daí que seja decisivo se os factos alegados de novo apenas completam ou antes fundamentam a matéria de facto. Para isso o BGH quer (por ex., no NJW 93, 334; RR 96, 1276; BGHZ 117, 7) – pouco esclarecedor – basear-se sobre a "natureza" da exposição da matéria de facto no primeiro e no segundo processo. O BGH NJW 96, 3152 baseia-se numa "reflexão natural, partindo da perspectiva das partes".

III. Nas **acções de condenação**, essa declaração, conforme opinião mais alargada, deve ser achada directamente com a ajuda da *teoria do concurso do direito civil.*

A teoria diz: as normas de direito acham-se em *concurso de leis*, quando servem apenas a múltipla fundamentação dum único direito (BGB § 194); estão em *concurso de direitos*, se concedem vários direitos autónomos sobre o mesmo evento e por isso se extinguem todos os direitos, quando apenas um deles seja cumprido. (A terminologia é heterogénea. Em vez de "concurso de leis" fala-se também de "concurso de normas de direito"; outros designam por "concurso de leis" o caso em que uma norma afasta a outra).

A unidade ou pluralidade de direitos assim determinada, deve ser reflectida no processo: na unidade ou pluralidade de objectos de litígio. Para isso é certamente necessária uma volta; pois o autor não deve apoiar-se numa norma de direito (vd. supra § 25 I), mas antes tem simplesmente de alegar – ao lado de um pedido – factos. Alegando ele – *sob o mesmo pedido* – novos factos, então deve ser descoberto o sentido de fundamento ou apenas complemento da matéria de facto, do seguinte modo, com a ajuda de normas de direito:

Em primeiro lugar, tem de se examinar que normas jurídicas são aplicáveis aos factos anteriormente alegados pelo autor relativamente ao pedido apresentado. O mesmo tem de ser repetido com vista aos factos agora alegados. Sendo *idênticas as normas de direito*, porque se trata do mesmo direito material, então é também idêntico o objecto de litígio; os novos factos apenas completam a anterior exposição da matéria de facto (vd. supra II 3, exemplo 1; K apenas exerce um direito do § 326 BGB). Sendo *diversas as normas de direito*, então depende da sua relação de concurso. Estando elas em *concurso de leis*, servindo portanto apenas as várias fundamentações dum único direito então o objecto do litígio é idêntico; os novos factos têm apenas uma função de *complemento* da matéria de facto (vd. supra II 3, exemplo 2: K reclama um único direito de indemnização, duplamente baseado nos §§ 823 e 826 BGB). Se as normas estiverem em *concurso de direito*, concedendo vários direitos, apresentam, segundo esta doutrina, vários objectos de litígio; os novos factos têm um sentido de *fundamentação* da matéria de facto. A este caso se ligam os maiores problemas.

É de salientar que, conforme esta teoria, "objecto do litígio" é sempre um direito invocado, não um direito existente. Isto é importante, porque a evidenciar-se no processo a inexistência do direito invocado, com isso, contudo, o processo não pode ser destituído de objecto.

1. É controverso **em que casos**, por se apresentarem vários direitos, existe **concurso de direitos**.

A **velha doutrina do concurso** reconhece amplamente a autonomia de direitos que visam o mesmo evento. Assim, por ex., o direito conforme o BGB §§ 861, 1007, 985 é exigido em três direitos autónomos distintos (*Soergel/Mühl*, BGB § 1007, 11; *Staudinger/Gursky*, BGB § 1007, 44). A cisão leva, consequentemente, a três objectos do litígio. Sendo a acção do BGB §§ 861, 1007, rejeitada pode ser intentada de novo a entrega pelo BGB § 985, embora a situação de facto não tenha mudado desde o primeiro processo (vd. supra II 3, exemplo 3).

A velha doutrina do concurso conduz processualmente, através do mais largo reconhecimento de direitos autónomos, a um **objecto de litígio pontualmente** muito limitado.

2. Esta consequência processual da velha doutrina acirrou a crítica. Porque a entrega duma coisa poder ser processada várias vezes – pelo BGB §§ 861, 1007 e 985 – é considerada insatisfatória. A cumulação de processos foi a consequência do concurso de direitos entre as normas supostamente aplicáveis. Para evitar o aumento de processos, sugeriu-se negar a existência de concurso de direitos: os §§ 861, 1007, 985 BGB servem apenas a múltipla fundamentação dum único direito à entrega, havendo, portanto, concurso de leis, pelo que também só é admissível um único processo. Só pela **deslocação das fronteiras entre o concurso de direitos e o concurso de leis** são possíveis as melindrosas consequências processuais da tradicional doutrina do concurso. A isso se refere a proposta de *Nikisch* (AcP 154, 282 e seg.), nos casos em que a admissão dum concurso de direitos não satisfaz processualmente, afirma então o concurso de leis (vd. ainda *Bernhardt* § 29 IV I; *Georgiades*, loc. cit., pág. 239 e segs; *Larenz*, Allg. Teil des dtsch. Bürgerl. Rechts, 7.ª Ed., § 14 IV [as duas citadas em último lugar falam de "concurso de leis" em vez de "concurso de direitos"]; por último, *Henckel*, loc. cit., pág. 249 e segs., que quer formar de novo, não a doutrina do concurso, mas a noção de direito).

Os efeitos do concurso de leis e de direitos mantêm-se inalteráveis – isto é indiscutível segundo esta teoria: ali unidade, aqui pluralidade de objectos do processo, e assim, ali unidade aqui pluralidade de objectos de litígio. Por isso, também não se altera o método de determinar se um facto novo tem significado de complemento dos factos ou de fundamentação dos factos no processo.

Segundo a nova teoria do concurso os §§ 861, 1007, 985 do BGB oferecem apenas um único direito à restituição (vd. *Nikisch*, AcP 154, 282 e seg.; doutro parecer, *Georgiades*, loc. cit., pág. 223 e segs., 248 e seg.). Por isso, no exemplo 3 (supra II 3) a alegação da propriedade tem apenas natureza de complemento dos factos; ao novo processo de restituição opõe-se a excepção de caso julgado (vd. infra § 62 III 1, 3). Um outro exemplo muito citado, dá ao acidente dum passageiro de eléctico, a quem compete um único, mas triplamente fundamentado direito à indemnização (fundado em contrato, acto ilícito, responsabilidade pelo risco). Examinada e negada pelo tribunal apenas a existência do acto ilícito, não mais pode o lesado demandar pelo contrato com o fundamento: eu estava sentado no eléctico (doutro parecer, *Brox*, JuS, 62, 127; contra *Bötticher*, ZZP 77, 492). Esta alegação de facto apenas completa a matéria de facto do primeiro processo; do contrato não surge qualquer direito autónomo, mas apenas outra fundamentação do direito unitário já negado no primeiro processo.

Também a nova teoria conhece – como a velha – casos de concurso de direitos mas – esta é a diferença decisiva – apenas onde o concurso de direitos a satisfaça também processualmente. Assim acontece, por ex., na coincidência de direitos ao pagamento da letra e negócio causal, porventura um contrato de compra (*Nikisch*, AcP 154, 283 e segs.). Sendo a acção de letra (intentada no processo comum) rejeitada com trânsito em julgado, o autor pode demandar pela compra. Os factos alegados para isso pertencem a uma nova matéria de facto, a outro objecto do litígio, pois o direito ao preço da compra se coloca autonomamente ao lado do direito da letra recusado transitadamente. Vd. RGZ 160, 347 e seg.; BGH RR 87, 58; mas também BGHZ 37, 371 e segs. = ZZP 75, 458 e segs., com anotações, *Schwab*.

IV. A tentativa de rever a tradicional doutrina do concurso é novamente actual. As suas consequências processuais no caso de concurso de direitos, deparam desde logo com a crítica que não pensava certamente numa deslocação das fronteiras entre concurso de leis e concurso de direitos. Não podia, por isso, encontrar nas suas raízes os efeitos melindrosos da doutrina do concurso, nem mesmo na própria doutrina – portanto, no direito civil – antes teve de procurar a solução no direito processual. Sobretudo *Rosenberg* achou-as na medida em que determinou o objecto do litígio através do **pedido da acção e matéria de facto** alegada (a chamada **noção da dupla classificação** do objecto de litígio; vd. *Rosenberg*, Lehrbuch, 1.ª Ed., 1927, § 87 II). Segundo ele, a mesma exposição da matéria de facto e o mesmo pedido na acção apenas podem redundar **processualmente** *num só* **direito** (do mesmo modo, BGH RR 93, 239; NJW 93, 2052 e seg.; 96, 3152, sempre com notas).

Quando, apesar de tudo, a matéria de facto permanece a mesma, esta doutrina não diz, e não precisa também de o dizer. Pois pressupõe a tradicional doutrina do concurso e o método daí concluído da delimitação da matéria de facto. Trata-se meramente de evitar as consequências processuais dum concurso de direitos, onde não satisfaçam. Nestes casos serão refundidos *processualmente* os diversos direitos materiais, sem rodeios, em meros pontos de vista jurídicos (fundamentos da acção) dum direito processual unitário. Aí, onde o concurso de direitos leva a consequências processualmente satisfatórias, esta doutrina supõe duas matérias de facto e, por conseguinte, dois objectos de litígio.

Rosenberg na sua (anterior) lição não suprime as fronteiras tradicionais entre o concurso de leis e de direitos. Não tira, pura e simplesmente, quaisquer consequências processuais desta constatação de direito substantivo, em variados casos de concurso de direitos. Isto acontece, como se disse, em casos variados mas não rigorosamente em todos. Assim, respeita-se, por ex., o concurso de direitos no caso do preço da compra – letra (vd. supra III 2, no final). Aqui deve haver duas matérias de facto e, consequentemente, duas pretensões processuais (*Rosenberg*, loc. cit., § 87 II 3 a b). Isto mostra de duas maneiras distintas: não é totalmente desprezível para a unidade da pretensão processual se há concurso de leis e de direitos entre as normas que devam ser aplicadas à matéria de facto alegada no processo (diversamente, mas inexacto, *Rosenberg*, loc. cit., § 87 II 3 a a); e mais: também a doutrina da pretensão processual não é independente das normas de direito substantivo, porque a teoria civilista do concurso é imprescindível para a delimitação da matéria de facto.

V. O problema da delimitação da matéria de facto não parece colocar-se para uma nova doutrina, especialmente desenvolvida por *Schwab*. Ela determina mesmo o **objecto do litígio**, já não com a ajuda (também) da matéria da facto, mas **somente** de acordo com o **pedido da acção** (a chamada **noção da dupla classificação do objecto do litígio**), vd. *Schwab*, Der Streitgegenstand, etc., pág. 74 e segs.; BGHZ 37, 372; também StJ Einl. 276, 285, 288-294. Mas se o objecto do litígio não é já individualizado pelo pedido, como sempre nas acções de dívida (vd. supra II 4) também *Schwab* tem de recorrer aos factos. Então põe-se a questão do critério da delimitação, como se se formulasse a matéria de facto como característica inseparável do objecto do litígio (vd. supra IV).

Na lição de *Schwab*, o problema da delimitação não se resolve assim autonomamente mas antes do mesmo modo que o parecer acima exposto em IV, com recurso à teoria do concurso do direito civil. Isto mostra-se claramente na acção de pagamento que se apoia na compra e no endosso da letra (vd. supra III 2, no final). Aqui formula o autor – como opina *Schwab* (JuS 65, 83 e seg.) – apenas *um* pedido, mas apresenta *duas* matérias de facto. Porque aqui (e quando em geral) há várias matérias de facto, não se diz, mas recebe-se da teoria da pretensão processual (vd. supra IV; assim claramente na StJ Einl. 296).

Como esta, *Schwab* só aceita uma pluralidade de matérias de facto quando considera satisfatórias as consequências processuais do concurso de direitos do direito civil. No caso do preço da compra e letra ele quer aceitar apenas os resultados com vista ao caso julgado material: sendo apenas instaurada a acção de letra e rejeitada transitadamente, podia depois ser demandada a compra (*Schwab*, Der Streitgegenstand etc., pág. 172 e seg.). Relativamente à litispendência, cumulação de pedidos e modificação da acção os resultados processuais dum concurso de direitos não se apresentam a *Schwab* como de aplaudir (vd. JuS 65, 83, 84; doutro parecer, BGH RR 87, 58, com respeito à cumulação de pedidos). Para evitar estes resultados reprováveis, *Schwab* considera irrelevante aí a pluralidade de matérias de facto, e renuncia, por isso, totalmente, à matéria de facto como sinal caracterizador do objecto do litígio. (Isto fez *Schwab* assentar – justamente – a censura da contestabilidade, porque ele exclui a matéria de facto da noção do objecto do litígio, contudo tem então de delimitá-la do caso julgado material numa pluralidade de matérias de facto, vd. *Nikisch* AcP 154, 279 e segs.).

O resultado é: também a determinação do objecto do litígio só pelo pedido, leva ao problema da delimitação da matéria de facto. Será resolvido de forma tradicional, mesmo sob o (tácito) recurso à doutrina civilística do concurso.

VI. A delimitação da matéria de facto com a ajuda de normas de direito topou com críticas fundamentais, nomeadamente na literatura de reforma após 1933. Ela viu neste método de delimitação uma consequência do "pensamento da acção jurídica", dominante no ZPO, um pensamento inadequado aos fins do moderno processo.

Deste ponto de vista, o direito civil tem de excluir-se enquanto auxiliar da delimitação. O próprio direito processual não oferece qualquer alternativa. Resta apenas delimitar a matéria de facto de modo "natural", ou seja, pela "concepção da vida". A matéria de facto é, portanto, o conjunto histórico do **naturalmente ocorrido**, tal como surge no sentido da concepção natural como unidade (*de Boor*, loc.cit., pág. 44; crítico StJ Einl. 272, mas também 290, 294, mais § 322, 232; como figura paralela no processo penal – delimitação do "facto" – vd. *Eb. Schmidt*, StPO, Tomo I, nota 295 e segs.; BGH [StSen] NJW 92, 1777; BVerfGE 56, 28 e segs.).

A delimitação orienta-se, assim, exclusivamente para os factos concretos. Isto pode levar a admitir, em casos juridicamente idênticos, uma vez apenas um, doutra vez dois eventos históricos, como mostra a jurisprudência face ao StPO § 264. Assim, a identidade do facto pende entre a causa culposa dum acidente de trânsito e a ofensa directamente determinada pelo outro participante no acidente (BayObLG MDR 71, 1030, com outras referências); chegando-se só mais tarde à ofensa ela jamais forma com o acidente de trânsito um unitário evento histórico da vida (vd. BGHSt 26, 286 e seg.). De modo semelhante no direito civil: havendo, por ex., celebração de compra e endosso de letra simultaneamente unidos entre si, forma-se um único evento da vida e com isso apenas se pode afirmar um objecto de litígio; ficando ambos os actos afastados no tempo um do outro, facilmente se terá de decidir doutro modo.

A tentativa duma delimitação "natural" da matéria de facto, fez parte do esforço para eliminar a "estrutura formalista do processo civil", como tem de suscitar o princípio dispositivo no direito vigente (vd. supra § 25 VIII 2). Por conseguinte, esta espécie de nova determinação do objecto do litígio apenas é apreensível em conexão com o conjunto da desejada reforma processual. Portanto, não carece certamente de lógica:

Um processo sem prova dos seus fundamentos e ónus da alegação, sem diferenciação dos factos que fundamentam juridicamente dos que rejeitam o direito (vd. supra § 25 VIII 2); um processo que não serve primariamente as partes, mas "particularmente a segurança jurídica do povo no seu todo" (preâmbulo da Novela de 27-10-1933) e que por isso junta o juiz e as partes numa "comunidade de trabalho", uma "comunidade" que não tolera que uma das partes impeça a verdade em seu prejuízo – tal processo dificilmente se concebe com um objecto que o autor determina sobre os fundamentos duma norma que lhe é favorável.

A delimitação da matéria de facto corresponde à concepção de vida, por isso é proposta por *de Boor* e *Jonas*, loc. cit., no direito apenas de lege ferenda .

VII. 1. Não influenciado por esta apresentação da reforma e os seus objectivos de política de direito, foi tentado após a 2.ª Guerra Mundial, delimitar o objecto de litígio conforme os factos naturais (vd. *Habscheid*, loc. cit., págs. 206 e segs.; *Zeiss*, § 44 III 2 b; contraditório BGHZ 117, 5 contra 6 e seg.). Este empreendimento combate a dúvida levantada supra VI, no final (crítico também StJ Einl. 272 e § 322, 232).

2. Todas as outras tentativas para demarcar a matéria de facto, recorrem, aberta ou veladamente, à doutrina civilista do concurso. Mais importante que essa comunidade é que os novos esforços todos juntos consigam desenvolver a matéria de facto e, com ela, o objecto do litígio, face à antiga doutrina (vd. supra III 1). Os efeitos processuais deram sempre ao embate uma noção de direito estreitamente ligada a uma correspondente noção de objecto de litígio estreita e pontual. Os efeitos são considerados insatisfatórios, sobretudo devido ao possível acumular de processos que impede que o processo atinja o seu objectivo, ou seja, resolver o litígio em profundidade e rapidez.

Este objectivo do processo, realmente, só se alcança por meio duma noção mais larga de objecto de litígio. Recusando-se a velha doutrina, porque falha o mencionado objectivo, então a **profunda e rápida resolução do litígio** é a **pedra de toque para qualquer** nova **noção de objecto de litígio** (vd., por ex., *Bötticher*, MDR 62, 725; ZZP 77, 492) – e isto tanto mais expressamente quanto menos o processo for encarado como assunto privado das partes. A profunda resolução do litígio serve sobretudo interesses públicos pois evita novos processos sobre o assunto e, com isso, um renovado emprego dos órgãos estatais da jurisdição. Mas muitas vezes opõe-se aos interesses do autor, porque uma profunda rejeição do pedido, restringe ou corta absolutamente a efectivação do seu direito. A consideração destes interesses reflecte- se em cada noção do objecto do litígio (claramente, por ex., no StJ § 322, 104; BGHZ 117, 6 e seg.). A **determinação dos seus limites** é, por isso, **uma questão de apreciação – influenciada pela política do direito**.

3. A noção do objecto de litígio pontual (vd. supra III 1) permite a cumulação de processos, para que não tem de ser reconhecido o interesse legítimo do autor – pelo menos não em regra, e daí dever desaparecer a formação do conceito. Cada autor quer ganhar o seu processo; por isso deve alegar – e alegará – toda a matéria de facto que legitime o seu objectivo com a acção, por ex., a entrega duma coisa. A pontual decomposição da matéria de facto é dificilmente compatível com a tendência da lei concentrar o processo (vd. supra § 28). Por isso, é de rejeitar uma noção de objecto do litígio tão restrita.

Pelo mesmo motivo não é de seguir a teoria que quer distinguir entre *objecto do litígio e objecto da sentença* e exprimir este de modo mais restrito que aquele. O objecto do litígio deve ser determinante para a litispendência, a cumulação e modificação da acção, o objecto da sentença para a extensão do caso julgado material (*Blomeyer*, § 89 III antes de 1, com notas; exacto, doutro parecer, BGH NJW 83, 2032; 86, 1046 com outras notas). Tendo o tribunal, por ex., apenas apreciado e rejeitado o pedido do ilícito, não o pedido paralelo do contrato, então não deve opor-se o caso julgado do exercício do direito decorrente do contrato (exacto, doutro parecer, BGH VersR 78, 60). Este parecer chega a ser de restringir o caso julgado aos factos de que o tribunal tomou conhecimento e às pretensões deles decorrentes (contrário a isto, justamente, por ex., BGH NJW 89, 105; BGHZ 117, 6 e seg.; vd. ainda supra II 4)). Com isso renovou-se a noção de objecto de litígio pontual quando ainda restringida ao caso julgado material. Mas justamente aí mostra-se se o processo atinge o fim de resolução abrangente do litígio.

VIII. Tomada de posição. O pedido da acção não é sempre bastante para delimitar, individualizar, em todos os casos, o objecto do litígio. Então, tem de ser chamada a matéria de facto como novo critério distintivo (doutra opinião, *Schwab*, StJ, vd. supra V).

1. É sempre assim nas **acções de condenação** em pagamento (vd. supra II 4).

Mas também há acções de condenação que se individualizam já pelo pedido, por ex., a acção para entrega duma coisa especificada. Muitas vezes aceita-se, sem dúvida, que a causa da constituição dum direito seja, também aqui, a característica individualizadora (por ex., a pretensão de entrega). Na realidade, nestes casos, a matéria de facto faz parte das características distintivas do objecto do litígio, mas não dos fundamentos da individualização, mas sim porque o autor, no âmbito do princípio da instrução por iniciativa das partes, tem o poder de determinar mais estritamente que no correspondente processo inquisitório, a matéria de facto a que deve caber o direito pretendido (vd. *Jauernig*, loc. cit., pág. 23 e segs., 43 e segs.; ainda *Mühl*, NJW NJW 54, 1668; BGHZ 117, 6; doutro parecer, *Rosenberg*, § 95 IV 3).

Sendo o processo inquisitório, por ex., no processo administrativo, o objecto do litígio já se individualiza pelo pedido apenas, de modo que todos os factos que podem relevar para a pretendida prestação formam necessariamente uma única matéria de facto; todos os factos alegados de novo têm, por isso, um significado complementar da matéria de facto (assim, com razão, a opinião dominante para a acção de condenação da Administração como forma especial da acção de condenação no direito administrativo: *Lüke*, JuS 67, 8; *Ule*, VwGO, 2.ª Ed., § 121 II 2 c; *Ule*, Verwaltungsprozessrecht, 9.ª Ed., § 35 II 4; BVerwGE 28, 125; vd. também BFH NJW 68, 1950 e seg.; BB 71, 424; JZ 72, 401; *Clausing*, in Schoch/Schmidt-Assmann/Pietzner, VwGO, § 121, 63-65 contra 56).

A matéria de facto tem de ser delimitada com a ajuda das normas do direito a tomar em consideração. A seguinte frase pode ser tomada como regra do direito do mais forte: a matéria de facto é formada pelos factos duma ocorrência natural que preenchem, totalmente ou em parte, a previsão legal de tais normas de direito, de que pode derivar o direito pretendido no pedido (crítico, StJ § 322, 233).

Consequentemente, trata-se, no acidente de eléctrico (vd. supra III 2) de uma matéria de facto unitária. Assim acontece quando a infracção do contrato contém simultaneamente um acto ilícito. Apresentam-se várias matérias de facto no caso do preço da compra e letra (vd. supra III 2); exacto, OLG Hamm WM 84, 400; BGH RR 87, 58; NJW 92, 117).

Também surge um único objecto do litígio em virtude da igualdade do pedido e matéria de facto, se o autor primeiro pede a entrega pelo contrato de arrendamento (BGB § 556) e depois – em virtude da nulidade do contrato – pela propriedade (BGB § 985), ou antes exige o reembolso do empréstimo (BGB § 607) e de seguida por enriquecimento sem causa (BGB § 812; vd. BGH NJW 90, 1796). Nestes casos, existe sempre uma única matéria de facto, em que não surge a questão do concurso de direitos ou de leis, pois duma matéria de facto pode produzir-se apenas esta ou aquela pretensão. As pretensões estão alternativamente ao lado uma da outra e formam neste sentido uma pluralidade. Por isso deveria – queria, seguindo-se a ideia fundamental da teoria civilista do concurso – afirmar-se uma pluralidade de objectos do litígio. Isso levaria a uma tal restrição do objecto do litígio, como fazia a velha teoria do concurso e é, por isso, de rejeitar. A lei supra indicada do mais forte ajusta-se também aos casos de pluralidade alternativa, porque negligencia se há qualquer relação de concurso entre as concretas normas de direito.

2. O objecto do litígio das **acções constitutivas** é sempre individualizado pelo pedido, como, por ex., se o autor pede que seja declarada nula uma determinada deliberação da assembleia geral (AktG § 248). Contudo, também aqui é determinado o objecto do litígio em conjunto pelo pedido e matéria de facto – tanto quanto seja de aplicar o princípio da instrução por iniciativa das partes. A sua delimitação faz-se com a ajuda das normas de que o autor pode derivar um direito constitutivo.

Exemplo: o objecto do litígio duma acção de anulação nos termos da AktG § 246 é delimitado pelos fundamentos da anulação invocados pelo autor (vd. AktG § 243); tantos fundamentos de anulação – quantos os objectos do litígio. Doutro parecer, *Zöllner* in Kölner Komm. face à AktG § 246, 47-56, com notas: objecto do litígio da acção de anulação é o vício da deliberação que leva à nulidade, de modo que com a rejeição transitada da acção todos os fundamentos de impugnação e (!) de nulidade existentes para a instauração da acção ficam precludidos num segundo processo, mesmo se o autor não os invocou.

Para o objecto do litígio no processo de divórcio, vd. infra § 91 II 12.

No **processo inquisitório** determina-se o objecto de litígio somente pelo pedido.

Aqui fazem parte da matéria de facto todos os factos de que pode resultar um fundamento constitutivo (*Jauernig*, loc. cit., pág. 55 e segs., bem como *Bruns*, nota 310 para a anterior acção de nulidade do casamento; diversamente, a opinião dominante, por ex., StJ § 611 [antiga redacção] 5, com notas). Por isso, pode e deve ser indagado oficiosamente o fundamento constitutivo não alegado pelo autor. Não se procedendo assim, e sendo, por isso, rejeitada transitadamente a acção constitutiva, está excluído no processo posterior o fundamento constitutivo omitido. Isto é – contra, *Baumgärtel*, loc. cit., pág. 72 e seg. – tão pouco insuficiente ou errado como a exclusão dum fundamento de aquisição da propriedade omitido para a rejeição transitada duma acção de declaração de propriedade (vd. supra 3); esta exclusão considera também *Baumgärtel*, "tolerável", loc. cit., 75. Nas questões de caso julgado, contudo, dão pouca confiança as impressões. Pelo contrário, mostra-se frequentemente que a delimitação do objecto do litígio é, desde há muito, uma questão de qualificação influenciada pelo direito constitucional (vd. supra VII 2) cuja resposta depende de certas premissas, aqui da aplicação do princípio inquisitório.

O BFH delimita o objecto do litígio das acções constitutivas no processo inquisitório como desenvolvido acima (vd. NJW 68, 1950 e seg.; BB 71 424; 73 689; 73, 1424; JZ 72, 401; contra, *Martens*, JuS 73, 492).

3. As **acções declarativas**, muitas vezes, só se individualizam através do pedido, por ex., a acção para a declaração da propriedade de determinada coisa. A matéria de facto é para isso supérflua. Dela pode e deve resultar para o autor apenas um título de aquisição (usucapião, herança, etc.) que não afecte a natureza do direito a declarar. A propriedade do autor não muda se ele herdou, adquiriu por usucapião ou de outro modo. Por isso, a matéria de facto não tem relevância de qualquer espécie para o objecto do litígio. Só o pedido é determinante (*Baumgärtel*, loc. cit., pág. 75; *Henckel*, loc. cit., pág. 282 e segs.; *Grunsky*, anotação LM n.º 139 ao § 322; também BGH RR 88, 200 – doutro parecer, *Habscheid*, loc. cit., pág. 191 e segs.; StJ § 322, 106).

Necessitando o pedido de declaração duma matéria de facto que o individualize, acontece como no caso correspondente da acção de condenação (vd. supra 1). *Exemplo*: K demanda que se declare que B lhe deve 1.000 DM (para a admissibilidade desta acção declarativa, vd. supra § 35 III 1).

IX. A matéria de facto só pelos fundamentos da individualização ou considerando o princípio da instrução por iniciativa das partes é um elemento caracterizador do objecto do litígio. Portanto, não o é em todos os processos. O contrário retira-se eventualmente do § 253 II n.º 2: o pedido e os fundamentos do pedido (matéria de facto) são o teor necessário de toda a petição, por isso, também sempre o teor necessário do programa do objecto do litígio (deste modo, *Habscheid*, loc. cit., pág. 192 e segs., com notas). Contudo, esta conclusão não se pode tirar do § 253 II n.º 2:

A disposição parte de um processo civil não poder verificar-se sem a alegação de factos e, por isso, terem de resultar já da petição os fundamentos de factos essenciais do litígio. Que a petição deva introduzir uma matéria de facto, explica-se, portanto, pelo decurso do processo na prática, mas nada nos diz quanto ao objecto do litígio. Porque é necessário para este uma matéria de facto, deve resultar do significado da matéria de facto para o objecto do litígio – e não para a petição! Sobre isso nada diz, naturalmente, o § 253 II n.º 2.

CAPÍTULO SEXTO

A acção

§ 38. Natureza e forma de acção

I. A acção põe o processo em movimento: onde não houver autor não há juiz (vd. supra § 24 III), sem acção não há processo civil. Ela é a sua essência, de acordo com o pedido de concessão de protecção jurídica na forma duma sentença. Por isso, a acção dirige-se, em primeira linha, ao tribunal. Só em segunda linha se dirige ao réu; a este tem de ser participado que o autor apelou ao tribunal e o que pede com a acção. Ao réu tem de ser concedida, nomeadamente, audiência judicial antes da decisão do tribunal (vd. supra § 29). Para isso, deve ter a possibilidade de conhecer a acção e tomar posição sobre ela.

Da sua natureza resulta o *fim da acção*. Em primeiro lugar, tem de determinar o tribunal que deve conceder a protecção jurídica e, seguidamente, ambas as partes: o autor, que pede a protecção jurídica, e o réu, contra quem a pede. Por fim, tem de definir o objecto do litígio e fornecer os fundamentos sobre que se estruturam o julgamento e a decisão; o tribunal tem de saber o que deve decidir, o réu, que decisão se pede.

II. A propositura da acção reflecte a natureza da acção. Realiza--se por dois actos: a acção é apresentada na secretaria do tribunal e, seguidamente, é notificada (transmitida) ao réu.

1. A **apresentação** em tribunal toma aspectos **diversos**, conforme a acção é proposta num **tribunal de comarca ou do Land** é aqui indiferente (se este ou aquele tribunal é o competente).

No tribunal de comarca e, correspondentemente, no tribunal de trabalho (ArbG § 46 II 1), a acção pode ser instaurada, quer por escrito – caso em que tem de ser subscrita pelo autor ou qualquer representante capaz de agir em juízo – ou apresentada oralmente por termo nos autos de funcionário da secretaria, § 496. A segunda forma deve ajudar as partes desconhecedoras do direito, que dificilmente podem fazer uma acção escrita, assegurando ao mesmo tempo, porém – o que facilita a tarefa do tribunal – a forma racional e o teor adequado da acção. O § 129 a oferece nova ajuda aos autores.

No tribunal do Land a acção deve ser formulada por escrito e apresentada por advogado inscrito no tribunal do processo (§ 78 I), 253 V.

A opinião dominante exige que o advogado assine a petição pelo seu punho (vd. infra § 39 II 4). Para pormenores, *Vollkommer*, "Formenstrenge und prozessuale Billigkeit", 1973, pág. 141 e segs. (muito crítico).

As questões de família estão sujeitas ao patrocínio obrigatório conforme o § 78 II, ainda que corram perante o AG (tribunal de família). A propositura da acção e a apresentação do pedido de divórcio seguem as disposições do processo perante o LG (vd. §§ 608, 621 b, 624 III).

Para a reforma do § 78 I, II, vd. supra § 21 III 3.

2. Entre a apresentação em juízo da acção e a notificação ao réu, pode interpor-se um acto judicial: a **marcação** pelo juiz duma **audiência preparatória** para discussão oral, no tribunal do Land pelo presidente (não pelo juiz singular, conforme §§ 274 II, 277 I 2), §§ 272 II, 274 III, 495. A audiência tem de ser marcada imediatamente, § 216 II. A marcação da audiência significa (aqui como sempre) a disponibilidade do tribunal para debater com as partes. A marcação da audiência após a marcação da acção, só tem lugar se o juiz (no tribunal do Land, o presidente) quer preparar a audiência principal numa audiência prévia. Então, a petição é notificada ao réu com a citação para a audiência marcada, § 274 II. Também o autor é convocado, § 274 I.

3. Optando o juiz (no tribunal do Land, o presidente) pelo **processo preliminar escrito** (§ 272 II), a petição é notificada ao réu sem citação (vd. § 276 I). A audiência principal será imediatamente marcada, isto é, para momento adequado durante o processo preliminar §§ 216 II, 217; então, ambas as partes são convocadas, § 274 I.

4. A notificação da petição inicial (e com ela, da marcação da audiência) só pode ser recusada nos seguintes casos, que na prática raramente ocorrem (agravo contra, § 567 I 2. Caso):

a) se ao tribunal falta a competência funcional como tribunal de primeira instância (vd. supra § 10 I), por ex., uma acção é proposta no OLG;

b) se a acção foi proposta condicionalmente (vd. exemplo supra § 30 VI 6), ou é apenas um esboço, por ex., porque não foi assinada, no processo de advogado por virtude do patrocínio obrigatório, mesmo quando não provém nem foi assinada por advogado inscrito junto do tribunal (BGB RR 87, 323); podendo determinar-se que a acção provém dum advogado inscrito junto do tribunal do processo, é-lhe convenientemente recambiada para suprimento da assinatura (é controverso se a aposição da assinatura sana retroactivamente o vício formal, vd. *Vollkommer*, Formenstrenge und prozessuale Billigkeit, 1973, pág. 425 e segs.; BGHZ 111, 343 e seg.);

c) se a taxa de justiça exigida não foi paga (GKG § 65 I 1: excepções na GKG § 65 VII);

d) se se estabeleça que falta a jurisdição sobre o réu ou a matéria (OLG München NJW 75, 2145: acção contra Estado estrangeiro); neste caso, a existência da jurisdição alemã é um pressuposto da validade do processo. Duvidando o tribunal apenas da sua jurisdição, então pode e deve distribuir a acção; verificando-se no julgamento a falta de jurisdição, a acção é rejeitada por inadmissível (neste sentido, a jurisdição alemã é, portanto, também pressuposto processual, vd. supra §§ 6 I, 33 IV 1 a); vd. BVerwG NJW 93, 1409 (com terminologia errada: "via judicial dos tribunais alemães").

e) A notificação da acção não pode ser recusada por falta de pressupostos processuais (como a inadmissibilidade da via judicial, incompetência) de modo algum por simples inconcludência.

Estes vícios são sanáveis; mas sobretudo estas questões devem ser esclarecidas apenas pelo julgamento, e logo decididas. A recusa da citação da acção impedi-lo-ia.

A citação não pode ser recusada mais tarde se for estabelecida a falta de personalidade ou de capacidade judiciárias (por ex., sendo notória a menoridade do autor). Aqui é possível o suprimento desta falta – pela aquisição da capacidade ou pela autorização (no exemplo: a autorização do legal representante e aceitação do processo, vd. supra § 20 IV 2 b) – e mesmo na falta estabelecida na audiência de julgamento, pode o processo prosseguir provisoriamente, § 56 (StJ § 56 11), vd. também § 89. Com isto não seria conciliável a recusa da citação da acção. Para o "suprimento" pela citação do legal representante, BGH RR 86, 1119.

Sendo a petição inicial notificada, por lapso, sem marcação da audiência, isso é inócuo, vd. supra § 33 II.

5. **Com a petição inicial**, que tem de ser notificada imediatamente (§ 271 I), recebe o réu um **pleno de intimações**.

Sendo demandado perante o LG, deve constituir um advogado aí inscrito se quiser opor-se à acção (§ 271 II); no processo preliminar escrito a intimação produz-se pela marcação do prazo e com a informação de, no caso de omissão de resposta, vir a ser decidido sem audiência de julgamento, a pedido do autor (§§ 276 I 1, II, 331 III). Determinada a audiência preliminar, o réu pode, com ou sem marcação de prazo, ser intimado à contestação (§ 275 I); no processo preliminar escrito recebe sempre a intimação e sob marcação de prazo (§ 276 I 2).

Sendo o réu demandado perante o AG, recebe as mesmas intimações para contestar e, eventualmente, informação sobre as consequências do seu silêncio (§§ 275 I, 276 I, II, 331 III, 495). Além disso é informado que pode ser condenado por sentença sobre confissão, com base numa confissão escrita sem audiência de julgamento, §§ 499, 307 II.

As informações devem ser claras e compreensíveis para os leigos (o réu, em regra – ainda – não foi aconselhado por advogado). Aqui algo vai de mal a pior na prática (vd. BGH NJW 86, 133; para informação dum advogado, vd. infra § 28 II).

III. Resultam desvios na propositura de novas pretensões num processo já iniciado pela acção e na modificação da acção, pois aqui a propositura da acção é permitida também na audiência de julgamento, § 261 II, vd. infra §§ 41 IV, 46 IV.

§ 39. O teor da acção

I. A lei prescreve, que teor a acção **tem** de ter (§ 253 II), **deve** ter (§ 253 III, IV) e **pode** ter (§§ 307 II 2, 331 III 2). Se faltar o necessário ou **teor-que-tem-de-ter**, a acção é inadmissível e tem de ser rejeitada por sentença de forma; falta o pressuposto processual da regular propositura da acção (vd. supra § 33 IV 3 d). A infracção das disposições do § 253 III, IV (**teor-que-deve-ter**) não tem qualquer consequência prejudicial, nomeadamente a rejeição do processo. Faltando pedidos conforme os §§ 307 II 2, 331 III 2 (**teor possível**) ou sendo eles inválidos, isso, em princípio, não atinge a acção. A acção tanto quanto resulte do teor-que-tem-de-ter, é articulado determinante na medida em que contenha um acto processual directamente constitutivo (BGH NJW 94, 2097), não é portanto simples aviso de problemas futuros, e deve, por isso, ser assinado pelo próprio punho (contudo, vd. supra § 38 II 1). O mesmo se aplica ao teor possível nos termos dos §§ 307 II 2, 331 III 2, pois que também nessa medida, a petição inicial não contém apenas avisos mas é antes a forma essencial das declarações que contém. Aliás, a petição inicial é apenas articulado preparatório, por ex., para os pormenores da exposição dos factos.

II. O teor necessário ou que-tem-de-ter

1. *A identificação do tribunal e das partes, § 253 II, n.º 1*

Isto é natural, conforme o fim da acção. Não há acção contra desconhecido (*Zwangsvollstreckungs- und Insolvenzrecht* § 26 II 3;) *Christmann*, DGVZ 96, 81 e segs.; doutro parecer, MK-ZPO § 253, 53-55; StJ § 253, 32, sempre com notas). As partes, pelo menos normalmente, devem ser identificadas pelo seu nome (nos comerciantes ainda com a firma, pois é parte o seu titular; vd. *Schuler*, NJW, 57, 1537). É discutível se também tem de ser indicado o endereço para convocação do autor (sim: BGHZ 102, 334 e seg.; não: *Zeiss*, anotação ZZP 101, 460 e seg.). A identificação incorrecta é inócua quando esteja assente quem deve ser parte; neste caso a identificação da parte pode ser rectificada (vd. supra § 18 II 3).

2. *Um pedido preciso, § 253 II n.º 3*

Tem de ser evidente se for pedida a condenação, declaração ou constituição e que teor deve ter (interpelação possível, BGHZ 97, 180). Isto é importante por causa da vinculação do tribunal ao pedido (§ 308 I, vd. supra § 24 III) e por causa da extensão do caso julgado (vd. infra § 63 II). Também por isso, uma acção de condenação tem de indicar, com exactidão, a condenação pedida, para que seja possível a execução da sentença que se pede (por ex., indicar o veículo particular a restituir com a designação do tipo, matrícula de identificação, características oficiais; uma quantia em dinheiro, em regra, tem de ser estabelecida em cifra).

Este poder de disposição do autor pode repercutir-se nele como um ónus (vd. supra § 24 III). Isto revela-se claramente, se o montante do seu crédito não está ao seu alcance, mas sim – como, por ex., no direito a indemnização – depende de avaliação judicial (§ 287) ou é essencial a apreciação judicial, como, por ex., no direito à indemnização de danos morais (a isto também se aplica o § 287). Pedindo o autor demasiado, é julgado improcedente o crédito a mais e tem, eventualmente, de suportar uma parte das custas (vd. § 92 II). Nestes casos – em que o montante do crédito em dinheiro apenas se determina por avaliação ou decisão de equidade do tribunal – o autor excede-se, quando deve formular um pedido exactamente quantificado (BGHZ 125, 44). Isto respeita especialmente aos direitos à redução, à restituição do enriquecimento sem causa, à indemnização de danos morais e de indemnização, e ainda no direito à compensação dum agente comercial (vd. BGHZ 60, 351). Aqui a prática – contrariamente à lei – tem consentido a condenação em **pedido ilíquido** a uma quantia a determinar judicialmente (vd. BGH ZZP 86, 324 e seg.; contra, OLG München NJW 86, 3090). Contudo, a acção, para ser admissível, deve indicar em que **ordem de grandeza** – por ex., 5.000 ou 10.000 DM – anda a quantia pretendida (BGH NJW 84, 1809 e seg.). Faltando a indicação, a acção tem de ser rejeitada por inadmissível. (A indicação [complementar] de factos bastantes, como fundamento do cálculo, antes exigida pela jurisprudência para a admissibilidade do pedido, está ultrapassada, *Lepke*, BB 90, 276, com notas; contudo, doutro parecer, BGH NJW 96, 2427: "jurisprudência constante"!). A indicação duma ordem de grandeza é imprescindível relativamente à determinação do valor do litígio, condenação à revelia, confissão e sucumbência. Ficando a condenação substancialmente (cerca de 20%?) *abaixo* da ordem de grandeza indicada, produz-se a absolvição parcial e o autor é onerado (vd. BGH Büro, 84, 1663 e seg.; para a sucumbência, *Lindacher*, AcP 182, 270 e segs., com notas; BGH NJW 93, 2876). Conforme supra, a apreciação do tribunal não deve ser restringida na determinação da indemnização pelos danos morais (BGB § 847; BGH NJW 96, 2427 em confusão da ordem de grandeza com a quantia mínima; para este caso, exacto, BGH NJW 93, 2876). Da indicação duma ordem de grandeza tem de distinguir-se o caso frequente em que o autor pede uma quantia mínima. Aqui, a apreciação do tribunal está restringida, na medida em que, segundo a vontade do autor, a quantia mínima não deve ser inferior (diversamente na alegação duma simples ordem de grandeza, vd. supra), BGH NJW 92, 312. Uma restrição à avaliação judicial *conforme supra* não há aqui, diversamente da indicação duma ordem de grandeza; doutro parecer, OLG Düsseldorf RR 95, 955, em confusão de "ordem de grandeza" e "quantia mínima". Sendo a quantia mínima, mesmo que diminutamente, inferior na sentença, a acção tem de ser julgada improcedente por isso.

A própria lei prescinde em primeiro lugar de pedido determinado na chamada **acção gradual**, § 254. Ela surge quando não pode indicar exactamente (já!) o que quer exigir, porque só a parte contrária conhece os documentos de contabilidade. Assim, o tutelado, por ex., pode não saber exactamente o que pertence ao seu património administrado pelo tutor, não se pode, portanto, descrever exactamente os bens que lhe pertencem e, por isso, não se poderia demandar a entrega (o pedido de entrega de todo o património não é "determinado" no sentido do § 253 II n.º 2, uma sentença desse teor não seria exequível). Aqui ajuda o § 254. Permite-se que o autor proponha (em primeiro lugar) uma acção de condenação sem pedido determinado se ele a cumula com uma acção de prestação de contas, a apresentação duma relação de bens ou a apresentação duma declaração sob juramento (cumulação objectiva de acções). A vantagem desta cumulação de acções está em que foi instaurada já uma acção de condenação *admissível* (importante para a interrupção da prescrição, BGB §§ 209, 212 I; para isto, BGH NJW 75, 1409 e seg.) e este conjunto pode ser resolvido num só processo. O processo realiza-se gradualmente por etapas, por ex., primeiro debate-se apenas a prestação de contas e decide-se por sentença preparatória dar-lhe resolução (vd. BGH RR 90, 390); prestadas as contas, pode proferir-se outra sentença preparatória para apresentação de declaração sob juramento; só então se debate e decide sobre a prestação a especificar agora determinada; vd. BGH RR 87, 1030, mas também NJW 91, 1893. A acção gradual tem significado especial na área da protecção jurídica industrial (vd. BGHZ 10, 387).

Para a **acção parcial**, vd. infra § 63 II; para a **acção de abstenção de ingerência jurídica**, BGH NJW 93, 1657, para o **direito de concorrência**, BGH NJW 93, 1709; RR 93, 937; para o **direito ao nome**, BGHZ 124, 173 e segs.

3. *Enunciação precisa do objecto e dos fundamentos da pretensão formulada, § 253 II n.º 2*

Como pretensão não se entende aqui um direito no sentido do BGB, mas o direito alegado pelo autor.

O objecto da pretensão já é indicado, em regra, com exactidão, no pedido, (vd. supra 2). Sendo pedida uma soma global (por ex., como indemnização), o autor tem de reparti-la nas diversas parcelas do dano (BGH NJW 90, 2069).

Como *fundamentos da pretensão ou da acção* têm de entender-se os factos de que o autor deriva o seu alegado direito. Em que medida estes factos têm de ser alegados já na petição inicial, é relevante para a determinação do objecto do litígio e aí discutido (vd. supra § 37 II 4, VIII; ainda BGH RR 89, 508). Não bastando, assim, a exposição da matéria de facto, a acção é inadmissível (vd. supra I).

4. *Assinatura autógrafa* do autor ou do seu mandatário que, no processo de advogado deve ser advogado inscrito junto do tribunal do processo (vd. supra I e § 38 II 1, 4 b). Mas basta – como na interposição de recurso (vd. infra § 73 II) – um telegrama ou telex, se bem que aí falte uma assinatura autógrafa; para o telefax vd. infra § 73 II, BGH NJW 90, 3087. BVerwG NJW 89, 1175 e segs., prescinde da assinatura com argumentação sinuosa, se resultar da petição inicial do seu autor, portanto não é nenhuma minuta.

III. O teor que-deve-ter da acção. A acção deve indicar o valor do objecto do litígio, se a competência depende dele e não se demanda uma determinada quantia em dinheiro (caso em quw a competência resulte, sem mais, do pedido), por ex., a entrega duma coisa. Tem ainda de satisfazer as disposições sobre os articulados, deve portanto indicar os factos que fundamentaram a acção e as provas. Vd. § 253 III, IV com os §§ 130 e segs.

Como **teor possível** da acção vd. § 307 II 2, o pedido de pronúncia duma sentença sobre confissão sem prévia audiência de julgamento no caso em que o réu confessa no processo preparatório escrito (§ 307 II 1; a confissão está sujeita ao patrocínio obrigatório, § 78 I, enquanto o § 276 II no final é equívoco). Para o caso em que o réu não anuncie oportunamente no processo preparatório escrito a sua disposição de defesa, o autor pode, já na petição inicial requerer uma condenação à revelia sem audiência de julgamento (§ 331 III); vd. infra § 66 III 4.

IV. A acção não pode ser instaurada **condicionalmente**, pois que a actividade do tribunal não pode ficar dependente de acontecimentos futuros incertos (vd. supra § 30 IV 6).

A acção não é um negócio jurídico no sentido do direito substantivo (vd. supra § 30 IV), pois os seus efeitos assentam primariamente na área do direito processual: ela inicia o processo e define os seus fundamentos.

V. Na propositura da acção podem ocorrer **vícios**. Não tendo a petição inicial o *conteúdo necessário* (§ 253 II), a falta pode ser corrigida num articulado posterior ou – sem dúvida nem sempre (BGH LM n.º 10 face ao § 325) – tornar-se despercebida pela resposta sem reclamação, nos termos do § 295 (vd. BGHZ 65, 47). Sendo a petição inicial *viciadamente notificada*, a falta é retroactivamente sanada pela resposta sem reclamação do réu, nos termos do § 295. Em ambos os casos não há retroacção se a notificação respeitou um prazo de caducidade da acção ou um prazo não dependente da disposição das partes, por ex., que devia ser marcado nos termos do BGB § 1408 II (BGHZ 22, 257 [para isto BGH NJW 96, 1351 e seg.]; BGH RR 87, 323). *Faltando de todo a notificação*, portanto sendo esta falta só desapercebida pela perda do direito à reclamação do § 295, só agora, portanto, ocorre a pendência da instância (BGH NJW 96, 1352), mas é possível o efeito retroactivo nos termos do § 270 III (BGH NJW 74, 1557 e seg.). Os vícios da notificação podem ainda ser desapercebidos nos termos do § 187 (vd. BGH NJW 89, 1154 e seg., com notas). Vd. ainda supra § 18 II 1-3.

§ 40. A litispendência

Bettermann, Rechtshängigkeit und Rechtsschutzform, 1949; *U. Herrmann*, Die Grundstruktur der Rechtshängigkeit, 1988; *Leipold*, Internationale Rechtshängigkeit, Streitgegenstand und Rechtsschutzinteresse – Europäisches und Deutsches Zivilprozessrecht im Vergleich, GS Arens, 1993, pág. 227; *Schumann*, Die Relativität des Begriffs der Rechtshängigkeit, FS *G. Lüke*, 1997, pág. 767; vd. ainda a bibliografia citada supra no § 37.

I. A questão em litígio fica **litispendente pela propositura da acção** perante um tribunal comum (ou o ArbG; § 261 I; ArbGG § 46 II 1 com § 495). A litispendência mantém-se até ao trânsito em julgado da sentença ou até à extinção por outro modo do processo, por ex., por transacção, desistência da acção, etc.

Tem de distinguir-se a litispendência da *pendência*. A questão está "pendente" quando o tribunal, de modo geral, se ocupa dele, por ex., já com a propositura da acção (OLG Frankfurt NJW 65, 306) ou durante o processo de injunção, vd. ainda §§ 486 I, II, 622 I, 623 II 1. Tem de dissociar-se disso a pendência junto de determinado tribunal; pode mudar, por ex., pelo ingresso do processo no tribunal destinatário (§ 281 II 4, § 696 I 4, GVG § 17 b II 1).

A litispendência tem os seguintes **efeitos processuais** (§§ 261 III, 263, 265):

1. O objecto do litígio não pode, enquanto durar a litispendência da primeira acção, pender por qualquer outra forma perante o mesmo ou outro tribunal (aliás, **excepção de litispendência**, vd. infra II), § 261 III n.º 1.

2. A competência do tribunal existente no início da litispendência, continua a existir, mesmo se as circunstâncias que a fundamentaram, se modificaram ou desapareceram, § 261 III n.º 2, a chamada **perpetuatio fori**.

Exemplo: o réu muda de residência durante o processo, para local fora da circunscrição do tribunal do processo. Este mantém-se competente; por isso não se remete ao tribunal que seria competente se a acção fosse agora instaurada. O tribunal a que se recorreu resolve o processo ainda que o valor do mesmo objecto do litígio tenha mudado após a instauração da acção, § 4 I (doutro modo, por ex., na ampliação do pedido, reconvenção, § 506).

Pelo contrário, a incompetência existente antes, não persiste. A competência pode surgir posteriormente.

Aplica-se correspondentemente à admissibilidade da via judicial, GVG § 17 I 1.

3. O objecto do litígio determinado pela acção só pode ser modificado sob pressupostos especiais: **proibição da modificação da instância** (vd. infra § 41).

4. *A alienação do objecto a que respeita o litígio*, é regulada especialmente no § 265, vd. infra § 87.

II. A excepção de litispendência

O objecto do litígio dum processo pendente não pode ser objecto, ao mesmo tempo, dum segundo processo, instaurado entre as mesmas partes. O réu e os tribunais não devem ter de desenvolver trabalho duplicado pela mesma questão. Mas sobretudo deve ser afastado o risco de decisões contraditórias que aniquilem o êxito processual das partes e prejudiquem o crédito da justiça. Por isso, a litispendência tem de ser levada em conta não só por excepção do réu, mas mesmo **levantada oficiosamente** (quando também praticamente, na maior parte das vezes, precisa duma indicação do réu, pois o tribunal só raramente pode ter conhecimento do outro processo). A excepção leva à rejeição da segunda acção por inadmissível. Por isso, a falta de litispendência é um **pressuposto processual negativo** (BGH WM 85, 673, vd. supra § 33 IV 3 a) e a litispendência pertence às reclamações irrenunciáveis no sentido do § 296 III (vd. supra § 33 VII).

A excepção de litispendência **pressupõe**:

1. As partes do segundo processo teriam de admitir o *trânsito em julgado* duma sentença proferida contra si no primeiro processo. É normalmente o caso se as partes em ambos os processos são idênticas (podem mesmo ser trocadas as posições das partes), e ainda na sucessão entre uma das partes no primeiro e no segundo processo (§§ 265, 325 I, vd. infra §§ 63 IV, 87), bem como na acção pelo ou contra o cessionário da legitimidade processual, conservando o cedente o direito, sobre a mesma questão (vd. supra § 22 III, IV).

2. *Identidade do objecto do litígio (vd. supra § 37).*

Aqui a noção de objecto do litígio desempenha um papel decisivo; por isso é controverso quando surge a excepção de litispendência no caso concreto. Os objectos do primeiro e do segundo processo devem ser *idênticos*; não basta a mera prejudicialidade (vd. supra § 35 III 2). A identidade examina-se se a sentença no segundo processo tiver a mesma eficácia de caso julgado que no primeiro processo. Também a protecção jurídica pretendida deve ser a mesma. Por isso a acção de condenação pode ser instaurada mesmo quando está pendente uma acção declarativa (positiva ou negativa; vd. supra § 35 III 1); pois, em virtude da heterogeneidade dos pedidos, o objecto do litígio é diferente (vd. supra § 37 II 1; BGH NJW 94, 3108), além de a sentença declarativa não ser exequível, portanto ser necessária a sentença de condenação. Por falta de identidade do objecto do litígio admite-se que K e B se demandem reciprocamente para a declaração da sua propriedade, direito à sucessão, etc.; pois a improcedência da acção de K nega apenas a sua titularidade; mas não estabelece a de B. Diversamente se passa, se K demanda a declaração (positiva) da sua propriedade, e B pretende a declaração (negativa), que K não é o proprietário: a improcedência da acção de K contém, mesmo assim, a declaração pretendida na acção de B (vd. infra § 63 II); por isso a excepção de litispendência opõe-se à acção de B.

III. A litispendência tem ainda consideráveis **efeitos de direito privado** (§ 262).

Estas mostram-se, quer na manutenção dum direito, como na interrupção da prescrição (BGB §§ 209 e segs.; para isto *Henckel*, JZ 62, 335 e segs.; BGH NJW 93, 2440), quer na extensão dum direito, como nos juros durante a pendência (BGB § 291), ou no acréscimo da responsabilidade (vd. BGB §§ 292, 989, etc.).

Os efeitos de direito privado produzem-se fundamentalmente pela pendência, contudo, na desistência do pedido consideram-se como nunca produzidos. Sendo a acção rejeitada por inadmissível, considera-se a interrupção da prescrição como nunca produzida (BGB § 212 I).

IV. A excepção de litispendência aplica-se ainda na relação entre si das **diversas espécies de tribunais**, GVG § 17 I 2. Estando assim um processo já pendente em tribunal de outra espécie (por ex., perante o tribunal administrativo), é inadmissível que as mesmas partes mantenham, simultaneamente, um segundo processo, com o mesmo objecto do litígio, perante o tribunal comum.

V. As convenções internacionais podem estabelecer que a pendência perante um tribunal dum Estado tenha de ser oficiosamente tomada em consideração pelos tribunais do outro, portanto que a segunda acção seja inadmissível; vd., por ex., EuGVÜ, art. 21 (para isso, EuGH NJW 92, 3221 e seg.; *Leipold*, loc. cit., *Schack*, ZZP 107, 295 e seg.). e o tratado alemão-austríaco de 6-6-1959, art. 17. Às vezes a **pendência no Estado estrangeiro** apenas tem de ser tomada em consideração a requerimento duma das partes, vd. o tratado alemão-belga de 30-6-1958, art. 15 (ultrapassado no âmbito da aplicação da EuGVÜ, art. 21). Normalmente, pressupõe-se que no primeiro processo pode ser proferida decisão que seria reconhecida no outro Estado. A pendência em Estado estrangeiro, também é de considerar sem convenção se for de contar com o reconhecimento da sentença posterior (vd. § 328; BGH Fam RZ 92, 1059). Vd., em geral, *Schummann*, FS Kralik, 1986, pág. 301 e segs.; *Kerameus*, FS Schwab, 1990, pág. 257 e segs.; *Schütze*, ZZP 104, 136 e segs.

§ 41. A modificação da instância

Walther, Klageänderung und Klagerücknahme, 1969. Vd. ainda a bibliografia citada supra no § 37.

I. Noção

A modificação da instância é a **modificação do objecto do litígio**. Por isso, a sua noção e extensão são tão controversas como a noção e extensão do objecto do litígio (vd. supra § 37). Sendo determinado o objecto do litígio pelo pedido e matéria de facto (sempre, nas acções de condenação, vd. supra § 37 VIII 1), ocorre uma modificação da instância logo que haja modificação do pedido ou da matéria de facto. Determinando-se o objecto do litígio somente segundo o pedido (vd. supra § 37 VIII, IX), a instância só se modifica com a sua modificação; é indiferente a mudança na matéria de facto.

Exemplos: pedindo K 1.000 DM, primeiro por empréstimo, depois por arrendamento duma habitação, trata-se de modificação da instância. Pretendendo K a declaração da sua propriedade, primeiro por herança, depois por usucapião, não há modificação da instância (vd. supra § 37 VIII 3).

II. Outras modificações

Certas modificações não são consideradas modificação da instância e por isso admissíveis sem os seus requisitos especiais (§§ 263, 267; vd. infra III), admissível, § 264.

1. *Complemento e rectificação da matéria de facto*

São admissíveis sem mais, se não for modificada a causa de pedir e, com ela, o objecto do litígio, § 264 n.º 1.

Nisto cabem todos os simples complementos para estabelecer a concludência da acção (por ex., sendo posteriormente alegada a fixação de prazo, necessária nos termos do BGB § 326); eles não afectam a identidade do direito invocado.

Aqui é de novo importante a noção de objecto do litígio (vd. supra § 37). A delimitação entre as modificações na matéria de facto que não alteram o objecto do litígio, e as que também mudam o objecto do litígio, não é simples nem segura (vd. supra § 37 II 3, 4).

Também é admissível sem mais, completar as alegações de direito.

2. *Alargamento ou limitação do pedido*

Conforme o § 264 n.º 2 não são considerados como modificação da instância. É mais correcto falar de modificação da instância admissível.

Fazem parte disto, sobretudo, as *modificações puramente quantitativas*, por ex., o acréscimo do pedido da acção (ao réu é pedido o pagamento de 1.500 DM, em vez de, como anteriormente, ser condenado em 1.000 DM, etc.); ampliação do pedido da mensalidade de Abril para a de Maio, no arrendamento ou pagamento em prestações; passagem duma simples acção parcial para uma acção global; crédito posterior de juros ou frutos. Ainda também *modificações qualitativas*, como a condenação à prestação concomitante em vez de prestação pura e simples, à prestação futura em vez de imediata ou inversamente, à prestação a terceiro em vez de ao autor, ou inversamente; mais alargamentos ou limitações da pretendida protecção do direito, portanto, transição da acção declarativa para a acção de condenação, ou inversamente (BGH NJW 94, 2897, com notas). Para isto conta também a transição da acção de informação para a acção de pagamento (BGH NJW 79, 926). Tornando-se o AG incompetente em consequência do alargamento do pedido, tem de processar-se nos termos de § 506.

Sendo o pedido da acção limitado quantitativamente (vd. supra), resulta daí parcialmente uma desistência do pedido ou resolução da questão de fundo ou renúncia parcial (por ex., pela redução do pedido da acção de 1.500 para 1.000 DM). Contanto que se ajustem a admissibilidade , validade e efeitos de limitação da acção conforme as respectivas disposições especiais (por ex., §§ 269, 306). O § 264 n.º 2 trata apenas do novo pedido (StJ § 264, 67, com notas; BGH NJW 90, 2682, deixa em aberto). Uma limitação do pedido da acção, por ex., de 11.000 para 2.000 DM, não afecta a competência anterior do LG (conforme §§ 10, 261 III n.º 2 e argumento a contrario do § 506; vd. StJ § 4, 7.

3. *A modificação simultânea da matéria de facto e do pedido* é admissível sem mais pelo § 264 n.º 3, se é pedida outra prestação por modificações posteriormente ocorridas. Por ex., o autor pede primeiramente a entrega da coisa comprada, depois uma indemnização, porque a coisa pereceu.

Também aqui há, na verdade, pela modificação do pedido, uma modificação (admissível) da instância. Com respeito ao pedido anterior, o autor declarará normalmente resolvida a questão de fundo (vd. infra § 42 VI). A modificação da matéria de facto pode não mudar o fundamento da acção enquanto tal. Para a questão de saber se o fundamento anterior da acção foi mudado, deve ficar de lado a "modificação posteriormente ocorrida" da matéria de facto (BAGE 19, 135 e seg.). Esta baseia-se no acrescento de novos factos, de que resulta a mora, a impossibilidade, a culpa, etc. (BGH NJW 90, 2684). A modificação só é posterior, se somente ocorreu após a instauração da acção, portanto durante o processo. A jurisprudência estendeu a admissão aos casos em que o autor nada soubesse, sem culpa, da modificação antes ocorrida (vd. BAGE 19, 137 e seg.).

III. Admissibilidade de modificação da instância

A modificação da instância não é admissível sem mais (abstraindo do § 264 nos. 2 e 3), mas somente se o réu concordar ou (mais importante, na prática) o tribunal considerar pertinente a modificação da instância, § 263.

1. *O consentimento do réu*

Abandonando o autor a velha acção, pode levar o réu à conclusão de que o direito alegado não existe. No interesse do réu, por isso, não é admissível a modificação da instância. O réu pode renunciar a essa protecção, quando consinta na modificação.

O consentimento presume-se irrefutável se o réu, na discussão oral, admitir a nova acção por qualquer tomada de posição sobre a causa, sem impugnar a modificação da instância (mesmo se não reconheceu a modificação da instância como tal), § 267.

2. *A aceitação da pertinência pelo tribunal*

A pertinência não depende do interesse do autor, antes tem de ser apreciada objectivamente; o que é determinante é se pela admissão da modificação da instância o litígio pode ser resolvido no âmbito do processo existente e assim evitar-se um novo processo (BGH NJW 96, 3341). Seguidamente, julga-se ainda, se é pertinente a modificação da instância na instância de apelação (§ 523); não é de considerar a perda da instância em que se efectua o exame dos factos (vd. BGH NJW 85, 1784). A modificação da instância é especialmente pertinente, se a matéria do litígio se mantém praticamente a mesma (vd. BGH RR 87, 59). Pela possibilidade da admissão o tribunal fica dispensado do exame, por vezes difícil, de saber se há modificação da instância; pois o tribunal pode admitir a nova alegação, sem decidir "propriamente" se ela representa mesmo uma modificação da instância e se, por isso, é sem mais admissível, ou se ela sem dúvida contém uma modificação da instância, no entanto admitida. Mesmo se é duvidoso se há modificação da instância, o tribunal admite-a. Nisto reside uma facilitação do processo na prática, digna de louvor, uma dispensa do tribunal de decisões agudamente dogmáticas.

Esta simplificação do processo é particularmente oportuna se a nova acção modificada no seu fundamento tem muitos factos em comum com os da acção anterior, vd. supra § 37 I 3.

IV. Tratamento da modificação da instância

O litígio entre autor e réu sobre a admissão da modificação da instância é um *incidente processual.* A decisão do tribunal ou admite a nova acção ou rejeita-a por inadmissível.

A admissão, habitualmente, só é formalmente declarada e justificada nos fundamentos de sentença final, excepcionalmente pode também ser pronunciada numa sentença interlocutória especial (§ 303). Em ambos os casos a decisão não é impugnável (nem autonomamente – isto também está excluído, em princípio, aliás, nas sentenças interlocutórias – nem em conjunto com a sentença final), § 268; o processo, com esta sentença interlocutória, não deve poder prolongar-se.

A nova acção não é instaurada nos termos do § 253, mas pela notificação dum articulado (que tem de satisfazer efectivamente o § 253 II n.º 2, senão a acção é inadmissível, vd. supra § 39 I) ou por uma alegação na audiência de julgamento que satisfaça o § 253 II n.º 2, § 261 II. Na incompetência do AG em razão da matéria para o novo objecto, aplica-se o § 506.

Sendo a nova acção inadmissível por falta de consentimento ou de pertinência (absolvição da instância!) tem de ser debatida e decidida a acção anterior, no caso de não ser validamente objecto de desistência (vd. StJ § 264, 42 e seg.; controverso). Sendo, pelo contrário, admissível a modificação da instância, a anterior acção não desaparece sem mais do processo. Ela pode antes manter-se pendente ao lado da nova acção, em regra, porém, é objecto de desistência da instância pelo autor (§ 269), declarada resolvida ou objecto da desistência do pedido (§ 306). Ficando a anterior acção pendente ao lado da nova trata-se, bem vistas as coisas, duma cumulação objectiva superveniente de acções (vd. infra § 88), cuja admissibilidade se determina, segundo a opinião dominante, conforme as regras da modificação da instância (BGH RR 87, 58).

V. A **mudança da parte** (a modificação voluntária da parte) não tem de ser tratada como uma vulgar modificação da instância (controverso!, vd. infra § 86 II).

§ 42. A desistência da instância e a regulação da questão de fundo

I. A desistência da instância é a declaração do autor (ou reconvinte, vd. infra § 46) perante o tribunal de que renuncia a movimentar o processo. A isso não se sobrepõe qualquer declaração de o pedido da acção ser procedente ou improcedente. Aqui distingue-se a desistência da instância da desistência do pedido (vd. infra § 47 II 2).

II. Os efeitos da desistência da instância

1. *A instância extingue-se.* A litispendência é suprimida retroactivamente; o processo considera-se – como diz o § 269 III 1 – como não tendo estado pendente. Por isso, a desistência da instância pressupõe a sua litispendência.

Todos os efeitos da litispendência, mesmo os de direito substantivo, são suprimidos retroactivamente, por ex., a excepção da litispendência, a interrupção da prescrição (BGB § 212 I).

2. Porque a litispendência é suprimida, o processo cessa *sem decisão judicial.* A sentença já pronunciada, mas ainda não transitada é revogada sem expressa revogação (§ 269 III 1); ocorre sobretudo se a acção foi objecto de desistência na instância superior.

A acção não é julgada improcedente, o direito alegado não é negado com força de caso julgado. O autor pode, por isso, renovar a instância objecto da desistência, sem que o réu lhe possa opor o caso julgado de sentença de improcedência. Ele só pode recusar a resposta até ao reembolso da custas (vd. infra 3), § 269 IV (vd. supra § 33 VI).

3. O autor suporta as custas do processo enquanto não houver decisão transitada sobre elas ou tenham de ser impostas ao réu (por ex., nos termos do § 93 d), § 269 III 2.

4. A requerimento têm de ser pronunciados por despacho (declarativo) os efeitos do § 269 III 1, 2, § 269 III 3-5.

III. Requisitos e forma da desistência da instância

A desistência da instância necessita do *consentimento do réu*, se este já debateu a questão de fundo, § 209 I – portanto não apenas questões processuais, nomeadamente pressupostos processuais. O consentimento é pedido, porque o processo cessa sem decisão – do ponto de vista do réu: sem a improcedência da matéria da acção – e por isso deve ser diminuída a protecção jurídica do réu. A acção pode ser objecto da desistência em qualquer estado do processo até ao trânsito em julgado da sentença, mesmo entre as instâncias ou na instância superior (não confundir então com a desistência do recurso, vd. § 72 VII), vd. BGHZ 14, 211.

A declaração de desistência e o consentimento do réu têm de ser formulados perante o tribunal do processo. A desistência e, apesar da redacção do § 269 II 2, também o consentimento, são declarados quer na audiência de julgamento (mesmo na ausência da parte contrária) quer pela apresentação dum escrito no tribunal, que é oficiosamente notificado à parte contrária. Implica patrocínio obrigatório (§ 78).
Havendo litígio sobre a eficácia da desistência da instância, o tribunal decide por sentença interlocutória (§ 303) ou nos fundamentos da sentença final da acção, a pronunciar, quando julgue a desistência sem efeito; aliás, estabelece-se a eficácia por despacho (BGB NJW 78, 1585; segundo parecer diverso, por sentença).

IV. É ainda possível um **acordo sobre a desistência da instância**, achado fora do processo. Este não faz cessar, sem mais, o processo; para isso, é precisa antes a declaração de desistência no processo (§ 269). O acordo, todavia, torna inadmissível o processamento posterior, de modo que é pronunciada a absolvição da instância se o autor, infringindo o acordo, não desistir da instância, antes prossiga o processo. A opinião dominante chega ao mesmo resultado, concedendo ao réu uma exceptio doli contra o autor que prossegue o processo (BGH RR 89, 802).

V. **Significado prático** tem a desistência da instância, sobretudo quando o autor numa transacção extrajudicial se obrigou à desistência da instância em contrapartida da confissão do réu (vd. supra IV e infra § 48 IX).

VI. A regulação da questão de fundo

Entra em consideração onde nem a desistência da instância nem a desistência do pedido corresponda aos interesses das partes, sobretudo do autor.

Exemplo: K demanda B para obter o pagamento de 2.000 DM. Durante o processo, B paga. Com isso, extinguiu-se o crédito da acção, de modo que K já não pode ganhar o processo. A desistência da instância e a desistência do pedido não correspondem nesta situação aos interesses de K, porque em ambos os casos teria de suportar as custas do processo, sem consideração pela sua anterior perspectiva processual (vd. § 269 III 2, § 91). Estando K e B de acordo sobre a regulação da questão de fundo, declaram *por acordo* o processo resolvido; o tribunal decide então, agora apenas sobre as custas (§ 91 a), tendo em atenção os resultados processuais anteriores. Não acordando K e B sobre a resolução, porque, por ex., B pensa ter pago outro crédito de K, pois o crédito da acção nunca existira, toma apenas em consideração a *declaração unilateral de resolução* de K. Este caso não é regulado pela lei, o seu tratamento é muito controverso. Panorama em *Bergerfurth*, NJW 92, 1655 e segs.

1. **A declaração por acordo da regulação, § 91 a**, põe termo à causa quanto à questão de fundo, sem sentença; é suprimida a sentença ainda não transitada (§ 269 III 1 por analogia). O tribunal não tem de examinar a situação a regular e quando (se antes ou depois da propositura da acção). Decide discricionariamente por despacho – tomando em consideração a anterior situação de facto e do litígio e, em princípio, sem produção de prova – apenas sobre as custas. Às partes tem de ser garantida prévia audiência judicial; para isso não é preciso qualquer necessária discussão oral, de modo que uma declaração por acordo é possível ainda "entre as instâncias" (declaração por requerimento ou por termo nos autos do tribunal inferior; para a declaração não é obrigatório o patrocínio por advogado, § 78 III). É admissível a renovação da acção (opinião dominante), mas o § 269 V (vd. supra II 2) devia aplicar-se analogicamente.

2. O autor formula **a declaração unilateral de regulação**, o réu contesta-a. Não faz cessar o processo, antes o autor requer a declaração judicial de a instância estar regulada. Aí reside, conforme a opinião

dominante, a modificação (em regra admissível) da anterior acção (BGH NJW 94, 2364, com notas), conforme outro entendimento, a desistência da instância; em todo o caso, pode manter-se, a título subsidiário, a velha acção (vd. infra, a).

a) Declarando o tribunal, em caso de litígio, que não se verifica a regulação (no exemplo acima antes de 1: que o crédito da acção não foi pago, ou que o réu só pagou para prevenir a execução) tem de ser indeferido o pedido de declaração do autor. Tendo ele mantido, a título subsidiário, o pedido primitivo da acção, tem ainda de decidir-se sobre este.

b) A regulação da questão de fundo, só se produz se a acção é admissível e fundada ao tempo da ocorrência posterior à propositura da acção, BGHZ 83, 13 (conforme BGHZ 106, 366 e seg., "jurisprudência constante" do BGH; mas incompatível com isso, BGHZ 91, 127, bem como BGH NJW 82, 768 [para isso, reinterpretação no NJW 86, 589]; BAG NJW 96, 1981). Não sendo o caso, a acção é rejeitada como inadmissível ou infundada conforme o estado dos autos, a decisão sobre custas resulta do § 91 (não do § 91 a), BGHZ 83, 13, 15 e seg.

Exemplo: o autor pede ao réu a prestação de serviços até 31-12-1997; no princípio de Janeiro de 1998, o autor declara resolvida a questão de fundo pelo decurso de tempo; o réu contesta porque – o que se confirma – nunca existiu a obrigação de prestar serviços. A acção era, por isso, infundada, já antes do decurso do ano de 1997.

A acção é infundada desde o princípio se o facto "regulador" existe *antes* da propositura da acção. Isto é controvertido no caso de o réu cumprir entre a instauração e a notificação da petição inicial. Porque só com a notificação se inicia a litispendência, também aqui se instaurou uma acção infundada, que não podia já ser regulada substantivamente quanto ao fundo da questão (BGHZ 83, 14 e segs.; BGH RR 88, 1151, conforme anotações, controverso; para as dificuldades, *Ulrich*, NJW 94, 2793 e segs.). Para um caso especial (modificação da acção com o fim de exigir um pedido de direito substantivo de reembolso de custas) vd. infra § 95 V.

c) Sendo a acção admissível e fundada até à regulação da questão de fundo, o tribunal declara por sentença regulada a questão de fundo. Suprime-se a decisão anterior, ainda não transitada (BGH NJW 74, 503). A decisão sobre custas resulta das regras gerais (§ 91!), não do § 91 a.

CAPÍTULO SÉTIMO

A defesa

§ 43. A defesa do réu

I. O réu não é obrigado a defender-se da acção: nem tem que comunicar por escrito no processo preliminar, em prazo peremptório, que quer defender-se da acção (vd. § 276 I), nem tem de comparecer perante o tribunal, nem é obrigado aos debates; mas com tal procedimento arrisca-se a um processo à revelia, que pode terminar pela sua condenação (vd. infra § 66). Ao réu não assiste, portanto, um dever de discutir, mas um ónus de discutir (vd. supra § 26 I).

O réu não precisa de contestar o pedido do autor, mas pode conformar-se com ele pela confissão (vd. infra § 47).

II. *Normalmente* o réu defende-se. Chega-se ao julgamento contraditório em que ambas as partes colocam pedidos contraditórios, o autor para condenação do réu, o réu para improcedência da acção. O réu pode ainda confessar em parte e requerer a improcedência no restante.

III. O réu pode tentar conseguir que a acção não obtenha vencimento por motivos processuais (como inadmissível) ou por motivos substantivos (como infundada).

1. Consegue a rejeição por inadmissível (*absolvição da instância*), se faltar um pressuposto processual ou se invocar com êxito um impedimento processual.

2. A improcedência por falta de fundamento (*absolvição do pedido*) pode ele procurar por várias vias.

a) Pode aceitar a alegação de facto do autor, portanto confessar (§ 288) ou não impugnar (§ 138 III), e demonstrar com a exposição do direito, que a acção é infundada, porque a alegação de facto não justifica o pedido da acção (vd. os exemplos supra § 25 V I).

b) Pode virar-se contra a alegação de facto do autor, muito simplesmente, de modo a negar, totalmente ou em parte, a veracidade da alegação. Esta modalidade de tomada de posição chama-se *denegação* ou negação (da acção). O réu pode apresentar na resposta, como, em sua opinião, as coisas se passaram e assim tem que relatá-las (§ 138 II; vd. BGH RR 90, 81); aliás, não sendo a sua simples ("inconsistente") contestação considerada, a alegação do autor considera-se confessada (§ 138 III; BGHZ 100, 195 e seg.; vd. ainda infra § 50 I).

Alegando o autor, por ex., a celebração dum contrato, o réu deve expor que negociações houve e por que fundamentos não se chegou à celebração do contrato; num acidente de viação o réu deve descrever como se deu o acidente segundo a sua concepção. É de ter em atenção que só raramente o réu pode considerar inexacta toda a alegação do autor e, por força do dever de verdade, também não deve.

Para a declaração de desconhecimento, vd. infra § 44 VI.

c) O réu pode deixar de impugnar ou confessar alegação de facto, no todo ou em parte, e apresentar factos que condizem com a alegação do autor, mas que são idóneos para refutar as consequências jurídicas que o autor dela extrai (vd. infra § 44 I). Portanto, o réu não diz "não" como na impugnação, mas "sim, mas". Esta alegação do réu designa-se *excepção no sentido do ZPO* (vd. infra IV).

IV. As **excepções no sentido do ZPO** dirigem-se contra a pretensão exercida processualmente e **são factos**.

Distinguem-se assim das excepções do BGB, que garantem o direito do devedor recusar o cumprimento (em certas circunstâncias) contra pretensões de direito civil.

As excepções de direito processual levam em regra à improcedência da acção por falta de fundamento. Ocasionalmente, a excepção leva a uma condenação restritiva (vd. BGB §§ 274, 322 e infra 1 c).

1. As excepções ou factos excepcionados classificam-se em *três grupos*:

a) Factos impeditivos do direito

Deles resulta que não poderia derivar da alegação do autor o efeito jurídico, desde o início, mas antes estava impedido, logo na origem.

Inclui-se nisto a alegação de uma das partes estar mentalmente diminuída no momento da celebração do contrato, ou de faltar ao contrato a forma legal, que infrinja uma proibição legal ou seja contrário aos bons costumes (sempre com a consequência da nulidade do contrato ou da inexistência dum direito dele resultante).

b) Factos extintivos do direito

Trata-se de factos que fazem cessar o direito do autor porventura constituído com eficácia ex tunc ou ex nunc, por ex., a "excepção" de pagamento, a compensação, o perdão, a impugnação pauliana ou a denúncia.

c) Factos que suspendem o direito

Está na sua base uma excepção no sentido do BGB, portanto o direito do devedor recusar o cumprimento (em certas circunstâncias), que sem dúvida não destrói o direito civil da parte contrária, mas que dá ao obrigado o direito de recusar o cumprimento (do direito existente); BGH MDR 69, 33 e seg. Vd. *Jahr*, JuS 64, 125 e segs., 218 e segs. e 293 e segs.

A excepção nos termos do BGB pode ser permanente ou transitória. O exemplo mais importante da primeira é a excepção de prescrição, da segunda a excepção de incumprimento do contrato.

Bibliografia: *H. Roth*, Die Einreden des Bürgerlichen Rechts, 1988.

A simples existência duma excepção de direito civil não é, contudo, um facto suspensivo do direito. Para isso é preciso o exercício do direito do devedor recusar o cumprimento, por ex., a formulação da excepção de prescrição. Isso pode acontecer ainda fora do processo (opinião dominante, vd. para a prescrição BGHZ 1, 239; OLG Düsseldorf NJW 91, 2089 e seg.; contra, *H. Roth*, loc. cit., pág. 135 e seg.).

Só quando, por ex., o devedor invocou a prescrição e os factos de que resulta a existência e a formulação da excepção de prescrição foram alegados no processo, o tribunal pode julgar improcedente a acção (vd. supra § 30 V). Para isso é indiferente qual das partes alegue os referidos factos, vd. infra 2. Isto é relevante, se o réu já antes do início ou fora do processo invocou a excepção e – excepcionalmente – só o autor argue os factos ("exerce") de que resulta a existência e formulação da excepção. Sendo de inferir da arguição das partes apenas que o crédito prescreveu (portanto, a excepção da prescrição, embora exista, não foi alegada), o devedor tem de ser condenado ao pagamento.

2. Os **factos impeditivos e extintivos do direito**, compreendem as excepções para os fins do direito civil.

Eles devem ser "observados oficiosamente", como repetidamente se diz nas exposições de direito civil, ao contrário das excepções no sentido do BGB, que o réu deva invocar. Isto é inexacto e enganador. A observância "oficiosa" significa no processo que o tribunal não depende da atitude das partes para tomar um facto em consideração (vd. supra § 25 X). Isto não está certo para as excepções nos termos do BGB; pois o tribunal está vinculado à atitude das partes, especialmente a uma confissão de factos. Apenas não está dependente de qual das partes alega o facto e que importância lhe atribui. Desde porém, que não haja qualquer diferença entre, por um lado, os factos impeditivos e extintivos e, por outro lado, os suspensivos (que provêm duma excepção de direito civil). O direito de recusa do cumprimento só pode realmente ser invocado pelas titulares da excepção, porém, assim acontecendo – e só então surge um facto suspensivo! – deve ser tomada em consideração a suspensão do direito, indiferentemente, de ser o autor ou o réu a alegar os factos, de que resulte a existência e a formulação da excepção.

Normalmente o réu alegará certamente os factos constitutivos da excepção, que lhe sejam favoráveis. Mas é perfeitamente possível que tais factos (só) resultem da alegação do autor. O autor invoca, por ex., que o documento particular com assinatura não reconhecida, nem legalizada é válido, porque não há qualquer prescrição legal de forma, ou que o réu, sem dúvida, compensou, mas a compensação é inválida, ou que o crédito prescreveu e a excepção de prescrição tenha sido invocada pelo réu, mas a formulação da excepção infrinja a boa fé. O tribunal pode considerar nulo o documento por falta de forma, a compensação e a formulação da excepção como válidos; pois trata-se aqui da valoração legal de factos alegados pelo autor, no que o tribunal é livre. Tendo o próprio autor alegado um facto constitutivo de excepção, impede com isso que a sua petição proceda. Por isso, a acção tem de ser julgada improcedente, mesmo que o réu não tenha remetido para a falta de forma, a validade da compensação ou a formulação da excepção (vd. supra § 25 V 1, VI 1).

V. O autor pode comportar-se diversamente perante as excepções.

Ele pode não impugnar ou confessar os factos; todavia, pode ainda defender-se de modo a que sejam declarados não pertinentes por fundamentos jurídicos ou impugnada a veracidade dos factos constitutivos da excepção (por ex., que o réu pagou a dívida) ou que aceita esses factos mas, por seu lado, alegue novos factos, que possam restringir a eficácia dos factos constitutivos da excepção (a chamada réplica). Alegando o réu, por seu lado, factos contrários aos factos da réplica do autor, susceptíveis de restringir a réplica, fala-se da chamada tréplica. Este vai-vem pode continuar.

Exemplo: K pede a B o pagamento do preço do contrato de compra; B objecta capacidade negocial limitada na celebração do contrato; K replica com o consentimento do legal representante; B contesta que o representante negou o consentimento; K responde que a oposição foi efectuada fora do prazo.

VI. O réu não precisa de contentar-se com a defesa (com o pedido de improcedência da acção), mas pode passar ao contra-ataque e formular pedido **reconvencional** contra o autor (vd. infra § 46).

VII. O réu tem de "aceitar" "**litigar de fundo**" quando queira debater o mérito e não apenas questões processuais (por ex., a admissibilidade da via judicial). O início da contestação é um momento importante: o tribunal incompetente torna-se competente (§ 39); o réu não pode mais invocar as reclamações renunciáveis, como a admissibilidade da acção (§§ 282 III 1, 296 III); o réu consentiu (ficticiamente) numa modificação da acção (§ 267); o autor só com o acordo do réu pode desistir da instância (§ 269 I). Porém, é de considerar que o ZPO não usa univocamente o conceito de "questão de fundo" (assim, basta ao § 345 o debate dum pressuposto processual, BGH ZZP 80. 482 e segs., com comentários, *Münzberg*).

§ 44. A confissão dos factos

Bülow, Das Geständnissrecht, 1899; *Pollak*, Gerichterliches Geständniss im Civilprozesse, 1893, *Joachim P. Schmidt*, Teilbarkeit und Unteilbarkeit des Geständnisses im Zivilprozess, 1972.

I. A confissão dos factos é a declaração duma das partes de uma afirmação de facto da parte contrária ser verdadeira (a simples falta de impugnação, § 138 III, não é uma confissão, BGH RR 96, 1044). A declaração pode exprimir-se pelo autor e pelo réu, relativamente às afirmações da parte contrária.

Surge uma "confissão prévia" quando uma das partes alega um facto que lhe é desfavorável, que aproveita à outra parte e que também o alega (BGB NJW 91, 2898). Alegando o autor, por ex., o que o réu impugnou, o facto da impugnação só é confessado pelo autor se o réu toma como sua a alegação. Enquanto não for este o caso não há confissão (importante para a desistência da alegação).

Objecto da confissão dos factos são apenas factos (mais precisamente: afirmações de facto; para a noção, vd. infra § 49 VI), nem regras da experiência nem alegações de direito, por isso também não a subsunção de factos a normas jurídicas.

Por conseguinte, em todo o rigor, um direito não pode ser objecto duma confissão. Para isto, apenas se tomam em consideração factos de que resulta um direito. Porém, na medida em que direitos são elementos na previsão normativa (por ex., a propriedade no § 823 BGB) e se trata aí de noções jurídicas que são conhecidas simplesmente e em geral, como a compra, o arrendamento, a propriedade, pode ser confessada a existência duma relação jurídica sem que seja necessário decompor os factos isolados que fundamentam o direito (BGHZ 129, 155, com notas). Por ex., confessando o réu que a coisa danificada por ele é "propriedade" do autor, que "comprou" ao autor uma coisa, etc. Segundo a opinião dominante as relações jurídicas prejudiciais (vd. supra § 35 III 2) são ainda confessáveis se compõem o conceito e são controversas entre as partes (vd. *Blomeyer*, § 68 I 2, com notas).

A confissão dos factos não respeita à alegação jurídica do autor. Não se declara o pedido da acção fundado juridicamente (isso acontece na confissão do pedido, vd. infra § 47 II 1), mas em regra respeita apenas a factos isolados. Mesmo se todas as alegações de facto do autor forem confessadas, o réu pode ainda obter a absolvição, por ex., por inconcludência da acção ou com fundamento numa excepção que invalida a argumentação da acção (vd. supra § 43 IV).

Na prática, ocorre com frequência, uma *confissão dos factos parcial*; pois na maior parte dos processos, as partes reconhecem reciprocamente afirmações de facto isoladas.

A confissão de factos isolados é compatível com a alegação de factos suplementares que, por sua vez, podem anular a eficácia dos factos confessados (*exemplo*: à confissão da celebração de compra é acrescentada a alegação de estar pago o respectivo preço); a confissão conserva então a sua plena eficácia, porque o facto (celebração da compra) fica incontestado, § 289 I. Mais complicada é a situação se a alegação suplementar ou restritiva respeita exactamente ao mesmo teor factual que a confissão, § 289 II (*exemplos*: a celebração do contrato é confessada, mas alega-se erro e impugnação; face à alegação do autor de ter concedido um empréstimo ao réu é confessada a recepção do dinheiro, todavia, ao mesmo tempo, alega-se doação ou pagamento do preço da compra relativamente à soma paga). Então tem de determinar-se exactamente que alegação da parte contrária foi confessada e qual se contesta, qual portanto a extensão da eficácia da confissão (no 2.º exemplo o pagamento é confessado, controvertido o contrato de empréstimo). Distingue-se aqui entre "confissão qualificada" (disso se trata nos exemplos referidos) e a "negação motivada" (*exemplo*: o réu admite a celebração dum contrato de compra, mas alega que a celebração ficou sujeita a condição suspensiva), vd. *Baumbach*, § 289, 3, 4.

II. A forma da confissão dos factos. Ocorre informalmente na discussão oral (não no depoimento de parte, BGHZ 129, 109 e segs., contra 8, 237 e seg.) ou na acta do juiz deprecado ou encarregado, § 288 I. O uso de determinadas palavras como "confessado", "confissão" não é necessário. Por conseguinte, é possível a declaração por conduta concludente (BGH RR 96, 699; StJ § 138, 30). A confissão dos factos dirige-se somente ao tribunal, não é necessária a sua aceitação pela parte contrária, § 288 II. A confissão por escrito dos factos só é possível no processo escrito (vd. infra § 70); no processo oral, havendo aí apenas a declaração, confessa-se na audiência.

III. Os efeitos da confissão dos factos

1. Os factos confessados não precisam de qualquer prova, § 288 I. Por isso, não podem tornar-se objecto de instrução, antes têm de ser considerados assentes pelo tribunal para fundamentarem a sentença. A confissão dos factos, portanto, é **vinculativa para o tribunal**. Isto só é exacto, na medida em que se aplique o princípio da instrução por iniciativa das partes, não no âmbito do princípio inquisitório (vd. § 617).

2. Vincula também a parte que confessa; pois apenas sob dois requisitos pode **retractá-la** (§ 290): tem de provar que não corresponde à verdade e que foi expressa por erro. Por conseguinte, a confissão dos factos conscientemente inverídica é irretractável. Quem voluntariamente diz uma falsidade em prejuízo próprio, tem de assumi-la; vd. BGHZ 37, 155 e seg.; ainda BGH NJW 78, 2157; doutro parecer, *Bernhardt*, JZ 63, 245 e segs.

3. A confissão dos factos **não tem qualquer efeito vinculativo** se é absurda, por ex., contraria regras da experiência geralmente reconhecidas ou desmente factos notórios (BGH NJW 79, 2089).

A **confissão extrajudicial dos factos**, por ex., nas negociações das partes antes do processo, em cartas, mas também como confissão judicial noutro processo, não vincula igualmente. Deve ser objecto de prova (testemunhas, documentos) e depende da livre apreciação da prova pelo tribunal. Tem apenas a importância dum indício.

IV. A natureza jurídica da confissão é controversa: é uma declaração de ciência ("confesso, porque sei que a alegação da parte contrária é verdadeira") ou é uma declaração de vontade ("confesso, porque quero concordar com a alegação, mesmo sem conhecimento da sua verdade). O litígio não tem praticamente significado.

V. A parte não é forçada a escolher entre confessar e contradizer; pode seguir ainda o caminho intermédio, **não contradizer** um facto (sem ter de declarar expressa ou tacitamente, como na confissão, que o facto alegado é verdadeiro). Esta conduta tem, antes de mais, o mesmo efeito da confissão (**§ 138 III**): o facto não pode ser objecto de prova , mas tem de ser considerado verdadeiro pelo tribunal. Mas a parte não fica vinculada à "confissão", pode passar de não-contradizer a contradizer (o § 290 não se aplica; doutro parecer, mas inexacto, OLG München ZIP 84, 77 e seg.).

VI. A **declaração de não saber** só se admite quando se trate de actos ou de percepções alheios (§ 138 IV; para o dever de informação da parte, vd. BGHZ 109, 208 e segs.; BGH NJW 93, 1783; *Lange*, NJW 90, 3233 e segs.). Significa que a alegação da parte contrária de "desconhecedor", se torna impugnável (não como "falso", aliás em infracção ao dever de verdade!). Nos actos e percepções próprios é inadmissível tal declaração e por isso que se considere como confissão (§ 138 III); a parte pode, apesar de todos os esforços de esclarecimento, não declarar exactamente conforme a verdade, portanto pode – contrariamente à lei – impugnar como desconhecedor.

§ 45. A compensação

Häsemeyer, Die sog. "Prozessaufrechnung" – eine dogmatische Fehlakzentuierung, FS. Fr. Weber, 1975, pág. 215; *Nikisch*, Die Aufrechnung im Prozess, FS H. Lehmann, 1956, Tomo II, pág. 765; *Oertmann*, Die Aufrechnung im Deutshen Zivilprozessrecht, 1916; *Pagenstecher*, Über Eventualaufrechnung im Prozess, 1922; *Pawlowski*, Die Gegenaufrechnung des Klägers im Prozess, ZZP 104; *Schwab*, Bemerkungen zur Prozessaufrechnung, FS Nipperdey, 1956, Tomo I, pág. 939; *Stölzel*, Schulung für die zivilistische Praxis, 2.ª Parte, Die Eventualaufrechunug, 5.ª Edição, 1914.

I. A compensação ocupa uma posição especial (vd. supra § 30 V). Sendo operada a compensação *antes* ou *fora* dum processo pendente, a compensação submete-se, como negócio jurídico substantivo, exclusivamente às prescrições do direito civil. Se o réu a invoca num processo, formula uma excepção no sentido do direito processual: invoca um facto extintivo do direito (vd. supra 43 IV 1 b); o seu exercício é um acto processual, a que se aplica o direito processual.

Todavia, frequentemente a compensação produz-se *dentro* do processo pendente, por declaração na audiência de julgamento. Então há uma dupla previsão normativa (vd. supra § 30 V): uma declaração de compensação de direito substantivo que extingue os créditos (BGB §

389), e a invocação processual dos factos, que devem levar à absolvição do pedido. Sendo "compensado" num articulado, é declarada assim a invocação da compensação (possivelmente também expressa a declaração de direito substantivo).

O ZPO não distingue se a compensação se produz dentro ou fora, antes ou durante o processo, mas fala sempre da invocação da compensação (§§ 145 III, 302 I, 322 II, 530 II); é um meio de defesa (BGHZ 91, 303).

Para a compensação na instância de apelação, vd. infra § 73 V, no final.

II. A *compensação no processo* é habitualmente a chamada **compensação eventual**. O réu invoca a excepção apenas para o caso (eventual) de vir a ser condenado pelo tribunal, sem a compensação. Em primeira linha, dirige-se contra o crédito da acção, por ex., com a alegação de que nunca se constituiu.

1. Sendo o tribunal convencido da existência do crédito em compensação antes de ter declarado o crédito da acção, está agora seguro que o autor do processo não pode vencer: mesmo se o crédito da acção existisse "em si", teria sido extinto pela compensação. Por isso entende a *teoria da absolvição do pedido (Stölzel)*, que a acção tem de ser imediatamente rejeitada. Todavia, conforme a dominante *teoria da instrução*, o tribunal deve ainda fazer o julgamento do crédito da acção bem como ouvir a prova e só deve decidir se estiver assente que o crédito da acção, por causa da compensação ou por outro motivo não (mais) existe (BGH NJW 74, 2002; BGHZ 80, 99; ainda 109, 189 e seg.).

Tem de preferir-se a opinião dominante. Sendo a acção rejeitada imediatamente, ficaria por esclarecer se, desde o início, o crédito da acção não existiu ou se apenas se extinguiu pela compensação. Em conformidade com isto, ficaria também em aberto se o crédito oferecido à compensação se extinguiu, portanto, agora já não existe. Por isso, não podia ser estabelecido transitadamente a já – não – existência do crédito oferecido à compensação, se bem que o § 322 II – ao contrário do seu teor –impossibilitasse esse estabelecimento (vd. infra § 63 III 3). Com isso, seria admissível um segundo processo sobre o crédito oferecido à compensação. Nele deveria verificar-se se este crédito ainda existe ou se foi extinto pela compensação com o crédito da acção do processo anterior. Isso depende da anterior existência do crédito da acção. Sobre isso deveria ser produzida prova no segundo processo. Isto mostra que a produção de prova sobre o crédito da acção do processo anterior não evita, antes é adiada para o processo ulterior. Porém, então é razoável produzir prova mesmo no primeiro processo para que se obtenha uma decisão transitada sobre o crédito oferecido à compensação e evitar um segundo processo sobre este crédito.

2. Para o réu, a compensação é o último meio para vencer o processo. Esta vitória exige, naturalmente, uma vítima – o crédito em compensação – que o réu não pode mais invocar como excepção. Por isso, ele quer que apenas se decida sobre a compensação, se a existência do crédito da acção estiver assente. Precisamente por isso, o tribunal tem de prosseguir o processo se segue a teoria da instrução: primeiro, tem de estabelecer se o crédito da acção existe "em si", depois pode pronunciar-se sobre a compensação. Para que o tribunal se detenha no prévio exame do crédito da acção é por conseguinte supérfluo que a compensação seja condicionalmente declarada e exercida: condicionada de direito substantivo pela existência do crédito da acção, condicionada processualmente pelo estabelecimento judicial de que o crédito da acção existe "em si" (no entanto, é assim a opinião dominante; contra, justamente, *Rosenberg*, § 105 II 2 com notas; StJ § 145, 50, 47).

III. A compensação alarga a matéria do processo, pois tem de ser verificado um novo crédito e, por isso, se for contestada pelo autor, é susceptível de atrasar muito a decisão do processo. Pode, também realmente, ser ainda invocada posteriormente como meio de defesa, sujeita então, porém, à rígida preclusão nos termos do § 296. **Não** sendo **admitida** a invocação duma **compensação** só declarada *dentro* do processo, **ou** sendo **processualmente inadmissível** por outros motivos (por ex., conforme o § 530 II), a declaração de compensação é ineficaz por não ser de exigir ao réu condenado o absurdo sacrifício do seu crédito compensável (em consequência da opinião dominante, a fundamentação difere fortemente, vd. *Häsemeyer*, loc. cit., pág. 218 e segs.; StJ § 145, 52, 56 e seg. Do mesmo modo, BGH RR 87, 1196 no caso do § 530 II; na recusa ou não admissão por atraso, por ex., conforme os §§ 296, 528, fique contudo a declaração de compensação eficaz, de modo que se extinga o crédito compensável! Como aqui, no entanto, BGH NJW 93, 2755 [sem fundamentação]; 94, 2770 [com variados fundamentos]. Sendo a compensação já declarada *antes* do início do processo, mas inadmissível a sua invocação no processo, o réu pode invocar mais tarde em juízo o seu crédito compensável sem o que o (anterior) autor poderá prevalecer-se da sua extinção em consequência da compensação anterior ao processo (*Häsemeyer*, loc. cit., pág. 221 e segs.; *A. Blomeyer*, ZZP 88, 439 e segs.; [concordante, StJ § 145, 58-60; MK-ZPO § 145, 28], com diversos fundamentos; doutro parecer, a opinião dominante, vd. *Rosenberg*, § 105 III 2 b).

Ainda que a compensação introduza no processo um segundo crédito como objecto de julgamento, **o crédito em compensação não é litispendente** (BGH RR 94, 380; opinião dominante); em consequência, o réu também pode compensar com um crédito pendente em juízo (doutro parecer, *Häsemeyer*, loc. cit., pág. 232 e segs.). É negligenciável se se verificam os pressupostos processuais duma invocação em juízo. Antes decorre do § 322 II, segundo o qual o tribunal cível também toma uma decisão susceptível de trânsito em julgado sobre o crédito em compensação.

Este **poder de decisão** tem de **ser negado** se aos tribunais alemães da jurisdição cível litigiosa **faltar em geral a competência** para proferir sentença sobre o crédito a compensar. Assim acontece quando a jurisdição alemã (BGHZ 19, 348) ou a competência internacional alemã (BGH NJW 93, 2753 e segs. [concordante, StJ § 145, 39; para a sentença provisória, vd. infra V, e suspensão *Leipold*, anotação ZZP 107, 216 e segs.]; isto aplica-se ainda no quadro da EuGVÜ [EuGH NJW 96, 42, não está contra], *Schlosser*, EuGVÜ, art. 2, 15, doutro parecer *Mankowski*, anotação ZZP 109, 376 e segs. face ao EuGH, loc. cit.) para a falta de crédito a compensar e ainda se o crédito a compensar compete a tribunal arbitral (em consequência para ambos os casos, bem como BGH NJW 81, 2645; BGHZ 38, 257 e seg. [relativamente a isto, crítico, *Henckel,* JZ 63, 682 e seg.]. Contudo, a falta de competência não é motivo que impeça, se o **crédito a compensar** compete a **processo judicial interno, semelhante** ao do tribunal que profere a sentença. Então podem passar por cima das vias judiciais e pode também ser decidido sobre o crédito a compensar. Isto **respeita especialmente** à relação em geral do tribunal do processo – tribunal de família (BGH RR 89, 174), tribunal comum – tribunal de trabalho (BGHZ 26, 305 e segs.; BAG NJW 66, 1774; *G. Lüke*, FS Kissel, 1994, pág. 731 e segs.), tribunal comum – tribunal de jurisdição voluntária em autênticos processos contenciosos (vd. BGHZ 40, 340 e segs., respeitante ao tribunal agrícola), tribunal social – tribunal administrativo (BSG NJW 69., 1368). Em ambos os casos ultimamente mencionados são distintas as vias judiciais, mas o processo é semelhante. Isto mostra que: não há qualquer problema da compensação com crédito "alheio à via judicial", mas apenas a questão de saber se o crédito da acção e a compensação são apreciados em processos semelhantes. Na **ausência de semelhança** (e *por isso* não podem ser ultrapassados os limites da via judicial) na relação tribunal comum – tribunal social (BSG MDR 82, 700) ou tribunal administrativo (BVerwG NJW 87, 2532 e seg.); por isso, tem de suspender-se no crédito a compensar contestado, conforme o § 148 (BGHZ 16, 138 e seg.; BSGE 19, 210 e seg.). Não há "competência por conexão objectiva" para a decisão sobre o (contestado) crédito a compensar (opinião dominante; doutro parecer, *Baur*, FS F. v. Hippel, 1967, pág. 12 e segs.; *E. Schmidt*, ZZP 87, 42, também *Vollkommer*, FS Kissel, 1994, pág. 1201 e segs., sempre com o sofisma da equivalência das jurisdições sobre a aqui apenas relevante jurisdição do processo). Retira-se a analogia face à GVG § 17 II 1 (vd. supra § 4 II): aí reside o poder de decisão que ultrapassa a via judicial apenas para *um* objecto do litígio (o da acção, BGHZ 114, 2 e seg.), enquanto aqui o crédito a compensar deriva doutras circunstâncias da vida ("objecto do litígio", vd. supra § 37 VIII 1), para o qual pode ser fundado um poder de decisão que ultrapassa a via judicial em virtude da diversidade dos processos tão pouco comum no caso da cumulação objectiva de acções (*G. Lüke*, loc. cit., pág. 734; StJ § 145, 33, com notas, também do ponto de vista contrário; doutro parecer, ainda *Kissel*, NZA 95, 355 e seg.).

IV. O tribunal pode sempre determinar que primeiro se **debata apenas sobre o crédito da acção ou** apenas sobre o **crédito em compensação**

(§ 146). Todavia, pode debater-se também ambos ao mesmo tempo. Isto recomenda-se especialmente se o réu compensa com um crédito em compensação conexo, ou seja, com um crédito que está em conexão jurídica com o crédito da acção (BGHZ 25, 363 e seg.), por ex., se o autor demanda o pagamento do preço da compra e o réu compensa com o crédito de indemnização por fornecimento defeituoso (violação positiva do contrato). Os factos que são necessários para a condenação em ambos os créditos, são então quase sempre os mesmos. Por isso, tem aqui lugar o julgamento e produção da prova em comum. Compensando o réu com um crédito em compensação não conexo, como é admissível conforme o direito civil e é frequentemente o caso, o tribunal pode **separar** o julgamento do crédito em compensação (§ 145 III); o próprio processo mantém-se uno mas, pelo julgamento separado, torna-se resumido e acelerado.

De qualquer modo que o tribunal proceda, estabelece-se sempre a existência ou inexistência do crédito da acção ou do crédito a compensar. São imagináveis quatro combinações.

1. Estabelecendo-se que o *crédito da acção* tomado em si, portanto, *independentemente da compensação, não existe*, a acção é logo julgada improcedente. A compensação fica sem objecto.

2. O tribunal conclui que o *crédito da acção existe em si*, porque o réu não o contesta, mas apenas compensa (um caso raro, *exemplos* no BGHZ 57, 301 e segs.; BGH RR 96, 699), ou porque as suas excepções, além da ainda não apurada compensação carecem de fundamento. Aqui, o tribunal tem sempre de examinar o crédito em compensação; pois só se a sua existência ou inexistência estiver certificada, o tribunal pode decidir definitivamente.

Pode, porém, no caso do crédito a compensar não ser conexo, proferir segundo o seu critério uma *sentença provisória sobre o crédito da acção*, ou seja, condenar o réu provisoriamente (vd. infra V).

3. Sendo pacífica a *existência do crédito em compensação* ou *determinada* pelo tribunal, e contestando o réu o crédito da acção (caso da compensação eventual!), o tribunal só pode decidir se se obteve também a certeza sobre o crédito da acção; vd. supra II. Não contestando o réu, a acção é imediatamente julgada improcedente por causa da compensação.

4. O último caso, em que o tribunal se convença que a *compensação não é de atender*, é problemático. Contestando o réu o crédito da acção, tem de ser este ainda debatido e objecto de produção de prova. Não contestando, é imediatamente condenado.

V. Sendo o tribunal convencido da existência do crédito da acção porém não esclarecido ainda sobre o crédito em compensação não conexo, pode decidir sobre o crédito da acção por **sentença provisória**, § 302 I. Sendo accionado para declaração, apenas se estabelece a existência do crédito da acção, sendo formulada acção de condenação, condena-se o réu na prestação, sempre sob reserva da decisão sobre a declarada e invocada compensação (com o crédito apresentado à compensação, e não com qualquer outro). Com isto, o processo terminou a instância, na medida em que respeita ao crédito da acção (não é admissível mais qualquer outra excepção).

O fundamento deste regime singular reside na tendência do propósito de retardar por parte do réu, que poderia mesmo para compensar com créditos inventados e atrasar o processo, ter de pretextar uma barreira: só pela compensação ele não pode seguramente escapar à sua condenação e execução. O tribunal proferirá uma sentença assim, quando a decisão sobre a compensação ainda não seja de esperar para breve e o crédito a compensar se afigure duvidoso.

A *sentença provisória* pode designar-se sentença final condicionalmente resolutiva. É *impugnável autonomamente por recurso*; pois para o réu tem muita importância se consegue a improcedência da acção só por meio da compensação ou sem ela. Antes de mais, ela é *exequível autonomamente* como sentença de condenação; isso deve evitar o atraso do processo (vd. supra). Pela sua natureza não pode ter força de caso julgado material. Por outro lado, vincula o tribunal que se vai pronunciar, conforme o § 318, de modo que está excluído um novo exame, mais tarde, do crédito da acção.

O processo prossegue – antes do trânsito em julgado da sentença provisória, a requerimento duma das partes, depois oficiosamente – perante o mesmo tribunal, mas apenas para apreciação da compensação. Este *processo definitivo* forma uma unidade com o processo, antes da pronúncia da sentença provisória (a competência mantém-se, os actos das partes conservam os seus efeitos). Pode levar a dois resultados: ou se constata a compensação como ineficaz; então a sentença provisória é legal, confirma-se por sentença no processo definitivo "com cessação da reserva". Ou a compensação se impõe; então a sentença provisória é inexacta, é expressamente anulada e a acção julgada improcedente por sentença final, § 302 IV 2.

Porque a sentença provisória é impugnável, pode dar-se o caso de o processo correr simultaneamente em duas instâncias (por causa da crédito da acção em segunda ou terceira instância, por causa da compensação na primeira ou segunda). Sendo a sentença provisória revogada na instância superior e a acção julgada improcedente, fica anulada a sentença da instância inferior sobre o crédito a compensar mesmo se já estiver formalmente transitada em julgado.

Sendo executada a sentença provisória, mas anulada no processo definitivo, o autor tem de indemnizar os **danos da execução do réu**, § 302 IV 3. Trata-se duma *responsabilidade pelo risco, do autor*. Por isso, a ilicitude e a culpa não são requisitos da responsabilidade. O réu pode exercer o seu direito no processo pendente em que, juntamente com a improcedência da acção, pede a condenação do autor na indemnização dos danos, § 302 IV 4. Com isso formula uma reconvenção privilegiada (*Rosenberg*, § 98 II 1).

VI. O caso julgado material da sentença que é proferida com base na compensação é alargado (§ 322 II, vd. supra II 1 e infra § 63 III 3).

§ 46. A reconvenção

Fenn, Die fristgebundene Widerklage – ein Anschluss "rechtsmittel" erster Instanz?, AcP 163, 152; *Lorff*, Die Widerklage, JuS 69, 569.

I. O réu não está circunscrito no processo à defesa, mas pode passar ao contra-ataque e formular, pela sua parte, no quadro do processo pendente, uma **acção contra o autor**. Esta **designa-se reconvenção**.

Segundo o entendimento do BGH (vd. NJW 91, 2838), o réu pode formular reconvensão contra o autor e simultaneamente (ou – excepcionalmente – só: BGH NJW 93, 2120) contra um *terceiro*, de tal modo que este se torna litisconsorte do autor (e neste caso, reconvindo). *Exemplo* (segundo o BGHZ 69, 37 e segs.): K demanda contra B uma parte do seu crédito (alega que uma outra parte ainda lhe não pertence, e uma terceira parte foi cedida a X); B requer a improcedência da acção e formula reconvenção contra K e X para declaração da inexistência da outra parte e da parte do crédito cedida. Para a problemática, *Thomas/Putzo*, § 33, 8, 10-13 (não reconvenção, mas sim intervenção de terceiros, vd. infra § 86 III).

O objecto do litígio da reconvenção pode não ser idêntico ao da acção. Existe identidade se logo pela decisão se resolve a acção. Por isso a reconvenção – admissível – não significa simplesmente contestar a acção. Ela não é, nem um meio de ataque, nem de defesa, mas sim o *ataque* em si mesmo, porque fundamentalmente acção autónoma.

Exemplos: K demanda B para declaração da sua propriedade, reconvenção de B para declaração da sua propriedade, de B, sobre a mesma coisa (admissível, pois a improcedência da acção apenas nega a propriedade de K, mas não afirma a de B; sendo inversamente afirmada a propriedade de K, é com isso negada a propriedade de B [vd. infra § 63 II], mesmo assim admissível a reconvenção pela incerteza do desfecho do processo); acção igual, mas reconvenção para declaração de K não ser o proprietário (inadmissível, porque a declaração negativa já é alcançada pela improcedência da acção); vd. supra § 40 II 2.

II. Existindo uma **conexão jurídica** (não apenas de facto, controverso) entre o pedido da acção e o pedido reconvencional, então pode "no tribunal da acção ser apresentada uma reconvenção", § 33 I.

Exemplos de conexão jurídica: acção para pagamento do preço da compra, reconvenção para indemnização por cumprimento defeituoso (contrato de compra como fundamento comum de ambos os pedidos); acção para pagamento de rendas, reconvenção para declaração de não existir contrato de arrendamento (a forma da reconvenção é aqui a de acção de verificação interlocutória da existência ou ausência dum direito, § 256 II; vd. supra § 35 III 2); acção para declaração da propriedade do autor, reconvenção para declaração da propriedade do réu sobre a mesma coisa (ambas as declarações se excluem juridicamente, vd. supra I, no final).

A conexão jurídica com os meios de defesa pode ser desencadeada por acto da parte, se o réu utiliza um crédito em compensação em parte para compensar e, na parte restante, em reconvenção. (Não interessa aqui se o meio de defesa tem fundamento).

Há controvérsia sobre o **significado do § 33 I**.

A jurisprudência vê na conexão o requisito duma reconvenção admissível (BGH NJW 81, 1217); para a doutrina dominante, o § 33 I fundamenta apenas o *foro especial* da reconvenção (StJ § 33, 5-7, com anotações).

Exemplo: K, de Heidelberg, demanda B, residente em Karlsruhe, no AG local para o pagamento de 3.000 DM de preço de compra; B formula reconvenção para pagamento de 2.500 DM de indemnização pelos danos causados por K no seu terreno, situado em Karlsruhe. A ausência de conexão jurídica torna a reconvenção inadmissível, conforme o entendimento jurisprudencial (por isso: improcedência do processo ou separação de causas nos termos do § 145 II); conforme a doutrina dominante, não se verifica apenas qualquer foro especial da reconvenção, mas sim o do § 26, por isso a reconvenção é admissível, contudo possível a separação de causas (§ 145 II).

Uma reconvenção não conexa, não faz sentido porque a fundamenta complexo fáctico diverso do da acção, de modo que exclui praticamente o julgamento e instrução comum. Todavia, tem de se admitir que o § 33 I apenas fundamenta um foro especial (e não um requisito de admissibilidade) da reconvenção: o § 33 relaciona--se com o regime das competências, e o § 145 II resulta da admissibilidade reconhecível duma reconvenção não conexa.

Só *excepcionalmente* a conexão jurídica é um *requisito de admissibilidade*: a reconvenção duma associação sem personalidade jurídica, enquanto se considere, conforme a opinião dominante apenas dotada de personalidade judiciária passiva (vd. supra § 19 II 2), é admissível apenas como defesa contra a acção; isso pressupõe uma conexão jurídica no sentido do § 33 I (controverso). Para a reconvenção contra um imune, vd. supra § 6 I 2 c.

III. Requisitos da admissibilidade da reconvenção são:

1. Tem de ser admissível para a acção e a reconvenção, *a mesma espécie de processo* (importante, se a acção for instaurada em processo de letra, § 595 I).

2. Não resultem dificuldades para a *competência territorial*, se ambas as partes têm o seu foro territorial geral no mesmo tribunal (§ 12), ou neste se verifica o foro territorial especial da reconvenção (§ 33 I).É aplicável o § 39.

A *competência material* do LG verifica-se sempre, a do AG nos limites da GVG §§ 23, 23 a. Faltando ao AG a competência material para a reconvenção, é remetido todo o processo ao LG (não apenas a reconvenção), a requerimento duma das partes, § 506.

Sendo todavia *exclusivamente* competente para a reconvenção (em razão do território ou da matéria) outro tribunal determinado, então aquela deve ser separada (§ 145 II) e rejeitada como inadmissível ou remetida ao tribunal competente conforme o § 281, § 33 II. Tem de se proceder do mesmo modo se o tribunal for incompetente em razão do território para uma reconvenção não conexa.

3. Os *outros requisitos processuais* devem também ser aceites para a reconvenção. Para o requisito da deficiente identificação de ambos os objectos de litígio, vd. supra I. Para as especialidades da acção e reconvenção sujeitas a prazo, *Fenn*, loc. cit.

4. *No tempo*, uma reconvenção só pode ser formulada depois de estar pendente a acção e apenas até ao encerramento da última audiência de julgamento da matéria de facto, §§ 296 a, 561 (BGH RR 92, 1085), portanto já não na instância de revista, porque aí está excluída a alegação de novos factos (excepção para os direitos nos

termos dos §§ 302 IV, 600 II, 717 II e III). Na instância de apelação, a reconvenção precisa da sua admissão, § 530 I (decisão discricionária, que depende da pertinência da reconvenção, BGH RR 92, 736). A reconvenção é, uma vez formulada, independente do destino da acção (importante se a acção vier a ser objecto de desistência ou rejeitada por inadmissível).

IV. A **reconvenção é formulada** (§ 261 II) seja na audiência de julgamento da acção (§ 297) seja pela entrega dum articulado que o reconvinte apresenta no tribunal e que é notificado oficiosamente; o seu teor deve satisfazer as condições requeridas pela petição inicial (§ 253 II n.º 2).

A reconvenção pode ser formulada condicionalmente para o caso da acção ser fundada, infundada ou inadmissível, a chamada **reconvenção eventual** (BGH NJW 96, 2307 e seg.). *Exemplo*: B pede a improcedência da acção de pagamento, a título subsidiário compensa com um crédito de preço de venda; porque K contesta a admissibilidade da compensação, B formula reconvenção pelo crédito do preço de venda para o caso de o tribunal considerar inadmissível a compensação (vd. BGHZ 43, 30). A reconvenção eventual torna-se pendente em juízo condicionalmente resolutiva, com a sua formulação. A pendência em juízo decai retroactivamente se se verificar definitivamente a condição determinante da separação (no exemplo: a acção improcede por força da compensação). Para o caso análogo do pedido eventual, vd. infra § 88 III.

Também é admissível a **reconvenção da reconvenção** (*exemplo*: como supra na reconvenção eventual, porém K formula reconvenção da reconvenção para declaração de não existir um contrato de venda entre ele e B, que fundamente um crédito de B). A reconvenção da reconvenção pode também ser formulada apenas para o caso de a reconvenção ter êxito (BGH MDR 59, 571).

V. A **decisão sobre a reconvenção** é, se realizada separadamente, *julgamento parcial* (§ 301).

§ 47. Confissão do pedido e desistência do pedido

Lent, Der Klagverzicht, DRZ 48, 9; *Lent*, Die rein prozessuale Bedeutung des Anerkenntnisses, FG für Rosenberg, 1949, pág. 123; *Schilken*, Zum Handlungsspielraum der Parteien beim prozessualen Anerkenntnis, ZZP 90, 157.

I. A confissão do pedido e a desistência do pedido significam que uma das partes cessa a luta. Ela curva-se perante a parte contrária.

Com a **confissão do pedido**, o réu declara que o *autor tem razão* no seu pedido, porque a sua alegação de direito está certa, § 307.

Com a **desistência do pedido**, o autor declara que renuncia ao seu pedido na acção porque a sua *alegação de direito é incorrecta*, § 306

Contudo, o processo como tal não termina ainda com isso (vd. infra III).

II. A confissão do pedido e a desistência do pedido têm de **distinguir-se** da confissão dos factos e da desistência da instância.

1. Confissão do pedido e confissão dos factos.

A confissão dos factos respeita a alegações de facto concretas da parte contrária, a confissão do pedido à pretensão do autor processualmente formulada. Vd. BGHZ 80, 393 e seg.

O pedido de improcedência da acção é compatível mesmo com a confissão de todos os factos alegados pela parte contrária (vd. supra § 44 I); a confissão do pedido e o pedido de improcedência, pelo contrário, excluem-se (para além da confissão parcial do pedido e pedido de improcedência do restante). Qualquer das partes pode confessar, mas confessar o pedido, apenas o réu ou reconvindo. A confissão dos factos apenas produz efeitos com vista a cada um dos factos concretos (§ 288), a confissão do pedido actua directamente sobre a decisão (§ 307).

2. Desistência do pedido e desistência da instância

A desistência do pedido é a declaração de que a própria pretensão não tem fundamento, a própria alegação de direito é incorrecta, enquanto a desistência da instância nada diz sobre isto. Por isso, em consequência da desistência do pedido, pronuncia-se uma decisão de fundo, na desistência da instância não (vd. supra § 42 II).

III. A confissão do pedido pode ser declarada em qualquer instância. Não faz cessar directamente o processo. Antes o réu (só) tem de ser condenado a requerimento do autor conforme a confissão do pedido (§ 307 I, para o § 307, vd. supra § 39 III e BGH NJW 93, 1718). Não tendo o réu dado causa à acção, de qualquer forma, pode ser conveniente, por táctica processual, uma imediata confissão do pedido, porque então é o autor que suporta as custas (§ 93). A sentença sobre confissão do pedido é uma sentença de fundo. Por isso, antes da sua pronúncia, o tribunal tem de examinar oficiosamente os pressupostos processuais (BGH FamRZ 74, 246) e, sendo o caso, rejeitar a acção por inadmissível. A sentença sobre confissão pode também não ser pronunciada, se a confissão do pedido não é de ter em conta.

Exemplos: a confissão do pedido respeita a uma prestação proibida ou contrária aos bons costumes, o pedido não é permitido pela lei processual (como a declaração de factos, vd. supra § 34 II); o efeito jurídico enquanto tal é desconhecido no direito substantivo (por ex., constituição duma garantia imobiliária com efeito de consignação de rendimentos); às partes falta o poder de disposição sobre o direito reconhecido, por ex., confissão do pedido no processo de divórcio (§ 617), pois o confitente não pode produzir por declaração própria efeito comparável ao da sentença (diversamente na acção de indignidade sucessória, vd. BGB § 2344 I, por um lado, § 1953 I por outro lado; menosprezado pelo LG Aachen RR 88, 263 e seg.). De modo geral, a confissão do pedido não deve coincidir com a situação jurídica substantiva (assim, por ex., a confissão do pedido é válida apesar da nulidade formal da compra do imóvel que está na sua base).

O tribunal não tem de examinar se a acção é fundada em confissão de pedido válida, mas sim que pronunciar sentença sobre a confissão, sem atender à sua convicção.

Às vezes não há qualquer vínculo do tribunal à confissão do pedido: limitação do princípio dispositivo (vd. especialmente §§ 617, 640, bem como supra § 24 IV e infra § 91 II, 9, V 3).

IV. A desistência do pedido, igualmente não faz cessar directamente o processo, mas o tribunal tem de julgar improcedente o pedido, a requerimento do réu, § 306. Porque se trata duma decisão de fundo têm de ser previamente examinados os pressupostos processuais. Ao contrário, não pode ser examinado se a desistência corresponde à real situação jurídica. Ainda aqui, o tribunal tem de decidir sem atender à sua convicção.

V. A desistência e a confissão do pedido nos termos do § 307 I realizam-se na audiência de julgamento, a confissão do pedido nos termos do § 307 II é declarada por escrito. A desistência e a confissão do pedido não precisam de aceitação pela parte contrária.

Efectuada a confissão ou a desistência, a parte contrária apenas pode pedir uma sentença sobre a confissão ou desistência, mas não qualquer apreciação sobre o mérito. Como deva ser processado, se a parte contrária igualmente pedir uma sentença desse tipo, é controverso; a jurisprudência adopta, sem outra formalidade, a sentença conforme os §§ 306, 307: BGHZ 10, 335 e segs.; 49, 216 e seg., com comentários de *Bötticher*, JZ 68, 798 e seg.; BGH NJW 93, 1718, com notas.

VI. Confissão (do pedido) e desistência (do pedido) são apenas **actos processuais** (BGHZ 127, 377; opinião dominante). Não têm nada a ver com os negócios jurídicos substantivos do mesmo nome.

Quem desiste do pedido (§ 306) exerce um direito, não constitui um direito. Quem confessa o pedido (§ 307) não quer fundamentar um direito, mas sim fazer cessar um processo que oferece poucas possibilidades de êxito (pouco claro, BGHZ 98, 166).

Por isso, têm de ser atendidos os **vícios da vontade**, não de acordo com as regras do BGB, mas sim de acordo com os princípios apresentados supra § 30 VII. Nos detalhes aplica-se o seguinte.

Os vícios manifestos podem ser corrigidos (conforme o § 319). Exclui-se a retractação livre, também não sendo aplicável analogicamente o § 290 (BGHZ 80, 393 e seg.; controverso). A retractação é possível pela apresentação dum fundamento de revisão, especialmente no caso de engano no processo (§ 580 n.º 4). Quando a acção de revisão seja admissível e o processo ainda penda na mesma instância, pode e deve ser retractado (vd. supra § 30 VII). Tendo já sido proferida a sentença, deve ser apresentada apelação e a confissão do pedido retractada, BGHZ 80, 394 (após a retractação, queixa-se o réu, vd. infra § 72 V); depois de proferido o acórdão da apelação, apenas resta a acção da revisão. Exclui-se a impugnação da confissão e desistência do pedido conforme o BGB §§ 119, 123 (BGHZ 80, 392 e seg.; doutro parecer, *Arens*, Willensmängel bei Parteihandlungen im Zivilprozess, 1968, pág. 205 e segs.; *Grunsky*, pág. 87 e seg.). Quando seja possível a correcção ou retractação (vd. supra), não há necessidade de impugnação. Aliás mostra-se nas consequências (*Arens*, loc. cit., pág. 221 e seg. e ZZP 83, 363 apenas indiciam) que os mais importantes casos de erro – errónea apreciação da situação jurídica – não podem justificar a impugnação: já o erro *alegado* obrigaria o tribunal a verificar, pelo menos parcialmente, a justeza da acção (ao tempo da confissão e da desistência do pedido) – verificação que deveria ressaltar logo da confissão e da desistência.

§ 48. A transacção judicial

Bonin, Der Prozessvergleich unter Berücksichtigung seiner personellen Erstreckung, 1957; *Esser*, Heinrich Lehmann und die Lehre vom Prozessvergleich, FS H. Lehmann, Tomo II, 1956, pág. 713; W. *Gottwald/Hutmacher/Röhl/Strempel* (Hrsg.), Der Prozessvergleich, 1983; *H. Lehmann*, Der Prozessvergleich, 1911; *Michel*, Der Prozessvergleich in der Praxis, JuS 86, 41.

I. Numerosos processos não terminam pela sentença, mas por **resolução amigável** (§ 279): as partes celebram uma **transacção judicial**. O ZPO menciona-a apenas como título executivo (§ 794 I n.º 1), contudo fala repetidamente de resolução amigável do litígio (pela celebração de transacção judicial), que o tribunal deve suscitar quando seja possível (§§ 118 I, 3, 279, 492 III).

A audiência de julgamento perante o *tribunal de trabalho* deve mesmo iniciar-se com uma tentativa de conciliação (ArbGG § 54), porém, ainda posteriormente se tem de procurar a resolução amigável (ArbGG 57 II).

A transacção judicial é sempre um **contrato processual**, pois faz cessar o processo ("transacção para resolução do processo", § 794 I n.º 1). Tendo um teor exequível, é também um título executivo (§ 794 I n.º 1). A transacção judicial é **simultaneamente uma transacção de direito substantivo** conforme o § 779 BGB, se regula – como será a regra – as relações jurídicas das partes com respeito ao objecto do litígio, possivelmente ainda mais além dele (por ex., um grande número de processos, com variados objectos, pode terminar por uma única transacção judicial num dos processos). **Em regra,** a transacção judicial é, por conseguinte, simultaneamente um contrato processual e de direito substantivo. Tem então **dupla natureza.**

Isto é a opinião dominante, vd. apenas *Rosenberg*, § 131 III 1 c, com notas; da jurisprudência (constante): BGH NJW 93, 1996; BAG NJW 83, 2213; BSG NJW 89, 2565; BVerwG NJW 94, 2306 e seg.

II. Os **elementos constitutivos** da transacção judicial estão essencialmente contidos no § 794 I n.º 1.

1. O contrato tem de ser celebrado **perante um tribunal alemão.** Em primeira linha, este é o tribunal do processo, mas também qualquer outro tribunal comum que de algum modo se ocupou de objecto da transacção (*Rosenberg*, § 131 I 1).

"Tribunal", neste sentido, é também o juiz encarregado (§ 279 I), o deprecado é-o, aliás, GVG § 157 I), bem como o juiz singular (vd. infra § 71 II). Para o acordo no processo, sobre a concessão do apoio judiciário, vd. §§ 117 I, 118 I 3, III; no procedimento autónomo de produção de provas, § 492 III.

2. Necessária é a outorga **durante a pendência do processo**. Contudo, basta outro processo apropriado, por ex., o processo autónomo de produção de prova § 492 III), processo sobre a concessão do apoio judiciário (§ 118 I 3).

A transacção judicial tem de ser celebrada **para resolução do litígio**. Após a conclusão do processo com trânsito em julgado já não é possível.

3. Os **outorgantes do contrato** são as partes. Um terceiro pode intervir na transacção judicial (nisso o § 794 I n.º 1 é equívoco).

4. **O objecto da transacção** é a pretensão exercida (objecto do litígio), seja no seu todo, ou em parte. É possível a inclusão de pontos de litígio que nada têm a ver com este processo. Isto permite uma regulação geral das relações jurídicas entre as partes (e – possivelmente – terceiros, vd. supra 3), vd. supra I e infra VIII.

5. O teor da transacção judicial é o produto duma **cedência recíproca** (vd. BGB § 779 I); controverso.

Basta a cedência numa extensão muito diminuta. *Exemplos*: o autor concede uma dilação ou o pagamento em prestações ou assume uma parte das custas do processo; basta apenas a renúncia a uma sentença transitada; o réu confessa por escrito. Vd. BGHZ 39, 62 e segs.; StJ § 794, 15; crítico, *Blomeyer*, § 65 III 2.

III. A transacção judicial é um **contrato processual**. Por isso, para ser válida, deve preencher os **pressupostos de validade dos actos processuais** (vd. supra § 30 VI). Isso significa nomeadamente:

1. A **forma** da transacção é a declaração oral perante o tribunal, no âmbito dum processo nele pendente e da sua autuação (§ 160 III n.º 1). A última é necessária para a validade (BGH NJW 84, 1466). Basta o registo provisório, por ex., em fita gravada (vd. § 160 a). O auto tem de ser lido, proposto ou sugerido aos interessados e por eles aceite (§ 162 I; menção: "lido e aprovado"), senão a transacção judicial é inválida (doutrina dominante).

2. Em processo com intervenção de advogado e em certas questões de família, a declaração da transacção está sujeita ao **patrocínio obrigatório por advogado** (§ 78 I, II 1, 2, excepções em II 3, III, IV). Não lhe está submetido o terceiro interveniente (vd. supra II 3), BGHZ 86, 163 e segs. (diversamente *Bergerfurth*, [supra § 16] nota 94).

O mandatário tem poderes para celebrar a transacção (§ 81).

Na prática, contesta-se muitas vezes que também a transacção nos processos subsequentes ao divórcio (§ 630 I n.º 3, III) dependa do patrocínio obrigatório por advogado (justificado no AG Gross-Gerau Fam RZ, 88, 187). O § 78 II n.º 1 determina inequivocamente o patrocínio obrigatório; isso não passa pelo recurso ao fim da norma do patrocínio obrigatório (*Jauernig*, NJW 75, 2300 e seg. para o direito anterior). Tão pouco pode o patrocínio obrigatório ser iludido de modo a que o juiz de família (no AG) ou o juiz singular (no LG ou OLG) relegue a questão em si como juiz encarregado; pois este só existe no tribunal colectivo, portanto nem no AG nem no LG ou OLG se aí a câmara (a secção) é composta apenas pelo juiz singular conforme os §§ 348 e seg., 524 (vd. OLG Frankfurt/M. Fam RZ 87, 737 e seg. e infra § 71 I; para o direito anterior BGH Fam RZ 86, 458).

3. A competência do tribunal para o litígio findo por transacção e a regular composição do tribunal *não são requisitos da validade* (BGHZ 35, 310 e segs.; BGH NJW 86, 1348 e seg.).

IV. Quando a transacção judicial é simultaneamente uma **transacção de direito substantivo**, submete-se também aos **requisitos de validade do direito substantivo**. Isso significa, nomeadamente:

1. Prescrevendo o direito substantivo uma forma para o teor da transacção (por ex., BGB § 313), ela é substituída pela inserção nos autos (BGB §§ 127 a, 126 III, 129 II).

2. As partes têm de ter **capacidade para transaccionar**, ou seja, ter poderes para celebrar uma transacção sobre o objecto do litígio (vd. § 1030 I 2). Isto é, por ex., com respeito a negar a existência do casamento (BGHZ 15, 193).

3. Sendo o objecto da transacção uma disposição, a parte que faz a disposição tem de ter o **poder de dispor**.

V. Os **efeitos** da transacção judicial revelam-se, sobretudo, no domínio processual. O **litígio finda** na medida da extensão da transacção. Uma sentença ainda não transitada é suprimida (BGH JZ 64, 257). Quando a transacção possuir força executiva (por ex., o réu obrigou-se ao pagamento de 2.000 DM), constitui um **título executivo**, § 794 I n.º 1; só nisso é um sucedâneo da sentença, não faz uma declaração com força de caso julgado material sobre a questão transaccionada. A transacção judicial só tem **eficácia de direito substantivo** se regula – como será a regra – as relações de direito substantivo das partes, eventualmente também de terceiros (vd. supra I). Aí tem eficácia constitutiva (vd. BGB § 218).

Sendo a apresentação duma declaração de vontade objecto da transacção, deveria a própria apresentação, mas não apenas a simples obrigação dela, ser acolhida na transacção (aliás, teria de ser coagida à apresentação por via de execução ou demandada num novo processo, vd. StJ § 894,4).

VI. A **invalidade** (nulidade) **da transacção judicial** pode produzir-se, pela sua dupla natureza, por fundamentos processuais ou de direito substantivo.

Sendo a **face de direito substantivo** nula desde o início, então não se realiza também, para além da eficácia de direito substantivo, a cessação do processo (BGH NJW 85, 1963); é controverso se o mesmo se aplica à exequibilidade (no sentido negativo StJ § 794, 54). Sendo inválida a **face de direito processual**, não se produzem os efeitos processuais (daí, não haver cessação do processo); se também a face de direito substantivo é nula, é questão do caso concreto (BGB §§ 139 e seg.), de modo que uma transacção puramente de direito substantivo, nos termos do BGB § 779, pode manter-se (BVerwG NJW 94, 2307).

A transacção judicial é **inválida desde a origem** (nula), por ex., por inobservância da forma (vd. supra IV 1), por infringir a lei ou os bons costumes (BGB §§ 134, 138), por invalidade nos termos do BGB § 779. A invalidade (nulidade) produz-se **retroactivamente** pela impugnação (BGB § 142 I), a rescisão nos termos do BGB §§ 325, 326 (*Rosenberg*, § 131 IV 3; BAGE 4, 85; também BAG NJW 83, 2213 e seg.: do mesmo modo, quanto ao resultado, StJ § 794, 58; doutro parecer, BGH NJW 66, 1659), resolução contratual retroactiva (BAG NJW 83, 2213 e segs.; doutro parecer, BGH NJW 82, 2073, com notas: apenas cessam os efeitos de direito substantivo, o processo antigo mantém-se findo – consequência: um novo processo com a matéria do litígio do anterior!). Cessando a base negocial, o processo mantém-se sempre findo, nos termos do BGH NJW 66, 1659, mesmo no caso de rescisão (vd. supra); o último tem de ser rejeitado (vd. supra; StJ § 794, 60 a), o que sem dúvida pouco significado prático tem, pois, o direito à rescisão só raramente se oferece aqui.

Sendo a **transacção judicial** celebrada **sob reserva de retractação**, em regra – contra o seu teor – não é reservada a retractação da transação válida no prazo acordado (retractação como condição resolutiva). Pelo contrário, a *não-retractação* no prazo acordado é a condição suspensiva que torna a transacção eficaz (BGBZ 88, 366 e segs., com notas; discrepante, BGH RR 89, 1214 e seg.). Realizando-se a "retractação" *oportunamente*, a transacção perde os seus efeitos (pela condição resolutiva) ou apenas não os produz (pela condição suspensiva). *Perdendo-se o prazo da retractação*, mantém-se, ou a transacção produz os seus efeitos (BGH NJW 95, 522); isso pode ser melindroso (vd. supra § 31 II, no final). Esse melindre evita-se pelo acordo de "**reserva de confirmação**": não se verificando a confirmação dentro do prazo acordado, não ocorre a condição suspensiva (declaração da confirmação), a transacção não produz efeitos.

VII. Sobre a invalidade da transacção judicial, tem *sempre* **de decidir-se no processo anterior** (doutrina dominante). Tem de prosseguir a requerimento da parte que considere inválida a transacção judicial.

Nos velhos processos prosseguidos, evidencia-se que sendo a transacção judicial eficaz, o processo finda. A situação não é, portanto, outra que a que se verifica, por ex., se a validade duma desistência da acção é contestada e confirmada – pelo tribunal após a correspondente prova: sempre se movimenta um incidente sobre a cessação do processo. Tomando o tribunal a transacção judicial como inválida, pode decidir sobre isso por sentença interlocutória (§ 303, controverso) ou nos fundamentos da sentença final a proferir sobre a acção. Tomando ele como válida a transacção judicial, então tem de declarar por sentença final (sentença do processo), que o litígio foi resolvido por transacção judicial (BGH NJW 96, 3346).

Excepcionalmente a validade tem de ser examinada doutro modo, por ex., num novo processo, se o réu, com a alegação de invalidade da transacção judicial, reclamar as suas prestações transaccionadas (detalhes em *Bonin*, loc. cit., pág. 112 e segs.).

VIII. É controverso **o valor constitucional da transacção judicial.**

A transacção é por vezes enaltecida como o remate da actividade judicial, enquanto o fim para que sempre tenha de esforçar-se uma justiça sadia. Há indubitavelmente muitos processos a que melhor põe fim uma transacção que a decisão por sentença. O litígio termina então por um compromisso pacificador entre as partes, em vez de vitória e derrota (vd. supra § 1 III 2). Além disso tem de reflectir-se que alguns diferendos não podem ser decididos de forma devidamente ajustada ao caso; pois o tribunal apenas pode julgar o direito invocado no sentido duma "alternativa", mas não moldar as futuras relações das partes, ajustando equitativamente os seus interesses (vd. supra § 34 III B; *Jauernig*, JuS 71 330). Aqui podem as partes ajudar-se a si mesmas pela celebração duma transacção judicial, nomeadamente pela conciliatória regulação geral das suas relações jurídicas controvertidas. Por isso é importante que as partes possam pôr fim a todos os processos entre si por uma única transacção judicial (BAG NJW 82, 788).

Além disso, justifica-se a regulação o mais possível rápida de pequenas questões, em que o dispêndio de trabalho, tempo e custos não têm qualquer equivalência com o objecto do litígio, especialmente se for necessária à decisão uma demorada produção de prova.

Mas não se pode omitir que a transacção não convém a todos os casos. Não estando as partes de modo algum inclinadas a dar o seu acordo a uma transacção, em regra o juiz não deve impeli-las (pertinente nisso, *Stürner*, DRiZ 76, 202 e segs.). Senão, ele faz nascer nas partes a natural suspeita de querer apenas poupar o trabalho da sentença, mais ainda: nessa compulsão *pode* jazer ilícita ameaça do juiz, que permite impugnação (BGB § 123 I; vd. BGH NJW 66, 2399 e segs.; se o juiz ameaçou ilicitamente neste caso, é pelo menos duvidoso, para isto A. *Arndt*, NJW 67, 1585 e segs., com notas). Transacções que não satisfazem nenhuma de ambas as partes, põem, internamente, ainda menos fim ao litígio que a sentença.

Finalmente, tem de reflectir-se que basicamente o tribunal não é uma instância arbitral e o juiz não é um mediador. Sendo todos ou a maioria dos processos resolvidos por transacção, em vez de sentença, coloca-se a conciliação no lugar da realização do direito. Com isso, o direito à aplicação das normas jurídicas perderia progressivamente na sua observância prática. A ordem jurídica tornar-se-ia, por força do próprio Estado, largamente facultativa, porque obra normativa eliminável pelo consenso dos "interessados".

Para a problemática, *Stürner*, DRiz 76, 202 e segs. e JR 79, 133 e segs.; *M. Wolf*, ZZP 89, 260 e segs.

Instrutivo para as funções do advogado, OLG Frankfurt/M. NJW 88, 3270.

IX. A **transacção extrajudicial** (para isso, *Häsemeyer*, ZZP 108. 289 e segs.) não faz cessar o processo (*Jauernig*, JZ 58, 657 e seg.; BGH JZ 64, 257). Mas cada uma das partes pode alegá-la no processo e formular os correspondentes requerimentos, o autor de condenação do réu, o réu de improcedência da acção nos termos da transacção, o litígio pode mesmo ser resolvido quanto à matéria de fundo (vd. supra, § 42 VI). Obrigando-se o autor na transacção à desistência da acção, é inadmissível a prossecução do processo e a rejeição por sentença do processo da acção não desistida contra o transaccionado (vd. supra, § 42 IV; quanto à questão, também BAG NJW 82, 788 e seg.).

Para a transacção extrajudicial no processo do tribunal de trabalho, não se aplica nada diferente (StJ § 794 n.º 419; BAG NJW 73, 919).

Para a chamada **transacção entre advogados exequível** (§§ 796 a-c) vd. supra § 1 III 2.

Capítulo Oitavo

A prova

§ 49. Natureza e objecto da prova

I. No processo discute-se também questões de direito, mas sobretudo sobre a veracidade ou falsidade dos factos alegados (vd. confira supra § 23 I). Do resultado desta controvérsia sobre as alegações de facto depende o êxito do autor. As partes e o tribunal ocupam-se a conseguir para o tribunal a convicção da veracidade ou falsidade das alegações de facto apresentadas. A actividade aqui desenvolvida chama-se **prova**.

Como "prova" são também designados os meios de prova ("prova: depoimento da mulher do autor, Erika Müller, a apresentar pelo autor"), a *produção de prova* ("prova por depoimento de parte") e *o resultado da prova* ("foi feita a prova").

O regime de prova pertence às mais importantes funções de cada código de processo, porque o triunfo do verdadeiro direito depende, em larga medida, da possibilidade de prova. Daí resulta simultaneamente a extraordinária importância do direito da prova para a prática judicial.

II. Temos de distinguir várias modalidades de prova.

1. A **prova plena** (prova em sentido restrito) produz-se quando o tribunal foi **plenamente convencido** da veracidade ou falsidade da alegação (vd. infra V 2). Para a formação da convicção judicial não é necessária a certeza absoluta, ou seja, matemática (BGHZ 71, 346). Basta antes um tão alto grau de verosimilhança, que não surja dúvida razoável (vd. BGHZ 53, 255 e seg.). Pela limitação das possibilidades humanas de conhecimento, não se pode exigir mais.

Para a questão das medidas probatórias e os conceitos aqui utilizados – verosimilhança, verdade, convicção – *Baumgärtel*, BLPr, notas 65-79, com referências.

2. O **princípio de prova** (§ 294) requer um menor grau de verosimilhança que a prova plena (vd. supra 1), apenas mesmo a verosimilhança predominante, a "boa possibilidade" de a alegação ser verdadeira ou falsa (*Rosenberg*, § 112 II 2; para a prova plena *Scherer*, Das Beweismass bei der Glaubhaftmachung, 1996, pág. 85 e segs., quando se toma de facto uma decisão definitiva). O princípio de prova só é suficiente nos casos determinados pela lei (vd., por ex., §§ 44 II, 104 II 1, 118 II 1, 224 II, 227 II, 236 II 1, 296 IV, 528 I 2, 920 II, BGB § 1994 II 1). É admitido junto de todas as espécies de meios de prova (vd. infra III) a *declaração sob juramento*. (Não se confunde com a declaração sob juramento que substitui o juramento revelatório de insolvência e, portanto, não é um meio de prova). A garantia pode ser prestada por terceiro, em regra pela própria parte. Os meios de prova, bem como a declaração sob juramento, têm de ser apresentados (§ 294 II): na audiência de julgamento, por ex., a testemunha presente tem de apresentar a garantia por princípio de prova escrito.

3. A prova é **prova principal** se tem de ser apresentada pela parte a quem compete o ónus da prova (vd. infra § 50) da veracidade das suas alegações, **contraprova**, se tem de ser apresentada pela parte contrária, para refutação e prova da falsidade daquelas alegações. A prova principal produziu-se se trouxe ao tribunal a plena convicção, já a contraprova, se suscitou a dúvida sobre a alegação; vd. BGH NJW 86, 2572. (Para a prova do contrário, vd. infra § 50 VI). Para a prova principal está à disposição toda a espécie de meios de prova, o mesmo para a contraprova, à excepção do depoimento de parte (§ 445 II).

4. A prova é **directa** se tem por objecto alegações de facto, que devem demonstrar directamente (não) existir um elemento constitutivo legal (vd. BGHZ 53, 260).

Exemplo: o autor alega ter sido ferido por facadas do réu. O esfaqueamento foi observado por X. X é ouvido como testemunha ("testemunha presencial").

A **prova** é indirecta ou **indiciária** se tem por objecto alegações de facto que não respeitam directamente a um elemento constitutivo legal, mas que – com o auxílio das regras da experiência – devem fazer deduzir a (não) existência dum elemento constitutivo legal ("facto principal").

Exemplo: no caso do esfaqueamento (vd. supra) não há qualquer testemunha presencial, mas foi achada uma faca que pertence ao réu e acusa indícios de sangue. Este sangue e o sangue do autor revelam as mesmas características. Neste facto indiciário se prende a "peça principal da prova indiciária", isto é, "o processo de raciocínio por força do qual se deduz a realidade dos outros factos juridicamente relevantes" (BGHZ 53, 261), ou seja, o complemento da ofensa à facada pelo réu. De leitura com interesse para a problemática, BGH RR 93, 443 e seg.; NJW 93, 938.

5. Para a prova formal e a prova livre, vd. infra III.

III. A prova pode ser produzida por **cinco** diversas **espécies de meios de prova**, reguladas no ZPO. Apenas essas são admitidas na **produção de prova formal**, a chamada **prova formal**. Trata-se da inspecção ocular, da prova testemunhal, pericial e documental, bem como do depoimento de parte (sigla **SPAUZ**).

No regime de **prova livre** não há, segundo a jurisprudência, qualquer vinculação às cinco espécies de meios de prova (BGH NJW 92, 628: é admissível a declaração sob juramento) e, além disso, o tribunal pode divergir dos requerimentos de prova (portanto sem qualquer vinculação ao formalismo da prova formal). Requer-se também aqui a plena convicção judicial (vd. infra V; BGH NJW 93, 3320).

Os tribunais permitem a prova livre sobretudo na determinação das circunstâncias a atender oficiosamente, como a capacidade jurídica e a capacidade judiciária (BGH NJW 90, 1735; errado, BGH NJW 96, 1060, vd. supra § 25 X), pressupostos dos recursos (vd. supra § 25 X; BGH NJW 97, 3319), na indagação dos princípios da experiência e do direito estrangeiro (vd. infra VI) bem como no processo de revista (vd. infra § 74 VII 1). Contra a ampla dilatação da prova livre: *E. Peters*, Der sogenannte Freibeweis im Zivilprozess, 1962; comentário ZZP 101, 296 e segs.

IV. Os meios de prova são a pessoa concretamente individualizada e a coisa específica determinada, com cuja ajuda a prova deve ser produzida, por ex., a testemunha indicada, o documento apresentado.

A indicação (apresentação) do meio de prova é, tanto quanto alcance o princípio da instrução por iniciativa das partes, em primeira linha, obrigação das partes (contudo, também aqui é possível a audição de provas oficiosamente – abstraindo da prova testemunhal, vd. infra § 50 II, III 1, § 51 I). **Requerente da prova** designa-se a parte que "apresenta", ou seja, indica o meio de prova e formula o requerimento de produção da prova.

A **produção da prova**, ou seja, a recepção das provas com o fim de esclarecimento e determinação dos factos, é sempre encargo do tribunal, indiferentemente de ser realizada a requerimento ou oficiosamente.

V. Apreciação das provas

Arens, Dogmatik und Praxis der Schadensschätzung, ZZP 88 1; *P. Gottwald*, Schadenszurechnung und Schadensschätzung, 1979; *Musielak/Stadler*, Grundfragen des Beweisrechts, 1984, §§ 6-12; *E. Schneider*, Beweis und Beweiswürdigung, 5.ª Ed., 1994; *Stürner*, Die Aufklärungspflicht der Parteien des Zivilprozesses, 1976, §§ 8, 15; *G. Walter*, Freie Beweiswürdigung, 1979. Para mais bibliografia, vd. supra II 1 e § 50.

1. *Toda a prova requer uma apreciação pelo tribunal*, ou seja, o exame se o meio de prova pode, ou não, produzir no tribunal a convicção da verdade ou falsidade. A apreciação judicial das provas pode estar vinculada a rígidas regras legais ou ser livre.

As ordens jurídicas primitivas conhecem preponderantemente a força probatória fixa de certos meios de prova. O resultado do processo determina-se então antes, a responsabilidade do juiz é menor. Mas o tratamento sistemático de certas espécies de meios de prova, porventura de testemunhas, com igual ou menor valor, tem de ser recusado. Antes deve o juiz poder apreciar livremente, no caso concreto, cada meio de prova. A sua responsabilidade cresce, assim, muito. Do uso judicial dos meios de prova depende frequentemente a exactidão da determinação dos factos e da decisão (fundamental para isto, *Döhring*, Die Erforschung des Sachverhaltts im Prozess, 1964). Regras fixas da prova, actualmente, só excepcionalmente são permitidas (§ 286 II).

A **apreciação das provas** é, segundo o ZPO, **livre**. Contudo não é o único meio para o tribunal obter a convicção da verdade ou falsidade duma alegação de facto. O § 286 determina mesmo que todo o julgamento e uma eventual (!) produção de provas forme os fundamentos da convicção judicial. Por isso o tribunal pode convencer-se mesmo sem produção de provas. O **§ 286** prescreve a **livre apreciação das alegações de facto** e não apenas – como se diz com frequência, mas inexactamente – a livre apreciação da "prova". O tribunal pode tomar em consideração todo o julgamento; pois mesmo da atitude das partes no julgamento, podem ser extraídas consequências do julgamento (ex., BGH RR 96, 1534), se elas tomam ou não a sério o dever de verdade. Na sentença têm de ser indicados os motivos que levaram à convicção (§ 286 I 2), pois a livre apreciação das alegações de facto não confere um salvo-conduto para decisões arbitrárias ou intuitivas, antes as partes devem ser convencidas e tem de ser possível o controle pela instância superior. Para a problemática da pseudo certeza pela apreciação matemática da prova, BGH NJW 89, 3162 com notas, *Rüssmann*, ZZP 103 65 e segs.

2. O § 286 exige a plena convicção judicial (vd. supra II 1). Valessem estas exigências na íntegra, também nos processos de indemnização, ficavam muitos lesados a chuchar no dedo, porque, por ex., não têm condições de fornecer dados exactos sobre os efeitos danosos dum acidente de viação. Pense-se num choque em cadeia: que danos sofreu o camionista no meio da cadeia logo pelo seu choque e quais apenas pelo choque do que o segue? Aqui ajuda o **§ 287 I**: discutindo as partes se um dano ocorreu e a quanto monta, reduzem-se as exigências quanto às alegações das partes (ónus da alegação, vd. infra § 50 I) e à medida probatória (BGH RR 92, 792).

Cai na alçada do § 287 I a questão de saber se finalmente ocorreu um dano, se o acto lesivo o ocasionou (a chamada causalidade responsabilizante) e qual o seu montante (vd. *Arens*, ZZP 88, 1 e segs., com notas). Pelo contrário, os factos de que resulta o concreto fundamento da responsabilidade, a causalidade constitutiva da responsabilidade ou os fundamentos da responsabilidade têm de ser provados nos termos do § 286. Para a delimitação, vd. BGH NJW 87, 705 e seg.; RR 87, 339 e seg., 1020.

Na medida em que seja aplicável o § 287, o tribunal decide segundo a sua livre apreciação; pode decidir sem audição de provas, portanto rejeitar provas e avaliar os danos (BGH NJW 98, 73). Contudo, a parte tem de alegar elementos bastantes de facto para o exercício do poder discricionário, senão fica sem prova (BGH RR 88, 410); para a prova destes factos, aplica-se igualmente o § 287 I (*Arens*, ZZP 88, 46). O fundamento para a posição mais livre do juiz reside na dificuldade duma prova rigorosa e daí que a exacta demonstração seja morosa.

O § 287 I, não toca, em regra, a repartição fundamental do ónus da prova, mas sim a questão da medida probatória, ou seja, qual – o menor grau face ao § 286 – de verosimilhança deve bastar (para isto, *Arens*, ZZP 88, 27 e segs., com notas). Só excepcionalmente o tribunal pode abstrair parcialmente do ónus da prova e julgar livremente, para evitar consequências iníquas (BGH NJW 73, 1284; para isso, crítico, *Arens*, ZZP 88, 36 e seg.).

As simplificações do § 287 I aplicam-se também se o montante dum crédito em dinheiro for contestado e o esclarecimento de todas as circunstâncias para isso se depare com dificuldades, que não tenham qualquer relação com a importância do crédito (por ex., num processo-bagatela de cerca de 200 DM, ser necessária audição de provas que custaria porventura 2.000 DM), § 287 II.

VI. Objecto da prova são factos (alegações de facto), só excepcionalmente regras da experiência e normas jurídicas.

O juiz tem de conhecer por si as leis e decretos federais e de todos os Estados federados (argumento "a contrario" do § 293). Aí se inclui também o direito da antiga RDA, na medida em que se mantém em vigor, conforme o Tratado da Unificação Alemã de 31-8-1990 como direito federal ou dos Estados federados, o direito da UE, bem como o direito internacional público (GG, art. 25).

Nos termos do § 293, objecto da prova é apenas o **direito estrangeiro**, além do direito consuetudinário e os estatutos, enquanto desconhecidos do tribunal. Aqui, o tribunal pode e deve inquirir oficiosamente (BGH NJW 93, 1074) e pode convidar as partes a colaborar (BGH NJW 76, 1591), contudo, nem circunscrito às provas apresentadas pelas partes, nem vinculado a uma confissão, também livre quanto ao modo como se obtém o próprio conhecimento, por ex., pela utilização de recursos literários e obtenção de informações oficiais (§ 273 II n.º 2, "prova livre"). Convocando-se um perito, aplicam-se os §§ 402 e segs. (BGH NJW 75, 2143; para isto, *Geisler*, ZZP 91, 176 e segs.; para a problemática, *Samtleben,* NJW 92, 3057 e segs.). Os Estados membros do Conselho da Europa celebraram, em 1968, uma Convenção, que regula a distribuição de informação jurídica; para isso, a lei de adesão e aplicação de 5-7-1974, bem como a lei de 21-1-1987, para a acta adicional de 15-3-1978 (BGBl. 1974 II, pág. 937 e I, pág. 1433; 1987 II, pág. 58), para o significado, *A. Wolf,* NJW 75, 1583 e segs.; *Otto*, FS Firsching, 1985, pág. 209 e segs.

Para o § 293, vd. *Fastrich*, ZZP 97, 424 e segs., com notas; *Hetger*, FamRZ 95, 654 e seg. (anotação prática).

Factos são todas as ocorrências externas e internas, acessíveis à percepção sensível por terceiro. Para a prova é tomado em consideração tudo o que decide a aplicabilidade duma norma jurídica à situação de facto, portanto, acontecimentos ou situações passadas ou presentes, sobretudo ocorridos no mundo exterior, mas também os do mundo interior, da vida psíquica, como a intenção, o conhecimento, o desígnio. Por isso, pode ainda ser um "facto", no sentido do direito probatório, em determinadas circunstâncias, a existência dum direito se, nomeadamente, pertencer à previsão normativa duma norma, por ex., a propriedade para o § 823 BGB (por essa razão pode ser confessada, vd. supra § 44 I).

Só raramente, os factos são, num sentido rigoroso, objecto da prova. Na maior parte das vezes, trata-se de *juízos sobre factos*, nomeadamente na interposição de intermediários, por ex., de uma testemunha; ela exprime necessariamente o seu depoimento quase sempre num juízo que estabeleceu com base na sua percepção; mesmo a asserção "o réu passou o autor" é já um juízo. A missão do tribunal é verificar este juízo e retirar em sentido rigoroso, os factos exactos. Está-se, porém, à volta duma apreciação de direito de ocorrências de facto, de modo que a formulação do depoimento em expressões jurídicas só é admissível quando não houver qualquer litígio sobre o enquadramento jurídico (vd. supra § 25 VII 4). Assim, por ex., pode ser sujeito a prova que foi celebrada uma "venda" ou um "arrendamento". Diversamente, se a subsunção já é controvertida, portanto se há arrendamento. Geralmente, mantém-se tarefa do tribunal, pelo contrário, proceder por si à subsunção dos factos aos conceitos jurídicos. Isto aplica-se especialmente às noções de valor, como a negligência, má fé, impossibilidade. Aqui, são objecto de prova apenas os factos concretos, de que resulta o juízo de valor, não este próprio, que novamente só ao tribunal compete.

As **regras da experiência** constituem deduções comuns extraídas, com base na experiência, dum conjunto de factos análogos, seja da experiência geral da vida, seja do conhecimento técnico especializado. Pelo contrário, para os factos concretos trata-se duma doutrina abstracta. No uso corrente da língua não se faz esta distinção; fala-se, por ex., do "facto" de a água correr para jusante, conquanto aqui se trate duma regra da experiência. A distinção pode ser elucidada pelo seguinte comparação: "todas as pessoas morrem" – regra da experiência, "Max Müller morreu" – facto. A separação de ambos os conceitos é aqui importante, porque na valoração das regras da experiência e deduções o tribunal está novamente livre e independente das partes. As regras da experiência são imprescindíveis para a apreciação da prova, por ex., para as questões do nexo causal, da negligência, etc.

Exemplo: num processo de indemnização de danos por acidente de viação é importante verificar se o réu, ao tempo do acidente, estava embriagado. Que quantidade de cerveja bebeu na cervejaria é um facto; neste sentido, o tribunal só pode utilizar o que as partes alegaram. As conclusões da quantidade de álcool ingerido sobre o seu estado resultam de regras da experiência; aqui, o tribunal não está sujeito às alegações das partes e pode extrair de modo diverso as suas conclusões, embora as partes sejam concordantes.

O juiz pode obter o conhecimento das regras da experiência qualquer modo idóneo (prova livre!), especialmente com a ajuda de peritos (então aplicam-se os §§ 402 e segs.), mas também pela sua própria actividade, por ex., leitura de literatura especializada. A sua determinação não está vinculada ao comportamento das partes.

VII. A necessidade da prova

1. **Objecto da prova são**, não todos os factos alegados, mas apenas os **pertinentes e que precisem de prova**.

Pertinente é o facto que for determinante para a decisão. Na acção improcedente (vd. supra § 25 V 1) é o caso de qualquer dos factos alegados.

Os factos notórios nunca *precisam de prova* (vd. infra 2). A necessidade de prova doutros factos determina-se conforme se aplica o princípio da instrução por iniciativa das partes ou o princípio inquisitório. No primeiro caso, precisam de prova os factos contestados pela parte contrária: não precisam de prova, portanto, os factos confessados (vd. supra § 44 III) e os não impugnados (§ 138 III). Na medida em que seja aplicável o princípio inquisitório, não depende da conduta das partes; só o tribunal decide sobre a necessidade da prova.

2. Os **factos notórios** para o tribunal nunca precisam de prova, § 291 (vd. BGHSt 6, 292 e segs.).

a) Notórios são os *factos geralmente conhecidos*, isto é, os que uma grande quantidade de pessoas conhece com segurança, ou cuja percepção é de divulgação corrente ou geral, por ex., pela imprensa, rádio, televisão. Da sua verdade está-se persuadido sem mais prova, de modo que seria grotesca a exigência no processo de prova especial.

Cabem aqui ocorrências históricas de importância e conhecimento geral, por ex., o dia da semana de determinada data, fenómenos naturais, distância entre duas localidades (com interesse, OLG Düsseldorf [StS] NJW 93, 2452 e seg.: há selos postais acima de 65 DM?), mas também acontecimentos locais, isto é, na sede do tribunal, como incêndios, acidentes, a situação de certos edifícios. Resulta da sua natureza que a notoriedade não obedece a qualquer quadro fixo para todos os tribunais, mas antes que pode ser diversa para cada tribunal, mudando mesmo no tempo; é muito possível que um facto geralmente conhecido na cidade A seja totalmente desconhecido na cidade do tribunal B, o que interessa é sempre o (ou os) juiz(es) que têm de decidir. Nestes casos, obtém a sua convicção da própria vida privada. Vd. BVerwG NVwZ 83, 99.

Os factos geralmente conhecidos não podem ser confundidos com conhecidas regras da experiência, ainda que na língua corrente não haja qualquer distinção rigorosa (vd. supra VI).

b) Notórios são ainda os *factos do conhecimento do tribunal*, aqueles que são conhecidos do juiz pela sua actividade oficial, por ex., de sentenças de um anterior processo civil ou criminal, em que ele participou, divórcio, declaração de falência, etc.

Também aqui, naturalmente, não é seguro delimitar a extensão, mas antes tem de determinar-se para cada juiz (de cada tribunal), de caso para caso (de interesse, BSG NJW 70, 1814). O juiz deve ter conservado os factos na memória, de modo que não precise (controverso) duma verificação nos autos. Um tribunal colectivo decide se houver notoriedade para a maioria (controverso).

Os factos do conhecimento do tribunal são conhecidos pelo juiz através da actividade *oficial*. Acham-se, por isso, em situação contrária aos factos de que o juiz tomou conhecimento extrajudicialmente, como particular (*exemplo*: o juiz viu fortuitamente o acidente de viação sobre que agora tem de decidir). O **conhecimento pessoal do juiz** nunca substitui a prova, senão o próprio juiz seria irrefutavelmente transformado numa testemunha. Ele deixaria de ser o terceiro objectivamente indiferente que a lei exige: ela considera a posição do juiz justamente inconciliável com a de testemunha (vd. § 41 n.º 5).

3. A valoração dos factos notórios não está vinculada mesmo no domínio do princípio da instrução por iniciativa das partes, às alegações de uma das partes, é antes uma apreciação admissível oficiosamente (controverso, vd. StJ § 291, 10, 11). Contudo, as partes devem ter a oportunidade de se pronunciar sobre os factos e a sua notoriedade (direito à audiência judicial; vd. supra § 29 II); isto aplica-se aos factos de conhecimento do tribunal (BVerfGE 10, 183 e seg.), e aos de conhecimento geral (BVerfGE 48, 208 e seg.), já porque o conhecimento da generalidade pode ser relativo e duvidoso.

§ 50. Ónus da alegação e ónus da prova

Baumgärtel, Handbuch der Beweislast im Privatrecht, Tomo 1, 2.ª Ed. 1991; Tomo 2, 1985; Tomo 3, 1987; Tomo 4, 1988; Tomo 5, 1994; *Baumgärtel*, Beweislastpraxis im Privatrecht, 1996; *Leipold*, Beweislastregeln und Gesetzliche Vermutungen, 1996; *Leipold*, Beweismass und Beweislast im Zivilprozess, 1985 (para isso, *Musielak*, ZZP 99, 217 e segs.); *Musielak*, Die Grundlagen der Beweislast im Zivilprozess, 1975; *Musielak/Stadler* [vd. supra 49 V], §§ 13-16; *Prütting*, Gegenwartsprobleme der Beweislast, 1983 (para isso *Musielak*, ZZP 100, 385 e segs.; *Rosenberg*, Die Beweislast, 5.ª Ed., 1965 – vd. também os esclarecimentos do direito suíço também significativos para o direito alemão, (ZGB art. 8) de *Kummer*, in Berner Kommentar, Einleitungsband, 1996, pág. 612 e segs., e do direito austríaco de *Fashing*, Kommentar zu den Zivilprozessgesetzen, Tomo III, 1996, (notas 19 e segs., perante os §§ 266 e segs.).

I. O ónus da alegação (ónus de fundamentar) responde à questão de que alegações deva fazer cada uma das partes se quiser evitar desvantagens processuais, em último caso, a perda do processo. Só há ónus da alegação no âmbito do princípio da instrução por iniciativa das partes, porque só aí têm de ser aduzidos pelas partes os factos necessários (vd. supra § 25 III, IV). Que factos são necessários, ou seja, aqui: determina-se, em regra, segundo o ónus da prova, que têm de ser alegados por uma ou por outra das partes (vd. infra IV). Os ónus da alegação e da prova, portanto, coincidem em princípio (BGH NJW 89, 162). O ónus da alegação mostra a sua real importância apenas quando não for formulada a alegação necessária para fundamentar a acção ou a excepção. A falta da alegação prejudica a parte cuja pretensão não tem sucesso sem essa alegação. Resulta, por ex., da exposição do réu um fundamento de impugnação, porém este não alega ter impugnado, de modo que a impugnação fica ignorada, mesmo se realmente foi declarada (é indiferente, se aí existe um dever de questionar ou de esclarecimento do tribunal, nos termos do § 139 – o que tem de ser negado (vd. supra § 25 VII 7, em anotação à prescrição). Isso pode levar à condenação do réu.

A jurisprudência extraiu da *matéria da parte contrária* a parte onerada com a alegação (e prova), duas consequências complementares entre si, para o facto controvertido. Ao ónus da parte que tem de alegar, basta uma exposição mais ou menos completa (não é possível mais), enquanto a parte contrária tem de impugnar a alegação "em si" não concretizada, com uma exposição detalhada que lhe é possível e exigível (BGH NJW 97, 129 com anotações), doutro modo desencadeia o § 138 III (vd. supra § 43 III 1 b). Para a problemática (deslocação do ónus da prova; "indagação"?) *Stürner*, comentário ZZP 104, 208 e segs., face a BGH NJW 90, 3151 e seg.; vd. ainda VII 1, §§ 52 II, 55 VI.

II. O ónus da prova objectivo indica a qual das partes cabe o ónus de um facto pertinente ficar sem prova, portanto, qual das partes suporta o *risco da falta de prova*. Esta questão pode surgir em qualquer processo, indiferentemente de ser dominado pelo princípio da instrução por iniciativa das partes ou pelo princípio inquisitório. **O ónus da prova subjectivo** ou ónus da demonstração, determina a qual das partes incumbe a apresentação de meios de prova. Existe apenas sob o princípio da instrução por iniciativa das partes, porque aí os fundamentos de facto da sentença, de cuja prova se trata, têm de ser fornecidos pelas partes (vd. ainda infra III 1). Antes de mais, o tribunal tem de verificar o ónus da prova subjectivo e seguidamente, o ónus da prova objectivo. O significado prático do ónus da prova objectivo prevalece de longe.

III. O significado do ónus da prova

1. O **ónus da prova subjectivo** (ónus da demonstração) não tem importância na audição das provas, no caso de *ambas* as partes terem oferecido prova. O tribunal dispõe então de todas as provas que lhe parecem pertinentes, em princípio para serem colhidas sem atender ao ónus da prova. (Uma excepção ocorre no depoimento de parte a requerimento, § 445; vd. infra § 56 III 1). Na prática, as partes apresentam a prova sem atenderem ao ónus da prova subjectivo.

Se, por ex., quer o autor quer o réu indicam testemunhas para a ocorrência dum acidente de viação, o tribunal tem de as ouvir todas, não porventura apenas ou principalmente as testemunhas do autor, que deduz a sua pretensão daquela ocorrência.

Contudo, não sendo de todo apresentada em casos pouco frequentes qualquer prova duma alegação pela parte onerada com essa prova, o tribunal tem de convidá-la à apresentação de prova; não correspondendo ela, tem de ser tratada, segundo a opinião dominante, como desprovida de prova, sem que, porventura, possa ser oferecida pela parte contrária a contraprova (StJ §§ 286, 29, com notas). Isto é, pelo menos, inexacto, enquanto seja permitida oficiosamente a audição de prova (vd. § 51 I). Aqui o tribunal *pode* espontaneamente, portanto, sem requerimento da parte onerada com a prova, apresentar provas. Contudo, *não é obrigado* a isso (questão de critério). Apenas quando o tribunal recuse a via oficiosa de audição de provas, releva o ónus da prova subjectivo.

2. O **ónus da prova objectivo** é **irrelevante** para o êxito do processo, *se a prova parcial resulta* (vd. supra § 49 II 3), pois o tribunal foi convencido de estar certa a alegação da parte onerada com a prova. É indiferente se o tribunal adquiriu a sua convicção pela prova de uma ou outra das partes.

Assim, por ex., num processo de acidente de viação não desempenha qualquer papel, pela prova de quem constatou que o réu colheu o autor.

3. O **ónus da prova objectivo** é **relevante** para o êxito do processo se a prova principal não se produziu. Então o juiz não sabe se a alegação da parte onerada com a prova, é verdadeira; há um "non liquet". Contudo, o juiz tem se decidir sobre o fundo. Por isso tem de determinar qual das partes suporta o **risco da falta de prova** e que, portanto, perde o processo. Esta determinação é feita segundo o ónus da prova objectivo que, assim, não regula a prova, mas antes a falta de prova.

Para a problemática das decisões de "non liquet", *Arens*, FS Müller-Freienfels, 1986, pág. 13 e segs.

IV. O princípio fundamental da repartição do ónus da prova consiste numa regra: cada uma das partes suporta o ónus da prova dos pressupostos de facto da norma jurídica que lhe é favorável (*Rosenberg*, § 117 II 2; BGH NJW 95, 1095 com anotações). Para isso é irrelevante a posição da parte como autor ou réu (BGH NJW 93, 1717). Isto é importante na prática para as acções de declaração negativa (vd. BGH, loc. cit., e supra § 34 II 3).

1. Este princípio fundamental precisa de ser completado; pois não diz que *norma jurídica* é *favorável* a uma das partes e porquê. Para isso, as seguintes referências:

a) Nos *pressupostos processuais* o autor tem normalmente o ónus da prova – excepções, §§ 306, 330 – porque ele pede a protecção jurídica e pretende a decisão sobre o mérito da causa.

b) A parte que alega a existência dum direito, tem de provar os factos em que o direito civil assenta a *constituição do direito*, isto é, os factos constitutivos ou que fundamentam o direito (BGH NJW 89, 1729), por ex., num direito contratual a celebração do contrato, num direito delitual a acção e a culpa da parte contrária. Em regra, aqui o autor é onerado com a prova. Tem de atender-se que a inversão ocasional do papel da parte – como, por ex., na acção de declaração negativa – não influi na repartição do ónus da prova (BGH NJW 86, 250 a).

c) A *existência dum direito* não pode ser directamente objecto de prova, pois os factos e as normas determinam somente a *constituição* dum direito (a existência dum direito é, quando muito, presumida, vd., por ex., BGB § 891 I). A parte contrária tem de provar a extinção do direito. Vd. BGH NJW 89, 1729).

d) O ónus da prova dos *factos excepcionados* – todos os factos designados no direito civil como contestação ou excepções (formuladas; vd. supra § 43 IV) – reside na parte que dele se reclama. Isto corresponde ao princípio geral da repartição do ónus da prova. Resultam daí dificuldades, indiferentes no efeito conforme o direito substantivo, se um facto tem de ser encarado como constitutivo ou se, pelo contrário, como facto impeditivo. A diferença (só) se revela na repartição do ónus da prova. *Exemplos*: se na aquisição a non domino se apresenta a boa fé como facto constitutivo do direito, ou a má fé como facto impeditivo do direito, é substantivamente indiferente; contudo é decisivo no direito da prova, que o § 932 do BGB formula a má fé como facto impeditivo do direito, porque assim o ónus da prova é atribuído à parte contrária ao adquirente (o ónus da prova da boa fé competiria ao adquirente!); a obrigatoriedade de substituição não é pressuposto da mora do devedor (então competiria o ónus da prova ao credor), antes a não obrigatoriedade de substituição é um facto impeditivo, por isso o devedor suporta o ónus da prova (argumento, BGB § 285; incorrecto, BVerfGE 80, 52).

2. As normas sobre o ónus da prova pertencem ao direito substantivo (BGH RR 92, 1001; para o conceito de direito substantivo no sentido aqui referido, StJ § 286, 54 e seg.). Consequências práticas: na instância de revista não é necessária expressa reclamação da infracção, § 559 II; para o ónus aplica-se, no Direito Internacional Privado, a ordem jurídica de que depende a concreta relação jurídica (*Coester/Waltjen*, Internationales Beweisrecht, 1983, nota 371 e seg.).

V. O ónus da prova é mitigado pelo **começo de prova** (prova "prima-facie"; presunção de facto, vd. *Baumgärtel*, BLPr, notas 367-392), não mencionado na lei mas formulado pela jurisprudência (vd. RGZ 130, 359; BGHZ 2, 5).

Exemplo: o automobilista demandado por indemnização de danos morais, contesta que tenha embatido culposamente no veículo do autor e assim o haja ferido. Ficando por esclarecer a culpa do réu, o autor não teria êxito, porque ele suporta o chamado ónus da prova objectivo quanto ao risco da falta de prova (vd. supra II). Porém, como deve ser provada a culpa? Aqui vale ao autor o começo da prova. Sendo mesmo certo que o réu embateu, o tribunal pode concluir dessa circunstância a culpa do réu; pois segundo a experiência comum, o réu reagiu tarde demais ou a sua distância de segurança era diminuta. Assim, provou-se a culpa "prima facie" (BGH NJW 82, 1596).

O começo da prova entra em consideração **somente no decurso de ocorrências típicas**, ou seja, nos casos em que está assente um certo quadro factual que, conforme a experiência da vida ("as regras da experiência comum") indicam uma determinada causa (BGH NJW 96, 1828).

Tais regras da experiência podem ainda actuar onde tenha de averiguar-se a determinação da vontade individual duma pessoa (por ex., de suicídio, importante para a VVG §§ 169, 180 a). A jurisprudência do BGH vacila. (Demonstração em BGHZ 100, 216; geralmente contra BGHZ 114, 290, "jurisprudência constante"; só a favor em casos excepcionais: BGHZ 123, 317, com notas; BGH NJW 96, 1051). Tem de salientar-se que o começo de prova em caso algum pode servir para suprir lacunas da produção de provas por mera presunção (BGH NJW 62, 31).

O começo da prova é especialmente importante nas questões do nexo causal e da culpa. Alguns *exemplos* disso na jurisprudência do BGH:

Invadindo um automóvel o passeio ou indo a roda dum camião contra uma árvore em plena rua, o começo de prova indica a culpa do condutor (LM n.º 2 e 7 face ao § 286 [C]; para o grau de culpa, vd. BGH NJW 70, 1039 e seg.; *E. Schneider*, MDR 71, 535 e segs.); mergulhando silenciosamente um não nadador numa piscina, em local perigosamente fundo, o começo de prova indica que a morte sobrevinda tem de ser atribuída a essa profundidade (LM n.º 17, face ao § 286 [C]; desprendendo--se um grande pedaço duma casa recém construída, onze semanas após a construção dum tecto, sem motivo manifesto, indica-se prima facie culposa deficiência da construção (LM n.º 31, face ao § 286 [C]).

A parte com o ónus da prova tem apenas de demonstrar um facto (por ex., o embate do homem à frente) que, segundo a experiência comum, ou seja, segundo uma regra da experiência comum indique uma determinada causa (no exemplo, a culpa do motorista que atropela). Tendo o tribunal assente tal regra da experiência, e estando convicto da existência dos factos, provou-se assim a precisa causa. Impõe-se então à parte contrária, pela via da contraprova (vd. supra § 49 II 3), abalar essa convicção, em que apresenta a possibilidade séria duma ocorrência atípica (por ex., atropelamento do homem à frente por injustificada travagem de emergência; vd. ainda, com interesse, BGH NJW 82, 1596), ou outra ocorrência típica (BGH RR 86, 385). Com isso afastam-se os fundamentos da prova prima facie. A parte com o ónus da prova tem agora de apresentar prova directa da causa anteriormente provada prima facie. Daí se vê que o começo de prova não inverte o ónus da prova (BGHZ 100, 34).

VI. As presunções legais são normas jurídicas que regulam o ónus da prova.

Elas deduzem da verificação dum facto alheio à previsão normativa, a chamada **base da presunção**, a constatação dum *facto* próprio da previsão normativa – então **presunção de facto** – ou da existência ou inexistência dum *direito* – então **presunção legal**. (*Exemplos*: o § 1117 III do BGB deduz da posse do título pelo credor os factos necessários à transmissão do título para aquisição da hipoteca; o § 891 I do BGB deduz da inscrição no registo predial a existência do direito inscrito). A parte que beneficia da presunção suporta apenas o ónus da prova da base da presunção (nos exemplos, pela posse do título, a inscrição), não pelos factos presumidos (no exemplo: a transmissão do título) ou o direito presumido. Por isso, ela não deve alegar nem provar os factos presumidos ou a constituição do direito (que se presume manter-se). Antes a parte contrária tem de formular alegações e, se impugnadas, prová-las, donde resulte a falsidade da presunção (vd. § 292). Esta **"prova do contrário"** não é contraprova, mas sim prova principal (vd. supra § 49 II 3); pois a presunção legal transfere o (ónus da alegação e) o ónus da prova para a parte contrária.

Contêm presunções de facto, por ex., BGB §§ 363, 685 II, 938, 1117 III, 1253 II, 2009, 2270 II; presunções de direito, por ex., BGB §§ 891, 1006, 1362, 2365.

VII. O princípio fundamental da repartição do ónus da prova (vd. supra IV) leva, em certos casos típicos, a uma atribuição insatisfatória da responsabilidade de direito substantivo. Para a evitar, a jurisprudência desenvolveu **regras judiciais de inversão do ónus da prova**, com a consequência de a responsabilidade do direito substantivo se transferir para a outra parte. Assim, as regras da prova influem directamente no direito substantivo (vd. *Stoll*, AcP 176, 145 e segs.; *Stürner*, ZZP 98, 237 e segs.; BGH NJW 85, 1775). Têm de ser salientados os seguintes grupos de casos.

1. O **malogro da prova** intencional ou negligente provocado pela parte não onerada com a prova é sancionado pelo BGH muitas vezes pela inversão do ónus da prova (BGH NJW 98, 81).

Exemplos: a parte que não tem o ónus da prova destrói um objecto antes do início do processo, se bem que devesse saber da sua relevância probativa através da sua inspecção ocular num processo esperado (BGH LM n.º 2, face ao § 282 [ónus da prova]; JZ 71, 30); a parte que não tem o ónus da prova recusa-se sem motivo a, apenas, nomear o meio de prova que lhe é acessível ou a torná-lo utilizável, por ex., a indicar a testemunha do acidente de que tem conhecimento (BGH NJW 60, 821), a consentir num pedido de informação a um Banco (BGH NJW 67, 2012 e seg.) ou na Repartição de Finanças (BAG NJW 75, 408), a exonerar o seu consultor fiscal do dever de sigilo (BGH LM n.º 2, face ao § 383). Várias outras demonstrações in BGH NJW 80, 888; em *Gerhardt*, AcP 169, 289 e segs.; *E. Schneider*, MDR 69, 4 e segs.; 75, 445 e seg.; *E. Peters*, ZZP 82, 200 e segs.

Vai predominando na doutrina, e sendo admitido por vezes na jurisprudência (vd. BGH NJW 86, 60 e seg.) que o malogro da prova seja de atender no âmbito da apreciação da prova (*Musielak/Stadler*, loc. cit., notas 185-189, com referências; divergente, *Baumgärtel*, FS Kralik, 1986, pág. 71 e segs.). Na infracção censurável, reprovável dos deveres de documentar, o BGH (NJW 88, 2949 e seg.) concede facilidades de prova à parte a quem incumbe o ónus da prova que podem ir até à inversão da prova (crítico, *Stürner*, NHW 79, 1227 e segs.).

2. **A responsabilidade do fabricante** avizinhou-se da responsabilidade pelo risco pela inversão do ónus da prova.

O produtor deve alegar e provar que o defeito não resulta, nem da violação dum dever, nem é culposo (BGHZ 51, 104 e segs.; 67, 361 e seg.; crítico, *Larenz*, Schuldrecht II/1, 13.ª Ed., § 41 a), excepcionalmente também que o vício só surgiu após a expedição do produto pelo produtor (BGHZ 104, 333 [crítico, *Arens*, ZZP 104, 131 e seg.]; BGH NJW 93, 529). A inversão do ónus da prova aplica-se também a pequenas empresas, mas não aos donos da empresa não empresários (BGH NJW 92, 1040 e seg., 1042). Para aplicação destes princípios aos danos causados por poluição em coisas móveis, vd. BGHZ 92, 147 e segs.

Estes princípios têm, junto à responsabilidade pelo risco, significado crescente segundo a ProdHaftG, pois a responsabilidade do fabricante, conforme o BGB §§ 823 e segs., no direito de concorrência, compete à ProdHaftG (vd. aí § 15 II). – Para as questões de prova *Häsemeyer*, FS Niederländer, 1991, pág. 258 e seg., 263 e seg.

3. A **violação grave duma obrigação profissional** para a protecção do autor de perigos corporais e para a saúde, leva à inversão do ónus da prova, se a infracção do dever do réu era susceptível de causar prejuízo, tal como efectivamente ocorreu. Aqui, o réu tem de provar que a sua infracção do dever não foi causa do prejuízo e não surgiu culposamente.

Exemplo (BGH NJW 62, 959 e seg.): o professor de natação não controla o aluno e este afoga-se; ainda BGH NJW 71, 243 (pessoal de enfermagem do hospital).

Esta matéria da inversão da prova ganha especial significado no **processo de responsabilidade médica** (para isso, *Laufs*, Arztrecht, 5.ª Ed., 1993, nota 598 e segs.; um exemplo no BGH NJW 97, 796 e segs.). O § 282 do BGB não é aplicável, nem directamente, nem por analogia, nos casos de insucesso no tratamento (BGH NJW 81, 2004; *R. Weber*, NJW 97, 761 e segs., com notas, controverso).

A concessão de facilidades de prova, inclusivamente a inversão do ónus da prova, não pode ser posta em causa face ao direito constitucional (BVerfGE 52, 158; para isso, e especialmente exacto para a opinião dos quatro juizes que formaram a maioria, *Stürner*, NJW 79, 2334 e segs., BGH NJW 80, 1333).

A prova dum tratamento gravemente errado, pode ser estorvada ou malograda por documentação médica inexistente ou deficiente (boletim médico, etc.), o que se compensa pela facilidade de prova acerca do erro de tratamento (BGH NJW 88, 2949 e seg.; vd. ainda supra 1). Para a situação comparável de segurança de diagnóstico inexistente (deficiente), BGH NJW 96, 317, 1589.

Na prática, tem de ser observada uma particular "deslocação do ónus da prova": o doente lesado não alega (apenas) o erro de tratamento (para o que, em princípio, lhe compete o ónus da prova), mas sim (também) o esclarecimento incompleto ou deficiente, para cuja correcção o médico suporta o ónus da prova (exemplo: BGHZ 85, 212 e seg.). Perante isto, o médico pode expor e provar que o doente consentiu no tratamento com o devido esclarecimento, portanto que procedeu ao "correcto esclarecimento" (BGH NJW 89, 2321; RR 89, 1103); esta prova, de legítimo comportamento alternativo, fracassa, se o doente plausivelmente demonstrar que ele com mais correcto esclarecimento tivesse caído num verdadeiro conflito de decisão que a (agora!) alegada recusa de tratamento torna compreensível (BGH NJW 91, 2343 e seg.). Com isso, deve ser rejeitado o recurso abusivo ao direito ao esclarecimento (BGHZ 90, 113). Aqui mostra-se: a complexidade do direito de responsabilidade substantivo deixa também os seus vestígios no direito da prova.

§ 51. Produção de provas

Musielak/Stadler [Vd. supra § 49 V], §§ 1-3; *Nagel*, Die Grundzüge des Beweisrechts im europäischen Zivilprozess, 1967; *Teplitzky*, Der Beweisantrag im Zivilprozess und seine Behandlung durch die Gerichte, JuS 68, 71.

I. Pela **apresentação da prova**, a parte fornece um meio de prova para determinada alegação no processo. A apresentação da alegação e da prova devem decorrer o mais cedo possível, bem como a tomada de posição da parte contrária (§ 282 I). Esta pode demonstrar, por ex., que os factos submetidos à prova são irrelevantes para a decisão do litígio, ou aduzir impugnações da prova, por ex., contra a credibilidade das testemunhas apresentadas pela parte contrária.

Também enquanto alcance o princípio da instrução por iniciativa das partes, o tribunal pode **oficiosamente ouvir provas** pela inspecção judicial e prova pericial (§ 144), pelo depoimento de parte e, limitadamente, prova por documentos, vd. §§ 142, 143, 273 II n.º 1, 2; o dever de provar subsiste, diversamente, não no processo inquisitório (vd. supra § 25 IV 3). A prova testemunhal pressupõe sempre um requerimento no âmbito do princípio da instrução por iniciativa das partes, §§ 373, 273 II n.º 4.

II. A **determinação de audição das provas** produz-se por **despacho informal**, se a prova pode ser produzida *imediatamente* (excepção no § 450 I 1), assim, por ex., na inquirição de testemunhas, que são convocadas e apresentadas nos termos do § 273 II n.º 4, ou na apresentação dos documentos por uma das partes. A determinação informal é a regra, conforme o § 278 II 1: na audiência principal a audição de provas deve efectivar-se imediatamente após o debate litigioso.

A prova *não* pode ser produzida *imediatamente* porque, por ex., a testemunha tem de ser convocada antes, ou deve depor uma das partes (§ 450 I 1), pelo que a audição das provas tem de ser determinada por **despacho formal de prova**, § 358. Ele indica os factos a provar (os chamados tópicos da prova), os meios de prova e a parte que deverá provar, § 359. É inimpugnável, mas pode ser alterado ou anulado pelo tribunal (§ 360). A determinação e a execução do despacho são possíveis ainda antes da audiência de julgamento (§ 358 a).

Se o despacho formal de prova tem de ser determinado, o tribunal tende a fazer o que deve ocorrer por força da lei antes de cada despacho de prova, mas nem sempre acontece: o tribunal tem de verificar antes da determinação da audição de prova se a matéria da prova é relevante para a decisão e necessita de prova; apenas quando ambas se confirmem pode ser apresentada a prova (vd. supra § 49 VII 1).

III. A **audição de prova requerida**, só pode ser **recusada** por determinados fundamentos (BGHZ 53, 259 e seg.).

1. Um desses fundamentos é a **inadmissibilidade da produção de prova**. Trata-se da *inadmissibilidade do meio de prova* (por ex., a pronúncia duma sentença não pode ser provada por testemunhas, §§ 165, 160 III n.º 7).

Faz parte disto ainda a *prova por inquérito* (requerimento de investigação probatória; terminologia heterogénea): no requerimento de prova, sem fundamento plausível, a matéria de prova é indicada imprecisamente ou à toa ("arbitrariamente", BGH NJW 95, 2112) com base nas alegações fornecidas. Não há qualquer "inquérito" se a parte com o ónus da alegação, apresenta no processo por agora alegações necessariamente concisas de factos supostos, por falta do conhecimento de factos concretos (BGH NJW 95, 1161, vd. ainda supra § 26 III); bem assim, se a parte só pode estabelecer alegações mais ou menos globais e, assim, a parte contrária é constrangida, por causa da sua maior proximidade da matéria, a uma impugnação concretizada (vd. supra § 50 I). – A prova por inquérito não se realiza enquanto o tribunal for obrigado à averiguação oficiosa, por ex., no processo de impugnação de paternidade (vd. § 640 d; BGH RR 87, 899; infra § 92 III).

As *provas proibidas* tornam inadmissível a requerida produção de prova. *Exemplo*: requerimento para inquirição dum sacerdote sobre factos que caiem manifestamente sob o segredo da confissão (§ 383 I n.º 4, III; controverso, se o III fundamenta apenas a inquirição ou – no caso de infracção – também a proibição de aproveitamento da prova, contra BGH NJW 90, 1735, com notas; face ao § 385 II, vd. infra § 53 II 3 b). Se há, em geral, proibição de prova para o *meio de prova obtidos ilicitamente*, é duvidoso (para a problemática, *O. Werner*, NJW 88, 993 e segs., com notas). *Exemplos*: pode ser testemunha no processo de divórcio o espião infiltrado clandestinamente no domicílio conjugal? (não: BGH NJW 70, 1848 e seg.; doutra opinião, com bons fundamentos, *Zeiss*, ZZP 89, 396 e seg.); pode ser inquirido como testemunha quem intercepte com amplificador uma conversação telefónica? (justamente afirmado pelo BGH NJW 82, 1398, também para o sector doméstico; doutro parecer, LAG Berlin ZZP 96, 113 e segs.; com comentários de *Gamp*, que – por técnica ultrapassada [vd. BGH, loc. cit.,] – distingue entre o sector privado e o comercial); pode ser inquirido como testemunha quem furtivamente interceptou conversas confidenciais no sector comercial, por iniciativa dum dos participantes nas conversas? (BAG NJW 83, 1692 e seg. e BGH NJW 94, 2292 e seg., fundadas sobre a consideração do interesse da prova e protecção da personalidade). BVerfG NJW 92, 815 e seg., ultrapassa a protecção da personalidade na intercepção furtiva de conversas de serviço pelo patrão ou empregador. Para a utilização de gravações em fita magnética, vd. infra § 52 I. – Após a MRK a utilização de meios de prova obtidos ilicitamente não é de excluir em princípio e abstractamente (EGMR NJW 89, 655).

2. A recusa é ainda possível, se a **audição da prova** for **supérflua**: o tribunal considera os factos a provar irrelevantes para a decisão ou não carecidos de prova ou já produzida a prova a apresentar (BGHZ 53, 259 e seg.).

3. O requerimento de prova pode ser indeferido por **dilação do processo**, §§ 296 I, II, 523, 527, 528 I, II.

4. **Não há qualquer fundamento de recusa**, se o tribunal estiver já tão firmemente convencido do contrário dos factos a provar que mesmo o resultado positivo da referida audição de prova nada poderia mudar quanto a isso (BGH NJW 94, 1350; excepção: § 445 II), demais se está assente que o requerimento de prova preterido nada de útil produz (BVerfG NJW 93, 255; BGB RR 86, 1401). Tão pouco a prova pode ser recusada porque a alegação contradiz a evolução típica ou a testemunha oferecida não seja credível. Trata-se sempre de apreciação de prova inadmissível, porque antecipada, vd. BGH NJW 86, 1542; 94, 1350; conforme BVerfG NJW 95, 441, infracção – também – contra a GG art. 103 I). Põe-se doutro modo se a matéria indiciária a provar for irrelevante para a prova da questão de fundo (vd. supra § 49 II 4): aqui o requerimento de prova pode ser preterido (BGH NJW 93, 1391). Em causas de diminuto valor o requerimento de prova não pode ser recusado como "altamente anti-económico" (BVerfGE 50, 35 e seg.).

5. Nos casos supra 1 e 3, a recusa tem de ser fundamentada nos fundamentos da decisão. Isto é desnecessário no caso supra 2 (*Musielak/Stadler*, loc. cit., nota 41).

6. Para a recusa dum requerimento de prova no âmbito do § 287, vd. supra § 49 V 2.

IV. A **audição de prova** realiza-se, em princípio, *perante o tribunal do processo*, § 355 I, do mesmo modo ArbGG § 58 I: **princípio da imediação**. Só excepcionalmente pode ser atribuída a audição da prova a um membro do colectivo como juiz encarregado ou – por via de colaboração judiciária (vd. supra § 13 II) – a outro AG como tribunal deprecado, § 355 I. As excepções deixam ao critério do tribunal alguma margem de apreciação, que frequentemente é usada com o fim de aliviar o tribunal do processo. Esta prática é inconciliável com a lei. Daí, é de salientar insistentemente que, sem a imediateidade de audição da prova, não é realizável um processo concentrado. Sem ela, fracassará também, na e pela prática, a mais bem pensada reforma do processo com o fim da aceleração.

A imediateidade é necessária sobretudo quando se aborda a impressão pessoal duma testemunha (vd. BGHZ 53, 257 e seg.), especialmente se a testemunha se contradiz nas suas afirmações. Por isso, têm de ser observadas correctamente as excepções prescritas na prova testemunhal (§ 375). Na prática isso só acontece insuficientemente. É especialmente de rejeitar a intervenção dum juiz encarregado para alívio do colectivo (ilícita, vd. § 375 I: "só"; atenuação legal da imediateidade no § 375 I a, para isso *Zöller*, § 375, 5). A infracção dos §§ 355 I, 375 I, I a daí resultante é um vício processual relevante e fundamenta a revista (*Bosch*, Grundsatzfragen des Beweisrechts, 1963, pág. 105 e segs.), o § 355 II não se opõe (não decidido BGH NJW 79, 2518). Porém, o vício pode ser sanado nos termos do § 295 (BGH, loc. cit.,; controverso).

V. A **produção de provas** é uma das mais peculiares fases do processo. Aplica-se-lhe o **impulso oficioso**. O poder mais importante das partes é o seu direito a assistir à audição da prova, a chamada **assistência das partes**, § 357 I. Este direito aplica-se sem restrições. Para poder observá-lo, as partes têm de ser advertidas (§ 357 II), mas sem elas a audição da prova também se realiza, § 367. Faltando uma das partes na prossecução seguinte da audiência de julgamento (vd. § 370), pode (só agora!) ser requerida e decretada contra ela a condenação à revelia.

A prossecução da audiência de julgamento, mesmo em conjunto com a audição da prova perante o tribunal do processo (§ 370 I), serve para tirar proveito pleno da imediateidade da audição da prova: o juiz e as partes têm ainda frescas na memória as afirmações das testemunhas, etc. Isto é importante para o julgamento sobre os resultados da produção da prova (§ 285, também § 278 II 2; para isso BGHZ 63, 95).

VI. A **produção de provas autónoma**, introduzida em 1991, permite especialmente audição de prova fora dum processo, numa amplitude maior que o anterior processo de conservação da prova. **Dois tipos de processo** têm de distinguir-se conforme os pressupostos, objectos e meios de prova.

A produção de provas autónoma *durante ou fora do processo litigioso* entra em linha de conta pela devassa, prova por testemunhas e peritos, se a parte contrária estiver de acordo ou for de recear que o meio de prova se perca (a testemunha está a morrer) ou se dificulte a sua utilização (a matéria controversa altera a sua situação), § 485 I.

Antes do processo, só entra em linha de conta sem os requisitos especiais do § 485 I (acordo da parte contrária, perigo para o meio de prova) o relatório pericial escrito em certas circunstâncias indicadas no § 485, caso haja interesse jurídico nele, o que se tem de presumir se, pelo parecer pericial pode possivelmente evitar-se um processo (KG RR 92, 574).

Competente é o tribunal do processo ou – antes do processo – o futuro tribunal da questão de fundo, no caso de perigo iminente também o AG, em cuja circunscrição tem de ser efectivada a produção de prova, § 496.

No processo, a audição autónoma de provas efectuada tem o mesmo valor duma instrução perante o tribunal do processo, § 493.

Após a produção de provas fora do processo, pode ser indicado ao requerente pelo tribunal, sob requerimento (patrocínio obrigatório, controverso) para instaurar a acção em certo prazo, senão tem de suportar as custa da parte contrária, § 494 a. É admissível o chamamento à autoria, o § 72 com os §§ 74, 68 aplica-se analogicamente (BGH NJW 97, 859). A utilização das provas num processo posterior mas ainda não intentado, mantém-se possível (§ 493 I; não se aplica o § 296).

Para a produção de provas autónoma na jurisdição laboral, *Zwanziger*, ZZP 109, 79 e segs.; para litígios de direito de construção, *Jagenburg*, NJW 97, 2025 e segs.

§ 52. A inspecção ocular

I. Cabe entre os fins da prova pelo tribunal toda a **observação sensorial directa das qualidades ou estados físicos** de pessoas ou coisas. O nome é muito restrito; pois abrange também a observação por outros sentidos além do sentido da vista (como os do ouvido, sabor, cheiro, tacto).

Exemplos: verificação de imissões (vd. BGB § 906 I); inspecção do local do acidente, do corpo do autor lesionado, do carro acidentado; pesquisa biogenética e do grupo sanguíneo, especialmente nos processos de investigação de paternidade (vd. infra II).

As gravações em fita magnética são objecto de inspecção ocular, não de prova documental (BGH [StSen] NJW 89, 2761; controverso). Tendo sido gravadas ocultamente, a sua utilização é admissível como meio de prova com o consentimento do interessado, aliás inadmissível, em regra, mesmo em gravações no âmbito comercial (BGH NJW 88, 1016 e segs.; ofensa de direito de personalidade); para a problemática (interesses dignos de protecção do interlocutor, legítima defesa da necessidade de prova), *Arzt*, JZ 73, 506 e segs. (face ao BVerfGE 34, 238 e segs.), vd. ainda supra § 51 III 1.

A prova por inspecção ocular distingue-se da prova por documentos e testemunhas por oferecer ao tribunal apenas uma situação de facto, não o teor dum juízo.

O **despacho** de inspecção ocular é proferido sob requerimento (§ 371) ou oficiosamente (§ 144). Está frequentemente associado à prova pericial (§ 372), pois os factos pertinentes em termos de prova têm frequentemente de ser observados com base em especial conhecimento e perspectiva profissional (por ex., deficiência técnica do carro acidentado).

II. Não é estabelecido no ZPO um **dever** processual geral **de sujeição à inspecção ocular**. A jurisprudência admite um dever de sujeição, se o seu cumprimento é exigível à parte (vd. *Stürner*, Die Aufklärungspflicht der Parteien im Zivilprozess, 1976, pág. 138 e segs.), podem, por ex., ser admitidos a entrada duma propriedade, a recolha de sangue, a inspecção corporal, a averiguação do estado de espírito. Não há coerção à sujeição (excepção no § 372 a, vd. infra). Contudo, a recusa tem consequências quanto ao direito probatório.

Recusando-se o probante ou – por despacho oficioso – a parte onerada com a prova, a apresentar o objecto da inspecção ocular que possui, fica precludido o meio de prova (§ 230). Corre o risco de perder, por isso, o processo. Recusando-se a parte não onerada com a prova e sendo de censurar a recusa (não existe o dever geral de informação: BGH NJW 90, 3151; esclarecedor para isto, *Stürner*, nota ZZP 104, 208 e segs.), assim, reside aí o malogro da prova, que pode levar à inversão do ónus da prova (vd. supra § 50 VII 1).

O **§ 372 a** contém um **dever de sujeição** especialmente formado, cujo cumprimento pode ser **excepcionalmente forçado**. Tendo de ser **estabelecida** num processo a **paternidade** (por ex., nos termos do BGB § 1600 d), qualquer pessoa – e não apenas as partes ou testemunhas – têm de sujeitar-se a exames, especialmente à recolha de sangue para análise. O estabelecimento é "necessário" se a questão da paternidade for pertinente para a decisão e precisa para a prova. A violação da integridade física associada ao exame, é admissível nos termos da GG art. 2 II 3 (vd. BVerfGE 5, 15 e segs.), e é permitida por o exame prometer o esclarecimento, conforme os princípios reconhecidos da ciência (portanto, não para experimentação de novos métodos) e por poder ser exigível ao examinando, não só em termos de saúde, mas também consideradas as consequências para si ou parentes próximos (por ex., tendo em vista o perigo de perseguição criminal, mas não relativa a depoimento falso, ou delito sexual). Os efeitos patrimoniais da paternidade estabelecida (por ex., o dever de alimentos) não são considerados. Trata-se de proceder a uma devassa que, na maior parte dos casos é aplicável em conexão com uma peritagem biogenética.

A recusa duma das partes a deixar-se examinar pode ser utilizada em seu prejuízo conforme a correspondente indicação do tribunal se não se tiver de efectivar um exame coercivo (BGH NJW 93, 1393: concepção do malogro da prova).

§ 53. A prova testemunhal

Arntzen, Psychologie der Zeugenaussage, 3.ª Ed. 1993; *Arntzen*, Vernehmungs-psychologie, 2.ª Ed., 1989; *Trankell*, Der Realitätsgehalt von Zeugenausssagen, 1971. Outra bibliografia, confira infra, § 54.

I. Testemunha é a pessoa que deve depor sobre factos ou situações por virtude da sua própria observação.

Em princípio, qualquer um pode ser testemunha, mesmo uma criança, o cônjuge, um empregado da parte. A idade, o estado de espírito, interesse próprio no desfecho do litígio são aí negligenciáveis. Estas circunstâncias só são atendíveis para a apreciação da prova; advertem quanto à cautela na valorização do depoimento.

A larga extensão do campo testemunhal resulta de as testemunhas serem insubstituíveis, porque os acontecimentos que conhecem jazem no passado. Por isso, o círculo das testemunhas possíveis está objectivamente limitado e não é susceptível de alargamento. Isto é importante em dois sentidos: para a distinção entre a testemunha e o perito (vd. infra § 54 I) e a testemunha e a parte.

O ditado "quem for parte não pode ser testemunha" (BGH RR 92, 315) é falso. O ZPO confronta, contudo, os depoimentos testemunhal e da parte como duas espécies de prova que se excluem. Por isso, rege: quem tem de depor como parte, exclui-se como testemunha, quem não pode depor como parte, pode ser testemunha (BGH RR 94, 1144). Por conseguinte, os conhecimentos factuais de quem quer que seja, podem ser atendidos no processo.

O legal representante não é, seguramente, parte, mas deve ser ouvido no âmbito do depoimento de parte (§ 455 I) e por isso deixa de o ser como testemunha. Inversamente, a parte que ainda não completou 16 anos, apenas interessa à prova testemunhal, pois ainda não pode ser ouvida como parte (§ 455), o que parece duvidoso, pois às testemunhas – diversamente das partes – cabem deveres coercíveis (vd. infra II 1, 3 d, III, IV, § 56 IV). Deles deve ser isenta a parte de menor idade (equiparação à parte maior, menos necessitada de protecção: GG art. 3).

O **despacho** de prova testemunhal produz-se, na medida do alcance do princípio da instrução por iniciativa das partes, apenas a requerimento duma das partes, § 373, e em regra por decisão especial sobre a prova (vd. supra § 51 II); para a convocação, vd. § 377, 379 (para isto vd. supra § 28 II).

Tendo a testemunha dum processo de indemnização de perdas e danos já deposto num anterior processo criminal e sendo pedida a sua inquirição no processo civil, não podem ser utilizados no âmbito da prova documental os autos criminais (inclusivamente a acta de inquirição de testemunhas) chamados a consulta (BGH RR 92, 1215).

II. Em princípio, há uma **obrigação** geral **de testemunhar**, que **só excepcionalmente se quebra**.

1. A obrigação de testemunhar é de natureza jurídica pública. Tem três formas de se exprimir: a **obrigação de compararecer**, de **depor** e de **prestar juramento**. Estão sujeitas todas as pessoas submetidas à jurisdição alemã, portanto, em regra, também os estrangeiros.

A obrigação de depor é completada em casos especiais pela **obrigação de informação**, § 378 I, cuja infracção pode desencadear sanções conforme especificação no § 378 II (§ 390).

2. Juizes, agentes do serviço público, deputados, funcionários dos grupos parlamentares e membros do governo podem, sob condições, depor, no que respeita ao seu **segredo funcional**, em princípio, com *autorização para depor* do serviço competente. A autorização só pode ser recusada por certos fundamentos (vd. § 376 e DRiG §§ 46, 71 I; AbgG §§ 44 c, 49; BMinG §§ 6 e seg.; BBG §§ 61 e seg., 177; BRRG § 39). Na recusa é possível a acção para obter acto administrativo recusado (VwGO § 42 I). Sobre a disposição do funcionário, etc., para depor, não se chega, pois, não lhe cabe um direito próprio de recusa do testemunho (diversamente para os deputados, vd. infra 3 b).

3. Um autêntico **direito de recusar o depoimento** compete ao Presidente Federal, sob os requisitos do § 376 IV; se se verificam, é ele que decide, não o tribunal.

Praticamente mais importante é o direito de recusa do testemunho pelos seguintes três grupos de pessoas: parentesco próximo, portador de segredo e testemunhas em situação de conflito.

a) Os **parentes próximos** duma das partes podem simplesmente recusar o depoimento, § 383 I n.º 1-3. Têm de ser instruídos sobre o seu direito, § 383 II; não se realizando essa instrução, o depoimento não é utilizável, (sendo utilizado apesar disso, aplica-se o § 295, BGH NJW 85, 1159). Em certos casos limitados, contudo, não podem recusar o testemunho, § 385 I.

b) Os **portadores de segredos** com o dever de sigilo profissional, podem recusar o testemunho sobre factos que lhes foram "confiados". A este círculo de pessoas pertencem os sacerdotes (§ 383 I n.º 4), os colaboradores da imprensa e da rádio (§ 383 I n.º 5) e ainda, por ex., os médicos, banqueiros, funcionários públicos, notários, advogados, juizes (§ 383 I n.º 6).

Estas pessoas não podem, assim, ser inquiridas mesmo sem a recusa do depoimento, sobre factos que manifestamente caiam sob o seu dever de sigilo, § 383 III (vd. supra § 51 III 1). Os designados no § 383 I n.º 6 devem depor, se forem desvinculados do seu dever de sigilo pela pessoa em atenção à qual existe esse dever, § 385 II; não podem retirar-se quaisquer conclusões da recusa a libertar do dever de sigilo (controverso). Os ministros religiosos (§ 383 I n.º 4), que forem desvinculados de seu dever de sigilo, podem recusar o testemunho contra o § 385 II (fundamento: Concordata do Reich, art. 9, bem como tratamento análogo aos sacerdotes não católicos, vd. LG Nürnberg-Fürth FamRZ 64, 514; LG Fulda SJZ 50, 826).

Nos termos da GG art. 47 e das constituições dos Estados federados, os **deputados** podem recusar o seu testemunho.

c) Às **testemunhas em situação de conflito**, o § 384 concede um direito de recusa pontual. É limitado às questões cuja resposta expõe a testemunha ou determinadas pessoas que lhe são próximas ao risco de demanda de direito criminal ou de um prejuízo material directo, ou determinaria a sua desonra, ou não seria possível à testemunha sem a revelação dum segredo artístico ou industrial.

Por ex., se a testemunha tiver de depor sobre factos que possam fundamentar a sua responsabilidade como devedor (exemplo: OLG Stuttgart NJW 71, 945), ou sobre uma relação extraconjugal (exemplo: OLG Karlsruhe NJW 94, 528; vd., porém supra § 52 II face ao § 372 a); a mãe duma criança tiver de relatar as suas relações com outros homens. Aqui a lei quer poupar à testemunha o conflito de consciência de dever depor contra si própria ou pessoa que lhe é próxima.

d) A testemunha deve invocar o seu direito de recusa ao depoimento antes (§ 386 III) ou no momento da inquirição. Recusando ela com a indicação dos fundamentos, sobrevem entre ela e o probante um incidente; decisão por sentença interlocutória, com agravo imediato contra ela, § 387. Na recusa infundada do testemunho ou da prestação de juramento são infligidas à testemunha as custas adicionais ou impostas contra ela medidas disciplinares, § 390.

Da recusa do testemunho nos termos dos §§ 383 I, 384, não podem extrair-se consequências (afirmativo BGH [StSen] NJW 87, 2028 face ao StPO § 52 I; diversamente, BGH NJW 94, 198 face ao § 384 n.º 2).

4. Quem não usa do seu direito à recusa do testemunho deve depor com verdade, em boa consciência e completamente (vd. § 392 período 3).

III. A testemunha tem de ser **ajuramentada** (§ 391) ou tem de prestar uma confirmação semelhante ao juramento (§ 484), caso se mostre conveniente em atenção ao significado do depoimento ou para suscitar um depoimento verídico (analogamente ArbGG § 58 II). Se for o caso, fica ao critério do tribunal. Para a problemática, BGHZ 43, 368 e segs.; *Grunsky*, comentários ao ZZP 79, 143 e segs.; *E. Schneider*, MDR 69, 429 e segs.

A lei restringe fortemente a prestação de juramento, para que o juramento não se degrade numa formalidade vazia. Por isso, a importância do depoimento não está apenas na sua influência na decisão, mas também em avaliar o relevo da causa para as partes. Se o juramento é em geral apropriado "a provocar um depoimento verdadeiro", torna-se duvidoso. Seguramente a obrigação de jurar não é apropriada a proporcionar à testemunha uma melhor capacidade de observação ou a colmatar lacunas da sua memória. Controverso é apenas se o juramento pode abalar a testemunha por pressão psicológica, atrelar a sua vontade à verdade. Esta questão põe-se a todas as testemunhas que não afirmem nem neguem. Não se sabe que efeito tem o juramento obrigatório sobre a maioria das testemunhas. Tem de admitir-se que a punição do perjúrio (StGB § 154) perdeu muito da sua eficácia reforçante do juramento, desde que o depoimento não ajuramentado, dolosamente falso, foi também sujeito a punição (StGB §§ 153, 15). Se por isso deve ser abolido o juramento, em geral, é um problema em aberto por causa das suas consequências desconhecidas. Independentemente disso, tornou-se questionável (*Jasper*, MDR 83, 283 e segs.) a manutenção do juramento – necessariamente instituído com base religiosa – num Estado secularizado.

Nos termos do § 393 não podem ser ajuramentados os incapazes de jurar (são pessoas menores de 16 anos ou com deficiente maturidade mental, por ex., doentes mentais). O juramento não tem ainda lugar, se as partes o prescindirem, após o depoimento, § 391 (não se aplica no âmbito do princípio inquisitório: §§ 617, 640). Pelo contrário, podem ser ajuramentadas testemunhas interessadas no resultado do processo ou pessoas próximas duma das partes, se não fizerem uso do seu direito de recusa do testemunho. Contudo, pode recusar a prestação de juramento quem puder recusar o testemunho, mas apesar disso deponha (opinião dominante, vd. BGHZ 43, 374; o ZPO não se pronuncia).

O juramento efectiva-se após a inquirição. O *teor do juramento* dispõe no sentido de que a testemunha disse a pura verdade e não silencia nada (pois ainda por omissão pode surgir uma imagem falsa). Vd. § 392.

O juramento pode ser prestado com ou sem asserção religiosa (§ 481 I-III). Quem, por motivos de crença ou consciência, não quiser prestar qualquer juramento, tem de formular uma confirmação; equivale, processual e penalmente, ao juramento (§ 484 I).

IV. A inquirição das testemunhas realiza-se, em princípio perante o tribunal do processo (excepções de estrita observância no § 375; vd. supra, § 51 IV). Cada testemunha tem de ser ouvida em separado e sem a presença das testemunhas a inquirir posteriormente, § 394 I, de modo a evitar o mais possível a mútua influência, em especial pela audição doutros depoimentos (pouca utilidade tem).

A testemunha não tem de responder apenas a certas perguntas mas antes de expor em conjunto o objecto da sua inquirição, § 396. Face ao acanhamento de muitas testemunhas deve o juiz intervir, sem dúvida, com perguntas. Até que ponto juizes assessores, advogados e partes podem apresentar perguntas através do presidente ou por si próprios, está na lei, §§ 396 III, 397. Como, o quê e em que ordem é perguntado, é extraordinariamente importante para o êxito da inquirição.

Não comparecendo a testemunha, apesar da convocação regular, são-lhe impostas as custas oficiosamente por despacho, além disso é fixada contra ela uma multa e, em substituição, uma pena de privação de liberdade; no caso de reincidência, pode ainda ser ordenada a apresentação forçada: § 380. Para a justificação da testemunha, vd. § 381.

A declaração escrita da testemunha é suficiente, conforme o § 377 III.

V. A parte que apresentou prova pela indicação duma testemunha, pode renunciar à sua inquirição, mas a parte contrária pode eventualmente exigi-la, apesar disso, § 399.

VI. A **prova testemunhal** é a **mais frequente** e – com o depoimento da parte – a **pior das provas**. Deficientes dons de observação, má memória e – sobretudo – a sugestão inconsciente da testemunha, apelam à prudência. O que a testemunha supostamente viu ou ouviu, assente com demasiada frequência em reflexões subsequentes, sobre o que, na situação de então "se" poderia ou deveria ter visto e ouvido (vd. as experiências psicológicas nos depoimentos, em *Trankell*, loc. cit., pág. 30 e segs.). Isto aplica-se em elevado grau aos depoimentos de crianças, parentes duma das partes, testemunhas interessadas. Por isso, a inquirição de testemunhas e a apreciação dos seus depoimentos, pertencem, na prática, às mais importantes missões do juiz (para isso *G. Reinecke*, MDR, 86, 630 e segs.; *Rüssmann*, FS Wassermann, 1985, pág. 789 e segs.).

§ 54. A prova pericial

Franzki, Der Sachverständige – Diener oder Herr des Richters?, DRiZ 91, 314; *Jessnitzer/Frieling*, Der gerichtliche Sachverständige, 10.ª Ed., 1992; *K. Müller*, Der Sachverständige im gerichtlichen Verfahren, 3.ª Ed., 1988; *Pieper/Breunung/ /Stahlmann*, Sachverständige im Zivilprozess, 1982 (para isso, *Blankenburg*, AcP 182, 582 e segs.; *Rudolph*, ZZP 97, 114 e segs.); *Sendler*, Richter und Sachverständige, NJW 86, 2907.

I. Perito é a pessoa que presta declarações e, em regra, extrai conclusões de factos concretos, com base no seu *conhecimento profissional das regras de experiência* (em especial duma ciência ou dum ofício). A sua declaração chama-se parecer.

Exemplos: apresentação dum parecer biogenético (vd. supra § 52 II), informação sobre usos comerciais, sobre a presumível evolução duma doença ou ferimento, sobre a diminuição da capacidade de ganho dum lesado, sobre a causa da ruína dum edifício e a observância das regras na construção, sobre a autenticidade dum quadro, sobre a média dos salários, sobre o direito estrangeiro (vd. supra § 49 VI).

Os pareceres periciais obtidos pelas partes (os chamados pareceres de parte ou privados) não são meios de prova no sentido dos §§ 355 e segs., mas sim a parte das suas alegações justificada documentalmente (BGH NJW 97, 3382; *Bross*, ZZP 102, 433 e seg.). Só podem ser utilizados como pareceres periciais com o consentimento de ambas as partes (BGH, loc. cit.).

A **distinção entre testemunhas e peritos** é importante na prática: só o perito pode ser recusado, é geralmente melhor compensado que a testemunha e ajuramentado de modo diferente desta. A diferença de ambas as provas pessoais reside no objecto da sua declaração e no modo do seu contacto com o processo (controverso, vd. BGH NJW 93, 1797). A testemunha revela factos passados. O perito veicula conhecimentos especializados (geralmente regras da experiência) e na maior parte das vezes relata ainda as conclusões que daí se extraem. Quem pode ser testemunha num processo, está estabelecido antes de o tribunal ordenar a inquirição das testemunhas. Pelo contrário, o círculo dos possíveis peritos não se circunscreve a um acontecimento passado; antes é perito só e sempre quem for chamado ao processo pelo tribunal por virtude do seu saber profissional. O contacto do perito com o processo concreto resulta, portanto – diversamente da testemunha – apenas da escolha judicial. Em todo o caso, o tribunal é teoricamente livre na sua escolha, porque o perito – diversamente da testemunha – relata o conhecimento que obteve e o que pode ser obtido por outros. Neste sentido, o perito, ao contrário da testemunha, é substituível. Por isso, pode ser recusado (vd. § 406).

O perito pode organizar o seu parecer sobre factos que lhe são comunicados como incontestáveis ou obtém os dados necessários por observação própria, por ex., um médico examina o lesado e depois dá o seu parecer sobre a diminuição da capacidade de ganho. Sendo discutíveis os próprios factos que servem de fundamento, o tribunal determina (não o perito), que factos devem fundamentar o parecer pericial, § 404 a III, também IV.

Quem expõe factos passados, para cuja observação foi necessário um conhecimento profissional especial, não é perito, mas sim **testemunha perita**, § 414 (BVerwG NJW 86, 2268). Uma pessoa pode ser simultaneamente testemunha e perito.

Exemplo: um médico assiste casualmente como testemunha presencial a um acidente de viação. Na medida em que deponha sobre isso é uma vulgar testemunha. Cuidando ele do lesado e intervindo nos primeiros socorros, é uma testemunha perita se depõe sobre o seu diagnóstico, por ex., declara uma fractura femural. Sendo o mesmo médico consultado para informar o tribunal sobre a diminuição da capacidade de ganho, ele relata um parecer como perito.

II. O perito é, de acordo com a noção, um **auxiliar do juiz**. Deve ajudá-lo, dentro das atribuições judiciais. Contudo, o juiz (só) tem necessidade de peritos, quando lhe falte o próprio conhecimento técnico, tornando-se facilmente o "ajudante" em "senhor" (vd. *Sendler*, loc. cit., pág. 2908 e segs. e infra IV).

A condição de auxiliar fundamenta uma série de prescrições:

1. A *admissão de peritos* (sobretudo ainda a escolha) está no *poder discricionário* do juiz que tem de julgar, até onde alcancem os seus próprios conhecimentos da matéria e quando precise de ajuda; vd. BGH NJW 95, 1619; RR 97, 1108. Por isso, a prova pericial pode também ser determinada oficiosamente, § 144. Por outro lado, o tribunal não precisa de ouvir todos os peritos indicados pelas partes, antes pode recusar a sua admissão. Sobre a escolha dos peritos vd. o § 404. Um perito não pode ser solicitado junto de organizações privadas (por ex., organização de controle técnico, clínica, firma de produção, instituto particular [por ex., de sondagens à opinião pública]), nem transferir a escolha para o director da organização de controle técnico, da clínica, etc. Pelo contrário, o próprio tribunal deve nomear pessoalmente o perito; pois o § 404 é unívoco, e só a nomeação judicial consegue condições claras de responsabilidade e consequências jurídicas, por ex., do § 406 II. Por isso é também proibida a delegação do mandato pericial, § 407 a II 1. Algo diferente se aplica quando os pareceres periciais têm de ser relatados, por força da lei, por instituições, por ex., por comissões periciais nos termos do BauGB §§ 192 e segs. ou nos termos do § 273 II n.º 2 (para isso, BGH BB 76, 480).

O tribunal tem de orientar a actividade do perito e pode estabelecer directivas, § 404 a I, V.

2. O perito deve ser imparcial, por isso pode ser *recusado*, em princípio, pelos mesmos fundamentos do juiz, § 406, por ex., pela prévia formulação de parecer particular a uma das partes. Sobre o pedido de recusa é decidido por sentença, § 406 V; analogamente aplicável ao intérprete, GVG § 191.

3. *A relação jurídica entre o tribunal e o perito* é de natureza de direito público (BGHZ 59, 311 e seg.). O perito, não o Estado, assume a responsabilidade segundo os princípios gerais, se lesar um interessado no processo na preparação do seu parecer (BGB §§ 823 e segs.; BGHZ 59, 312 e segs.; 62, 62) ou se o parecer for culposamente inexacto (basta a negligência [BVerfGE 49, 304 e segs. contra BGHZ 62, 57 e segs.], o que não decorre do direito de responsabilidade mas – apenas – da GG art. 2 II (contudo, assim, BVerfGE, loc. cit.; contra isso, exacto, *Starck*, JZ 79, 63 e seg.]).

III. O perito, ao contrário da testemunha, é sempre, em teoria, substituível, por isso, **não há qualquer dever geral de apresentação de parecer pericial**; contudo, a obrigação está de tal modo dilatada, que quase todas as pessoas que são de considerar estão abrangidas por ela.

Incluem-se, nos termos do § 407 I, por ex., médicos, arquitectos, comerciantes, eruditos em arte. O **direito a recusar a apresentação do parecer** existe com a mesma amplitude do direito à recusa do testemunho, § 408. Sendo recusada a peritagem, embora o perito esteja obrigado a ela, isso tem para ele desvantagens financeiras (sobrecarga das custas, multa), § 409. Contra a mais importante, na prática, apresentação tardia do parecer, só lhe vale ao perito, futuramente (após "advertência"), não ser mais consultado (vd. ainda o § 407 a I, III 1, IV 1).

O relatório pericial tem de ser ajuramentado sob os mesmos requisitos que o depoimento testemunhal. A fórmula do juramento é, por sua natureza, de teor diverso do juramento das testemunhas, § 410. Para a confirmação equivalente ao juramento, vd. o § 484.

O parecer tem de ser apresentado *oralmente* na audiência, mas o tribunal também pode determinar que o parecer pericial seja apresentado *por escrito*, § 411 (o último caso é na prática, a regra). Pelo menos nos casos complicados é instante recomendar que o perito esclareça o seu parecer escrito na audiência e responda a perguntas (vd. *Pantle*, MDR 89, 312 e segs.). Com este fim, dentro de prazo razoável ou fixado judicialmente, as partes podem pedir a convocação do perito (§ 411 IV); o seu oportuno requerimento é, em regra, de satisfazer (BGH NJW 98, 163), isso é exigido pelo seu direito a ser ouvido (GG, art6. 103 I). Havendo dúvidas ou obscuridade a respeito do parecer, o tribunal oficiosamente tem de ordenar o seu esclarecimento oral, fundado no § 411 III (BGH NJW 92, 1459).

IV. O parecer pericial está sujeito à **livre apreciação** do tribunal. O tribunal não deve aceitar irreflectidamente o parecer judicial, mas esforçar-se ao máximo por obter uma opinião própria (BGH NJW 89, 2948 e seg.), mesmo justamente nos processos de responsabilidade médica (BGH NJW 96, 1598). Estes esforços têm muitas vezes de se esgotar num "controlo da plausibilidade", que pode ser tanto mais bem sucedido, quanto o seja o mais experiente dos juizes no trato com o(s) perito(s) da respectiva especialidade. Mas na prática mal é possível, quanto mais complexa e "técnica" for a questão sujeita à peritagem. Aqui, a dependência do "senhor" pelo "ajudante" (vd. supra II), torna-se aflitivamente clara.

§ 55. A prova documental

K. Schreiber, Die Urkunde im Zivilprozess, 1982.

I. Para o ZPO, **documento** é diferente de **toda a expressão escrita dum pensamento** do StGB na linguagem mais corrente, mesmo cifrada (vd. BGHZ 65, 301). Assim, nenhum documento é a materialização de pensamentos sem sinais gráficos (por ex., marcos divisórios) ou sinal gráfico sem teor conceptual (por ex., o exercício de escrita dum aluno).

Para a noção de documento, é indiferente se foi decidido de antemão para a prova – por ex., um título de contrato, um recibo – ou não – por ex., uma carta particular que apenas serviu de comunicação – mais ainda se foi escrito à mão ou à máquina, se foi assinado ou não.

"Documento" para o ZPO é o original, mesmo uma reprodução se pode substituir ao original, seja por força da lei (vd., por ex., o § 170, BeurkG § 47), seja por determinação do seu autor, quando não haja oposição da lei (vd. *Schreiber*, loc. cit., pág. 28 e segs.). Para a fotocópia, BGH NJW 90, 1171; 92, 830.

Objecto da prova é o *teor* do documento (não a aparência exterior como na inspecção ocular, vd. supra § 52 I).

II. As espécies de documentos

1. *Documentos públicos* são para o § 415 os documentos constituídos por um serviço público ou por uma pessoa dotada de fé pública (por ex., notário, funcionário da secretaria judicial, funcionário do registo civil), se a situação a documentar estiver dentro dos limites dos seus poderes ou da esfera de actividade concedida e tratada na forma prescrita. Todos os demais são *documentos particulares*.

2. Noutra perspectiva, distingue-se:

a) *Documentos* de validade ou *constitutivos*. Eles encarnam um acontecimento juridicamente significativo, são juridicamente elemento constitutivo dele, de modo que, sem documento não produz o seu efeito, por ex., o aviso de despedimento, o título do contrato, o testamento. Objecto da prova é aqui o próprio documento declarativo e a sua entrega, porque este é peça constitutiva da relevância jurídica do próprio acontecimento.

b) *Documentos* de informação ou *comprovativos*. Relatam simplesmente acontecimentos que se efectivam independentemente do documento e têm, sem ele, validade, por ex., documentos do registo civil sobre nascimentos e óbitos, quitações, extractos dos registos, cartas narrativas. Objecto de prova é aqui o acontecimento relatado. Apenas este é peça da matéria de facto, mas não a simples declaração narrativa.

III. A apresentação da prova pela parte desenvolve-se diversamente, conforme o documento se acha na posse de quem tem de provar ou supostamente na posse da parte contrária, dum terceiro ou dum serviço público (não se aplica à prova aduzida oficiosamente nos termos dos §§ 142 e seg., 273 II n.º 1 e 2, HGB § 258, e não no âmbito do princípio inquisitório).

1. A apresentação da prova só é simples no primeiro caso: *quem tem de provar*, apresenta o documento na audiência de julgamento, § 420. O tribunal examina-o; tem ainda de ser aceite pela parte contrária.

2. O processo complica-se se a *parte contrária* deva achar-se *na posse do documento*. Aqui, quem tem de provar, tem de requerer que a parte contrária proceda à exibição do documento, § 421. No requerimento tem de indicar os factos que devem ser provados pelo documento (o objecto da prova), e ainda alegar as circunstâncias de que resulta a posse e o dever da parte contrária exibir o documento, § 424.

O tribunal tem, primeiramente, de examinar se o facto a provar é pertinente para a decisão e justifica o requerimento, ou seja, se a parte contrária está obrigada à exibição. O ZPO só conhece limitados deveres de exibição, vd. o § 422 (de direito substantivo, por ex., BGB §§ 810,985, 952, 371, 402) e o § 423 (de prévia posição processual). A prática, em oposição a isto, tem uma posição muito alargada, pragmática: desenvolve-se um dever geral de exibição pela parte contrária (*Stürner*, NJW 79, 1227 e seg., face ao BGHZ 72, 138 e seg.; abertamente contra, BGH NJW 90, 3152, para isso comentários de *Stürner*, ZZP 104, 208 e segs.).

Considerando o tribunal o facto pertinente e reconhecendo o dever de exibição, a prossecução do processo depende da posição da parte contrária.

Confessando a posse do documento ou nada dizendo, o tribunal ordena a apresentação, § 425. Negando a posse, é ouvido sobre o paradeiro do documento e, em caso de necessidade, ajuramentado, §§ 426, 425, 484. O seu depoimento tem de ser apreciado livremente pelo tribunal, §§ 426, 453. Acreditando-o o tribunal e, tendo ele, no entender do tribunal pesquisado cuidadosamente o paradeiro do documento, fica malograda a apresentação da prova; convencido o tribunal da posse pela parte contrária, ordena a apresentação, § 426.

No caso de a parte contrária não cumprir a ordem de apresentação e não se ter esforçado cuidadosamente pelo cumprimento, vd. o § 427.

3. Estando *um terceiro* supostamente *na posse do documento*, é de considerar que não lhe cabe qualquer dever processual de apresentação como pessoa não interessada no processo, apenas o de direito substantivo, que só pode ser efectivado coercivamente por via dum processo especial, § 429. Isto esclarece o requerimento de prova, vd. o § 428. Para a cessação da suspensão do processo, vd. o § 431 II.

4. Estando o documento *na posse dum serviço público*, em regra a própria parte pode obter o documento, tal como em todos os documentos notariais sobre contratos, em que seja interessada, nos documentos do registo civil sobre as relações de família, nos extractos dos registos, se se trata da sua situação jurídica. Somente quando a parte não estiver em condições de obter o documento do serviço público, por si própria, tem de formular requerimento nos termos do § 432 (sobretudo importante para os autos dum processo criminal). O dever dos outros serviços públicos satisfazerem o requerimento, e os recursos na recusa do requerimento, regem-se segundo o direito administrativo (para isto, BVerwGE 30, 155 e segs.), tenha em atenção, porém, ainda o § 432 III.

IV. Sendo exibido o documento ou declarada simultaneamente com a apresentação duma reprodução, a exibição do original (vd. supra I), por ex., com a petição inicial, não se realiza, em regra, qualquer produção de prova: as alegações de facto, a provar por documento, tornam-se incontroversas, por isso cessa a necessidade de prova (vd. supra § 49 VII 1). A autenticidade do documento como meio de prova torna assim supérflua a produção de prova!

Exibido um documento, as partes discutem – quando for o caso – sobretudo a interpretação, a eficácia jurídica, a exactidão do conteúdo, a relevância para a decisão, do documento. Para esta chamada **força probatória material**, não há quaisquer regras legais de prova. Aqui, o tribunal decide livremente.

Pode também haver litígio sobre a **autenticidade** do documento apresentado, isto é, se o documento provém da pessoa que tem de fazer a prova ou – na averiguação oficiosa da prova – a parte, indicada como seu autor, favorecida pelo teor do documento.

A autenticidade dos *documentos públicos nacionais* (mais exactamente: os documentos que aparentam sê-lo) presume-se, § 437 (para a prova do contrário, § 292). A autenticidade dos *documentos particulares*, em caso de impugnação, tem de ser provada por quem quer obter a prova (§ 440 I, também o § 439). Sendo genuína a assinatura do documento ("assinatura em cima" insuficiente: BGHZ 113, 51 e seg.; "assinatura ao lado" igualmente: BGH NJW 92, 830), presume-se a autenticidade do texto que subscreve, § 440 II (mesmo na assinatura em branco: BGHZ 104, 175). Para o procedimento probatório (comparação de letra), §§ 441 e seg.

V. Os documentos verídicos ostentam uma **força probatória formal**. Nesse caso alcança-se a prova de que se realizou uma declaração ou decisão com determinado conteúdo. Aqui aplicam-se predominantemente regras de prova rígidas (vd. § 286 II); uma livre apreciação da prova levaria, na prática, aos mesmos resultados.

Para a força probatória substantiva, vd. supra, IV.

Às diferentes espécies de documentos (vd. supra II) aplicam-se diferentes regras de prova.

1. Os documentos (de atestação) públicos sobre declaração expressa perante o serviço público, fundam a prova plena da ocorrência documentada, § 415. Cabem aqui todos os documentos sobre negócios jurídicos. É admissível a prova de certificação falsa, mas na prática apenas possível.

2. Os documentos (de factos) públicos que contêm uma ordem, despacho ou decisão oficial, por ex., sentenças, fundam prova plena do seu conteúdo, § 417 (mas somente de que foram pronunciados desse modo, não porventura, que o seu teor é correcto; o vínculo ao teor da decisão nada tem a ver com a prova do documento, mas sim baseia-se na sentença no caso julgado material).

3. Os documentos (de atestação) públicos com "outro conteúdo" que o supra 1, fundam prova plena dos factos a atestar, quando respeitem à própria observação do serviço público, por ex., documentos de notificação (contudo, vd. infra o § 79 II para os documentos de notificação postal), protesto de letras, certificados dos serviços de registo; independentemente disso, só quando a força probatória é prescrita por lei federal ou do Estado federado como, por ex., pela PStG para os documentos do estado civil. Vd. § 418.

4. Os documentos particulares sobre declarações assinadas por quem os emita (documentos de factos), por ex., contratos de arrendamento,

propostas ou aceitações de contratos por escrito, apenas fundam prova plena de que as declarações neles contidas foram expressas pelo seu autor, § 416 (para isso BGHZ 104, 175 e segs.; BGH RR 93, 1380).

5. Nenhumas regras rígidas de prova se aplicam aos documentos particulares a atestar, por ex., cartas, em que o subscritor relate ocorrências como um acidente de viação, a celebração dum acordo, etc. O seu conteúdo não desencadeia evidentemente qualquer força probatória rígida, antes depende da livre apreciação da prova.

6. As deficiências externas do documento, como os riscos, as rasuras, podem prejudicar a sua força probatória (BGH NJW 88, 62). Sobre isso, o tribunal decide segundo a sua livre convicção, § 419 (exemplo: BGH NJW 80, 893 e seg.).

VI. Impedindo uma das partes, intencionalmente, que um documento possa ser utilizado pela parte contrária, o tribunal pode considerar provadas, em seu critério, as alegações da parte contrária sobre a natureza e o conteúdo do documento, § 444, a chamada **frustração da prova** (para isso, vd. em geral supra § 50 VII 1).

VII. A **prova documental** é a **mais segura das provas** para as ocorrências pretéritas (vd. BGHZ 65, 302). Por isso se torna muitas vezes inútil por si própria (vd. supra IV). Nalguns regimes jurídicos é a prova preferida, ou mesmo a única admitida (vd. *Marschall v. Bieberstein*, FS Beitzke, 1979, pág. 625 e segs.). A última também no ZPO (§ 165).

§ 56. O depoimento de parte

I. Com frequência as partes estão perfeitamente informadas sobre os factos discutidos no processo. Por isso, é natural aproveitar-se as suas declarações como prova. Contudo é necessário prudência aqui. As partes estão interessadas, ao mais elevado grau, no desfecho do processo. Por isso, são as piores "testemunhas". Opõe-se ainda a ideia dominante na Alemanha a que uma das partes deponha em causa própria. Para o comércio jurídico é seguramente melhor que as partes se esforcem por criar documentos em vez de facilitar a prova pelo depoimento próprio. Nessa base, é legítimo que se permita o menos possível o depoimento de parte, requerido somente como meio de prova subsidiário (§ 445, vd. III 1). Enquanto tal, ela é certamente imprescindível, pois há sempre casos em que as partes não dispõem nem de documentos, nem de testemunhas –

pense-se, por ex., em actos ilícitos ou acordos celebrados só telefonicamente. O exercício dum direito não pode ser aqui condenado, de antemão, ao fracasso, pela exclusão do depoimento de parte.

II. O depoimento de parte segundo o modelo austríaco da Novela de 27-10--1933 substituiu o extinto juramento de parte. A prestação, como a não prestação do juramento, tinham força probatória rígida. Da afirmação sob juramento só duma frase, exactamente formulada pelo tribunal, dependia o desfecho do processo. Uma vez que era posto à disposição da parte prestar ou recusar o juramento, o comportamento das partes tinha, assim, directamente o efeito de ganho ou perda do processo. Por isso o juramento de parte tinha menos a natureza dum meio de prova que dum acto dispositivo. Restos disso encontram-se ainda hoje nas disposições do depoimento de parte (vd. infra V).

III. O ZPO distingue o depoimento de parte a requerimento duma das partes (prova apresentada) e o oficioso.

1. O **depoimento de parte a requerimento**, § 445, é só admissível **subsidiariamente**, ou seja, quando uma das partes não forneceu completamente com outros meios de prova, a prova que lhe compete ou não apresentou outros meios de prova. Tem legitimidade para requerer, a parte que suporta (vd. supra § 50 II) o ónus subjectivo da prova (excepção no § 447). O requerimento só pode visar o depoimento da parte contrária (excepção no § 447).

Por causa desta limitação, o depoimento de parte requerido não é inofensivo para o requerente: ele proporciona à parte contrária ser um meio de prova. Se fosse permitido formular requerimento de depoimento de parte do próprio, as partes tenderiam a deitar a mão a este suspeito meio de prova, facilmente preponderante, e as partes não se preocupariam mais com documentos e testemunhas.

Somente *uma* das partes pode prestar depoimento sob requerimento (excepção no § 447). Aqui reside uma certa fraqueza da disposição.

2. Ao **depoimento de parte oficioso**, § 448, cabe a maior importância.

É independente do ónus da prova subjectivo e só é admissível se o resultado do julgamento e uma eventual produção de prova não basta para fundar a convicção do tribunal. Em primeiro lugar, não deve proceder-se à apresentação doutros meios de prova; por isso, esta espécie de depoimento de parte não é subsidiária. O seu uso depende do devido critério do tribunal (BGHZ 110, 366).

É também admissível finalmente, se não foi apresentado qualquer meio de prova, quando do julgamento pelo menos alguns indícios resultaram da exposição duma das partes (BGH NJW 87, 2510); senão, não pode ser ouvida uma das partes.

Aqui é sempre possível o depoimento de ambas as partes, § 448. Tem de ser usado se ambas podem estar informadas sobre os factos, por ex., sobre as negociações do contrato que elas conduziram por si próprias. No confronto de ambos os depoimentos obtém-se uma imagem melhor.

3. Uma dificuldade prática está na **distinção** do depoimento de parte **da audição das partes** (§§ 141, 613). A audição não é um meio de prova (opinião dominante; doutro parecer *Schöpflin*, NJW 96, 2134 e segs.; para a problemática do § 141, vd. supra § 28 II). Ela serve para a eliminação de obscuridades, deficiências e contradições nas alegações da parte e a sua verificação, o que é incontestável. O depoimento de parte é um meio de prova, que serve para provar alegações controversas. A distinção é importante. Na audição a parte está sujeita (apenas) ao dever de verdade nos termos do § 138 I. As exigências no depoimento de parte são maiores; aqui, a parte deve também revelar em que baseia as suas afirmações, como chegaram ao seu conhecimento (vd. ainda o § 452 II e o StGB, §§ 154, 155, 163); para as diferenças, vd. BGH RR 88, 395 e infra IV. Recomenda-se localizar a audição nos termos do § 141, o mais possível, no início do processo (daqui resulta o § 278 I), o depoimento de parte no final e manter ambos os depoimentos externamente separados.

IV. O despacho exige sempre uma decisão sobre a prova, § 450 I. O depoimento realiza-se como o das testemunhas. Antes de mais, a parte tem de ser exortada a dizer a verdade, em seguida, tem de ser inquirida sobre a sua pessoa e, por fim, sobre a matéria (§§ 451, 395, 396), em que a parte não tem apenas de responder a perguntas isoladas, mas antes de produzir uma exposição coerente. O § 394 I é inaplicável à sua inquirição em atenção à publicação da parte (§ 357 I); a acareação é possível, se bem que o § 451 não mencione o § 394 II. A imediação é aqui imperiosa (excepções §§ 451, 375). As perguntas são admissíveis aqui tal como com as testemunhas, §§ 451, 397.

A comparência, o depoimento e a prestação do juramento não são, ao contrário das testemunhas, obrigatórios. Em vez disso, a recusa a depor (§ 446), a falta de comparência (§ 454) e a recusa a prestar declarações ou ao juramento (§ 453 II) são livremente apreciados como indício de que eventualmente os motivos alegados têm de ser considerados.

Nomeadamente tornam-se motivos que satisfazem o direito de recusa do testamento a que devem prestar atenção, em certa medida; pois um tão áspero conflito de consciência deveria também aqui ser evitado. Efectivamente, a parte tem para com o processo outra relação como sua própria que a testemunha.

A **prestação de juramento** é ajustada, como nas testemunhas, segundo o critério do tribunal (§ 452). Determinante é o significado do litígio para a parte inquirida e o peso do seu depoimento na decisão.

Que parte presta juramento, é ajustado segundo o critério do tribunal; o mais credível tem de ser considerado, assim é de apreciar todo o comportamento, por ex., uma violação do dever de verdade. Também se ambas as partes são inquiridas, pode apenas uma delas prestar juramento sobre o mesmo objecto de depoimento, § 452. Para a confirmação equivalente ao juramento, vd. o § 484.

O depoimento de parte, ajuramentada ou não, tem de ser livremente apreciado, § 453 I.

Habitualmente a sentença final é proferida logo após o depoimento de parte, pois o processo está pronto para a decisão; pois a apresentação de novas alegações e meios de prova é cortada pelo próprio depoimento de parte.

V. Capazes de ser inquiridos como parte, em princípio, são apenas as pessoas dotadas de capacidade judiciária, § 455 I 1. Os menores com mais de 16 anos podem prestar depoimento sobre actos e observações suas, § 455 II. De resto, intervém pela parte o seu legal representante, § 455 I.

Este regime parece descabido; a situação de substituição do legal representante ajusta-se bem ao acto dispositivo do velho juramento de parte (vd. supra II), mas não se ajusta à inquirição que depende do conhecimento. A parte não pode aqui dispor do despacho do processo pelo seu comportamento. Isto ainda se aplica se ela se recusa a comparecer, a depor ou a aprestar juramento. Pois esta conduta, tal como o próprio depoimento, será apreciada livremente pelo tribunal (vd. supra IV), por isso equívoco, BGHZ 42, 231 e seg. A intervenção do legal representante em vez da parte não tem sentido, quando ele, por si, não tem qualquer conhecimento dos factos que tem de provar. Porém, então a parte pode ser ouvida como testemunha (para a limitação da inquirição da parte pela inquirição testemunhal, vd. § 53 I).

CAPÍTULO NONO

A sentença

§ 57. As decisões judiciais

I. Como decisão judicial entende-se a declaração judicial que determina uma consequência jurídica.

No âmbito do processo civil há *três espécies* de decisões: **despacho**, **decisão** (stricto sensu), **sentença** (vd. § 160 III n.º 6).

Quanto ao **conteúdo**, a **diferença** entre decisão e sentença consiste em que, por regra, o processo termina por sentença, não por decisão. Contudo, há também (poucas) decisões que fazem terminar o processo; substituem uma sentença igualmente possível (por ex., nos termos dos §§ 341, 519 b, 554 a) ou são, no estado em que o processo se apresente (por ex., na declaração da regulação por acordo, § 91 a), a única forma admissível de decisão. Os despachos nunca fazem terminar um processo.

II. Entre a sentença, a decisão e o despacho existem **diferenças formais** consideráveis.

As **sentenças** são proferidas formalmente pelo tribunal do processo após julgamento oral necessário (obrigatório), §§ 128 I, 313 (excepcionalmente no processo escrito, vd. infra § 70). Vinculam o tribunal, (§ 318) e são impugnáveis, em princípio, por apelação ou revista.

As **decisões** são também proferidas pelo tribunal do processo, mas só excepcionalmente com base em julgamento oral necessário (por ex., nos termos do § 320 III), em regra sem ou após julgamento oral opcional (facultativo). As decisões só vinculam o tribunal excepcionalmente (vd. BGH FamRZ 89, 849; 92, 664). Quando muito, são impugnáveis por agravo. Na maior parte das vezes, as decisões tomam disposições processuais, que apenas se repercutem no processo concreto (por ex., despachos de produção de prova, § 358; adiamentos, § 227 I, IV). É controverso que decisões têm de ser fundamentadas (vd. *Thomaz/Putzo*, § 329, 10; ainda BVerfGE 71, 135 e seg.). Às vezes, prescreve-se na lei a fundamentação (por ex., no § 922 I 2, GVG § 17 a IV 2), aliás pode servir como norma de conduta o VwGO § 122 II.

Os **despachos** não são proferidos pelo tribunal do processo, mas sim pelo presidente, o juiz encarregado ou deprecado (vd. § 329 I 2, II; exemplos: a convocação, § 216 II; prorrogação do prazo conforme o § 519 II 3, § 554 II 2). Em regra, são inimpugnáveis. – É de distinguir do despacho, como espécie de decisão, "a providência cautelar" (§§ 935 e segs.), que é pronunciada na forma de decisão ou de sentença (§§ 936, 922 I).

§ 58. A pronúncia da sentença

I. A pronúncia da sentença efectua-se em **várias fases**.

1. Com o juiz singular a sentença é pronunciada por sua determinação, no tribunal colectivo através de **discussão e votação** secretas (GVG §§ 192 e segs.). Em exclusão da publicidade, veja-se BAG BB 94, 1145, um princípio processual elementar, o que em vista da publicidade desta fase do processo em extensa parte da Suíça (*Habscheid*, Schweizerisches Zivilprozess- und Organisationsrecht, 2.ª Ed., 1990, nota 551) tem de ser relativizado. Nenhum juiz pode recusar-se a votar porque foi vencido numa questão prévia, GVG § 195. A decisão para fora é sempre do tribunal colectivo.

A pronúncia da sentença é ainda um processo interno, sem significado para o mundo exterior. O resultado é apenas um projecto de sentença, que ainda pode ser modificado, eliminado, ou substituído por outro. Contudo, tem de ser tomado em consideração o § 309: só podem pronunciar a sentença os juizes que assistiram ao julgamento que fundamentou a sentença (para isso, *Vollkommer*, NJW 68, 1309 e segs.; BGHZ 61, 370).

2. Com isto a sentença passa a ter existência, precisa de **publicação**. Tem de ser publicada (§ 310 I, II) ou – excepcionalmente – notificada (§ 310 III). Com isso, fica pronunciada.

a) A sentença é *publicada*, seja imediatamente após o encerramento da discussão oral (após eventual deliberação e votação), seja numa audiência especial de publicação que só por fundamentos relevantes, pode ser marcada para além de três semanas, § 310 I. Nos termos da ArbGG § 60 só excepcionalmente há uma audiência especial de publicação e, em regra, só possível dentro de três semanas.

Sendo marcada uma audiência especial de publicação, a sentença deve ser apresentada na audiência, na íntegra, § 310 II, ArbGG § 60 IV 2. Isto é de saudar, pois reside aí o perigo de arrastamento do processo pelo tribunal, contra o que, na prática, não existe qualquer sanção eficaz (o GG art. 34 com BGB § 839 II 2, não a oferece, seguramente).

O anúncio irregular da audiência é inócuo (BGHZ 14, 39 e segs.).

A pronúncia nos termos do § 311 II 1 faz-se pela "leitura em voz alta" da parte dispositiva, o que pressupõe a sua fixação por escrito (mas basta a simples comunicação oral da parte dispositiva não reduzida a escrito, *Jauernig*, NJW 86, 117 e seg.; doutro parecer, BGH NJW 85, 1783). A redacção por escrito da parte dispositiva é supérflua, nos termos do § 311 II 2, nos casos em que a parte dispositiva da sentença resulta clara do decurso do processo. A pronúncia dos fundamentos (pela leitura em voz alta ou pela comunicação oral) depende do critério do tribunal, § 311 III (diversamente, ArbGG § 60 II). A parte dispositiva tem sempre de ser pronunciada publicamente mesmo quando a publicidade da audiência foi afastada, GVG § 173. As partes não têm de estar presentes no momento da pronúncia, § 312 I (para a pronúncia na ausência das partes, vd. § 311 IV 2). A publicação e a parte dispositiva da sentença têm de constar da acta, § 160 III nº 6, 7).

b) *As sentenças que* sejam pronunciadas *conforme o § 128 II ou III sem audiência de julgamento*, são também publicadas. As sentenças sobre confissão ou à revelia, pronunciadas por escrito no processo preliminar, não têm de ser pronunciadas, mas sim notificadas oficiosamente (§§ 310 III, 307 II, 331 III); a sentença tem existência após a notificação à última das partes (BGH NJW 94, 3360), só então é inalterável nos termos do § 318 (doutro parecer, BGHZ 32, 375 face ao § 310 na anterior redacção) e começa a correr o prazo para o recurso ou reclamação (BGH NJW 94, 3360).

c) A *troca das duas formas de comunicação* – publicação, em vez de notificação oficiosa da sentença nos termos do § 310 III, notificação oficiosa da sentença, em vez da publicação, nos termos do § 310 I, II – é inócua, dá origem a uma sentença eficaz (vd. BGH, NJW 85, 1783). A notificação oficiosa da parte dispositiva da sentença não basta, só por si, a "sentença" é uma sentença inexistente (OLG Frankfurt/ /M. FamRZ 78, 430, vd. infra § 60 II).

3. O tribunal está vinculado às sentenças finais e interlocutórias proferidas por si, **§ 318** (vd. infra § 61 I). Isto significa duas coisas diversas. Por uma, o tribunal deve tomar por base da sentença final as decisões proferidas no processo (sendo, por ex., afirmada a admissibilidade da acção por sentença interlocutória, § 280 II 1, isso é vinculativo para a decisão de fundo): **efeito vinculativo positivo**; por outra, ele já não pode modificar ou anular a sentença, tão pouco se reconhece a sua incorrecção, nem sequer por acordo de ambas as partes: **efeito vinculativo negativo**. O efeito vinculativo do § 318, produz-se com a pronúncia da sentença (confira supra 2). Por isso, o efeito

vinculativo positivo não pode já ser confundido com o caso julgado material que pressupõe a inimpugnabilidade (caso julgado formal) da sentença (vd. infra 4 e § 61 III).

4. Para outros efeitos é precisa ainda a **notificação da sentença** às partes (excepto no caso do § 310 III: § 317 I 2). Em princípio, a notificação realiza-se **oficiosamente** (§ 317 I 1com o § 270 I; excepções no § 699 IV 2, 3 para o mandado de execução e no § 750 I 2 para a execução). As partes podem requerer que a notificação oficiosa seja protelada até cinco meses após a publicação, § 317 I 3 (portanto, não se aplica às sentenças nos termos dos §§ 307 II, 331 III).

Com isto deve ser facilitado o julgamento de concordatas, livre da pressão dos recursos, porque com a notificação, começa a correr o prazo do recurso – demasiado curto nos julgamentos de concordatas (§§ 516, 552). Contudo, a disposição permanente mantém-se só no papel para uma multiplicidade de casos, porque antes da notificação da sentença, os fundamentos da decisão são desconhecidos das partes e, por isso, os julgamentos das concordatas não são significativos.

A notificação oficiosa da sentença põe a correr o prazo do recurso, cujo decurso produz o caso julgado formal. Este é pressuposto do caso julgado material e, em regra, do efeito constitutivo e da exequibilidade definitiva da sentença. Tem de ser notificada a sentença redigida na sua forma integral, §§ 516, 552.

Publicada a sentença à revelia, apenas se notifica a parte vencida, § 317 I 1; pois apenas ela pode apresentar a reclamação aprazada (§§ 338, 339).

Já antes da notificação, mas não antes da publicação (ou da notificação que a substitui, vd. supra 2 b), pode ser impugnada a sentença, § 312 II.

5. As decisões proferidas com base numa audiência de julgamento têm igualmente de ser publicadas (§ 329 I). As decisões proferidas sem audiência de julgamento, são comunicadas informalmente; têm de ser notificadas oficiosamente se contêm uma designação de data, ou põem a correr um prazo, §§ 329 II, 270 I. As decisões, mesmo publicadas, têm sempre de ser notificadas oficiosamente se contêm um título executivo ou estão sujeitas a agravo imediato ou a reclamação dentro de certo prazo (§ 577 IV, RPflG § 11 I 2), §§ 329 III, 270 I.

As decisões só se tornam "eficazes" com a publicação ou a última notificação. Contudo, as decisões não publicadas já "existem" antes da notificação, com a primeira publicação pela secretaria (por ex., pela entrega nos correios); desde aí são recorríveis.

II. A forma e o conteúdo da sentença são prescritos legalmente. Consequentemente, a sentença estrutura-se como segue:

1. O **cabeçalho** indica o titular da soberania jurisdicional. Reza: "em nome do povo" (§ 311 I, GG art. 20 II).

2. O **preâmbulo** (ou rubro, porque antigamente era escrito com tinta vermelha) indica as partes e os seus representantes (em regra, mas não obrigatório, com a profissão, local de nascimento, posição como parte, vd. VwGO § 117 II n.º 1), identifica o tribunal bem como os juizes que participaram na sentença e designa o dia em que se encerrou a audiência de julgamento: § 313 I n.º 1-3.

3. A **parte dispositiva da sentença** contém a decisão da acção (por ex., "o réu é condenado a pagar ao autor 2.000 DM" ou "a acção é julgada improcedente"), sobre as custas do processo (§§ 91 e segs.) e a exequibilidade provisória (§§ 708 e segs.): § 313 I n.º 4. Numerosos exemplos em *Womelsdorf*, JuS 83, 855 e segs.

4. A **exposição** indica as pretensões formuladas bem como os pedidos apresentados e refere os meios de ataque e de defesa alegados para isso, e novamente se restringe ao essencial: § 313 I n.º 5, II.

A exposição *deve* conter estes dados porque ela é possível, por ex., sem o conhecimento dos pedidos apresentados e pretensões formuladas, inferir o alcance da decisão da própria sentença (por isso, é errado o "tem que" no § 313 II 1.

Para poupança do trabalho de escrita tem de (não apenas: pode) ser feita referência aos autos por virtude das particularidades do estado do processo e do litígio, § 313 II 2. É assim evitável o trabalho de escrita supérfluo (digno de leitura: *Balzer*, NJW 95, 2448 e segs.). Mas as sentenças demasiado curtas não são inofensivas. Em processos complicados mal deixam conhecer se o tribunal entendeu realmente as alegações das partes (aí pode verificar-se uma infracção à GG, art. 103 I, vd. supra § 29 II). Os leigos não podem compreender de todo tais "sentenças curtas", sem o conhecimento do processo. Isso reconheceu também o legislador – parcialmente – e por isso a referência nos acórdãos de apelação contra que seja admissível a revista, limita, § 543 II (para isto, *Schwöbbermeyer*, NJW 90, 1451 e segs.).

A exposição fornece prova para as alegações das partes, § 314 (importante para a instância de revista, § 561, vd. BGH RR 90, 1269 e infra § 74 VII 1).

Normalmente, a **exposição organiza-se** assim: alegações de parte não contestadas, alegações impugnadas do autor, conclusões do autor e do réu, alegações impugnadas do réu, princípios, decisões e audições de prova. O tribunal pode não se limitar, neste caso, às alegações que efectivamente lhe são apresentadas; pois a instância superior pode fazer triunfar outra concepção jurídica e por isso tornarem-se relevantes alegações que anteriormente eram insignificantes.

5. Os **fundamentos da decisão** contêm um curto resumo dos considerandos em que assenta a decisão nos aspectos de facto e de direito, § 313 I n.º 6, III.

Isto é equívoco. Considera-se uma curta exposição dos próprios considerandos que foram determinantes para o tribunal. Portanto, não é, por ex., apenas comunicar "resumidamente", que o depoimento da testemunha Z não foi credível, mas antes também e, sobretudo, porque o foi. Isto pede (também) o § 286 I 2; instrutivo, BGH LM n.º 4 face ao § 286 (D). Para as exigências da GG, art. 103 I, vd. supra § 29 II.

6. A **assinatura dos juizes** que participaram na decisão, § 315 I, mesmo os que foram vencidos.

A este propósito tem de se observar o seguinte. Na publicação deve ser apresentada (vd. supra I 2 a) realmente por escrito a parte dispositiva da sentença (argumento, § 311 II 1: "leitura em voz alta"); mas ela não é assinada. Com a sua publicação a sentença torna-se, como tal, existente. A sentença geralmente só mais tarde redigida, por escrito (vd. § 315 II) – para além da parte dispositiva publicada – é rascunho de sentença até que seja assinada por todos os juizes (§ 315 I; BGH NJW 98, 609 e seg.).

7. *A lei permite sentenças resumidas.*

A exposição e os fundamentos da decisão são dispensáveis nas sentenças de condenação à revelia, sobre confissão ou na sequência da desistência do autor (§ 313 b I; outras facilicitações no § 313 b II). Noutras sentenças a exposição é dispensável se o recurso está indubitavelmente excluído; também podem não ser apresentados os fundamentos da decisão se as partes suplementarmente desistirem deles, o mais tardar, no segundo dia após o encerramento da audiência de julgamento (§ 313 a I, com excepção em II). No processo simplificado (vd. infra § 69 II 5) é admissível também uma sentença resumida, por virtude do baixo valor do processo (§ 495 a II).

8. O funcionário da secretaria tem de anotar na sentença o dia da sua publicação, nas sentenças não publicadas do § 310 III, o dia da última notificação, § 315 III.

9. As *infracções ao § 313* não tornam a sentença ineficaz, mas sim – quando se exclua a rectificação nos termos do § 319 – apenas impugnável por recursos

como, por ex., na total falta de exposição ou fundamentos (quando a falta não seja legalmente admissível, vd. supra 7).

III. São possíveis **modificações e complementos da sentença** – sem interposição de recurso ou reclamação – em três graus:

1. Os erros de escrita e de contas, bem como outras *incorrecções evidentes* podem ser rectificados oficiosamente (obviamente também por proposta das partes) a todo o tempo – mesmo após a efectivação do caso julgado – § 319. Isto pode levar, numa hipótese extrema, à inversão da parte dispositiva da sentença: a condenação torna-se absolvição do pedido, ou o inverso (exemplo em BGH 90, 893). Ocorre uma incorrecção se a vontade e a declaração são despedaçadas, não contudo no erro apenas na formação da vontade (BGHZ 106, 373; a distinção pode ser difícil). A incorrecção é evidente se resulta do conjunto da própria sentença ou, pelo menos, das circunstâncias da sua pronúncia do conhecimento de todos os circunstantes (BGHZ 106, 373). É rectificada por despacho a proferida sem audiência de julgamento; antes da sua pronúncia, tem de ser garantido às partes o direito a serem ouvidas, quando a rectificação não respeita à pura forma, como no erro de escrita (BVerfGE 34, 7 e seg.). A rectificação retroage ao momento da pronúncia da sentença (BGH NJW 93, 1400). Contra o despacho de rectificação é admissível agravo imediato (não contra o acórdão dum LG enquanto tribunal de segunda instância ou dum OLG, § 567 III, IV); contra o indeferimento do pedido de rectificação por fundamentos materiais, não há recurso (§ 319 III; correcto, OLG Brandenburg RR, 1563 e seg.). Não havendo os requisitos do § 319 é duvidoso se o despacho de rectificação é válido (sim: MK-ZPO § 319, 18; não: BGH RR 93, 700; em princípio, sim: BGHZ 127, 76 e segs.).

2. As *incorrecções da exposição*, especialmente omissões, por ex., de pedidos, alegações de facto, princípios de prova, são rectificadas por despacho, após a audiência de julgamento, a requerimento duma das partes; o despacho é sempre (também na recusa) inimpugnável, § 320. Esta possibilidade é de significado relevante, porque limita novas alegações de facto na instância de apelação, está excluída na instância de revista, por isso pode ser decisiva para a sua consideração que já na instância inferior haja sido alegada e resulte da exposição da sentença (vd. BGH NJW 89, 2754). A parte pode pedir que também essas alegações, que ao tribunal pareçam irrelevantes pela sua concepção jurídica, sejam recebidas na exposição (vd. supra II 4 no final).

3. A *parte dispositiva da sentença* pode ser *completada* sob requerimento após a audiência de julgamento, por sentença complementar, se não resolveu todos os pedidos das partes, omitiu um pedido principal ou acessório (por ex., de juros) ou a matéria das custas, § 321. A omissão significa apenas uma negligência da decisão, por lapso, constitui uma lacuna da decisão (BGH RR 96, 1238). A recusa consciente da decisão só é impugnável por recurso. O complemento é importante a

maior parte das vezes em relação a omissões na exposição, se aí, por ex., falta um pedido da parte e, por isso, também se omite na parte dispositiva. Então, o complemento tem de ser requerido quer na exposição, quer na parte dispositiva (para isso BGH NJW 82, 1821 e seg.). A sentença complementar é autónoma, impugnável segundo os princípios gerais (BGH NJW 80, 840). Para a delimitação do § 319, vd. BGH JZ 64, 591.

§ 59. Espécies de sentenças

Kisch, Beiträge zur Urteilslehre, 1903.

I. Tem de distinguir-se entre **sentenças de fundo e sentenças de forma**, conforme o seu objecto. As primeiras declaram a acção procedente ou improcedente. As últimas decidem apenas sobre questões processuais; pertence aqui, antes de mais, a absolvição da instância (vd. supra § 33 V 4, VI), e ainda a revogação e a devolução pelo tribunal de recurso (§§ 539, 565 I, 575).

II. Conforme a espécie de audiência de julgamento precedente, distingue-se a **sentença contraditória** (litigiosa) da **sentença à revelia**, consoante no julgamento participaram ambas as partes, ou apenas uma delas. Só a sentença pronunciada com fundamento na revelia é uma sentença à revelia (controverso), por conseguinte nunca uma absolvição da instância; pois esta é pronunciada porque falta um pressuposto processual ou foi excepcionado um impedimento processual (vd. infra § 66 III).

III. Conforme a espécie de concessão da protecção jurídica, distinguem-se as **sentenças de condenação, declarativas** e **constitutivas**. São todas elas sentenças de fundo. É de notar que as sentenças que julgam improcedente a acção de condenação ou constitutiva são sentenças declarativas.

IV. Consoante o objecto da decisão dividem-se as **sentenças** em **finais** e **interlocutórias**. A sentença final faz cessar a instância no processo ou, enfim, quando não são admissíveis nem o recurso, nem a reclamação. Também se inclui aqui a sentença à revelia, tal como a absolvição da instância. Dentro das sentenças finais distingue-se entre as sentenças finais integrais e parciais (vd. infra VI). A sentença interlocutória resolve apenas uma questão prévia de natureza processual, não respeita, portanto, ao próprio objecto do processo, nem mesmo parcialmente (excepção no § 304, vd. infra V); apenas regula o andamento do processo e nunca o faz cessar. Porém, a sentença interlocutória vincula o tribunal (§ 318) e é impugnável, na maior parte dos casos só em conjunto com a sentença final (§§ 512, 548), excepcionalmente com autonomia (por ex., nos termos dos §§ 280, 304), sendo por vezes inimpugnável (por ex., nos termos do § 268).

As sentenças interlocutórias decidem:

1. Sobre um *incidente processual entre as partes*, ou seja, uma questão que apenas respeita à marcha do processo, portanto questão processual. *Exemplos*: admissão da modificação da acção ou cumulação de acções, validade duma transacção judicial, prosseguimento do processo após a morte duma das partes (§ 239, vd. infra § 80 III). Essas sentenças interlocutórias dependem do critério do tribunal (§ 303), podem ser decididas apenas na sentença final. As sentenças interlocutórias vinculam o tribunal (§ 318), contudo apenas – quando forem enfim (vd., por ex., § 268) – impugnáveis em conjunto com a sentença final;

2. sobre um *incidente processual entre uma das partes e terceiro*, por ex., sobre a admissão do assistente (§ 71, vd. infra § 83 III) ou sobre o direito de recusar um depoimento (§ 387, vd. supra § 53 II 3 d).

A sentença interlocutória é pronunciada após a audiência de julgamento. É impugnável por agravo imediato, de modo que na segunda instância – ao contrário da primeira – não é necessária qualquer audiência de julgamento (§ 573 I). Uma impugnação dependente da sentença final, em conjunto, seria destituída de sentido.

3. sobre a *admissibilidade da acção*, na medida em que a admissibilidade seja reconhecida. A sentença interlocutória é impugnável autonomamente, mesmo quando não seja pronunciada após audiência própria, § 280 II 1(vd. supra § 33 VII 2). Sendo negada a admissibilidade, produz-se a absolvição da instância por sentença final. Vd. supra § 33 VII 2, também § 4 II (para a admissibilidade da via judicial);

4. *previamente sobre o fundamento do pedido*. Esta sentença interlocutória ocupa uma posição especial; é a única cujo objecto é parte da questão principal (vd. infra V).

V. A decisão prejudicial sobre o fundamento do pedido, § 304

O **pedido de pagamento duma quantia em dinheiro** pode ser **contestado** simultaneamente **quanto ao fundamento e à quantia**. Isto é frequente no caso de pedidos de quantias por facto ilícito, e de enriquecimento sem causa (*exemplo*: o réu duma acção de indemnização contesta, não só a sua culpa, portanto o fundamento do pedido, mas também o montante do suposto dano ocorrido, portanto a quantia). Aqui e em casos semelhantes (por ex., nos pedidos de condenação noutras coisas fungíveis, BGH NJW 91, 1896) é conveniente que o tribunal só se ocupe com o montante do pedido quando esteja convencido da existência do "fundamento". Concluindo o julgamento e a produção da prova sobre o fundamento do pedido que o mesmo tem de ser negado, a acção tem de ser julgada improcedente. Sendo o pedido confirmado pelo seu fundamento, pode (não: deve) ser pronunciada uma sentença especial (interlocutória), a chamada sentença prejudicial sobre o fundamento do pedido. Com a sua pronúncia desencadeia-se um efeito vinculativo dentro do processo, conforme o § 318 (vd. infra § 61 I). A sentença sobre o fundamento do pedido fragmenta o processo com vista à questão de fundo em duas fases separadas (pormenores em *E. Schneider*, MDR 78, 705 e segs., 793 e segs.).

A sentença sobre o fundamento do pedido é *impugnável autonomamente* como uma sentença final (§ 304 II; não no processo laboral, ArbGG § 61 III). Assim, pode fazer caso julgado formal. Falta-lhe o caso julgado material, pois, como sentença interlocutória, apenas decide sobre o fundamento e não em globo (isto é, também quanto ao montante) sobre o "pedido formulado" no sentido do § 322 I; antes resulta já da sua pronúncia um efeito vinculativo interno no processo, nos termos do § 318 (vd. infra § 61 I), que tem de ser respeitado no processo de quantia (processo de recurso incluído, vd. §§ 512, 548 com o § 304 II: BGH RR 87, 1278). Está excluída a execução da sentença sobre o fundamento do pedido, pois apenas contém uma declaração ("o fundamento legitima a acção"). No processo de quantia o tribunal intervém normalmente apenas se a sentença sobre o fundamento do pedido transitou; a audiência para prossecução do processo é marcada oficiosamente (BGH NJW 79, 2307 e seg.). O tribunal pode, sob requerimento, marcar logo audiência preliminar, § 304 II (para a problemática, *Schiedermair*, JuS 61, 212 e segs.; vd. ainda supra § 33 VII 2 para a situação análoga no § 280 II). No processo posterior a causa prossegue, de modo que os actos das partes na primeira fase do processo, por ex., confissões, permaneçam válidos.

A *separação da matéria do julgamento em fundamento e quantia* nem sempre é simples (para isso, *Schilken* ZZP 95, 45 e segs.). Ela deve, enfim, ser possível (BGH NJW 91, 1896) e tem de ser feita sob uma perspectiva de condução do processo mais prática (BGH RR, 1019). Ao fundamento pertence, em qualquer caso, a determinação de existir o direito exercido ("somente") com a maior verosimilhança num qualquer montante (BGHZ 126, 219), razão por que pode provar-se no processo da quantia a inexistência do direito, por ex., por falta do dano (para as consequências, vd. infra). Os vários fundamentos do direito (por ex., contrato, delito) devem ser provados, todos eles, caso não bastem já indubitavelmente para o montante de todo o crédito da acção (BGHZ 72, 36). Ao fundamento pertencem ainda, por ex., as questões do nexo causal e da culpa; mas também a culpa concorrente e a compensação devem ser esclarecidas, tal como todas as outras excepções que se opõem à existência do direito (podem, contudo, reservar-se para o processo posterior, BGH FamRZ 88, 37; isto aplica-se à co-responsabilidade e compensação apenas se levarem sem dúvida só à redução, não ao afastamento do direito, vd. BGH NJW 94, 3297). No processo posterior sobre a quantia têm de ser discutidas, por ex., as concretas parcelas do dano, a questão dos lucros cessantes, etc. A improcedência da acção é ainda possível apesar do § 318, mas somente se se provar que, enfim, não houve dano (BGH BB 69, 597; BSG NJW 91, 380), falte um pressuposto ou haja fundamento de restituição, contra a sentença sobre o fundamento (tem de ser levantado no processo da quantia, BGH JZ 63, 450).

VI. Ainda tem de distinguir-se entre **sentença global e sentença parcial**. Ambas são **sentenças finais**, pois resolvem o objecto do litígio: a sentença global (não é expressão do ZPO) em toda a extensão, a sentença parcial somente em parte, vd. supra IV.

A **sentença global** tem de ser pronunciada quando o processo está todo instruído, portanto a matéria de facto de tal modo esclarecida que a decisão final pode ser pronunciada, § 300. Nem sempre todas as alegações das partes têm de ser objecto de prova. Por ex., a existência da pretensão substantiva, quando assente, não depende mais da invocação da excepção de prescrição e, caso isso acontecesse, estaria prescrita.

A **sentença parcial** apenas pode ser pronunciada sob determinados pressupostos especiais de admissibilidade (para isso, *de Lousanof*, Zur Zulässigkeit des Teilurteils gem. § 301 ZPO, 1979; *Musielak*, FS G. Lücke, 1997, pág. 561 e segs.).

1. Há *instrução para decisão final* somente *para uma parte* da matéria do processo (§ 301), o que pressupõe a sua divisibilidade. É o caso, se uma parte do pedido na acção é susceptível de julgamento separado (vd. BGH RR 89, 1149 e seg.), por ex., está já provado dum dano total de 10.000 DM um montante parcelar de 7.800 DM; além disso, se de vários pedidos processuais um está instruído, por ex., são demandados dois empréstimos e sobre um deles já há clarificação (positiva ou negativa); finalmente, se apenas a acção ou a reconvenção se acham instruídas.

Legitimando-se numa cumulação objectiva de acções (apenas) uma pretensão conforme o seu fundamento, pode ser proferida uma sentença parcial sobre o fundamento do pedido, pressuposto que a questão (prévia) aqui decidida não se coloque também para as pretensões ainda não decididas (BGH RR 92, 1053; exemplo em BGHZ 108, 259 e seg.). Num objecto do litígio unitário cindível (vd. supra V) com apenas uma parte instruída para decisão, deve ser proferida quanto à restante uma sentença parcial sobre o fundamento do pedido (BGH NJW 97, 2185). Estas sentenças sobre o fundamento do pedido são certamente sentenças parciais, mas não sentenças finais.

2. Segundo a opinião dominante (BGH NJW 97, 3448), é outro pressuposto especial de admissibilidade (além da instrução para decisão e cindibilidade, vd. supra 1), que a sentença parcial não possa tocar pela decisão (ou decisões) sobre o restante. Mas este pressuposto é já reconhecido se houver instrução para decisão e cindibilidade (*Musielak*, loc. cit., pág. 563 e segs.). De harmonia com isto, não é admissível a sentença parcial sobre um de vários fundamentos da acção (por ex., contrato ou acto ilícito) ou sobre um de vários meios de defesa (apesar da falta de fundamento do pedido contratual por impugnação, a acção pode já, no seu todo, obter êxito, por ex., pelo enriquecimento sem causa).

À primeira sentença parcial seguem-se uma ou várias sentenças parciais, a última designa-se sentença definitiva.

Verificados os pressupostos, a sentença parcial tem de ser pronunciada (§ 301 I). Isso pode ser constatado pelo tribunal segundo o seu critério (§ 301 II), porque, por ex., a sentença global pode ser proferida em breve.

A importância da sentença parcial para o processo está em não ser possível sobre a parte resolvida do objecto do litígio qualquer julgamento mais. A matéria do litígio foi resolvida e o processo fragmenta-se em fases demarcadas. O tribunal tem de basear o processo ulterior e a sentença a proferir mais tarde no efeito jurídico declarado na sentença parcial (§ 318; vd. infra § 61 I).

A sentença parcial é uma sentença final (contudo, vd. supra 1 no final) e por isso *impugnável autonomamente*, também exequível e capaz de produzir caso julgado material.

A admissibilidade do recurso tem de ser verificada separadamente para cada sentença parcial. Isto aplica-se também ao montante da apelação (§ 511 a) e ao valor da sucumbência (§§ 546, 554 b). BGH NJW 96, 3216. Daí resulta a possibilidade de, pela fragmentação da decisão por sentenças parciais, o montante da apelação ou o valor da sucumbência não serem atingidos e, com isso, ser inadmissível o recurso (por ex., são demandados 3.000 DM, uma sentença parcial é proferida sobre 1.500 DM, com o que se exclui a apelação para o processo no seu todo). A opinião dominante (vd. BGH NJW 96, 3216 e seg.) considera, apesar disso, admissível a sentença parcial. Mas em tais casos, prescindir de sentenças parciais não fica ao critério do tribunal (assim, § 302 II), antes deve a sua pronúncia ser justificada concretamente ("proibição de arbitrariedade", GG art. 3 I; BGH NJW 98, 687). Isto corresponde ao caso paralelo da separação não sujeita por si a apreciação, nos termos do § 145, que – se levasse à inadmissibilidade do recurso – teria de ser prescindida (BVerfG NJW 97, 649 e seg.; ainda BGH NJW 95, 3120); isto aplica-se nomeadamente na cumulação objectiva de acções em que a separação antes de instruída para decisão pode levar a situação idêntica à pronúncia de sentenças parciais depois dessa instrução (vd. infra § 77 V).

VII. Uma última espécie de sentenças é a **sentença condicional ou provisória**. Ela admite o efeito jurídico alegado pelo autor, contudo reserva especificamente ao réu certos meios de defesa, sobre que se tem de debater e decidir no processo definitivo. Por isso, a sentença condicional não é ainda definitiva; depende da ocorrência do processo definitivo se ela se mantém ou é revogada.

É autonomamente impugnável e é exequível, apesar do seu carácter condicional (BGHZ 69, 272). No processo definitivo vincula o tribunal nos limites do § 318 (para isso BGH MDR 69, 34). Contra isso dispensa-se o caso julgado material, pois por virtude da reserva, não é uma decisão definitiva sobre o pedido formulado nos termos do § 322 I.

Acha-se em dois casos:

1. na condenação do réu sob reserva de decisão sobre a compensação, § 302 (vd. supra § 45 V);

2. na condenação no processo sobre títulos ou letras sob reserva do processo comum, § 599 (vd. infra § 89 III B).

§ 60. Vícios da sentença

Jauernig, Das fehlerhafte Zivilurteil, 1958.

I. A sentença pode apresentar vícios. Podem ser de tal modo que a sentença não tem qualquer existência na acepção jurídica, mas apenas como aparência disso (sentença inexistente, sentença aparente), ou que, apesar de existir uma sentença, faltam-lhe contudo todos ou alguns efeitos (sentença sem eficácia ou de eficácia diminuída). Todavia, em regra, a sentença que contenha vícios é válida, mas impugnável por recurso indiferentemente de se formar com incorrecções ou deficiências no seu conteúdo, portanto afectada de vícios materiais ou processuais.

II. Na **sentença inexistente** faltam os requisitos duma sentença: não há decisão dum tribunal. A "decisão" falta anteriormente à pronúncia da sentença, portanto antes de ser publicada ou – no caso do § 307 II, 331 III (*exemplo*: OLG Brandenburg RR 96, 766 e seg.) – antes de ambas as partes terem sido notificadas, § 310; a "sentença" é, no processo, ainda um mero rascunho de sentença (outro exemplo, vd. supra § 581 2 c). Sendo passada uma cópia da sentença inexistente e assim provocada a aparência duma sentença existente, é admissível o recurso, que seria dado contra uma sentença válida com o mesmo teor (OLG Frankfurt/M. RR 95, 511 e seg.; doutro parecer, BGH NJW 95, 404). O outro caso duma sentença inexistente, dá-se quando não foi decidida por qualquer "tribunal", mas sim, por ex., por uma autoridade administrativa. A irregular composição do tribunal não transforma o tribunal num tribunal inexistente (*Jauernig*, DtZ 93, 173 e seg. contra BezG Leipzig DtZ 93, 27).

III. Tem de distinguir-se da sentença inexistente a igualmente rara **sentença ineficaz**. Aqui trata-se, em todo o caso, da sentença existente dum tribunal, mas evidencia-se, por virtude de graves deficiências, não haver quaisquer efeitos. Faz parte disto a sentença contra pessoa não sujeita à jurisdição alemã, na medida em que o tribunal não reparou na imunidade (vd. supra § 6 I 2 a); além disso, a sentença fora dum processo, por ex., após a desistência da acção (mas não a pronunciada durante a suspensão do processo) ou após a extinção da instância (BayObLG BB 78, 1092; vd. ainda BGH NJW 84, 55); a sentença contra parte que não existe ou que deixou de existir; a sentença que dissolve o casamento (já) não existente (*exemplo*: OLG Oldenburg NdsRpfl 84, 213). Segundo a opinião dominante (BGHZ 124, 170) é ainda ineficaz a sentença que declare efeitos jurídicos desconhecidos ao direito aplicável, portanto que seja, em geral (abstractamente) juridicamente impossível, ao contrário da condenação numa prestação que só no caso concreto é impossível. A opinião dominante conduz a consequências curiosas. Assim, a sentença alemã de separação de pessoas e bens deve ser ineficaz mesmo quanto a estrangeiros, porque o efeito jurídico pronunciado é "legalmente inadmissível" (*Baumbach*, 29.ª Ed., 3 D face ao § 300). Era inadmissível com base na jurisprudência de décadas do RG (vd. RGZ 167, 193 e segs.). O BGH abandonou esta jurisprudência (BGHZ 47, 324 e segs.), e por isso (!) estas sentenças "não fazem mais parte disto" (*Baumbach*, 16, sobre o § 300), portanto: "eficácia por força da alteração da jurisprudência"! A opinião dominante tem de ser rejeitada, porque apenas o próprio tribunal determina que efeitos jurídicos "conhece" o direito aplicável (*Jauernig*, loc. cit., pág. 179 e segs.; do mesmo modo, em princípio, StJ perante o § 578). É ineficaz, todavia, a sentença cuja decisão transitada infrinja a lei ou os bons costumes.

A sentença ineficaz não produz qualquer caso julgado material, exequibilidade (exemplo: OLG Koblenz MDR 79, 587 e seg.), efeito constitutivo. Frequentemente, o vício atinge apenas parte dos efeitos de sentença (**sentença de efeitos mitigados**), por ex., se fica em suspenso se for julgada improcedente por falta do crédito da acção ou por compensação (a sentença é exequível noutro sentido, vd. *Zwangsvollstreckungs und Insolvenzrecht* § 1 IX, no entanto, torna-se apenas transitada materialmente com limites, vd. supra § 45 II 1). As sentenças ineficazes ou de efeitos mitigados não são simplesmente de não atender (o tribunal não as pode revogar, § 318; extinguem a instância e tornam-se formalmente transitadas), mas antes impugnáveis com recursos e acção de revisão, conforme as disposições gerais.

IV. Pelo contrário, não produzem a sua ineficácia, de maneira alguma, os vícios processuais, mesmo da espécie mais grave, e a incorrecção material. A sentença é, sem dúvida, irregular, mas válida (e só impugnável pelas regras gerais); pois o ZPO permite a revisão do processo "apenas" numa série dos mais graves vícios da sentença, partindo, portanto, da validade das sentenças irregulares.

§ 61. Os efeitos da sentença

I. O tribunal fica vinculado à sua própria sentença (**eficácia vinculativa dentro do processo**), § 318. Isto significa duas coisas distintas (vd. supra § 58 I 3):

O tribunal não pode alterar nem revogar a sua sentença, mesmo se reconheceu a sua incorrecção (*eficácia vinculativa negativa*: excepções nos §§ 319, 320, vd. supra § 58 III). Isto aplica-se mesmo na ofensa do direito a ser ouvido (vd. supra § 29 III). Numa sentença parcial ou sobre o fundo, posteriormente pronunciada, o tribunal tem de basear-se sobre os efeitos jurídicos estabelecidos numa sentença parcial ou interlocutória, por ex., se numa sentença prejudicial sobre o fundamento do pedido (§ 304) pronuncia a condenação no montante (*eficácia vinculativa positiva*; limitada pela verificação dum fundamento de revisão, vd. supra § 59 V, no final, além de BGHZ 102, 236).

As decisões, mesmo do BGH, falam muitas vezes do "caso julgado material", mas querem dizer a eficácia vinculativa positiva (por ex., BGHZ 82, 304; correcto, BGH RR 87, 1197). Isto é duvidoso, pois da sua pronúncia apenas resulta o caso julgado formal da sentença (vd. infra III).

II. Toda a sentença produz **caso julgado formal**. Então, não pode ser impugnada nem por recursos nem por reclamação. A inatacabilidade é necessária na prática porque, de outro modo, a existência da sentença ficaria suspensa e o processo não chegava nunca ao fim.

As *decisões* tornam-se, então, formalmente transitadas quando são, quer inimpugnáveis, quer quando podem ser impugnadas autonomamente, mas o prazo de recurso já decorreu.

O caso julgado produz-se **com a pronúncia da sentença** (vd. supra § 58 I 2), se não for admissível recurso ou – nas sentenças à revelia – reclamação (por ex., é inadmissível recurso das sentenças de apelação do LG; contudo, é de considerar que é admissível a revista das sentenças de apelação do OLG, mesmo que o valor da sucumbência não exceda 60.000 DM ou a revista não seja admitida, indiferentemente, quer se trate de litígios de direitos patrimoniais ou não patrimoniais [BGHZ 109, 212 e segs.]). Sendo admissível o recurso ou a reclamação, a sentença forma caso julgado formal **após o decurso do prazo de recurso ou da reclamação**, ou quando ambas as partes **renunciarem** ao recurso (reclamação) (§§ 705, 514, 566, 346).

As decisões que formam caso julgado formal só podem ser impugnadas após a reposição no estado anterior (§§ 233 e segs.; vd. supra § 31) ou por acção de revisão (vd. infra § 76).

III. O caso julgado formal é pressuposto do **caso julgado material**, em regra também do **efeito constitutivo** (por ex., o divórcio dum casal, BGB § 1564), e da **exequibilidade** se a sentença não for já provisoriamente exequível (§ 704 I).

IV. À existência duma sentença estão ligados diversas vezes efeitos especiais sobretudo no direito civil. A sentença é elemento constitutivo duma norma que prescreve consequências jurídicas de direito privado ("efeitos secundários de direito privado") ou consequências jurídicas processuais ("efeitos secundários processuais"; *Gaul*, FS Zeuner, 1994, pág. 317 e segs.). Fala-se, por isso, de **"efeito constitutivo ou reflexo"** da sentença. Este não se compreende no pedido da acção, portanto, não é objecto do julgamento e da decisão, não é estabelecido nem prescrito nesta, antes se produz automaticamente, com base nas determinações legais, independentemente da vontade das partes ou do tribunal.

Exemplos da constituição de direitos oferecem os §§ 302 IV, 717 II (direito à indemnização de danos em consequência duma sentença de improcedência), BGB § 283; para a alteração, BGB § 218; para a revogação, BGB § 864 II.

§ 62. O caso julgado material

Böttcher, Kritische Beiträge zur Lehre von der materiellen Rechtskraft im Zivilprozess, 1930; *Braun*, Rechtskraft und Restitution, 2.ª Parte: Die Grundlagen des geltenden Restitutionsrechts, 1985; *Gaul*, Die Entwicklung der Rechtskraftlehre seit Savigny und der heutige Stand, FS Flume, 1978, Tomo I, pág. 443; *Gaul*, Rechtskraft und Verwirkung, FS Henckel, 1995 pág. 235; *Habscheid*, Rechtsvergleichende Bemerkungen zum Problem der materiellen Rechtskraft des Zivilurteils, FS Fragistas, 1967; *Hellwig*, Wesen und subjektive Begrenzung der Rechtskraft, 1901; *Lent*, Die Gesetzeskonkurrenz im bürgerlichen Recht und Zivilprozess, Tomo II, 1916; *Otto*, Die Präklusion, 1970; *Pagenstecher*, Zur Lehre von der materiellen Rechtskraft, 1905; *Pohle*, Über die Rechtskraft im Zivil- und Strafprozess, JBl. 57, 113.

I. Finalidade. A proibição de revogação e o caso julgado formal têm por efeito que a sentença, nos termos da sua existência externa, não pode mais ser revogada, quer pelo tribunal que a proferiu, quer pelo tribunal de recurso. Contudo, não basta a força constitutiva externa da sentença para fazer cessar definitivamente o litígio das partes. A sentença podia ser inobservada num segundo processo que tivesse, directa ou indirectamente, a mesma matéria como objecto, com a consequência de que a mesma matéria poderia ser agora decidida de modo diferente do anterior. O êxito no processo anterior seria absurdo, o litígio não chegaria nunca ao fim. Isso contraria a justiça e a segurança jurídica. Por isso, deve ser assegurada, junto da existência externa também a existência interna da decisão que faz cessar um processo, que garanta a constitucionalidade do processo (BVerfGE 73, 327 e seg.; jurisprudência constante). Para essa **finalidade** serve o **caso julgado material.**

Ele garante a existência interna (substancial) da decisão pela **identidade do objecto do litígio** no antigo e no novo processo (*exemplos*: o autor que improcedeu renova a acção; o réu vencido instaura uma acção para declarar a inexistência do crédito da parte contrária reconhecido com trânsito em julgado). Na prática, mais importante é a garantia da prioridade (**prejudicialidade**) da decisão transitada no novo processo (*exemplo*: foi declarada com trânsito entre K e B a propriedade de K sobre uma coisa determinada; num processo de indemnização posterior, por destruição da coisa por B, a propriedade de K não pode ser discutida.

II. Acordou-se na finalidade do caso julgado material. Todavia, é controverso por que via deve ser alcançada. Defrontam-se a teoria substantiva e a processual.

1. A **teoria substantiva** (principais representantes: *Kohler*, *Pagenstecher*, também *Pohle*) atribui ao caso julgado material um efeito de direito substantivo. O objecto da sentença e a situação jurídica de direito substantivo coincidem sempre, pois o caso julgado material faz surgir o direito estabelecido "em si" injustamente, expirar o direito negado "em si" injustamente. A sentença incorrecta "em si" tem, por isso, efeito cons-

titutivo ("res iudicata ius facit inter partes"). Ela revela em cada caso a situação jurídica existente. Isso tem de ser tomado em conta pelo **juiz** do novo processo por força da sua **vinculação ao direito substantivo** – assim se impõe a defesa do seu conteúdo – **mas também** as relações jurídicas substantivas das **partes** se determinam de acordo com a sentença transitada.

2. De acordo com a **teoria processual** dominante (instituída por *Stein* e *Hellwig*) a sentença deixa inalterada esta situação jurídica substantiva. Ela estabelece apenas uma dada situação jurídica. A essa **determinação transitada apenas** está **vinculado o juiz** dum processo futuro. As partes não são atingidas, fora dum processo, pelo caso julgado material, queiram elas, também na prática, "viver de acordo com a sentença".

3. A **teoria processual merece a preferência** pelos seguintes motivos.

a) A concepção substantiva não funciona na *declaração de todos os direitos absolutos*, como a propriedade ou o direito à sucessão (discordante, *Schwab*, ZZP 77, 132 e segs.). Aqui o direito estabelecido pode não ser alcançado pelo sentença incorrecta, pois a força de caso julgado produz efeitos entre as partes não, como é da natureza dos direitos absolutos, face a quem quer que seja. A concepção processual abrange mesmo estes casos, sem dificuldade: o direito estabelecido não surge, apenas o juiz dum outro processo está vinculado à determinação.

b) O *caso julgado das sentenças de forma* não se pode fundamentar pela teoria substantiva, pois não se alcança uma eficácia jurídica material (doutro parecer, StJ § 322, 27; *Grunsky*, pág. 494). Somente a concepção processual pode responder afirmativamente; pois apresenta uma decisão processual sobre o pedido. O caso julgado das sentenças de forma põe-se, na prática, para que o tribunal não tenha de decidir novamente sobre a mesma questão processual na renovação da acção.

O caso julgado reduz-se à questão processual decidida (BGH NJW 85, 2535; BAG JZ 63, 559), por ex., à incompetência territorial do tribunal a que se recorre; pois doutro modo a causa não poderia ser renovada, mesmo perante o tribunal competente por força da inadmissibilidade geral (disto se dá conta BGH LM n.º 6 face ao § 511).

c) A concepção substantiva tem de fazer uma distinção profunda entre *sentenças correctas e incorrectas*. Estas têm eficácia jurídica constitutiva, aquelas não. Em princípio, contudo, o processo civil não está orientado para a constituição; também as partes não têm a percepção de que se alcance um novo direito, apenas querem a confirmação oficial da situação jurídica existente. A admissão da eficácia constitutiva da sentença incorrecta está em contradição com isso. Pelo contrário, a concepção processual concebe unitariamente o caso julgado da sentença "correcta" e "falsa".

d) Ponto de partida para a concepção substantiva é a sentença incorrecta.

Isto é, em princípio, erróneo, porque se trata dum caso excepcional na prática e na teoria, que não pode ser aproveitado para o esclarecimento da natureza da eficácia normal da sentença. Mesmo que à sentença incorrecta tenha de caber uma eficácia tão sólida como a da sentença correcta é, pelo menos, uma deselegância. A concepção processual não precisa de fazer qualquer distinção entre sentenças correctas e incorrectas e procede das correctas.

e) A teoria substantiva tem também de ser rejeitada, onde a sentença – encarada sumariamente – "constitui" ou "concretiza", por ex., se atribui a adequada indemnização por danos morais, se pronuncia sobre as consequências jurídicas da omissão da base negocial ou empreende a interpretação complementar do contrato. Em todos estes casos, conforme o conceito apenas se "declara " e não se produz somente uma certa situação processual (vd. ainda supra § 34 III B). Quem puser isto em questão, (como *E. Peters*, ZZP 102, 490 e seg.), é incapaz de distinguir entre acções de condenação, declarativas e constitutivas, bem como as respectivas sentenças; pois por todo o lado se acham elementos "constitutivos", se decide "autoritariamente" (por ex., que se celebrou um contrato, que o contrato era de compra, não de arrendamento, que a alegação se provou, etc.). A noção de o juiz, em geral, "constituir", leva por fim à tese: somente a sentença transitada faz dum "ius in thesi" um "ius in praxi" (como *Reichel*, FS Wach, 3.º Tomo, 1913, pág. 8) – um equívoco pleno de consequências da posição do juiz no Estado de Direito (para a problemática, ainda *Jauernig*, JuS 71, 330).

III. Sobre os **efeitos do caso julgado**, ou seja, sobre a questão de como o juiz dum processo posterior deva estar vinculado, existem diversas concepções dentro da teoria processual.

1. Sendo o **objecto do litígio** excepcionalmente **idêntico** no processo anterior e no posterior (vd. supra I), deve, num entendimento o mais lato possível, ser proibida ao tribunal apenas uma decisão divergente, portanto, permitida a concordante: **vinculação por proibição de divergência**. Em regra, contudo, não existe na acção posterior no interesse da protecção jurídica. Por isso (não por força de caso julgado) é julgada inadmissível.

Assim, *Blomeyer*, § 88 III 2; BGH NJW 57, 1111; BAG NJW 85, 3095.

Uma nova sentença, embora coincidente, não pode ser proferida sem nova audiência de julgamento. Contudo, não tem sentido, se o efeito foi já estabelecido antes. Por isso é inadmissível, por conseguinte, mesmo uma decisão repetida (**"ne bis in idem"**). Isto significa: **sendo idêntico** o objecto do litígio, o caso julgado material é um **pressuposto processual negativo**, que conduz à absolvição da instância.

Assim, *Bötticher*, loc. cit., pág. 128 e segs.; *Rosenberg*, § 151 III; StJ § 322, 199; BGH NJW 95, 2993; BAG NZA 87, 274; BVerfwGE 25, 9; indeciso, BSG NJW 61, 1501; BGH NJW 64, 1626.

Este parecer distingue-se do anteriormente mencionado, não pelo resultado (absolvição da instância) mas antes apenas pela fundamentação (existência duma decisão transitada em vez de falta de interesse na protecção jurídica).

Desaparecendo a sentença transitada, pode ser demandada a declaração do teor da sentença. O objecto do litígio não é o do processo anterior, mas sim o teor da sentença desaparecida (exacto, BGHZ 4, 321 e seg.). A acção declarativa e a sentença declarativa não infringem, por isso, a proibição de repetição (inexacto, BGHZ 93, 298, face ao BGHZ 4, 321 e seg.).

2. Sendo a decisão transitada apenas **prejudicial** relativamente ao novo processo, a existência ou inexistência do direito agora demandado depende da declaração transitada anterior. O tribunal está vinculado a ela na sua nova decisão (BGH NJW 95, 2993, com anotações). Um novo julgamento, por ex., uma nova audição de provas é inadmissível por força do caso julgado da sentença anterior. Neste sentido restrito vale também aqui o princípio "ne bis in idem" (uma decisão formal sobre a questão prejudicial não entra normalmente em linha de conta), controverso, vd. *Gaul*, FS Flume, loc. cit., pág. 517 e segs.; a controvérsia é irrelevante na prática.

3. O caso julgado material não é prescrito somente no interesse da parte em particular, mas também no interesse geral duma justiça regular e da paz jurídica. Tem assim de ser **observado oficiosamente**.

Na identidade do objecto do litígio no anterior e no novo processo, a **excepção de caso julgado** substitui a excepção de litispendência (vd. supra § 40 II). O caso julgado material funciona aqui pela negativa: leva à absolvição da instância (vd. supra 1).

Contudo, tem também um lado positivo, nomeadamente na antecipação no novo processo da decisão transitada (vd. supra 2). A acção de verificação interlocutória da existência ou ausência dum direito (§ 256 II, vd. supra § 35 III 2 e infra § 63 III 2) encontra o seu sentido principalmente neste efeito vinculante positivo do caso julgado.

IV. O caso julgado material produz, simultaneamente, **a exclusão de quaisquer novos argumentos** que se relacionem com o ponto determinado transitadamente. Todas as excepções posteriores estão excluídas ("precludidas"), na medida em que se dirijam contra o efeito jurídico determinado; não é de observar qualquer argumento posterior para fundamentar o efeito jurídico recusado (vd. supra § 37 II 3, 4 e infra § 63 V bem como BGH NJW 95, 967 e seg.). Pois se a declaração não pode ser mais mudada, deixa de ter qualquer sentido a alegação de facto ou apresentação de provas que se relacionem com o efeito jurídico. É negligenciável se a parte ao tempo da última audiência de julgamento tinha conhecimento dos factos ou das provas (BGH NJW, 73, 98). A acção carece de fundamento por força da preclusão (BGH NJW 93, 2685). Para isso, *Otto*, loc. cit., pág. 80 e segs.

V. A sentença transitada vincula o juiz **dum processo cível posterior** e a consequente **execução.** Pois a vinculação transmite-se.

No âmbito da **jurisdição voluntária** a vinculação produz-se igualmente, mas como sempre somente entre as partes do processo. Por isso, o tribunal da jurisdição voluntária apenas fica vinculado se só tem de decidir entre estas. Logo que se tomem em consideração outras pessoas não atingidas pelo caso julgado, não há qualquer vinculação do tribunal (vd. BayObLG RR 92, 893 e seg.). Declarando-se, por ex., no processo entre K e B que K é o herdeiro, o tribunal das sucessões não pode passar a B o certificado da qualidade de herdeiro, no caso de apenas se questionarem como herdeiras estas duas pessoas; doutro modo haveria entre as duas decisões judiciais uma intolerável contradição. Em compensação, não se impede a passagem do certificado da qualidade de herdeiro a C, porque este não é atingido pelo caso julgado da sentença; doutro modo, excluir-se-ia ao verdadeiro herdeiro a passagem do certificado da qualidade de herdeiro, pela sentença obtida em processo entre dois não titulares.

Para a questão de saber se o **juiz criminal** está vinculado à sentença cível, vd. supra § 4 IV.

A sentença cível vincula também, nos limites do seu caso julgado, os **tribunais das outras jurisdições**, tal como, inversamente, as decisões das outras jurisdições vinculam o tribunal cível nos limites do seu caso julgado. Isto não está realmente expresso na lei; a vinculação do caso julgado resulta, contudo, da recíproca proibição de litispendência, GVG § 17 I 2 (vd. supra § 40 IV). Importante na prática é sobretudo a vinculação do tribunal cível às sentenças da jurisdição administrativa

(BGH RR 95, 11; BVerwG NJW 80, 2426; *Bötticher*, Juristentagfestschrift, Tomo I, pág. 535 e segs.). A sentença cível vincula também, nos limites do seu caso julgado as **autoridades administrativas** (para isso, *Bettermann*, FS Baur, 1981, pág. 273 e segs.).

IV. O caso julgado das **sentenças estrangeiras** determina-se segundo o direito estrangeiro. A eficácia (o "reconhecimento" das sentenças no sentido do § 328) é determinada pelo direito alemão (bibliografia: vd. supra, § 6; ainda *Gottwald*, ZZP 103, 257 e segs.; *Schack*, § 17). Para isto são determinantes, em primeira linha, os tratados entre Estados (por ex., o acordo alemão-britânico de 14-7-1960, o acordo alemão-austríaco de 6-6-1959 e – especialmente importante – o EuGVÜ [para a esfera de aplicação,vd. supra § 6 II 1]). Aos tratados de reconhecimento entre Estados aplica-se, dede 8-6-1988 a AVAG (para isso *Geimer*, NJW 88, 2157 e segs.). Não havendo tratado entre Estados (como normalmente) determina-se o reconhecimento conforme o § 328. Por conseguinte, as sentenças estrangeiras, no caso de não haver qualquer fundamento de recusa, actuam mesmo na Alemanha, sem que seja necessário um pedido especial de reconhecimento (RGZ 166, 376; controverso). Contudo, os motivos de recusa permitem examinar a sentença em determinados aspectos. Isto verifica-se oficiosamente, portanto independentemente da atitude das partes.

Em primeiro lugar, tem de se estabelecer se há, em geral, uma sentença judicial, isto é, uma decisão duma autoridade judicial que geralmente se ocupe de processos cíveis e que faça terminar o processo. Em segunda linha, tem de examinar--se se os tribunais do Estado a que se refere seriam competentes com base no direito internacional alemão (o que, em regra, é então de afirmar quando (segundo a competência dum qualquer tribunal do Estado estrangeiro), e não seja contra a competência em razão da matéria do tribunal em questão para o caso concreto. Depois, importa saber se garante a reciprocidade, ou seja, se o tribunal estrangeiro reconhece a sentença alemã em circunstâncias essencialmente idênticas; pois mostra-se conveniente tratar na Alemanha a sentença estrangeira, tal como uma sentença alemã é tratada no Estado estrangeiro (excepção no § 328 II). A sentença não deve ainda ser incompatível com os princípios essenciais do direito alemão, em especial os de direito constitucional (exemplo: condenação no pagamento duma dívida usurária ou de jogo). Apresentando-se uma das situações que excluem o reconhecimento, a sentença transitada não é atendida.

Para o reconhecimento de decisões estrangeiras em **questões matrimoniais**, há um processo especial nos termos da FamRÄndG, art. 7 § 1, de 11-8-1961. Em regra, a administração de justiça do Land tem de estabelecer se existem os requisitos do reconhecimento. Contra a sua decisão pode apelar-se ao OLG, que decide em processo de jurisdição voluntária. Para a incompatibilidade parcial do art. 7 § 1 com a EuGVÜ art. 26 I, *Schack*, ZZP 107, 296.

§ 63. Os limites do caso julgado

Betermann, Die Vollstreckung des Zivilurteils in den Grenzen seiner Rechtskraft, 1948; *A. Blomeyer*, Rechtskrafterstreckung infolge zivilrechtlicher Abhängigkeit, ZZP 75, 1; *Braun*, Grundfragen der Abänderungsklage, 1994; *Brox*, Die objektiven Grenzen der materiellen Rechtskraft im Zivilprozess, JuS 62, 121; *Henckel*, Prozessrecht und materielles Recht, 1970, pág. 149 e segs. (para isso, *Arens*, AcP 173, 250 e segs.; *Bötticher*, ZZP 85, 1 e segs.); *U. Huber*, Rechtskrafterstreckung bei Urteilen über präjudizielle Rechtsverhältnisse, JuS 72, 621; *U. Ritter*, Die Bestimmung der objektiven Rechtskraftgrenzen in rechtsvergleichender Sicht, ZZP 87, 138; *Schwab*, Rechtskrafterstreckung auf Dritte und Drittwirkung der Rechtskraft, ZZP 77, 124; *Schwab*, Zur Drittwirkung der Rechtskraft, FS Walder, 1994, pág. 261; *Spellenberg*, Prozessführung oder Urteil. Rechtsvergleichendes zu Grundfragen der Rechtskraft, FS Henckel, 1995, pág. 841; *Zeuner*, Die objektiven Grenzen der Rechtskraft im Rahmen rechtlicher Sinnzusammenhänge, 1959 (para isso, *E. Peters*, ZZP 76, 229 e segs.). Para mais bibliografia, vd. supra §§ 37, 62.

I. O caso julgado está **triplamente limitado**: *objectivamente* pelo objecto, *subjectivamente* pelo círculo das pessoas atingidas e *temporalmente* com respeito ao momento em que se aplica a constatação.

II. Os **limites objectivos** são determinados primeiramente pelo § 322 I. Depois, a sentença só forma caso julgado na medida em que se decidiu a "pretensão" formulada.

Pronunciando-se a sentença sobre objecto diverso do constatado na acção ou em modificação da acção ("aliud"), falta-lhe o caso julgado material; diferentemente, contudo, se apenas excede o pedido do autor, portanto apenas lhe atribui mais ("plus"), mas não coisa diferente do que ele pretendia (exemplos: BSG NJW 74, 1446 e seg., vd. o comentário de *Hasselwander*, pág. 1447; RGZ 157, 23 e seg.; OLG Hamm MDR 85, 241; BGH RR 89, 1087; aqui há uma infracção ao § 308 I, vd. BGH, loc. cit.). Esta distinção objectiva (aliud? plus?) quer substituir por uma subjectiva *Musielak* (FS Schwab, 1990, pág. 354 e seg., 359 e segs.;): determinante seria se o tribunal tencionasse decidir dentro do processo iniciado através do pedido genérico de protecção jurídica do autor. Porém, isto não ajuda muito; pois somente com base em critérios objectivos (aliud? plus?) pode ser determinada a intenção.

Com a determinação dum efeito jurídico, é simultaneamente **negado exactamente** o seu **inverso** ("contraditório"), inconciliável com ele (BGH NJW 95, 967 e seg.), por ex., com a *afirmação* da propriedade ou sucessão exclusiva de K, ao mesmo tempo nega-se a de B. Isto é de assinalar, porque o objecto do litígio era apenas a propriedade de K – não (também) a de B (vd. infra). Contudo, com a determinação da propriedade de K é necessariamente negada a propriedade de B. Assim, justifica-se, e é exigível do réu, a extensão dos limites do caso julgado para além do objecto do litígio (vd. ainda infra III 2).

É duvidoso se é inadmissível ou carece de fundamento uma acção subsequente de B para declaração da sua propriedade (na situação de facto não modificada, vd. infra V). A não propriedade de B é, como se disse, igualmente declarada enquanto seu inverso contraditório (BGH NJW 95, 988). Esta declaração, nem é prejudicial no processo subsequente nem o seu objecto do *litígio* (a propriedade de B) é idêntico ao do processo anterior (propriedade de K; quanto ao último ponto, doutro parecer, BGH, loc. cit.). Contudo, há "identidade contraditória" do objecto da *sentença* do *primeiro* e objecto do *litígio* do *segundo* processo. Tanto basta para a inadmissibilidade do segundo processo.

É de considerar que, com a *negação* da propriedade ou direito sucessório de K não se afirma a de B, porque também um terceiro pode ser legitimado.

Segundo o § 322 I apenas a decisão sobre o pedido *formulado* transita em julgado. Isto é importante na prática se se decidiu sobre uma **acção parcial quantificada**: o autor exige, para poupança de custas, por ex., não todo o pedido de indemnização de 250.000 DM, mas apenas a quantia parcial de 65.000 DM (com esta quantia abre-se a possibilidade duma revisão do valor, §§ 546 I 1, 554 b). A acção parcial quantificada é *aberta* quando o autor se reservou a reivindicação de quantia superior; é *dissimulada* quando não é assim, mas o autor exige igualmente quantia superior em acção de pedido complementar (no pedido da acção não quantificado não há acção parcial nenhuma). A acção parcial aberta, bem como a dissimulada pode ter pleno êxito ou ser rejeitada, total ou parcialmente. É discutível a extensão de caso julgado da decisão em cada caso.

Só há concordância neste ponto enquanto o caso julgado não abrange todo o pedido, se o tribunal (somente) se pronuncia afirmativamente quanto aos fundamentos (sem qualquer reconhecimento dum "plus", vd. supra). Numa acção parcial aberta segundo *Leipold* (FS Zeuner, 1994, pág. 445 e segs.) deve a quantia não demandada ser, ainda assim, reconhecida neste caso, *conforme os fundamentos*. Isto é de rejeitar:

Tendo o autor formulado uma acção parcial *aberta* ou *dissimulada* com o pedido da acção quantificada, e *triunfado plenamente*, limita-se o caso julgado ao atribuído. O tribunal poderia não decidir sobre todo este pedido (§ 308 I !) e não o tendo feito correctamente, para *Leipold*, loc. cit. (uma acção parcial aberta) também não apenas pelos fundamentos. Segundo a actual concepção (vd. BGH JZ 97, 1126 e seg., com comentário, *Jauernig*, com notas, também da opinião contrária; BGH NJW 97, 3020) é admissível, a acção do complemento do crédito após acção parcial dissimulada plenamente sucedida, o caso julgado não é impedido, pois não há caso julgado contra o autor vencedor (mais; para a anterior jurisprudência oposta, especialmente do RG – no mesmo quadro legal! – vd. *Braun*, loc. cit., pág. 45 e segs. – Não convincente, *Marburger, FS Knobbe-Keuk*, 1997, pág. 188 e segs.: a acção para o complemento do crédito apenas tem fundamento se a acção total era impossível sem culpa do autor, doutro modo preclusão. Aplicam-se especialidades no caso do § 323, vd. infra VI.

Sendo *rejeitada*, total ou parcialmente, a acção parcial *dissimulada*, o tribunal tem de julgar improcedente o pedido, não apenas numa determinada quantidade, mas antes (abstraindo da parte atribuída) simultaneamente pelo fundamento. A improcedência do pedido pelo fundamento é uma sentença declarativa (vd. supra § 59 III) e – tal como a procedência do pedido nos termos do § 304 (para isso *Bötticher*, JZ 60, 240 e segs.; BGHZ 108, 259 e seg.) – em regra, totalmente, não limitada quantitativamente (para as aqui invocadas relações entre sentença prejudicial sobre o fundo do pedido e sentença declarativa: BGH NJW, 86, 2508). Porque a improcedência do pedido não é limitada quantitativamente, contém simultaneamente a declaração de *também não caber* ao autor *mais que o pedido*. O crédito complementar não foi, sem dúvida, objecto do litígio, mas apesar disso estende-se-lhe o caso julgado (vd. supra): que ao autor cabe (ainda) mais, é exactamente o contrário incompatível com a declaração tomada, depois do que ao autor não cabe nada ou não tanto como o pedido. Por isso, o caso julgado opõe-se à acção do complemento do crédito (*Jauernig*, comentário JZ 97, 1127 e seg.; doutro parecer, BGH NJW 94, 3166; OLG Düsseldorf NJW 93, 803; *Eckardt*, Jura 96, 629 e segs., com notas). Querendo o autor subtrair-se a esta consequência, deve instaurar uma acção parcial *aberta* (conforme *Zeiss*, nota 581; *Leipold*, loc. cit., não deve aproveitar nada disto). Para a acção de alimentos, vd. infra VI.

As acções parciais são instauradas sobretudo quando ao autor se afigura incerto o resultado do processo e o risco das custas pela instauração da acção pela quantia total for demasiado elevado (para a problemática, BGHZ 85, 373 e seg.). Contra a acção parcial aberta pode o réu defender-se com uma acção de verificação interlocutória negativa da existência dum direito, nos termos do § 256 II – pedido da declaração de não existir também o restante pedido reservado – vd. BGHZ 69, 41. Não ocorrendo a possível defesa contrária, ajusta-se ao caso que o autor, plenamente vencedor, possa instaurar acção pelo crédito complementar. Na acção parcial dissimulada não é possível a defesa contrária, por falta de interesse de réu na declaração; por isso, ajusta-se ao caso excluir do êxito (parcial) do réu a acção pelo crédito complementar e com isso prorrogar-lhe, como na conseguida, a defesa contrária todavia recusada (a – aqui não permitida por falta de interesse na declaração – acção nos termos do § 254 II, teria tido pleno êxito).

III. Desta **limitação objectiva do objecto do caso julgado**, decorrem importantes **consequências**:

1. A **fixação dos factos** não é abrangida pelo caso julgado, mesmo quando se incluam na fundamentação da sentença e sirvam de base à decisão (BGH JZ 83, 395).

Sendo reconhecida, por ex., acção de resolução por demonstradas deficiências da coisa comprada, não se fixam transitadamente com isso as deficiências, antes podem ser novamente discutidas noutro processo. Provando-se na acção de enriquecimento sem causa ou de indemnização de danos o erro doloso ou a culpa, podem ser discutidos estes factos em novo processo (BGH RR 88, 200).

2. **Os direitos e as relações jurídicas prejudiciais**, de cuja existência ou inexistência dependa o efeito jurídico constatado ou negado, não fazem parte do caso julgado (BGH NJW 95, 2993).

Exemplos: sendo inapelavelmente condenada a entrega duma coisa, responde-se afirmativa e transitadamente à pretensão de entrega, mas não ao seu fundamento jurídico, por ex., propriedade, direito sucessório do autor (BGH NJW 83, 165; 85, 1553). Reconhecendo-se uma mensalidade de renda ou uma reivindicação salarial, com isso não se declara (também), com trânsito ente as partes, a relação de arrendamento ou de trabalho (vd. BAG NJW 77, 1896). Tão pouco a sentença de despejo declara vinculativamente (também) a validade da precedente denúncia (BGH NJW 69, 1065). Inversamente, a improcedência dos pedidos, por ex., de entrega, pagamento duma renda, não significa a negação transitada da propriedade, arrendamento, etc. em que se baseiam (BGHZ 43, 145 e segs.). A conclusão sobre o direito prejudicial se apenas se infere, em geral, da fundamentação, em caso algum, porém, é fixada pelo caso julgado. Para isto, *J. Blomeyer*, NJW 69, 587 e segs.; ainda *Schwerdtner*, NZA, 87, 263 e segs.

Na doutrina distingue-se se a primeira decisão, de acordo com o seu fim (a ordem pretendida) é coerente ou não com o efeito jurídico agora a declarar no segundo processo. Existindo a conexão, a primeira decisão não podia ser posta de parte, antes provoca caso julgado também no segundo processo. Sendo, por ex., a acção de condenação improcedente por força da nulidade do contracto sinalagmático, isso deve constranger à improcedência da acção posterior pela contraprestação, porque a nulidade do contrato foi também declarada vinculativamente (*Zeuner*, loc. cit., pág. 75 e segs.; concordante com isto, *Blomeyer*, § 89 V 4 a; *Bruns*, nota 234; *Grunsky*, pág. 520 e segs.). Em casos desta espécie só se pode, porém, ser ajudado pelos meios do direito substantivo. Tendo o credor da contraprestação invocado com êxito a nulidade do contrato no primeiro processo, enquanto devedor da prestação aí demandada, comete um abuso de direito se agora quer fazer prevalecer a validade (contra, *Zeuner*, loc. cit., pág. 77 e segs.; *Zeiss*, Die arglistige Prozesspartei, 1967, pág. 109 e segs.; crítico, *Henckel*, loc. cit., pág. 199 e segs.). Só a elástica previsão normativa do abuso de direito pode ser considerada, não o caso julgado, relativamente a se e de que modo as partes litigaram sobre a questão respondida na sentença – por ex., a nulidade do contrato. Tem importância decisiva não vincular as partes a simples fundamentos acessórios da sentença (vd. *Blomeyer*, § 89 V 1, também *Zeuner*, loc. cit., pág. 32; *Bruns*, nota 237 a; *Grunsky*, pág. 521 n.º 150; *Henckel*, loc. cit., pág. 199 e seg.). É certo que deste modo podem ser negada concessões de direito substantivo e ser pronunciadas sentenças discrepantes, mas isso pode ser torneado pelas partes: está ao seu dispor a acção de verificação interlocutória da existência ou ausência dum direito (§ 256 II), BGH FamRZ 84, 879.

A aplicação do § 242 do BGB é, como se disse, preferível, para não prender as partes a declarações acessórias da sentença. Não pode tratar-se dessa acessoriedade, se a sentença ao mesmo tempo que declara um efeito jurídico, o nega com o seu preciso e inconciliável contrário (vd. supra II); pois para isso é preciso que tenha sido discutido no processo. Por isso o caso julgado pode aqui ser delimitado excepcionalmente de acordo com perspectivas de lógica substantiva (e, perante isso, verdadeiramente alargado o objecto do litígio): sendo a acção rejeitada porque o réu invocou um compromisso arbitral (§ 1032 I), o pedido de "exequatur" da sentença arbitral (§ 1060) não pode opor-se, sendo competentes para o litígio os tribunais do Estado; pois a rejeição por força do compromisso arbitral significa positivamente "que a causa instaurada segundo o pacto arbitral [hoje: cláusula compromissória] lhe seja submetida" (RGZ 40, 404; vd. ainda *Zeuner*, loc. cit., pág. 3, 78, bem como 48 e seg.; *Blomeyer*, § 89 V 3; discordante, *Foerste*, ZZP 108, 173, pois a rejeição "apenas" significa que a acção é inadmissível – isto é errado, vd. supra § 62 II 3 b). Casos semelhantes, em que falte uma decisão transitada, só podem ser resolvidos pelo BGB § 242, assim, se a acção não for rejeitada, mas antes objecto de desistência, seja perante o tribunal comum (vd. BGH RR 87, 1195) ou o tribunal arbitral (BGHZ 50, 196 e seg.).

3. **As objecções e excepções do réu** não fazem parte do caso julgado (excepção: a compensação, § 322 II, vd. infra).

Sendo julgada improcedente uma acção para cumprimento de contrato, porque o contrato é nulo por vício de forma ou anulado, estes fundamentos de nulidade não são fixados transitadamente, antes podem ser novamente examinados noutro processo e podem se julgados doutro modo (BGH RR 88, 200).

Há uma **excepção** apenas para a **compensação** nos termos do § 322 I. Declarando a sentença que não existe a contraprestação invocada em compensação, esta inexistência fixa-se transitadamente (limitada no montante, vd. § 322 II). Esta norma respeita, em primeiro lugar, ao caso de a excepção de compensação ser rejeitada, porque a contraprestação não existe, mas se estende justamente (anteriormente controverso) ao caso da excepção ser aceite, porque a contraprestação existiu, mas já não existe, por causa da compensação, portanto não existe agora (BGHZ 89, 352; *Zeuner*, JuS 87, 355 e segs.). Considerando o tribunal, pelo contrário, que a compensação é *inadmissível* (por ex., por fundamentos processuais, vd. supra § 45 III, ou por proibição da compensação de direito substantivo) ou deixando em aberto a admissibilidade, não há uma "decisão" nos termos do § 322 II (vd. BGH NJW 97, 743).

4. Não fazem parte do caso julgado as normas jurídicas abstractas em que se fundamenta a decisão. Isto torna-se importante se tem de ser decidida a mesma questão jurídica num processo posterior; o tribunal não está então vinculado à

concepção jurídica do tribunal do processo anterior, ainda que decida o mesmo tribunal com os mesmos juizes.

5. A **decisão** produz o **caso julgado** sobre o pedido formulado. O seu conteúdo resulta, em primeiro lugar, do teor da sentença. Não bastando este para isso, tem de ser interpretado com a ajuda da matéria de facto e os fundamentos da decisão (opinião geral).

A interpretação é sempre necessária. Rezando o teor "a acção é julgada improcedente", oferece-se primeiro a fundamentação, se resultou de questão substantiva ou processual e a que pedido processual respeita. Para o último é necessário consultar a matéria de facto e os fundamentos, se se diz, por ex., na parte dispositiva da sentença: "o réu é condenado a pagar ao autor 1.600 DM". Só pela individualização do pedido decidido, podem ser determinados os limites objectivos do caso julgado. Para o caso julgado material da improcedência duma acção de declarativa negativa, vd. supra § 34 II 3.

6. Os limites objectivos do caso julgado determinam-se pelo objecto de litígio (BGH RR 90, 702; controverso). **O objecto da sentença** e **o objecto de litígio** são **idênticos** (vd. supra § 37 VII 3; excepção: extensão ao inverso contraditório da determinação transitada, vd. supra II, III 2). Isto é importante, sobretudo no caso de concurso de pedidos (no sentido da doutrina antiga, vd. supra § 37 III 1) se o tribunal apenas examinou e negou um de vários pedidos substantivos.

Exemplo: Pedindo o autor a indemnização de danos e podendo fundar a sua acção em contrato e facto ilícito, trata-se dum único objecto do litígio. Examinando e recusando o tribunal apenas o pedido fundado no facto ilícito, esta qualificação de direito substantivo do direito reconhecido, não restringe o objecto da sentença. À acção fundada no contrato opõe-se, por isso, o caso julgado da sentença de absolvição (controverso, vd. supra § 37 VII 3; para uma excepção, vd. BGH VersR 78, 60 e supra § 12 II).

IV. Os limites subjectivos do caso julgado

1. O **caso julgado**, em princípio, só **produz efeitos a favor e contra as partes**, § 325 I. Isto justifica-se duplamente: o processo deve somente eliminar a incerteza entre as partes; (por isso) as outras pessoas não têm qualquer influência na sua realização.

2. O caso julgado **estende-se** às pessoas que após o começo da instância se tornaram **sucessoras das partes** ou obtiveram a posse directa

da coisa litigiosa, de modo que uma das partes ou o seu sucessor se tornou possuidor directo (inclui, por ex., quem tomou a coisa de arrendamento a uma das partes), § 325 I. Uma coisa é litigiosa se for objecto do litígio um direito real sobre ela.

Esta extensão justifica-se, porque a posição jurídica do sucessor deriva do predecessor, parte no processo.

Em primeira linha vêm os sucessores universais, sobretudo os herdeiros (substituem-se não apenas no conjunto da posição jurídica substantiva de predecessor, mas também na sua posição processual, através do caso julgado da posição alcançada); a seguir, os sucessores a título singular, por ex., o novo credor após a cessão, o novo proprietário após a alienação; também o adquirente dum direito derivado da propriedade plena, por ex., um direito de penhor.

O importante é que o caso julgado se estenda logo quando, *durante* o processo, ocorra a sucessão. A necessidade da extensão aqui do caso julgado só se compreende se foi esclarecido que influência teve no processo em curso a alienação da coisa em litígio; para isso, vd. § 87.

A extensão do caso julgado *a favor* do sucessor no direito é favorável a este e, por isso, não oferece dificuldades. A extensão *contra* ele é-lhe desfavorável. Um *exemplo* disso:

K demanda contra B a entrega duma coisa. Durante o processo aliena-a a R. R não intervém automaticamente no processo como novo autor (vd. infra § 87 III 3), contudo, a absolvição do pedido transitada, nos termos do § 325 I, tem eficácia também contra R, de modo que é inadmissível a renovação por R da acção improcedente. Conforme o teor da sentença transitada (negação do pedido de entrega), R adquiriu a não titular (K). Isso vincula R, como se disse, conforme o § 325 I; R não pode renovar admissivelmente o processo para entrega.

O adquirente só pode evitar esta vinculação nos termos do § 325 I, se podia adquirir e adquiriu de boa fé (porque o direito substantivo contém disposições correspondentes, tais como BGB §§ 892 e seg., 899; 932 e segs., 1207). Decidindo a sentença *erroneamente*, já que o antecessor jurídico era titular legítimo, de acordo com o direito substantivo a "boa fé" de adquirente não desempenha qualquer papel (podia mesmo não se tratar de "má fé" nenhuma). Diversamente acontece com o § 325 II, segundo o qual as disposições de direito civil sobre a aquisição a não titulares legítimos só se aplicam "analogicamente". Portanto, a *pendência da instância* é objecto da (má) fé no sentido do direito processual (BGH NJW 91, 2421). Por isso, depende de saber se o adquirente tinha conhecimento do processo pendente ou (conforme as exigências do direito civil) nada sabia por negligência grave. Estando ele de boa fé com respeito à instância pendente, o caso julgado não produz efeitos contra ele. Na aquisição de (real) não titular legítimo é consequentemente necessária dupla boa fé: conforme o direito substantivo em relação ao direito viciado (fundamento: § 325 I) e conforme o § 325 II (como sempre) em relação à pendência da instância (segundo StJ § 325, 32; MK-ZPO § 325, 84, a boa fé é sempre necessária em relação ao direito substantivo, porque o § 325 II assenta sobre a aquisição a não titular legítimo; para a controvérsia, vd. *v. Olshausen*, JZ 88, 584 e segs.). Faltando ao direito substantivo disposições sobre a aquisição a não titular legítimo, o § 325 II é inaplicável; resta a extensão do caso julgado nos termos do § 325 I.

Há uma excepção a este regime para as sentenças que dizem respeito às hipotecas e dívidas hipotecárias inscritas no registo predial, § 325 II. Aqui a sentença, atendendo ao direito real, tem eficácia no caso de alienação do imóvel contra o sucessor, mesmo que ele não tenha tido conhecimento da pendência do processo.

O BGB § 407 II alarga a extensão do caso julgado nos termos do § 325, com a finalidade de protecção dos devedores (vd. BGHZ 64, 127; *Schwab*, GS R. Bruns, 1980, pág. 181 e segs.).

3. Outra extensão realiza-se em função *do herdeiro fiduciário e do herdeiro fideicomissário*, § 326. Precisa-se de disposição especial porque, segundo o BGB, o fideicomissário não é sucessor do fiduciário, mas sim do testador. Também se prescreve ainda uma extensão do *testamenteiro* sobre os herdeiros, § 327 (para a posição do testamenteiro, vd. supra § 18 V 4 e infra 4).

4. Na *parte em virtude do cargo* (vd. supra § 18 V 4) deve admitir-se a extensão do caso julgado dela para o titular do património administrado e inversamente por força duma espécie de sucessão.

Para a extensão do caso julgado na cessão voluntária a terceiro da legitimidade processual, conservando o direito no cedente, vd. supra § 22 IV.

Para a problemática genérica, *Berger*, Die subjektiven Grenzen der Rechtskraft bei der Prozessstandschaft, 1992.

5. Não se realiza a extensão – em todo o caso, em princípio – se a situação jurídica doutra pessoa é apenas a mesma da parte no processo, por ex., não há extensão dum devedor solidário a outro. Isto está já excluído porque a sentença transitada nos termos do BGH § 425 apenas tem eficácia quanto à pessoa do devedor solidário a favor ou contra quem foi proferida. Falta-lhe a particularidade de o terceiro derivar a sua posição jurídica da da parte. Isto vale também na relação fiador-devedor principal. Ainda assim, segundo o parecer mais difundido, deve realizar-se a extensão do caso julgado ao fiador se o crédito foi negado em relação ao devedor principal (*U. Huber*, loc. cit., pág. 627; BGH NJW 70, 279, para isso *Fenge*, NJW 71, 1920 e seg., com outras notas). Aqui pode competir ao fiador uma

"excepção" análoga ao BGB § 768 I 1, não se trata da extensão do caso julgado (para a distinção, *Fenge*, loc. cit.; como aqui, BGHZ 3, 390). Sendo o devedor principal condenado, o caso julgado da sentença não tem eficácia contra o fiador (BGHZ 107, 96).

V. Os limites temporais do caso julgado

A sentença transitada estabelece a situação jurídica apenas em determinado momento, não para todo o porvir; pois normalmente a situação jurídica altera-se mais tarde: o direito declarado é satisfeito e extingue-se, a propriedade reconhecida ao autor é transmitida, etc. A alegação destas alterações não pode ser excluída num novo processo pelo caso julgado (regime derrogatório no § 323, vd. infra VI).

O momento a que se reporta o caso julgado material é idêntico aquele até ao qual as partes podem apresentar novas alegações de facto durante o processo. Daí resulta que a decisão transitada é baseada na alegação dos factos pelas partes que, até ao **encerramento da última audiência de julgamento de factos**, ainda pode ser completada e alterada (vd. § 296 a; fica aqui por considerar a aceleração-preclusão, vd. supra § 28 III). Perante o tribunal de revista não há, em princípio, qualquer julgamento dos factos (§ 561 I; excepções, vd. infra § 74 VII 1). Terminando o processo na instância de revista é, por isso, determinante, em princípio, o encerramento do julgamento na instância de apelação (vd. §§ 523, 296 a). Tudo o que, antes deste momento, podia ser alegado, está excluído num processo posterior ("preclusão pelo caso julgado", vd. supra § 62 IV). Todas as posteriores alterações na configuração dos efeitos jurídicos declarados, não são atingidas pelo caso julgado.

Também perante a sentença transitada pode, por isso, objectar-se que após aquele momento o direito declarado se extinguiu, o negado se constituiu. Mas verifica-se uma espécie de inversão do ónus da prova, pois o declarado titular do direito pela sentença transitada, não precisa, como antes, de provar a constituição do seu direito, antes a parte contrária deve provar a extinção do direito. – É possível que a declaração transitada se estenda também ao momento *anterior* à última audiência de julgamento da matéria de facto (a sentença nega, por ex., que o autor jamais poderia pedir o pretendido automóvel). Para isso BGHZ 42, 344 e segs.; 52, 4; BAGE 19, 146; *Zeuner*, JuS 66, 150 e segs.; *Hackspiel*, NJW 86, 1148 e segs.

Quando deva ser tomada em consideração a mudança das circunstâncias de facto, não pode utilizar-se contra o caso julgado a simples *alteração da concepção jurídica* (por ex., na mais elevada jurisprudência) na interpretação de disposições, etc., em que se baseie a sentença. Isso é exigido pela segurança jurídica. Devem, por isso, ser toleradas as sentenças que se baseiem em concepções ultrapassadas, ainda que possa ser tão desagradável no caso concreto; vd., por ex., RGZ 156, 305 e segs., por um lado, BGHZ 9, 83 e segs., por outro lado (direito de indemnização por sacrifício de bens particulares nos danos por vacinação). Tem de ser atendida a alteração da lei, no caso de ocorrer após a última audiência de julgamento (eventualmente, a da instância de revista); vd. BAG BB 76, 136; para o fundamento, *Habscheid*, ZZP, 78, 404 e seg.

VI. Nas **prestações periódicas**, por motivos práticos, condena-se o réu por longo período (importante sobretudo nos pedidos de alimentos), § 258; vd. supra § 35 II 2 c. O seu dever de prestar é fixado quanto à existência, duração e montante, muitas vezes por muitos anos. Sendo o réu condenado no todo ou em parte, a sentença baseia-se num prognóstico das circunstâncias futuras. Isso legitima atribuir à sentença caso julgado a mostrar no futuro que também abrange no âmbito prognosticado as futuras prestações (de alimentos; BGHZ 103, 398; doutro parecer, MK-ZPO § 323, 7, com outras notas). Os limites temporais do caso julgado são aqui, assim, mais largos que normalmente (vd. supra V).

O prognóstico pode constatar-se estar errado, pois as circunstâncias que foram determinantes para a condenação, evoluíram de modo diverso do admitido: o devedor de alimentos ganha mais ou empobreceu, o lesado surpreendentemente curou-se ou incapacitou-se totalmente, o poder de compra do dinheiro e com isso o montante da sentença desceu, etc. Mudando assim as circunstâncias, seriam a existência, duração e montante do dever de prestar fixadas hoje diferentemente da sentença transitada; mas o caso julgado temporalmente alargado impede outra condenação. Contudo, a discrepância entre a sentença e a situação actual excede o tolerável quando as circunstâncias se *alteraram substancialmente*. Então o caso julgado tem de ceder. A lei permite a sua ofensa: ela concede uma acção para alteração da sentença **(acção de reforma)**, § 323. Esta acção restringe-se aos casos em que tem de ser afastado o efeito de caso julgado (*H. Roth*, NJW 88, 1234, 1236; não tendo ainda transitado a sentença a alterar, está em jogo a ingerência na sua aptidão para o caso julgado, vd. StJ § 323, 1). A favor da (em princípio) ingerência no caso julgado fala já a colocação do § 323 a seguir ao 322, que regula os limites objectivos do caso julgado.

Esta interpretação acha-se também nas decisões do BGH (por ex., BGHZ 103, 397 e seg.; NJW 88, 2473; 93, 1795 e seg.; RR 92, 1475). Noutras decisões, contudo, acentua-se que o § 323 não se limita aos casos de não consideração do caso julgado; antes toda a adaptação da condenação numa pensão, por modificação das circunstâncias conforme o § 323, tem de ser objecto de condenação mesmo que o caso julgado não tenha sido atingido (BGH NJW 87, 1553: "jurisprudência constante" desde BGHZ 34, 110). Isso não se confirma, contudo, para a jurisprudência em evolução desde BGHZ 34, 110, por dois motivos: por um, o caso julgado é sempre atingido quando a sentença se baseia numa decisão sobre prognóstico cuja inexactidão deve ser reclamada doravante (o caso julgado estende-se, portanto, diversamente do costume, ao futuro, vd. supra). Por outro, o BGB permite nas questões de alimentos apenas uma acção parcial aberta (BGH RR 90, 390, com notas; contra, *H. Roth*, NJW, 88, 1236 e segs.); por isso, não há qualquer acção parcial dissimulada, razão pela qual o autor, plenamente vencedor – ao contrário do costume (vd. supra II), – não pode reclamar a quantia de alimentos a mais que ainda lhe compete, por virtude do caso julgado (do mesmo modo, em esboço, BGH NJW 87, 1553; 86, 3142 e seg.; omitido pelo MK-ZPO § 323, 7). Pudesse-o ele, seria a admissibilidade duma acção parcial dissimulada, que o BGH, como se disse, recusa para as acções de alimentos.

O caso julgado da decisão sobre prognóstico é tocado se a acção anterior foi *rejeitada parcialmente* e o autor agora demanda novamente o pedido rejeitado transitadamente por virtude da necessidade acrescida, ou se o réu condenado pede a redução por virtude de menor solvabilidade. Do mesmo modo acontece se o autor *venceu plenamente* e agora pede o aumento da quantia atribuída por virtude de alterações supervenientes (vd. BGH NJW 85, 1345, com notas).

Sendo, pelo contrário, *totalmente rejeitada* a acção por falta de necessidade ou solvabilidade, com isso apenas se estabelece que ao tempo da última audiência de julgamento dos factos não podem ser pedidos alimentos, contudo falta a decisão sobre prognóstico respeitante a futura evolução. O caso julgado é limitado por isso, como normalmente (vd. supra V). Ocorrendo a necessidade ou solvabilidade após a última audiência de julgamento dos factos, não se exclui a exposição destas alterações pelo caso julgado da sentença de improcedência. Consequentemente, para a reivindicação das alterações não é precisa qualquer quebra do caso julgado pela via do § 323. Pelo contrário, podem (e devem) ser novamente demandadas (BGH RR 90, 391).

Tendo o autor instaurado uma *acção parcial aberta*, limita-se sempre o caso julgado ao pedido parcial invocado (vd. supra II, no final). Sendo admitida a acção parcial no todo ou em parte, por este meio – ao contrário da acção global – não está vinculada a decisão sobre o prognóstico por virtude do caso julgado limitado. Consequentemente, as alterações na necessidade ou solvabilidade, que ocorreram após a última audiência de julgamento dos factos, podem e devem sempre ser alegados em nova acção do credor de alimentos; o caso julgado não se opõe (BGHZ 93, 336 e seg.).

Porém, a acção pode basear-se apenas nas modificações essenciais das circunstâncias de facto que só ocorreram após o momento em que deveriam ter sido, o mais tardar, invocadas no processo anterior (não: podiam, pois o conhecimento pela parte é irrelevante), portanto, no processo principal sobre tais modificações que apenas ocorreram após o último julgamento dos factos no processo anterior, por ex., a elevação do custo de vida (para a terminologia, BB 72, 152 e seg.) perto de 15% (§ 323 II). As modificações anteriores não são de atender (mesmo se posteriormente ocorreram modificações essenciais; doutro parecer, BGH NJW 87; 1553 e seg., para o caso em que o autor faz pleno vencimento, mas poderia ainda exigir mais, e agora ocorreu, posteriormente, uma modificação essencial; isso flui do conhecimento duma acção parcial dissimulada para além dos respectivos limites do caso julgado que, todavia, o BGH recusa, vd. supra). As modificações posteriores não são de atender, se já eram previsíveis no processo anterior e poderiam ter sido levadas em conta na sentença, como, por ex., o imediato atingir de novo nível etário, de relevo no plano dos alimentos (OLG Köln FamRZ 80, 398). Não se realiza a completa repetição do processo antigo (vd. BGH RR 90, 194). A sentença determina, no caso de julgar a acção procedente, a revogação da sentença anterior e eventualmente nova condenação à prestação (mas sempre para o período após a interposição da acção, § 323 III; para isso, crítico, *Braun*, JuS 93, 353 e segs.).

A acção de reforma é de ter em consideração – para além das sentenças – também para as transacções judiciais e títulos exequíveis, § 323 IV; para a reforma de transacções judiciais não se aplicam – em oposição ao teor do § 323 IV – quer o § 323 II (BGH NJW 95, 536) nem o § 323 III (BGH RR 91, 1155, com notas); o mesmo é exacto nos documentos notariais e administrativos que se abrangem no § 323 IV (BGH RR 91, 1155). Por isso, aconselha-se estabelecer na transacção a aplicabilidade do § 323 II e III.

O título de alimentos de filho menor em que se determinou quantitativamente o abono de família atribuível ou outra prestação periódica, podem ser reformados quanto a essa quantia em processo simplificado pelo secretário judicial se se alterou circunstância determinante do cálculo (§ 655; RPflG 20 n.º 10 letra b). Contra a decisão de reforma há a acção de reforma, sujeita a prazo, quando a quantia de alimentos reformada não corresponda às especiais relações das partes, § 656. Sendo prevista esta matéria duma possível decisão de reforma (§ 655) pode – mas só então – instaurar-se imediatamente a acção de reforma, § 323 V. Vd. ainda infra § 91 VI.

No futuro caso julgado judicial de decisão sobre prognóstico não pode ser desrespeitado nos termos do § 323 I, por toda a alteração posterior (§ 323 II) das circunstâncias determinantes. Isso limita as possibilidades de defesa do réu contra a manutenção da sua condenação.

Braun (loc. cit., pág. 170 e segs., 230 e segs.; NJW 95, 936 e seg.), pensa, por isso, que ao réu seja coartado o direito de ser ouvido (alegação de excepções ulteriores), reforçado pela proibição de retroactividade do § 323 III. Por isso reclama a GG, art. 103 I: *qualquer* alteração posterior das circunstâncias determinantes legitima a acção de reforma; a proibição de retroactividade abrange apenas alterações latentes, que já antes teriam podido ser invocadas. Isto não convence. Só os factos do prognóstico fundamentam a decisão, por isso é limitado o direito a ser ouvido por esses factos e não é coartado pelo § 323 I-III; estas disposições, pelo contrário, limitam o acesso ao tribunal (da reforma), mas de modo razoável, justificado por fundamentos objectivos (por isso não se infringe a GG, art. 19 IV): a limitação previne ingerências no caso julgado futuramente estabelecido por virtude da insignificância, serve com isso a prevenção de múltiplos processos por bagatelas e atinge por igual ambas as partes (reforma dificultada tanto para cima, como para baixo).

§ 64. A ofensa do caso julgado

*J. Braun,*Rechtskraft und Restitution, 1.ª Parte: Der Rechtsbefehl gem. § 826 BGB gegen rechtskräftige Urteil, 1979 (para isso *Häsemeyer*, AcP 181, 161 e segs.)., 2.ª Parte: Die Grundlagen des geltenden Restitutionsrechts, 1985; *J. Braun*, Rechtskraft und Rechtskraftdurchbrechung von Titeln über sittenwidrige Ratenkreditverträge, 1986; *Gaul*, Die Grundlagen des Wiederaufnahmerechts und die Wiederaufnahmegründe, 1956; *Gaul*, Materielle Rechtskraft, Vollstreckungsabwehr und zivilrechtliche Ausgleichsansprüche, JuS 62, 1; *Gaul*, Möglichkeiten und Grenzen der Rechtskraftdurchbrechung, 1986; *Gaul*, Rechtskraft und Verwirrung, FS Henckel, 1995, pág. 235; *Henckel*, Prozessrecht und materielles Recht, 1970, pág. 96 e segs.; *Jauernig*, Auswirkungen von Treu und Glauben im Prozess und in der Zwangsvollstreckung, ZZP 66, 398; *Musielak*, Zur Klage nach § 826 BGB gegen rechtskräftige Urteile, JA 82, 77; *Prütting/Weth*, Rechtskraftdurchbrechung bei unrichtigen Titeln, 2.ª Ed., 1994; *Thumm*, Die Klage aus § 826 BGB gegen rechtskräftige Urteile in der Rechtsprechung des Reichsgerichts und des Bundesgerichtshofs, 1959.

I. Pressupostos legais. A intangibilidade da declaração transitada em julgado não pode ser aplicada sem excepções. Questiona-se sob que pressupostos pode ser admitida a ofensa do caso julgado. Não é permitida a revogação ou alteração da sentença por simples incorrecção. Senão, bastaria a simples afirmação da incorrecção para impugnar qualquer sentença com trânsito em julgado e, assim, poderia repetir-se, novamente, qualquer processo findo. A parte vencedora no processo (anterior) seria forçada a discutir sempre de novo com a parte contrária e apenas seriam decisivos a obstinação e o poder financeiro, quando a calma chegasse.

Desse modo, o caso julgado perderia o seu significado. É mais suportável que uma sentença incorrecta exista e deva aceitar-se, que qualquer sentença possa ser impugnada a todo o momento. Assim, o caso julgado garante que, mesmo no caso concreto, domine a segurança jurídica e desse modo um elemento essencial do Estado de direito e isto significa que um princípio constitucional da GG é realizado (vd. BVerfGE 60, 267 e seg.).

Portanto, para permitir a ofensa do caso julgado, tem de haver ainda um outro pressuposto para a incorrecção da sentença. A lei escolheu-o na forma dos fundamentos para a **revisão do processo** (vd. infra § 76): graves vícios do processo, actos criminosos conexos com a sentença ou os seus fundamentos, com estreitos limites também a descoberta de novas provas. O ZPO vinculou esta ofensa a uma forma especial: à propositura duma acção própria com o fim de eliminar a sentença transitada em julgado e de a substituir por nova sentença.

II. Ampliação pela jurisprudência. Indiscutivelmente estes limites resultam demasiado estreitos; mas a extensão para além dos casos concretamente mencionados na lei não é possível de modo geral, porque os fundamentos da revisão (§ 580) são seleccionados sob o ponto de vista da segurança da prova e da correcção dos vícios manifestos na determinação dos factos (*Gaul*, Die Grundlagen, etc., pág. 66 e seg., e anotações FamRZ 63, 179; BGHZ 38, 336 e seg.; *Henckel*, loc. cit., pág. 99 e segs. vê – de modo não convincente – a selecção ainda sob o ponto de vista da equidade). Este princípio da revisão impede o alargamento da revisão aos casos em que a sentença foi alcançada sem dúvida, não por acto punível, mas de modo imoral. Não é surpreendente, não obstante, que a jurisprudência tenha tentado possibilitar uma outra ofensa do caso julgado, especialmente na via do **pedido de indemnização** pela parte nos termos do § 826 BGB. O RG estabeleceu primeiramente o princípio de o caso julgado dever cessar quando seja intencionalmente injusto para o fim para que foi suscitado, conferir à injustiça a aparência de direito, a chamada **sentença fraudulenta** (RGZ 61, 365; 78, 393). Mais tarde considerou o § 826 BGB cumprido ainda, se a sentença foi sem dúvida regularmente obtida, mas a parte conhece a sua incorrecção e a sua **utilização** se afigura **imoral** por virtude de circunstâncias especiais (RGZ 168, 12). Esta jurisprudência é seguida pelo BGH (NJW 91, 1885 e seg. com anotações), do mesmo modo o BAG (JZ 73, 563 e seg.) e o BSG (NJW 87, 2039). Recentemente, o BGH não apoia a ofensa do caso julgado no § 826 do BGB – mas sim – "ainda mais suavemente" – no § 242 do BGB (BGH NJW 93, 3205; 95, 968; RR 96, 827), depois do que basta o "abuso de direito" (BGH NJW 96, 829)

Exemplos: a sentença é obtida pela utilização fraudulenta da citação edital, se bem que a morada do réu era conhecida do autor (RGZ 78, 391 e seg.; vd. ainda infra § 79 II). A condenação à revelia é conseguida fraudulentamente pela alegação do autor de que não fará qualquer uso da sentença (RGZ 36, 249 e segs.). A parte não provocou um depoimento falso mas, apesar do conhecimento da sua falsidade utiliza-o, portanto tenta influenciar a decisão contra a própria convicção (RGZ 155, 60 e seg.).

Tendo sido executada, a jurisprudência concede o direito a indemnização em dinheiro (BGH NJW 86, 1752); aliás, pode ser pedido que se abstenha de executar e se entregue o título (BGH NJW 88, 972).

Esta jurisprudência remonta à teoria do caso julgado substantivo (vd. supra § 62 II 1).

Segundo esta doutrina, o dano consiste em a sentença imoralmente influenciada ser incorrecta "em si" e, por isso, com o seu caso julgado, revogar o direito existente contra a sentença que não se torna direito instituído (RGZ 75, 216). Isto não é posto em questão pela acção do § 826 do BGB, mas sim justamente pressuposto (RGZ 46, 79 e seg.). Por isso significa desta perspectiva que da acção nos termos do § 826 do BGB não resulta qualquer intromissão no caso julgado material (RGZ 75, 217; também BGHZ 40, 133).

Contudo, a teoria do caso julgado substantivo tem de ser rejeitada (vd. supra § 62 II 3). Também na jurisprudência ganha hoje raízes a teoria do caso julgado processual (vd. supra § 62 III 1). Por ela é incontestável que o caso julgado é ofendido por via do § 826 (§ 242); (BGHZ 40, 133). Sendo a sentença transitada regular, da sua execução não decorre qualquer prejuízo para o devedor. Só é prejudicial se a sentença for incorrecta (BGHZ 80, 399). A decisão do processo de indemnização nos termos do § 826 BGB não depende da declaração da incorrecção. Mas a regularidade da sentença transitada em julgado não pode ser negada mesmo se é apenas – como aqui – questão prévia no novo processo (vd. supra § 62 III 2). Assim, o devedor é excluído com a alegação de a sentença ser irregular; por isso, o tribunal tem de partir, no novo processo, da regularidade da sentença.

Apesar disso, nada haveria a objectar contra a ofensa do caso julgado se for sempre estabelecida previamente no processo a irregularidade ou imoralidade (ou o abuso de direito). Assim acontece nos exemplos àqueles que defendem a ofensa do caso julgado com ajuda do § 826 BGB. A realidade afigura-se diferente. Aqui basta a mera alegação convincente de que a sentença é errónea e quer se tire dela proveito fraudulentamente, quer imoralmente, para que o processo antigo tenha de ser repetido novamente mesmo se a jurisprudência exige (por ex., BGHZ 40, 133 e segs.) que não se trate simplesmente de alegações que já foram levadas ao processo anterior. É pois seguro: quem ganhou então o processo, tem de lutar de novo, em todas as instâncias, pelo seu direito, com base em simples alegações. A sua natural alusão ao caso julgado é deixada com a nota de que se prevalece de uma simples posição jurídica formal; quem imoralmente causar um dano não se possa prevalecer dum direito formal (*Bernhardt*, ZZP 66, 86; BGHZ 50, 118, 120); pois é intolerável que uma "mentira evidente (!) contenha a vitória da questão discutida" (BGH NJW 74, 557). A ofensa do caso julgado é celebrada como um triunfo da justiça sobre a sentença injusta – tão justamente quanto o *alegado* prejuízo imoral seja já a injustiça *provada*. Que a acção de indemnização também se pode dirigir contra "injustiças", é referido pelos defensores desta jurisprudência, na melhor das hipóteses, à margem, mas na maior parte dos casos silenciado (característico, BGH NJW 87, 3260). Isto é compreensível, pois o processo de indemnização é preconizado com argumentos que apresentam o seu efeito seguro a priori. Donde vem esta segurança é um enigma.

Quão duvidosa é a jurisprudência do § 826, 242 BGB, revela-se por comparação com a acção de revisão (vd. infra § 76 II), que também igualmente acaba na supressão do caso julgado material (isso permite a comparação; doutro parecer, BGHZ 50, 118 e segs.).

Como fundamentos de revisão são tomados em consideração danos gravemente ofensivos dos bons costumes, quando preencham a previsão do § 580. Neste caso é possível impugnar a sentença num processo complexo e obter a sua formal revogação (vd. infra § 76); sendo, pelo contrário, apenas realizada a previsão do § 826 do BGB (§ 242), não se dando azo, portanto, a fundamento de revisão, então a sentença deve poder ser ignorada sem rodeios enquanto nula. Sendo o fundamento de revisão um acto punível, a revisão regular pressupõe a condenação penal (§ 581); no processo de indemnização nos termos do § 826 do BGB, deve bastar a simples alegação dum acto punível, portanto ser admissível o processo sem prévio processo penal (BGHZ 50, 122 e segs.). A revisão está vinculada a prazos (§ 586), que não devem aplicar-se ao § 826 do BGB (BGHZ 50, 120 e seg.).

Em suma: tendo o lesante não actuado "apenas" imoralmente ou, muito simplesmente, "com abuso de direito", mas antes colocado um fundamento de revisão, a sentença só pode ser impugnada e revogada, na conformidade das regras do ZPO, sob importantes disposições processuais de segurança e, assim, também ser suprimido o seu caso julgado. Pelo contrário, o § 826 BGB deve permiti-lo, ao afastar a determinação transitada da sentença com base na simples alegação dum prejuízo imoral. Isto contradiz uma estruturação racional do direito processual. Disto não faz caso a jurisprudência.

Lukes (ZZP 72, 99 e segs.) entre outros, querem admitir embargos à execução (§ 767) contra a execução de sentenças de condenação, quando a execução ou obtenção da sentença é imoral. Com a acção deve ser feita valer a "excepção da incorrecta aquisição jurídica" ou do "inadmissível exercício do direito". Para a sua fundamentação, o devedor deve alegar a incorrecção da sentença transitada. Com isso pode, porém, ser aqui tão pouco conveniente como na acção nos termos do § 826 do BGB; o tribunal deve partir da autenticidade da sentença transitada. Os embargos de executado, por isso, não ajudam mais (vd. *Gaul*, JuS 62, 5 e segs.; inexacto, *Gilles*, ZZP 83, 93 n.º 139).

É seguramente chocante que a sentença qualificada fraudulenta ou imoral deva ser inatacável (isto aplica-se sobretudo à condenação a prestações periódicas ou se o prazo da revisão já se esgotou, vd. infra § 76 III). Mas a saída não pode ser a simples ofensa do caso julgado, mas sim, de lege lata a utilização adequada dos expedientes processuais existentes para a ofensa do caso julgado (por ex., dos §§ 233 e segs., vd. *Braun*, comentário ao BGH ZZP 97, 337 e segs.), de lege ferenda, pelo alargamento da revisão, pela inclusão legal destes casos (frequentemente são hoje abrangidos pelo § 580, *Thumm*, loc. cit., contra, *Braun*, Rechtskraft, etc., parte 1, pág. 173 e segs.) e, sobretudo, o alargamento do prazo de revisão. Recentemente foram diligenciadas tentativas na doutrina para constituir um processo de revisão por (mútua?) "aproximação", que compreende a acção nos termos do § 580 e § 826 BGB, e assim evitar contradições e antagonismos (vd. *Musielak*, loc. cit., com notas). Aqui verifica-se pelo menos cepticismo por causa da natureza do processo de revisão (vd. infra § 76 IV; vd. *Gaul*, FS Henckel, pág. 265 n.º 146).

Ultimamente amontoam-se as acções contra a execução de **mandados de execução** transitados em julgado. Os mandados foram obtidos com base em prestações bancárias de contratos de empréstimo que devem ser nulos, conforme a nova jurisprudência do BGH, nos termos do § 138 I do BGB. O BGH tomou posição sobre isso numa série de acórdãos (fundamental BGHZ 101, 380 e segs.; ainda 112, 54 e segs.; RR 90, 179 e seg., 304 e seg.; 92, 1073; NJW 96, 658, com notas; concordante, *Vollkommer*, FS Gaul, 1997, pág. 759 e segs., todos com demonstrações).

O ponto de partida do BGH está certo: também os mandados de execução resultaram do caso julgado material (argumento, § 700 I; BVerfGE 84, 167). Mas tem qualidade inferior porque poderia ser anulado mais facilmente que nas sentenças:

deve bastar que apenas seja "proporcionado" ao credor o necessário conhecimento da incorrecção do título pelo tribunal do processo de indemnização, o mais tardar na sua sentença (BGHZ 101, 385); com isto impede-se o desconhecimento – ao contrário do costume – não a condenação na abstenção de *futura* execução (permanece incerto como fica se o autor exigir indemnização dos danos por virtude da execução já *efectuada*; impenetrável, LG Bochum RR 93, 304). A incorrecção do título deve ser determinada estranhamente pela perspectiva do tribunal que agora tem de decidir a indemnização, não do tribunal então competente (BGH RR 93, 1014) aparentemente com base no exame da concludência da alegação do autor. No exame das "circunstâncias especiais" necessárias para a ofensa dos bons costumes, abstrai-se aí, pelo contrário, de o credor poder saber ao tempo do requerimento do mandado de execução que seria rejeitada a acção (hipoteticamente instaurada) no exame da concludência (correspondente § 331, vd. infra § 66 III 3 b) conforme o estado então (!) da jurisprudência (BGH RR 93, 1014). Sendo isso possível ao credor, então acerta-lhe o veredicto de aproveitar-se das "particularidades do processo de injunção" – não haver qualquer exame da concludência (vd. infra § 90 III) – para obter um objectivamente injustificado título executivo (BGH NJW 91, 1885; ainda 96, 659). Porém, isso pressupõe que – já – conforme o estado da jurisprudência então, tivesse sido declarada a ofensa dos bons costumes e a nulidade do contrato de mútuo; por isso, não se trata de modo algum da "perspectiva actual". Pode aqui prescindir-se desta controvérsia, na medida em que se trata duma questão de direito substantivo. Processualmente, fala decisivamente contra a jurisprudência do BGH que ela apenas abstrai duma "particularidade do processo de injunção", nomeadamente da supressão (correctamente: limitação, vd. infra § 90 III) do exame da concludência pela Novela de simplificação. Não se refira minimamente que com isto simultaneamente se instituiu uma mais extensa protecção do devedor: o devedor foi inteirado que o tribunal não examinou o pedido (§ 692 I n.º 2); foi informado – uma única vez no ZPO – sobre os meios de impugnação que lhe assistem (oposição, excepção) e obtém – em todo o caso uma única vez – a indicação oficiosa de se fazer aconselhar por advogado em caso de necessidade (vd. § 692 I n.º 4 e também os impressos introduzidos oficiosamente para expressa protecção do devedor com base no § 703 c). Com isto é suficientemente compensada a porventura existente inexperiência jurídica do devedor (para isso, BGHZ 103, 50 e seg.). Quem, apesar disso nada faz, por ex., não cuida de obter conselho jurídico, não é digno de protecção nos termos do § 233 se, apesar de instruído sobre os meios de impugnação, negligencia o prazo de oposição (ainda mais rigoroso, BGH RR 87, 1276 e seg.; FamRZ 88, 830; 89, 372 e seg., 1288; 93, 310). A acção de revisão, por isso, fracassaria já pelo § 582 (vd. infra § 76 II). Também para além da consideração fundamental (vd. supra), não se convence, por isso, que o caso julgado do mandado de execução, assim assegurado, pondo de lado sem mais, com a ajuda do § 826 do BGB, sem considerar adaptar a protecção ao devedor, concedida no processo de injunção (vd. BGH NJW 91, 1885; 96, 659) e sem se harmonizar com o § 582, que o BGH (NJW 74, 557; 89, 1286) eventualmente chamou para limitação da acção do § 826 do BGB. O resultado é curioso: quem não faz caso de procurar o conselho oficioso, a assistência de advogado, é protegido;

quem segue o conselho, mas não beneficia de qualquer "assistência" de advogado, fica decepcionado, vd. BGH NJW 88, 972 e seg. Para ele, a intermediação dum advogado afinal realiza apenas a redistribuição do dever de indemnizar: em vez do credor responde o seu advogado; quem faz ouvidos de mercador ao conselho oficioso, não chega, no entanto, à fruição dum "devedor substituto", pois lhe é permitido compensar omissões sobre o § 826 do BGB no processo precedente (para isso, OLG Karlsruhe MDR 90, 340). Nesta diferença reside, talvez, a "ratio decidendi" do BGH; para isso, elucidativo, BGHZ 103, 50 e seg.

O legislador excluiu o processo de injunção para os pedidos de prestamistas por um complemento dos §§ 688 II, 690 I n.º 3, desde 1-1-1992, quando tenham sido objecto da acção do § 826 do BGB (e ainda sejam). Mas já em vista dum novo e auspicioso campo de aplicação: mandados de execução para créditos de intermediação de parceria (não tituláveis, pois o § 656 do BGB é aplicável por analogia conforme o BGHZ 112, 124 e segs.); assim, por ex., LG Essen RR 90, 1209 e seg.; AG Frankfurt/M. RR 92, 313 e seg.; LG Frankfurt/M. RR 95, 634 e seg,; vd. ainda BVerfG NJW 93, 1125; *Vollkommer*, loc. cit., pág. 765 e segs.

É de notar que o Supremo Tribunal austríaco, desde 1929, permite a ofensa do caso julgado, simplesmente ainda com os meios de direito processual estabelecidos para isso (concordante, *Fashing*, nota 1546 e comentário à lei processual civil, § 411, 58; *Holzhammer*, pág. 297 e segs., sempre com outras notas).

III. Enquanto a jurisprudência tender a repelir o caso julgado, não se põe em questão o **efeito constitutivo**, mesmo quando tiver sido desencadeado por uma sentença que ofenda os bons costumes. Teoricamente reside aqui uma inconsequência, pois se o caso julgado e a exequibilidade forem negados, não pode restar sozinho o efeito constitutivo. Mas na prática não se elimina sem que se atinjam resultados indefensáveis, por ex., para a validade do casamento dissolvido, se a sentença de divórcio deixar de existir, o que levaria a complicações insolúveis no caso de novo casamento. A jurisprudência, contudo, permite combater os efeitos jurídicos patrimoniais duma sentença constitutiva com o § 826 do BGB (por ex., a perda de direitos a alimentos dos §§ 1360 e segs. do BGB em consequência duma sentença de divórcio transitada obtida fraudulentamente; o dano subsiste apenas na perda "antecipada", porque a perda em si não se atrasou: BGB § 1566 II). Mas também a sentença constitutiva se origina em caso julgado material (vd. infra § 65 II), que aqui, como de costume, se quebra no caminho sobre o § 826 do BGB.

§ 65. O efeito constitutivo

Bötticher, Die Bindung der Gerichte an Entscheidungen anderer Gerichte, Juristentagfestschrift, Tomo 1, pág. 511; *Dölle*, Die sachliche Rechtskraft der Gestaltungsurteile, ZZP 62, 281; *Kuttner*, Urteilswirkungen ausserhalb des Zivilprozesses, 1914; *Schlosser*, Gestaltungsklagen und Gestaltungsurteile, 1966.

I. O efeito constitutivo das sentenças constitutivas tem de **distinguir-se** cuidadosamente do **caso julgado material**. Ambos são inconfundíveis pela natureza e efeitos.

1. O **caso julgado material** actua *declarativamente*: as consequências jurídicas pronunciadas são apenas declaradas, não criadas pela sentença. O **efeito constitutivo** revela-se na *modificação da situação jurídica anterior* pela decisão judicial; a constituição da nova situação jurídica (por ex., a dissolução do casamento) apenas se produz pela sentença.

A sentença transitada pode ser incorrecta, porque a declaração não está conforme à verdadeira situação jurídica. A sentença constitutiva nunca pode ser incorrecta no sentido de o efeito jurídico decretado não se realizar (excepcionada apenas a sentença inexistente e a ineficaz, vd. supra § 60), mas sim apenas num sentido completamente diferente, que os requisitos da constituição adoptem a injustiça, a sentença, portanto, não teria podido ser pronunciada o que, porém, de forma alguma impede a sua eficácia.

2. Para isto põe-se a diferença no **momento** a que se aplica a eficácia. O tribunal que pronuncia uma sentença de condenação ou de declaração, aceita uma declaração para o presente (vd. supra § 63 V, mas também VI). O tribunal que pronuncia uma sentença constitutiva dá uma ordem para o futuro, pois a *constituição* realiza-se, em princípio, *apenas com o caso julgado formal* da sentença (portanto, em regra, logo a seguir aos acórdãos da última instância).

3. Conceptualmente, a declaração e a constituição excluem-se. O tribunal que ordena que o casamento *deva* futuramente ser dissolvido, pode não declarar que o casamento *foi* dissolvido.

4. O caso julgado material restringe-se às partes e seus sucessores (vd. supra § 63 IV); o **efeito constitutivo** produz-se perante **quem quer que seja**. Por isso, o juiz penal e o juiz da jurisdição voluntária, ficam aqui sem dúvida vinculados à sentença; aquele não pode, por ex., condenar por bigamia, se o primeiro casamento do arguido já tinha sido objecto de divórcio no momento da contracção do segundo.

É errado falar aqui de extensão do caso julgado, pois o reconhecimento da constituição não provém de modo algum do caso julgado. A sua validade geral cabe ainda, por ex., às decisões constitutivas da jurisdição voluntária que, muitas vezes, não formam qualquer caso julgado material, como a nomeação do tutor, a perda dos cuidados paternais. Todo o acto estatal constitutivo pretende validade geral porque altera a situação jurídica.

Por isso, o ZPO não contém justamente qualquer disposição geral para que as sentenças constitutivas produzam efeito a favor ou contra alguém, pois isso é naturalmente, aquando do caso julgado material a vinculação à estipulação declarativa, que só deve ser determinada através do direito processual, para conceder ao acto estatal a força duma estipulação autoritária. O caso julgado é sempre regulado pelo direito processual, o efeito constitutivo pelo ramo do direito em cujo âmbito releva a constituição (normalmente o direito substantivo, nas processuais acções constitutivas – vd. supra § 34 III A 3 – o direito processual).

II. O caso julgado material das sentenças constitutivas não tem normalmente grande importância na prática. O seu objecto não é o efeito constitutivo, pelos motivos agora mesmo expostos, tão pouco os factos em que se baseia a constituição e o direito a ela, por ex., a concreta causa do divórcio, porventura o fracasso do casamento juntamente com a intolerabilidade da continuação do casamento no caso do § 1565 II do BGB, porque os factos ou os fundamentos nunca são o objecto do caso julgado e não há qualquer razão para que aqui devesse ser doutra maneira. Assim, resta apenas como objecto da declaração transitada o *direito à constituição*, por ex., o direito ao divórcio (vd. supra § 37 VIII 2; BGHZ 97, 308). Esta declaração, junto ao efeito constitutivo, é apenas de importância secundária, mas não desprovida de significado, vd. o caso supra § 64 III: a acção de indemnização dum dos cônjuges divorciados contra o outro porque, pela sentença de divórcio, por ofensa aos bons costumes proferida prematuramente (vd. supra § 64 III), perdeu o seu direito a alimentos (BGB §§ 1360 e segs.). O prejuízo do autor pressupõe que a sentença é incorrecta e que, ao agora réu e anterior requerente do divórcio, não competia qualquer direito à constituição. Esta asserção é inadmissível por força do caso julgado da sentença constitutiva (hoje incontroverso, vd., por ex., *Rosenberg*, § 94 III 2; StJ § 322, 66; BGHZ 40, 130 e segs.). Significativa na prática para as sentenças de divórcio é, somente, quando proferidas após divórcio litigioso (BGB §§ 1565, 1566 II), porque apenas neste caso de sentença obtida fraudulentamente por parte do requerente, pode vir a parte contrária, que não quer o divórcio, com uma posterior acção de indemnização.

Capítulo décimo

Evolução anormal do processo

§ 66. O processo à revelia

Münzberg, Zum Begriff des Versäumnisurteils, JuS 63, 219; *Schima*, Die Versäumnis im Zivilprozess, 1928.

I. Também no processo civil, cada uma das partes tem o direito de ser ouvida (vd. supra § 29). Já se cumpre, quando a parte tiver a oportunidade de conseguir audiência. Nem tem de comunicar que quer defender-se contra a acção, nem tem de comparecer perante o tribunal, nem que aceitar o debate com a parte contrária. Por isso, no processo civil não há, para as partes, nem o dever de resposta nem o dever de comparência (excepção nomeadamente no § 141) e sobretudo não há meio legítimo de forçar directamente a comparência das partes (ainda não nos termos do § 141 III; concordante, LAG Hamm MDR 84, 347 e seg.). A declaração da disposição de defesa, comparência e debate em julgamento são apenas ónus das partes (vd. supra § 26 I). Não sendo suficientes têm de suportar as desvantagens, sobretudo as que pode provocar à parte que mantém o silêncio, não comparece, não se dispõe a discutir (para a problemática de direito constitucional em relação à GG, art. 103 I, vd. BVerfGE 36, 301 e segs.).

Se o réu é revel, oferecem-se duas possibilidades: ou se consideram então todas as alegações do autor impugnadas, mas este pode demonstrá-las unilateralmente, ou se consideram confessadas. A primeira solução domina o processo comum, a segunda acha-se no regulamento judicial geral prussiano e no direito francês. É a preferível. A primeira prejudica o autor, que tem de provar todas as alegações, enquanto no debate em julgamento do réu fica por contestar, a maioria das vezes, uma grande parte; a situação na prática é, pois, que geralmente é revel o réu que nada tem para alegar contra a acção. Por isso o ZPO segue a solução franco-prussiana.

O processo levado a cabo na ausência duma das partes, denomina-se processo à revelia. Termina ordinariamente com a condenação à revelia da parte faltosa. O fundamento é sempre que a parte tivesse podido e devesse comparecer e participar no debate.

Na medida em que se aplique no processo o princípio inquisitório, exclui-se a condenação à revelia, vd. §§ 612 IV, 632 IV, 640.

II. O processo à revelia tem os seguintes **pressupostos** (§§ 330, 331):

1. Que uma das partes compareça e participe no debate.

2. Que a outra parte não compareça e não participe no debate (§ 333).

A parte "não comparece" quando ela própria falta no processo de parte e também não se faz representar por mandatário munido de procuração (vd. supra § 21 V 3). No processo de advogado, a parte incapaz de patrocínio, mesmo que presente por si mesma, deve também fazer-se representar por advogado autorizado junto do tribunal do processo (vd. supra § 21 III 3); de contrário não compareceu no sentido jurídico (vd. supra § 33 IV 2, no final).

Não se dá a não participação no debate se a parte não se pronuncia apenas quanto a várias alegações específicas da parte contrária (para a noção de não participação no debate: BGH ZZP 80, 483 com notas de *Münzberg*; BGH RR 86, 1253 e seg.; LM n.º 3 face ao § 88; para o momento, BGH NJW 93, 862).

3. Só por si, a não comparência ou a falta de participação na discussão, não fundamentam a revelia. Tem de ser fixada regular e previamente a audiência de julgamento, e a parte que não compareça (nem participe no debate) convocada regularmente (notificação !) e oportunamente (prazo de resposta ou de comparência!; § 335 I n.º 2; vd. infra IV 3 a).

Considerando o tribunal o prazo demasiado curto, é este prorrogado oficiosamente, § 337, portanto não é proferida qualquer condenação à revelia.

4. Um caso especial de revelia do réu é regulado pelo § 331 (vd. infra III 4).

III. 1. Verificando-se os pressupostos da revelia referidos supra II, **não se pronuncia, logo, a condenação à revelia** da parte que não comparece ou não participa no debate. Em certos casos tem de ser **indeferido** o **requerimento** para pronúncia da condenação à revelia (vd. infra IV 3) ou **adiado o julgamento** (vd. supra II 3 e infra IV 2).

2. Antes da pronúncia da condenação à revelia, o tribunal tem de examinar se se verificam os **pressupostos processuais**. Faltando algum (exceptuada a admissibilidade da via judicial, GVG § 17 a II, IV, vd. supra § 4 III), a acção é rejeitada por inadmissível, indiferentemente de ser revel o autor ou o réu. A sentença não é uma condenação à revelia.

Não o é na revelia do réu, porque está excluída a condenação à revelia contra a parte que compareça (incontroverso!); não o é na revelia do autor, porque não é proferida com base na revelia, mas sim independentemente dela (BGH NJW 88, 1734, opinião dominante). Segundo o BGH RR 86, 1041, deve ser garantido ao revel o direito a ser ouvido antes da declaração de improcedência da acção (é de rejeitar: quem caiu em revelia não zela o seu direito, vd. supra § 29 II).

Trata-se antes da chamada condenação à revelia não autêntica ("quase-sentença final contraditória") e por isso não impugnável por reclamação (vd. infra § 67), mas somente por recurso.

Na revelia do réu não se considera confessada a alegação do autor, que deve provar a competência territorial, material ou internacional do tribunal a que recorre com base num acordo sobre o lugar de cumprimento (§ 29 II) ou a competência (§ 38; § 331 I 2; que provas do acordo tem de fornecer, é controverso, vd. *Reinelt*, NJW 74, 2310 e segs.). Considerando o tribunal remediável a falta de competência, tem de ser rejeitado o pedido de pronúncia duma sentença à revelia (então é requerida a suspensão de facto do processo até nova audiência) ou tem de ser adiado o julgamento (§ 335 I n.º 1, II; vd. infra IV 2), de contrário profere a absolvição da instância (condenação à revelia não autêntica, vd. supra). O autor que comparece pode evitá-la por ele formular (apenas) na audiência o requerimento de remessa para o tribunal competente (§ 281). Antes da remessa deve ser garantido ao réu revel o direito a ser ouvido; para isso, não é precisa nenhuma audiência de julgamento, § 281 II 2.

3. Não devendo ser indeferido o requerimento para pronúncia da condenação à revelia, nem ser adiado o julgamento, e verificando-se os pressupostos processuais, pode chegar-se à pronúncia da condenação à revelia. Neste caso, tem de **distinguir-se** entre *revelia do autor e do réu.*

a) Na **revelia do autor**, a *acção é julgada sob requerimento improcedente por condenação à revelia* (sentença de mérito!), § 330, e realmente em definitivo (BGHZ 35, 339 e segs.; controverso). Isso sucede sem prévio exame do mérito; igualmente o importante aí não é se o réu excepcionou. Decisiva é a simples ideia: quem não se interessa pelo seu processo, perde-o.

b) Na **revelia do réu** – o caso de longe mais importante! – consideram-se (sob reserva do § 331 I 2, vd. supra 2) confessadas pelo réu todas as alegações de facto do autor e têm, por isso, de servir de base à sentença como autênticas: *confissão ficta*, § 331 I 1 (isto vale ainda após a produção da prova em que, na opinião do tribunal, a alegação do autor foi desmentida, vd. infra § 68 III). Daí resulta que o tribunal não tem de verificar a autenticidade da alegação. O tribunal tem somente de examinar o fundamento da acção, ou seja, se o enunciado do autor considerado confessado justifica o seu pedido (vd. supra § 25 V 1). Não tem lugar a produção de prova.

Resta, portanto, ao tribunal, a apreciação jurídica. São exceptuadas da confissão ficta, todas as alegações cuja prova é inútil mesmo pela confissão, por ex., os factos a considerar oficiosamente.

Sendo a *acção fundamentada* – como em regra – é pronunciada a *condenação do réu à revelia* sob requerimento (contudo, vd. infra IV 3 c). Não sendo a acção fundada (por ex., se o autor pede uma condenação imediata, mas ele próprio alega que o seu crédito ainda não se venceu), tem de ser julgada improcedente, § 331 II. Ambas as sentenças são sentenças de mérito, exequíveis como sentenças finais e susceptíveis de formar caso julgado. Contudo, a improcedência não é uma condenação à revelia, pois que não resulta da revelia mas, com se poderia antes dizer, apesar da revelia, e não é proferida contra a parte revel, mas contra a que comparece. Esta chamada condenação à revelia não autêntica é impugnável por recurso como qualquer sentença em contraditório, e não por reclamação, como na condenação à revelia.

Sobre a decisão conforme o estado dos autos, vd. infra § 68 II.

4. Um caso de **especial revelia do réu** ocorre se este não participa oportunamente no processo preliminar escrito que quer defender-se da acção; aqui o tribunal decide a requerimento do autor, que pode logo ser apresentado na petição inicial, sem audiência de julgamento (§ 331 III). Aplica-se o § 331 I e II: ou o réu é condenado por sentença de condenação à revelia ou a acção infundamentada é julgada improcedente pela designada condenação à revelia não autêntica, sem que o autor tivesse que, nos termos do § 278 III, indicar previamente a deficiente fundamentação, pois tão pouco podia suprimir esse vício na situação de revelia oferecida, como no caso da revelia do réu nos termos do § 331 I 1 (isto resulta do § 335 I n.º 3); concordante nisso, OLG Frankfurt/M. MDR 84, 322 com

anotações. Para o processo por falta de fundamentação da acção, vd. supra 2 e OLG Brandenburg RR 97, 1518.

É duvidoso quando o réu comunicou a sua disposição de se defender "oportunamente". Segundo o § 276 I 1, tem de observar, para isso, o prazo peremptório de duas semanas após a citação para a acção. Tem de se concluir daí que, na violação do prazo, é possível e necessária a reposição do prazo (§§ 233 e segs.) para admitir a sua oportunidade (§§ 230 e seg.). Nos termos do § 331 III, contudo, a comunicação tem de ser observada ainda, quando é recebida antes da sentença subscrita ter sido transmitida pela secretaria – portanto manifestamente sem se ter efectivado a reposição. Este regime baseia-se na – errada – concepção do legislador, que eliminou a reposição contra a inobservância do prazo do § 276 I 1, mesmo a condenação à revelia já pronunciada conforme o § 331 III. Tendo sido tal sentença proferida antes do início da declaração de defesa (§ 276 I 1), está, contudo, excluída a reposição; ao réu apenas assiste a oposição, § 338 (*Kramer*, ZZP 91, 73 e segs.; doutro parecer, StJ § 276, 40 e seg.). Por conseguinte, há uma retumbante contradição entre o § 276 I 1 (com os §§ 230 e seg., 233) e o § 331 III 1: por um lado, a disposição dum prazo peremptório, que é necessário à reposição na sua inobservância; doutro lado, a disposição de que pode ser recuperada a declaração omitida mesmo sem reposição. A opinião dominante resolve a contradição de modo que apenas se funda no § 331 III 1: na inobservância do prazo peremptório do § 276 I 1 é necessária e suficiente a posterior declaração nos limites temporais do § 331 III 1 (vd. *Bergerfurth*, JZ 78, 299, mas também o StJ § 276, 38 e segs.).

5. As **condenações à revelia** são *pronunciadas nos termos dos §§ 330, 331 II* e a parte vencida é notificada (§§ 310 I, 317 I 1). Com isso, inicia-se o prazo da reclamação (§ 339 I; ArbGG 59, 64 VII). As condenações à revelia *nos termos do § 331 III* não são lidas, mas *notificadas* a ambas as partes, § 310 III (vd. supra § 58 I 2 b). Com isso, também se inicia o prazo de reclamação. (vd. § 317 I 2).

As chamadas **condenações à revelia não autênticas** são igualmente lidas ou, no caso do § 331 III, comunicadas por notificação. São notificadas a cada uma das partes (vd. § 317 I 1 e 2). Aí se inicia o prazo de recurso, separadamente para cada uma das partes (no § 317 I 1) ou simultaneamente (no § 317 I 2, vd. supra § 58 I 2 b). O § 312 b não se lhes aplica.

IV. Em certas situações processuais, **exclui-se a pronúncia da condenação à revelia**.

1. Ás vezes, na revelia duma das partes é proferida a chamada **condenação à revelia** não autêntica, nomeadamente na inadmissibilidade (com excepções) e nos termos do § 331 II na inconcludência da acção (vd. supra III 2, 3 b, 4).

2. A audiência decorrente do requerimento para pronúncia duma condenação à revelia tem de ser **adiada oficiosamente**, quando o tribunal considere que o prazo da resposta ou para comparência é demasiado curto (vd. supra II 3) ou a parte foi impedida, sem culpa sua, de comparecer na audiência, § 337.

3. Em certos casos o **requerimento de pronúncia de condenação à revelia** tem de ser **indeferido** por decisão, § 335 (contra isso, agravo imediato, § 336). O adiamento é possível (vd. § 335 II), mas somente sob os pressupostos do § 227.

Os casos de indeferimento são (§ 355 I n.º 1-3):

a) A parte que *não* comparece não foi *convocada regularmente*, nomeadamente, em tempo devido (§ 274 III ou § 217 !), § 335 I n.º 2, pelo que não tinha necessidade de comparecer, não sendo, portanto, revel. Por isso está excluída a condenação à revelia.

b) A parte que comparece não apresenta a prova exigida do *pressuposto processual*, § 335 I n.º 1; não se pode, por ex., determinar se o réu que não comparece é maior, portanto dotado de capacidade judiciária; então a condenação à revelia está excluída por ser sentença de fundo, mas também a absolvição da instância não é possível, porque a falta do pressuposto processual ainda não foi determinada (sendo determinada, absolvição da instância, vd. supra III 2).

c) O *autor* alega no julgamento *factos* (ou formula um pedido de fundo) que *não* foram *comunicados oportunamente* ao réu que não comparece, por escrito, § 335 I n.º 3 (para isso, § 132, para a acção § 274 III; § 226; é relevante para a oportunidade a presunção de recepção do § 270 II 2). Esta disposição só se aplica na revelia do réu; pois sendo o autor revel, a acção é julgada improcedente, nos termos do § 330 sem atenção à alegação de facto. O § 335 I n.º 3, tem por efeito que a alegação desfavorável ao réu apenas pode constituir fundamento de condenação à revelia contra ele, se dela tomou oportunamente conhecimento. Sendo, por ex., a acção inconcludente, o réu não tem de recear que o autor torne viável a acção na sua ausência por nova alegação e obtenha a sua condenação à revelia. Pelo contrário, tendo o requerimento de pronúncia de condenação à revelia de ser julgado improcedente (não eventualmente dar lugar à absolvição da instância na acção – concludente! – argumento no § 331 II, meio período 2).

d) Não foi concedido ao réu qualquer prazo para declaração da sua disposição de se defender, no caso de estabelecimento de prazo, não se efectivar a elucidação, compreensível para leigos, sobre as consequências da inobservância do prazo e (no processo de advogados) sobre o patrocínio obrigatório por advogado, § 335 I n.º 4. Aqui o requerimento não é julgado improcedente – contra o texto da lei – mas a medida não efectivada suprida oficiosamente.

§ 67. A reclamação

Fasching, Die Rechtsbehelfe gegen Versäumnisurteile im deutschen und österreichischen Zivilprozess, FS Baur, 1981, pág. 387; *Münzberg*, Die Wirkungen des Einspruchs im Versäumnisverfahren, 1959.

I. Contra a condenação à revelia, assiste à parte contra quem foi proferida, a reclamação, § 338. Não é um recurso (como, por ex., a apelação), porque não leva o processo à instância superior e não serve para a revisão da condenação à revelia. O processo fica no tribunal que proferiu a decisão à revelia. Isto é legítimo. A revisão pelo tribunal superior seria prematura, porque o inferior não podia sentenciar até então com base no normal exame da matéria e conforme a sua convicção. Contudo, as disposições sobre a formulação da reclamação são muito semelhantes às da formulação dos recursos. A renúncia e a desistência são possíveis do mesmo modo que na apelação, § 346 (vd. infra § 72 VII).

II. Prazo, forma e fundamentação

A reclamação deve ser formulada no **prazo peremptório** de duas semanas, de uma semana no processo laboral; o prazo inicia-se com a notificação da sentença (§ 339 I, ArbGG §§ 59, 64 VII; vd. ainda supra § 58 I 2 b, face ao § 331 III).

A reclamação é formulada pela apresentação no tribunal do processo dum **requerimento escrito de reclamação** (§ 340 I), no tribunal de comarca e no processo laboral também por termo na secretaria § 496 (tome em consideração o § 129 a), ArbGG §§ 59, 64 VII. Sobre o momento da apresentação, vd. infra § 73 II e BGH NJW 84, 1237. O requerimento escrito de reclamação tem um conteúdo obrigatório (§ 340 II), que só a evidência exige: a identificação da sentença impugnada e a indicação do que a reclamação pretende, mais o nome do reclamante. O escrito tem de ser assinado autografamente (BGHZ 101, 136 e segs.; para as excepções, vd. infra § 73 II).

A reclamação tem de ser **fundamentada** por escrito (por ex., já no requerimento escrito da reclamação) ou por termo na secretaria, no prazo da reclamação; é possível o prolongamento do prazo (§ 340 III 1, 2). Na fundamentação têm de ser alegados todos os meios de ataque e de defesa, tanto quanto exige o dever de impulso processual; também têm de ser alegadas as reclamações sobre a admissibilidade da acção. Está excluída alegação posterior e só é consentida nos termos do § 296 I, III, IV; isso é indicado na notificação da condenação à revelia (tem em vista o § 340 III 3, 4; ambos os períodos dependem do período 1, vd. ainda BGH NJW 81, 928). O requerimento escrito da reclamação com a fundamentação tem de ser notificado à parte contrária, § 340 a.

1. O tribunal tem, antes de mais, de **examinar** oficiosamente **se a reclamação é admissível**.

Não sendo admissível a reclamação (por ex., conforme o § 345) ou não formulada na devida forma e prazo, o tribunal pode rejeitá-la por despacho, sem audiência de julgamento; contra isso há agravo imediato se a sentença de rejeição fosse susceptível de recurso, § 341 II; para outros agravos imediatos, vd. § 568 a. A fundamentação errada da reclamação (§ 340 III) leva apenas à preclusão mas não torna a reclamação inadmissível (vd. §§ 341 I, 340 III 3; BGH RR 92, 957).

Não proferida nenhuma decisão de rejeição, é fixada data para o julgamento da reclamação e a matéria de fundo, § 341 a. Também aqui pode ainda ser rejeitada a reclamação por inadmissível (§ 341 I), mas só por sentença. Então não se passa ao julgamento sobre a matéria de fundo, estando em vigor a condenação à revelia.

2. **Sendo a reclamação** – como normalmente – **admissível**, faz-se o julgamento da questão de fundo. Aí o processo – na medida em que a reclamação atinja (importante na impugnação parcial, vd. § 340 II 2) – retroage à situação em que se achava antes da entrada em revelia, § 342, isto é, a condenação à revelia continua, sem dúvida, a subsistir (em todo o caso por agora), mas não é atendida no julgamento (contrariamente ao § 318!). Assim, tendo o réu sido revel na primeira audiência, debate-se agora contraditoriamente, pela primeira vez. Tendo sido já debatido, consideram-se todas as declarações das partes e meios de prova da audiência anterior.

Do resultado do julgamento depende o que vai determinar a **nova sentença**. Provando-se a justeza da condenação à revelia, com base na discussão contraditória e eventual produção de prova, aquela mantém-se. Demonstrando-se a sua incorrecção, é revogada e decidida simultaneamente a acção de modo divergente. Vd. § 343.

Sobre a repartição das custas, vd. o § 344.

3. A parte reclamante que se mantenha ausente ou não participe no debate (vd. supra § 66 II 2), na audiência para que foi convocada pela sua reclamação e, como *consequência imediata* é considerada *revel pela segunda vez*. Então o processo não retroage à situação em que se achava

antes da revelia, nos termos do § 342, mas é proferida contra o reclamante uma **segunda condenação à revelia** (no "sentido técnico"): indefere-se a reclamação, vd. § 345, ArbGG § 59 período 4.

Se o autor ou o réu reitera a revelia, equipara-se. É controverso, se na revelia do réu se procede a (repetido) exame da concludência. A opinião dominante (vd. StJ § 345, 7; BAG JZ 95, 524 com notas, *Braun*) afirma-o, dificilmente com razão; pois a segunda condenação à revelia "rejeita" a reclamação, ou seja, constata pura e simplesmente, que a primeira condenação à revelia não pode ser impugnada pela reclamação (MK-ZPO § 345, 9-20 com outras notas). Exclui-se, em regra, a impugnação da segunda condenação à revelia: não se oferece nunca outra reclamação, § 345; a apelação e a revista só se admitem com a fundamentação concludente, não se apresenta qualquer caso de revelia (§§ 513 II 1, 566; vd. infra § 73 I). A lei impede assim, eficazmente, o arrastamento do processo por reiterada revelia.

Ocorre diversamente no caso em que o mandado de execução represente uma "primeira condenação à revelia" (§ 700 I). A reclamação apresentada contra ela só pode ser rejeitada nos termos do § 345 se foram examinadas (e confirmadas) a admissibilidade e concludência (§ 700 VI); isto é conveniente, porque o exame não se podia realizar no processo de injunção, visto que o dever de verificação do juiz da reclamação (apenas: § 700 VI !) se alarga neste caso, parece coerente possibilitar também a sua revisão, na mesma extensão, pelo juiz do recurso, no âmbito do § 513 II (BGHZ 112, 372 e segs.; para isso MK-ZPO § 345, 19, 20). Um "caso de revelia" não se apresenta assim, se à pronúncia duma segunda condenação à revelia após um precedente mandado de execução, se opõe a inadmissibilidade ou inconcludência da acção (BGHZ 112, 373 e seg.).

É de ter em consideração o seguinte: não sendo a parte reclamante revel na audiência de julgamento da reclamação (§ 345), mas somente noutra audiência, pode repetir-se a diligência, portanto ("primeira") condenação à revelia, em seguida reclamação (para isso, vd. infra § 68 II).

§ 68. O significado prático do processo à revelia

I. O caso de longe mais frequente e na prática o mais significativo, é o processo à revelia contra o réu no processo preliminar para discussão oral. O réu que nada tem a alegar contra a acção, não comparece. A condenação à revelia no processo preliminar escrito (§ 331 III) desempenha, na prática, um papel bem (mais) diminuto. As condenações à revelia contra o réu no início do processo abrangem os casos numerosos em que não existe entre as partes qualquer litígio sobre a fundamentação da acção, antes o autor quer pressionar o réu e obter um título executivo.

Muito mais raro é o processo à revelia contra o autor na audiência preliminar. Pois o autor, convencido das poucas probabilidades de êxito da acção, não a activará de modo algum, desistirá ou renunciará a ela.

O processo à revelia em audiência posterior não tem qualquer significado particular. A não comparência pode significar que a parte desiste da luta; então formula muitas vezes uma declaração expressa (confissão ou desistência). Mais frequentemente há negligência na condução do processo.

II. A condenação à revelia aparenta, a um primeiro olhar, ser uma arma afiada contra a demora do processo. A favor dela fala-se ainda da posição preferencial como título executivo, pois, em princípio, tem de ser declarada exequível provisoriamente sem prestação de caução (§ 708 n.º 2, §§ 712 e seg.), pois suspende a possível obrigação de indemnizar o dano, do § 717 II. Antes seria fortemente desvalorizada a condenação à revelia se pudesse ser impugnada por reclamação sem fundamento. A Novela de simplificação dificultou uma fundamentação posterior (§ 340 III, vd. supra § 67 II). Mas uma parte de má fé pode ainda hoje ganhar tempo pela revelia, publicação da sentença, reclamação, novo debate, nova revelia, etc. Para impedir isso, a parte que comparece pode apresentar requerimento para **decisão conforme o estado dos autos**, § 331 a; esta toma também em consideração os resultados de anteriores debates e provas. Assim, o autor pode obter uma decisão de prova que faz, realmente, avançar o processo, ao passo que a condenação à revelia pode levar à demora. Na revelia a uma audiência posterior, o autor (bem como o réu) pode também obter uma **sentença** sob os pressupostos do § 251 a II, que muitas vezes ocorrem. Esta sentença é uma *sentença contraditória*, faz cessar, portanto, o processo na instância respectiva e é impugnável apenas por recurso, não por reclamação.

III. É duvidoso no processo à revelia em vigor se deve ser proferida a condenação à revelia, numa audiência posterior com o repúdio de prévio debate e produção de prova. Isso força o tribunal a proferir uma decisão contra a sua convicção e os resultados do anterior decurso do processo. Por isso, em harmonia com muitos direitos estrangeiros deveria limitar-se o processo à revelia à primeira audiência de julgamento.

§ 69. O processo perante o tribunal de comarca

I. Enquanto o ZPO trata o processo do tribunal do Land como o caso normal e, por isso, apenas regula os desvios do processo do tribunal de comarca, numericamente o processo do tribunal de comarca é, de longe, mais frequente que o do tribunal do Land.

Em princípio não subsistem mais quaisquer diferenças entre ambos os processos. Os desvios do processo do tribunal de comarca tornam-se sempre mais reduzidos na nova legislação, porque as disposições importantes anteriormente vigentes no processo do tribunal de comarca, passaram ao processo do tribunal do Land.

II. Os desvios do processo do tribunal do Land resultam de serem tratadas perante o tribunal de comarca questões geralmente mais simples; pois está de acordo com a mais segura experiência que os processos com valor de litígio relativamente mais baixo são por regra menos difíceis (vd. supra § 9 II 1). Por isso, devem ser mais simples e mais baratos para as partes.

1. Assim não há, em princípio, *patrocínio obrigatório* perante o tribunal de comarca. Antes as partes podem intervir no processo por si mesmas ou serem representadas por qualquer pessoa dotada de capacidade judiciária (duvidosa limitação de direito constitucional pela RBberG, vd. supra § 21 III 4).

Há obrigatoriedade de patrocínio por advogado perante o AG/tribunal de família em certas questões de família, § 78 II. Não, enquanto se apliquem as simplificações do processo de parte no tribunal de comarca: §§ 608, 621 b, 624 III.

2. Outra especialidade importante consiste em que a acção e a contestação do pedido podem ser apresentados oralmente por termo na secretaria; o mesmo se aplica a outros requerimentos e declarações que têm de ser notificados, § 496. A facilitação significa ainda que as partes podem recorrer à ajuda de qualquer tribunal de comarca para a formulação dos seus requerimentos e declarações, § 129 a.

Os articulados só têm de ser formulados com base em determinação judicial, especialmente nesse sentido e, também aqui, basta a declaração por termo na secretaria, § 129 II.

O prazo de convocação é fortemente reduzido, § 217.

3. Sendo o tribunal de comarca incompetente em razão da matéria ou do território, o juiz deve indicar ao réu a incompetência, antes do julgamento de fundo e aí informar que pela comparência sem impugnação, o tribunal de comarca torna-se competente (§§ 504, 39, 40 II; vd. supra 11 VI).

O AG torna-se incompetente em razão da matéria se pela ampliação do pedido, pela reconvenção ou acção de verificação interlocutória da existência ou ausência dum direito cujo objecto do pedido exceda a competência do tribunal de comarca. Neste caso tem de ser remetido ao LG, a requerimento, todo o processo, § 506 (a não ser que o AG se tenha tornado competente nos termos dos §§ 39, 40 II, 504, vd. supra).

4. Não excedendo o valor do litígio 1.500 DM no momento da propositura da acção e não sendo exigível a uma das partes a comparência perante o tribunal, o tribunal pode determinar oficiosamente o debate por escrito e decidir por sentença, que é publicada, § 128 III, 1, 2. Para garantia do direito de ser ouvido, vd. BVerfGE 72, 121 e seg.

A determinação pode ser revogada pela modificação do estado do processo; tem de ser revogada quando uma das partes o requeira ou a comparência das partes seja impreterivelmente necessária para o esclarecimento dos factos, § 128 III, 3, 4.

O processo escrito nos termos do § 128 III, não se confunde com o processo preliminar escrito nos termos do § 276 (vd. § 272 II). Calando-se o réu no caso do § 128 III, isso não leva a uma condenação à revelia de modo análogo ao § 331 III, mas sim a uma sentença final normal contra ele (controverso). A sentença é, em regra, inimpugnável se, e porque, o montante do recurso não ultrapasse 1.500 DM (vd. § 511 a I com os §§ 2, 3, 4 I). Se a sentença pode ser impugnada por infracção da GG art. 103 I nos termos do § 513 II (por analogia), é controverso (vd. supra § 29 III e infra 5).

Para os processos com um valor de litígio até 1.200 DM o § 495 a prevê um *processo simplificado* (não se aplica aos processos do tribunal do trabalho, ArbGG § 46 II 2).

O tribunal determina o seu processo segundo a equidade. Assim, pode afastar-se, por ex., das disposições de prova formal (vd. supra § 49 III) ou do processo à revelia. Imprescindíveis são a publicidade do processo, a concessão do direito a ser ouvido, a não discriminação das partes, a neutralidade judicial, processo leal. Procedendo-se, assim, não há quaisquer objecções de direito constitucional contra o § 495 a, contudo, mal pode ser o caso da configuração do processo "ex aequo et bono". Sob requerimento deve ser debatido oralmente (isso leva em conta o MRK art. 6 I), em regra devia isso ocorrer também sem requerimento, porque apenas assim pode ser feito adequado uso do § 139 (vd. supra §§ 25, VII, 27 I). Na sentença, estando sempre a exposição dos factos, são prescindíveis os fundamentos da decisão, quando o seu teor essencial está nos autos (desvio do § 313 a I; mas o § 313 a II n.º 4 – invocação da sentença no estrangeiro – podia aplicar-se correspondentemente).

O § 495 a não se baseia no valor do processo no momento da propositura (diferentemente do § 128 III 1), de modo que a alteração do valor pode fundamentar ou fazer cessar a admissibilidade do processo simplificado (*Thomas/Putzo*, § 495 a, 1; doutro parecer, *Baumbach*, § 495, 5).

Contra a sentença há recurso admissível, segundo o ZPO (§ 511 a). Tendo de interpor-se o recurso constitucional, por ex., por infracção do direito a ser ouvido (GG art. 103 I), *deve* previamente tentar-se reparar esta violação § 513 II (BVerfG NJW 97, 1301). Para a relevância no sistema de recursos, vd. *Kunze*, NJW 97, 2154 e seg. e supra § 29 III.

§ 70. As decisões sem debate oral

I. Há decisões não dependentes de debate oral e que são logo lidas (vd. infra II, III). Além disso há sentenças que são decididas sem debate oral (em vez de lidas) notificadas (vd. infra IV).

II. O tribunal pode decidir **sem debate oral, se ambas as partes consentirem** (previamente), § 128 II 1, e o tribunal o considere adequado. O consentimento tem de ser declarado perante o tribunal e compõe-se de duas declarações unilaterais (não há, portanto, qualquer contrato; pois a lei pede apenas o "consentimento", não o "acordo" das partes). O consentimento respeita à próxima decisão, quando seja decisão ou impulsione substancialmente esta, não contenha qualquer condição e só seja revogável por alteração substancial da situação do processo. Já não pode mais decidir-se sem debate oral se decorreram mais de três meses, desde a entrega da última necessária declaração de consentimento. O tribunal tem de decidir imediatamente, após a recepção da última declaração, até quando podem ser apresentados os articulados e quando é pronunciada a decisão, § 128 II, 2. A pronúncia deve ser produzida dentro do prazo de três meses do § 128 II 3. Isto deve prevenir o emprego excessivo do § 128 II e a demora do processo causada pelo tribunal por pronúncia tardia da decisão. O sucesso é duvidoso, pois a infracção pelo tribunal fica sem sanção (vd. BGH NJW 92, 2147).

O fundamento da decisão é todo o teor dos autos. Têm de ser tomados em consideração os articulados oportunamente entrados (vd. § 128 II 2). Chegando-se só após debate oral ao processo nos termos do § 128 II, também é fundamento da decisão a alegação oral; na mudança de juiz (vd. § 309) só se aplica isto se a exposição oral for mantida por escrito (BGH LM n.º 3 face ao § 309, com anotações de *Wax*).

A decisão pode ser um despacho, por ex., um despacho de produção de prova, ou uma sentença. Em ambos os casos tem de ser pronunciada, vd. § 128 II 2. Para isto, aplicam-se as disposições gerais (vd. supra § 58 I 2).

III. O **tribunal de comarca** pode ordenar **oficiosamente** em certos casos que se **proceda a debate por escrito** (em vez de oralmente); § 128 III. Este debate por escrito serve a preparação duma sentença final do processo. Para os pormenores, vd. supra § 69 II 4. Para outra possibilidade de discussão por escrito, vd. supra § 69 II 5 face ao § 495 a.

IV. No **processo preliminar escrito** (§§ 272 II, 276) pode chegar-se a uma sentença sem debate oral, se o réu não declarar oportunamente que quer defender-se na acção. A condenação do réu produz-se por condenação à revelia; sendo rejeitado o pedido, trata-se quanto a sentença, duma condenação à revelia não autêntica (§ 331 III, II; vd. supra § 66 III 4). A leitura é substituída pela notificação oficiosa da sentença, § 310 III (vd. supra § 58 I 2 b); não é precisa outra notificação, § 317 I 2.

Formulando o réu confissão no processo preliminar escrito, é condenado sob requerimento, sem debate oral, por sentença sobre confissão, § 307 II. Também aqui é substituída a leitura pela notificação oficiosa da sentença, § 310 III (vd. supra § 58 I 2 b); igualmente não é precisa outra notificação, § 317 I 2.

§ 71. O processo perante o juiz singular

I. A Novela de 1924 introduziu o juiz singular no LG e OLG, para preparar o processo perante o colectivo e, desta maneira, o acelerar e desonerar o tribunal colectivo. A Novela de exoneração de 1974 trouxe como inovação essencial para a secção cível da primeira instância o juiz singular que decide sozinho. Para a secção da primeira instância em questões comerciais e para o tribunal de apelação mantém-se, em princípio, o juiz singular na preparação. A lei de exoneração do secretário judicial de 1993 determina que a secção cível em primeira instância tenha de decidir, em regra, pelo juiz singular.

II. O **juiz singular** não é nunca um mero órgão do colectivo como, por ex., o juiz encarregado. Pelo contrário, ele é **"o tribunal do processo"** (câmara, secção) só que **noutra composição**. (O tribunal em acção com formação colegial poderá designar-se "o tribunal do processo em pleno"). Por isso, há patrocínio obrigatório perante o juiz singular (§ 87) e as suas decisões não estão sujeitas ao controlo do colectivo, antes se impugnam tal como as decisões do tribunal do processo em pleno, por ex., pela reclamação ou apelação (§ 350).

III. O juiz singular que decide sozinho, § 348. A secção cível (mais rigorosamente: o tribunal do processo em pleno) pode, em princípio, como tribunal de primeira instância, encarregar um dos seus membros, como juiz singular, para exclusivamente proceder ao julgamento e decisão de qualquer processo, se a causa não for de importância fundamental (noção: vd. infra, § 74 II 2) nem de direito, nem especialmente de facto – ou seja, a medida comum consideravelmente ultrapassada – mostre dificuldades (por ex., pela inquirição de numerosas testemunhas ou porque têm de ser respondidas complexas questões de direito internacional privado), § 348 I. Aqui a lei admite indirectamente que o colectivo concede melhor protecção jurídica que o juiz singular.

Quem tem de ser nomeado como juiz singular no processo concreto, determina-se segundo a distribuição que o presidente estipulou para um ano (GVG § 21 g III). Desde a atribuição, o juiz singular é o tribunal do processo (vd. supra II) e efectivamente para todo o processo. É inadmissível encarregar o juiz singular apenas da audição das provas.

Para evitar a demora do processo, é inadmissível a atribuição, se já na audiência principal (insuficiente na audiência preliminar) se debateu a questão de fundo perante o colectivo, portanto o julgamento litigioso no sentido do § 278 II cessou (segundo outro parecer, se teve início; vd., porém, o texto discordante do § 39 período 1, e ainda supra § 43 VII); a atribuição é no entanto possível (novamente) logo que o colectivo tiver proferido sentença provisória, parcial ou interlocutória (§ 348 III), porque com isso se obteve uma nova situação processual. Tendo o juiz singular devolvido ao colectivo o processo que lhe foi atribuído, é inadmissível, nova atribuição; o jogo de empurra para lá e para cá entre o colectivo e o juiz singular deve ser impedido (§ 348 IV).

O autor tem de manifestar-se na petição inicial (§ 253 III), o réu na contestação (§ 277 I 2, § 275 I 2 HS 2), sobre a questão da atribuição. A atribuição ao juiz singular produz-se após a recepção das notas com base no debate oral facultativo (vd. supra § 27 II) por decisão inimpugnável (§ 348 II). A atribuição em infracção ao § 348 I, III, constitui uma infracção processual essencial, § 539 (OLG Nürnberg RR 93, 574).

IV. O juiz singular preparatório

1. Na **secção para as questões comerciais**, como tribunal de primeira instância, o presidente tem de fazer avançar o processo de modo que possa ser resolvido perante o colectivo numa única audiência de julgamento (§ 349 I 1). Esta tarefa cabe-lhe por força da lei.

Ele só pode deduzir provas enquanto previsivelmente não se trate do especial conhecimento profissional do juiz do comércio e o colectivo pode provavelmente apreciar o resultado mesmo sem impressão directa (§ 349 I 2). Porque o presidente não é profeta, tinha que contar com as provas.

O presidente pode decidir sozinho uma série de casos em que a intervenção do colectivo não valha a pena, § 349 II. Outras decisões, nomeadamente a decisão final, o presidente só as pode proferir (controverso) com o acordo das partes (§ 349 III).

A lei não designa o presidente "juiz singular", para evitar confusões como o juiz singular nos termos do § 348. Distinguem-se ambos no seu estatuto interno judicial perante o colectivo, pelo que o § 348 não se aplica ao presidente (§ 349 IV). Todavia para o exterior o presidente também é, no entanto, no âmbito do § 349 o "tribunal do processo" somente que noutra composição; para as consequências, vd. supra II.

2. No **processo de apelação**, o tribunal de apelação pode, para além do presidente, designar para debate oral um juiz singular que prepara a decisão (§ 524 I). A sua função assemelha-se à do presidente, nos termos do § 349 (vd. supra 1). Na instrução tem de ser discreto (§ 524 II); o seu poder legal de decisão é limitado (§ 524 III). Actuando a secção cível ou a secção para as questões comerciais como tribunal de apelação (vd. GVG §§ 72, 94), aplica-se somente o § 524; os §§ 348 e seg. são inaplicáveis (vd. § 523).

Na instância de revista não há juiz singular (557 a).

V. A introdução do juiz singular que decide sozinho, pega numa obra arquitectada no princípio dos anos 70, mas inserida nos três graus da jurisdição cível graças aos cofres públicos vazios (*Strempel*, FS Schippel, 1996, pág. 70 e seg., 74 e seg.). Sem dúvida não há qualquer coerção sem excepção para a designação do juiz singular mas, pelo menos em regra, tem também de decidir um juiz sozinho no LG em primeira instância. Desta maneira o tribunal colectivo é rechaçado, se bem que, mesmo no entender do legislador (§ 348 I !) possa garantir melhor protecção jurídica. Esta evolução não é de aprovar. No início dos anos 90 reanimou-se a discussão sobre os três graus (desta vez primariamente sob a perspectiva da possibilidade de redução da justiça realizada no terreno e a ainda por realizar investigação jurídica dos factos) vd. *Strempel*, loc. cit., pág. 65 e segs.; fundamentação do projecto da lei de reforma do direito de menores (BR-Drs. 180/96 pág. 83). Mas podia também desta vez regular por fundamentos de custas.

Capítulo décimo primeiro

Recurso e revisão do processo

§ 72. Os recursos em geral

I. Como recurso, entende-se o meio de impugnação processual concedido às partes, para impugnar uma decisão judicial – sobretudo uma sentença – e obter a sua revisão por um tribunal superior. É assim, característico o **"efeito devolutivo"**, a transição do processo à instância superior (por isso, a reclamação e a revisão não são recursos no sentido do ZPO), ao lado do **"efeito suspensivo"**, o diferimento do caso julgado formal. Neste sentido, são recursos: a apelação, a revista e o agravo imediato. O agravo simples segue por vezes outras regras, não obstante ser um recurso, segundo a lei. Para todos os recursos é ainda essencial que a decisão seja revista, portanto, que o recorrente (o que interpõe o recurso) alegue a sua incorrecção.

O recorrente chama-se apelante ou recorrente de revista, a parte contrária, o correspondente apelado ou recorrido na revista. Isto não pode induzir a aceitar que o recurso seja uma "acção" no sentido do § 253 (digno de leitura, BGH NJW 88, 2047 e seg.). Por ex., o réu pode ser apelante ou recorrente de revista.

II. Variada formação dos recursos

A *revisão* das decisões é concebível *a respeito dos factos e do direito*. Os recursos são formados aqui de modo variado. Na apelação, a revisão é admissível a ambos os respeitos (e bem assim no agravo), na revista (e no recurso extraordinário) somente a respeito do direito.

Ainda é possível a variada formação do processo, conforme a revisão se limite à sentença e seus fundamentos ou também podem ser chamados *novos factos e meios de prova*. Na apelação há o direito de aduzir novos materiais, mesmo que com fortes limitações; na revista está excluído, em princípio.

O legislador pode ainda limitar o tribunal de recurso à anulação da decisão impugnada (*cassação*) *ou* permitir-lhe *decidir* o litígio *novamente*, por si mesmo. Nos termos do ZPO, a última é a regra no caso da apelação e agravo, bem como uma modalidade possível no caso da revista.

III. O significado da política do direito dos recursos consiste, antes de mais, na garantia reforçada da justeza da decisão. A admissão de recursos exerce sobre os tribunais inferiores uma pressão salutar para que fundamentem cuidadosamente as decisões. Servem sobretudo a segurança duma jurisprudência unitária, quando os processos terminam no tribunal superior ou poucos atingem os tribunais superiores, enquanto a jurisprudência dos tribunais inferiores tem de permanecer no seu grande número difusa e dispersa. O necessário desenvolvimento da ordem jurídica só é possível pela jurisprudência dos tribunais superiores, cujas decisões são publicadas e dotadas de uma especial autoridade "natural". Por isso, a utilização dos recursos não serve apenas o interesse da parte concreta, mas antes da jurisprudência no seu todo, especialmente expressa na revista.

Contudo, os recursos têm também inconvenientes: atrasam e encarecem o processo. Disso são atingidas não apenas as partes, mas também o público em geral. O Estado deve ter em atenção que o dispêndio da intervenção judicial e as custas atinjam uma relação adequada à importância do litígio. Não se exige que ponha à disposição várias instâncias mesmo para bagatelas (vd. BVerfGE 54, 291).

A importância dum processo, em certos limites, mede-se pelo valor do objecto do recurso. Sendo ele estimado relativamente baixo, podem muito bem voltar sempre na instância superior importantes questões controversas para as partes. É hoje o caso na apelação (nos termos do § 511 a, a sucumbência deve exceder 1.500 DM; em litígios patrimoniais resolvidos pelos tribunais de trabalho, deve a sucumbência situar-se acima de 800 DM, ArbGG § 64 II). Tendo o tribunal de recurso, porém, a função de decidir em primeira linha questões fundamentais de direito, pode não depender da sucumbência o acesso ao tribunal superior (primariamente ou sozinho). Aqui mostra-se que o recurso tem de ser admitido por força da relevância, em princípio, do processo e sem atenção à sucumbência (vd. infra §§ 73 IV, 74 II).

IV. Em cada recurso tem de distinguir-se a **admissibilidade** e a **motivação**. A primeira tem de ser examinada previamente, pois só se for assente, o tribunal pode examinar se o recurso também está fundamentado quanto ao fundo (controverso, vd. sobre isto *Jauernig*, FS Schiedermair, 1976, pág. 289 e segs., com notas). Por isso, está determinado para todos os recursos que o tribunal superior tem de examinar oficiosa e previamente a **admissibilidade** do recurso. Esta **pressupõe**: a **permissibilidade**, a observância do **prazo** e da **forma** (vd. §§ 519 b I, 554 a I), a **sucumbência** (vd. infra V).

É permitido o recurso quando foi previsto contra a sentença impugnada conforme a sua espécie em geral (por ex., não contra uma primeira condenação à revelia, §§ 513 I, 566; não contra um acórdão de apelação do LG, vd. § 545 I). A maior parte dos recursos têm prazo limitado, todos precisam de certa forma.

Estes pressupostos da admissibilidade correspondem aos pressupostos gerais do processo. Como na sua falta não pode seguir-se qualquer decisão de fundo da acção, também aqui na falta de admissibilidade não pode haver qualquer decisão sobre o objecto do recurso; antes, este tem de ser rejeitado por inadmissível sem exame do seu objecto (ao contrário da rejeição por falta de fundamento após o exame do seu objecto).

Após a rejeição, o recurso pode ser apresentado de novo, quando o prazo do recurso ainda não decorreu (BGH NJW 81, 1962 e seg., para isto *Jauernig*, MDR 82, 286).

No âmbito da procedência da apelação e da revista têm de ser examinadas a admissibilidade e mérito da acção. Tendo, por ex., o réu sido condenado apesar da inadmissibilidade da acção, a sua apelação é fundada se e porque a acção é inadmissível.

V. O recurso só é admissível se o recorrente foi **vencido** pela decisão impugnada.

Literatura: *Baur*, Zur "Beschwer" im Rechtsmittelverfahren des Zivilprozesses, FS Lent, 1957, pág. 1; *Bettermann*, Die Beschwer als Rechtsmittelvoraussetzung im deutschen Zivilprozess, ZZP 82, 24; *Bettermann*, Die Beschwer als Klagevoraussetzung, 1970; *A. Blomeyer*, Antrag und Beschwer, FS Fragistas, 1967, pág. 463; *Brox*, Die Beschwer als Rechtsmittelvoraussetzung, ZZP 81, 379; *Lepke*, Zur Beschwer als Rechtsmittelvoraussetzung beim arbeitsgerichtlichen Anerkenntnis- und Verzichtsurteil, DB 80, 974; *Ohndorf*, Die Beschwer und die Geltendmachung der Beschwer als Rechtsmittelvoraussetzungen im deutschen Zivilprozessrecht, 1972.

A **sucumbência** é – como especial manifestação do interesse na protecção jurídica – um pressuposto de **admissibilidade do recurso** (e acções de revisão, vd. infra § 76 I), não mencionada genericamente na lei. Só excepcionalmente é referida (§§ 2, 546, 554 b I).

A exigência da sucumbência tem duas tonalidades. Por uma, só a parte vencida, porque prejudicada, decide da formulação dum recurso (admissível). Isto é emanação do seu poder de disposição, como tomámos conhecimento, de modo semelhante, já no § 24 I, II, supra, com a propositura da acção. Aí, onde, por ex., a autoridade administrativa, o autor e, por consequência, também o recorrente pode ser "funcionário de toda a ordem jurídica", a sucumbência não é para ele pressuposto do recurso (por ex., no processo da anulação do casamento, vd. infra § 91 II 3; BGH NJW 75, 1659; BVerwG MDR 77, 868). Por outro lado, o recurso só é admissível se com ele se luta pela eliminação da sucumbência do recorrente (BGH RR 96, 1211; jurisprudência constante). Só pelo exame da justeza do recurso se mostra se a sucumbência é justificada.

O recorrente é vencido se a decisão é juridicamente *prejudicial* para ele. A questão está em saber se esse prejuízo já existe quando a decisão pronunciada produz efeitos em geral desfavoráveis (**sucumbência material**), ou só quando os efeitos da decisão pronunciada são mais desfavoráveis que os queridos, nomeadamente os que foram requeridos (**sucumbência formal**).

Ao **autor**, a opinião dominante exige uma *sucumbência formal*. Ao **réu**, é controverso se deve ter sido *vencido formal ou materialmente* (pela sucumbência formal, por ex., BGH NJW 79, 428 e seg.; 91, 704; pela material, por ex., BGH ZZP 74, 364). A controvérsia não incide em todas as normas, porque o réu (como também o autor) é vencido em sentido duplo.

Exemplos: o autor é formal e materialmente vencido se a sua acção é julgada improcedente. Do mesmo modo o réu é vencido se, em vez da requerida absolvição do pedido apenas é pronunciada a absolvição da instância (BAG NJW 94, 2781 com notas) ou se a acção, por virtude de compensação invocada subsidiariamente, não é julgada improcedente pela inexistência do crédito exigido na acção (BGHZ 26, 297; vd. supra §§ 45 II 1, 63 III 3). A sucumbência do réu condenado mantém-se, se só provisoriamente, para suspensão da execução, cumpre a sentença provisoriamente exequível (BGH NJW 81, 2244), também se o litígio não foi resolvido na questão de fundo, pois apenas se produziu uma regulação provisória (vd. supra § 42 VI 2 a; BGHZ 86, 270 com notas). O apelante é formal e materialmente vencido quando requer a condenação e em vez desta se produz a sua revogação e devolução à instância anterior (BGH NJW 93, 538); correspondentemente, o apelado é vencido formal e materialmente se pede a rejeição da apelação, mas o tribunal decide a revogação e devolução à instância anterior (BGH NJW 95, 124). – Para a sucumbência no pedido não quantificado da acção, vd. supra § 39 II 2. Para a sucumbência aparente, BGH NJW 93, 2053.

Nestes casos, as desvantagens jurídicas resultam do teor da decisão, susceptível de transitar. Mas também podem fundamentar a sucumbência as desvantagens para além do teor da sentença susceptível de transitar.

O autor, por ex., também é formal e materialmente vencido quando, ao contrário do seu pedido, o réu é condenado simplesmente a uma prestação exacta e, no restante, a acção foi julgada improcedente (vd. BGB §§ 274, 322; BGH NJW 82, 1049), se bem que a limitação da condenação – "exacta" em" em vez de "puramente" – não faça parte do caso julgado (BGHZ 117, 4 e seg.).

A sucumbência pelos fundamentos da decisão só é de considerar, na medida em que os fundamentos sejam relevantes para os efeitos da decisão, como, por ex., para a determinação do teor da decisão transitável pela interpretação do teor alcançável dos fundamentos (vd. supra § 63 III 5; BGHZ 109, 187). Em regra, os fundamentos da decisão não são de tomar em consideração (*Schwab*, FS Bötticher, 1969, pág. 335 e segs., com outras referências).

É sobretudo relevante que o **réu** deva ser vencido formal ou materialmente, quando o réu foi condenado de acordo com a sua **confissão** (§ 307). O réu é vencido materialmente; pois que foi condenado. Contudo, isso não basta para a admissibilidade do recurso (noutra perspectiva, BGH LM n.º 5 face ao § 263), porque o réu obteve o que queria com a sentença sobre confissão. Por isso, não é digno de protecção e, portanto, é também de exigir ao réu um vencimento formal. Este falta na sentença sobre a confissão (BAG BB 66, 1190; controverso), bem como ao autor na sentença sobre desistência nos termos do § 306 (concordante, *Lepke*, loc. cit., pág. 978 e seg., com outras anotações).

Só então basta ao réu a sucumbência material se ele não disse o que quer, nomeadamente – o que é admissível – não formulou qualquer pedido (*Baur*, loc. cit., pág. 1 e segs., com notas).

Em questões matrimoniais aplicam-se especialidades, vd. supra e *Rosenberg*, § 165 V 12 b, bem como infra § 91 II 17.

Com a sucumbência relaciona-se **outro requisito de admissibilidade**. A *apelação*, e nas questões de custas, os agravos, só são admissíveis quando o valor do objecto do recurso exceda uma determinada quantia (1.500 DM na apelação, § 511 a, o chamado montante da apelação; 200 DM no processo de agravo de custas, 100 DM no agravo de custas em geral, § 567 II).

Este valor designa-se também sucumbência, se bem que não seja relevante apenas para os agravos. O ponto de partida para o seu cálculo é o valor da sucumbência (formal), vd. BGH NJW 83, 1063. Este valor da sucumbência (não: sucumbência!) mede-se pelas regras que se aplicam ao valor do processo (vd. supra § 9 II 1; "autor" aqui, é o recorrente). Esgotando o pedido do recurso apresentado o valor da sucumbência, cobre-se este com a sucumbência. Ficando ele abaixo, a sucumbência é menor que o valor da sucumbência. Tendo o autor exigido, por ex., 5.000 DM, mas conseguido apenas uma sentença sobre 3.000 DM, representa o valor da sucumbência do autor 2.000, a do réu 3.000 DM. Querendo o autor na instância de recurso só mais 1.600 ainda em vez de 2.000 DM, representa a sucumbência 1.600 DM, sendo portanto menor que o valor da sucumbência (2.000 DM). Sendo a acção totalmente improcedente, e pedindo o autor na instância de recurso novamente 5.000 DM, cobrem-se para ele o valor do objecto do litígio (valor do litígio) da primeira instância, o valor da sucumbência e a sucumbência (montante do recurso). A sucumbência nunca é superior ao valor da sucumbência; esta é limitada, em regra, pelo valor do litígio na instância precedente (BGH WM 83, 60). – A admissibilidade **da verificação do valor** depende do **valor da sucumbência** (não da sucumbência!), vd. § 546 II, 554 b I e infra § 74 II 2.

Nas **sentenças parciais** o valor não se dirige a todo o objecto do litígio, mas sim ao objecto da sentença parcial; por isso, pela pronúncia duma sentença parcial, pode sumir-se o recurso para as partes (vd. supra § 59 VI).

VI. O ZPO conhece como meios especiais de impugnação a **apelação subordinada**, a **revista subordinada** e o **agravo subordinado**, §§ 521, 556, 577 a.

Sendo vencidas ambas as partes, cada uma delas pode interpor um recurso. Porém, uma da partes ainda pode esperar que a parte contrária impugne a decisão e recorra subordinadamente ao recurso ("principal"). A parte tem de recorrer subordinadamente se a decisão deve ser modificada a seu favor.

Exemplo: K demanda B por indemnização de 6.000 DM. B é condenado em 4.400 DM, no montante de 1.600 DM a acção é julgada improcedente. O autor contenta-se com a sentença; não lhe vale a pena continuar o processo por causa dos 1.600 DM. Mas o réu recorre. Portanto, agora a prossecução do processo não pode ser evitada, diz para consigo K: já que sou forçado a continuar o processo, então quero tentar acrescer os 1.600 DM.

A revista subordinada pode ser interposta apesar da renúncia à revista (§ 556 I), a apelação e o agravo subordinados apesar da renúncia ou da perda de prazo do recurso (§§ 521 I, 577 a, período 1). O recurso subordinado não pressupõe **qualquer sucumbência** (BGH ZZP 89, 200; BAG NJW 76, 2143; BVerwGE 29, 264; *Fenn*, Die Anschlussbeschwerde im Zivilprozess und im Verfahren der Freiwilligen Gerichtsbarkeit, 1961, pág. 228 e seg.; para a perspectiva contrária, *Klamaris*, Das Rechtsmittel der Anschlussberufung, 1975, especialmente pág. 235 e segs.; também 126 e segs., com notas; *Gilles*, ZZP 91, 128 e segs.; 92, 152 e segs.).

O litígio é conduzido com grande dispêndio de conceitos jurídicos: o recurso exige sucumbência; o recurso subordinada é um recurso?; quais são as características do recurso?; são o efeito devolutivo e o efeito suspensivo?; existem elas no recurso subordinado? É adequado ao fim de suprimir a sucumbência, de que só a parte lesada tem de decidir se o processo é levado à instância superior (vd. supra V). Contudo, eis porque não se passa assim no (dependente, vd. infra) recurso subordinado, pois apenas é instaurado se o processo já atingiu a instância superior. Por isso a sucumbência não pode desempenhar aqui a sua função limitativa do recurso e, por consequência, é supérflua no (dependente) recurso subordinado.

Porque o recurso subordinado não pressupõe qualquer sucumbência, não interessa atingir aqui o montante do recurso (§ 511 a) ou o valor da sucumbência (§§ 546, 554 b).

Por conseguinte, o autor vencedor pode subordinar-se à *apelação* do réu, e tem de fazê-lo se quiser estender as suas conclusões à instância de apelação, portanto, obter mais que a rejeição de apelação (um exemplo no BGHZ 24, 283), senão apenas se decide sobre as conclusões do (principal) apelante (vd. § 519 III n.º 1, § 536); aplica-se analogicamente ao *agravo* subordinado. A *revista* subordinada com este fim é inadmissível, pois na instância de revista não podem ser apresentadas novas conclusões (vd. infra § 74 VII 1); aí reside o fundamento da inadmissibilidade, não porventura na falta de sucumbência do autor (contudo, assim, BGH NJW 83, 1858, com mais notas, opinião dominante).

A subordinação ocorre essencialmente na forma do recurso principal, portanto apresentação do requerimento de subordinação e fundamentação §§ 522 a, 556 II; para o agravo subordinado não se exige qualquer fundamentação, § 569 II analogamente. Os requerimentos formulados com a subordinação têm de ser debatidos como os requerimentos de recurso. Sendo o recurso principal objecto de desistência ou rejeitado por inadmissível ou recusada a admissão da revista, a subordinação perde, em princípio, a sua eficácia, ou seja, torna-se inadmissível por força da lei, §§ 522 I, 556 II, 577 a período 2 (os chamados *apelação subordinada dependente, revista subordinada dependente, agravo subordinado dependente*; para a revista subordinada dependente no processo conforme o § 554 b [vd. infra § 74 II 2] BGHZ 131, 97 e seg., com notas). Contudo, a apelação subordinada e a revista subordinada conservam a sua eficácia se foram interpostas dentro do prazo do recurso (§§ 522 II, 556 II) e o subordinado não desistiu do recurso (principal; opinião dominante), as chamadas *apelação subordinada autónoma e revista subordinada autónoma*. Só há *agravo subordinado autónomo* neste sentido se o agravo (principal) tiver prazo fixado, § 577 a período 3. Tem de ser considerado quanto à desistência ou rejeição do recurso principal ou à recusa da admissão da revista, como se o subordinado tivesse desde o princípio interposto um verdadeiro recurso. Por isso, tem agora de ser examinada a admissibilidade segundo as disposições gerais, por ex., se o subordinado foi vencido. – Uma subordinação debaixo duma condição interna processual (vd. supra § 30 VI 6) é admissível (BGH NJW 84, 1241 e seg.), bem como a subordinação a recurso subordinado dependente (*Fenn*, JZ 84, 478 e seg.; *Grunsky* ZZP 97, 478 e segs.; notas respectivamente pró e contra, BGHZ 88, 361 e segs.).

VII. A **renúncia ao recurso** só é possível *após a pronúncia da sentença* (porque só então a parte pode dar-se conta se e em que medida foi vencida), porém, antes ou depois da interposição do recurso, sem o acordo da parte contrária (§§ 514, 556) mas só até ao início do respectivo debate oral, § 515 I, analogamente, § 137 I (BGHZ 124, 307 e segs.). O renunciante perde o recurso; torna-se inadmissível. Perante a renúncia de ambas as partes a sentença torna-se formalmente transitada em julgado (vd. supra § 61 II). A declaração de renúncia deve ser inequívoca, por causa das consequências.

A renúncia pode ser declarada perante a parte contrária ou perante o tribunal. Em todo o caso, na segunda hipótese, tem de ser considerada oficiosamente; na primeira tem apenas de ser tomada em consideração por objecção da parte contrária (BGH RR 97, 1288).

Antes da pronúncia da sentença, a parte pode renunciar à interposição do recurso por acordo com a parte contrária fora do processo. Sendo ele interposto, apesar disso, tem de ser rejeitado por inadmissível, segundo a opinião dominante, mas somente se o recorrido exigiu a recusa por via de excepção (BGHZ 28, 52; contudo, vd. ainda o BGH LM n.º 5 face ao § 514).

Por tudo, *Rimmelspacher*, JuS 88, 953 e segs.

É possível a **desistência do recurso interposto** (§§ 515, 566) sem o acordo da parte contrária, mas apenas até ao início da audiência de julgamento para fundamentação do recurso (requerimento para a devolução dos autos de recurso à instância anterior, vd. § 137 I).

A desistência efectua-se pela declaração perante o tribunal na audiência de julgamento ou pela notificação dum requerimento escrito, § 515 II. O recurso interposto torna-se com isso inoperante, as custas ficam a cargo do desistente. Estes efeitos são expressos por despacho inimpugnável da parte contrária, § 515 III (para isto, BGHZ 46, 112 e segs., com anotações de *Gaul*, ZZP 81, 273 e segs.). Porque apenas o recurso interposto fica sem efeito, pode ser repetido dentro do prazo de recurso (§ 515 III).

É controverso se a **resolução do recurso** pode produzir-se com o efeito da instância de recurso se extinguir e se fique com a sentença recorrida (sim: OLG Frankfurt RR 89, 63 [para a declaração unilateral de resolução]; KG RR 87, 767 [para a declaração de resolução concertada]; não: OLG Karlsruhe Fam RZ 91, 464 e segs. [para a declaração de resolução concertada]).

Para a promessa de desistência do recurso, aplica-se o que se disse supra no § 42 IV para a promessa de desistência da instância; vd. ainda BGH NJW 89, 39.

VIII. Para lá do recurso, tal como o recorrente pediu, a decisão impugnada não pode mais ser alterada. Por conseguinte, não lhe pode acontecer nada de mais desfavorável que o seu recurso não ter êxito; pelo contrário, para além do seu recurso, a sentença não pode ser alterada em seu desfavor: há a proibição de "reformatio in peius".

Exemplo: K demanda B para pagamento de 6.000 DM; B é condenado no montante de 2.000 DM, a acção é julgada improcedente no restante. Pela apelação do autor, a acção não pode ser julgada improcedente no seu todo, pela apelação do réu não pode ser condenado no pagamento dos remanescentes 4.000 DM. Isso só é possível se ambas as partes interpuserem recurso; então (também) são as duas recorridas e a estas não se aplica naturalmente a proibição da reformatio in peius,

Não há qualquer reformatio in peius se a acção foi rejeitada por inadmissível e por recurso do autor julgada improcedente na instância superior (BGH NJW 89, 394; para o processo de revista vd. infra § 74 VIII 2 b) ou se a improcedência for temporariamente infundada se transforma por recurso do autor numa improcedência definitiva (BGHZ 104, 214 e seg.) ou se por recurso do réu se limita à absolvição da instância, isto é, com a possibilidade de ser revogada por futura condenação (BGH ZZP 76, 114 e seg.). BGHZ 18, 106 e seg., permitem que a sentença de mérito seja substituída por recurso do autor por absolvição da instância, ainda se o autor tiver vencido parcialmente na instância inferior; fundamento: que os pressupostos processuais sejam também atendidos oficiosamente na instância superior. Só se pode consentir nisto para os pressupostos processuais cuja falta invalide a sentença ou que a façam anular pela revisão (por vezes assim BGH NJW 86, 1496; BB 90, 730).

IX. É motivo de dificuldades a questão de qual o recurso admissível, se o tribunal tomou uma **decisão incorrecta** que não podia tomar por esse modo. Por ex., proferiu um despacho em vez duma sentença ou uma condenação à revelia em vez de contraditória (ou vice-versa). Pelo erro do tribunal não podem as partes sofrer qualquer desvantagem processual, nomeadamente não podem ver dificultado intoleravelmente o acesso ao tribunal de recurso por fundamentos de facto nem pela sua legitimação. Isso infringiria a GG art. 19 IV (vd. BVerfGE 81, 129). Por isso, conforme o chamado **princípio do tratamento preferencial**, é admissível tanto o recurso permitido contra a decisão tomada pelo tribunal, como o que se oferece contra a decisão processualmente pretendida (BGHZ 98, 364 e seg.; OLG München FamRZ 89, 1204). Não podendo ser impugnada a decisão processualmente pretendida, aplica-se isto ainda à decisão incorrectamente proferida (BGH RR 93, 957 com notas).

Tendo, portanto, por ex., o tribunal proferido uma sentença contraditória (o que conforme o teor não se tem de definir segundo a designação da sentença, BGH NJW 94, 665), se bem que se oferecia uma condenação à revelia, admite-se quer a apelação (ou a revista) quer a reclamação. Isto não vale para uma sentença de conteúdo falso, por ex., a condenação à revelia apesar de não haver revelia (BGH NJW 94, 665 e seg.).

X. A **indicação do tipo de recurso** não é prescrita no ZPO (diversamente, ArbGG § 9 V; para o processo de injunção, vd. supra § 64 II). A indicação não deve ser oferecida para as sentenças cíveis "em todo o caso, ainda actualmente", constitucionalmente (BVerfG NJW 95, 3173 e segs.). Um projecto correspondente (BT-Drs. 11/1704) de 1988 não se tornou lei.

§ 73. A apelação

C.-D. Schumann, Die Berufung in Zivilsachen, 5.ª Ed., 1997.

I. Impugnáveis por apelação, ou seja, apeláveis, são as sentenças finais do AG e do LG em primeira instância (§ 511). Certas sentenças interlocutórias equiparam-se, neste aspecto, às sentenças finais e assim são susceptíveis de apelação (vd. §§ 280 II, 304 II). Contra as citadas sentenças é **permitida** a **apelação**.

A apelação contra a primeira condenação à revelia é **inadmissível** (§ 513 I; contra ela só há reclamação). A segunda condenação à revelia, contra a qual é inadmissível a reclamação (§ 345), é susceptível de apelação. O recurso é admissível se, conforme as alegações concludentes do apelante, não se apresentou nenhum caso de revelia, por ex., por uma das partes não ter sido oportunamente convocada (§ 513 II 1; se as alegações se confirmam, é questão de procedência). Contudo, a apelação é inadmissível, se a primeira condenação à revelia foi pronunciada após exame da procedência irregular, a segunda sem ele (§ 331 II; vd. supra § 67 II 3; BAG JZ 95, 524 [com comentário de rejeição, *Braun*]; doutro parecer, *Braun*, ZZP 93, 459 e segs.); isto só se aplica justamente, se a primeira sentença era apenas processualmente inadmissível "em geral", por ex., por não haver um caso de revelia (BGHZ 97, 344 e segs., com notas, controverso). Figurando como "primeira" condenação à revelia o mandado de execução (§ 700 I) então aplicam-se disposições especiais (vd. supra § 67 II 3). Para a aplicação analógica do § 513 II, vd. supra §§ 29 III, 69 II 4.

II. A apelação interpõe-se pela apresentação do requerimento de apelação no tribunal de apelação ("iudex ad quem"), § 518 I. A notificação do requerimento (§ 519 a) é irrelevante para a interposição do recurso.

O requerimento é "apresentado", quando chega, de facto, à disposição do tribunal (BGH NJW 92, 1047; na transmissão por telefax com termo no tribunal da apelação, BGH NJW 94, 2097 e seg.; doutro parecer, BVerfG NJW 96, 2857 e seg.: ficção de entrada na simples chegada do sinal); não precisa de recepção por um funcionário de justiça autorizado para isso (BVerfG NJW 91, 2076).

Tribunais de apelação para sentenças finais do AG (secção de processo geral), é o OLG (GVG §§ 72, 94), nas questões decididas pelos tribunais de família, o OLG (GVG § 119 n.º 1); para as sentenças finais do LG em primeira instância, é o OLG (GVG § 119 n.º 3).

O **requerimento de apelação** tem de identificar a sentença impugnada e o tribunal de que provém, indicar o apelante e o apelado (BGH NJW 97, 3383; jurisprudência constante) e conter a declaração de que seja interposta apelação (§ 518 II).

O requerimento de apelação é uma peça decisiva. Para isso, segundo a opinião dominante, deve ser assinado autografamente por *advogado* autorizado junto do tribunal de apelação (BGH NJW 96, 997; "generosamente" 97, 3381; crítica fundamental à necessidade de assinatura autógrafa em *Vollkommer*, Formenstrenge und prozessuale Billigkeit, 1973, pág. 260 e segs.; a decisão da GmS – BGHZ 75, 340 – não trata da questão, vd. pág. 347). A jurisprudência tem permitido excepções a este princípio: na interposição por telegrama ou telex; além disso (abrangente, BAG NJW 90, 3165) quando o original foi assinado autografamente (BGH NJW 90, 188), pela interposição por carta telefonada com intervenção da Deutsche Post AG (anteriormente Bundespost), como portador (BAG NJW 89, 1823) ou por telefax directamente ao tribunal de apelação (BVerfG NJW 96, 2857 e seg., aí também para repartição dos riscos por perturbações na transmissão [as instalações de transmissão devem pertencer ao tribunal; isso vai longe demais, vd. *Elzer/Jacoby*, ZIP 97, 1823]; BGH RR 97, 250 [sob transmissão não reconhecível, NJW 92, 244; 95, 1432; para a problemática, Pape/Notthoff NJW 96, 417 e segs.). É duvidoso se basta a interposição telefónica por termo da secretaria (discordante, BGH NJW 97, 3383).

O **prazo de interposição** monta a um mês. É um prazo peremptório (vd. infra § 79 IV) e inicia-se pela notificação da sentença na sua redacção integral, o mais tardar cinco meses após a pronúncia, para que a falta de notificação não impeça a superveniência do caso julgado, § 516; para a contagem do prazo, BGH NJW 84, 1358. Mesmo antes da notificação pode ser interposta a apelação (§ 312 II).

III. A **apelação** tem de ser **fundamentada** (§ 519 I). Isso ocorre quer logo no requerimento da apelação (raro) ou em alegações especiais (§ 519 II 1).

As alegações da apelação têm um **conteúdo necessário** (§ 519 III). Devem conter as **conclusões da apelação**. A sua importância reside em determinarem a abrangência do julgamento e decisão da apelação (§§ 525, 536). O apelante deve indicar, em que medida impugna a sentença e que alterações pretende (por ex., como alteração da sentença impugnada, que se julgue improcedente o pedido, ou: alterar a sentença impugnada e condenar o réu no pagamento de 5.000 DM). Além disso, têm de ser indicados com exactidão os **fundamentos da apelação**, por ex., tem de indicar-se que constatações de facto se contestam e que concepções jurídicas do tribunal inferior se combatem (para isso, BGH NJW 97, 3449). Os fundamentos enunciados – na impugnação irrestricta – devem ser susceptíveis de pôr em questão a sentença no seu todo (BGH RR 92, 1341); para isso não basta a simples alegação de que a sentença impugnada é incorrecta. Finalmente, têm de ser indicados os **novos factos e meios de prova** que a parte quer apresentar (sendo apresentados somente após o decurso do prazo das alegações, só são admitidos nos termos do § 296 I, doutro modo estão precludidos: § 527 I).

As alegações têm de ser apresentadas dentro de um mês após a interposição da apelação, § 519 II 2, ArbGG § 66 I 1 (para o conceito de "apresentar" vd. supra II). O prazo pode ser alongado pelo presidente sob requerimento escrito, se na sua convicção daí não resulta qualquer atraso do processo ou o apelante apresente motivos ponderáveis, § 519 II 3; mais limitativo, ArbGG § 66 I 4. O requerimento deve ser formulado por escrito antes do decurso do prazo, mas pode ser decidido mesmo após o fim do prazo (BGH RR 88, 581). Com efeito, o prazo de alegações não é um prazo peremptório; antes é possível o seu restabelecimento, § 233. A prorrogação do prazo após o seu decurso é nula sem o restabelecimento.

As alegações têm de ser assinadas. A elas se aplica o mesmo que para o requerimento da apelação (vd. BGH NJW 91, 2493 e supra II; BVerfGE 74, 235 e seg.).

IV. O tribunal de apelação tem primeiramente de **examinar** oficiosamente **se a apelação é admissível** (§ 519 b I). Isso tem de ser respondido afirmativamente se a apelação é admissível (vd. supra I), bem como se foi interposta e fundamentada na forma e no prazo legais (vd. supra II, III). Além disso, o apelante deve, em regra, ter sido vencido (vd. supra § 72 V). Finalmente, o valor da sucumbência deve exceder 1.500 DM (§

511 a I; para a distinção entre a sucumbência e o valor da sucumbência, vd. supra § 72 V; independentemente disso, a apelação nos termos do § 513 II 2 é admissível (vd. supra § 67 II 3), e ainda enquanto apelação por divergência da jurisprudência contra sentenças sobre arrendamento habitacional do tribunal de comarca, § 511 a II (nestas questões, o LG pode, enquanto tribunal de apelação, ser obrigado a envio ao OLG e este a novo envio ao BGH, para permitir responder por *decisão de direito* à questão jurídica divergente do tribunal superior ou ainda não respondida de todo, § 541).

No *processo do tribunal de trabalho*, a apelação é admissível em litígios de direitos patrimoniais, se a sucumbência (montante da apelação, vd. supra § 72 V) exceder 800 DM, ou se a apelação for permitida, o que tem de acontecer em casos especificados definitivos, ArbGG § 64 II-III. Em litígios não patrimoniais a apelação é sempre admissível.

Sobre a admissibilidade ou inadmissibilidade pode, conforme a atribuição do direito a ser ouvido, decidir-se por despacho sem debate oral (§ 519 b II). A audiência não se justifica sobretudo quando a inadmissibilidade se determina inequivocamente, por ex., por ter sido excedido o prazo. Não se realizando qualquer audiência de julgamento sobre a admissibilidade, a apelação inadmissível é rejeitada por despacho. Este é irrevogável, pois se lhe aplica o § 318. O despacho é impugnável por agravo imediato, na medida em que seria admissível a revista contra acórdão de idêntico teor (§ 519 b II). Por isso, a decisão de rejeição do OLG é sempre impugnável (§§ 547, 621 d II), a do LG nunca (§ 545 I).

Não sendo pronunciado qualquer despacho de rejeição, o presidente tem duas modalidades processuais à escolha. Ou ordena um processo escrito para preparar a audiência principal final; ou marca imediatamente audiência para debate oral, que não é nenhuma audiência preliminar, mas sempre (controverso) uma audiência principal.

No processo preparatório escrito deve, aliás, pode ser fixado ao apelado um prazo de resposta; ao apelante pode sempre ser fixado um prazo para tomada de posição sobre a resposta (§ 520 II). A inobservância do prazo tem por consequência a preclusão; a alegação posterior só é permitida no âmbito do § 296 I (§ 527), vd. ainda § 529 para as reclamações da admissibilidade da acção e para isso supra § 33 VII e BGH NJW 85, 743 e seg.

Resultando do debate oral que a apelação é inadmissível, é rejeitada por sentença.

Se é rejeitada por despacho ou sentença tem consequências importantes para o subsequente processo do recurso (vd. § 561 em contraposição ao § 570; *Meyer*, ZJ 61, 414 e seg.).

V. O **processo de apelação** (permitida) **prossegue o processo da primeira instância**; porquanto no cerne estão – como na instância inferior – a admissibilidade e fundamentação da acção (nos limites dos §§ 525, 536 e seg.), enquanto a incorrecção da sentença impugnada apenas ganha significado decisivo para a redacção do acórdão da apelação (vd. infra VI).

Por isso o comportamento de parte na primeira instância mantém-se eficaz em princípio, mas não obrigatoriamente, excepto a confissão (§ 532), BGH RR 95, 1341. Mas o tribunal de apelação pode em seu critério repetir a audição das provas, por ex., inquirir novamente as testemunhas (deve fazê-lo se quer apreciar a sua credibilidade ou o seu depoimento registado nos autos diversamente do tribunal inferior, BGH NJW 93, 669; 97, 466, jurisprudência constante); pode também tomar-lhes o juramento, quando este foi omitido na primeira instância.

Ao processo de apelação aplicam-se directamente as disposições gerais (§§ 1-252), as disposições do processo na primeira instância perante o LG são, em princípio, aplicáveis correspondentemente (§ 523; para o processo à revelia, vd. infra VII).

As partes podem apresentar novos factos e meios de prova, o chamado "**ius novorum**". Este direito cabia às partes originalmente sem limites. As Novelas de 1924 e 1933 afastaram-se do princípio da contingência e possibilitaram a exclusão de novas alegações. A Novela de simplificação de 1976 intensificou consideravelmente esta possibilidade. Em pormenor, aplica-se o seguinte:

São admissíveis novos meios de ataque e de defesa, que ainda não tinham podido ser alegados na primeira instância, mas rejeitáveis nos termos dos §§ 523, 282, 296.

Tendo podido ser alegados já na primeira instância, mas omitidos, são também "novos" na instância de apelação e, por isso, admissíveis, mas podem ser precludidos nos termos do § 528 I, II. Admissíveis no âmbito do § 528 I são assim também os meios de ataque e de defesa que não foram alegados na primeira instância, apesar da fixação judicial de prazo; pois que são "novos" na instância de apelação. Isto surpreende. Tendo sido nomeadamente alegados na primeira instância ("também" após o decurso do prazo!) e justamente rejeitados, já não podiam ser tomados em consideração na instância de apelação, § 528 III. Quem discorre com atraso na primeira instância é, por isso, eventualmente, pior colocado que o que aí se cala e na segunda instância contou com o § 528 I ("fuga para a apelação"). Este tratamento desigual das alegações tardias, parte do § 528 III. Insere-se no regime legal que forjou o processo de apelação como prossecução da primeira instância, de modo que o processo de parte na primeira instância se mantém eficaz ainda no processo de apelação (BGH NJW 81, 1218). Por isso a prescrição não ofende a proibição de arbitrariedade (GG art. 3 I), nem o direito a ser ouvido (GG art. 103 I), BVerfGE 55, 85 e segs., pois tem de ser interpretado então "de acordo com os princípios constitucionais" para que a defesa omitida sem culpa na primeira instância, possa ser recuperada na segunda instância (BVerfGE 75, 191 e seg.; pertinentemente rejeitante, *Schmidt-Assmann*, DÖV 87, 1037: nenhuma questão constitucional, antes "simples" interpretação do direito, reservada aos tribunais especializados). O § 528 não vem ao caso se a alegação precludida se torna incontestável na segunda instância (vd. BVerfGE 55, 86 e seg.; *M. Wolf* , ZZP 94, 325 e seg., com outros casos de reserva).

Finalmente, as alegações do apelante não contidas na fundamentação da apelação (§ 519) podem ser precludidas bem como as alegações de ambas as partes, se apenas surgirem após o decurso dum prazo judicial para tomada de posição (§ 520 II), § 527.

Se as alegações tardias atrasarem o processo e se o atraso for de censurar à parte, o tribunal decide segundo a sua livre convicção, § 527 com o § 296 I; § 523 com o § 296 I, II; § 528 I, II (para isto, BGH NJW 89, 718). Não é necessária decisão sobre a admissão ou rejeição, o que facilita a aplicação.

O regime no processo do tribunal de trabalho é semelhante: ArbGG § 67.

As preclusões reforçadas do § 528 que – em comparação com as do direito anterior – são compatíveis com o direito a ser ouvido, porque o seu afastamento só é admissível se a alegação foi atrasada de modo censurável e, além disso, a sua tomada em consideração atrasaria o processo. Estes requisitos devem ainda verificar-se para que se aplique o § 528 III; por isso, a disposição não dá lugar à crítica (vd. BVerfGE 55, 94 e seg., mas também 75, 191 e seg., e supra).

Novos pedidos, portanto também a modificação da acção, sujeitam-se às mesmas disposições que na primeira instância (BGH RR 88, 1466 e supra § 41 III, IV), não ao § 528. O último aplica-se também à reconvenção e à compensação pelo réu (BGH RR 90, 1470); apenas são admissíveis com a concordância da parte contrária, ou se o tribunal o considerar conveniente, § 530 (para a compensação, *E. Schneider*, MDR 90, 1122 e seg.; BGH NJW 92, 2576).

VI. A apelação inadmissível é rejeitada por despacho ou acórdão (vd. supra IV). A **decisão sobre a apelação admissível** não pode, nem exceder o pedido de apelação, nem alterar a sentença impugnada com prejuízo do apelante (§ 536; vd. supra § 72 VIII). Não obstante, o acórdão da apelação determina se o tribunal de apelação obteve o mesmo efeito (especialmente susceptível de transitar em julgado) que a sentença impugnada. De acordo com isto, a sua decisão pode determinar:

1. a **rejeição** da apelação. Esta confirma a sentença impugnada e pronuncia, no caso de constatar a improcedência dos ataques à sentença da primeira instância, apesar da sua procedência, que a sentença impugnada está correcta no seu efeito, sobretudo na sua declaração susceptível de transitar em julgado, se mesmo com outra fundamentação (não a susceptível de caso julgado); a rejeição produz-se também no caso do § 512 a (controverso);

2. a **alteração**, ou seja, anulação da sentença e nova decisão do litígio; esta é a regra se a sentença impugnada se mostra incorrecta;

3. a **revogação** (pela incorrecção da sentença) **e**, excepcionalmente, a **devolução** à primeira instância. A devolução (em vez duma decisão própria) pode acontecer se na primeira instância o processo não foi objecto de julgamento, portanto não foi tratada toda a matéria do processo. Senão, as partes seriam privadas duma instância sobre a matéria de facto, quando o tribunal de apelação quisesse ele próprio proceder à discussão e decidir (§ 538). Os exemplos principais são que o julgamento da primeira instância se limitou à admissibilidade da acção ou ao fundamento do pedido. Porém, o tribunal de apelação pode abster-se da devolução e ele próprio decidir, no caso de o considerar conveniente, § 540. Esta restrição da devolução repousa no interesse das partes, porque a devolução atrasa e encarece o processo. Nos vícios essenciais do processo, o tribunal de apelação pode também devolver o processo (§ 539), mas também decidir ele próprio (§ 540).

No processo do tribunal de trabalho está excluída a rejeição por vícios processuais (ArbGG § 68).

Não sendo permitida a revista do acórdão (vd. infra § 74 II), a exposição dos factos pode sempre faltar se o tribunal de apelação seguir os fundamentos da decisão da sentença impugnada § 543 I. Na revista é permitida a descrição concisa, mas não a omissão, § 543 II (para a problemática, BGH RR 94, 971); as alegações de factos essenciais devem, como sempre, ser empregadas de modo perceptível (vd. supra § 29 II).

VII. O processo à revelia, em princípio, é regulado do mesmo modo que o da primeira instância, § 542. Apenas tem de ser examinada prévia e oficiosamente a admissibilidade da apelação. Em caso de inadmissibilidade, a apelação é rejeitada pela chamada condenação à revelia imprópria (BGH LM n.º 2 face ao § 338, controverso, vd. supra § 66 III 2). No caso de apelação admissível, tem de ser examinada a admissibilidade da acção. Faltando esta, tem de ser revogada a sentença de fundo impugnada e a acção julgada improcedente (não condenação à revelia, vd. supra § 66 III 2). Assente a admissibilidade da acção, profere-se a condenação à revelia contra o apelante revel, de rejeição da apelação, § 542 I. Sendo revel o apelado, ficam inconsiderados os resultados da prova em ambas as instâncias, a contestação do apelado, etc.; a confissão do apelante, pelo contrário, mantém-se eficaz, § 532. Aliás, o § 542 II transcreve para a apelação as regras do § 331 I, II, para a acção: a alegação oral do apelante em matéria de facto (pode ser o autor ou o réu) considera-se confessada (vd. § 331 I 1); quando justifique o pedido tem de ser condenado à revelia em conformidade com aquele (BGH NJW 86, 3086); quando não for o caso, a apelação é julgada improcedente pela chamada condenação à revelia imprópria (vd. o § 331 II e para isto, supra § 66 III 3 b).

§ 74. A revista

Dutt/Escher, Das Revisionsrecht in Zivilsachen, JuS 97, 737, 839, 1019; *Fasching*, Probleme des Revisionsverfahrens, 1971 (para isso, *Henke*, ZZP, 86, 224 e segs.; *Henke*, Die Tatfrage, 1996; *Henke*, Rechtsfrage oder Tatfrage – eine Frage ohne Antwort?, ZZP 81, 196, 321; *Kuchinke*, Grenzen der Nachprüfbarkeit tatrichterlicher Würdigung und Feststellung in der Revisionsinstanz, 1964; *Prütting*, Die Zulassung der Revision, 1977; *Schwinge*, Grundlagen des Revisionsrechts, 2.ª Ed., 1960.

I. A revista é – como a apelação – um recurso que serve o **interesse das partes**. Por isso, não pode ser interposto por quem quer que seja e, em regra, nem sequer de qualquer maneira, por cada uma das partes. Pelo contrário, a revista em regra, só é admissível à parte vencida (vd. supra § 72 V). A admissibilidade limitada e a conformação da revista, contudo, demandam em primeira linha o objectivo de assegurar a uniformidade da Jurisprudência (vd. BVerfGE 54, 289 e seg.); pois, em princípio, apenas é revisto o aspecto jurídico do acórdão (vd. supra § 72 II). A uniformidade é atingida porque as revistas são concentradas num só tribunal; além disso é tomada a precaução de o órgão jurisdicional (secção) do tribunal de revista responder da mesma forma às mesmas questões de direito (vd. infra III).

II. A revista é permitida contra os acórdãos finais proferidos na instância de apelação pelo OLG (§ 545 I). É indiferente se os acórdãos atingem o valor da sucumbência (vd. infra 2) ou, nos litígios não patrimoniais, se admitem a revista (vd. infra 3); por isso, contra a sua pronúncia não transitam formalmente em julgado (vd. supra § 61 II). Aos acórdãos finais são equiparados certos acórdãos interlocutórios (§§ 280 II, 304 II). É finalmente permitida a revista, em regra, contra as sentenças em primeira instância do LG (vd. infra 5).

A revista **não é permitida** contra os acórdãos mencionados no § 545 II, especialmente os proferidos nos processos de arresto ou de procedimento cautelar e ainda contra as primeiras condenações à revelia (§§ 566, 513 II; vd. supra § 73 I). Contra tais acórdãos a revista não é também permitida, se rejeitaram a apelação; o § 547 pressupõe, como se deduz da sua posição na lei, uma revista permitida (BGH NJW 91, 2021, com notas).

Não sendo permitida a revista, é rejeitada por inadmissível. Sendo permitida a revista, não é admissível sem mais; pois que a permissibilidade é apenas uma parte da admissibilidade. **Dentro das revistas permitidas** tem antes de **distinguir-se** entre a revista pelo **valor** (vd. infra 2), da revista por *permissão* (vd. infra 3), da revista *per saltum* (vd. infra 5), bem como da revista *independentemente de permissão e valor* (vd. infra 1).

Ao *processo dos tribunais de trabalho* aplicam-se especialidades (vd. infra 4).

1. Tendo o OLG *rejeitado por acórdão a apelação por inadmissível*, a revista é, sem mais, admissível para a parte vencida e, portanto, sucumbida (§§ 547, 621 d II; BGH NJW 91, 703). Não precisa nem de permissão, nem de certo valor de sucumbência (motivo porque também se exclui a recusa da revista nos termos do § 554 b).

Admissível sem mais é ainda a revista duma (em sentido técnico) segunda condenação à revelia do OLG (§§ 566, 513 II; vd. supra § 73 I).

2. Nas *questões patrimoniais* (vd. supra § 9 II 1) a revista é admissível se a *sucumbência do recorrente* exceder 60.000 DM (§ 546 I 1; para a distinção entre valor da sucumbência e sucumbência, vd. BGH NJW 81, 1564 e supra § 72 V); o chamado **valor da revista**.

O valor da sucumbência é fixado no acórdão da apelação (separadamente para ambas as partes, se em parte foram vencidas e em parte vencedoras); a fixação só vincula o tribunal de revista se determinar mais de 60.000 DM (§ 546 II). Não ultrapassando 60.000 DM, o tribunal de revista pode fixá-la mais alto e, deste modo, tornar ainda susceptível de revista o acórdão sem admissão pelo tribunal da apelação, vd. § 554 IV (exemplo: BGH RR 97, 1486).

Com o valor da revista admissível o BGH *deve* ocupar-se, concretamente, em *dois casos.*

Isto aplica-se, primeiro, se o caso tem uma *importância fundamental,* § 554 b I.

O que isto significa é difícil de concretizar. Não basta somente a importância para as partes; antes o essencial da decisão da revista a esperar se faz concentrar (presumivelmente) num princípio (de direito) que ultrapassa a segurança jurídica para lá do caso a decidir, portanto vale como "directiva".

O segundo caso verifica-se se a revista não respeita realmente a uma questão de importância fundamental, mas o tribunal de revista por um (sempre necessário!) exame prévio – provisório por natureza – reconhece que o *recurso no seu resultado final* (portanto, não no BGH, mas ainda por nova decisão do OLG, vd. § 565 I 1) tem *possibilidades de êxito.* Neste caso, a revista precisa não somente da "admissão" (por isso a designação "admissão da revista" é tão enganadora como a formulação no § 556 I [decisão de admissão]). Só e quando se prevê falta de êxito a admissão pode ser recusada no todo ou em parte por decisão com maioria qualificada. A – necessária – fundamentação, contém frequentemente apenas a constatação da falta de previsão de êxito (ex.: BGH NJW 84, 496), às vezes assemelha-se à fundamentação dum acórdão de revista (ex.: BGH NJW 83, 563).

Esta interpretação do § 554 b I e III assenta na decisão do plenário do BVerfG (E 54, 277 e segs.) bem como nas BVerfGE 55, 206 (face à obrigação de fundamentar; para isto, porém, vd. ainda BVerfGE 50, 288, 289 e seg.).

Com a rejeição o BGH não decide a revista, mas antes recusa logo tal decisão (já por isso inexacto BGH NJW 95, 516: "conversão" da absolvição da instância em absolvição do pedido na decisão de rejeição, vd. também infra VIII 2 b).

3. Em todos os outros litígios, nomeadamente nos não patrimoniais, a revista só é admissível se o OLG o permitiu, a chamada **permissão da revista** (§§ 546, 621 d I).

O OLG deve admitir a revista se o caso tiver uma importância fundamental (vd. supra 2). A revista tem ainda de ser admitida se o acórdão do OLG divergir duma decisão do BGH (não do RG) ou da secção conjunta dos Supremos Tribunais da Federação e assente nisso. Basta como divergência que o OLG tenha considerável objecção contra a compatibilidade da sua decisão com outra do BGH ou da secção conjunta (vd. BGHZ 36, 57 e seg.). É possível a admissão limitada da revista (vd. BGH NJW 82, 2188).

A admissão é feita no acórdão e vincula o tribunal de revista § 546 I 3. Contra a sua recusa não há recurso algum; isto é constitucional (BGH NJW 80, 344 e seg., com notas). A infracção arbitrária da norma de admissão do § 546 I 2, pode fundamentar o recurso constitucional (BVerfG Fam RZ 91, 295). Neste caso tinha de ser admissível – para exoneração do BVerfG (vd. supra § 29 III) – também um complemento do acórdão sujeito a prazo conforme o § 321 (é em geral rejeitado pelo BGH NJW 81, 2755 e seg.).

Não admitindo o OLG a revista, pendendo um litígio da natureza patrimonial e uma sucumbência acima de 60.000 DM, contudo admitindo o BGH um litígio de natureza não patrimonial, tem de ser admissível a revista, apesar da falta (apenas) de admissão pela presença dos pressupostos do § 554 b (BGHZ 98, 44). Esta disposição, porém, não se aplica a litígios de natureza não patrimonial. Por isso (?) o BGH examina o processo conforme, não o § 554 b, mas sim o § 546 I 2 e com isso admite a revista – em vez do OLG competente. Isto pode ser constitucionalmente inofensivo (BGHZ, loc. cit., com BVerfGE 66, 336), mas contradiz a jurisprudência constante do BGH, que a recusa com bons fundamentos do direito "puro", mandando colocar o BGH no lugar do OLG (§ 546 I 1 !). Conforme o princípio do regime preferencial (vd. supra § 72 IX, a revista tinha de ser olhada assim, antes que seja admitida pelo OLG.

Considerando o OLG, pelo contrário, um litígio jurídico não patrimonial como litígio de direito patrimonial, não se fixando o valor da sucumbência acima dos 60.000 DM e não se admitindo a revista, a subida da sucumbência pelo BGH tem de ser inadmissível, porque o "mérito da revista" já foi examinado pelo OLG e negado pela falta de admissão (BGH RR 91, 1215 e seg.). Isto não convence porque o "mérito da revista" também é examinado e negado pelo OLG quando se chegou ao mesmo resultado por um litígio "genuinamente" de direito patrimonial (sucumbência não superior a 60.000 DM, sem admissão); em tal caso o BGH não está impedido pela subida da sucumbência, e mais ainda: só aqui se toma em consideração, na prática, a subida (vd. supra § 74 II 2). O erro do OLG sobre a qualificação do litígio, não pode ficar a cargo da parte (princípio do regime preferencial). Por isso pode a sucumbência – que parte da deficiente qualificação – ser elevada pelo BGH.

4. No *processo do tribunal de trabalho* a revista contra o acórdão do LAG é admissível para o BAG, quando o BAG realmente a admitiu. Os fundamentos da admissão são definitivos e obrigatórios, ArbGG § 72 II. O BAG fica vinculado à admissão, ARBGG § 72 III. Contra a admissão há – nem sempre – os agravos do BAG, ArbGG § 72 a. Permitindo o BAG a revista, esta é admissível, ArbGG § 72 I, ainda o § 72 a V 7. Ficando os agravos sem êxito, o acórdão do LAG transita em julgado, ArbGG § 72 V 6. Este regime da revista é constitucional (BVerfG BB 80, 1749).

5. As sentenças de primeira instância do LG, podem ser impugnadas pela revista, com omissão da instância de apelação, a chamada **revista per saltum**. (§ 566 a I). Contra a sentença deve ser admissível a apelação (§§ 511, 511 a; BGHZ 69, 355 e segs.) e não pode ser excluída a revista nos termos do § 545 II (argumento, § 566 a I: "directamente"; confuso, BGHZ 69, 356, 358). É necessário o acordo da parte contrária. Este e a interposição da revista per saltum valem como renúncia à apelação (§ 566 a IV). O tribunal de revista pode recusar a admissão da revista per saltum, se o caso não tiver qualquer importância fundamental (§ 566 a III). A revista per saltum tem sentido se apenas levanta questões de direito (raramente; exemplo: BGHZ 97, 330 e segs.; 101, 207 e segs.) e é verosímil a importância fundamental do caso; nestes casos é aconselhável se o tribunal de apelação competente (OLG) conforme a experiência não é favorável à admissão (a não admissão é inimpugnável, vd. supra 3). – O exercício do poder de rejeição conforme o § 566 a III 1 pressupõe, como no valor da revista (§ 554 b I), o exame prévio do caso. Tendo a revista per saltum depois disso perspectiva de êxito, a admissão não pode ser recusada (resulta das BVerfGE 54, 277 e segs., vd. supra 2).

No processo do tribunal de trabalho é admissível a revista per saltum contra sentenças do ArbG susceptíveis de apelação, se a parte contrária concorda por escrito e o ArbG o permitiu, ArbGG § 76.

III. **O tribunal de revista** é o BGH (GVG § 133 n.º 1).

Há uma excepção de certa extensão para a Baviera pela instituição do Tribunal Supremo do Land Bávaro. Vd. nos pormenores EGGVG § 8, EGZPO § 7.

O órgão jurisdicional no BGH chama-se secção (vd. supra § 7 II).

Querendo a secção que tem de julgar uma questão jurídica desviar-se da decisão doutra secção e declarado sob pedido que ela mantém o seu parecer jurídico, deve a secção que vai julgar apresentar esta questão jurídica, para decisão, ao **Plenário Cível** ou a todas as secções em conjunto (GVG § 132 I-III). Acontece isso para evitar decisões divergentes do BGH e assegurar a uniformidade da sua jurisprudência. A secção que tem de julgar pode ainda apresentar por motivos de modelação da ordem jurídica pela uniformização da jurisprudência numa questão jurídica de importância fundamental (GVG § 132 IV), quando não tiver já de apresentar nos termos da GVG § 132 II, III (BGHZ 128, 87). A decisão sobre a questão jurídica efectiva-se por despacho após audiência de julgamento opcional; o despacho é vinculativo para a secção que tem de julgar no seu despacho sobre o mérito da causa, GVG § 138 I. No BAG há igualmente um Plenário, Arb GG § 45.

A **Câmara Comum dos Supremos Tribunais da Federação** foi criada para assegurar a uniformidade da jurisprudência destes tribunais (vd. GG art. 95). Querendo um Supremo Tribunal afastar-se numa questão jurídica doutro ou da decisão da Câmara Conjunta, tem de apresentar a questão jurídica à Câmara Conjunta. A sua decisão vincula a secção que tem de julgar o processo presente. Vd. RsprEinhG §§ 2, 11, 16. Para isto, *Miebach*, Der Gemeinsame Senat der obersten Gerichtshöfe des Bundes, 1971; *Schulte*, Rechtsprechungseinheit als Verfassungsauftrag, 1986.

IV. A interposição da revista realiza-se pela apresentação do requerimento da revista no tribunal de revista (§ 553 I), que é notificado à parte contrária (§ 553 a II). Deve conter: a identificação do acórdão impugnado, do tribunal que proferiu o acórdão e a declaração de interposição da revista (o que é tudo compreensível), § 553 I e ainda a identificação do recorrente e a do recorrido. Para o conceito de apresentação, vd. supra § 73 II.

O requerimento de revista é um requerimento determinante. É assinado autografamente, em princípio, por advogado autorizado junto do BGH (na Baviera, vd. EGZPO § 8 I); vd. supra § 73 II).

O prazo de interposição da revista é de um mês. É um prazo peremptório (vd. infra § 79 IV) e inicia-se pela notificação do teor integral do acórdão o mais tardar cinco meses após a sua pronúncia, para que o vício da notificação não impeça a produção do caso julgado, § 552. Já antes da notificação pode ser interposta a revista (§§ 557, 312 II).

V. A **revista** tem de ser **fundamentada** (§ 554 I). Isso pode realizar-se no requerimento da revista ou – a regra, na prática – em alegações especiais (§ 554 II). Devem ser assinadas como o requerimento da revista (vd. supra IV) e a parte contrária é notificada oficiosamente (§ 554 V, 553 a II). A fundamentação tem de ser apresentada dentro de um mês após a interposição da revista (§ 554 II; ArbGG § 74 I como o § 72 V); sobre o conceito de apresentação, vd. supra § 73 II. O prazo pode ser prorrogado sob requerimento formulado oportunamente (vd. supra § 73 III), limitado na ArbGG § 74 I 2; na sua inobservância pode socorrer-se da reposição no estado anterior (§ 233), Nos processos bávaros, vd. EGZPO § 7 V.

A fundamentação da revista tem um **conteúdo necessário** (§ 554 III). Deve conter o requerimento da revista (para a sua relevância, § 559 I). Aqui o recorrente tem de declarar em que medida impugna o acórdão e que revogação propõe. Com o valor da revista (vd. supra II 2), tem de indicar-se se a questão jurídica tem importância fundamental (para isso, BGHZ 66, 276). Finalmente, têm de indicar-se os fundamentos da revista. Têm sempre de identificar a norma jurídica ofendida, na reclamação de vícios processuais referir ainda os factos de que resulta o vício (por ex., deficiente aclaração ou não uso por parte do tribunal do direito de perguntar nos termos do § 139, omissão de debates, incorrecta apreciação da prova). As prescrições sobre os fundamentos da revista, porém, aplicam-se na prática apenas às infracções processuais, pois nas infracções contra o direito substantivo, o tribunal não se limita aos fundamentos invocados (§ 559 II, vd. infra VII 3 c), por conseguinte, também a parte contrária pode chamar a atenção para tais infracções. As conclusões da revista podem ser alargadas no âmbito da fundamentação.

VI. O tribunal da revista tem de **examinar** primeiro, oficiosamente, a **admissibilidade da revista** (§ 554 a I 1), ou seja, se é permitida e se os outros pressupostos de admissibilidade enunciados supra II foram preenchidos, depois, se foi apresentada na forma devida e oportunamente e foi fundamentada (vd. supra IV, V) e se o acórdão impugnado tornou vencido o recorrente (vd. supra § 72 V).

Sobre a admissibilidade pode ser decidido por despacho sem audiência de julgamento. Rejeita a revista se for inadmissível (§ 554 a I 2, II). Não sendo pronunciado esse despacho é marcada oficiosamente data para a audiência de julgamento e comunicada às partes (§ 555). Após a audiência de julgamento sobre a admissibilidade tem de ser rejeitada por acórdão a revista inadmissível.

No *processo do tribunal de trabalho* opera-se a rejeição se não for realizada qualquer audiência de julgamento, por despacho e sem a assistência dos juizes honoríficos (ArbGG § 74 II 3).

Pode ser recusada a admissão do valor de revista permitido (vd. supra II 2).

VII. Ao **processo de revista** aplicam-se directamente as disposições gerais (§§ 1-252). São, em princípio, aplicáveis por analogia as disposições do processo na primeira instância perante o LG (§ 557); está excluída a nomeação dum juiz singular (§ 557 a). Aplicam-se analogicamente certas disposições do processo de apelação (§ 566).

O processo de revista caracteriza-se por **três particularidades**: o acórdão impugnado, em princípio, é apenas verificado no aspecto jurídico, não no de facto (vd. infra 1); somente a ofensa de determinadas normas jurídicas (não todas) é controlável (vd. infra 2); nem toda a infracção dessas normas tem de ser examinada oficiosamente (vd. infra 3).

1. A revista distingue-se da apelação, sobretudo, porque por ela se realiza **apenas o controle do aspecto jurídico** do acórdão impugnado. O fundamento disso enforma as alegações de facto das partes, como resulta do enunciado de facto do acórdão da apelação (vd. § 314), ou da

– em regra improfícua – acta da audiência (§ 561 I 1; para uma excepção, vd. infra). O tribunal de revista está vinculado à fixação dos factos, caso a fixação não tenha sido feita com infracção de disposição processual (por ex., § 139) e isso tenha sido reclamado na revista (§ 561 II).

A limitação à exposição anterior (§ 561 I 1) significa que **estão excluídas novas alegações e novas provas**, mesmo se um facto surgiu somente após a última audiência da apelação (para isso, *Mattern*, JZ 63, 649 e segs.).

Exceptuam-se os factos que fundamentam uma reclamação processual (§ 561 I 2); sobre estas alegações de facto pode chegar-se à produção de prova na instância de revista (prova livre, vd. supra § 49 III). A jurisprudência tem admitido toda uma série doutras excepções por razões de economia processual (BGHZ 104, 220 e seg.). Isto aplica-se aos factos de que resulte a (não) existência dum pressuposto processual (BGH NJW 94, 2550; *R. Martin*, Prozessvoraussetzungen und Revision, 1974). Exceptuam-se ainda os factos que constituam fundamento de revisão, pois que já mostra na prática que têm de ser considerados na instância de revista, em vez de apenas após o início do caso julgado no processo da revisão (BGHZ 3, 67 e seg.; 5, 247; BSG FamRZ 63, 237, com notas, *Bosch*); isto é duvidoso, porque a instância de revista, em princípio, deve ser deixada livre de novos factos para poder cumprir, desembaraçada e rapidamente, a sua função de controle legal (reservado, BGHZ 18, 59 e seg.; BGH ZZP 69, 439; BAGE 17, 285 e seg.; vd. também supra § 30 VII). Estas considerações têm de ser postas de lado se os novos factos não precisam de prova (vd. §§ 288, 291) e não impedem interesses da parte contrária dignos de protecção (BGH NJW 96, 3008). Para o conjunto, *Gottwald*, Die Revisionsinstanz als Tatsacheninstanz, 1975.

Estão **excluídos novos pedidos**; eles teriam ainda, na maior parte dos casos, de se fundar em novos factos. Pelo mesmo motivo a modificação da acção é, em regra, inadmissível (BGHZ 72, 118 e seg.).

2. Nem toda a ofensa jurídica justifica a revista. Pelo contrário, **só** tem **fundamento se a decisão** impugnada **assenta** sobre uma **norma jurídica susceptível de revista** (§ 549 I, limitações no II; de modo semelhante, ArbGG § 73 I).

Aqui tem de perguntar-se o que é uma "norma jurídica", o que é "susceptível de revista", o que é "ofende", quando "assenta" a decisão sobre a ofensa?

a) **Norma jurídica** é, sobretudo, a lei, mas também o costume, ou o decreto-lei (por ex., o regulamento do código da estrada), não, pelo contrário, uma simples disposição administrativa, que só se aplica aos próprios funcionários. Também as *regras de experiência* contam para aqui, porque são normas intrinsecamente aparentadas com os factos concretos. O uso corrente da língua tem o significado duma regra da experiência (BGH LM n.º 17 face ao § 133 [C] BGB).

Susceptíveis de revista são apenas certas normas jurídicas. Fazem parte destas o *direito federal bem como disposições*, cujo âmbito de aplicação se estende *para além da circunscrição dum OLG* (§ 549 I), excepção em II; diversamente, ArbGG § 73 I: toda a norma jurídica, mesmo estrangeira, é susceptível de revista, vd. BAG MDR 75, 875), para isto conta também o direito da outrora RDA aplicável para o futuro, se se tornou parcialmente direito federal ou se aplica em várias circunscrições de OLG (BGHZ 133, 145), mas não o direito estrangeiro (aqui a necessidade não é – foi? – segundo a jurisprudência uniforme tão grande, vd., porém, BGHZ 40, 200 e seg.; 49, 387), mas o direito da UE (vd. supra § 8 V 4), além disso as normas do direito internacional privado, que são parte da ordem jurídica interna. A aplicação das leis não susceptíveis de revista pelo tribunal inferior é vinculativa para o tribunal de revista, § 562.

A *modificação da lei* sobrevinda após o encerramento da instância inferior, tem de ser tomada em consideração, se abranger a relação jurídica litigiosa (BGHZ 9, 101 e segs., profundo). O tribunal de revista não tem assim, apenas, de controlar o tribunal inferior, mas também de compatibilizar a sua decisão com o direito aplicável. Por isso, a revista justifica-se então, se o acórdão impugnado estava correcto ao tempo da sua pronúncia e só posteriormente se tornou incorrecto por ter de ser aplicado o novo direito aos factos. O mesmo se aplica às leis estrangeiras que, promulgadas, foram dadas a conhecer após a decisão do tribunal inferior; aqui o tribunal de revista não pode ser vinculado pelo § 562 (36, 351 e segs.).

b) Verifica-se a **ofensa da norma jurídica** se não foi aplicada ou não foi aplicada correctamente (§ 550). O segundo caso compreende a incorrecta aplicação da norma bem como o erro de qualificação jurídica.

c) O acórdão tem de "**assentar**" na ofensa da lei (§ 549 I), ou seja, a *ofensa da norma jurídica é causal do efeito* (especialmente o susceptível de transitar em julgado) *da decisão impugnada.* Na verdade, ocorrendo a ofensa do direito, mas não tendo ela influído como seu efeito, na decisão, falta o necessário nexo causal e a ofensa é irrelevante (§ 563, vd. infra VIII 1).

Na *ofensa de normas de direito substantivo*, na maior parte dos casos, o nexo resulta sem mais da fundamentação do acórdão. Nos *vícios processuais*, pelo contrário, é difícil de demonstrar. Como demonstrar, por ex., que o acórdão impugnado teria sido proferido de modo diferente sem a participação do juiz impedido ou com a capacidade judiciária da parte? Aqui, a lei ajuda quando declara *fundamentos absolutos de revista*, certos vícios processuais graves, § 551. Com eles o nexo entre a ofensa da lei e o teor do acórdão, presume-se irrefutavelmente. Isso acontece também no interesse público (especialmente claro no § 551 n.º 6). Para outros vícios processuais é necessário e suficiente que o acórdão impugnado *possa* assentar neles (*Rosenberg*, § 143 VI 2). Também isto é uma facilitação para o recorrente na revista.

d) Visto que a instância de revista realiza em princípio apenas um exame jurídico, é necessária a **distinção de questões de facto e questões de direito**. A delimitação é difícil (para isso, *Henke* e *Kuchinke*, loc. cit.).

Às **questões de direito** pertencem o menosprezo da norma jurídica aplicável, dos elementos constitutivos abstractos, a subsunção à norma dos factos constatados (por ex., a conceitos como a negligência, atentado aos bons costumes, culpa comum, motivo ponderoso, pertinência do vício, ofensa da boa fé, erro, dissenção, etc.). A interpretação de fórmulas de contratos alemães e condições gerais de venda é questão de direito e, por isso, susceptível de revista, se as condições são aplicáveis para lá da circunscrição dum OLG (BGHZ 126, 328). Sob os mesmos pressupostos é susceptível de revista a interpretação de disposições estatutárias de teor jurídico associativo (vd. BGH NJW 71, 880 face ao § 549 I, redacção anterior). Nas **questões de facto** tem de contar-se a determinação dum facto concreto, por ex., que a declaração foi expressa e qual o seu teor, e ainda a apreciação das provas, por ex., a credibilidade duma testemunha, a força probatória duma carta como documento particular de informação. Também a interpretação duma declaração de vontade habitual é questão de facto. Contudo, é questão de direito se a interpretação infringe normas de interpretação (por ex., BGB § 133), leis do raciocínio ou regras de experiência ou não observa disposições legais (BGH NJW 95, 1213, jurisprudência constante).

3. A **extensão da revista** é **limitada** sob vários aspectos.

a) Apenas as **conclusões das partes** estão sujeitas ao exame do tribunal de revista (§ 559 I).

b) Os **vícios processuais** apenas têm de ser examinados se forem objecto de reclamação na fundamentação da revista ou se tiverem de ser considerados oficiosamente (§ 559 II 2). O processo de apelação, nunca tem de ser revisto oficiosamente no seu todo.

c) O tribunal de revista pode apreciar livremente os **vícios de direito substantivo**; não se limita aos vícios invocados (§ 559 II 1). Com isso, o tribunal de revista pode também assumir a tarefa que, em geral, cabe aos tribunais no processo civil: tem de buscar e aplicar as normas jurídicas independentemente da conduta das partes (vd. supra § 25 I). Por conseguinte, o tribunal de revista pode ainda examinar vícios de direito substantivo quando, por ex., apenas foram reclamados vícios processuais. A livre verificação tem duas consequências importantes. Verificando-se que há a reclamada ofensa da lei, o tribunal de revista pode e deve examinar se a decisão não é correcta por outros motivos (confirmando-se, a revista tem de ser julgada improcedente, vd. infra VIII 1). Não havendo a reclamada ofensa de lei, pelo contrário, o tribunal tem de examinar se foi infringida qualquer outra norma jurídica. Sendo este o caso, tem de ser concedida a revista. Consequentemente, é juridicamente irrelevante para o destino da revista, se existem ou não os vícios de direito substantivo reclamados na fundamentação da revista (§ 559 II 1).

Exemplos: Demandou-se indemnização pela mora. O acórdão impugnado reconhece o direito com o fundamento de o estabelecimento dum prazo não ter sido necessário, porque a celebração da compra de recurso resolveu para o credor o seu interesse no cumprimento. A revista censura a ofensa do BGB § 326 II, porque o interesse no cumprimento não foi anulado pela demora. O tribunal de revista considera fundada esta ofensa, mas julga improcedente a revista, porque o estabelecimento do prazo não era necessário por outro motivo, nomeadamente por recusa do cumprimento pelo devedor e, por isso, a decisão impugnada tem de ser mantida. Sendo, pelo contrário, julgado improcedente o pedido no acórdão impugnado, porque não se realizou qualquer estabelecimento de prazo, e a revista afirma a ofensa do BGB § 326 II, porque o interesse no cumprimento foi eliminado pela compra de recurso, de modo que o tribunal de revista pode declarar infundada essa ofensa mas, apesar disso, admitir a revista com o fundamento de recusa de cumprimento, não necessita do estabelecimento dum prazo e sob esta perspectiva, haja ofensa do BGB § 326.

VIII. A **revista inadmissível** é rejeitada por despacho ou acórdão (vd. supra VI). A decisão sobre a **revista admissível** (e não recusada, § 554 b) não pode exceder o pedido de revista, nem revogar o acórdão impugnado em prejuízo do recorrente (§ 559 I; para as excepções, vd. supra § 72 VIII, e ainda BGHZ 6, 370). Abstraindo disso, o teor do acórdão da revista dirige-se seguidamente a se e em que medida o tribunal de revista chega ao mesmo resultado que o acórdão impugnado.

1. Sendo o *resultado o mesmo,* a **revista** tem de ser julgada improcedente por **infundada**.

A revista também é infundada e por isso tem de ser julgada improcedente, se os argumentos da decisão impugnada, sem dúvida, mostram uma ofensa da lei, no entanto, a própria decisão se constata ser correcta em consequência doutros motivos (exemplos, vd. supra VII 3 c). Então, falta o nexo causal entre a ofensa da lei e o resultado da decisão. Isto reza o § 563, no entanto, resulta já do § 549 I.

A rejeição nos termos do § 563 exclui-se, em consequência, se o acórdão impugnado se modifica no resultado. *Exemplos*: a condenação do réu permanece, sem dúvida, todavia é reduzida pelo complemento "exactamente"; a acção é agora rejeitada por inadmissível em vez de infundada ou o inverso (para a admissibilidade vd. infra 2 b).

2. Na *divergência de resultados*, a **revista** é **fundada** e o acórdão impugnado tem de ser sempre anulado (§ 564 I).

a) *Em regra*, a *anulação associa-se à remissão* do processo para o tribunal de apelação (§ 565 I). Aí prossegue o anterior processo de apelação (RGZ 158, 196), de modo que, conforme as disposições do processo de apelação, são possíveis ainda novas conclusões e novas alegações. O tribunal de apelação está vinculado ao julgamento de direito em que se fundou a anulação do seu acórdão pelo tribunal de revista, não às determinações de facto, § 565 II (para o alcance da vinculação, BGH RR 91, 1340). Com isso se evita um vai-vem entre ambos os tribunais que diferiria sempre de novo o findar do processo, tornaria a revista ineficaz e mergulharia as partes no desespero. A vinculação do tribunal de apelação cessa se, antes da nova decisão de apelação, o tribunal de revista mudou a sua concepção jurídica (GmS in BGHZ 60, 397 e seg.).

A vinculação do tribunal de apelação (§ 565 II) é aumentada pela auto-vinculação do tribunal de revista à sua própria decisão, no caso do novo acórdão de apelação ser igualmente impugnado com a revista (excepção: o tribunal de revista mudou, entretanto, o seu entendimento jurídico, GmS in BGHZ 60, 398 e seg.).

A vinculação só se aplica nos limites do processo concreto de que depende. Noutro processo, com a mesma situação jurídica, cada tribunal pode julgar diversamente a mesma questão jurídica (cônscio com certeza só por fundamentos especiais).

b) *Excepcionalmente* não se segue a devolução à instância anterior, antes o tribunal de revista decide "*por si no processo*" (§ 565 III; para isso, *Arens*, AcP 161, 177 e segs.). A sua decisão pode ser acórdão sobre o fundo ou processual.

Pressuposto é que os factos sejam suficientemente esclarecidos, portanto que os factos pertinentes não tenham mais de ser assentes (senão, é em regra necessária a devolução à instância anterior). O tribunal de revista tem de decidir ele próprio ("discernir") se a ofensa jurídica causal (§ 549 I) resulta da aplicação da lei aos factos assentes (vício de subsunção) e o processo está pronto para decisão, ou seja, se os fundamentos de facto já foram fornecidos totalmente pelo acórdão impugnado. Sendo este o caso, a acção deve ser julgada inadmissível pelo tribunal de revista pelos vícios dum pressuposto processual (ex.: BGH NJW 93, 1717; para a reformatio in peius, vd. supra § 72 VIII). Pelo contrário, sendo a decisão impugnada uma absolvição da instância, não pode ser convertida numa absolvição do pedido, é antes necessária a devolução à instância anterior (para o "discernimento", BGH NJW 92, 438, jurisprudência constante; *Blomeyer*, § 104 VII 2 b).

Se o próprio tribunal de revista pode decidir ou deve rejeitar, depende dos exemplos aventados supra VII 3 c, se a recusa de cumprimento já assente, não considerada no acórdão impugnado, por ex., por confissão do réu ou, simplesmente alegada pelo autor. No primeiro caso a relação factual está pronta para a decisão, no segundo apenas o facto decisivo deve ser estabelecido, para isso é necessário o julgamento e produção de prova na instância inferior, por conseguinte também a rejeição. Entre todas as circunstâncias deve ser alegada a recusa do cumprimento por uma das partes e esta alegação resultar da matéria de facto do acórdão impugnado.

§ 75. O agravo

I. A lei reúne sob a noção de "agravo" **diversas espécies de agravos**: o *primeiro agravo* e os *outros agravos ulteriores* (§§ 568 II, III 568 a), os agravos *simples* (não sujeitos a prazo; entenda-se, se a lei permite o "agravo", por ex., nos §§ 380 III, 390 III), os *imediatos* (ou seja, sujeitos a prazo: § 577) e os agravos *aprazados* (§§ 621 e III, 629 a II com os §§ 516, 552). O agravo imediato deve ser designado expressamente como tal na lei (por ex., § 91 a II 1, § 793). Sendo o primeiro agravo imediato, também o é o ulterior (vd. § 793 II).

O **agravo é admissível** se **permitido** expressamente por lei (§ 567 I, 1.º caso).

Por exemplo contra sentenças interlocutórias contra terceiro (§§ 71, 135, 387, 402), despachos, (por ex., nos termos dos §§ 91 a, 104, 127, 252, 380, 390, 793), decisões de custas da sentença sobre confissão (§ 99 II).

É ainda admissível contra decisões que não reclamem audiência de julgamento pelas quais **foi indeferido requerimento que respeite ao processo** (§ 567 I, 2.º caso).

Exemplos: indeferimento da citação (vd. supra § 38 II 4) ou da marcação da audiência (vd. infra § 79 III).

O agravo nunca se dirige contra uma decisão que respeite ao próprio objecto do litígio.

É **inadmissível** o agravo contra *decisões do OLG* em primeira ou segunda instância, § 567 IV 1.

Excepções (§ 567 IV 2): rejeição da apelação por despacho, § 519 b; confirmação da rejeição da oposição à condenação à revelia pelo tribunal do Land, §§ 542 III, 341 II, 568 a; em certas questões de família, §§ 621 e II, 629 a II; decisão prejudicial sobre a via judicial, GVG § 17 a IV; em certos casos de colaboração judiciária, GVG § 159.

É ainda **inadmissível** o agravo *contra decisões do LG como tribunal de apelação ou de agravo*, § 567 III 1 (excepcionadas algumas primeiras decisões importantes no processo de recurso, § 567 III 2, por ex., aplicação de multas ou detenção de testemunhas, §§ 380, 390). Consegue-se com isso que, em regra, a instância duma questão acessória não ultrapasse a da questão de fundo.

Exemplo: uma decisão de custas da secção de apelação do LG, nos termos do § 91 a é inimpugnável apesar do § 91 a II 1, de modo a evitar que o OLG devesse ocupar-se com a questão de fundo (§ 91 a I 1!) por causa da questão acessória (custas), por isso se exclui o recurso (vd. §§ 511, 546 I).

Ao *processo do tribunal de trabalho* aplicam-se, em princípio, as mesmas regras (ArbGG §§ 70, 78).

Só ocorre o **agravo ulterior** quando seja especialmente determinado na lei, § 568 II 1. Para as decisões de agravo do OLG vd. §§ 568 a, 621 e II, 629 a II, GVG § 17 a IV 4, § 159; para os do LG, § 793 II. Só é permitido o agravo ulterior se a decisão do agravo contém um *novo fundamento autónomo* (por ex., rejeição do agravo por inadmissível, vd. § 574), § 568 II 2 (não se aplica aos agravos ulteriores, nos termos do § 568 a, BGH NJW 92, 1702). Um "novo fundamento autónomo de agravo" verifica-se também, segundo a jurisprudência, se o tribunal de agravo infringir disposições processuais essenciais (OLG Frankfurt/M. RR 94, 81), nomeadamente se o direito a ser ouvido (GG art. 103 I) não foi garantido (BVerfGE 49, 256). Para a problemática, aliás, vd. *Bettermann*, ZZP 90, 419 e segs.; OLG Hamm MDR 84, 947.

Contra decisões inimpugnáveis a jurisprudência permitiu **agravo extraordinário por ilegalidade manifesta** (BGH RR 94, 62; jurisprudência constante).

Tem de restringir-se a "verdadeiros (!) casos excepcionais de flagrante ilegalidade" e dirigir-se apenas contra as decisões inconciliáveis com a ordem jurídica vigente (BGHZ 121, 398). *Exemplo*: o OLG impõe custas do processo ao advogado porque não declarou a capacidade judiciária da parte que patrocina (BGHZ 121, 398).

A admissão deste agravo baseou-se primeiramente "na livre aplicação do direito" pelos tribunais de recurso (*Braun*, anotações ZZP 108, 240). Hoje baseia-se na "ordem" do BVerfG, pela verificação duma inconstitucionalidade "em si" por ter de admitir um recurso inadmissível, quando a interpretação do direito processual aplicável o torna possível (vd. supra § 29 III). Visto que nos casos de "manifesta ilegalidade" segundo a jurisprudência de franja do BVerfG há sempre a infracção dum direito fundamental (GG art. 2, 3; face ao art. 103 vd. infra), chega-se a uma incontornável enchente de recursos constitucionais. Para a prevenir detêm-na os tribunais cíveis pela admissão de recursos inadmissíveis (vd. ainda supra § 29 I).

Segundo jurisprudência constante, o agravo extraordinário pressupõe que a decisão seja "estranha à lei no seu conteúdo" (BGHZ 121, 399). Neste caso trata-se de despachos. As *sentenças*, que formulam uma consequência jurídica desconhecida para o direito, segundo a opinião dominante, não produzem efeitos (BGHZ 124, 170; vd. supra § 60 III), de modo que não é precisa a admissão dum recurso inadmissível. Aqui aplica-se ainda o princípio da nulidade, enquanto a jurisprudência do princípio da impugnação atende vícios comparáveis aos dos despachos (vd. *Braun*, ob. cit.). A necessidade da estranheza do conteúdo da decisão explica que a infracção do direito a ser ouvido não dê lugar ao agravo extraordinário, visto que não há uma "ilegalidade manifesta" por falta de estranheza do conteúdo (BGH JZ 96, 374 [com comentário de *H. Roth*]; NJW 98, 82; doutro parecer, *E. Schneider*, MDR 97, 991 e segs., com OLG Koblenz MDR 97, 976 e seg.). Para advertência neste caso, vd. supra § 29 III.

II. A interposição do agravo realiza-se pela apresentação (vd. supra § 73 II) do requerimento de agravo no tribunal a cuja decisão se dirige ("iudex a quo"), só em casos urgentes no tribunal de agravo ("iudex ad quem"), § 569 (para o agravo imediato, vd. § 577 II 2). Pode ser interposto por declaração em termo da secretaria, nos casos do § 569 II 2. Não se prescreve um determinado teor, contudo, é necessária a identificação da decisão impugnada, do tribunal de que provém a decisão, a declaração de interposição do agravo e a assinatura do agravante ou do seu representante. Tão pouco são necessárias determinadas conclusões como uma fundamentação (excepção no § 620 d), mas esta é aconselhável na prática, porque pode ser decidido sem audiência de julgamento, portanto apenas com base nos elementos oferecidos no agravo (§ 573 I). São admissíveis, apesar da falta de regulação legal, a *desistência* e a *renúncia*; quanto aos efeitos, vd. supra § 72 VII.

Em regra, o agravo não tem *efeito dilatório*, ou seja, não impede normalmente nem a prossecução do processo na instância inferior, nem a execução da decisão (excepções no § 572 I). Todavia, o tribunal inferior e o tribunal superior podem suspender a execução da decisão impugnada (§ 572 II, III).

O *efeito dilatório* distingue-se do *efeito suspensivo* (vd. supra § 72 I). Isto mostra-se claramente no agravo imediato (vd. infra V), que sem dúvida não tem em regra qualquer eficácia dilatória (por isso é possível a execução) mas efeito suspensivo (por isso impedimento da formação do caso julgado). O agravo simples não está sujeito a prazo, por isso lhe falta o efeito suspensivo.

III. O agravo simples não conduz necessariamente a uma decisão do tribunal de agravo. O "iudex a quo" pode **reparar o agravo**, ouvidas as partes (GG art. 103 I) se o considerar fundado (§ 571), portanto, alterar a decisão no sentido do agravante. Também pode ser reparado um agravo inadmissível (opinião dominante, vd. *Bettermann*, ZZP 88, 410). Não sendo concedida qualquer reparação, o agravo tem de ser submetido ao tribunal superior.

Está excluída a reparação nos agravos imediatos e sujeitos a prazo (§§ 577 III), 621 e III 2).

IV. O tribunal do agravo tem de examinar oficiosamente a **admissibilidade do agravo**, ou seja, se é permitido (vd. supra I) bem como se foi interposto na devida forma e oportunamente (§ 574, período 1) e, no caso do § 620 d fundamentado e, além disso, se o agravante foi vencido (vd. supra § 72 V). Em certas decisões sobre custas deve a sucumbência (vd. a noção supra § 72 V) ser atingida, § 567 II. Faltando um destes requisitos, o agravo tem de ser rejeitado por despacho (vd. infra) por inadmissível (§ 574 período 2).

O agravo admitido inicia a *verificação no aspecto jurídico e de facto* (o último não no recurso por violação da lei nos termos do § 621 e II 3, ArbGG §§ 92 e segs.). São admissíveis, sem restrições, novos factos e meios de prova (§ 570). O § 296 não deve, conforme as BVerfGE 59, 333 e segs., ser aplicado analogamente pois, em face da inequívoca redacção do § 570, o direito constitucional do GG art. 103 I, restringe a analogia e, por isso, é inconstitucional (vd. ainda BGHZ 86, 224).

Isto é incompreensível. As disposições de preclusão (nomeadamente o § 296) não violam per se a GG art. 103 I (BVerfG NJW 89, 706, com notas), por isso a aceleração processual é um objectivo do ZPO de acordo com os preceitos constitucionais, também alcançado no processo de agravo sem analogia jurisprudencial, porque o 1.º e o 2.º Livros do ZPO, portanto também o § 296, se aplicam ao processo de agravo (vd. *Schumann*, NJW 82, 1609 e segs.).

A audiência de julgamento é deixada à escolha (§ 573 I), por isso o tribunal de agravo decide sempre por decisão (vd. supra § 57 II).

Sendo o **agravo infundamentado**, porque a sentença não apresenta vícios ou não se baseia no vício constatado, é julgado improcedente. Sendo **fundamentado**, o próprio tribunal do agravo pode decidir de fundo ou após revogação julgar a improcedência ou dar a ordem necessária ao tribunal inferior, § 575.

V. Praticamente no que é mais importante o **agravo** é **imediato** (por ex., §§ 71, 252, 319, 336, 387, 519 b, 793). Tem de ser apresentado no **prazo peremptório** de duas semanas, a contar da notificação da decisão impugnada, § 577 II (portanto "imediato" é enganador). A reparação (vd. supra III) está excluída, § 577 III. Sendo o primeiro agravo imediato (o que deve sempre ser determinado pela lei), também o é o seguinte (vd. § 793 II).

§ 76. A revisão do processo

Behre, Der Streitgegenstand des Wiederaufnahmeverfahrens, 1968; *Braun* [confira supra § 64]; *Gaul*, Die Grundlagen des Wiederaufnahmerechts und die Ausdehnung der Wiederaufnahmegründe, 1956; *Gaul*, Zur Struktur und Funktion der Nichtigkeitsklage gemäss § 570 ZPO, FS Kralik, 1986, pág. 157; *Gaul*, Möglichkeiten und Grenzen der Rechtskraftdurchbrechung, 1986; *Schiedermair*, Zur Verhältnis von Wiederaufnahmeverfahren und Vorprozess, FS Dölle, 1963, Tomo 1, pág. 329.

I. O caso julgado material duma sentença pressupõe que a decisão se tornou inimpugável, ou seja, que transitou formalmente em julgado (vd. supra § 61 III). Só depois de iniciada a inimpugnabilidade, o caso julgado material pode desencadear a sua eficácia e, realmente sem tomar em consideração se manifesta ou não graves vícios. Também a sentença viciada não é, em princípio, destituída de efeitos, mas sim eficaz, portanto, susceptível mesmo de trânsito em julgado (vd. supra § 60 IV). Contudo, tem de haver um meio de eliminar nas sentenças transitadas em julgado, os vícios mais graves que acusam ou que se acham sob graves vícios processuais. Aliás, o sentimento jurídico das partes e a sua confiança na justiça seriam sensivelmente atingidos. Também é de considerar o interesse do público em ver afastar sentenças gravemente viciadas, mas secundário face ao interesse das partes. Por isso, o ZPO permite, em casos excepcionais, revogar a sentença formalmente transitada em julgado.

O **meio de afastar a sentença formalmente transitada em julgado** é a revisão do processo. Conforme a sua natureza é um recurso, próximo dos recursos em geral (o EGZPO § 20 designa a revisão do processo como "recurso extraordinário"); pois visa a revogação da sentença impugnada para alcançar outra decisão (mais favorável). Em virtude da semelhança com os recursos em geral, a revisão apenas compete à parte vencida (BGHZ 39, 181; excepção no § 641 i II; vd. em geral, supra § 72 V). Tendo êxito a revisão, a sentença impugnada – como no processo de recurso – é revogada retroactivamente (vd. infra IV 2). Abstraindo disso, a revisão é formalmente uma verdadeira acção (vd. § 587); não tem, nem efeito devolutivo (vd. § 584) nem efeito suspensivo (a sentença impugnada está formalmente transitada em julgado).

II. A revisão efectiva-se pela instauração de **acção de nulidade** ou **acção de revisão**, § 578. (Para o processo laboral, vd. ArbGG § 79).

A acção de nulidade é subsidiária em dois casos (§ 579 II). A acção de revisão só é admissível, em geral, se a parte não estava, desculpavelmente, em condições de fazer valer o fundamento no processo anterior, por reclamação ou apelação, § 582. Tendo isso sido possível, a acção de revisão é inadmissível, não infundamentada (BGH LM n.º 10 face ao § 515; KTS 74, 166; controverso). A revisão só é expressamente permitida contra **sentenças finais** (§ 578); disto fazem parte também as sentenças sobre pressupostos processuais, os mandados de execução (vd. § 584 II), sentenças no processo de arresto e de providência cautelar. A revisão é também possível contra **decisões** que fazem terminar o processo (BAG NJW 95, 2125) ou proferidas no processo de execução (por ex., a sentença de adjudicação, OLG Hamm Rpfleger 78, 423 e seg., com comentários de *P. Kirberger*); realiza-se em processo contencioso (BAG NJW 95, 2125). Regime especial para o agravo imediato no § 577 II 3.

Está excluída a revisão de sentenças interlocutórias e provisórias (*Rosenberg*, § 159 III 2; deixado em aberto pelo BGH JZ 63, 450; vd. supra § 59 V, no final).

A **acção de nulidade** destina-se à invocação de graves **vícios processuais**, sem atenção a terem tido influência no teor da decisão, a **acção de revisão** para compensar graves **vícios nos fundamentos da sentença**, se a incorrecção da decisão assenta neles.

Os fundamentos da acção de nulidade são, nos termos do § 579, a irregular composição do tribunal, a participação dum juiz excluído por força da lei ou recusado com êxito, a representação irregular duma das partes no processo (por ex., o pleitear duma parte destituída de capacidade judiciária [vd. supra § 20 IV 4] ou dum representante sem poderes de representação, ainda, em analogia ao § 579 I n.º 4, a falta de personalidade judiciária duma das partes, vd. supra § 19 IV, ou o desconhecimento desculpável do processo, BAG NJW 91, 1253). Estes fundamentos apenas raramente se apresentam (quando muito a irregular composição do tribunal, vd. supra § 7 V, ou a representação irregular), todavia devem ser tomados em consideração pelo legislador, porque na sua ocorrência a confiança na justiça seria abalada, se a sentença fosse definitivamente inimpugnável. Têm de ser verificados oficiosamente.

São diversos os **fundamentos da acção de revisão**, conforme o § 580.

Um primeiro grupo abrange os casos em que um acto criminoso influenciou a sentença, de modo que haja conexão causal entre ele e o conteúdo da sentença (a sentença "fundamentou-se" nele).

Podem enumerar-se os falsos depoimentos de parte sob juramento (para isso ainda § 484 I), a falsa produção ou a falsificação dum documento (mesmo por um terceiro), o criminosamente falso depoimento duma testemunha ou a criminosamente falsa peritagem, depois a obtenção da sentença por acto criminoso da parte contrária ou do representante desta ou do próprio representante da parte (por ex., burla, extorsão), enfim a prevaricação do juiz participante (por ex., venalidade, parcialidade).

Já que a parte vencida tende facilmente a manter sem rodeios o acto criminoso (nomeadamente a prestação de juramento falso), a lei toma precauções: o § 581 exige, em regra, a condenação transitada por força do crime mantido, portanto, a prévia movimentação do processo criminal como pressuposto da *admissibilidade* da acção de revisão (RGZ 8, 395; BGH LM n.º 11 face ao § 586). O juiz cível verifica autonomamente se o acto criminoso foi realmente cometido (vd. EGZPO § 14 II n.º 1), e sem dúvida no exame da fundamentação da acção de revisão, não apenas no novo julgamento do processo anterior (para a tripartição do processo, vd. infra IV), concordante BGHZ 85, 35 e segs., discordante *Gaul*, FS Fasching, 1988, pág. 168 e segs.

Um segundo grupo compreende os casos em que se omitiram ou ficaram incompletos os fundamentos da sentença: na revogação duma sentença (ou acto administrativo; o BGHZ 103, 125, deixa em aberto), em que se baseou a sentença impugnada; em que se descobriu uma sentença transitada anteriormente, cujo caso julgado podia ter sido invocado no processo, se fosse conhecido – a sentença mais antiga prefere, assim, a mais recente – finalmente e, sobretudo, pela descoberta dum documento que teria suscitado decisão mais favorável para a parte no processo anterior, se nele já tivessem podido ser utilizados o documento ou a sentença (vd. BGHZ 31, 356 e segs.; 46, 303 e segs., para isso *Gaul*, ZZP 81, 281 e segs., respectivamente com notas; BSG NJW 69, 1079 e seg.; BFH NJW 78, 511 e seg.).

Em princípio, o documento deve existir já ao tempo do processo antigo, mas desconhecido do requerente da revisão ou inutilizável por ele, pois senão não se pode dizer do documento que teria podido levar a uma decisão mais favorável do processo antigo (BGHZ 30, 64 e seg.; 57, 212). Os documentos que contêm novas revelações de testemunhas ou peritos não se incluem aqui (BGHZ 89, 119, com notas).

O § 580 n.º 7 b é aplicável para além da sua letra aos documentos criados mais tarde, que não podiam, de modo nenhum, ter sido criados coerentemente com os factos que atestam e, por isso, provar factos que pertencem a um tempo passado. A extensão justifica-se porque também estes documentos, por virtude da sua força probatória evidenciam claramente a incorrecção da sentença. Coloca-se, por isso, no âmbito do princípio da revisão em que se baseia o § 580 no seu todo: o meio da revisão abala notoriamente a exactidão dos fundamentos de facto da sentença (*Gaul*, Die Grundlagen, etc., pág. 66 e segs, 83 e seg.; BGHZ 103, 125 e seg.; discordante, *Braun*, loc. cit., parte 2, pág. 228 e segs.). *Exemplos* oferecem a peritagem da filiação, que tem de fundamentar a acção de revisão contra o estabelecimento da paternidade, § 641 i (para isso, *Braun*, FamRZ 89, 1129 e segs.; para o teor da peritagem, BGH RR 89, 1029; NJW 93, 1929 e seg.); a decisão posterior sobre o estabelecimento da qualidade de gravemente inválido (BAG NJW 85, 1485 e seg.); a posterior sentença criminal (BGH RR 91, 381). Se bastam progressos no conhecimento científico (para além do § 641 i), é controverso (sim: Foerste NJW 96, 345 e segs.; não: OLG Koblenz RR 95, 1279); em todo o caso é conveniente a discrição.

III. Para ambas as acções é exclusivamente *competente* (com poucas excepções) o tribunal cuja sentença se impugna, §§ 584, 641 i III.

A propositura da acção obedece às disposições gerais (§ 585), portanto, efectua-se pela notificação do réu, não como nos recursos, pela apresentação no tribunal. Ambas as acções *dependem de prazo* (§ 586). Devem ser instauradas dentro do prazo peremptório de um mês. O prazo inicia-se com o conhecimento do fundamento da impugnação, isto é, dos factos que a fundamentam (BGH NJW 93, 1596), mas não antes do caso julgado formal da sentença; ambas as acções são inadmissíveis cinco anos após o início do caso julgado (excepções: § 586 III, para isso BGH FamRZ, 63, 132; § 641 i IV, para isso BGH NJW 94, 591).

Este aprazamento é razoável nas sentenças de execução única, todavia pode levar na condenação de execução permanente, por ex., para bonificação, face ao estado precário, de modo que o réu deva prestar para o futuro, mesmo se o fundamento da revisão (por ex., o perjúrio) estiver assente. Nestes casos, tem de ser concedido ao interessado no direito futuro o direito do devedor recusar o cumprimento (em certas circunstâncias). Vd. supra o § 64 II.

O *conteúdo necessário da acção* limita-se ao evidente, nomeadamente a identificação do tribunal, das partes e da sentença impugnada, bem como a declaração da espécie de acção que se instaura, § 587; pode faltar pedido determinado, bem como o fundamento e objecto da acção. Não há, estranhamente, obrigatoriedade de fundamentação (exige-se a indicação do fundamento da impugnação e dos meios de prova, bem como o pedido, apenas pela disposição não imperativa do § 588). Por isso é admissível a utilização de novos fundamentos de impugnação.

IV. No **processo** têm de distinguir-se três questões; portanto, pode percorrer *três fases* (BGH NJW 79, 427 e segs.).

1. Primeiro – como nos recursos – tem de ser examinada oficiosamente a **admissibilidade** da *acção de revisão.* Tem de ser alegado um fundamento admissível de revisão, têm de verificar-se os pressupostos gerais, bem como os especiais da revisão (permissibilidade, observância da forma e do prazo, sucumbência do requerente da revisão, observância dos §§ 579 II, 581, 582; além disso, deve a acção ser instaurada por e contra a parte real, ou seja, em regra por e contra as partes do processo anterior, vd. *Schiedermair*, loc. cit.). Na falta de admissibilidade a acção é rejeitada por inadmissível, § 589.

2. Estabelecida a admissibilidade, é conveniente apreciar, antes de mais, a **fundamentação** da *acção de revisão*, ou seja, determinar se existe o invocado fundamento da revisão ("**iudicium rescindens**"). Nisto cabe a sua causalidade na decisão impugnada (vd. supra II; BGHZ 103, 125 e seg.). Isso tem de ser examinado oficiosamente. Verificado que o fundamento não existe, a acção tem de ser julgada improcedente por falta de fundamento. Sendo, pelo contrário, constatado, a sentença anterior tem de ser revogada. Isso pode ocorrer através duma especial sentença interlocutória ou nos fundamentos da sentença final (vd. infra 3) a proferir sobre o fundo. A sentença interlocutória é impugnável autonomamanente (vd. infra).

É controverso desde quando é anulada retroactivamente a sentença impugnada (vd. supra I): já com a pronúncia da sentença interlocutória (RGZ 75, 56 e seg.; 99, 169; 171, 42; BGHZ 18, 352, 358, 360; 50, 118; vd. ainda BGH NJW 82, 2449, com mais referências), ou apenas com o trânsito em julgado da sentença final (BGHZ 43, 244; *Johannsen*, LM n.º 9, face ao § 578; *Behre*, loc. cit., pág. 72; também *Rosenberg*, § 161 IV 2 com o § 150 I). A opinião mencionada em último lugar, parte da sentença interlocutória não ser autonomamente impugnável e, portanto, não poder transitar formalmente com autonomia, ou seja, independentemente da sentença final

(*Johannsen*, *Behre*, sempre loc. cit.). Isto deixou de ser exacto com a nova redacção do § 280 II 1 pela Novela de simplificação (BGH NJW 93, 1929). A sentença interlocutória é doravante impugnável autonomamente, com respeito directamente à implicitamente afirmada admissibilidade da acção nos termos do § 280 II 1, analogamente em relação ao fundamento da revisão nos termos do § 280 II 1. Por isso, a sentença interlocutória produz também caso julgado formal e, com isso, suprime-se (retroactivamente) a sentença impugnada (BGH NJW 82, 2449; 93, 1930 deixa em aberto).

Em princípio, a pronúncia da sentença interlocutória depende do critério do tribunal. Contudo, na instância de revisão da questão de fundo, só é admissível a transacção judicial, a resolução da questão de fundo, a desistência da instância ou do recurso, quando anteriormente foi anulada a sentença impugnada por sentença interlocutória (transitada); pois somente pela disponibilidade das partes poderia ter sido suprimida a sentença transitada em julgado (isto é inadmissível, argumento no § 269 III 1). Tendo as partes celebrado, por ex., uma transacção judicial, o tribunal deve proferir uma sentença interlocutória, se a revisão for admissível e fundada. Sendo inadmissível ou infundada, profere-se sentença final (vd. supra) e a transacção judicial é ineficaz como acto processual (vd. supra § 48 VI).

3. Assente o fundamento da revisão, é novamente apreciado o **mérito da questão** (portanto do processo anterior em relação à revisão), na medida em que seja atingido pelo fundamento da impugnação ("**iudicium rescissorium**"). Este julgamento pode ligar-se ao "iudicium rescindens" (vd. supra 2). Vd. § 590.

Quer todo o processo deva ser renovado, por ex., se a acção de nulidade respeitar a vício invocado para todo o processo anterior, quer apenas parcialmente, por ex., se apenas um fundamento incorrecto da sentença tem de ser eliminado (porventura um falso depoimento de testemunha) e só este ponto necessita de novo julgamento (para isto KG NJW 76, 1357). Sobre os meios de ataque e de defesa não atingidos, não é preciso julgar de novo (controverso). Na medida em que o processo é renovado, são permitidos novos factos e meios de prova; no resto, o processo anterior mantém-se determinante e estão excluídas novas alegações.

V. Chegando o tribunal a outra conclusão que a da sentença impugnada, revoga a decisão e **profere** uma nova. Chegando à mesma conclusão, deve ainda assim revogar a sentença impugnada (a revisão impõe-se!) e profere nova sentença, ainda que do mesmo teor (controverso, alguns querem abstrair da revogação e apenas confirmar a sentença impugnada, assim o StJ § 590 11, com notas; desta perspectiva deveria ser simplesmente inadmissível a pronúncia da sentença interlocutória de revogação, porque com o seu caso julgado eliminou a sentença impugnada, vd. supra IV 2).

VI. Que **recursos** são admissíveis contra a sentença proferida no processo de revisão, conforma-se com a instância em que a sentença impugnada foi proferida, e em harmonia com o êxito ou não êxito do processo de revisão, § 591 (quando em primeira instância: apelação ou revista "per saltum", quando na segunda instância: revista, para isto BGHZ 47, 22 e segs.; o acórdão da apelação do tribunal do Land é inimpugnável).

VII. Muito duvidosa é a **revisão de sentenças constitutivas**, por ex., sentenças de divórcio. Aqui pode porventura pela celebração de novo casamento que entretanto se segue, surgir um conflito entre o casamento anterior agora não considerado dissolvido, e o novo. Para a admissibilidade da acção de revisão, BGH FamRZ 63, 132; NJW 76, 1591; KG FamRZ 89, 647 e seg.; diversamente, OLG Frankfurt FamRZ 78, 923. Vd. ainda supra § 31 IV. A sentença de divórcio não é susceptível de revisão após a morte dum dos cônjuges (*Jauernig,* FamRZ 61, 98 e segs.; BGHZ 43, 241 e segs.; doutro parecer, quando se pretenda eventualmente a rejeição da acção de divórcio por inadmissível, BGH NJW 74, 368).

Capítulo décimo segundo

A marcha externa do processo

§ 77. A direcção do processo pelo tribunal

I. O processo civil nem sempre é simples e compreensível. Por isso, a sua marcha externa não pode deixar as partes sozinhas, ao abandono. Elas não dominam suficientemente as prescrições técnicas e também não se pode esperar sempre delas uma adequada condução do processo. Aqui, o tribunal tem de intervir de modo a apoiar as partes e ao mesmo tempo poder vigiá-las. Os poderes que lhe competem a respeito da **marcha externa do processo**, podem abranger-se sob a designação de **direcção do processo**. Esta tem de distinguir-se da questão de responsabilidade do tribunal na evolução do próprio processo (pela alegação de factos e apresentação de provas; vd. supra § 25).

II. Em primeiro lugar, cumpre ao tribunal o cuidado de o processo decorrer com regularidade externa e sem perturbações (para isto, *Scheuerle*, FS Baur, 1981, pág. 595 e segs.). O juiz (o presidente) tem de zelar pela manutenção da **ordem na audiência**, portanto pelo ambiente regular do julgamento, por ex., pelo tom das alegações das partes (naturalmente, o juiz também tem de adoptar um tom adequado), o comportamento das testemunhas, sobretudo o silêncio dos assistentes. Medidas possíveis são o afastamento de pessoas da sala de audiências, ou a sua expulsão, privação da liberdade por desobediência, multa por inconveniência, em substituição ou em atenção à privação de liberdade, GVG §§ 176-179. O significado prático é maior no processo penal, que excita mais os ânimos.

III. Põe-se ainda em questão o **impulso processual**, enquanto objecto da actividade judicial; os actos processuais, pelos quais o processo prossegue, devem ser possibilitados ou provocados. Assim, por ex., um debate oral só é imaginável se for marcada uma audiência e comunicada a ambas as partes. A comunicação deve realizar-se de modo que, em regra, o destinatário tome conhecimento. Este impulso processual externo pode ser encargo das partes ou do tribunal. Fala-se, por isso, de impulso das partes ou oficioso. Enquanto outrora o ZPO tinha o impulso das partes como regra, conforme o modelo francês, foi ganhando terreno, cada vez mais, o **impulso oficioso**, primeiro em 1909 no âmbito do processo de parte e da interposição de recursos. Hoje o impulso oficioso domina quase todo o processo, vd. §§ 214, 216, 270, 274, 495 (excepções no § 699 IV 2, 3, § 750 I 2).

IV. A função do tribunal estende-se ainda à área fronteiriça entre o desenvolvimento externo e interno do processo. Dela faz parte o **cuidado com o julgamento profundo** da questão, ligado ao direito de interrogar e ao dever de esclarecimento (§ 139, vd. supra § 25 VII), e o **cuidado com a aceleração do pro-cesso** (vd. supra § 28). Aqui trouxe a Novela de simplificação uma mais rígida regulamentação do processo, mas fica hoje ainda vastamente ao critério do tribunal, que medidas preparatórias devem ser tomada (vd. §§ 272 II, 273, 275-277, 296). Questão de critério é também a importante na prática estruturação do processo e matéria do litígio pela pronúncia de sentenças parciais e interlocutórias ou a decisão prejudicial sobre o fundamento (§§ 280 II, 301, 303, 304 I). Logo neste domínio ocupam o primeiro lugar a experiência e perícia do juiz; a regulação dogmática só pode estabelecer linhas directrizes gerais. O seu correcto manejo só pode ser percebido na prática. A isto pertence ainda o princípio de a sentença final ter de ser proferida logo que o processo estiver instruído para tal (§ 300); além disso a produção de prova só pode efectivar-se sobre os factos dela carecidos e relevantes para a decisão, portanto, por ex., não sobre os que seriam essenciais para a decisão de fundo, se a absolvição da instância dever ter lugar (vd. supra § 49 VII 1).

V. O tribunal pode cindir um processo em vários processos, com julgamento e decisão separados, para melhor realização do processo, "**separação de processos**", § 145; assim, quando forem formulados numa acção vários pedidos, assim como na reconvenção, se o seu objecto não estiver em conexão jurídica com o da acção (na compensação, com o crédito a compensar não conexo, § 145 III, mantém-se, porém, a unidade do processo, vd. supra § 45 IV). Por isso, o processo pode ser formado de forma mais compreensível. Para a errónea aplicação do critério numa separação redutora de recursos, BGH NJW 95, 312; BVerfG NJW 97, 649 e seg. Para o problema paralelo da sentença parcial vd. supra § 59 VI 2.

Também dentro da própria matéria do processo, o tribunal pode restringir o julgamento, antes de mais, a um determinado meio de ataque ou de defesa (§ 146), se forem invocados vários (por ex., fundamentos da acção ou excepções), que seja todavia autónomo, isto é, que baste por si mesmo a fundamentar a acção ou à sua defesa. Por tais medidas, porém, não se cortam alegações futuras. Também servem a clareza do processo por uma estruturação nítida. Similares reflexões têm origem na restrição do julgamento nos termos dos §§ 280, 302, 304.

VI. Inversamente, também é admissível a **apensação** de vários processos pendentes no mesmo tribunal (mesmo entre partes diversas), se os vários pedidos da acção estiverem entre si em conexão jurídica ou teriam podido ser demandados numa só acção, § 147. Chega-se então a julgamento ao mesmo tempo, possivelmente também à decisão; vários autores (réus) tornam-se litisconsortes (vd. infra §§ 81 e segs.).

Outra medida de técnica processual é a **suspensão do julgamento**, que leva a uma pausa do processo (vd. infra § 80 V). É admissível se a decisão do processo depende, pelo menos parcialmente, da existência duma relação jurídica que constitua objecto doutro processo, processo administrativo ou de jurisdição voluntária (BGHZ 41, 310), de modo que a sua decisão seja prejudicial, § 148, nomeadamente se se repercutir o caso julgado doutra sentença (por ex., determinação de direito sucessório no processo de entrega de bens de herança). Ás vezes o tribunal *deve* suspender, por ex., na compensação com crédito de direito público, se o tribunal (cível) devesse decidir sobre a sua existência (vd. supra § 45 III). Particularidades face ao § 148 em *E. Schneider*, Büro 79, 785 e segs., 967 e segs. Além disso, a suspensão é admissível nos termos do § 149, se se oferece suspeita de acção criminosa, cuja determinação possa influenciar a decisão do processo cível; o seu esclarecimento é então entregue aos cuidados do processo penal (para a problemática da suspensão dum processo de responsabilidade médica, OLG Stuttgart NJW 91, 1556).

Todas estas medidas são tomadas por despacho após julgamento oral (controverso), mas podem ser anuladas a qualquer momento pelo tribunal, novamente por despacho, § 150. Os casos de direito de família são regulados nos §§ 152-154; para a revogação, vd. o § 155; o § 640 respeita a um caso especial.

§ 78. O debate oral

Literatura, vd. supra §§ 27, 28.

I. A audiência vastamente preparada para debate oral, a audiência principal (§ 272 I), é a parte essencial do processo. Deve ser o ponto mais alto e o final. Para isso, precisa duma **preparação** intensa, para que a lei põe facultativamente à disposição uma audiência preliminar para debate oral e um processo preparatório escrito. Vd. supra §§ 23 II, 28 II.

II. O debate oral pode realizar-se numa audiência preliminar (§ 272 II), numa audiência principal (§ 278) ou noutra audiência (vd. § 278 IV). A audiência começa com a chamada, para que as partes se possam efectivamente aperceber dela (§ 220 I). Isso é exigido pelo art. 103 I GG (BVerfGE 42, 369 e segs.). A audiência é sempre aberta e dirigida pelo juiz, nos tribunais colectivos pelo presidente, § 136. As partes têm de formular as suas conclusões (com isso se inicia o debate oral, § 137 I) e de alegar para sua fundamentação as proposições de facto e os meios de prova, § 137 II, III (para o significado da exposição do pedido, instrutivo BGH FamRZ 70, 18). Podem também fazer exposições de direito. No processo de advogado a alegação é matéria do advogado, à parte apenas é permitido o uso da palavra a requerimento, § 137 IV.

Representantes inconvenientes (para além dos advogados) podem ser rejeitados, § 157 II.

Aplicam-se algumas especialidades para a audiência principal, § 278. Aqui, o tribunal – depois das partes apresentarem as suas conclusões (vd. supra § 23 III) – apresenta o estado do processo e do litígio, por ex., pelo anúncio dos factos, tal como o tribunal os entende com base no processo preparatório. Estando as partes presentes, devem ser ouvidas sobre isso; a sua audição não serve fins probatórios, mas apenas o esclarecimento dos factos (para a problemática, vd. §§ 28 II, 56 III 3).

O tribunal tem de ordenar a comparência pessoal (por despacho inimpugnável), se isso se mostrar necessário para o esclarecimento dos factos (§ 141). A parte pode incumbir um representante que esteja em condições de fazer o esclarecimento (do mesmo modo no processo do tribunal de trabalho, ArbGG § 51). A audição da parte pressupõe no processo de advogado a presença do advogado, senão a parte é revel (§§ 330 e segs.; vd. supra § 66 II 2). Contra a parte que falta pode aqui, excepcionalmente, ser aplicada uma multa tal como contra as testemunhas (contrário ao sistema, pois também a parte que comparece nada tem de dizer).

A audiência principal deve abranger o debate contraditório, a audição das provas e o debate final, § 278 II, de modo que a causa possa ser resolvida nesta audiência, vd. supra § 28 II.

O debate encerrado pode, às vezes deve (BGH NJW 95, 1561; BAG NJW 96, 2749) ser reaberto, § 156.

III. Sobre o debate oral é lavrada uma **acta**, § 159 I.

Sobre o seu teor, vd. os §§ 160, 161, para o apontamento provisório, § 160 a. O autuante não trata de algo ditado pelo juiz, antes suporta uma responsabilidade própria pelo teor da acta. A importância da acta reside em documentar a observância das formalidades prescritas, enquanto mesmo o único meio de prova permitido para isso (portanto, nenhuma inquirição de juizes, advogados, assistentes, como testemunhas), eventualmente também prova a inobservância e assim os fundamentos para reclamação de vícios processuais (§ 165 período 1, para isso BGH NJW 63,

1061 e seg.). *Exemplos* de tais formalidades são: a composição do tribunal, a leitura das conclusões, a pronúncia da decisão (vd. BGH NJW 85, 1783 e supra § 58 I 2 a), publicidade ou a sua exclusão (para isso, BGHZ 26, 341 e segs.). Enquanto se admite apenas a prova da falsidade, § 165 período 2 (exemplo: BGH NJW 85, 1783 e seg.). A acta tem de ser lida em voz alta e aprovada (anotação da acta: "v.g.", lido e aprovado) bem como assinado, § 162 e seg. (para isso, BGH NJW 84, 1465 e seg.).

§ 79. Notificações, convocações, prazos

I. Notificação significa entrega dum auto através dum órgão oficial, sob determinada forma, com certificação da ocorrência, em que se assente quando e a quem a entrega foi feita.

Os actos das partes precisam de notificação quando contêm um pedido, como sobretudo a acção, os recursos e a contestação, ou esclarecimentos às partes contrárias (quando estas não tenham de ser informadas informalmente), § 270 II 1, enquanto esclarecimentos ao tribunal no debate oral ou prestados por termo na secretaria. Dos actos judiciais precisam de notificação as sentenças (nomeadamente daí decorrem os prazos de recurso e pode resultar a execução) e, sob os pressupostos do § 329 II 2, III, também os despachos.

A vantagem desta fixação documental mostra-se, entre outras, no processo à revelia: a prova necessária a que a parte ausente foi regularmente convocada é simplificada e assegurada pela notificação. Por isso, as formalidades da notificação são mais práticas para o processo que a mera forma das comunicações escritas.

II. A quem incumbe a **notificação**, depende do predomínio da iniciativa da parte ou oficiosa. Hoje predomina largamente a **iniciativa oficiosa** (vd supra § 77 III).

Tem de **distinguir-se** o **expedidor da notificação** – por ele é expedido o escrito (§ 191 n.º 2) – **e o destinatário da notificação** – é-lhe remetido o escrito (§ 191 n.º 3); pois a recepção pessoal não é necessária, antes é possível o **sucedâneo da notificação**, §§ 181 e segs. É imprescindível, porque senão a notificação poderia facilmente ser impedida pelos destinatários e a oportunidade normal deve bastar para a tomada de conhecimento; mas não pode reduzir o direito dos destinatários da notificação a serem ouvidos (BVerfG NJW 92, 225 e seg.). Destinatário da notificação se a parte é judiciariamente incapaz é o seu legal representante, § 171 (vd. supra § 20 IV 1), no processo em juízo apenas os mandatários para todas as partes (§ 176), de modo que no processo de advogado praticamente todas as notificações após a propositura da acção se fazem ao advogado.

Órgão de notificação é, na notificação por iniciativa oficiosa, o funcionário da secretaria, § 209, na notificação por iniciativa da parte, o oficial de justiça, § 166.

Há ainda, além disso, se as partes forem representada por advogados , a notificação de advogado a advogado, § 198. A execução da notificação, na prática, ficou preponderantemente nas mãos do correio, §§ 211, 193. "Correio" era o Correio Federal Alemão, um serviço público. Já não existe. A notificação por carta jaz agora na mão dos particulares titulares de licença. São obrigados à notificação formal nos termos do ZPO e enquanto dotados de poderes de soberania, as chamadas empresas investidas de soberania (PostG § 33 I). Assim, a notificação é válida como anteriormente; contudo, o auto de notificação fundado nela (vd. o § 191) não é um documento autêntico por falta de base jurídica (§§ 415, 418), mas sim um documento particular (exacto, VG Frankfurt/M. NJW 97, 3329 e seg.; *Löwe/Löwe*, ZIP 97, 2002 e segs.).

Fica-se notificado pela entrega dum documento (para isso, BGHZ 100, 237 e seg.). Em regra é entregue uma cópia autêntica da peça a notificar (por ex., a petição inicial, o recurso), por vezes uma pública-forma, ou seja a cópia oficial dum documento oficial, que no comércio jurídico substitui o original (apenas necessária nos casos dos §§ 377, 402, 1039, usual ainda na notificação oficiosa de decisões judiciais), § 170 I. O original fica sempre no tribunal. A autenticação (da conformidade com o original) efectua-se por advogado (§ 170 II), sem ele pelos funcionários da secretaria (§ 210) ou o oficial de justiça (§ 170 II); sem eles a notificação é inválida (BGHZ 55, 252).

Um sucedâneo da efectiva notificação é formado pela **notificação edital**, o que, na verdade, é apenas uma ficção. É o mal menor perante a impossibilidade duma notificação. É sobretudo admissível se é desconhecido o paradeiro duma pessoa, § 203. Com a sua ajuda pode, por ex., iniciar-se o processo de divórcio contra o cônjuge desaparecido ou o devedor que se não consegue encontrar, com o fim de ser demandada a interrupção da prescrição. A notificação é também válida se a sua autorização (§ 204) foi obtida (BGHZ 64, 8 [com dúvidas, BGH NJW 92, 2281]; OLG Köln RR 93, 446; *Jauernig*, ZZP 101, 366 e seg.; doutro parecer, BVerfG NJW 88, 2361 com o sofisma da inadmissibilidade da invalidade da notificação edital). Na notificação edital não é garantida ao destinatário qualquer direito a ser ouvido. Só isto não infringe a GG, art. 103 I; a infracção pode ocorrer se a notificação edital for inadmissível (enquanto exacto, BVerfG NJW 88, 2361). Em todo o caso deve a garantia ser suprida tão depressa quanto possível; eventualmente, é admissível contra a sentença transitada a revisão, analogamente ao § 579 I n.º 4 (controverso).

Em regra, os **efeitos da notificação** só se produzem com a consumação do respectivo processo, por ex., com a entrega do documento e a sua certificação (§ 190). Devendo ser concedido um prazo pela notificação, basta já para a concessão do prazo, em alguns casos, que a parte antes do fim do prazo tenha agido para obter a notificação (pois não tem qualquer influência na execução da notificação).Importante na prática é, especialmente, a interrupção da prescrição pela acção ou pedido de despacho duma injunção; efectivada a notificação no prazo adequado ("logo") a prescrição fica já interrompida com a propositura da acção ou o pedido no tribunal; vd. os §§ 207 I, 270 III, 693 II (fundamento: as partes não têm qualquer influência na notificação oficial, § 270 I; evitável pelas partes, não insignificante, pois 14 dias de dilação acrescida, por ex., o pagamento tardio do preparo das custas judiciais [vd. supra § 38 II 4 c], são-lhe todavia acrescentados, BGH RR 95, 254 e seg.).

Não sendo observados os requisitos formais da notificação, mas transmitido o documento à parte a que se destinava, pode considerar-se notificado o interessado no momento da transmissão (critério do tribunal), excepto nos prazos peremptórios (§ 187; vd. BGH NJW 94, 2296). Os vícios do próprio documento, por ex., falta de assinatura, não são sanados por isso (BGH NJW 81, 2257).

Sobre os *vícios da notificação na propositura da acção*, vd. supra § 39 V.

III. "Audiência" é um momento previamente marcado para uma intervenção conjunta do tribunal e das partes, por ex., um debate oral ou produção de prova. É necessária na prática, porque o tribunal nem sempre pode estar à disposição das partes de forma desorganizada. É convocada pelo juiz (presidente, juiz singular), §§ 216, 348 e seg.; mais §§ 229, 361 II.

A marcação da audiência só faz sentido se os participantes (partes, testemunhas) tiverem conhecimento dela. Para isso, ordena-se, em primeira linha, a **convocação**, ou seja, a intimação para a comparência na audiência, § 214; é necessário para isso a indicação do momento, local e fim da audiência, e ainda do tribunal convocante e do convocado.

A intimação é especialmente importante na audiência preliminar após a propositura da acção. Efectiva-se pela convocação de ambas as partes pelo tribunal, § 274 I (para o processo simplificado no AG § 497). Nos processos pendentes a convocação é inútil a maior parte das vezes pelo anúncio da audiência numa sessão, § 218. Para evitar surpreender as partes, é prescrito um prazo entre a notificação da convocação e o dia da audiência, o prazo da convocação, § 217, antes da audiência preliminar o alongado prazo de resposta, § 274 III (para o processo do tribunal do trabalho, vd. ArbGG § 47 I).

IV. No processo civil é frequente a marcação de **prazos**. A sua incidência depende de dois aspectos diferentes:

Por um lado, as partes devem assegurar a *preparação e a reflexão* (vd. supra III). A sua importância é a seguinte: antes do seu decurso não é preciso praticar qualquer acto, por ex., a comparência ou debate em audiência.

Por outro lado, servem a *aceleração do processo*, se estiver prescrito um prazo para a prática de acto processual, após o seu decurso o acto está precludido, por ex., os prazos de recurso (prazos peremptórios ou de actuação).

O seu *cálculo* efectua-se conforme as prescrições do BGB §§ 187 e segs. (§ 222 I); para o cálculo do fim do prazo, BVerfGE 52, 207 e segs.; BGH NJW 84, 1358.

Os prazos são *legais ou judiciais* e susceptíveis de alteração pelo tribunal no caso concreto, por acordo das partes apenas para a sua redução (não usual na prática), § 224 I 1. Não são modificáveis os prazos peremptórios (na prática os mais importantes); são os expressamente designados como tais (sobretudo os prazos de recurso e de reclamação), § 224 I 2. Contra a sua inobservância há a reposição no estado anterior (vd. supra § 31 II).

V. Nem sempre ocorre na audiência a realização do julgamento. O ZPO prevê: **anulação da audiência** (antes do início do julgamento), **adiamento** (antes do início, mas em conexão com a marcação de nova audiência), **continuação** (determinação de nova audiência após o início do julgamento, que é, na prática, o caso mais importante), § 227.

A anulação e o adiamento são matéria do presidente, sobre a continuação decide o tribunal. Devem sempre ocorrer fundamentos relevantes, por ex., doença da parte não representada (§ 227 I, excepções em II). A restrição da continuação a casos objectivamente fundamentados, a sua recusa, por ex., no caso de falta de informação do advogado pela sua parte constituinte ou condução negligente do processo (vd. § 227 I n.º 2), é necessária para prevenir o arrastamento demasiado fácil. Com a restrição da continuação vai de mãos dadas o abreviar do processo. Claro que a tendência para abreviar não pode sacrificar a profundidade do exame da questão.

§ 80. A suspensão do processo

I. Certas ocorrências impedem o prosseguimento normal do processo e forçam a sua suspensão. É sempre pressuposto que, logo que posto em marcha um processo com as pessoas interessadas, se produziu a pendência da instância (§ 261; falso, BGHZ 92, 256 e seg.; para isso, vd. BGH RR 97, 1261). A lei distingue *três modalidades*:

a **interrupção** – suspensão por *força da lei* independentemente do tribunal e das partes,

a **dilação** – suspensão *com base em determinação judicial*,

a **paragem** do processo – suspensão também com base na determinação judicial, mas *requerida por ambas as partes.*

II. Os mais importantes **fundamentos da interrupção**, são:

1. *Morte de uma das partes*, § 239; equipara-se-lhe a declaração da morte; o § 239 aplica-se analogamente, se cessa o exercício da função como tal duma das partes, em virtude do cargo, e a isso está ligada uma sucessão no direito (vd. BGHZ 83, 104 e seg.; 123, 134 com notas e infra § 86 I 2);

2. *Perda da capacidade judiciária* duma das partes (*Bork* MDR 91, 99), morte ou perda de poderes de representação do legal representante duma das partes, § 241;

3. *Morte do advogado* (ou incapacidade para posterior representação, por ex., expulsão da advocacia, ocorrência de incapacidade judiciária [vd. BVerfGE 37, 75 e segs.], perda da capacidade de patrocínio [vd. BGHZ 111, 106 e seg.]), mas apenas no processo de advogado, § 244, e na medida em que não foi constituído um representante nos termos do BRAO §§ 53, 161;

4. Declaração de falência do património duma das partes, se o processo respeita à massa falida, § 240 (BGH NJW 98, 157); aplica-se analogamente na instauração da execução universal (BGH DtZ 92, 282); é controverso se a falência no estrangeiro interrompe um processo nacional (BGH NJW 97, 2525 e segs.; questão preliminar nos termos da GVG § 132 III);

5. Suspensão da actividade judicial, § 245, fundamento verificado na prática em tempos de guerra e pós-guerra.

Os casos 1. e 2. não conduzem à interrupção, mas antes à possibilidade de dilação, se a parte está representada por mandatário, § 246 (vd. supra § 20 IV 2 d).

Para este regime é determinante a perspectiva de a suspensão ter de ocorrer se não houver ninguém, de direito ou de facto, do lado duma das partes por que ou contra quem o processo possa prosseguir. Assim, no primeiro caso, não está estabelecido já, objectiva ou subjectivamente, quem é afinal o herdeiro; no segundo caso, não existe, para já, um legal representante, no terceiro não há advogado para a respectiva instância. Estando a parte, pelo contrário, representada por mandatário que não tem de ser advogado, em processo de parte (§ 79), pode este continuar o processo, pois os seus poderes de representação mantêm-se para lá daquelas ocorrências (§ 86). No caso da falência a parte perde o direito de condução do processo (KO § 6), bem como na execução universal (*Zwangsvollstrekungs-und Insolvenzrecht*, § 66 I 2) e no futuro processo de insolvência (InsO §§ 80 I), o mandato do seu representante caduca (argumento, KO §§ 6 e seg.; InsO §§ 80 e seg.; controverso; vd. *Jauernig*, § 168, 1 e).

III. A interrupção não dura ilimitadamente; **cessa** logo que o processo pode continuar de direito e de facto.

Ela cessa, por isso, no caso de morte duma das partes (supra II 1) com a admissão do sucessor no direito (herdeiros), § 239 (especialidade no § 640 g, vd.

infra §§ 86 I 1, 91 V 1 a, d); na perda da capacidade judiciária ou dos poderes de representação (supra II 2), se o legal representante ou o novo representante legal der conhecimento ao tribunal da sua constituição (ou a parte contrária participe ao tribunal intenção de continuar o processo, e o tribunal tenha notificado essa participação ao representante), § 241; na morte do advogado (supra II 3), se o novo advogado der conhecimento ao tribunal da sua constituição e este notificou essa participação à parte contrária, § 244. No caso de falência (supra II 4) determina-se a admissão segundo as prescrições do KO §§ 11, 144, 146; InsO §§ 85, 86, 178--181, 183, 185; a interrupção cessa com a anulação do processo de falência ou de insolvência (§ 240), ou o seu arquivamento por falta de massa (BGHZ 64, 1 e seg.).

Após a morte duma das partes (supra II 1), a admissão efectiva-se pela notificação do requerimento a apresentar no tribunal, § 250. Não existindo controvérsia sobre o sucessor jurídico, debate-se a questão de fundo sem a sua verificação. Impugnando a sucessão legal, a parte contrária da que se apresenta ou no caso do § 239 II (vd. infra IV) o destinatário da citação, entra-se em incidente processual. Confirmando o tribunal a sucessão legal, decide-se por sentença interlocutória ou nos fundamentos da sentença final. Na rejeição profere sentença final, que repele a pessoa apresentada como sucessor legal, mas o processo não cessa, pois pode ser novamente admitida outra pessoa como sucessor legal.

IV. A lei toma o cuidado de a admissão não se atrasar indevidamente, pois a parte contrária não pode, sem mais, prosseguir o processo. No caso de falência (processo de insolvência) cuida-se disso pelo KO (InsO). No caso supra II 2, a parte contrária pode dirigir-se ao tribunal das tutelas e este pode proceder à admissão pelo legal representante. Nos casos supra II 1 e 3, o ZPO toma um regime especial. No caso 1 (morte da parte) a parte contrária pode fazer convidar os sucessores legais à admissão, § 239 II. Não comparecendo eles na audiência, torna-se a requerimento uma espécie de revelia, a alegada sucessão jurídica considera-se confessada e por conseguinte debate-se a questão de fundo, o que normalmente conduz a uma sentença à revelia, § 239 IV. No caso 3 (morte do advogado) o tribunal pode, sob requerimento, no caso de demora na constituição de novo advogado convidar a própria parte contrária para o julgamento ou intimá-la à constituição de advogado em certo prazo. Decorrido o prazo sem resultado, considera-se o processo retomado. Não aparecendo qualquer advogado em audiência, pode ser proferida condenação à revelia sobre a questão de fundo, § 244 II.

V. Dilação. Não se verifica qualquer interrupção porque existe um mandatário (§ 246), pelo que a requerimento do mandatário (no caso de morte duma das partes, mesmo da parte contrária) o processo é suspenso por despacho. Deste modo, o mandatário no processo pode pôr-se em contacto com o herdeiro e aguardar a sua decisão, a parte contrária pode informar-se sobre os herdeiros.

Noutra perspectiva se acha a dilação nos termos do § 148 (vd. supra § 77 VI).

VI. A **paragem** do processo só pode ser ordenada pelo tribunal e, por isso, é uma modalidade de dilação. O despacho pode ser proferido simplesmente a requerimento de ambas as partes e quando o tribunal considere adequado por motivo de estarem pendentes negociações para conciliação ou por outros fundamentos relevantes § 251 I 1.

As partes por si só podem retomar o processo após três meses, antes apenas com o assentimento do tribunal, que somente pode ser concedido por um motivo importante, § 251 II.

A suspensão de facto do processo, que se produz porque ambas as partes não comparecem ou não participam no debate, pode ser ultrapassada por o tribunal proferir uma decisão conforme o estado dos autos, § 251 a (vd. § 28 V).

VII. Os **efeitos** da interrupção, dilação e paragem são essencialmente os mesmos, § 249.

1. Todo o *prazo* processual deixa de correr; após a cessação da suspensão, o prazo corre de novo, no seu todo (como após a interrupção da prescrição). Na paragem, contudo, correm os prazos peremptórios e ainda os prazos de fundamentação do recurso, §§ 251 2, 233.

2. *Os actos processuais duma das partes* efectuados face à parte contrária, durante a suspensão, com respeito ao fundo da questão (oposto: admissão do processo), por ex., a notificação nos termos do § 198, o recurso, não tem qualquer efeito jurídico para com a parte contrária, § 249 II (são possíveis a sanação nos termos do § 295 e a ratificação). Os actos processuais perante o tribunal (por ex., a interposição e fundamentação do recurso) são válidos, mas só após a cessação da suspensão são despachados pelo tribunal (vd. BGHZ 50, 400; BGH NJW 97, 1445).

3. *Os actos judiciais* com eficácia externa (não, por ex., um parecer) são inválidos (por ex., a notificação, BGHZ 111, 107); por isso, o tribunal tem de abster-se deles.

Algo diferente se aplica às decisões judiciais, nomeadamente às sentenças. Terminando o julgamento antes da interrupção, o tribunal pode ainda decidir (§ 249 III); do mesmo modo, um recurso pode ser rejeitado se já antes da interrupção era inadmissível (não se aplica à dilação: BGHZ 43, 136 e seg.). Noutros casos, o tribunal não pode realmente decidir, mas se todavia o fizer, a admissão é válida, mas impugnável (BGH NJW 97, 1445), mesmo pela acção de nulidade (§ 579 I n.º 4; BSG NJW 67, 2226).

4. Contra a ordem de dilação há o **agravo** simples, contra a recusa o agravo imediato, § 252. Isto aplica-se também aos §§ 148 e segs. (vd. supra, § 77 IV), mas não à dilação nos termos da GG art. 100, EGV, art. 177, EAGV art. 150 (vd. supra § 8 V 3, 4), esta é inimpugnável (controverso).

Livro III

Especial configuração do processo

CAPÍTULO DÉCIMO TERCEIRO

Pluralidade de partes ou acções

§ 81. O litisconsórcio simples

P. Gottwald, Grundprobleme der Streitgenossenschaft im Zivilprozess, JA 82, 64; *Holzhammer*, Parteienhäufung und einheitliche Streitpartei, 1966; *Lindacher*, Die Streitgenossenschaft, JuS 86, 379, 540; *W. Lüke,* Die Beteiligung Dritter im Zivilprozess, 1993.

I. No processo civil há apenas duas partes. Defrontam-se como autor e réu. Porém, do lado de cada uma das partes podem estar várias pessoas. Fala-se, então, de "litisconsórcio": **activo**, se estão num mesmo processo vários autores, **passivo**, se vários réus.

O litisconcórcio é **admissível**:

1. quando várias pessoas estão em *situação jurídica comum* a respeito do objecto do litígio, § 59, por ex., vários comproprietários (se eles – conforme alegado – exercem em comum direitos sobre a propriedade), co-devedores, co-herdeiros;

2. quando elas, *pelos mesmos fundamentos de facto e de direito, estão interessadas ou obrigadas*, § 59, por ex., vários credores ou devedores de um contrato celebrado em comum (vários compradores, locatários), vários lesados por um acto ilícito;

3. quando o objecto do litígio é constituído por *direitos* ou obrigações *homogéneas* e substancialmente baseados em fundamentos de direito e de facto da mesma natureza, § 60, por ex., a acção duma seguradora contra vários segurados para pagamento dos prémios, dum locador contra vários locatários para despejo de várias habitações. Vd. BGH NJW 75, 1228 e seg.

Todavia, a falta destes requisitos não torna as acções inadmissíveis, antes leva apenas à separação jurídica do processo, não é também observada oficiosamente (§ 295; controverso).

Outro requisito é – analogamente ao § 260 (vd. StJ 7 perante o § 59 e infra § 88 I) – que seja admissível a mesma forma de processo para todas as acções (senão têm de ser separados) e que haja os pressupostos processuais de um dos litisconsortes (para isso, tem de ser examinado para cada um, separadamente, na falta, rejeição da acção do separado ou contra o separado por sentença parcial, § 301).

II. O litisconsórcio existe geralmente desde o princípio do processo, através da acção comum de vários ou contra vários ("cumulação subjectiva de acções"), mas pode ocorrer também no decurso do processo, como pela morte duma das partes e superveniência no processo de vários herdeiros, além disso pela intervenção nos termos do § 856 II, ou pela apensação judicial de vários processos (§ 147). É desnecessário que cada autor demande cada réu (por ex., que K 1 demande A e B, K 2 além disso ainda C).

III. O litisconsórcio significa, simplesmente, o **agrupamento de vários processos** para julgamento e produção de prova em comum (vd. BGHZ 8, 78); ocasionalmente, a condução comum do processo é designada como "o processo" (assim no § 63).

É evidentemente prático na identidade dos factos, porque os mesmos factos (por ex., a celebração do contrato, o acto ilícito) são importantes para todos, por isso o debate e verificação comuns poupam muito trabalho, tempo e despesas. Mas também a simples semelhança leva à simplificação do processo.

Mas apenas o quadro exterior é comum; *cada um dos litisconsorte é plenamente autónomo*. Ele pode, independentemente dos outros litisconsortes, fazer e omitir no processo o que quer. Os efeitos da sua conduta, só o atingem a ele, não os litisconsortes, § 61.

Pode, por isso, um confessar e outro requerer a improcedência, um desistir como autor, o outro requerer a condenação do réu, um ser revel e o outro pleitear, um interpor recurso, o outro não (donde só o recorrente se torna parte na instância superior), um concorda, o outro contesta, um invoca uma objecção ou excepção, o outro não. Assim, um litisconsorte pode ser ouvido no processo do outro como testemunha, o § 449 não o impede; pois apesar do litisconsórcio, trata-se objectivamente de vários processos (*Holzhammer*, loc. cit. pág. 122 e segs.; *Grunsky*, pág. 275; limitativo, BGH RR 91, 256).

Por comportamento discordante não se mantém frequentemente o quadro comum do processo; os processos dum só litisconsorte têm de chegar a diversas vias. Assim, separa-se um pela sentença sobre confissão, desistência ou revelia, com o outro prossegue o debate; um leva o processo à instância superior, contra o outro transita em julgado a sentença da instância inferior, etc.

A **decisão** pode (e, eventualmente, deve mesmo) não ser aplicável a favor e contra os vários litisconsortes.

A *natureza comum do processo* é assegurada pelo seguinte regime.

Os litisconsortes têm de ser todos oficiosamente (§ 214) citados para julgamento. Não se processa a representação unitária de todos, mas é possível e usual nas acções comuns. As declarações dum dos litisconsortes consideram-se na dúvida (o que o tribunal pode constatar nos termos do § 139) de todos, quando não haja oposição.

Porém, sobretudo, são o julgamento e a produção de prova comuns, enquanto a conduta dos litisconsortes se mantenha concordante. Da conformidade resulta que o tribunal só pode decidir em conjunto sobre a existência ou inexistência dum facto, na medida em que dependa da sua convicção (diversamente na confissão), pois a convicção só pode ser comum.

Como, todavia, o processo se forma e se o litisconsórcio se mantem até final do processo, depende da conduta dos litisconsortes.

Em vários autores é verosímil que se comportem por acordo, pois já combinaram a acção entre si, evidentemente também a sua actuação no processo; pelo contrário, de forma alguma é seguro que se comportem de acordo numa pluralidade de réus, especialmente se apenas se trata de pedidos da mesma natureza.

§ 82. O litisconsórcio necessário

A. Blomeyer, Einzelanspruch und gemeinschaftlicher Anspruch von Miterben und Miteigentümern, AcP 159, 385; *Henckel*, Parteilehre und Streitgegenstand im Zivilprozess, 1961, pág. 200 e segs.; *Lent*, Die notwendige und die besondere Streitgenossenschaft, JherJb. 90, 27; *K. Schmidt*, Mehrseitige Gestaltungsprozesse bei Personengesellschaften, 1992; *Schwab*, Die Voraussetzungen der notwendigen Streitgenossenschaft, FS Lent, 1957, pág. 271; *P. Ulmer*, Gestaltungsklagen im Personengesellschaftsrecht und notwendige Streitgenossenschaft, FS Gessler, 1971, pág. 269. Para mais literatura, vd. supra § 81.

I. No litisconsórcio simples trata-se duma vinculação muito frouxa de vários processos. Os litisconsortes estão independentes entre si. Em dois grupos de casos esta independência é afastada pela lei porque, por fundamentos de direito processual e substantivo, levaria a resultados intoleráveis.

O **primeiro grupo** abrange os casos em que pode realmente demandar ou ser demandado por um ou por vários dos interessados por si só, contudo, logo que vários interessados demandam ou são demandados em conjunto, a decisão do litígio global deve ser tomada unitariamente por *fundamentos processuais*, ou seja, unânime e simultaneamente face a todos: "**litisconsórcio processual necessário**" (vd. *Baur*, FamRZ 62, 510; muitas vezes chamado "litisconsórcio especial"). A identidade do objecto do litígio (ela própria um conceito muito controverso, vd. supra § 37) não basta por si só (BGHZ 54, 254 e seg.; *Schwab*, loc. cit., pág. 280 e seg., mas também ZZP 84, 465; divergente, *Blomeyer*, § 108 III 2 b).

O **segundo grupo** abrange sobretudo os casos em que o litisconsórcio é necessário, porque, só por *fundamentos de direito substantivo*, todos os interessados podem demandar ou ser demandados em conjunto: "**litisconsórcio necessário de direito substantivo**" (vd. *Baur*, loc. cit.; muitas vezes chamado "litisconsórcio necessário"). A decisão só nestes casos deve ser legitimamente unitária, pois a coerção à acção unitária, não teria sentido, se a decisão não devesse ser também unitária. Uma acção não instaurada por ou contra todos os interessados, deve ser rejeitada por inadmissível por falta de legitimidade (BGHZ 92, 353).

O regime legal (§ 62) é justamente incompleto. Quando há um litisconsórcio necessário e como deve repercutir-se no processo, é indicado vagamente.

II. O litisconsórcio processualmente necessário (§ 62 I 1.ª opção) abrange antes de mais os casos em que a *extensão do caso julgado* de um dos litisconsortes se produz para os demais. Estendido o caso julgado duma sentença entre A e B a C, é inadmissível acção de C contra B sobre a mesma matéria, excluída sentença contraditória. Demandando A e C desde o princípio contra B, deve ser decidido uniformemente; pois se não se admite diversas sentenças em processos separados (extensão do caso julgado!), então também não em processos conjuntos.

Os casos gerais do § 325 deixam de fazer parte na prática, porque, por ex., a acção do predecessor e do sucessor em conjunto ou contra ambos está excluída. Pelo contrário, interessam os §§ 326, 327, 640 h, 856, AktG §§ 249, 256 VII, KO §§ 147, 144, não, porém, PflichtversicherungG § 3 n.º 8 (BGHZ 63, 52 e segs.; doutro parecer, *Gerhardt*, FS Henckel, 1995, pág. 273 e segs., com outras referências).

A este litisconsórcio leva ainda, se a sentença pretendida também constitui as relações jurídicas dos (potenciais) litisconsortes, sem o que já seria necessária uma acção conjunta por ou contra os litisconsortes (senão haveria um litisconsórcio necessário de direito substantivo). *Exemplos*: AktG §§ 245, 248 I (BGH NJW 93, 1983), 275 (analogamente na GmBH e cooperativas), além do BGB §§ 1496 (acção para cessação da comunhão ininterrompida de bens), 2342 (acção de indignidade sucessória). Aqui a decisão deve ser uniforme porque a constituição ordenada pelo tribunal tem eficácia geral. Por isso não faria sentido rejeitar a constituição face a um dos litisconsortes e executar quanto a outro, de que se produziria a eficácia face ao primeiro.

Pelo contrário, este litisconsórcio *não* tem de estender-se aos casos em que as decisões perante cada um dos litisconsortes *dependem logicamente*, nos termos do direito substantivo, uma das outras (BGHZ 92, 354), como nos casos de subordinação, da dependência de direito substantivo dum direito de outro, por ex., na fiança perante a dívida principal (BGH NJW 69, 1481), ou se os mesmos factos fundamentam os direitos ou obrigações de todos os litisconsortes como na dívida solidária ou na acção do filho e da sua mãe contra o pai fora do casamento. Aqui não se realiza qualquer extensão; o objecto do litígio também não é idêntico nos processos com os vários litisconsortes; as sentenças contraditórias não formam, por isso, qualquer conflito de direito processual, mas são apenas incompatíveis segundo o direito substantivo (isto também só excepcionalmente), uma delas deve então ser incorrecta. Assim é inconciliável com o BGB que o fiador seja condenado por causa da existência da dívida principal, durante a acção contra o devedor principal que improcedeu por falta de dívida (vd., porém, ainda BGH NJW 70, 279, para isso, *Fenge*, NJW 71, 1920 e segs., e supra § 63 IV 5); ou que um devedor solidário seja condenado, o outro não (apesar do cumprimento ou doutro facto com eficácia global), vd. BGHZ 54, 253 e segs. Isto somente não é, porém, fundamento para forçar em termos de direito processual a uma decisão uniforme, portanto dum litisconsórcio processualmente necessário.

III. O litisconsórcio necessário de direito substantivo (§ 62 I 2.ª opção) compreende sobretudo os casos em que, segundo o direito substantivo, só vários em conjunto podem exercer e dispor dum direito.

Pois da necessidade de administração e disposição em conjunto resulta justamente, também sem determinação legal, a necessidade de condução comum do processo; o processo leva pelo caso julgado da sentença a efeitos que se equiparam aos da disposição (por ex., a perda transitada dum direito repercute-se como uma disposição do direito), e representa sempre uma actividade de administração. Como os contitulares separadamente não podem por si sós tomar qualquer disposição, também não podem por si sós conduzir um processo sobre o direito, portanto não podem por si sós demandar ou ser demandados. Os vários litisconsortes não fazem valer o direito que lhes compete, cada um por si, mas sim o direito comum em conjunto.

Aqui pertencem sobretudo os casos de *património em comum*, em que não compete aos titulares a administração e disposição, portanto, a sociedade e a indivisão sucessória, BGB §§ 719, 2038, 2040 (todavia não há qualquer litisconsórcio necessário de direito substantivo se accionam vários contitulares nos termos do BGB §§ 432, 1011, 2039, pois aí é cada um deles processualmente legitimado [por falta de extensão do caso julgado, também não há qualquer litisconsórcio processual necessário, vd. supra II, BGH NJW 92, 1101 face ao BGB § 1011; doutro parecer, MK – BGB § 1011, 7, 8]; assim, separa-se o caso da comunhão de bens do casal se apenas um dos cônjuges se encarrega convencionalmente da administração e, por isso, apenas a ele compete o direito de agir em juízo, BGB § 1422, de modo diferente da administração conjunta de ambos os cônjuges, BGB § 1450). Mas isso aplica-se apenas aos *processos do activo*; pois do lado passivo há solidariedade dos devedores e nesta não há qualquer litisconsórcio necessário quando não haja excepcionalmente dívidas do património comum (como acontece no direito civil, vd. BGH NJW 63, 1612; 75, 311; 84, 2210; RR 90, 867; BGHZ 131, 379). Contam para isto outras acções constitutivas se a constituição apenas em comum, por ou contra vários, pode ser exercida. *Exemplos* são as acções no âmbito do OHG nos termos do HGB §§ 117, 127, 133, 140 (para isto, *K. Schmidt*, loc. cit.; vd. também supra § 18 VI 1) e da PartG nos termos da PartGG § 6 II 2, §§ 7 III, 9 I. Pelo contrário, separam-se os casos do BGB §§ 356, 502, 513, porque se trata de simples acções de condenação após consumada declaração de formação, não de acções constitutivas (apenas a declaração de direito substantivo necessita de acção conjunta); vd. ainda BGH NJW 90, 2688 e seg.: acção para reembolso do preço da compra com base em vício redibitório.

IV. A realização do litisconsórcio necessário determina-se pelo fim: a **decisão** deve ser **unitária face a todos os litisconsortes**, em todas as circunstâncias, sobretudo concordante no seu teor. Para esse objectivo tem de renunciar-se a todas as disposições processuais que causem a um dos litisconsortes o risco duma decisão discordante.

1. A *condenação à revelia* contra um dos litisconsortes está excluída; os actos dos não revéis são eficazes a favor ou contra ou revéis. A lei (§ 62) exprime esta regra simples na desnecessária ficção de o litisconsorte revel se considerar representado pelo não revel (na verdade não há representação, pois que não resulta absolutamente da vontade do litisconsorte que litiga, litigar com o outro). Com isto se afasta o perigo evidente de a sentença contraditória face ao litisconsorte que litiga resultar diversa da condenação à revelia perante o revel.

Para evitar sentenças contraditórias é inadmissível decidir por sentença parcial (§ 301) apenas para com um dos litisconsortes necessários e reservar para os outros decisão por sentença final (BGHZ 131, 381 e seg.).

2. Os *prazos de recurso, de alegações de recurso e de reclamação* correm ao mesmo tempo para todos os litisconsortes (*Holzhammer*, loc. cit., pág. 145 e segs.; doutro parecer, BGHZ 131, 380, 382). Também esta norma é o mais imperfeitamente

esboçada no § 62. Por força da uniformidade do prazo não se dispõe a aceitar qualquer dificuldade em que o recurso *dum* litisconsorte leve o processo à instância superior *para todos* (vd. BGH NJW 91, 101).

3. A lei não regula, de modo algum, que efeitos tem no processo o *comportamento contraditório dos litisconsortes*, por ex., no caso dum dos consortes confessar certos factos, e os outros os contestarem. Também aqui deve ser proferida uma sentença uniforme. Este fim é atingido quando os actos contraditórios das partes não desencadeiam os seus efeitos típicos. Mas tornam-se "conteúdo do julgamento" e, como tal, são de tomar em conta, § 286 I. (Vd. *Holzammer*, loc. cit., pág. 130 e segs.). Assim fica no exemplo a confissão dos factos sem o efeito do § 288, mas é de aproveitar como indício. O mesmo se aplica à confissão e desistência do pedido dum litisconsorte em contradição com outro.

A desistência da acção dum litisconsorte isolado é possível no litisconsórcio processualmente necessário e produz a sua separação do processo do litisconsórcio, pelo contrário está excluída no litisconsórcio necessário de direito substantivo (controverso; demonstração em *P. Gottwald*, loc. cit., pág. 70).

Portanto, todo o processo é regulado inversamente ao litisconsórcio simples – ali a total independência dos litisconsortes entre si, aqui a dependência, ali a decisão discordante, aqui apenas a decisão unitária é possível.

§ 83. A assistência

W. Lüke, Die Beteiligung Dritter im Zivilprozess, 1993.

I. Não somente as partes (e os seus representantes) conduzem o processo. As outras pessoas não podem – legitimamente – dirigir o processo; por isso, o seu efeito não influi directamente sobre a sua posição jurídica. Contudo, na medida em que tal influência é possível, ao terceiro atingido deve ser permitido influir ele próprio no curso do processo.

Exemplos: K demanda B por transmissão de propriedade e entrega do imóvel comprado. No processo discute-se se a compra do imóvel é inválida por vício do notário N que lavrou a escritura. Reconhecendo o tribunal a nulidade e por isso perdendo K o processo, o direito de regresso de K ameaça N. Por isso deve poder N intervir no processo entre K e B, para que ganhe K. Ou: sendo o fiador B condenado a pagar a G, então ameaçava com o direito de regresso o devedor principal S; portanto, esforçar-se-à S por ajudar B no processo. Ou: sendo o devedor solidário S21 condenado, podia actuar o direito de regresso de S22; consequentemente quererá S22 auxiliar S21 na acção contra o credor comum.

Esta intervenção pode realizar-se pela assistência. Ela possibilita ao terceiro participar num litígio pendente entre duas outras pessoas e **apoiar a parte** em cuja vitória tem interesse jurídico. Ele próprio não é parte, nem seu representante, mas sim ajudante (por isso, a adequada tradução "**intervenção**"), que age **em próprio nome**, § 66.

II. A assistência é admissível sob os seguintes **requisitos**:

1. O *litígio* deve estar pendente entre duas pessoas (vd. supra § 40 I e infra § 84 I). A intervenção do assistente é possível em qualquer estado do processo, por ex., com a interposição dum recurso ou apenas numa instância superior (§ 66 II). O assistente pode mesmo interpor a acção de revisão (*Schiedermair*, FS Dölle, 1963, Vol. I, pág. 347 e segs.); abstraindo disso, a assistência exclui-se com o trânsito em julgado da sentença (vd. § 66 II; BGH NJW 91, 230: não há nenhum pedido de reposição).

2. O *assistente não* pode ser *a própria parte* ou o seu representante legal. Apenas o litisconsorte voluntário pode intervir a favor doutro litisconsorte (mesmo da parte contrária, BGHZ 8, 78 e seg.; porque se trata apenas da cumulação exterior de vários processos internamente separados).

3. O assistente deve ter um *interesse jurídico*, isto é, fundado numa relação jurídica, portanto, não um simples interesse na vitória da parte que apoia, § 66 I. Isso acontece, se a decisão do processo vai influir na sua própria situação jurídica, nos seus direitos e obrigações, de modo que a vitória da parte apoiada melhore a sua situação jurídica ou a sua derrota a prejudique.

Tal actuação é claríssima se o caso julgado se estende aos assistentes, se se deve aplicar a estes, portanto, a decisão contra si e pode basear-se nela (nas acções constitutivas, se a constituição se estende ao assistente). Por isso, o sucessor jurídico pode, por ex., intervir no processo do seu antecessor (§ 325; vd. *K. Schmidt*, JuS 97, 108 e supra § 63 IV 2).

Mas o interesse jurídico também existe se a parte auxiliada pode instaurar, no caso da sua derrota, um pedido contra o assistente, e isto é de recear ou deve recear um pedido do assistente contra si, portanto as consequências jurídicas a decidir no processo têm de ser condicionais (prejudiciais) dos direitos e deveres do assistente (vd. os exemplos supra I). Fazem parte disto todos os casos de dependência lógica dum direito de outro, pelos quais seria negado o litisconsórcio processualmente necessário, vd. supra § 82 II.

III. A **intervenção** do assistente (que na maior parte dos casos se realiza por causa duma das partes, sem o que ninguém pode ser assistente), requer a notificação dum requerimento, § 70 (no processo perante o AG basta uma declaração por termo nos autos na secretaria, § 496).

Como teor é prescrita a identificação do processo e das partes, a declaração de intervenção para apoio duma das partes e a indicação precisa dos factos que fundamentam o interesse do assistente.

A **admissão** faz-se, sem julgamento e decisão especial, se não dever ser rejeitada por falta dum pressuposto legal na pessoa do assistente (por ex., incapacidade judiciária). O tribunal não examina oficiosamente se existem os pressupostos da intervenção (BGHZ 38, 111). Formulado o requerimento de rejeição contra uma das partes (mesmo aquela pela qual se realiza o apoio o pode fazer) deve ser decidido o incidente após debate oral por *sentença interlocutória* (admissão ou rejeição da intervenção), impugnável por agravo imediato, § 71 (na admissão, apresentado por ambas as partes, na rejeição, pelo assistente). Neste processo, o assistente tem de justificar o seu interesse jurídico. Até ao trânsito em julgado da rejeição, contudo, participa no processo, § 71 III. Depois, a sua participação é inadmissível (BGH NJW 82, 2070, com notas).

IV. A posição do assistente no processo

O assistente não se torna parte nem representante da parte, mas sim auxiliar da parte, todavia, pode **praticar todos os actos das partes**, nomeadamente, exercer todos os meios de ataque e de defesa, § 67, portanto alegar factos, apresentar provas, impugnar, confessar, formular e fundamentar recurso ou reclamação pode, portanto, movimentar o processo, como se ele próprio fosse parte e, realmente, não como representante da parte, mas sim em nome próprio. Isso pode ir tão longe, que a parte assistida (§ 67: "parte principal") lhe confie totalmente a condução do processo e o debate. Os seus actos têm a **mesma eficácia como** se tivessem sido **praticados pela parte principal**, assim defende a parte principal, pelo seu debate, das consequências da revelia, de modo que não pode ser proferida condenação à revelia contra a parte principal ausente, se o assistente litigou; pela formulação de recurso ou de reclamação protege-a do trânsito em julgado formal da sentença.

Contudo ele não é **senão auxiliar duma das partes** num processo alheio. Isso mostra-se nos seguintes pontos:

1. Deve aceitar o processo na situação em que se acha ao tempo da sua intervenção, § 67 (o que é importante se a intervenção apenas ocorre na instância superior); por isso não pode mais alegar o que já se precludiu para a parte.

2. Os seus actos não podem contradizer o comportamento da parte principal, (BGH NJW 93, 2944 e seg.), por ex., ele não pode confessar o que esta impugnou, ou impugnar o que ela confessou, § 67. Isto aplica-se também aos encargos da parte principal; tendo ela, por ex., sido precludida quanto a determinadas alegações (§ 296), também não pode introduzi-las eficazmente através do interveniente.

3. Não pode restringir, estender ou modificar a acção, porque não pode alterar nada ao objecto do processo sem o acordo da parte principal; pois tem de auxiliar a parte principal, mas não de reinar sobre ela. Também não pode confessar ou desistir, nem mesmo transaccionar, pois têm de ser reservados à parte principal as actos de resignação e, além disso, não pode fazer cessar o processo com autonomia (por ex., por desistência da instância, desistência de recurso ou de reclamação) ou proceder a um negócio jurídico de direito substantivo em detrimento da parte principal, por ex., a compensação com crédito da parte (mas sim com o próprio). Enfim: não pode praticar quaisquer actos que infrinjam o fim da sua intervenção, de auxílio da parte principal (BayObLG NJW 68, 1727; controverso).

4. Pode ser ouvido como testemunha.

5. A sentença proferida apenas entre as partes, só a elas é notificada oficiosamente e apenas decide sobre a relação jurídica entre elas existente.

V. A decisão proferida no processo não transita materialmente contra o assistente, como tal (pode fazê-lo por outros motivos, por ex., porque ele é um sucessor). Ela desencadeia porém – tornada inimpugnável (vd. BGH NJW 88, 713) – um efeito semelhante, a chamada **eficácia da assistência**, relativamente ao assistente para com a parte principal, § 68. Não pode, perante esta (por ex., na acção de regresso, que a parte vencida lhe dirige) alegar que o processo tenha sido incorrectamente decidido; com isto exclui-se que a parte principal vencida no processo anterior, esteja agora sujeita a fundamentos inconciliáveis com a improcedência da primeira acção (vd. *Wieser*, nota, ZZP 82, 223 e seg.; *Häsemeyer*, ZZP 84, 185 e seg., bem como nota, NJW 78, 1165; JR 88, 69 e seg.; *Vollkommer*, nota NJW 86, 264; OLG Köln RR 92, 119).

A eficácia da assistência assemelha-se ao caso julgado, mas vai além, porque não respeita apenas à própria decisão, mas também abrange as constatações de direito e de facto, em que assenta a decisão (para isto, *Häsemeyer*, ZZP 84, 192 e segs.; *Vollkommer*, loc. cit., BGH NJW 98, 80). Mas também com a declaração de o processo ter sido viciadamente conduzido, por ex., não ter sido tudo apresentado quanto a alegações ou meios de prova, o que devia e podia ter sido apresentado (e por isso o processo foi erroneamente decidido e perdido), não abrange o assistente; com razão, pois ele teria, por si, podido conduzir correctamente o processo, se tivesse para isso possibilidade de direito e de facto. Eis porque só pode ser abrangido pela declaração de viciada condução do processo, enquanto não teve esta possibilidade, porque nomeadamente foi impedido pelo estado do processo ao tempo da sua intervenção ou pelo comportamento contraditório da parte principal, de apresentar meios de ataque e de defesa, portanto nada podia fazer (BGH NJW 98, 80), ou quando a parte principal não invocou intencionalmente ou com culpa grave, meios de ataque e de defesa que desconhecia, portanto suporta a exclusiva responsabilidade pelo fracasso do processo. Em consequência destas possibilidades de alegação, a eficácia da assistência é mais restrita que o caso julgado material.

Na relação do assistente para com a parte contrária, não se produz a eficácia de assistência (BGH RR 90, 121 e seg.). Além disso ela actua apenas a favor da parte principal, não do assistente (opinião dominante; doutro parecer, StJ § 68, 12, com notas).

Exemplos: o notário, como assistente, não pode alegar que o contrato de compra do imóvel é formalmente válido (para escapar à indemnização ao comprador, vd. o exemplo supra I), o devedor solidário também não, que o outro (a parte principal) não é devedora (para se defender do direito de regresso, vd. igualmente supra I).

VI. O **assistente litisconsorte** tem uma posição mais forte e autónoma, § 69. Chega-se a esta forma de assistência nos casos excepcionais em que o caso julgado da decisão actua sobre a relação jurídica do assistente para com a parte contrária, portanto, verifica-se a *extensão do caso julgado* (para isto, BGHZ 92, 276 e segs.). O caso mais importante de extensão – ao sucessor – porém, é excepcionado pelo § 265 II 3. Restam apenas poucos casos significativos, por ex., quando o caso julgado se estende aos herdeiros no processo do testamenteiro com um terceiro (§ 327). O mesmo se aplica se a sentença *forma* uma relação jurídica respeitante ao assistente (vd. supra § 82 II), por ex., ao accionista na acção de nulidade da AG intentada por outros accionistas (AktG § 275 IV 1 com o § 248 I 1).

Aqui o assistente tem no processo, para a apreciação dos seus actos, a posição dum litisconsorte (na maior parte dos casos, necessário), por isso pode ainda agir autonomamente contra a oposição da parte principal (BGHZ 92, 276, com notas); porém, não se torna realmente litisconsorte da parte, fica também vinculado ao objecto do litígio e não pode formular, por si, qualquer pedido, por ex., requerer uma decisão em seu nome. A sentença é proferida (abstraindo das custas: §§ 101 II, 100) não a favor ou contra ele mas sim somente perante a parte principal, contudo tem também de lhe ser notificada (importante para o prazo do recurso, BGH RR 97, 865).

§ 84. O chamamento à autoria

Literatura, vd. supra § 83.

I. Vimos supra no § 83 que o assistente auxilia, no seu próprio interesse, a parte assistida, a ganhar o processo para, por ex., se defender dum direito de regresso (vd. exemplo supra, § 83 I). Perdido o processo é atingido pela eficácia da assistência da sentença. Esta desvantagem para ele é uma grande vantagem para a parte (assistida sem êxito): vd. supra § 83 V. Isto impede muitas vezes que o interveniente actue. Por isso é importante que a própria parte, ou seja, sem assistência, possa suscitar a superveniência da eficácia da assistência. Isto acontece quando ela chama terceiro à autoria. Chamamento à autoria é a *comunicação formal duma das partes no processo, a terceiro*, da pendência dum processo que ela conduz, *para que a eficácia da assistência se produza perante o terceiro*, §§ 72, 74 III. Claro que o chamamento à autoria também visa que o terceiro auxilie no processo o "requerente do chamamento" (§ 74 I).

O chamamento à autoria é possível logo que e quando a causa estiver pendente (vd. supra § 40 I; do mesmo modo, BGHZ 92, 257, com notas). É admissível se uma das partes, para o caso dum despacho desfavorável do processo, julga poder apresentar um pedido de garantia ou ressarcimento, contra o terceiro (por ex., BGB § 433 e segs., 459 e segs., 481 e segs., 537 e segs.), ou receia um pedido desse terceiro (em processos sobre direitos alheios, por ex., como credor hipotecário, o pedido do proprietário). É negligenciável para a admissibilidade se o direito existe. O chamamento à autoria é ainda conveniente quando duas pessoas entram em linha de conta, por uma obrigação de ressarcir ou contratual, de que só uma ou outra é responsável, a chamada dívida alternativa, BGH NJW 89, 522 (por ex., a obrigação de limpar a neve da cidade ou dos donos das casas; responsabilidade contratual do representado ou do "representante" no caso do § 164 II BGB, para isso *W. Lüke*, loc. cit., pág. 306 e segs.).

A *forma* é a notificação dum articulado que fundamenta o chamamento à autoria e indica o estado do processo (para a necessária assinatura vd. BGHZ 92, 254 e segs.); no processo do tribunal de comarca basta a declaração por termo na secretaria, §§ 73, 496. Para a sanabilidade dos vícios, BGH NJW 76, 292 e seg.

II. O terceiro pode intervir como assistente ao lado do requerente do chamamento à autoria (ou do seu adversário, BGHZ 103, 278), § 74 I; então é examinada, sob requerimento, a admissibilidade do chamamento à autoria, §§ 74 I, 71, vd. supra § 83 III (ela falta, por ex., se não oferece qualquer natureza de dívida alternativa, mas antes cumulativa, vd. supra). O processo prossegue, porém, sem atenção ao chamamento à autoria e intervenção. Também quando o terceiro não intervém, o chamamento à autoria produz a sua eficácia específica, § 74 III: neste caso, a **eficácia da assistência** ocorre na relação do requerente do chamamento à autoria para com o terceiro, como se este tivesse intervindo. A admissibilidade do chamamento à autoria e com isso o desencadear da eficácia da assistência, só é então examinada na continuação do processo entre o requerente do chamamento à autoria e o terceiro (BGHZ 116, 98).

Para a declaração da deficiente condução do processo (vd. supra § 83 V) é decisivo o momento em que a intervenção como assistente teria sido possível com base no chamamento à autoria, § 74 III.

É controverso se a eficácia da assistência (§ 74 III como § 68) também funciona a cargo do requerente do chamamento à autoria (da parte principal, vd. supra § 83 III para a assistência). A opinião dominante nega-o (BGHZ 100, 260, com notas; BGH NJW 97, 2386; doutro parecer, *Häsemeyer*, anotação JR 88, 69 e segs.; *W. Lüke*, loc. cit., pág. 336 e segs.; StJ § 74, 5 ["em todo o caso" na intervenção bem sucedida]).

O chamamento à autoria tem ainda **eficácia de direito substantivo**, vd. BGB § 209 II n.º 4, §§ 215, 478 I 2, 639 I.

§ 85. A intervenção principal e a oposição de terceiro

Koussoulis, Aktuelle Probleme der Hauptintervention, ZZP 100, 211; *Picker*, Hauptintervention, Forderungsprätendentenstreit und Urheberbenennung, FS Flume, 1978, Tomo I, pág. 649. Para mais literatura, vd. supra § 83.

I. Como **intervenção principal**, a lei qualifica o caso em que alguém reivindique para si uma coisa ou um direito sobre que penda um processo entre outras pessoas e, consequentemente, por acção instaurada contra ambas as partes desse processo principal, § 64.

Exemplo: K demanda B para pagamento dum crédito que lhe pertence. D afirma ter continuado credor desse crédito por virtude da nulidade da sua cessão a K. A acção de D dirige-se contra o suposto credor K para declaração de ele, D, ser o credor e contra o devedor B para pagamento. Outro exemplo no BGHZ 103, 101 e segs.

Trata-se duma acção autónoma e dum processo autónomo com competência especial (§ 64); por isso é possível a sua apensação ao processo anterior (§ 147) ou a suspensão deste (§ 65). As partes do processo principal, melhor, do processo anterior, tornam-se litisconsortes sem atenção aos §§ 59 e seg.

II. Oposição de terceiro. Pendendo um processo sobre crédito entre um suposto credor e o devedor e reivindicando um terceiro esse crédito para si, surge uma situação especial quando o devedor não impugna a obrigação em si, antes quer cumprir, só não sabe a quem deve fazê-lo. Fora de processos assiste-lhe aqui a consignação em depósito nos termos do BGB § 372, período 2. No caso do processo o devedor tem apenas interesse em sair do processo, absurdo para ele, e confiar-se no processo aquele de ambos os opositores que se mostre justificado. Isso acontece da seguinte maneira (§ 75):

O devedor chama o terceiro ao processo. Se este, consequentemente, intervém no processo, o devedor consigna em depósito a quantia do crédito com renúncia ao direito de levantamento, e sai a seu pedido do processo, por sentença. O processo prossegue então entre os dois opositores e termina com a decisão de a qual deles pertence o direito à quantia depositada. Não intervindo o terceiro, por força da eficácia da assistência, não é mais ouvido quanto à alegação de o processo ter sido decidido erradamente (§§ 74 III, 68); o devedor fica, assim, seguro perante o crédito do terceiro. Este processo é raro. Em regra, o litígio é distribuído num processo declarativo do terceiro opositor (BGH RR 92, 1151).

III. Nomeação à acção. Numa situação semelhante, quando não tem qualquer interesse próprio no processo e na sua decisão, achando-se o possuidor demandado para entrega duma coisa, quando não quer ser possuidor em nome próprio, antes alega possuir em nome doutro que não o autor, com base em relação de posse mediata, como o arrendamento, comodato, depósito, etc. Então, é melhor que o processo corra entre esse possuidor mediato e o autor. Vd. o § 76.

§ 86. A modificação das partes

Bötticher, Rechtsnachfolger in die Prozessführungsbefugnis? FS Laun, 1948, pág. 295; *de Boor*, Zur Lehre vom Parteiwechsel und vom Parteibegriff, 1941; *Henckel*, Parteilehre und Streitgegenstand im Zivilprozess, 1961, pág. 145 e segs.; *Kisch*, Parteiänderung im Zivilprozess, 1912; *Kohler*, Die gewillkürte Parteiänderung, JuS 93, 315; *Rosenberg*, Die gewillkürte Parteiänderung im Zivilprozess, ZZP 70, 1; *Wagemeyer*, Der gesetzliche und die Prozessstandschaft des § 265 ZPO, 1954.

I. A modificação duma das partes durante o processo pode ocorrer directamente por força da lei ou por acordo das partes.

A **modificação das partes por força da lei**, ocorre nos seguintes casos:

1. Em consequência da morte da parte (a que equivale a declaração de óbito). O herdeiro, enquanto sucessor universal do "de cuius",

representa-o em toda a posição jurídica. O ZPO não expressa este princípio, antes pressupõe a prossecução do processo (§§ 239 e segs., vd. supra § 80 II).

Aplica-se analogicamente em outros casos de sucessão a título universal, por ex., a ocorrência de substituição fideicomissária.

Um caso especial é regulado pelo § 640 g (vd. infra § 91 V 1 a, d). Aqui o filho ou a mãe podem, dentro de certo prazo, (não o herdeiro) prosseguir o processo (integrá-lo). Não sendo assim, a questão de fundo é resolvida.

2. Com a entrada em funções ou cessação duma administração oficiosa (administração da falência, da herança, etc., vd. supra § 18 V 4 para a parte em virtude do cargo) opera-se uma modificação na parte, vd. supra § 80 II 1 (não, pelo contrário, com a mudança na pessoa do administrador, de que se trata nos termos do § 241).

3. Nos casos dos §§ 75, 76 a aceitação do processo pelo terceiro produz uma modificação da parte (vd. supra § 85 II, III).

4. Há ainda modificação da parte na transmissão do direito de condução do processo a outra pessoa, por ex., na cessação da comunhão de bens (BGB § 1472) em que o direito de condução do processo pertencia apenas a um dos cônjuges (vd. BGHZ 1, 67 e segs.); na morte do cedente voluntário a terceiro da legitimidade processual, conservando o direito no cedente, (*Schilken*, comentário ZZP 107, 530 e segs., face ao BGHZ 123, 132 e segs. [aí aplica-se analogamente, como na modificação voluntária da parte, o § 263, vd. infra II]). Alguns aplicam aqui o § 265 (vd. infra § 87).

5. Pelo contrário, a *sucessão a título singular*, por cessão do direito substantivo ou alienação apenas da coisa em litígio, *não tem a eficácia da modificação da parte* (vd. infra § 87).

II. A modificação voluntária da parte ocorre nomeadamente quando se verifica que não demanda ou é demandada a parte materialmente legítima e este vício tem de ser solucionado por substituição dum novo autor ou réu.

Por ex., demandando-se primeiro alguém como representante doutro e passando agora à acção em nome próprio (ou o inverso), ou o autor passa duma acção contra uma OHG para acção contra um sócio (vd. BGH NJW 74, 750 e seg.).

É controverso como se opera a modificação voluntária da parte.

Kisch (loc. cit.) entendia que se realizava pela desistência da acção e nova acção. A modificação da parte na segunda instância estaria, consequentemente, excluída, porque a acção não pode ser instaurada aí. Esta concepção deixou de ser sustentada.

O RG tratou-a como modificação da acção (RGZ 157, 377). Desta perspectiva, a modificação da parte é possível por conveniência, mesmo sem o acordo do réu, até na segunda instância (§§ 263, 523). O processo com a nova parte prossegue o antigo, de modo que, por ex., continuam válidas contra a parte que chegou, as confissões de factos e do pedido, a desistência do pedido da parte que se retirou.

A jurisprudência do BGH não é uniforme. Ele trata a *modificação da parte na 1.ª instância* como modificação da acção (NJW 88, 128: modificação do autor; NJW 62, 347: modificação do réu; vd. ainda BGHZ 65, 268). O BGH entende a *modificação do réu na 2.ª instância* como instituto jurídico específico: esta modificação precisa sempre (para além do acordo do réu anterior, § 269 I) do acordo do novo réu, prescindível apenas no caso de recusa abusiva, não já no caso de conveniência (§§ 523, 263; BGH NJW 87, 1947, com notas; jurisprudência constante; já antes , *de Boor*, loc. cit., pág. 109). Trata a *modificação do autor na 2.ª instância* diversamente: às vezes como a modificação do réu na 2.ª instância (BGHZ 71, 219), porém, geralmente como modificação da acção (BGH NJW 96, 2799, com notas).

A figura da modificação voluntária da parte é conveniente se o processo constitui uma unidade com a velha e a nova parte. Aqui falha a doutrina de *Kisch*. Mas também a teoria da modificação da acção não satisfaz; isto aplica-se especialmente à possível admissão, conforme ela, da modificação do réu, pela sua conveniência na instância de apelação (vd. BGHZ 21, 287 e segs.), além disso à absoluta vinculação da nova parte ao anterior decurso do processo. Esta restrição evita notavelmente a doutrina de *de Boor* (concordante, *Rosenberg*, § 42 III 3 b; no resultado, também *Blomeyer*, § 114 V; *Henckel*, loc. cit., pág. 215 e segs.; StJ § 264, 96-129). Legitima também o sentido da modificação da parte. No caso da *modificação do lado do autor* devem concordar todos os interessados, correspondentemente o réu, § 269 I. Um *novo réu* pode ser envolvido no processo sem o seu consentimento na primeira instância, na segunda instância só com o seu consentimento; o anterior réu deve sempre estar de acordo no âmbito temporal do § 269 I. O consentimento do réu – na modificação do réu, o do antigo e do novo – pode em todos os casos ser suprido, se a sua recusa envolve abuso (para isso, BGH NJW 87, 1947). O processo é um todo com a anterior e a nova parte, pois pode ser retractada a confissão dos factos, a confissão ou desistência do pedido da parte que se retirou, como aliás tem de ter-se em atenção que a continuidade do processo não prejudica nem favorece a nova parte (para o significado, *H. Roth*, NJW 88, 2977 e segs.). Por isso a instauração da acção perante o novo réu só então produz efeitos de direito substantivo (por ex., responsabilidade agravada, interrupção da prescrição), se ele intervém no processo, não já desde o início do processo (vd. BGH NJW 72, 1714); a prescrição só se interrompe a favor do novo autor apenas com a sua intervenção no processo. A sentença ainda não transitada, proferida a favor ou contra a parte que se retirou, improcede com a sua retirada (§ 269 III 1, correspondentemente; vd. ainda BGH NJW 71, 1844 para a modificação legal da parte).

III. Junto da modificação da parte há ainda a **ampliação da parte**: outro autor ou outro réu intervém no processo. Para isso, têm de ser ampliados os princípios da modificação voluntária da parte, pelo que aqui se estendem as oposições aí existentes na jurisprudência do BGH (vd. supra II): *na 2.ª instância* o BGH ZZP 102, 471 trata a intervenção dum novo autor, BGH NJW 88, 2299 ou dum novo réu, como modificação da acção, §§ 523, 263; o BGH RR 86, 356 considera instituto jurídico próprio a ampliação da parte pelo lado do réu, tal como a modificação do réu. Isto tem de ser rejeitado. Pelo contrário, o anterior autor ou o posterior, deve novamente demandar, e o tribunal pode apensar este processo ao primeiro, § 147 (vd. supra § 77 VI). Pendendo já o processo no tribunal de apelação, a apensação é impossível, porque o novo processo começa na primeira instância e, por isso, falha a igualdade das instâncias exigida no § 147. Aplicam-se especialidades na intervenção dum litisconsórcio necessário (um caso regulado legalmente no § 856 II). Vd. por todos, dum lado *Blomeyer*, § 114 IV, *Rosenberg*, § 42 III 3 a, StJ § 264, 131-149, doutro lado, *Holzhammer* [supra § 81], pág. 21 e segs., 158 e segs.

§ 87. A alienação do objecto do litígio

Grunsky, Die Veräusserung der streitbefangenen Sache, 1968 (para isso *Henckel*, ZZP 82, 333 e segs.); *Schilken*, Veränderungen der Passivlegitimation im Zivilprozess, 1987 (para isso, *Grunsky*, ZZP 102, 125 e segs.). Para mais bibliografia, vd. supra § 86.

I. A *cessão* pelo autor do direito exercido na acção tem relevância para o processo enquanto faz cessar o seu interesse em agir. A mesma relevância resulta da *alienação da coisa* por uma das partes, se a coisa é objecto de litígio, § 265.

Apenas é envolvida no litígio se discutir no processo acerca da posse, propriedade ou outro direito real, bem como se for demandado um direito que caiba ao respectivo proprietário como tal (por ex., do § 1004 do BGB: BGHZ 18, 224 e segs.; *Schilken*, loc. cit., pág. 58 e segs.) ou possa ser proposta contra ele como tal, porém *não* num *direito de crédito* à entrega ou prestação. Pois só naqueles casos o interesse em agir da parte se baseia numa relação com a própria coisa e pode mudar com a cessação dessa relação. Assim, o direito de reivindicação de propriedade nos termos do § 985 do BGB pode apenas ser exercido pelo proprietário contra o possuidor; portanto, perdendo o autor a sua propriedade pela alienação ou o réu a posse não mais tem legitimidade no processo. Correspondentemente se deve aplicar aos processos sobre direitos a bens imateriais.

Neste sentido realiza-se uma sucessão com reflexo no interesse em agir, também quando não se aliene o direito integralmente, mas se funde num direito dele separado ou derivado, por ex., um direito de penhor; também o credor do penhor é considerado como sucessor do proprietário (vd. § 325). Não cai sob o § 265 II (sucessão no "direito") a novação por substituição dum novo devedor; o interesse em agir passivo toma-a como liberatória da dívida perante o devedor demandado (BGHZ 61, 141 e segs.; *Schilken*, loc. cit., pág. 11 e segs., com notas; controverso). Uma "sucessão" no direito não é de considerar se o herdeiro demandado repudiar a herança; pois ele nunca foi o titular do direito (BGB § 1953; BGHZ 106, 364 e segs.).

Contudo, significado idêntico ao interesse em agir tem *toda a transmissão jurídica*, se ela se baseia agora na alienação por negócio jurídico, por actos estatais como na execução e expropriação ou directamente de disposição legal, como na transmissão legal de crédito (por ex., BGB §§ 426 II, 774), no estabelecimento dum direito de penhor legal ou como nos casos do BGB §§ 571, 613 a (para a acção de protecção contra o despedimento, não [contra BAG NJW 77, 1119] para a acção de crédito: *Grunsky*, ZZP 102, 127 e seg.; globalmente, *Schilken*, loc. cit., pág. 43 e seg.).

O significado do § 265 prossegue assim enquanto o texto legal permite perceber que apenas fala de "cessão" e de "alienação".

II. A alienação (cessão) tem como efeito a perda do interesse em agir. Perdendo-o o réu, o autor devia em consequência demandar o sucessor (no sentido do § 265), pode também ter estado no processo anterior pouco antes da vitória. Esta ocorrência desagradável podia repetir-se e fazer desaparecer o êxito para o autor no seu processo. Perdendo o autor o seu interesse em agir, surge o réu e o sucesso da sua litigância. Teria de se haver em breve com um novo autor.

O direito romano e comum evitavam estes inconvenientes proibindo a alienação e a cessão durante o processo. Esta saída de direito substantivo limitava, porém, os interessados demasiado forte e desnecessariamente.

Todavia não parece também possível deixar simplesmente inserir o sucessor no processo e importunar a outra parte com um novo adversário; assim, resta apenas o caminho seguido pelo ZPO de permitir a *alienação sem eficácia processual.*

III. Caso geral. O regime aplicável é o seguinte:

1. A cessão e a alienação, bem como a transmissão por força da lei ou acto estatal são ainda válidas durante o processo suspenso, § 265 I – uma norma que ainda não existia ao tempo da entrada em vigor do ZPO, mas que indiscutivelmente existe após o BGB e que podia desaparecer do ZPO.

2. A parte anterior, o *alienante*, pode prosseguir o processo sobre o direito doravante alheio como (verdadeira) parte. Enquanto *cedente a terceiro da legitimidade processual, conservando o direito no cedente*, ele pode conduzir o processo em nome próprio, não como representante

do adquirente (vd. supra § 22 II). Não se produz qualquer interrupção no processo. A sentença é formulada ainda em nome do alienante. A uma acção do adquirente opor-se-ia a litispendência (vd. supra § 40 II 1).

3. O adquirente e sucessor não entra automaticamente no processo.

Ele não tem o direito nem o dever disso, e mesmo a entrada no processo acordada entre o alienante e o adquirente, necessita do consentimento da parte contrária, § 265 II 2 (para isso BGH NJW 96, 2799). O sucessor apenas pode entrar no processo como assistente, mas somente como assistente simples, não como assistente litisconsorte (como seria, por si, nos termos da regra do § 69 em ligação com o § 325 I), § 265 II 3.

Não obstante, a chamada teoria da relevância pede (opinião dominante) que o *autor* alienante tenha de adequar, quando necessário (BGH MDR 76, 917), a sua *petição* à nova situação jurídica (BGH NJW 97, 736), portanto, por ex., condenação do réu à prestação ao adquirente e sucessor em vez do requerido para si, doutro modo ocorre a absolvição do pedido (BGH NJW 90, 2755). Com isso, seria praticamente revogado o § 265 II 1. Por isso, é de rejeitar a teoria da relevância (*Rosenberg*, § 102 IV 2; doutro parecer, MK-ZPO § 265, 83-90, opinião dominante).

Acontece assim se o *réu* alienou. Aqui, também segundo a opinião dominante, o autor não deve modificar o seu pedido (a chamada teoria da irrelevância, vd. BGH ZZP 88, 328), mas ele adapta-o convenientemente à nova situação e, por ex., pede indemnização (vd. § 264 n.º 3 e supra § 41 II 3).

O alienante já não pode tomar qualquer disposição de direito substantivo sobre o direito alienado, por isso também não pode celebrar qualquer transacção com teor substantivo (doutro parecer, BGH RR 87, 307); pelo contrário pode declarar validamente a confissão ou desistência do pedido, pois aqui trata-se de puros actos processuais (vd. supra § 47 VI).

A sentença proferida perante o alineante tem força de caso julgado também face ao sucessor (§ 325, vd. supra § 63 IV 2). Senão, não seria exigível à parte contrária a prossecução do processo com o alienante e absurda a regra da lei. Contudo, vd. infra IV 1.

IV. Casos especiais. Outro regime ocorre nos seguintes casos:

1. Na alienação pelo autor pode acontecer que o *adquirente* não seja atingido pelo caso julgado da sentença proferida para com o seu predecessor (vd. § 325 II e supra § 63 IV 2). Neste caso não é exigível ao réu prosseguir no processo que se

tornou inútil para ele, pois não lhe serve perante o sucessor. Por isso, pode opor ao autor a excepção de falta de interesse em agir (§ 265 III, não apenas a de falta de atribuição da legitimidade nos termos do § 265 II 1, em que nunca foi investido pelo autor após a alienação). O autor deve declarar resolvida a questão de fundo, senão a acção é julgada improcedente por falta de fundamento.

2. Um processo pende entre o possuidor dum imóvel e terceiro e realmente sobre a existência ou inexistência dum direito demandado para o imóvel (por ex., uma servidão predial), ou sobre obrigação que assente no imóvel (por ex., uma hipoteca). O sucessor no caso de *alienação do imóvel* pelo possuidor sem o consentimento do alienante e autorizada pela parte contrária é mesmo obrigado, a pedido da parte contrária, a assumir a instância como parte no estado em que se encontrava, § 266. A decisão é proferida em nome do adquirente e não faz caso julgado contra o alienante.

Estando o adquirente protegido pelas disposições sobre a aquisição a partes não legitimadas, pode e deve não assumir o processo (este prossegue com o alienante; tendo o autor alienado, a acção improcede), §§ 266 II, 265 III; vd. supra 1.

§ 88. O cúmulo objectivo de acções

Distinguem-se **três casos**:

I. O cúmulo efectivo de acções. O autor pode – não é obrigado – reunir numa *única acção, vários pedidos* contra o mesmo réu, sob o pressuposto de que seja admissível para todos a mesma forma de processo (excluídas, por ex., a reunião do processo de títulos com o processo comum) e o tribunal seja competente para todos, em razão do lugar e da matéria, § 260.

Como "pedido" tem de ser aqui entendido, uma vez mais, o pedido processual. Têm de ser alegadas, portanto, várias consequências jurídicas, de ser pedidas várias decisões, por ex., acção para restituição dum empréstimo e para entrega duma coisa determinada.

Não há *cumulação de acções*, assim, se houver *um só objecto do litígio* (vd. supra § 37; o litígio sobre o objecto do litígio é também importante para a cumulação de acções). Há um objecto de litígio e, por conseguinte, não há cumulação de acções se o autor, por ex., pede a condenação à entrega duma coisa, apoiado na propriedade e proibição do esbulho, ou indemnização por acto que represente ao mesmo tempo, violação do contrato e acto ilícito, como, por ex., o dano numa coisa pertencente ao autor, e por ele locada ao réu.

Os pressupostos da cumulação de acções têm de ser verificados oficiosamente. Faltando, são respectivamente, separadas (§ 145 I), devolvidas (§ 281) ou rejeitadas por sentença de forma (por ex., no caso de incompetência para um dos pedidos cumulados). Vd. BAGE 15, 298 e seg. e supra § 12 II.

Esta cumulação – dita efectiva – leva simplesmente à reunião externa dos vários pedidos no âmbito dum processo. O julgamento e a instrução realizam-se em comum enquanto parecer ao tribunal conveniente, mas pode separar ainda a qualquer momento (§ 145 I). Os pressupostos processuais têm de ser verificados especialmente para cada um dos pedidos (por ex., a capacidade judiciária com vista ao § 113 do BGB). A decisão de cada um dos pedidos não precisa de ser tomada de forma alguma ao mesmo tempo ou em comum, pode realizar-se separadamente para cada um, por sentença parcial (§ 301).

A cumulação de acções apenas ocorrida efectivamente *durante o processo* é tratada, segundo a opinião dominante, como modificação da acção (vd. supra, § 41 IV, no final).

II. Há o **cúmulo alternativo de acções**, se vários pedidos (dois na maior parte dos casos) forem formulados, dos quais apenas um ou outro deve ou pode ter seguimento. É inadmissível por indeterminação do pedido (vd. § 253 II n.º 2), se a escolha de qual quer conhecer é deixada ao critério do tribunal, por ex., a rescisão ou a redução. O credor deve decidir por si, na instauração da acção, o que quer pedir. É admissível o pedido em condenação alternativa, ou seja, são pedidas ao tribunal duas condenações na forma alternativa, se a *dívida alternativa*, com o direito de opção do devedor, for objecto do litígio (vd. BGB § 264). Pelo contrário, na faculdade de substituição (facultas alternativa) do devedor (BGB §§ 251 II, 528 I 2, 775 II, etc.), que permite ao devedor a possibilidade de outra prestação não objecto de condenação (e não exequível); produzindo o devedor a outra prestação, cumpriu e pode deduzir embargos à execução (§ 767).

III. O cúmulo eventual é importante na prática. São apresentados *dois pedidos*: **o pedido principal e o subsidiário.** Sobre o pedido subsidiariamente apresentado tem de decidir-se apenas se o pedido principal improceder. É ainda possível um escalonamento de vários pedidos subsidiários (a decisão sobre o escalonado a seguir só se toma se for improcedente o escalonado antes).

Resulta destas circunstâncias que o pedido subsidiário, em regra, se apresente ao autor um tanto mais desfavorável que o pedido principal (caso contrário não se compreenderia porque é formulado apenas em segunda linha!).

A distinção entre ambos os pedidos pode respeitar à forma de protecção jurídica (pedido de condenação na prestação, em segunda linha após a declaração) ou no conteúdo da decisão (em primeira linha sobre a indemnização, em segunda sobre a rescisão, no caso de má fé do vendedor demandado ou da sua promessa não poder ser declarada, vd.

BGB §§ 463, 459; ou sobre o fornecimento subsidiariamente à restituição do sinal prestado se o contrato de fornecimento for nulo; à rectificação do registo principal, subsidiariamente à restituição do imóvel no caso da transmissão ser válida, mas não o negócio causal). Em regra, ambos os pedidos excluem-se.

Esses pedidos eventuais só são possíveis se entre eles existir uma conexão como normalmente na prática. O pedido subsidiário deve perseguir jurídica ou economicamente o mesmo fim que o pedido principal (assim, é inadmissível o pedido principal de pagamento do preço da compra, pedido subsidiário a restituição duma coisa locada), controverso. A decisão do segundo pedido só pode produzir-se se o primeiro improceder. A improcedência do pedido principal é possível por sentença preparatória (BGH NJW 95, 2361).

O pedido subsidiário está pendente com a propositura da acção. A pendência extingue-se retroactivamente (conforme § 269 III 1), se o tribunal julgou transitadamente procedendo o pedido principal (vd. BGH NJW 84, 2348).

Em casos raros o *pedido subsidiário* é formulado *para o caso* de *ser análogo* ao *pedido principal (exemplo,* OLG Schleswig NJW 66, 1929 e seg.; pedido principal de entrega, pedido subsidiário de reembolso de valor, no caso de não ser entregue apesar da condenação).

É duvidoso se a cumulação de acções eventual é também possível *subjectivamente*, portanto, se pode uma acção ser proposta de modo que é instaurada em primeira linha contra A (por ex., como novo devedor), caso em que, porém, improcederia contra ele, e contra B enquanto anterior devedor (caso em que a novação por substituição dum novo devedor, A, deveria ser nula). Vd. *Kion*, Eventual-verhältnisse im Zivilprozess, 1971, pág. 82 e segs. Contra, BGH LM n.° 1 face ao § 1914 BGB (sob II); a favor, VGH Mannheim NJW 74, 1214; controverso, BAG NJW 94, 1086 (justamente contra, *G. Lüke,* JuS 96, 969 e seg.).

IV. Para a cumulação de acções objectiva posterior, vd. supra § 41 IV, no final.

Para a cumulação de acções subjectiva, vd. supra III e supra § 81 II.

Capítulo décimo quarto

Processos especiais

§ 89. O processo de títulos e letras

Em cada forma de processo especial, põem-se, em primeiro plano, duas questões:

1. Para que litígios é determinada?

2. Está à escolha ao lado do processo comum ou exclui este?

I. O **processo de títulos e letras** é um processo sumário, rápido, não permitido em geral, mas apenas *para pedidos de pagamentos de montantes determinados em dinheiro* (ao contrário, por ex., do pedido de exoneração duma dívida) ou duma quantia determinada doutras coisas fungíveis, o que, todavia, não tem significado prático. Está à *escolha do autor ao lado do processo comum*, no entanto, só é admissível nas acções de condenação (§ 592). A finalidade do processo é obter para o credor um título executivo, com base em reduzida verificação da matéria, mais rapidamente que no processo comum. Resulta que a decisão é, na maior parte das vezes, a simplesmente provisória que se torna definitiva num processo posterior e abandona as regras do processo comum.

A **admissibilidade** deste processo depende, no caso concreto, de todos os *factos* necessários para fundamentação da pretensão exercida na acção *se provarem por títulos* (daí o nome!). Porque este é o caso no âmbito do direito das letras (vd. letra, aceite, endosso, protesto), o processo obteve importância na demanda de direitos relativos a letras, não fora disso. Comprováveis por títulos devem ser também os não contestados (§ 138 III) e os confessados (§ 288; doutra opinião BGHZ 62, 289 e segs.; opinião dominante), não contudo os notórios (§ 291); de modo semelhante, *Gloede*, MDR 74, 895 e segs., com outras notas.

A acção deve ser expressamente designada como processo de títulos ou letras (vd. BGH NJW 82, 2258), os títulos têm de acompanhá-la, §§ 593, 604 I, 605 a. Em todo o caso é possível a transição do processo comum para o processo de títulos, na primeira instância, analogamente ao § 263 (BGHZ 69, 67 e segs.).

II. É característica a **restrição à produção de prova** para ambas as partes (exceptuada a dos pressupostos e impedimentos processuais):

1. para prova dos factos que fundamentam a acção apenas se admitem documentos, § 592 (vd. supra I);

2. para as excepções do réu e réplicas do autor, etc., apenas se admitem documentos e requerimento de depoimento de parte (de que a parte é deslocada na maior parte dos casos no processo comum definitivo, § 595 II;

3. além disso, só interessam os documentos que podem ser apresentados pelo probante, § 595 III.

Aqui reside ao mesmo tempo a tendência para a aceleração do processo; revela-se ainda noutras disposições como na exclusão de reconvenção (§ 595 I) e o encurtamento do prazo de comparência no processo de letra, §§ 604, 605 a.

III. A sentença é, ou definitiva, ou – o que é mais frequente na prática – somente provisória.

A. As sentenças definitivas apenas são proferidas:

1. enquanto absolvição da instância, se faltar um pressuposto processual;

2. no processo à revelia contra o autor ou na desistência do pedido (como sempre, de improcedência da acção);

3. na confissão do pedido ou revelia do réu (enquanto sentença sobre confissão ou à revelia); para isso, crítico, *Künkel*, NJW 63, 1041 e segs.; *Moller*, NJW 63, 2013 e seg.;

4. no caso da acção ser infundada, porque lhe falta já a concludência (vd. supra § 25 V 1) ou por virtude duma excepção do réu, § 597 I;

5. quando o processo de títulos é inadmissível, nomeadamente o autor não conseguiu conduzir a prova apenas com os meios de prova admitidos (vd. supra II). Resulta então a improcedência da acção enquanto inadmissível a espécie de processo escolhida, § 597 II (também na revelia do réu). Isto é uma modalidade especial de absolvição da instância e não está em movimento nova acção no processo comum. Acontece, porém, raramente, pois o autor pode subtrair-se a ela, declarando ao mesmo tempo que desiste do processo de títulos, § 596; então fica o processo sem nova acção pendente em processo comum, e continua aí. Esta declaração é admissível em qualquer momento até ao encerramento da audiência de julgamento e sem o consentimento do réu (porque a sua protecção jurídica não é afectada). O processo

comum pode ser adoptado imediatamente, se o réu estiver presente. Em regra é adiada, pois é necessária nova preparação, por ex., são apresentados novos meios de prova.

B. A **decisão** somente **provisória** é proferida quando o réu contestou o pedido da acção, nomeadamente se deduziu excepções que não pudesse provar com os meios de prova admissíveis no processo de títulos. A forma é uma **sentença provisória** (§ 599) que condena o réu sob reserva dos "seus direitos" (sem limite de meios de prova para a sua defesa). A reserva tem de ser incorporada oficiosamente na sentença (aliás, § 321).

Segundo a sua natureza, esta sentença é uma *sentença final condicionalmente resolutiva* (correspondente à sentença sob reserva da decisão sobre a compensação, § 302, vd. supra § 45 V), autonomamente impugnável por recursos e exequível (§ 599 III), susceptível de caso julgado formal, mas não material (porque não definitiva); vd. BGHZ 69, 272 e supra § 59 VII.

Nesta sentença provisória adopta-se sem nova acção o *processo definitivo* na forma de processo comum, § 600 I.

É necessário porque senão a limitação dos meios de prova levaria à perda duradoura de excepções e à ofensa do direito substantivo. Nele os actos das partes do processo especial conservam a sua eficácia, por ex., uma confissão. Mas podem ser introduzidos novos factos e sobretudo novos meios de prova, especialmente pelo réu que agora apresenta todos os meios de prova inadmissíveis no processo de títulos e com isso pode apoiar as suas excepções, portanto, tem as possibilidades de defesa normais. (Para a vinculação do tribunal à sentença provisória, § 318, vd. BGH NJW 93, 668 e seg., com notas). Com a pronúncia da sentença provisória inicia-se o processo definitivo (BGH NJW 83, 1111); a marcação da audiência ocorre antes do caso julgado da sentença provisória a requerimento duma das partes, depois oficiosamente. Para a decisão definitiva há duas possibilidades. Proferido no processo definitivo que a sentença provisória é correcta, esta é mantida (agora naturalmente com supressão da provisoriedade). Noutro caso é revogada e ao autor improcede o pedido; o réu tem então o direito a indemnização por causa da execução injustificada, §§ 600 II, 302 IV (vd. supra § 45 V).

§ 90. O processo de injunção

I. O processo de injunção tem grande importância prática. É **admissível nos créditos** (vencidos) **ao pagamento** de determinada quantia em dinheiro (normalmente em moeda nacional), § 688 I. Ao mesmo tempo deve tratar-se de créditos **não dependentes de contraprestação**, seja originalmente, como o crédito ao pagamento duma promessa de doação, seja posteriormente, como o crédito ao preço da venda após a entrega da coisa vendida, § 688 II n.º 2; os **créditos de prestamista** (noção: VerbrKrG (§ 1 I) não podem ser exigidos pelo processo de injunção quando, nos termos do VerbrKrG (§ 4 I n.º 1 alínea e, n.º 2, letra d, II) o juro anual pretendido exceda contratualmente em mais de 12% a taxa de desconto do Banco Federal, § 688 II n.º 1 (de modo a evitar que o processo de injunção se preste à realização de créditos com fonte em contratos obrigacionais por ofensivos dos bons costumes e, por isso, nulos conforme o § 138 BGB; para a problemática, vbd. o § 64 II). O processo de injunção está à disposição juntamente com os processos contenciosos.

A limitação aos créditos a determinado pagamento tem em conta que ao processo de injunção não pode ser levantada qualquer excepção, e não podem ser opostos quaisquer pedidos de impugnação; quem quiser, como requerido, levantar excepções ou impugnar o pedido, pode fazer transitar o processo para litigioso (vd. infra II). Na prática convenciona-se nestes casos em que o requerido não tem nada a excepcionar, que são, por isso, indiscutíveis. Deve proporcionar-se ao credor, no caso do devedor não cumprir, um título executivo pelo modo mais rápido, simples e barato. Isto consegue-se apenas, quando o devedor não deduza qualquer oposição, porque só o processo de injunção se mostra, antes do processo contencioso, um "processo preliminar" susceptível de reduzir o tempo de demora.

II. A marcha do processo. O requerente não propõe uma acção, antes *pede* em juízo *o despacho da intimação para pagar*. A decisão (anteriormente designada mandado de pagamento) é tomada sem audição do requerido. No entanto, a parte contrária pode deduzir contestação dentro de duas semanas (o mais tardar até à emissão do mandado de execução). Além disso é accionado o processo litigioso, com o que finda o processo de injunção e se junta ao processo litigioso. Não se deduzindo contestação, é expedido, *a requerimento, mandado de execução* (anteriormente chamado ordem de execução). Equiparando-se a uma condenação à revelia declarada provisoriamente exequível, é assim exequível, susceptível de caso julgado formal e material e impugnável pela reclamação.

Como no processo de injunção não há julgamento nem instrução, é mais simples, mais rápido e mais barato que o processo litigioso. Acrescida aceleração deve ser obtida pelo *processamento informático* (vd. especialmente os § 689 I 2, III 2, §§ 690 III, 691 III, 696 II, 697 V, 703 b, 703 c). O emprego do tratamento informático, porém, só é racional quando as questões de injunção duma vasta região são atribuídas *a um* tribunal de comarca. Isto é possível pelo § 689 III e acontece, por ex., em Baden-Württemberg (afectação ao tribunal da comarca de Stuttgart); justificação pormenorizada em MK-ZPO § 689, 19.

III. Competente *em razão da matéria* é – sem atenção ao valor do objecto do processo – o tribunal de comarca (§ 689 I), no âmbito dos §§ 2 e 3 do ArbG, o tribunal do trabalho (ArbGG § 46 a). *Em razão do território* é exclusivamente competente o tribunal de comarca, em que o requerente tem o seu domicílio (§ 689 II; para a competência territorial dos tribunais do trabalho, vd. ArbGG § 46 a II), vários requerentes em litisconsórcio podem escolher dentre os seus domicílios (BGB MDR 78, 207).

O **pedido** (§ 690) de despacho da intimação para pagamento deve identificar as partes e o tribunal. A seguir tem de ser descrito o crédito (por ex., o crédito resultante do contrato de compra de 21-5-1993), de se indicar a prestação pedida, escalonada em créditos principais e acessórios (por ex., 5.000 DM do preço de venda, 173 DM de juros de mora, bem como o alegado nos contratos de crédito nos termos da VerbrKrG, a data do contrato e a efectiva taxa de juro anual. Além disso, o requerente tem de declarar que o crédito não depende duma contraprestação e de identificar o tribunal competente para o processo contencioso (importante para a remessa a este tribunal, quando seja apresentada contestação ou oposição: §§ 696 I 1, 700 III 1 com o § 692 I n.º 1). Adoptando-se impressos para os pedidos, devem ser empregados (§ 703 c II). O pedido tem de ser assinado, § 690 II (excepção em III). Pode também ser apresentado oralmente no tribunal de injunção, § 702 I; vd. ainda o § 129 a. O mandatário não precisa de exibir a sua procuração, deve apenas confirmar a sua existência, § 703.

O processo de injunção é atribuído ao **secretário judicial**, mas o processo contencioso ao juiz (RPflG § 20 n.º 1).

O secretário judicial tem de examinar se se verificam os pressupostos processuais (o foro convencional está excluído para o processo de injunção, § 689 I, II com o § 40 II). Depois tem de constatar-se se os requisitos do processo de injunção (§ 688) foram preenchidos, se o pedido tem o conteúdo necessário (§ 690) e, quando prescrito, se o impresso foi utilizado (§ 703 c II); no quadro das especificações de requerente, nos termos do § 690 I n.º 3 só tem de ser examinado se o crédito foi suficientemente determinado ("individualizado", vd. supra o § 37 II 4) e se pode realmente existir, não, porém, se ao requerente pertence o direito que faz valer (vd. § 692 I n.º 2; exame muito limitado da fundamentação, StJ § 689, 6-7 b). Não se ouve o requerido, vd. o § 702 II. Sendo o exame negativo, o pedido é rejeitado por despacho, § 691 I. Contra isso cabe, em casos excepcionais, o agravo, § 691 III. Para a interrupção da prescrição retroactivamente e observância dos prazos na propositura da acção seguinte, vd. o § 691 II.

IV. A interpelação para pagar (§ 692) deve conter: as especificações necessárias do pedido (vd. supra III), e depois a intimação a pagar dentro de duas semanas, quer a pretendida dívida juntamente com os juros e despesas, ou oferecer contestação (isto é – materialmente – o teor essencial da interpelação para pagar), finalmente uma série de indicações do tribunal, que devem informar o requerido e facilitar-lhe a defesa (vd. supra § 64 II).

A interpelação para pagar é notificada oficiosamente, § 693 I. Com ela interrompe-se a prescrição, BGB § 209 II n.º 1, mesmo com efeito retroactivo desde a apresentação do pedido (vd. pormenorizadamente o § 693 II e para isso BGH NJW 92, 1821e seg.; além disso tem de ser tomado em consideração o § 129 a II 2). Com isso o processo não está (ainda) pendente.

V. A **contestação** (§ 694, e ainda RPflG § 11 V 2) pode ser apresentada no tribunal da injunção por escrito ou oralmente (§ 702 I; vd. ainda § 129 a). O *prazo* monta a duas semanas após a notificação da interpelação para pagar (decorre do § 692 I n.º 3), um mês na notificação em Estado contratante do EuGVÜ (AVAG § 34 III 1). Quando estiver adoptado um impresso para a contestação, tem de ser utilizado (§ 692 I n.º 5; a disposição imperativa de § 703 c II é limitativa nisto).

O procurador não precisa de exibir a sua procuração, tem apenas de confirmar a sua existência, § 703. A apresentação (vd. supra § 73 II; BGH NJW 82, 889) é ainda possível após o decurso do prazo da contestação de duas semanas, enquanto não for ordenado o mandado de execução, ou seja, ainda não posto em marcha pelos funcionários da secretaria (BGHZ 85, 364), § 694 I. A contestação é comunicada informalmente ao requerente, § 695. A contestação fora do prazo tem de ser tratada como reclamação, o que tem de ser comunicado ao requerido contestante (pois a reclamação conduz ao processo contencioso sem outro pedido, § 700 III, a contestação apenas quando uma das partes requereu a efectivação de processo contencioso § 696 I 1), § 694 II.

Sendo a contestação apresentada em devido tempo (§ 694 I), a interpelação para pagar perde a sua eficácia, quer dizer, o mandado de execução não pode mais ser expedido (vd. § 699 I 1). O processo de injunção só finda quando uma das partes instaurou o processo contencioso e o processo é remetido ao tribunal indicado na interpelação para pagar ou noutro indicado por acordo das partes ("remetido"; vd. § 692 I com § 690 I n.º 5; os §§ 696 I, III, 698; RPflG § 20 n.º 1).

Remetida imediatamente após a apresentação da contestação, a causa considera-se pendente retroactivamente com a notificação da interpelação para pagar, § 696

III (nesse sentido BGH NJW 97, 1586. Está "remetido" com o início da pendência no tribunal remetido, ou seja, com a entrada do processo neste tribunal, § 696 I 4 (*Zöller*, § 696, 5).

A remessa é inimpugnável, § 696 I 3. O tribunal remetido pode recusar a sua competência, § 696 I 3. Havendo várias competências, o requerente não pode pedir qualquer devolução da competência (§ 281) porque, conforme o § 35, já tomou a opção possível no pedido (§ 690 I n.º 5; BGH NJW 93, 1273). A secretaria do tribunal remetido tem de notificar imediatamente o requerente para fundamentar a sua pretensão dentro de duas semanas, § 697 I. Com isto, tem de ser processado como após a propositura duma acção (§§ 271 e segs.; vd. supra § 23 II), § 697 II; assim, pode também pela respectiva declaração em processo preliminar escrito, ser pronunciada condenação à revelia contra o réu, §§ 331 III, 335 I n.º 4. Não sendo apresentada a fundamentação do pedido (em devido tempo), a data da audiência só é marcada a pedido da parte contrária; simultaneamente é fixado ao requerente um prazo para a fundamentação com efeito preclusivo (§§ 697 III, 296 I, IV).

O pedido da realização de processo contencioso e da contestação podem ser objecto de desistência, dentro de limites temporais, §§ 696 IV, 697 IV. Com a desistência da contestação cessa o processo contencioso e a interpelação para pagar produz novamente os seus efeitos, ou seja, pode ser emitido um mandado de execução (para a competência, § 699 I 3). Havendo desistência da realização do processo contencioso, cessa ex tunc a pendência (§ 696 IV) e finda o processo contencioso; subsistindo a contestação, não pode ser emitido mandado de execução.

VI. Só *após* o decurso do prazo da contestação (vd. supra V), pode ser requerida a emissão do mandado de execução; pois o requerente tem de indicar que pagamentos lhe foram feitos após a interpelação para pagar dentro do prazo da contestação, § 699 I 2 (com o § 692 I nos. 3 e 4). Para determinar o tribunal competente vd. o § 699 I 3. Não tendo o requerido contestado em devido tempo, ou seja, antes de ter sido emitido o mandado de execução (§ 694 I, vd. supra V), é pronunciada a decisão, § 699 I 1. Só excepcionalmente é tomada na interpelação para pagar, em geral é externamente distinta desta, vd. § 699 II. Em regra, o mandado de execução é notificado oficiosamente ao requerido, § 699 IV (aí também, as excepções). Com a notificação do mandado de execução inicia-se a instância no processo litigioso, com efeito retroactivo desde a notificação da interpelação para pagar, § 700 II.

A *rejeição do pedido* é possível, por ex., por não se ter atentado antes na inadmissibilidade do processo de injunção ou por inobservância do prazo. A decisão da rejeição só é notificada ao requerente (como resulta do § 702 II); o meio de impugnação é a reclamação, RPflG § 11 I. Com a rejeição, suprime-se a eficácia da interpelação para pagar, § 701 período 2.

O mandado de execução equipara-se a uma sentença à revelia declarada provisoriamente exequível (§ 700 I), quer dizer, é exequível provisoriamente, susceptível de caso julgado formal e material (vd. supra § 64 II) e impugnável por reclamação (§ 338). Sendo apresentada reclamação, o processo é remetido oficiosamente pelo secretário judicial ao tribunal designado na interpelação para pagar ou ao acordado pelas partes (quer dizer, ao tribunal dentro dos vários tribunais de injunção, §§ 700 III 2, 698 – que seja competente em razão da matéria), § 700 III 1; para o momento da remessa, vd. supra V e § 700 III 2 e § 696 I 4. A admissibilidade da reclamação não é examinada pelo tribunal da injunção. A remessa é inimpugnável. Com ela, inicia-se o processo litigioso perante o juiz no tribunal remetido (RPflG § 20 n.º 1).

A secretaria do tribunal remetido tem de notificar imediatamente o requerente – como após a contestação, vd. supra V – para fundamentar a sua pretensão dentro de duas semanas (§ 700 III 2, § 697 I). Sendo inadmissível a reclamação, por ex., por inobservância do prazo da reclamação (§ 339 I), pode ser rejeitada por despacho (§ 341 I 2, II 1). Não o sendo, e apresentadas oportunamente se alegações, processa-se como após a propositura duma acção (§§ 271 e segs.), mas a sentença à revelia está excluída do processo preliminar (§ 700 IV 2 com os §§ 276, 331 III), já que tem de ser discutido oralmente (§ 341 a).

Não sendo apresentadas as alegações (oportunamente) e não ocorrendo também um despacho de rejeição (§ 341 I 2 e II 1), é imediatamente marcada uma audiência e fixado ao requerente um prazo para fundamentação com efeitos preclusivo (§§ 700 V, 697 III 2 com o § 296 I e IV).

Faltando o réu contestante (requerido) à audiência, o tribunal tem de examinar a admissibilidade e a procedência da acção, como antes de proferir uma primeira sentença à revelia (§ 700 VI com o § 331 I e II, meio período 1; vd. supra § 66 III 2 e 3 b, § 67 II 3). Confirmando-se ambas, a contestação é rejeitada por uma segunda sentença à revelia, nos termos do § 345 (contra isso é admissível a apelação, conforme o § 513 II; aqui junta-se também – por virtude do § 700 VI – o "caso da revelia" quando a segunda sentença à revelia não teria podido ser pronunciada por inadmissibilidade ou inconcludência da acção, vd. supra § 67 II 3. Sendo a acção inadmissível ou improcedente, é revogado o mandado de execução (§ 700 VI) e a acção rejeitada por inadmissível ou improcedente. Pelo contrário, sendo debatido litigiosamente, a sentença dispõe ou a manutenção do mandado de execução ou a sua anulação e outra decisão (normalmente a improcedência da acção), § 343.

VII. Não se apresentando qualquer contestação e não se requerendo o mandado de execução dentro dos seis meses após a notificação da interpelação para pagar, esta perde a sua eficácia, § 701 período 1. Não se deve deixá-la parada e pode utilizar-se mesmo como meio de pressão permanente contra o requerido.

§ 91. O processo em questões de família

I. O processo em questões de família abrange o processo nas **questões entre os cônjuges** (§ 606 I, GVG § 23 b I 2 n.º 1) **e noutras questões de família** (§ 621 I, GVG § 23 b I 2 n.º 2-13). Ambos os processos foram alterados pela KindRG, a KindUG e a EheschlRG com efeitos desde 1-7-1998. O *direito processual matrimonial* adapta-se ao direito matrimonial substantivo, que já não distingue entre a anulação (anulabilidade) e a nulidade (rescindibilidade) dum casamento, mas ainda só conhece a anulação do casamento. Consequentemente, há só ainda um processo único de anulação. As *outras questões de família* sofrem, em consequência da reformulação do direito de filiação substantivo pela KindRG, desde 16-12-1997, alterações consideráveis. Assim, a equiparação dos filhos nascidos dentro e fora do casamento tornam obsoletas as múltiplas disposições especiais para os nascidos fora do casamento (no direito processual, especialmente no direito de alimentos) e enquadra as questões de filiação no âmbito das questões de família; as atribuições do tribunal de família (vd. infra) são alargadas e o direito de impugnação da paternidade unitário convertido em termos de direito processual. Consequentemente as três mencionada leis foram já tratadas como direito em vigor.

Para as questões de família é exclusivamente competente o **tribunal de família** (§§ 606, 621). Os tribunais de família são secções especializadas do AG, providas dum juiz, o juiz de família (GVG §§ 22, 23 a, b I 1, III).

É controverso como se qualifica a relação do tribunal de família com a secção geral (do mesmo AG): como competência funcional ou em razão da matéria ou como repartição legal de serviço. A opinião dominante, em especial do BGH, admite a repartição legal de serviço (BGHZ 97, 82, mas vd. aí a pág. 81: o tribunal de família é um "tribunal especial [!] para questões matrimoniais e processo relativo ao casamento"). A consequência é uma considerável confusão de competências (*Jauernig*, FamRZ 89, 1 e segs.; vd. infra VII). Por isso já teria a prática feito melhor, acabar na competência material, portanto admitir o tribunal de família não só verbalmente como "tribunal especial" (BGHZ, loc. cit.).

Para as **jurisdições sucessivas** (AG [tribunal de família] – OLG [secção de questões de família] – BGH) vd. GVG §§ 23 a, b, 119 I n.º 1, 2, II, 133, bem como supra § 10 I e infra VII 2.

II. Às **questões entre os cônjuges** pertencem o processo de divórcio e anulação do casamento, e ainda as acções, insignificantes na prática, para declaração da existência ou inexistência do casamento entre as partes ou para restabelecimento da vida conjugal (§ 606 I).

As questões de alimentos entre cônjuges, mesmo após a dissolução do casamento, pertencem realmente às questões de família, mas não às questões entre os cônjuges (vd. GVG § 23 b I 2 n.º 6).

As disposições gerais para o processo das questões entre os cônjuges (§§ 606 e segs.) alteram as regras do processo comum em alguns aspectos. O princípio da instrução por iniciativa das partes é contido em benefício do princípio inquisitório, é limitado o poder de disposição das partes. Aqui, o direito processual extrai as consequências do direito substantivo, de que decorre que os cônjuges só no limite são livres de poder dispor da sua posição jurídica.

São de salientar as seguintes **especialidades**:

1. Exclusivamente **competente** em *razão da matéria* é o AG – tribunal de família – (GVG § 23 a n.º 4, § 23 b I n.º 1; § 606) não o "AG" pura e simplesmente (contudo, essa é a opinião dominante, vd. supra I).

Em razão do território é exclusivamente competente o tribunal de família em cuja circunscrição os cônjuges têm a sua residência habitual comum (§606 I 1). Para o caso de não haver esse domicílio a lei prevê uma escalada de domicílios acessórios (§ 606 I 2, II, III).

2. A **competência internacional** alemã não é exclusiva (§ 606 a I 2). Verifica-se se também um dos cônjuges for alemão ou o era ao tempo da celebração do casamento. Para os não alemães depende, em primeira linha, de os cônjuges terem a sua residência habitual no país. Vd. o § 606 a.

3. Em princípio, as **partes** só podem ser os cônjuges. Somente o pedido de anulação do casamento pode também tornar "competente" (isto é, por determinação em decreto do governo do Land) a autoridade administrativa (BGB § 1316 I n.º 1, excepção no n.º 2). Em certos casos "deve" fazê-lo, mas pode excepcionalmente abster-se (BGB § 1316 III), o que no caso de bigamia (BGB § 1306) chega a ser a legalização estatal (isso ajusta-se bem ao poder de disposição das partes sobre a persistência da bigamia, vd. infra 9). Esta possibilidade é inconciliável com a protecção do casamento, como "monogamia", conforme a GG art. 6 I (para este princípio, BVerfGE 62, 330 = NJW 83,511); por isso, o BGB § 1316 III é inconstitucional nessa medida. – A autoridade administrativa autora é parte (§ 631 V).Ela pode, enquanto ("parcialmente amputada", vd. supra) funcionária de toda a ordem jurídica, sê-lo também sem ser parte, formular pedidos e interpor recursos (sem se onerar a

si própria, vd. supra § 72 V), § 631 IV 2. Só um tal **direito de participação** lhe compete na acção para declaração da existência ou inexistência dum casamento entre as partes (§§ 632 III, 631 IV).

4. O **cônjuge de capacidade jurídica limitada** (por ex., o marido menor, vd. BGB § 1303 II) é **juridicamente capaz** (§ 607 I). Por isso, não precisa de qualquer representante nas questões matrimoniais. O cônjuge juridicamente incapaz é representado – como normalmente – pelo seu representante legal (que necessita para o pedido de divórcio e de anulação do casamento de autorização do tribunal de tutelas e não pode propor acção de restabelecimento da vida conjugal), § 607 II.

5. Nas questões matrimoniais, há **patrocínio obrigatório** (§ 78 II 1 n.º 1). O mandatário precisa de **procuração** especial para o processo (§ 609). Não tem de ser verificada oficiosamente (§ 88 II com o § 78 II 1 n.º 1), assim OLG Hamm NJW 79, 2316.

6. O tribunal deve ordenar a **comparência pessoal** das partes e ouvi-las, eventualmente, também nos cuidados paternais; o **depoimento de parte** é possível e aconselhável. Quem não comparecer tem de pagar uma multa, na falta reiterada pode mesmo, segundo a opinião dominante, ser feito comparecer coactivamente (§ 613 [com nítida separação entre a audição e o depoimento da parte], § 380; vd. supra § 56 III 3).

7. O **processo não é público** (GVG § 170 1.º período); vd. § 27 IV.

8. O tribunal pode **suspender** oficiosamente o **processo de divórcio**, se houver perspectiva de prossecução do casamento. Pormenores no § 614.

9. O **princípio dispositivo** é **restringido**. São inaplicáveis todas as disposições que vinculam o tribunal ao comportamento das partes e o forçam a considerar estabelecidos factos ou tomar decisões mesmo contra a sua convicção. Nomeadamente a confissão do pedido e a confissão dos factos têm a eficácia dos §§ 307, 288 (§ 617), antes têm de ser apreciados livremente pelo tribunal (§ 286 I). Também importante em termos de direito processual é a conversão dos anteriores fundamentos de nulidade (EheG §§ 17-21) em fundamentos de anulação (por ex., a bigamia, EheG § 20, agora BGB §§ 1306, 1314 I) e a sua subordinação às regras do processo de anulação do casamento. A desistência (§ 306) é admissível nos processos de anulação, como nos de divórcio (assim, é possível o "casamento com terceiro" judicialmente sancionado no caso de bigamia; isto infringe a GG art. 6 I: protecção da monogamia, vd. supra 3). Só nos processos declarativos irrelevantes a desistência é tratada como desistência

da instância (§ 632 IV, por analogia). É inadmissível a condenação do réu à revelia (§ 612 IV). Se este não comparece nem participa no debate (§ 333), é julgado litigiosamente de modo unilateral; a alegação do autor não se considera confessada, antes tem de ser apreciada livremente, nos termos do § 286 I, bem assim a ocorrência duma eventual produção de prova. A condenação do autor à revelia (§ 330) é admissível no processo de anulação, como no de divórcio; por isso pode-se chegar ao "casamento com terceiro" judicialmente sancionado na bigamia exactamente como com base na desistência (§ 306, vd. supra; também isto infringe a GG art. 6 I, vd. supra).

10. O **princípio da instrução por iniciativa das partes** é **contido** fortemente, de modos diversos.

a) Apenas nos processos *declarativos* se aplica o puro princípio inquisitório. O tribunal pode e deve tomar em consideração, mesmo os factos e meios de prova que não foram alegados pelos cônjuges (§ 616 I).

b) No *processo de divórcio, anulação do casamento ou restabelecimento da vida conjugal* aplica-se restritivamente o princípio da instrução por iniciativa das partes. Só podem ser considerados oficiosamente os factos não alegados contra a oposição do que pretende a dissolução do casamento ou ao cônjuge que se recusa ao restabelecimento, enquanto possam servir à manutenção do casamento (os chamados factos favoráveis ao casamento), § 616 II. Isto é, pelo menos no caso de bigamia um regime totalmente errado, se ainda consequente; opõe-se-lhe por isso igualmente a objecção de direito constitucional invocada supra, 3, 9. Na prática, devem ser considerados os factos desfavoráveis ao casamento somente se forem alegados pelos cônjuges.

11. **A cumulação objectiva de processos** é **limitada** (§ 610). Só podem ser apensados os processos em que os princípios da instrução por iniciativa das partes e dispositivo são contidos do mesmo modo (vd. supra 9, 10), pelo contrário nenhuma acção que pertença ao processo comum (exceptuados os processos resultantes apensados ao processo de divórcio: §§ 610 II 2, 623). A mesma restrição aplica-se à reconvenção, bem como aos pedidos de anulação do casamento e contrapropostas de divórcio).

12. Até ao encerramento da última audiência de julgamento, podem ser alegados outros fundamentos, como se tivessem sido alegados no articulado inicial (§ 611 I).

A transição do divórcio litigioso por violação dos deveres conjugais (BGB § 1565 II) para o divórcio por desinteligência (BGB § 1565 I) ou para o divórcio a prazo (BGB § 1566 II) ou para o divórcio por mútuo consentimento (§ 1566 I) é uma **modificação do processo admissível**; os §§ 263, 269 são inaplicáveis. Igualmente admissível é também a alegação de novo fundamento de anulação (vd. BGB § 1314) bem como a passagem para outro processo matrimonial quando for admissível nos termos do § 610 a sua apensação com o anteriormente pendente, por ex., a passagem de processo de divórcio para o processo de anulação ou vice versa.

A recusa de alegações atrasadas é limitada de igual modo para a primeira e a segunda instância (§ 615). São **excluídos** (§ 611 II) o **processo preliminar escrito** (§ 276) e a fixação de prazo para os articulados, nos termos do § 275.

13. Aos processos de divórcio e de anulação aplica-se o princípio da **unidade da decisão**, porque só unitária e simultaneamente pode decidir-se sobre a existência do casamento e o perigo de o processo ser interposto simultaneamente em duas instâncias e poderem ser proferidas decisões contraditórias, deve ser excluído em qualquer circunstância. Tendo, por ex., ambos os cônjuges pedido o divórcio, e sendo um deles revel, o seu pedido deveria ser julgado improcedente por condenação à revelia (§ 330) e podia o pedido do outro ser aceite por sentença parcial litigiosa (§ 612 IV). Acontecendo assim, o revel estaria na situação de actuar o processo em duas instâncias: deduz reclamação contra condenação à revelia, e apela contra a sentença litigiosa. Assim, apresentava-se o perigo de sentenças contraditórias. Por isso, não pode ser proferida uma sentença parcial sobre o pedido (de oposição) ao divórcio ou o pedido (de oposição) à anulação. Para o problema, *Arens*, ZZP 76, 423 e segs.; *Jauernig*, Verhandlungsmaxime, Inquisitionsmaxime und Streitgegenstand, 1967, pág. 67 e seg.

14. A **morte duma das partes** significa aqui a resolução da questão de fundo (§ 619); vd. *Jauernig*, FamRZ 61, 98 e segs.; BGH NJW 81, 687.

15. A **notificação** das sentenças em questões matrimoniais não pode ser diferida (§ 618).

16. Os processos matrimoniais têm por fim um **efeito constitutivo** (excepcionadas as acções de restabelecimento e declarativas). As sentenças que lhes correspondem são sentenças constitutivas. O efeito constitutivo desencadeado, tem de ser respeitado por todos (para a distinção do caso julgado, vd. supra § 65 I 4). As sentenças de absolvição do pedido não têm efeito constitutivo. São sentenças declarativas e produzem (apenas) caso julgado material.

Para a reposição, vd. supra § 31 IV, para a revisão, vd. supra § 76 VII.

17. Tendo o autor ganho o *divórcio ou a anulação do casamento*, mas querendo agora conservar o casamento, pode instaurar um recurso com esse fim e **desistir do pedido** na instância superior; a falta de sucumbência não o impede, aliás o recurso deve ser admitido. É inadmissível a interposição do recurso com o fim da **desistência do pedido**, porque o pedido pode ser objecto de desistência entre as instâncias sem a interposição de recurso (não observado pelo BGH RR 87, 387).

18. O tribunal pode, sob requerimento, regular provisoriamente, por **medida provisória**, as relações jurídicas dos cônjuges entre si e relativamente aos filhos (§§ 620 e segs.), quando essa regulação se mostre necessária. Assim, podem ser regulados, nomeadamente: a custódia paternal dum filho comum, a separação de pessoas dos cônjuges, a sua obrigação mútua de alimentos e, perante um filho menor, a utilização do domicílio conjugal e seu recheio, a restituição e utilização de bens pessoais dum dos cônjuges ou filho, obrigação de prestar uma provisão para o processo matrimonial e questões resultantes.

Estas medidas têm um grande significado na prática. Num divórcio litigioso tornam muitas vezes possível ao cônjuge que não quer o divórcio, apenas passar tempo até à declaração definitiva do litígio.

Os §§ 620 e segs. excluem decisões provisórias no sentido dos §§ 935 e segs. Para a oportunidade e forma do pedido, § 620 a II. Decide-se por despacho, não é necessária a audiência de julgamento (§ 620 a I). O despacho pode (normalmente só a requerimento) ser alterado ou anulado (§ 620 b). Em poucos casos, pode ser impugnado pelo agravo imediato, nos restantes é inimpugnável (§ 620 c). A medida provisória expira com a entrada em vigor doutro regime (por ex., a sentença de divórcio transitada: §§ 629 I, 629 d; para isto, *Dörr*, FamRz, 88, 557 e segs.), além disso se não pode chegar já a sentença de divórcio ou de anulação de casamento (§ 620 e seg.).

19. Para o **apoio judiciário** à parte contrária no processo de divórcio, vd. infra § 96 II.

III. Das **outras questões de família** (§ 621 I) a maior parte pertence à jurisdição voluntária (§§ 621 a I 1) e só as seguintes ao processo civil: litígios sobre a obrigação legal de alimentos fundada no casamento ou por parentesco (portanto também para com um filho nascido fora do casamento, vd. infra), processos sobre direitos que decorrem do regime de bens matrimonial (mesmo se um terceiro é interessado como parte, litisconsorte ou assistente) e direitos decorrentes do BGB §§ 1615 1, 1615 m (direitos de mãe não casada) bem como – especialmente importante – questões de filiação, (§ 621 I n.º 4, 5, 8, [exceptuado o caso de impugnação de paternidade post mortem, BGB § 1600 e II: § 621 a 1], 11).

Questões de família autónomas (ou seja, não questões resultantes nos termos do § 623 I) são o processo de alimentos (§ 78 II 1 n.º 2 com o § 621 I n.º 4, 5) e o processo de filiação, sempre *processo de parte*; o processo sobre o regime de bens é sempre *processo de advogado* (§ 78 II 1 n.º 2 e § 621 I n.º 8).

Os acórdãos de apelação só são impugnáveis pela revista, se o OLG rejeitou a apelação ou permitiu a revista no acórdão (§ 621 d).

Aqui apenas se têm em vista os acórdãos das questões de família, não os da secção cível comum do OLG: ligação formal (vd. infra VII 2).

Os processos de alimentos de filhos nascidos dentro ou fora do casamento são agora igualmente questões de família e por isso, regulados do mesmo modo quanto à competência (tribunal de família) e via de recursos (OLG/secção de família – BGH na admissão da revista). Para os filhos nascidos fora do casamento a marcha das instâncias acabava anteriormente na câmara de apelação do LG. Este tratamento desigual infringe a GG (art. 3 III: § 91 III deste livro desde a 18.ª Ed., 1977; art. 6 V: BVerfGE 85, 91 e segs. = NJW 92, 1747 e seg.). A KindRG eliminou-o.

IV. As **questões de divórcio e daí resultantes** necessitam sobretudo de uma regulação complementar, porque deve ser salvaguardado o julgamento e decisão simultâneos de ambas as questões.

São de salientar as seguintes **especialidades.**

1. O processo de divórcio instaura-se pela apresentação dum **requerimento escrito** (§ 622 I). A pendência apenas ocorre – como normalmente – com a notificação (§ 624 III com § 261 I); este momento é decisivo para a competência territorial (§ 606 I, II, vd. ainda § 621 III, FGG § 64 II). O requerimento escrito tem um **teor necessário** (§ 622 II). Sendo o divórcio requerido por acordo com o outro cônjuge, deve também ser participada essa circunstância, e ainda o acordo alcançado sobre a regulação das mais importantes consequências do divórcio (§ 630 I). Faltando o teor necessário, o requerimento tem de ser rejeitado por inadmissível (*Baumbach*, § 630, 4, com notas; controverso), se o requerente não transformar o divórcio por acordo noutra fundamentação do divórcio (vd. supra II 12).

Ambos os cônjuges podem sempre apresentar ao mesmo tempo o pedido de divórcio, mesmo nos termos do § 622 (BGB § 1564, período 1). Isto é importante, se ambos realmente querem o divórcio mas não conseguem chegar a qualquer acordo, como lhes exige o § 630 I n.º 2, 3.

2. Com a questão do divórcio têm de ser julgadas e decididas ao mesmo tempo e conjuntamente, outras questões de família sobre que tem de ser obtida decisão no *caso de divórcio* como consequência do sucesso do pedido de divórcio (§ 623 I 1, II 1, III 1), as chamadas **questões resultantes**. É pressuposto que um dos cônjuges tenha instaurado ou proposto o processo até ao encerramento da audiência de julgamento em primeira instância no processo de divórcio (mesmo após a devolução dos autos à instância anterior ao recurso) (§ 623 IV, excepção em I 3). Para a competência, vd. § 621 II, para o desencadeamento posterior da integração de decisões, § 621 III, FGG § 64 II.

A regulação de direito processual das questões de divórcio e daí resultantes é extraordinariamente complicada. O legislador não obteve, nem quis obter, um processo de tribunal de família unitário, de modo que têm de ser observados, por força de lei, diversos e divergentes princípios processuais no processo integrado (vd. BT-Drs 7/650, pág. 83 e seg).

Exemplo: nas questões resultantes da jurisdição voluntária, o juiz pode e deve inquirir oficiosamente testemunhas. Isto é absolutamente excluído no processo de alimentos (vd. supra § 51 I), no processo de divórcio apenas admissível no âmbito do § 616 II, III. Revelando a testemunha ouvida oficiosamente factos que são também relevantes no processo de alimentos, o juiz não os pode utilizar aí, sem mais nada; pois não se tornaram factos notórios para o tribunal, no sentido do § 291 (vd. StJ § 291, nota de pé de página 25 e supra § 49 VII 2 b) e por isso necessitados de prova mais adiante (doutro parecer, StJ § 624, 2, com notas). Se a prática age assim, é outra questão. Provavelmente desenvolveu-se entretanto um processo independente do tribunal de família, despercebido do público (vd. StJ § 264, 2; esforça-se por uma síntese *Konzen*, JR 78, 362 e segs., 403 e segs.). *H. Roth*, ZZP 103, 5 e segs., considera logo aproveitáveis resultados da prova em todo o processo conjunto, para que possam ser evitadas decisões contraditórias por virtude do "respeitável sentido de coerência do direito substantivo". O sentido da coerência de direito substantivo, contudo, não tem esta força como, por ex., se mostra que não fundamenta qualquer litisconsórcio processual necessário, dependendo uns dos outros sob o direito substantivo (vd. supra § 82 II); são também impróprios para marcar os limites objectivos do caso julgado, como prova a figura da acção de verificação interlocutória da existência ou ausência dum direito, § 256 II (vd. supra § 63 III 2).

A vinculação de processos tão heterogénios tem efeito ainda nos recursos (vd. infra 5).

3. Para os cônjuges há **patrocínio obrigatório** (§ 78 II 1 n.º 1) nas questões resultantes dependentes. A procuração para o processo de divórcio (vd. § 609) estende-se às questões resultantes (§ 624 I). Isto não se aplica se o cônjuge mandante nos termos do § 607 I apenas tem capacidade judiciária para o processo de divórcio; então, o legal representante deve outorgar a procuração. O tribunal pode nomear um advogado como patrono (§ 90) ao requerido (§ 625), desde que necessário.

4. A **integração de decisões** entre questões de divórcio e suas resultantes pode, em certos casos, ser **desligada** (segundo o critério do tribunal, §§ 628, 623 III 2, ou a requerimento dum dos cônjuges em certos casos, § 623 I 2, II 2, 3). Sendo o caso, a sentença de divórcio pode ser proferida com trânsito em julgado sem atenção às questões resultantes ainda não decididas e assim ser dissolvido o casamento (BGB § 1564 período 2); para o caso normal, confira infra 6.

5. Sobre as **questões resultantes** só **se decide**, em princípio, **se o pedido de divórcio for atendido**, portanto, nem por morte dum dos cônjuges (§ 619), nem por desistência da instância ou improcedência definitiva do pedido de divórcio (§§ 626, 629 III). Em ambos os casos referidos ultimamente, pode a questão resultante em que se trata da transferência da guarda paternal por força da ameaça do bem estar do filho prosseguir como processo de família autónomo (§§ 626 I 1, 629 III 1). O mesmo sucede no caso de improcedência do pedido de divórcio com outras questões resultantes, se uma das partes o requerer (§§ 626 II, 629 III 2).

A **sentença de divórcio** e a **decisão** simultânea **das questões resultantes** são pronunciadas – quando a integração não seja desfeita (vd. supra 4) – unitariamente **por sentença**. O regime dos **recursos** é **complicado**. Deve ser tomado em consideração que as questões resultantes pertencem, em parte, ao processo civil e, em parte, à jurisdição voluntária.

Decidindo a sentença também uma questão resultante, do âmbito da jurisdição voluntária, a impugnação pode restringir-se a este ponto. O recurso é então o agravo vinculado a prazo para o OLG (§§ 629 a II 1, 621 e I, III 2 com o § 516; GVG § 119 n.º 2; para a admissibilidade restrita dos outros agravos vinculados a prazo para o BGH, vd. § 621 e II, III 2 com o § 552). Devendo a sentença ser impugnada (também) a respeito do pedido de divórcio ou da decisão duma questão resultante de processo civil, isso verifica-se unitariamente pela apelação para o OLG (GVG § 119 n.º 1) ou revista para o BGH (vd. § 629 a I, II 2). Sendo dissolvido o casamento pela revelia do requerido e sido decidida uma questão resultante de processo civil (por ex., um litígio de alimentos, §§ 623 I, 621 I n.º 5), cabe ao requerido a apelação contra o pedido de divórcio, eventualmente a revista (fundamento: quando houver uma sentença contraditória, §§ 612 IV, 622 III); contra a decisão da questão resultante de processo civil tem apenas a reclamação (§§ 331, 338), porque então oferece-se uma condenação à revelia (exemplo no BGH RR 95, 257). A junção de processos mantém-se na instância superior se, contra a sentença que decidiu o pedido de divórcio e questões resultantes por interposta apelação ou revista (§ 629 a II 2). Sendo a sentença impugnada apenas a respeito de várias questões resultantes, a junção mantém-se entre estas (§ 629 a II 3), mesmo se a sentença de divórcio transitar; a junção pode cessar nos termos dos §§ 627, 628.

6. Porque as **decisões das questões resultantes** dependem da sentença de divórcio (vd. supra 5) **só** se tornam **eficazes quando** o **casamento** for **dissolvido** com trânsito em julgado (§ 629 d, BGB § 1564, período 2).

A **sentença de divórcio transita formalmente em julgado** e assim o casamento dissolve-se (BGB § 1564, período 2), **logo que** seja **inimpugnável** para ambas as partes (vd. supra § 61 II). Isso não acontece também se se decidir simultaneamente na sentença de divórcio sobre as questões resultantes (§ 623 I) e só foi ou só pode ser interposto recurso admissível em atenção a uma **questão resultante**, por ex., o agravo (§§ 629 a II, 621 e); então a impugnação por recurso pode ser estendida à sentença de divórcio na fundamentação do recurso (BGHZ 89, 327). Também o eventual recorrido pode, segundo a opinião dominante, interpor apelação subordinada contra a sentença de divórcio (BGHZ 85, 144). O § 629 a III quer remediar as melindrosas consequências daí resultantes (vd. OLG Celle FamRZ 80, 176 e seg.). Fixa um limite temporário para outra impugnação parcial ou recurso subordinado: só pode ocorrer dentro dum mês (um "prazo quase peremptório", por isso é possível a reposição, OLG Karlsruhe FamRZ 88, 412 e seg., com notas) após a notificação das (últimas) alegações de recurso. Não se verificando, transitam segundo os princípios gerais a sentença de divórcio e as questões resultantes não impugnadas da decisão ligada. Ocorrendo outra impugnação parcial ou recurso subordinado prorroga-se o primeiro prazo dum mês para outro e assim por diante (§ 629 a III 2, 3), até que, finalmente, não haja qualquer impugnação. Então pode produzir-se o caso julgado, nomeadamente da sentença de divórcio.

Importante na prática é o estabelecimento do caso julgado no processo ligado pela dupla renúncia ao recurso por ambas as partes: a renúncia de ambas as partes ao recurso contra a sentença de divórcio liga-se à renúncia de ambas as partes ao recurso subordinado do outro cônjuge contra a sentença de divórcio; este é admissível embora o recurso principal ainda não tenha sido interposto (§ 629 a IV).

V. Pela KindRG de 16-12-1997 as **questões de filiação** incluem-se nas outras "**questões de família**" (GVG § 23 b I 2 n.º 12). É competente para isso o tribunal de família. Eliminou-se a anterior cisão da competência – tribunal de família, tribunal das tutelas e secção de processos do AG. Além das disposições processuais gerais (§§ 621 e segs.) aplicam-se as especiais das questões de filiação (§§ 640 e segs.).

1. As questões de filiação são especificadas **taxativamente no § 640 II**.

a) **Declaração** da existência ou inexistência duma **relação pais-filho**, § 640 II n.º 1 caso 1.
Aqui se inclui, em primeira linha, a acção para **declaração** positiva ou negativa da **paternidade**. A acção pressupõe que a paternidade dum homem não esteja já estabelecida com base no seu casamento com a mãe ao tempo do nascimento do filho (BGB § 1592 n.º 1), por factos equiparados (BGB § 1593) ou pela perfilhação (BGB § 1592 n.º 2).

O homem pode demandar o filho ou vice-versa; foi instituído de novo pela KindRG o direito da mãe agir em juízo contra o homem (BGB § 1600 e I). – Tendo morrido o eventual réu (homem ou filho), a acção fica excluída; no seu lugar surge um pedido ao tribunal de família do interessado na acção (não, como anteriormente, ao tribunal das tutelas), BGB § 1600 e II (processo de jurisdição voluntária: § 621 a I 1).
Durante o processo o filho ou a mãe podem, como parte demandante, provocar a intervenção doutro homem no processo, se também este entrar em linha de conta (§ 640 e II). Para as consequências da intervenção provocada, vd. os §§ 74 II, 68 e supra § 84 II.
Demandando a mãe e morrendo antes do trânsito em julgado da sentença, o filho pode prosseguir o processo interrompido dentro dum ano (§ 239 I; o § 246 não se aplica, StJ § 640 g, 6), caso contrário considera-se decidida a questão de fundo; aplica-se analogicamente no caso de morte do filho demandante pela mãe (§§ 640 g, 619).

A sentença transitada em julgado, mesmo a de absolvição do pedido, produz efeitos a favor e contra todos, § 640 h. A sentença proferida, no caso do § 641 h também a de absolvição do pedido, estabelece a paternidade com força obrigatória. Só agora podem ser exercidos ilimitadamente os efeitos jurídicos da paternidade (BGB § 1600 d IV), por ex., os pedidos de alimentos do filho contra o homem declarado como pai (vd. § 653 II). Aqui, a sentença tem efeito constitutivo. É alargada a possibilidade duma acção de revisão contra a sentença, § 641 i (confira supra § 76 II, no final).

b) A acção para **declaração da validade** ou invalidade **da perfilhação**, § 640 II n.º 1 caso 2. Para isto, BGB § 1592 n.º 2, §§ 1594 e segs.

c) Sob o § 640 II n.º 1 caiem ainda, por ex., o litígio sobre filiação de suposta troca de recém-nascidos (aqui não se aplicam os §§ 1591-1593 do BGB) e sobre a validade da adopção.

d) A **impugnação da paternidade** (§640 II n.º 2) abrange a anterior impugnação da legitimidade do filho e a dela separada impugnação da perfilhação, num instituto jurídico único da impugnação da paternidade. As partes com legitimidade para a impugnação, os prazos desta e a competência dos tribunais, coincidem.

Impugna-se por acção em determinado prazo (BGB § 1600 b). Tem legitimidade para a acção o homem a quem é imputada a paternidade nos termos do BGB § 1592 n.º 1 ou (não como na lei: "e") 2 ou o § 1593, e ainda a mãe e o filho (BGB § 1600). O direito de impugnação da mãe alargou-se; anteriormente dirigia-se apenas contra a perfilhação. Quem pode demandar quem e como tem de ser processado se o eventual réu morreu, é regulado pelo BGB § 1600 e para o processo de impugnação bem como para o processo de declaração (vd. supra a). Igualmente é regulado o caso em que a mãe ou o filho demanda e a parte demandante morre antes do trânsito em julgado da sentença (§§ 640 g, 619; vd. supra a).

A sentença transitada produz efeitos a favor e contra todos, § 640 h I. A sentença proferida estabelece que o homem não é o pai do filho e por isso nunca existiu a paternidade assumida nos termos do BGB § 1592 n.º 1, 2, § 1593 e presumida no processo (BGB § 1600 c). A sentença elimina portanto a barreira formal do BGB § 1599 I e assim é, consequentemente, uma sentença constitutiva.

e) A acção para declaração da **existência** ou inexistência dos **cuidados paternais** duma das partes para com a outra (apenas ocorre, por ex., no litígio sobre a perda da guarda paternal nos termos do BGB § 1680 III), § 640 II n.º 3.

2. É **competente**, em razão da matéria, o tribunal de família (GVG § 23 a n.º 1, § 23 b I n.º 12; para a demarcação do tribunal de família/ /secção de processos, vd. supra I e infra VII 1). Para a competência territorial e internacional, vd. § 640 a. O **tribunal de apelação** e de agravo é o OLG – secção das questões de família – pois na 1.ª instância decidiu o tribunal de família (GVG § 119 I n.º 1, 2; para isto, vd. VII 2).

Há *patrocínio obrigatório* somente perante os tribunais da instância mais alta (§ 78 II n.º 2; não há patrocínio obrigatório no processo da jurisdição voluntária: § 621 I n.º 10 com BGB § 1600 e II).

A **capacidade judiciária** para as acções nos termos do § 640 II n.º 2 é alargada § 640 b). Para proporcionar o direito a ser ouvido a certos interessados directos, prescreve-se a sua **intervenção forçada** (§ 640 e I); podem auxiliar uma ou a outra parte como assistentes litisconsortes (§ 69).

Exclui-se a *publicidade* (GVG § 170 período 1, excepções no período 2).

3. Nas questões de filiação são aplicáveis os §§ 640-641 i (salvo processo da jurisdição voluntária nos termos do BGB § 1600 e II, vd. supra 1 a, d), § 640 I.

O princípio da instrução por iniciativa das partes é restringido por virtude do interesse público na determinação do estado de filho. Normalmente, aplica-se o **princípio inquisitório** (§ 640 I com o § 616 I [para isso BGH NJW 96, 2501]; no processo de impugnação de paternidade o princípio inquisitório é restringido na mesma extensão que no processo de divórcio, § 640 d, vd. § 616 II). O princípio dispositivo aplica-se limitadamente; por ex., não vinculam o tribunal, nem a confissão do pedido nem a dos factos, é inadmissível a condenação do réu à revelia (§ 640 I com os §§ 617, 612 IV).

VI. Os **litígios sobre obrigação legal de alimentos** fundada no casamento ou no parentesco, são questões de família (GVG § 23 b I 2 n.º 5, 6).

Por isso, o tribunal de família é **competente** em razão da matéria (GVG § 23 a, n.º 2, § 23 b I, 1, 2 n.º 5, 6; vd. supra I e infra VII 1). O tribunal de apelação e de agravo é no OLG (GVG § 119 I n.º 1, 2) a secção das questões de família (vd. infra VII 2).

O *patrocínio obrigatório* para os cônjuges nas questões dependentes, as chamadas questões resultantes do divórcio, em todas as instâncias (§ 78 II n.º 1 com o § 623 I 1), para as partes, nas questões de família autónomas, apenas perante os tribunais da mais alta instância (§ 78 II n.º 2 com o § 621 I n.º 4, 5).

Os §§ 642-644 contêm disposições gerais do processo de alimentos. O § 642 apresenta regras especiais para a competência territorial. O § 644 permite o regime de alimentos provisórios por providência cautelar urgente (com isto excluem-se os alimentos provisórios, as chamadas medidas de cumprimento [*Zwangsvollstreckungs- und Insolvenzrecht*, § 37 III], vd. supra II 18).

É notável o § 643 II, III. Depois, podem ser extorquidas de terceiros informações sobre rendimentos e bens das partes. Aqui estão à disposição do tribunal as possibilidades de esclarecimento, que largamente ultrapassam o que é possível no processo civil (vd. §§ 139, 273 II n.º 2, § 358 a n.º 2, 3, § 377 III). Com isto aproxima-se o processo pelo menos duma instrução oficiosa, como, por ex., se prevê na declaração de compensação de abonos no processo de jurisdição voluntária (FGG §§ 53 b II, 12). O direito das partes no processo à informação (vd. apenas BGB §§ 1605, 1361 IV 3, 1580) torna-se assim, inquisitório e não conseguido na via normal da acção de informação (acção gradual, § 254). Não é de menosprezar o interesse público no esclarecimento das relações patrimoniais. O credor de alimentos deve (poder) ter em atenção o seu devedor e não a assistência social.

Os §§ 645 e segs. regulam o **processo simplificado de alimentos a filhos menores**.

É possível a *fixação duma certa quantia regra* pelo secretário judicial (RPflG § 20 n.º 10 letra a). A quantia não pode exceder um certo montante e o pedido deve dirigir-se contra o progenitor em cujo agregado o filho não vive (§ 645 I). As duas condições restringem o âmbito de aplicação deste processo. Outro processo simplificado oferece a *cumulação da acção de verificação da paternidade com a acção de pensão alimentar mínima que o pai deve pagar a um filho natural* (§ 653; excepção de proibição de cumulação do § 640 c). Tanto aqui como no processo simplificado nos termos do § 645 (vd. o § 649) pode juntar outro processo em que o pedido de alimentos é exercido na sua "verdadeira" dimensão (§ 654). De modo semelhante acontece nos termos da *modificação do título de alimentos em processo simplificado* (§ 655, 656; vd. supra § 63 VI). Que leve o processo simplificado para a cumulação de processos não é realmente conveniente. Não se realizando, pode ainda acontecer que o credor de alimentos se dê por satisfeito no caso concreto com os demasiado baixos montantes de alimentos da taxa-regra.

VII. A **qualificação** duma questão **como questão de família ou** como **não questão de família** desempenha um papel relevante no direito processual.

1. Isto aplica-se, em primeiro lugar, à **competência da primeira instância**: LG, AG (secção de processos) ou tribunal de família.

Sendo demandada no tribunal de família uma *questão não de família*, em vez do materialmente competente LG, o processo é remetido ao LG a requerimento do autor (§ 281). Isto é incontestável.

Sendo inversamente demandada no LG uma *questão de família*, deve a requerimento do autor ser remetida por força da sua incompetência material. É controverso se a remissão se tem de efectuar "ao" AG ou ao tribunal de família. Segundo a opinião dominante (BGB RR 89, 195; *Zöller*, § 621, 73; doutro parecer, *Jauernig*, FamRZ 89, 5, com notas) tem de ser remetido "ao" AG; pois que este "tribunal genérico" é materialmente competente, enquanto a repartição de competência entre a secção de processos e o tribunal de família é uma questão da repartição legal de funções (assim é entendida pela opinião dominante a GVG § 23 b I, vd. supra I). A consequência é que a controvérsia "questão de família: sim ou não" deve ser resolvida dentro do tribunal destinatário "AG" e consequentemente pode surgir um conflito negativo entre a secção de processos ("questão de família") e o tribunal de família ("questão não de família"). Tem de ser decidido de modo análogo ao § 36 I n.º 6 pelo OLG superior , pois este pode determinar como tribunal competente o tribunal de família ou a secção de processos. Concebendo-se a relação de ambas as secções como questão da (pelo menos "quase") competência material, pode no exemplo o LG remeter obrigatoriamente ao tribunal de família (§ 281). O vai-vem dentro do AG e o apelo ao OLG não se realizariam. Este entendimento é preferível (*Jauernig*, FamRZ 89, 5 e segs.).

Analogamente se tem de processar se for instaurada uma acção de questão de família na secção de processos ou inversamente uma acção em questão não de família perante o tribunal de família. Aqui tem de remeter-se obrigatoriamente a requerimento do autor à secção competente (§ 281). Segundo a opinião dominante tem de remeter-se sem obrigação, em vez disso, o que novamente possibilita um conflito negativo de competência, que o OLG superior tem de decidir (§ 36 I n.º 6, por analogia); *ex.*, OLG Düsseldorf NJW 98, 616.

2. *Relevante*, segundo a opinião dominante, é a **qualificação** também ainda hoje no **processo de recurso**.

Era até à UÄndG (em vigor desde 1-4-1986) de importância ainda maior. Segundo a opinião dominante, nomeadamente na jurisprudência controversa do BGH, seria o tribunal de apelação competente (o LG nas questões de não família, o OLG nas questões de família) quem determina, com base na qualificação, a questão decidenda como questão (ou não) de família, o chamado *enlace material* (justificação em BGHZ 72, 184 e seg.). Por conseguinte, era assunto do apelante escolher o "correcto" tribunal de apelação. Enganando-se, a apelação era inadmissível (desde o BGHZ 72, 187 e segs., praticava-se o princípio do regime preferencial: a apelação podia ser instaurada no LG ou no OLG; para isso *Jauernig*, FamRZ 79, 97 e segs.). Qualificando o OLG a questão doutro modo, como mais tarde o BGH, possivelmente era inadmissível a revista, sem que se realizasse a verificação da susceptibilidade de ser sujeita à revista. Isto foi justamente declarado inconstitucional pelas BVerfGE 66, 335 e segs. Pouco antes desta decisão, o BGH abandonou (BGHZ 90, 1 e segs.) a sua jurisprudência inconstitucional. A opinião dominante até agora perdeu o seu apoio na lei pela UÄndG. Ela esclareceu que vigora o **enlace formal** (como é o caso "geralmente no direito processual", BGH DtZ 93, 247): a determinação do tribunal de apelação depende de um tribunal de família ter decidido na 1.ª instância. Sendo o caso, a apelação vai para o OLG (GVG §§ 72, 119 I n.º 1). É de considerar: tendo o LG – tribunal não de família – decidido em 1.ª Instância, a apelação vai igualmente para o OLG (GVG § 119 I n.º 3). Desta dupla via resulta o problema: o tribunal de apelação é "o" OLG enquanto "tribunal genérico", ou é-o no sentido do enlace formal da secção de família ou da secção cível comum, conforme um tribunal de família decidiu na 1.ª instância ou não. A opinião dominante, nomeadamente do BGH (RR 93, 1282), considera "o" OLG como tribunal de apelação, resultando assim *nisso* do enlace formal (GVG § 119 I n.º 1), porém determina – enquanto o § 529 III o permita (vd. infra) – a secção competente do OLG, com base no enlace material: para as questões de família é competente a secção de família, para as questões não de família, a secção cível comum. Esta determinação da competência por força do enlace material exclui-se se a *incompetência não* foi *reclamada*, como o § 529 III prescreve. Então mantém-se também a competência da secção pelo enlace formal, de modo que, possivelmente, a secção de família tem de decidir de fundo em questão não de família (BGH RR 88, 1222; NJW 93, 1282. – Errado, BGB NJW 88, 2381; também sem reclamação deveria o OLG qualificar oficiosamente a questão, como questão (não) de família, por força do § 621 d; isto não é conciliável com os §§ 529 III, 549 II, vd. *Jauernig*, FamRZ 88, 1258 e seg.).

Sendo *reclamada* a *incompetência* determina-se, como se disse, conforme a opinião dominante, a secção competente com base no enlace material. Como mérito deste parecer, o BGH RR 93, 1283, refere que pelo menos, na instância de apelação decida a secção materialmente correcta e possa ser evitada a devolução dos autos ao tribunal da 1.ª instância. No enlace formal seriam de facto necessárias a revogação e – pois a competência material do tribunal de ingresso seria posta em questão – a devolução (§§ 523, 281) não a devolução "à instância anterior" (*Jauernig*, FamRZ 89, 6 e seg.; *Bergerfurth*, FamRZ 94, 372; *Baumbach*, § 529, 12). Isto pode parecer complicado, corresponde, porém, ao enlace formal querido pela UÄndG, e evita os absurdos e as formalidades do enlace material (por ex., no conflito negativo de competência entre as secções do OLG: fixação de competência pelo BGH, § 36 I n.º 6, por analogia; o II não se opõe a aplicação análoga, pois senão o conflito não poderia ser decidido; na Baviera aplica-se o EGZPO § 9 por analogia), e finalmente leva em conta a posição do tribunal de família que foi chamado em 1.ª instância como "tribunal especializado" (BGHZ 97, 81) para decisão exclusiva em questão de família (*Jauernig*, *FamRZ* 89, 6).

Capítulo décimo quinto

O processo arbitral

§ 92

Berger (Hgb.), Das neue Recht der Schiedsgerichtsbarkeit, 1998; *Fasching*, Schiedsgericht und Schiedsverfahren im österreichischen und im internationalen Recht, 1973; *Glossner/Bredow/Bühler,* Das Schiedsgericht in der Praxis, 3.ª Ed., 1990; *Kornblum*, Probleme der schiedsrichterlichen Unabhängigkeit, 1968; *Schlosser*, Das Recht der internationalen privaten Schiedsgerichtsbarkeit, 2.ª Ed., 1989; *Schütze, Schiedsgericht und Schiedsverfahren*, 2.ª Ed., 1998; *Schwab/Walter*, Schiedsgerichtsbarkeit, 5.ª Ed., 1995.

Exposição dos motivos do projecto governamental duma lei de novo regime do processo arbitral, BT-Drs 13/5274 (ulteriormente: BegrRegE).

I. Certos litígios de direito civil podem ser subtraídos aos tribunais do Estado **por acordo das partes** e **remetidos** para decisão a um **tribunal arbitral privado**.

1. Tais acordos são frequentes, os **motivos** – por falta de pesquisa de direito constitucional: presumivelmente – são de vários níveis.

Os processos perante o tribunal arbitral podem, por falta de jurisdições sucessivas de recurso, ser mais rápidos e mais baratos que os dum tribunal estatal. Em qualquer caso, num tribunal arbitral instituído num caso concreto (o chamado tribunal arbitral ocasional) as partes podem designar como árbitros pessoas da sua confiança e eventualmente com o necessário conhecimento profissional o que é inconciliável com o princípio do juiz natural aplicável nos tribunais do Estado (GG art. 101 I 2; vd. supra 7 V). As partes podem dar expressamente ao tribunal arbitral (diversamente do tribunal do Estado) plenos poderes de decidir segundo a "equidade"; isso pode permitir uma solução equitativa dos interesses em conflito, tal como seria possível uma decisão de acordo com a lei. Nos litígios que ultrapassam as fronteiras pode ser fixada pelas partes a língua a usar no processo (diferentemente, GVG § 184), e o tribunal pode, se as partes não acordarem noutro sentido, reunir-se em qualquer lugar, dentro ou fora do país, que se lhe afigure conveniente para a audiência de julgamento (diversamente, § 219 I). A audiência de julgamento não é prescrita pela lei (diversamente, em princípio, § 128 I) e quando enfim se realize é geralmente secreta (diversamente, GVG § 169 período 1), o que geralmente satisfaz os interesses de ambas as partes.

Seguramente, o processo arbitral é regulado com maior flexibilidade que o processo civil. Por isso, é muitas vezes mais ajustado à resolução e regulação de litígios de comércio internos e externos que o processo perante o tribunal cível. Também outros litígios podem ser trazidos perante o tribunal arbitral. De relevo é a chamada jurisdição arbitral das associações, especialmente associações económicas e desportivas (vd. *Jauernig*, § 25 números à margem 4, 5).

2. O direito do processo arbitral (§§ 1025 e segs.) reorganizou-se fundamentalmente pela **lei para a reforma do direito do processo arbitral** de 22-12-1997. A reforma assenta numa lei modelo (ModG) que a comissão das Nações Unidas para o direito comercial internacional (UNCITRAL) elaborou e cuja adopção a Assembleia Geral das Nações Unidas de 1985 recomendou aos Estados membros. Divergente da ModG, o Livro 10.º do ZPO (§§ 1025 e segs.) inclui também o processo nacional do tribunal arbitral e os litígios não comerciais.

Os pontos essenciais da reforma são:

Para o processo interno do tribunal arbitral aplica-se obrigatoriamente o direito de processo alemão (ou seja, os §§ 1025 e segs.); as formalidades do acordo arbitral são por vezes afrouxadas (não pela intervenção dum "utente"); qualquer pedido de direito patrimonial é susceptível de arbitragem, ou seja, pode ser objecto dum acordo arbitral; o processo do tribunal arbitral é normalizado em pormenor, porém, pode abstrair de poucos princípios processuais fundamentais (por ex., o direito das partes a serem ouvidas e à não discriminação) – e ser regulado diversamente pelas partes; são detalhadamente reguladas a nomeação e a destituição dos árbitros; o próprio tribunal arbitral pode tomar medidas provisórias de protecção jurídica; o compromisso arbitral do direito anterior é substituído por uma "sentença arbitral de teor acordado"; pode o processo não prosseguir mais, de modo que a sua cessação é estabelecida por despacho; o tribunal (que na terminologia dos §§ 1025 e segs. é sempre o tribunal do Estado) pode anular uma sentença arbitral por força de certos vícios, mas apenas se a anulação for pedida no prazo prescrito; com a anulação fica novamente em dúvida o acordo arbitral (quando o fundamento da anulação o permita); o processo perante o tribunal é basicamente simplificado e tornado rígido, sobretudo pela instituição do OLG como tribunal de ingresso, vinculado com a extensa exclusão de recursos contra as suas decisões.

Algumas particularidades no estilo e na terminologia da nova versão do Livro 10.° esclarecem que se deva estar pronto, neste âmbito "a pôr de lado a pura perspectiva nacional em prol do [prosseguido pela ModG] objectivo da uniformização" (BegrRegE, loc. cit., pág 28). Contudo isto não esclarece tudo, por ex., não esclarece porque, nos termos do § 1056 III a "*função* do tribunal arbitral" deve cessar em vez do seu "mandato" (como a ModG art. 32 III; uma "função" é exercida por uma pessoa, por ex., um árbitro [assim, justamente, os §§ 1038 I, 1039 I 1], o tribunal arbitral, contudo, é uma instituição distinta dos árbitros, vd., por ex., o § 1025 I). É de notar que as epígrafes orientadoras dos artigos da ModG nos §§ 1025 e segs., se tornaram epígrafes oficiais (caso único no ZPO).

3. Um objectivo importante da reforma do processo do tribunal arbitral foi a exoneração da Justiça por uma formação do processo que claramente aumenta a sua aceitação pela prática. A jurisdição arbitral oferece "uma possibilidade de protecção jurídica própria da jurisdição do Estado" (assim, BegrRegE, loc. cit., pág. 36; limitativo, pág. 34: "em princípio". Isto não convence totalmente.

Assim, a lei deve precaver-se do caso impensável na jurisdição do Estado de, através do compromisso arbitral uma das partes ser favorecida na composição do tribunal arbitral à custa da outra (§ 1034 II, também o § 1035 V). A questão particularmente sensível de saber se um contrato de arrendamento sobre habitação nacional não é susceptível de arbitragem (§ 1030 II). Remetendo-se num contrato que contém um compromisso arbitral para as cláusulas contratuais gerais, deve ser observada a AGBG, nomeadamente o compromisso não pode prejudicar descabidamente o co-contratante do utente (AGBG §§ 9, 24, período 2). Os compromissos arbitrais em que um consumidor esteja interessado, dependem de formalidades reforçadas (§ 1031 V, mas com a possibilidade de sanação, mesmo sem informação, § 1031 VI). Para este círculo de pessoas tem ainda de ser observada a disposição de protecção da AGBG § 24 a. Porém, a sentença arbitral, sobretudo não é exequível como tal, antes precisa da declaração de exequibilidade pelo tribunal (do Estado, vd. supra 2), que procede ao controle da sentença arbitral por certos vícios mais graves (§ 1060). O título executivo é esta decisão judicial, não a sentença arbitral que, portanto, nem sequer reveste para o direito executado a natureza de documento exequível (§ 794 I n.° 5). Aplica-se correspondentemente às medidas arbitrais de protecção jurídica provisória (§ 1041). Esta desvantagem gravosa só não pesa na prática assim tanto, porque as sentenças arbitrais geralmente são cumpridas voluntariamente.

II. Os **§§ 1025 e segs.** são – abstraindo de poucas excepções (§ 1025 II, também III) – apenas de aplicar, mas obrigatoriamente, se o **lugar do processo arbitral** se situar **na Alemanha** (§ 1025 I). A **sentença arbitral** é então **nacional**. O lugar é determinado pelas partes, subsidiariamente pelo tribunal arbitral (§ 1043 I).

III. O fundamento dum processo arbitral é, em regra, o **compromisso arbitral**.

1. Por isso entende a lei (§ 1029 I) o compromisso das (futuras) partes na arbitragem, de fazer decidir os litígios actuais ou futuros respeitantes a determinada relação jurídica (portanto não todos os litígios), por um tribunal arbitral privado em vez do tribunal (do Estado). O tribunal arbitral pode ainda ser instituído por disposição unilateral (testamento, § 1066). Os tribunais arbitrais determinados em geral pela lei, não dependem dos §§ 1025 e segs.

2. **Objecto do compromisso arbitral** (ou seja, **susceptível de arbitragem**) pode ser *qualquer pedido de direito patrimonial* (§ 1030 I 1, excepção em II 1), o de *direito não patrimonial* somente enquanto as partes possam celebrar quanto a ele uma transacção (§ 1030 I 2), portanto, por ex., não em questões matrimoniais e de filiação. Sendo duvidosa a susceptibilidade de arbitragem, pode ser pedida em tribunal até à constituição do tribunal arbitral que se estabeleça a admissibilidade ou inadmissibilidade dum processo arbitral (§ 1032 II). Na inadmissibilidade, a sentença arbitral proferida tem de ser anulada sob requerimento, (§ 1059 II n.º 1 letras a, c).

3. O **compromisso arbitral** pode ser assumido de **duas formas**: como compromisso autónomo, a chamada *convenção arbitral*, ou como *cláusula compromissória* (§ 1029 II). A forma da **convenção arbitral** deve ser outorgada em princípio pela participação do consumidor (§ 1031 V 2 com o § 1029 II); ela é escolhida se o litígio já surgiu. A **cláusula compromissória** é acordada com vista a litígios futuros, pois é contida já no chamado contrato principal, por ex., um contrato de compra e venda; juridicamente é independente do destino do contrato principal, cuja nulidade não abrange automaticamente a cláusula compromissória (§ 1040 I 2).

Para os requisitos formais vd. o § 1031 I-V. Não sendo observados, o compromisso é inválido (vd. o § 1059 II n.º 1, letra a), mas sanável (§ 1031 VI).

4. O compromisso arbitral é um **contrato processual** (*Schwab/ Walter*, pág.69 e seg.; controverso), pois a sua eficácia principal baseia-se na área processual: fundamenta em prol do réu um impedimento processual (vd. supra § 33 VI), isto é, sendo demandado perante o tribunal contra o compromisso arbitral e reclamando o réu oportunamente, a acção tem de ser rejeitada por inadmissível (§ 1032 I). Isto não se aplica ao pedido de despacho de ordem de arresto ou de providência cautelar com referência ao objecto do litígio do processo arbitral, § 1033.

5. Tem de distinguir-se do compromisso arbitral o **contrato de arbitragem** (para a controversa delimitação, *Schwab/Walter*, loc. cit., pág. 7 e segs.). Por ele, a determinação de factos concretos como meros fundamentos duma decisão jurídica é confiada a um perito, mas não a própria decisão (por ex., a existência duma deficiência material, o montante dum dano coberto pelo seguro, a razoabilidade dum preço); mas também pode ser confiada a arbitragem neste âmbito a resposta a uma questão prévia jurídica inevitável que surja (tudo controverso, vd. *Kurth*, NJW 90, 2039 e seg.). A peritagem é vinculativa no processo para as partes e para o tribunal. É controverso se esta vinculação é limitada apenas pelo BGB §§ 317-319 (assim BGH NJW 83, 2245) e se a acção tem de ser rejeitada por inadmissível ou por falta de fundamento, por prematura, se a arbitragem (ainda) não existe e o réu o invoca por via de excepção.

IV. Árbitros só podem ser pessoas físicas (argumento, § 1036), não os serviços públicos ou as pessoas jurídicas como tais (mas sim os seus representantes), nem as partes, nem os seus representantes ou órgãos. As partes podem acordar o número dos árbitros e o modo da sua nomeação (§§ 1034 I 1, 1035 I). Não o fazendo, têm de ser nomeados três árbitros (§ 1034 I 2). O processo é regulado de modo que, em caso de necessidade, o necessário número de árbitros seja nomeado com a assistência do tribunal (§ 1035) e se garanta o equilíbrio de forças de ambas as partes na composição do tribunal arbitral (§ 1034 II). O árbitro pode ser recusado, nomeadamente por dúvidas fundamentadas da sua imparcialidade e independência (§ 1036; para o processo § 1037). Sendo recusado com êxito ou cessando o seu encargo por outro motivo, tem de ser nomeado um árbitro substituto (§ 1039).

Para o empossamento na função de árbitro é necessário o **pacto arbitral** entre o árbitro e ambas as partes. É controverso como se realiza, sobretudo no caso de nomeação judicial (*Schwab/Walter*, pág. 99 e segs.: formação por força de lei); é controversa ainda a sua natureza jurídica (*Schwab*, FS Schiedermair, 1976, pág. 510 e segs.). Na dúvida, o árbitro tem direito a honorários (então contrato de prestação de serviços, aliás mandato). Responde por negligência mas, no âmbito da sua actividade decisória, como "juiz" apenas por dolo (BGHZ 15, 15 e seg.).

V. O **processo arbitral regula-se pelo** seguinte **escalonamento** (§ 1042): pelas disposições imperativas da lei (por ex., § 1042 I: direito à igualdade de tratamento e direito a ser ouvido; § 1042 II: nenhuma exclusão de advogados como mandatários); pelo acordo das partes; quando este falte, pelas disposições legais supletivas e, somente, quando também estas faltem, pelo critério do tribunal arbitral (§ 1042 III, IV). Para estas decisões discricionárias fica pouco espaço, pois o processo é amplamente regulado pelo direito supletivo.

O processo inicia-se conforme o regime supletivo da lei quando o réu recebeu a participação (enganador: a "petição") do autor, de ir apresentar o litígio a um tribunal arbitral (§ 1044). Não tendo ainda sido constituído qualquer tribunal arbitral, deve ser assim por agora. Em determinado prazo deve seguir-se à participação de abertura a petição inicial (§ 1046 I); ao teor de ambas as peças em conjunto corresponde o teor necessário duma acção, § 253 II (por isso a participação tem de ser transmitida também ao tribunal arbitral). Faltando a acção, o processo cessa (§ 1048 I). As alegações da parte culposamente atrasadas podem ser precludidas (§ 1046 II). Se se proceder ao debate, oralmente ou por escrito, o tribunal arbitral decide (§ 1047 I). A inobservância do prazo ou a falta de comparência à audiência não impedem a prossecução do processo (§ 1048 II-III); não se realiza o processo à revelia (§ 1048 III). O tribunal arbitral pode recolher provas e apreciá-las livremente (§ 1042 IV 2). Os peritos e as testemunhas só podem ser ouvidos se comparecerem e depuserem voluntariamente; só o tribunal pode – a pedido – usar de coacção (§§ 1049 e seg.), o mesmo se aplica à recepção do juramento. Competente para estas medidas é o AG (§ 1062 IV).

VI. Em certos casos o **processo cessa** sem sentença arbitral **por despacho constitutivo** do tribunal arbitral, que "declara" a existência do fundamento da cessação (§ 1056 II).

O despacho é proferido se o autor perdeu indesculpavelmente o prazo para apresentação da acção ou desistiu face à injustificada oposição do réu (n.º 1), também pelo fim do processo acordado (n.º 2), por ex., por transacção sem sentença arbitral nos termos do § 1053 I, ou por impossibilidade da prossecução do processo (n.º 3), por ex., no empate na votação da sentença arbitral.

VII. Normalmente o processo **cessa pela sentença arbitral** definitiva (§ 1056 I; para a sentença interlocutória, vd. § 1040 III, além do § 1041).

1. Sendo o **processo inadmissível**, por ex., por falta de competência ("autoridade") do tribunal arbitral, a acção é rejeitada por inadmissível por sentença arbitral de forma. O tribunal arbitral tem aí a "competência da competência" definitiva, pois

a negação pelo tribunal arbitral da competência não é fundamento de resolução (ao contrário, na afirmação injustificada, vd. § 1059 II n.º 1, letras a, c). Existem outros fundamentos de resolução, por ex., a recusa do direito a ser ouvido.

2. A **sentença arbitral sobre o mérito** pode julgar a acção improcedente, condenar em prestação, bem como formular a declaração ou operar a constituição pretendidas (por ex., a dissolução duma OHG).

3. A sentença arbitral tem de ser formulada por **escrito**; para a forma e o conteúdo, vd. o § 1054. Entre as partes tem os efeitos duma sentença judicial transitada (§ 1055), possui, portanto, **força de caso julgado material** que, por falta do interesse público na sua observância não tem de ser atendida oficiosamente (doutro parecer, *Schwab/Walter*, pág. 193 e seg.), antes deve ser reclamada no processo seguinte.

4. As partes podem **transigir** entre si durante o processo. Então este cessa por despacho do tribunal arbitral (§§ 1053 I 2, 1056 II n.º 2; vd. supra VI). Sob requerimento das partes, o tribunal arbitral considera a transacção como "**sentença arbitral de teor acordado**", na forma do § 1054; equipara-se a uma sentença arbitral litigiosa de fundo (§ 1053 I 2, II) e substitui, ao contrário desta, a autenticação notarial (isto corresponde ao BGB § 127 a).

5. A sentença arbitral pode ser **corrigida**, **completada** ou **interpretada** por outra sentença arbitral (§ 1058). A sentença arbitral que complementa é uma sentença arbitral (parcial) autónoma, as demais são partes não autónomas da sentença arbitral corrigida ou interpretada.

6. O compromisso arbitral pode prever um **tribunal arbitral superior** como "instância de recurso". Decidindo sobre o mérito da causa, apenas esta decisão é propriamente a sentença arbitral.

VIII. Contra a sentença arbitral não há recurso para o tribunal, nem sequer por acordo das partes. É apenas admissível o **requerimento ao tribunal**, vinculado a prazo, para **anular a sentença arbitral**, por verificação de certos fundamentos (§ 1059). Os fundamentos da anulação têm de ser alegados pelo requerente (§ 1059 II n.º 1) ou de ser atendidos oficiosamente pelo tribunal (§ 1059 II n.º 2). Os últimos dizem respeito a graves infracções: falta de (objectiva) susceptibilidade de arbitragem (por ex., a dissolução dum casamento) segundo o direito alemão ou ofensa à ordem pública (por ex., inobservância do direito a ser ouvido). Aos fundamentos de anulação que têm de ser invocados (§ 1059 II n.º 1), pertencem, por ex., a invalidade do compromisso arbitral e a violação do compromisso válido (ambas as questões são controláveis irrestritamente, pois o tribunal arbitral não as pode reconhecer com vinculação do tribunal, falta-lhe aí a competência da competência).

Sendo anulada a sentença arbitral, o tribunal pode **devolver** o processo, sob requerimento, "em casos apropriados" ao tribunal arbitral (§ 1059 IV). Nestes casos, o compromisso arbitral *deve* renascer (melhor: manter-se), mas aqui como em geral (§ 1059 V) somente em "casos apropriados", portanto não se a sentença arbitral, por ex., foi anulada por invalidade do compromisso arbitral (§ 1059 II n.º 1 letra a, n.º 2 letra a).

IX. A **sentença arbitral nacional** não é exequível sem mais. Necessita da **declaração de exequibilidade** pelo tribunal (§§ 1060 I, 1062 I n.º 4); para as sentenças arbitrais de teor acordado há competência opcional de tribunal e notário (§ 1053 IV).

A declaração é precedida pelo processo de verificação, em que se examina a existência de fundamentos de anulação de acordo com o § 1059 II (vd. § 1060 II). Verificado um fundamento, a sentença arbitral é – salvo excepções (vd. infra) – anulada e rejeitado o pedido de declaração de exequibilidade. Um fundamento de anulação indeferido transitadamente até à notificação deste pedido é tão pouco de atender como os fundamentos de anulação do § 1059 II n.º 1 que não foram invocados oportunamente (§ 1059 III). Pelo contrário, os fundamentos de anulação nos termos do § 1059 II n.º 2 impedem a declaração de exequibilidade ainda mesmo quando não possam mais levar à anulação da sentença arbitral por perda de prazo (§ 1059 III). Esta discrepância – exclusão da exequibilidade mas manutenção da sentença arbitral – não deve causar prejuízo directo ao devedor (BegrRegE pág. 61). Isto seria duvidoso se a sentença arbitral transitasse materialmente (vd. § 1055), o que poderia ser relevante num processo posterior. Aqui deve aceitar-se que a rejeição da declaração de exequibilidade tira o caso julgado material à sentença arbitral por força de graves infracções nos termos do § 1059 II n.º 2.

O **título executivo** é a decisão do tribunal que declara a sentença arbitral exequível, não a própria sentença arbitral (§ 794 I n.º 4 a).

Para o reconhecimento e execução de **sentenças arbitrais estrangeiras**, vd. o § 1061.

X. O **processo judicial** foi consideravelmente racionalizado e simplificado face ao direito anterior, para aumentar a aceitação do processo arbitral pela aceleração processual e aliviar a justiça.

São de salientar os seguintes pontos: a competência de ingresso concentra-se no OLG (§ 1062 I-III; excepção em IV: AG); só são impugnáveis as decisões especialmente relevantes (§ 1065 I 1 com o § 1062 I n.º 2, 4), o recurso é o recurso por violação da lei para o BGH (§ 1065 I 1); decide-se sempre por despacho, mesmo se a audiência de julgamento for obrigatória (§ 1063 I 1, II); há obrigatoriedade de patrocínio por advogado (restringido nos termos do § 1063 IV com o § 78 III).

XI. Também a ArbGG conhece um processo arbitral – §§ 101 e segs. –, mas numa pequena extensão, nomeadamente nos **litígios entre partes em convenções colectivas de trabalho** (sobre as convenções colectivas ou a sua existência). O compromisso arbitral fundamenta uma "excepção dilatória" (epígrafe oficioso da ArbGG § 102), na terminologia actual do ZPO uma reclamação, que respeita à admissibilidade da acção (vd. supra § 33 VII). Para o tribunal arbitral prescreve-se o mesmo número de trabalhadores e patrões (ArbGG § 103 I). O processo orienta-se pelas regras legais (nomeadamente a audiência oral das partes, ArbGG § 105; declaração judicial de exequibilidade, ArbGG § 109; acção de anulação, ArbGG § 110), pelo compromisso arbitral e no resto pela livre apreciação do tribunal arbitral, ArbGG § 104.

Livro IV

Sistema de custas e de apoio judiciário

Capítulo Décimo Sexto

O sistema de custas

§ 93

Hartmann, Kostengesetze, 27.ª Ed., 1997

I. No regime de custas em processo civil, há que **distinguir duas questões:**

1. **Quem é responsável perante o Estado** – o cofre do tribunal – pelas custas do processo e em que montante?

2. Quem tem de suportar as custas em definitivo, **nas relações internas** de ambas as partes entre si? Sob que pressupostos tem uma das partes o **direito ao reembolso** das suas custas face à parte contrária?

Na primeira questão trata-se de uma pretensão de direito público: é regulada pela GKG. Na segunda, trata-se de uma pretensão de direito processual; o seu regime acha-se no ZPO.

O direito ao reembolso da parte compreende ainda as despesas que surgiram para a parte em consequência da sua representação por advogado. Os direitos do advogado contra a parte são determinados pelo BRAGO.

Ao processo do tribunal de trabalho aplica-se a GKG só limitadamente (GKG § 1 III; vd. ArbGG § 12).

II. As **custas judiciais** consistem nas taxas e despesas (estas só podem ser pedidas nos casos legalmente estabelecidos, por ex., indemnização de testemunhas, de resto são cobradas pelas taxas do tribunal). As taxas são, por sua natureza, taxas públicas. Destinam-se a cobrir, pelo menos em parte, as despesas da Justiça. A determinação do seu montante é de grande relevância de política de direito, pois um processo caro dificulta a prossecução e a defesa do direito, restringe os processos e reprime o espírito de demanda. A instituição do apoio judiciário oferece uma compensação limitada (vd. infra § 96).

As taxas são escalonadas conforme o valor do objecto do litígio, por isso é tão importante para as partes a fixação do valor do litígio, o que infelizmente nem sempre é suficientemente observado pelos tribunais (correcto, *E. Schneider*, MDR 74, 801 e segs.). As custas só são cobradas nos casos especificados na relação das custas (anexo 1 à GKG).

III. Devedor de custas perante o cofre do tribunal é, em primeiro lugar, a parte que instaurou o processo, GKG § 49, portanto o autor na primeira instância, o recorrente nas superiores. Ulteriormente, é responsável a parte a quem foram impostas as custas na sentença, como devedor original (se bem que esta decisão em si apenas respeite à relação das partes entre elas), GKG § 54 n.º 1, § 58 II.

IV. O direito ao reembolso. As custas de parte reembolsáveis compreendem, além das custas do tribunal, as despesas com advogados e oficiais de justiça e ainda certos desembolsos (vd. capítulo I da relação das custas na GKG).

Em princípio, estas custas são suportadas pela *parte vencida*, § 91; esta tem, por conseguinte, de reembolsar a vencedora das custas na medida em que forem uma consequência objectivamente necessária (em que se incluem sempre, mesmo no processo de parte, as despesas com o advogado; limitação na ArbGG § 12 a). Ao vencido equivale a desistência da instância pelo autor (§ 269 III 2).

O direito ao reembolso surge, suspensivamente condicionado, com a pendência do processo (BGH RR 88, 1487) e é resolutivamente condicionado e vencido (BGH MDR 76, 475) com a pronúncia duma decisão provisoriamente exequível e necessariamente com o trânsito em julgado da decisão (BGH NJW 88, 3205).

Vencedora e vencida parcialmente cada uma das partes, em princípio, são mutuamente anuladas as custas – cada parte suporta as suas custas extrajudiciais e metade das custas judiciais – ou são proporcionalmente repartidas (em proporção, por ex., correspondente ao vencimento na sentença), § 92. Numa transacção, as custas consideram-se mutuamente anuladas, se as partes não acordarem doutro modo, como na maior parte dos casos, § 98.

Há *excepções* a cargo do autor, além doutras, se o réu não deu qualquer motivo à acção (por ex., não estava em mora, por não ter sido interpelado) e o réu imediatamente confessa (isto é, no processo preliminar escrito, § 307 II, ou na audiência preliminar, § 275, vd. *Thomas/Putzo*, § 93, 9), § 93. As custas originadas pela não comparência em audiência, perda do prazo ou adiamento culposo, são suportadas pela parte responsável, § 95. As custas do recurso sem sucesso, são em regra suportadas pelo recorrente, § 97. Outras excepções nos §§ 93 a-d. Para a decisão sobre custas na resolução da questão de mérito, vd. supra § 42 VI.

O princípio do § 91 – todas as custas ao vencido – é simples, mas muitas vezes injusto, por ex., se a parte perdeu o processo, porque a lei que concedeu o direito ao pedido só durante o processo foi declarada inconstitucional (BGH NJW 65, 296 e seg.), ou publicada (BGHZ 37, 246 e seg.) ou se o processo apenas se perdeu na última instância. Para outras possibilidades do regime, vd. *Ehrig*, ZRP 71, 252 e seg.; *Grunsky*, parecer no 51.° DJT, 1976, pág. A 66 e segs.

V. Independente do direito processual é o **reembolso das custas conforme o direito civil**, por ex., pela mora (BGB § 286), acto ilícito; este direito pode também ser conferido à parte vencida no processo (para isso, *E. Schneider*, MDR 81, 353 e segs.). Tem importância, por ex., na "resolução" da questão de fundo antes da interposição da acção (vd. supra 42 VI 2 B; é possível a exigência no mesmo processo, após a modificação da acção, como acção de condenação de montante determinado ou acção declarativa de montante não determinado, vd. *Thomas/Putzo*, § 91 a, 36; também *M. Wolf*, FS Henckel, 1995, pág. 914 e segs., face ao BGH NJW 94, 2896). Quando baste o direito processual ao reembolso das custas e possa ser efectivado no processo de liquidação das custas, falta o interesse na protecção jurídica na acção fundada no direito ao reembolso de direito substantivo (BGH NJW 90, 123). Para tudo, *Loritz*, Die Konkurrenz materiellrechtlicher und prozessualler Kostenertattung, 1981; *Becker-Eberhard*, Grundlagen der Kostenerstattung bei der Verfolgung zivilrechtlicher Ansprüche, 1985.

VI. A decisão sobre o reembolso das custas efectiva-se num duplo escalonamento. O tribunal decide na **sentença** qual das partes tem de suportar as custas, portanto, sobre o fundamento do direito, o secretário judicial através da **conta** sobre o montante das custas.

A decisão judicial é proferida oficiosamente (§ 308 II) e é tomada na sentença final.

Não é admissível recurso apenas contra a decisão sobre custas, mas tão somente em conjunto com a impugnação da decisão sobre a questão de fundo, § 99 I. Excepcionalmente é impugnável só por si, se for proferida quanto à questão de fundo uma sentença sobre confissão; o recurso é, então, o agravo imediato, § 99 II. É ainda autonomamente impugnável o despacho sobre custas nos termos do § 91 a. Para a delimitação do recurso nos termos do § 567 III, IV, vd. supra § 75 I.

A *liquidação das custas* é essencialmente a realização do cálculo da decisão judicial que as fundamenta (tem de decidir-se ainda mesmo sobre a necessidade de custas), entregue aos cuidados do secretário judicial (do tribunal de primeira instância), §§ 104, 103 II, RpflG § 21 n.° 1. É necessário o requerimento duma das partes, munida de título executivo (nomeadamente uma sentença com trânsito em julgado ou provisoriamente declarada exequível), § 103 I. A fixação realiza-se por despacho (que estabelece quantitativamente o montante das custas). Tem de ser notificada à parte contrária, § 104 I 3. Contra o despacho há agravo imediato, § 104 III. O pedido de reembolso processual só pode ser exercido no processo do § 104, seria inadmissível uma acção.

VII. Os **nacionais de Estados estrangeiros** (e apátridas sem domicílio no país) têm de prestar caução como autores a pedido do réu, pelas custas do processo (§ 110), porque a demanda do direito ao reembolso no estrangeiro determinaria consideráveis dificuldades. Este princípio, porém, é muitas vezes quebrado por tratados entre Estados (especialmente importante a Convenção de Haia sobre o processo civil, de 1-3-1954, que substituiu, para os Estados que a ratificaram, a Convenção de Haia de 17-7-1905; ainda, o Acordo Europeu de Estabelecimento de 13-12-1955). O § 110 não é aplicável ao nacional dum Estado membro da UE como autor, senão haveria uma discriminação por motivo de nacionalidade, proibida pela EGU art. 7 I (EuGH NJW 93, 2431: testamenteiro; 96, 3047 e seg.: pessoa jurídica; 97, 3299 e seg.: autor com dupla nacionalidade na UE e num terceiro Estado).

Capítulo décimo sétimo

O apoio judiciário

§ 94

I. As custas do processo são, não raras vezes, tão consideráveis que podem de antemão frustrar o exercício do direito ou a defesa no processo (vd. BVerfGE 35, 354 e seg.). Já num valor de litígio relativamente diminuto, as custas atingem até ao acórdão de apelação, após a produção de prova em ambas as instâncias, montante equivalente (ex. in BAG NJW 90, 3228: valor do litígio 6195 DM, custas do processo 6316,17 DM); acrescentando-se a terceira instância, as custas são cerca de vez e meia o valor do litígio! A redução da protecção jurídica pelo direito das custas a cargo da parte "mais pobre" seria inadmissível constitucionalmente (BVerfGE 81, 356 e seg.). Falharia o eventualmente pretendido estabelecimento da "taxa zero", que eliminaria, sem dúvida, apenas as custas do tribunal, não também as custas extrajudiciais mas, não obstante, desencadearia, segundo toda a probabilidade, uma inundação de processos, em que os tribunais se afundariam. Aqui, é difícil encontrar o correcto meio termo. Não há uma solução perfeita que ajuste todos os interesses.

O fim: melhor protecção jurídica na fragilidade social, demanda o § 23 I discutido supra da BeratungshilfeG de 18-6-1980 que – pela primeira vez a nível federal – regulou legalmente o importante apoio extrajudicial para a observância de direitos.

II. O **primeiro requisito** de concessão de apoio judiciário é que o *projectado exercício do direito* ou da defesa ofereça suficiente *perspectiva de êxito* e *não* se mostre *temerário*, § 114, período 1 (aparente excepção no § 119, período 2: aqui fora já concedido o apoio judiciário ao requerente na instância anterior e ele obtivera êxito). Ao mesmo tempo têm de ser examinadas as perspectivas de execução. Para a problemática de tal exame é digno de leitura BGH RR 89, 703 (colocação em posição mais desfavorável perante a parte "mais rica"? Em princípio, isso tem de ser evitado, deve haver, substancialmente, igualdade de protecção jurídica: BVerfG NJW 97, 2745).

O requisito da bem sucedida defesa do direito é aí abrandado, para o requerido, no *processo de divórcio*, pois o fim do processo demandável em juízo deve ser reconhecido pela actividade de advogado (por ex., o regime de acordo quanto a alimentos; OLG Bremen FamRZ 85, 622; de modo semelhante, KG e OLG, Hamm FamRZ 85, 621 e seg.). Fundamento: é alcançável a improcedêndia do pedido de divórcio, por força do BGB § 1566, não obstante seja inevitável por força da lei a intervenção no processo do requerido.

O **segundo requisito** respeita à *capacidade económica* do requerente. Em primeiro lugar tem o seu rendimento e, na medida em que isso seria razoável, tem de dispor dos seus bens (§ 115 I 1, II 1).

Do rendimento, que abrange todas as receitas em dinheiro ou em valor pecuniário, têm de ser deduzidas certas quantias. A parte restante do rendimento mensal é o "rendimento disponível". Dele têm de ser cobradas, no máximo, em todo o processo, 48 prestações mensais, num rendimento disponível de, por ex., 1500 DM, monta a 600 DM (§ 115 I 2-4). Sendo as custas do processo presumivelmente não superiores à quota-parte a cobrar do património de 4 prestações mensais inclusive, não há apoio judiciário (§ 115 III). Isto é problemático, pois pode apenas verificar-se durante o processo que o limite das custas venha a ser excedido.

Havendo direito ao apoio judiciário, abrange todas as custas do processo. As mensalidades fixadas de acordo com a tabela, têm de ser pagas pela parte como prestação própria no cofre do Land ou federal, § 120 I 1, II; omitindo-se os encargos das prestações reduzidas previstas nos próximos quatro anos, no todo ou em parte, pode ser perspectivada a fixação de prestações mais altas, § 120 I 2 (para isso, *E. Schneider*, MDR 87, 90 e seg.).

Para o apoio judiciário às **partes por força do cargo**, pessoas jurídicas e **agrupamentos com capacidade judiciária** (por ex., OHG, KG) vd. § 116 (para isso BGH NJW 91, 703; 93, 3171).

Os **estrangeiros** obtêm o apoio judiciário tal como os nacionais.

III. A **concessão** resulta **apenas a requerimento** (§ 114), que tem de ser formulado por escrito ou por termo da secretaria no tribunal do processo ou da execução, § 117 I. O requerente tem de indicar no seu requerimento as suas condições pessoais e económicas (relações de família, profissão, bens, rendimento, encargos) e de juntar os respectivos documentos de prova, § 117 II 1. Para a declaração devem ser utilizados os impressos oficiais, § 117 III, IV, senão o requerimento é indeferido. Na resposta insuficiente a questões ou falta de justificação, o apoio judiciário é recusado nessa medida, § 118 II 4.

O requerimento está sujeito a uma espécie de processo de verificação do tribunal, § 118. Em regra, a parte contrária tem de ser ouvida (para eventual reclamação; para as relações pessoais e económicas, apenas com o consentimento do requerente, argumento no § 117 II 2). Havendo perspectivas de acordo das partes, podem ser convocadas para debate oral perante o presidente ou um juiz por ele incumbido (§ 118 I 3, III; o debate pode não assumir a forma duma preferível audiência de julgamento, vd. ainda o § 127 I 1); o acordo obtido é lavrado na acta (vd. para isto RPflG § 20 n.º 4 letra a). – O presidente ou um juiz por ele incumbido ou o secretário judicial podem proceder a inquérito (§ 118 II, III; RPflG § 20 n.º 4 letra a); testemunhas e peritos só podem ser ouvidos para prova das perspectivas de êxito.

O requerimento é **decidido por despacho**, sem debate oral, § 127 I 1. Contra a recusa há agravo, § 127 II 2, quando o tribunal de apelação não decidiu (§ 567 III, IV); o novo agravo está excluído (§ 568 II 1), para a objecção vd. supra § 29 III. Contra a concessão sem o estabelecimento de prestações específicas apenas pode apresentar agravo o cofre estatal, dentro de três meses, após a pronúncia do despacho, com o fundamento de o beneficiário dever pagar, em harmonia com as suas circunstâncias pessoais e económicas, § 127 III.

Modificando-se a capacidade económica substancialmente para melhor ou para pior, após a decisão sobre o apoio judiciário, o tribunal pode alterar essa decisão, § 120 IV. Na prática, isto acontece, sobretudo, se a situação da parte melhorou substancialmente (quando uma modificação "substancial" ocorre, tem de ser determinado conforme o § 323 I). Às pesquisas do tribunal, a parte tem de responder, senão o apoio judiciário é-lhe retirado (§ 124 n.º 2; corresponde ao § 118 II 4).

IV. A **concessão** tem o seguinte **significado**.

1. A parte tem de pagar no cofre do Land ou federal a contribuição própria fixada no despacho, § 120 I, 1 II (para os futuros pagamentos aumentados, vd. § 120 I 2).

2. No processo de advogado é nomeado à parte, à sua escolha, advogado disposto à sua representação; o mesmo é possível no processo de parte (§ 121 I, II; tenha-se ainda em conta IV).

Os honorários de advogado são pagos pelo cofre federal (BRAGO § 121). No valor do objecto acima de 6000 DM são mais baixos que a taxa plena, não sobem mais no valor do objecto de mais de 50.000 DM (vd. BRAGO §§ 11 I, 123). Para o direito de cobrança junto da parte contrária, vd. o § 126.

3. A parte é isenta do pagamento das custas do tribunal e dos oficiais de justiça, bem como da remuneração do advogado nomeado (vd. supra 2), § 122 I. Quando deva pagar as prestações fixadas no despacho (vd. supra 1), não há qualquer isenção.

4. Sendo concedido o apoio judiciário pleno ao autor ou recorrente (portanto sem decisão de pagamento em prestações), a parte contrária é isenta provisoriamente das custas do tribunal e dos oficiais de justiça, § 122 II, ainda o § 125 II.

5. A concessão é atribuída apenas para uma das instâncias, § 119, I 1.

O apoio judiciário está excluído para o processo proposto (antes da propositura da acção) para concessão do apoio judiciário (BGHZ 91, 312 e segs.), salvo para a celebração duma transacção nos termos do § 118 I 3 (o BGHZ 91, 315 deixa em aberto). Deve ser especialmente requerido e concedido na execução; a concessão na execução de móveis aplica-se a todos os actos executivos na jurisdição do tribunal da execução, § 119 II.

6. O direito da parte contrária ao reembolso das custas não é afectado pela concessão do apoio judiciário, § 123 (crítica de política de direito e constitucional em *Kollhosser*, ZRP 79, 301). Por isso a ajuda concedida pode inverter-se no seu oposto. Isso deverá mostrar o advogado nomeado.

7. A concessão pode ser revogada, se os seus pressupostos não se mantiverem ou a parte se atrasar no pagamento duma prestação mensal para além de três meses, § 124. Contra isso, agravo, § 127 II 2.

V. Para a cobrança das custas judiciais dos oficiais de justiça e do advogado junto da parte contrária vencida, vd. §§ 125, 126.